KB236947

학생운동의 시대

학생운동의 시대

[한국민주주의연구소 부문별 민주화운동사 연구총서 1]

학생운동의 시대

초판 1쇄 발행 2013년 12월 20일

기   획 ㅣ 민주화운동기념사업회
엮은이 ㅣ 이호룡 · 정근식
발행인 ㅣ 윤관백
발행처 ㅣ 도서출판 선인
등록 ㅣ 제5-77호(1998.11.4)
주소 ㅣ 서울시 마포구 마포동 324-1 곳마루 B/D 1층
전화 ㅣ 02)718-6252 / 6257   팩스 ㅣ 02)718-6253
E-mail ㅣ sunin72@chol.com
Homepage ㅣ www.suninbook.com

정가 30,000원
ISBN 978-89-5933-673-9 94300
ISBN 978-89-5933-672-2 (세트)

· 잘못된 책은 바꿔 드립니다.
· 이 책의 저작권은 민주화운동기념사업회에 있습니다.

[한국민주주의연구소 부문별 민주화운동사 연구총서 1]

학생운동의 시대

민주화운동기념사업회 기획

이호룡 · 정근식 엮음

선인

부문별 민주화운동사 연구총서 발간에 붙여

우리 현대사는 민주화와 산업화의 격랑 속에서 전진해왔습니다. 2차대전 후 새롭게 독립국가로 태어난 140여 국 중 민주화와 산업화를 동시에 달성한 나라는 대한민국뿐입니다. 그러므로 한국의 민주화운동은 세계적으로, 특히 민주화 이행 과정에 있는 나라들의 주목을 받고 있으며, 한국 민주주주의 미래에 많은 관심을 보이고 있기도 합니다.

민주화운동이란 우리 사회에 민주주의를 정착시키고, 그것을 더욱 심화시키기 위한 모든 노력을 의미합니다. 단순히 독재정치권력에 맞서 싸운 반독재민주화투쟁만을 지칭하지는 않습니다. 따라서 민주화운동은 반독재민주화투쟁뿐 아니라 사회 각 부문에서 권위주의적이고 전근대적인 사회관계를 민주화하기 위한 각종 노력을 포괄하고 있습니다.

민주화운동기념사업회 한국민주주의연구소는 이러한 관점에서 민주화운동사를 정리해나가고 있습니다. 우선 2007년부터 4년에 걸쳐서『한국민주화운동사』1-3권을 발간한 바 있습니다. 하지만『한국민주화운동사』는 한국사회 전체의 운동을 압축적으로 서술하다보니 지역의 민주화운동이 충분하게 기술되지 못하고 다양성을 살리지 못하는 측면이 있기도 합니다. 이러한 점을 보완하기 위해 지역별 민주화운동사와 부문별 민주화운동사 정리 사업을 진행하고 있습니다.

    지역별 민주화운동사 정리는 2010년부터 시작하여 2013년 11월 현재 충북, 전북, 제주 지역의 민주화운동사가 발간되었습니다. 지역민주화운동사는 가능하면 각 지역의 특수성을 살리는 방향으로 정리해 나가고 있습니다.

    부문별 민주화운동사는 2011년부터 정리에 들어갔습니다. 부문별 민주화운동사는 한국민주화운동사와의 중복을 피해 기존의 운동사와는 다른 관점에서 정리한다는 방침을 세워 접근하고 있습니다. 부문별 민주화운동은 노동운동, 농민운동, 빈민운동, 문화예술운동, 통일운동, 여성운동, 학생운동, 정치계의 민주화운동, 종교계의 민주화운동, 언론출판계의 민주화운동, 교육계·학계의 민주화운동, 인권운동 등으로 나뉘어지지만, 우선 학생운동사 정리에 나섰습니다. 그것은 한국민주화운동사에서 학생운동이 차지하는 비중이 매우 크기 때문입니다. 1980년대까지의 민주화운동은 학생운동을 중심으로 전개되었다고 해도 과언이 아닙니다. 학생운동사 정리는 단순히 학생운동의 전개 과정을 중심으로 서술하기보다는, 학생운동이 어떠한 메커니즘을 통해 전개되어 왔는지를 분석하는 방향에서 접근하고자 합니다.

    부문별 민주화운동사 연구 작업의 첫 번째 결과물인『학생운동의 시대』를 발간하면서 어려운 작업을 맡아 수고해주신 정근식 전 한국민주주의연구소장을 비롯한 집필자들과 한국민주주의연구소 연구원들, 그리고 함께 힘을 보탠 모든 분들께 감사드립니다. 이 책을 계기로 한국 학생운동을 깊이 있게 되돌아보는 기회가 주어진다면 우리의 미래를 위해 큰 도움이 될 것으로 기대합니다.

2013년 12월

민주화운동기념사업회 이사장 정성헌

학생운동의 시대

오늘날 한국은 전쟁의 폐허를 딛고 일어나 짧은 기간에 경제성장과 민주주의를 동시에 달성한, 드문 나라로 인정받고 있다. 물론 현재 한국의 경제발전이나 민주주의의 수준이 세계 최고 수준은 아니고, 또한 최근의 경제상황이나 민주주의의 현실에 대해 비판적 견해도 있는 것도 사실이다. 그럼에도 불구하고, 장기적인 관점에서 보면, 한국의 정치적 경제적 성공이라는 명제는 진지하게 탐구되어야 할 주제이다. 우리는 지난 10여 년간 그 요인들을 적절히 설명해야 할 상황에 지속적으로 노출되어 있었다. 특히 동남아시아나 기타 개발도상국에서 활동하는 학자들이나 운동가들이 한국을 방문하게 되면, 이에 대해 자주 질문하고, 성공의 '비결'을 배우려는 모습을 보여주었다.

한국의 성공적 민주화에 대한 설명은 크게 경제발전의 부산물론과 주체적 실천론으로 나눠진다. 어떤 사람들은 한국의 민주화를 경제발전의 부산물로 간주한다. 이른바 경제발전에 따라 형성된 중산층효과에 주목하는 것이다. 좀 더 중립적인 관찰자들은 산업화세대와 민주화세대라는 용어를 사용하여 양자의 병행론 또는 상호작용론을 제시하기도 한다. 이와는 달리 경제발전과 민주주의의 발전을 상대적으로 독립적인 현상으로 생각하면서 성공적인 민주화는 사회운동의 결과라고 해석하는 입장도 있다. 사회발전에서 민중이나 시민사회 등 주체적 실천을 강조하는 사람들은 권위주의적 발전국가의 필연성을 부정하고, 민주주의 정부하에서도 경제발전이 가능했을 것이라고 본다. 이런 입장의 차이는 과거의 실제 모습뿐 아니라 현재의 정치현실에도 관철되고 있다.

한국의 사회운동은 크게 보면, 탈식민 국가형성의 맥락에서 민주주의의 문제를 중심으로 전개된 학생운동과 탈분단 통일운동, 그리고 노동자나 농민을 중심으로 하는 민중운동, 환경이나 여성을 중심으로 하는 시민운동 등으로 구성되어 있지만, 한국전쟁이 종료된 후 민주주의로의 이행이 이루어지는 시기까지는 압도적으로 학생운동의 역할이나 비중이 컸다. 학생운동은 1960년 4월혁명 이후 1990년대 중반까지 한국사회의 민주화운동의 중심에 있었다. 그러나 이에 대한 연구는 대체로 운동의 이념이나 조직에 관한 규범적 서술에 머물렀으며, 엄밀한 경험적 분석을 통한 이론화에는 이르지 못했다. 한국의 학생운동을 포함한 사회운동에 관한 연구를 통해 새로운 개념이나 이론이 제시되고, 이것이 다른 국가나 지역의 사회운동을 설명하는 틀로 활용되는 것은 불가능한 것일까?

민주화운동기념사업회의 한국민주주의연구소는 2010년에 4월혁명 50주년을 기념하여 4월혁명에 대한 종합적 연구를 수행하였고, 이후 한국 민주주의의 역사를 탈식민과 탈냉전의 맥락에서 연구하면서, 민주화운동 단체에 관한 연구를 지속적으로 수행하였다. 2012년에 이르러 연구소는 한국사회의 중요한 의제로 부상한 경제민주화에 대한 요구에 기초하여 사회경제적 민주주의에 관한 연구를 진행하는 한편, 민주화운동의 중심에 놓여있었지만 지금까지 종합적인 연구가 없었던 학생운동을 새롭게 분석해보기로 하였다. 이 책은 학생운동에 관한 3년간의 공동 연구의 산물이다.

우리는 1960년 4월혁명부터 1990년대 중반까지의 약 37년간의 기간을

'학생운동의 시대'로 규정하고, 이에 대한 종합적 연구를 시도할 때 필요한 기본적 시각과 연구방법, 그리고 시기별로나 지역별로 중요한 위치를 점하는 사건이나 운동 사례들을 분석해보기로 하였다. 이 책이 취하는 '학생운동의 시대'라는 표현에 대하여 찬성하는 의견도 있고, 반대하는 의견도 있겠지만, 이 기간에 이루어진 학생운동의 이념적 선도성이나 대중적 동원능력, 그리고 정치적 영향력을 누구도 쉽게 부정할 수는 없다.

한국의 학생운동은 이 기간에 매우 강력하고 집약적으로 표출되었지만, 항상 동일한 양상으로 전개된 것은 아니다. 그것의 전개 과정은 국가에 대한 시민사회의 관계. 또는 국가의 통치의 방식, 그리고 대학의 발전과 학생운동 조직의 성격에 따라 몇 개의 국면들로 구분된다. 이 연구에서는 크게 1960년의 4월혁명에서 학생운동이 사회운동의 중심으로 부상했다가 1961년 군사쿠데타에 의해 일단락이 된 후 1979년까지 전개된 학생운동과 1980년 이후부터 1990년대 중반까지 전개된 학생운동으로 구분하고, 각각의 시기를 보여주는 학생운동 조직의 이념적 지향, 그리고 서울뿐 아니라 지방에서의 학생운동의 전개 과정에 초점을 맞추었다.

이 책의 서장에서 정근식은 학생운동의 시대라는 개념을 떠올리게 된 배경과 한국의 학생운동을 설명하는 적합한 이론이 무엇인가를 질문하고, 이념, 조직, 문화, 그리고 통제의 시각에서 어떤 질문과 이에 관한 자료가 있는지를 검토하였다.

제1부는 시기별로 학생운동을 검토하는 글들로 구성하였다. 오제연은 1960년대 서울의 주요 대학의 학생운동의 기반이 되었던 이념적 조직들을 분석하였다. 이 연구에 따르면, 대학의 이념서클은 1950년대부터 형성되었으며, 1960년대에 그 틀을 갖춘 것으로, 약 30년간 지속된 조직도 있다.

신동호의 연구 또한 학생운동의 중핵을 이루는 이념서클을 중심으로 다루고 있는데, 1970년대 전반기의 유신체제 성립기와 1970년대 중반 긴급조치 9호 선포 이후의 기간에 이 조직들이 어떤 변화를 겪었는가를 풍부한 구술자료에 기초하여 분석하고 있다.

1980년대는 학생운동 조직의 이념적 분화에 더하여 격렬한 노선투쟁의 시기였고, 대규모 조직적 동원의 시기이기도 했다. 허은은 전두환 정부 전반기의 대학교육정책과 학생운동 조직, 그리고 학생운동 문화를 분석하였다. 이 시기는 1980년 '광주'의 충격이 대학 전반에 스며들어 대중적 급진화를 배태시키는 기간이었다. 이런 학생운동의 토대의 근본적 변화는 1985년부터 표면화되기 시작하였으며, 급기야 한국사회의 대중적 민주화와 질풍노도의 이념투쟁을 낳았다. 학생운동은 이른바 민족해방노선과 민중민주주의노선 간의 치열한 이념투쟁과 조직적 경쟁의 소용돌이에 휩싸였다.

이창언은 민족해방노선의 학생운동이 어떻게 학생운동의 주류로 부상하고 이것이 전국적 조직화로 나아갔는가를 연구하였다. 이런 학생운동 이념의 주류화가 학생운동 외부의 정치사회적 환경에 의해 이루어진 것인지, 학생운동 내부의 조직전략에 의한 것이었는지는 흥미로운 논쟁거리이다.

고원은 학생운동 내에서 민족해방노선에 대립하면서 또 하나의 커다란 세력을 형성한 민중민주주의노선의 학생운동을 분석하였다. 이들 간의 논쟁과 투쟁은 한국사회의 성격, 남북한 관계와 미국의 헤게모니, 그리고 사회변혁의 주체를 바라보는 시각의 차이에 입각하고 있다.

제2부에서는 지방에서의 학생운동을 대구, 부산, 광주를 중심으로 다루었다. 임채도는 1960-1970년대 경북대학교의 학생운동을 인민혁명당 사건을 중심으로 분석하고 있다. 1950년대에 강력한 야당지지 도시였으며, 1960-1970년대에는 대통령의 강력한 지역적 지지기반이었던 도시에서의 학생운동과 이에 대한 탄압은 매우 흥미로운 주제이다. 이 사건을 계기로 대구는 한국 보수주의의 아성으로 전환되어 갔다.

김희재는 1979년 부마항쟁으로부터 1987년 6월항쟁까지의 부산지역 학생운동을 분석하고 있다. 이 시기의 지역사회운동계의 변화와 2003년 노무현 정부의 탄생과의 관계는 좀 더 살펴보아야 할 연구주제이다.

이기훈은 1960년대부터 1980년대까지의 광주 지역의 학생운동의 전개과정을 정리하였다. 이 지역의 학생운동은 한편으로는 서울의 학생운동과의 긴밀한 연관하에서 발전했지만, 다른 한편으로는 전남의 농촌을 배경으로 한 독특한 지방문화에 기초하면서 상대적 자율성을 지니면서 전개되었다.

이 책의 마지막 장은 인천의 사립대학인 인천대학에서의 학생운동과 대학의 국립화 과정을 다룬 정태헌의 논문이다. 한국의 사립대학은 대학사에서 독특한 위치를 점한다. 종교적 배경이나 민족자본의 배경을 가진 사립대학들이 해방이후의 광범한 교육열에 기반을 두고 급속하게 발전했으나, 일부 사립대학은 과도하게 설립자나 재단에 의해 좌우되면서 파행적으로 운영되기도 했다. 이들은 민주주의이행기에 대학민주화를 내걸고 진행된 학생운동에 의해 대학거버넌스가 근본적으로 바뀌기도 하였으며, 아주 드물게는 국공립 대학으로 전환되었는데, 이런 사례가 바로 인천대학교이다.

이 책은 단행본 형태를 취하고는 있으나 10명의 연구자들의 독립적인 논문을 엮어놓은 것이다. 따라서 관점이나 서술방식 등이 상당히 다를 수 있다. 이 책의 체제나 통일성을 기하기 위해 이호룡이 원고 전체를 교열·윤문하였다. 하지만 각 연구자들의 의사를 존중하고 현재의 연구수준을 반영하는 차원에서 용어는 통일하지 않았다. 이 책에 실린 10편의 글이 한국의 학생운동의 시대에 대한 종합적 연구의 일부이기는 하나 여전히 답해지지 않은 많은 주제들이 우리를 기다리고 있다. '운동권'이라는 개념이나 학생운동의 시대의 종료를 둘러싼 정치사회적 연구, 학생운동을 통해 성장한 정치엘리트, 또는 학생운동이 남긴 문화적 유산, 학생운동과 노동운동이나 시민운동과의 관계 등은 이 책이 다루지 못한, 그러나 꼭 필요한 연구 주제들이다.

이런 아쉬움을 뒤로 하면서, 이 연구가 진행되는 지난 3년간 연구의 진행에 관심을 가지고 지원해주신 민주화운동기념사업회의 정성헌 이사장 이하 연구원과 직원 여러분께 감사드리고, 또 연구의 구상과 마무리 과정에서 여러 차례 발표와 토론을 해주신 연구진 모두의 노고에 감사드린다. 항상 기념사업회의 연구성과를 출판하는 데 도움을 주는 도서출판 선인에도 감사를 표하지 않을 수 없다. 한국의 민주화에 관하여 긍지를 가지고 있거나 학생운동의 경험을 단지 추억하지 않고 현재적 문제의식으로 지니고 있는 모든 분들이 이 책을 읽어주면 더 할 나위없는 기쁨이 될 것이다.

2013년 11월 30일 편자 씀

차례

제1부

제2부

제3부

*서장_* 학생운동 연구를 위한 방법론적 모색

정근식

1. 머리말 : 연구의 배경

오늘날 한국은 전쟁의 폐허를 딛고 일어나 짧은 기간에 경제성장과 민주주의를 동시에 달성한, 드문 나라로 인정받고 있다. 물론 현재 한국의 경제발전이나 민주주의의 수준이 세계 최고 수준은 아니고, 또한 질적 측면에서 많은 문제가 있다는 것이 여전히 지적되고 있다.[1] 그럼에도 불구하고 한국의 경제적, 민주적 성취는 세계 학계에서 자주 다루어지는 주제이다.

이에 관한 논의들은 크게 두 가지 방식으로 구분된다. 하나는 경제발전이나 성공적 민주화를 별개의 문제로 설정하고, 각각 이것이 가능했던 원인은 무엇인가를 질문하는 방식이다. 또 다른 하나는 양자의 관계가 무엇

---

[1] 진보주의자들은 해결해가야 할 문제점을, 보수주의자들은 상대적으로 그 성취를 강조한다.

인가를 질문하는 방식이다. 한국의 경제발전을 설명하는 이론은 대체로 발전주의 국가론, 유교자본주의론, 냉전발전론 등으로 구별되고, 성공적인 민주화를 설명하는 이론은 경제발전의 부산물론과 주체적 실천론으로 구분된다.

이런 이론들은 과거의 현실에 대한 설명의 타당성뿐 아니라 현재적인 정치적 지평에서도 여전히 논쟁적이다. 예컨대 1960-1970년대의 한국사회를 '발전주의 국가론'으로 설명하는 경우, 이것이 '복지국가론'에 대비된다는 점에서 비판적 함의가 존재하지만 박정희 정부의 경제정책의 성공을 전제한다는 점에서 현실정치에서는 보수주의적 입장에 가깝다. '발전주의 국가론'을 주장하는 이들은 경제발전의 주체를 국가나 기업가정신에서 찾고, 민주화를 성공적인 경제발전의 부산물로 간주하는 경향이 있다. 그러나 노동자 계급의 열정과 희생적 헌신은 어디에 위치하고 있는가라는 질문 때문에 좀 더 중립적인 관찰자들은 '산업화세대'와 '민주화세대'라는 병렬적 용어를 사용하기도 한다. 그러나 여기서 산업화세대나 민주화세대가 누구인지는 명확하지 않다.

이와는 달리 경제발전과 민주주의의 발전을 구분 짓고, 성공적인 민주화를 경제성장의 부수적 효과가 아니라 학생운동을 중심으로 한 사회운동의 결과로 해석하는 입장도 있다. 사회발전에서 민중이나 시민사회의 주체적 실천을 강조하는 사람들은 권위주의적 발전국가의 필연성을 부정하고, 민주주의 정부하에서도 경제발전이 가능했을 것이라고 본다.

성공적인 민주화의 요인을 강력한 사회운동에서 찾을 경우, 학생운동과 민중운동(노동운동과 농민운동) 그리고 시민운동 등이 모두 검토되어야 하는데 이에 관한 균형 잡힌 분석이 쉽지 않고, 학생운동이 차지하는 위상에 관해서도 상당한 논란이 있을 수 있다.

한국의 사회운동을 크게 나눠보면, 탈식민 국가형성의 맥락에서 민주주의의 문제를 중심으로 전개된 학생운동과 탈분단 통일운동 그리고 노동자나 농민을 중심으로 하는 민중운동, 환경이나 젠더문제를 중심으로 하는 시민운동 등으로 구성되어 있다. 이들 중 한국전쟁이 종료된 후 산업화가 이루어지고 민주주의로의 이행이 이루어지는 1980-1990년대까지는 학생운동의 역할이나 비중이 압도적으로 컸다. 학생운동은 1960년 4월혁명 이후부터 1990년대 중반까지 민주화운동의 중심에 있었다. 한국이 헌법의 규정에 걸맞게 '민주공화국'이 되어가는 과정에 학생운동이 있었던 것이다.

이 연구는 1960년 4월혁명부터 1990년대 중반까지를 '학생운동의 시대'로 규정하고 이에 대한 종합적 연구를 시도할 때 필요한 기본적 시각과 연구방법, 구체적인 사례연구들을 다루려고 한다. 이 시기를 '학생운동의 시대'라고 부르는 것에 대하여 찬성하는 의견도 있고, 반대하는 의견도 있을 것이다. 그러나 학생운동이 이념적 선도성이나 대중적 동원능력, 그리고 정치적 영향력의 측면에서 큰 비중을 차지하고 있다는 점은 누구도 부정할 수 없다.

한국의 학생운동은 언제나 동일한 양상으로 전개된 것은 아니다. 국가와 시민사회의 관계 또는 국가의 통치 방식, 그리고 주체의 성격에 따라 학생운동은 몇 개의 국면들로 구분된다. 이 연구에서는 학생운동의 국면을 크게 누 가지도 구분했나. 첫 번째는 1960년 4월혁명에서 학생운동이 사회운동의 중심으로 부상했다가 1961년 군사쿠데타에 의해 일단락이 된 후 1979년까지의 박정희 정부하에서의 학생운동이다. 두 번째는 1980년 이후부터 1990년대 중반까지의 학생운동이다. 이러한 각각의 시기의 차이와 함께 서울과 지방에서의 학생운동의 관계나 양상의 차이도 함께 고려하여야 한다.

2. '학생운동의 시대'라는 틀

1945년 식민지 지배로부터 해방된 이후 현재까지 한국사회가 경험한 사회변동은 매우 광범하고 구조적인 것이어서 쉽게 그것의 핵심을 요약하기는 어렵다. 그러나 그중에서도 빼놓을 수 없는 사회변동은 남북으로의 분단과 전쟁을 통한 국가의 형성, 절대적 빈곤으로부터의 해방과 경제성장 그리고 정치사회적 측면에서의 민주주의 제도화라고 할 수 있을 것이다. 그만큼 이 세 가지 현상은 오늘날 한국사회를 규정하는 뼈대이면서 사회구성원 모두에게 적용되는 보편적인 경험이었다. 이 세 가지 변동은 서로가 서로를 제약하면서 전개되어 왔다.

이러한 사회변동의 이면에는 전통적 공동체의 파괴와 개인화, 다양한 차원의 불균등발전, 그리고 대외개방적이면서 동시에 의존적인 세계화가 자리 잡고 있다. 이에 대한 평가는 사회 구성원의 위치에 따라 다르다. 그럼에도 불구하고 경제성장과 민주화는 한국사회가 지난 60년 동안 성취한 긍정적 성과이다. 그리고 이로 인해 세계 속에서 한국이 차지하는 위상이 강화되고 동시에 남북 간의 발전의 격차가 심화된 것은 틀림없다.

사회변동이나 사회발전은 방향과 결과뿐 아니라 주체와 경로, 속도에 관한 논의와 그 요인들에 관한 분석을 포함한다. 그것들은 한국사회를 둘러싸고 있는 세계적/지역적 환경요인들과 한국사회의 구성원들의 주체적 노력의 복합적 결과이기도 하다. 한국의 사회변동에 관한 설명에서 북한변수를 내부적 요인으로 간주할지 외부적 요인으로 간주할지 모호하지만, 중요하게 고려해야할 변수임은 틀림없다. 변동의 양상이나 속도가 매우 복잡하고 급속하며 역동적이라는 점에서는 쉽게 동의하나 변동의 주체의 측면에서는 의견이 상당히 다르다. 그 역동성의 중심에 발전국가로 표현되는 국가의 능동적 역할과 이에 적극적으로 대응해온 사회운동이 존재한다.

많은 사람들이 한국의 사회변동이나 사회운동을 설명할 때 국가와 사회의 관계로 설명하는 틀을 채택해왔다. 국가와 사회의 관계를 볼 때, 적어도 1950년부터 1980년까지의 30년간의 시기에 대해서는 '강한 국가' 대 '약한 사회'가 유력한 설명틀로 채택되었다. 이러한 설명틀을 채택한 사람들은 한국을 '강한 국가', 또는 '과대성장국가'로 묘사해왔고, 이것은 조선의 오랜 중앙집권적 전통과 관료제, 그리고 식민지 지배의 유산으로 인해 만들어진 것이라고 생각했다.

이에 비해 사회를 어떻게 규정하는가에 관해서는 다양한 견해가 있다. 식민지 지배하에서의 시민사회의 저발전, 그리고 해방 후 분단국가 형성 및 한국전쟁, 그리고 이후의 강력한 국가통제에 주목한다면, 한국의 사회를 '약한 사회'로 규정할 수 있으나, 이런 시각이 그대로 해방 직후나 1980년 이후에도 적용될 수 있을 것인가에 대해서는 유보적이다. 만약 한국의 시민사회가 약한 것이었다면, 어떻게 그렇게 강력한 사회운동이 지속적으로 전개될 수 있었는가에 관해 보다 정교한 설명이 필요해진다.

한국의 사회운동은 크게 탈식민 국가형성의 맥락에서 민주주의의 문제를 중심으로 전개된 학생운동과 탈분단문제를 중심으로 전개된 통일운동 그리고 국내의 분배분제와 노동자나 농민의 이해를 대변하는 민중운동, 환경문제나 여성·인권을 중심으로 하는 시민운동 등으로 나눠볼 수 있다. 이렇듯 한국의 사회운동은 다양한 스펙트럼을 가지면서 발전해왔다. 그러나 한국전쟁이 종료된 후 민주주의로의 이행이 이루어지는 1980년대까지는 조직화된 시민들이나 노동자 계급이 취약했고, 그것이 존재했다고 하더라도 대부분 국가에 의해 관리된 '관변단체'에 지나지 않았다. 국가권력에 맞서서 이 빈 공간을 메운 것이 학생운동이었다. 이 때문에 사회운동에서 학생운동의 역할이나 비중이 압도적으로 컸다. 학생운동은 자신들의 집단적 이익을 옹호하는 것이 아니라 대부분 강력한 민족주의론과 민주주의론에 근거하였고, '정의'를 내세웠다.

학생운동의 시대는 한편으로 일제하에서 형성된 학생운동에 대한 신뢰라는 자원에 기초하면서, 다른 사회운동을 대신하여 주요 의제설정을 담당했기 때문에 가능한 것이었다. 학생운동의 시대의 시점을 4월혁명으로 설정한 것은 운동 주체로서의 '학생'들이 고등학생에서 대학생으로 교체되고, 부정선거 규탄이 정권퇴진으로까지 이어지면서, 사회정치적 영향력이 커지고 또한 1961년부터 국가권력을 장악한 군부의 힘에 대항한 유일한 사회세력이었다는 점에서 쉽게 수긍이 가지만, 종점을 1997년까지로 설정한 것에 대해서는 이견이 있을 수 있다. 1997년은 한국경제가 큰 위기에 빠지고, 동시에 최초로 '수평적 정권교체'가 이루어진 시기이며, 시민운동의 역할이 크게 증대된 시점이다. 또한 학생운동의 이념적 분화에 의해 더 이상 학생운동 세력이 시민 다수의 의사를 '대의'하는 기능이 현저히 약화된 시점이기도 하다.

그런 점에서 학생운동의 시대는 30여 년간 지속된 일종의 장기국면으로, 그것은 주로 한국 민주주의의 제도적 형성 과정과 상당 부분 일치한다. 여기서 민주주의의 제도적 형성이란 단지 민주주의가 법률적 규정으로만 존재하는 것이 아니라 주권자인 국민들의 정치적 의사를 결집하는 선거가 부정적인 방법의 동원 없이 공정하게 실시되고, 그렇게 선출된 정치지도자가 독재하지 않고 법에 따라 권력을 행사하는 것을 의미한다. 한국에서 선거를 둘러싼 논쟁은 크게 두 가지 양상으로 나타났다. 하나는 1950년대부터 1972년까지의 부정선거문제, 다른 하나는 1972년부터 1987년까지의 대통령 직접선거의 실시 여부와 독재·민주주의라는 대당관계를 둘러싸고 진행되었다.

30여 년간의 장기국면은 국가권력과 학생운동의 상호작용 양식들의 변화라는 점에서 두 개의 중기국면으로 구분 가능하다. 첫째는 4월혁명이라는 대사건에 이어 성립한 박정희 정부에 의한 발전주의 국가, 또는 제1차 군사정부 시기 동안인 18년간이다. 둘째는 1980년 광주민주항쟁이라는 대사건에 이어 1992년까지의 제2차 군부정권, 또는 '문민정부'를 포함한 17년간이다. 물론 군부 출신이기는 하나 대통령 직접선거에 의해 성립된 노태우 정부나 보수 3당의 합당에 기초하여 권력을 장악한 '문민정부'의 포함 여부가 논쟁거리이기는 하나, 이 시기나 격렬한 민주주의로의 이행기라는 점에서 하나의 중기국면으로 설정할 수 있을 것이다.

두 개의 중기국면은 다시 각각 두 개의 소국면으로 구분할 수 있다. 전자는 1963년부터 1972년 10월유신까지를 제1소국면으로, 10월유신 이후 1979년까지를 제2소국면으로 구분하며, 후자는 1980년부터 1987년까지를 제1소국면으로, 1988년부터 1997년까지를 제2소국면으로 한다. 이러한 시기 구분에서 정치사적 사건이나 기준이 중시된다는 것은 그만큼 학생운동이 자유민주주의의 형성이라는 틀에서 크게 벗어나지 않았다는 점을 보여주는 것이다.

학생운동의 시대구분에서 학생운동 주체의 이념이나 조직을 시기 구분의 기준으로 삼아야 한다는 시각이 있을 수 있다. 예컨대 학생운동의 주된 요구가 민주주의 회복으로부터 '변혁'으로 전환하는 것이라든가 또는 학생운동의 조직이 대학별 조직을 넘어서서 전국적 협의나 연합조직으로 전환되는 시점 또는 학생운동 소식의 공개적 합법성의 변화가 중시되어야 한다는 주장도 가능하다.

학생운동의 시대에 관한 연구는 학생운동이 놓여 있었던 역사적 맥락을 다시 성찰해보고, 학생운동 연구에서 빼놓을 수 없는 주체적 요소들, 즉 이념이나 조직, 그리고 문화를 검토해야 한다. 나아가 통제 대상으로서의 학생운동이라는 측면에서 학생들에 대한 징계나 학생운동 참여자들의 희생에 관한 연구를 어떻게 수행할 것인가에 대해서도 논의할 필요가 있다.

  '학생운동의 시대'론은 국가의 중요 정책 과정에서의 중요변수론 외에 의제설정 능력, 중요한 사회적 분기점이 되는 사건들에서의 행위동원 능력이라는 두 가지 맥락에서 검증되어야 한다. 학생운동의 의제는 크게 민주주의론과 사회변혁론으로 대별되는데, 여기에는 민주주의의 현실과 과제를 규정하는 방식의 차이가 존재한다. 그리고 때때로 외부와의 관계나 내부의 사회경제적 재분배를 둘러싼 의제들이 포함된다.

  학생운동의 양상은 권위주의적 지배·저항기와 민주주의 이행기 등 국면에 따라 달라지며, 또한 저항의 수준이 독재나 권위주의에 대한 반정부적 운동과 반체제적 운동으로 구분된다. 여타의 저항운동이 약화되거나 형성되지 않은 상태에서 학생운동만이 저항의 주체로 존재하기도 했으며, 범시민적 또는 국민적 연합운동이 진행되는 가운데 학생운동 진영이 행위동원의 중심적 역할을 담당하기도 했다. 또한 학생운동은 단지 대학 내에서 이루어지는 것이 아니라 공장이나 농촌, 또는 도시빈민 지역에서 전개되기도 했다. 이러한 점에서 학생운동에 관한 연구는 대학에서 전개되는 학생운동뿐만 아니라 학생운동과 민중운동, 학생운동과 시민운동 그리고 학생운동과 정당의 상호관계의 변화를 추적해야 한다.

  앞에서 언급했듯이 학생운동은 몇 개의 국면으로 구분 가능하다. 시기 구분에서 하나의 기준은 '국가(정부)의 교체'이고, 다른 하나의 기준은 '학생운동의 연대 양상(내부적 연대와 외부적 연대)의 변화'가 될 것이다. 이러한 기준들은 통제법령이나 정부의 조치, 운동 주체의 이념적 전환이나 조직화, 연대 양상 등이 될 수 있다. 학생운동은 학생운동에 의한 민주주의라는 의제 독점(과점)의 시기(또는 대행의 시기)와 시민적·국민적 연대운동의 시기, 학생운동의 적극적 주동적 역할의 시기로 크게 구분된다. 그러나 그 안에서는 좀 더 세분된 시기로 구분 가능하다.

3. 운동적합적 이론을 찾아서

1) 사회운동이론의 현실적합성

한국에서 학생운동을 포함한 사회운동에 관한 본격적인 연구는 1980년대에 이르러 시작되었다고 할 수 있다. 1970년대까지 대학에서 학생운동이나 사회운동은 실천의 영역에 머물러 있었고, 교육과정이나 연구대상에서 배제되어 있었다. 한국의 대학에서 계급이나 사회운동, 또는 마르크스의 사회이론 등은 공식적으로 거론되기 어려웠다. 다만 사회운동은 일종의 집합행동으로 사회심리학에서 다루어지거나 군중행동의 일부로 대중사회론 등에서 언급되었다. 르봉의 군중행동론, 콘하우저의 대중사회론에 뒤이어 지위불일치나 상대적 박탈론이 사회운동의 중요한 개념으로 활용되었다. 구조기능주의에서의 집합행동의 설명도 1970년대 후반기부터 거론되기 시작했다. 스멜서의 가치부가도식은 이에 입각한 정교한 설명도식이었다(Neil J. Smelser, 1962). 데이비스의 J곡선이론은 기대상승과 현실의 괴리로 집합행동을 설명하는 틀이었다. 여기에서 사회운동은 비합리적 행위로 설정되었으며, 이러한 설명틀은 1970년대 학생운동을 통제하는 입장에서 채택되기도 했다.

1970년대부터 서구 학계에서 집합행동론은 점차 사회운동론이나 혁명의 비교사회학이라는 틀로 다루어지기 시작했다. 프랑스혁명에 관한 브린튼의 고전적 설명으로부터 벗어난 배링턴 무어와 스카치폴의 사회혁명에 관한 거시적 설명은 사회혁명에 관한 역사사회학을 새롭게 정립하였다. 또한 중국혁명이나 베트남전쟁의 영향을 받으면서 농민혁명에 관한 다양한 설명들이 시도되었다. 제프리 페이지가 농민적 소유를 둘러싼 계급갈등에 주목했다면, 스코트는 도덕경제론에 입각하여 농민들의 집합행위를 설명했고, 팝킨은 농민들을 합리적 행위자로 설명하기 시작하였다. 이런 사회운동이나 사회혁명에 관한 논의들이 1980년대 전반기 한국 사회학에서 다루어졌다(김진균 · 정근식, 1984).

1980년대에 이르러 사회운동론은 한편으로 마르크스주의적 패러다임과 집합행동론에 대한 비판으로부터 발전하였다. 가장 큰 전환은 사회운동의 참여자들이 비합리적 군중이 아니라 합리적 개인이라는 전제였다. 이러한 시각의 전환은 자원동원이론과 정치적 기회구조론, 그리고 정치과정이론을 낳았다. 이런 서구의 사회운동론의 발전이 1990년대 초에 한국의 시민사회운동의 설명에 원용되었다.

사실 고전적인 마르크스주의이론도 혁명이나 사회운동을 합리적 행위론으로 설명한다. 자본주의적 계급모순에 대한 저항으로서의 혁명은 필연적이며 합리적인 집합행동인 것이다. 여기로부터 계급의식에 충실한 지식인, 또는 자신의 계급적 지위를 넘어선 존재로서의 지식인 범주가 설정된다. 그러나 이런 패러다임은 한국사회의 사회운동, 또는 학생운동을 설명하는 데 많은 한계를 드러낼 수밖에 없다. 사회운동이 항상 계급적 모순으로부터 출발하는 것은 아니며, 또한 운동의 주체나 지도가 노동자계급이나 계급정당에 의해 이루어지는 것은 아니다. 여성운동이나 환경운동뿐 아니라 학생운동에 대한 적합한 설명틀을 제공하기가 어렵다.

1980년대 초반에 정립되기 시작한 자원동원이론은 집합행동의 출발이 '불만'이고, 이것은 모든 사회에 존재한다고 봄으로써 사회운동이 비합리적 행위가 아니라는 점을 강조했다. 이 이론은 사회에 존재하는 불만과 자원동원의 기회를 결합시켜 사회운동을 설명한다. 사회운동의 조직가들은 자신들에게 주어진 자원을 적절하게 조직함으로써 운동을 발전시킬 수 있다고 본다(MaCarty and Zald, 1987, p.18). 자원동원론에서 사회운동은 자율적이고 합리적인 선택을 한 개인들의 집합이고, 비용과 편익을 계산하는 합리적 선택에 입각하고 있다. 여기에서 핵심은 사회운동 행위 자체가 아니라 운동조직이고, 이들이 사회운동을 통해 얻을 수 있는 이득이다.

태로우와 맥아담은 이런 자원동원론이 과도하게 엘리트의 중요성을 강조하고 사회운동 조직을 이익집단의 논리에 따라 움직이는 것으로 규정하고 있다고 비판하였다. 맥아담은 사회운동의 출현에서 더 중요한 것을 불만에 대한 집합적 정의라고 보았다. 객관적으로 존재하는 구조적 불평등이나 상황에 대한 집합적 의미구성은 운동형성의 핵심적 변수이다. 스노우와 벤포드는 사회운동은 사회적으로 구성된 것이며, 이 사회적 구성과정을 '프레임 정렬 과정(frame alignment process)으로' 개념화했다. 사회운동 조직이 제시하는 해석적 프레임에 개별적 행위자들이 참여할 때 사회운동으로 발전한다. 이 프레임은 행위자들의 문화적 세계에 뿌리내리고 있는 것이다. 행위자들과 운동조직의 접속은 프레임의 연결, 증폭, 확장, 변형 등을 통해 이루어진다(Snow, 1986, p.467).

맥아담(1982)은 인지적 해방이라는 개념을 사용하여 구조적 요인들과 해석적 틀을 연결하려고 했다. 그는 광범위한 사회경제적 과정이라는 토대 위에서 한편으로는 정치적 기회구조가 확장되고, 다른 한편으로는 기존 조직의 힘이 함께 작용하여 인지적 해방을 이끌어 오며 이들이 함께 사회운동의 형성이나 발전에 작용한다고 본다.

크게 보면 자원동원이론이나 정치적 기회구조론, 또는 정치과정론은 모두 정치적 다원주의 사회에 토대를 두고 발전하였다. 최소한 언론, 집회, 결사의 자유가 확립된 사회에서의 사회운동과 그렇지 않은 사회에서의 사회운동에 대한 설명은 다를 수밖에 없다. 서영표(2013)는 자원동원이론과 사회구성주의론은 '현재 존재하고 있는 정치적 경제적 권력구조'에 관심을 기울이지 않는 경향이 있다고 지적하였다.

　1980년대는 한국뿐 아니라 세계적으로 사회운동에 관한 이론적 관심이 매우 고조된 시기였다. 이것은 1960년대에 분출되기 시작한 여성운동, 평화운동, 인권운동, 환경운동의 고조에 대한 성찰의 결과였다고 할 수 있다. 이런 신사회운동이 발전하면서 사회운동을 설명하는 방식도 크게 변화하였다. 신사회운동론은 탈근대적, 탈산업적 사회변동에 주목하면서 새로운 삶의 양식을 추구하는 경향과 여기에서 발생하는 정체성의 정치에 주목한다. 또한 현실사회에서 작동하고 있는 문화적 지식에 의해 매개되는 헤게모니투쟁에 주목한다. 신사회운동론은 사회를 일종의 이데올로기적, 문화적 구성체로 바라보는 경향이 있다. 멜루치는 산업사회로부터의 탈각과 정보기술의 발전에 주목한다. 특히 유럽의 복지국가의 퇴조와 지구적 수준에서의 자본주의 변형이 가져온 일상생활의 정치화는 사람들에게 새로운 정체성을 추구하도록 만들었다. 사회적 투쟁의 장이 작업장과 국가로부터 일상생활의 영역으로 변화되었다.

　우리에게 문제는 이런 다원주의 사회에 기초한 사회운동이론들을 한국의 학생운동에 대한 연구에 얼마나 활용할 수 있는가이다. 그런 점에서 최근 미국 사회운동에서 나타나는 흥미로운 개념의 하나가 '운동적합적 이론(movement-relevant theory)'이다. 이는 사회운동에 관한 이론적 연구들이 실제로 운동에 종사하는 사람들에게 별로 도움을 주지 못한다는 비판 또는 성찰의 결과이다. 베빙턴과 딕슨은 리차드 플랙스의 주장(Flacks, R., 2004, p.138)에 의존하여 미국의 수많은 사회운동 이론들이 과연 사회변동을 추구하는 사람들에게 유용한 지식을 제공하고 있는가라는 도전적 질문을 던진다. 그는 '사회운동사'가 아닌 '사회운동 이론'이 사회운동 자체와 괴리되어 있다는 점을 지적하고, 이 간격을 메울 수 있는 방법이 필요하다고 주장하였다.

　우리가 한국의 학생운동을 연구하는 경우, 이들이 제기하는 맥락과는 다른 맥락에서 '운동적합적 이론'이 필요하다. 여기서 다른 맥락이란 이들이 말하는 '실천적으로 유용한 이론'이라는 뜻 이외에 '실제 경험에 충실한 이론'이라는 뜻이다. 한국에서 대부분의 사회운동, 특히 학생운동에 대한 연구는 경험적 분석이라기보다 직관적 통찰이나 자신의 주관적 경험에 기초한 것이 많았다. 따라서 운동적합적 이론은 무엇보다도 실제 경험한 학생운동에 기초한 학생운동 연구라고 재정의해야 한다.

한국에서의 사회운동 또는 학생운동에 대한 연구는 서구 집합행동론과 혁명론에 영향을 받으면서 1980년대 초부터 이루어지기 시작하였다. 한편으로는 민족운동의 일환으로 전개된 식민지하 사회운동이나 4월혁명에 대한 역사적 연구들이 부분적으로 이루어졌다. 그리고 다른 한편으로는 서구 사회학계에서 발전한 여러 이론들이나 경험적 연구들이 소개되기 시작하였다. 한국의 학생운동에 관한 논의는 경험적인 연구라기보다는 주로 규범적인 연구였고, 학생운동의 이념과 전략 또는 노선의 분화에 초점을 맞추고 있었다. 다만, 특기할 만한 것으로는 1980년대 초에 1970년대의 민주화운동에 대한 자료집(한국기독교사회문제연구원, 1983)이 출간되었다는 사실이다.

그러나 여전히 1980년대는 운동과 실천이 연구에 우선했다. 1987년 민주주의로의 이행과 함께 비로소 사회운동의 실천과 연구가 거리를 두기 시작하였다. 1987년 노동자대투쟁과 이후의 격렬한 노동운동, 그리고 주민운동이나 환경운동도 사회운동 연구를 촉발시키는 계기가 되었다. 1990년대 초반 시민운동의 대두는 한국에서의 사회운동 연구를 더욱 자극하였다. 1990년대부터 몇몇 사회학자들에 의하여 서구적인 사회운동의 이론적 성과들이 소개되고, 또한 자원동원이론이나 정치과정론적 이론들이 한국사회의 운동을 설명하는 데 적용되기 시작하였다.

정철희(1995)는 사회운동의 새로운 패러다임을 구성하는 이론적 종합을 시도하면서 미시-거시의 연결, 경험적 연구와 이론적 논의의 연결을 강조하였다. 임희섭(1999)은 사회운동론의 전개 과정을 체계적으로 정리하였고, 조대엽(1999)은 한국의 시민운동의 발전에 주목하면서 사회운동론에 대한 사회운동 조직과 사회운동산업에 관한 정리를 시도하였다.

그렇지만 전체적으로 보면, 한국사회에서 치열하고 지속적인 학생운동의 전개에 비하여 여전히 이에 관한 연구는 저조하다. 왜 이에 관한 경험적 연구는 충분히 발전하지 않았는가? 이에 대한 하나의 가설적 답으로, 무엇보다 연구자들의 상황에 주목할 필요가 있다고 생각한다. 한국의 학생운동 연구가 경험적 분석에 취약했던 이유로 세 가지를 들 수 있다. 첫째로는 연구자들 대부분이 학생운동 문화에 익숙하거나 '운동권' 출신이어서 냉철한 분석의 필요성을 별로 인식하지 못했다는 것이다. 둘째는 그렇기 때문에 일정한 '거리두기'가 필요한 설명보다는 자기의 경험에 친숙한 기술에 치중했다는 것이며, 셋째는 설명을 위해 필요한 자료의 체계적 수집이 진전되지 않았기 때문이다. 최근에 이르러서야 당연하게 생각해왔던 현상을 다시 성찰하면서, 학생운동의 지도자들이나 참여자들의 경험을 충실하게 채록하고 과거의 기록들과 대조하여 검토하는 작업들이 진행되고 있으며, 운동조직의 활동기록이 부분적으로 출판되고 있다는 점은 이를 반증한다.

서구의 사회운동 이론은 다원주의 사회나 복지국가적 배경에서 발전되었기 때문에, 언론, 집회, 결사의 자유가 충분히 확립되지 않았고 민주주의의 형성기에 있었던 1960-1980년대 한국의 학생운동을 설명하기에는 많은 한계를 가진다. 사회운동을 역사적인 사회구성체의 현실에서 파악하고, 운동경험에 적합한 이론을 구성하기 위해서는 역사적, 사회적 맥락이 중시되고, 구체화될 필요가 있다.

2) 적절한 역사적 맥락에 놓기

필자는 한국의 사회운동, 특히 학생운동에 관한 연구는 무엇보다 그것이 전개된 역사적 맥락, 즉 세계적 차원과 한반도적 차원 그리고 한국의 국내적 차원이라는 3차원적 맥락 속에 적절히 위치시켜야 한다고 생각한다. 그때 비로소 '운동적합적 이론'의 근거가 마련될 수 있기 때문이다. 한국의 학생운동의 시대로 규정한 1960년부터 1997년까지의 시간 역시 이러한 3차원적 맥락 속에 위치시켜야 한다. 첫 번째는 세계적, 동아시아적 차원에서의 냉전과 탈냉전이라는 맥락이다. 두 번째는 남북한의 분단과 경쟁적 국가형성, 체제 간 정당성 경쟁이라는 맥락이다. 마지막 세 번째는 국내적 차원에서의 발전주의 국가의 통치 전략, 그리고 거기에 부착되어 있는 통치성의 구조의 변화라는 맥락이다. 학생운동의 시대는 이러한 세 가지 맥락 속에 놓여야 한다. 학생운동의 목표나 행위 양식들이 이 같은 세 가지 차원의 변화들에 조응하면서 정립되었기 때문이다.

1960-1990년대는 세계적으로 볼 때 냉전의 극단적 전개와 탈냉전이 착종된 시간이다. 1940년대 후반부터 만들어지기 시작한 세계적 냉전이 한반도에서는 전쟁으로 나타났고, 이 전쟁은 오랫동안 남북한뿐 아니라 동아시아의 질서를 규정하였다. 넓은 의미에서 한국전쟁은 한국의 내전일 뿐 아니라 미국을 필두로 한 유엔군, 그리고 소련의 구상과 중국의 인민지원군의 참전이 어우러진 국제전이었다. 복합전쟁으로서의 한국전쟁에서 형성된 다중적 적대는 탈냉전의 점진적 진행에 따라 약화되었다. 그러나 정치군사적 차원, 사회문화적 차원, 그리고 경제적 차원의 양상은 각각 다르게 진행되었다. 이 전쟁에 의해 공고화된 동아시아의 냉전질서는 짧게는 1979년 중국의 개혁개방까지, 중기적으로는 1992년 한중수교까지, 더 장기적으로는 현재까지 유지되고 있다.

한국의 학생운동은 이러한 동아시아의 질서 속에 놓여 있었음에도 불구하고 이를 전면적으로 의제화하지는 않았다. 한국의 한국운동은 강한 민족주의를 바탕으로 했으나 이런 동아시아 냉전의 구조적 질서 속에 잠겨 있었다고 할 수 있다. 학생운동은 동아시아의 적대와 평화를 전면적으로 문제 삼지 않았다. 1960년대 전반기의 한일협정에 대한 반대운동과 1980년대 초반부터의 미국비판운동을 통해 동아시아 냉전의 구조적 질서에 개입하였지만, 이런 틀을 전면적으로 부정하는 흐름은 형성되지 않았다.

그러나 남북한의 관계에 대한 의제화는 항상 존재했다. 1960년 4월혁명 이후 남북학생회담의 개최 제안에서 알 수 있듯이, 남북관계는 한국의 학생운동을 보다 강력하게 규정하는 구조적 요인이었다. 한국사회를 규정하고 있었던 국가보안법은 학생운동이 자주 침범하는 영역이었다. 학생운동은 1980년대 중반부터 전개된 북한바로알기운동을 통해 남북의 분단 문제를 전면에 이슈화하였고, 이것은 정부 차원의 남북교류에 큰 영향을 끼쳤다.

한국의 학생운동은 탈식민 국가형성의 과정과 불가분의 관계에 놓여 있었다. 한국은 헌법상 민주공화국을 표방하고 있는데, 이 민주공화국이라는 정치공동체의 기본이념은 1948년 헌법의 핵심규정으로 자리 잡았다. 그러나 실질적인 의미에서의 민주공화국의 이념은 1980년대 후반에 이르러서야 확립되었다. 보통선거를 통한 대의제 민주주의 실현은 보통선거가 부정되거나 또는 부정선거에 의한 국가권력의 구성을 배제한다. 온갖 형태의 부정선거나 독재의 실질적 배제를 위한 투쟁 과정이 이 시기 학생운동의 핵심을 이룬다. 국가권력을 형성하는 원리로서의 선거가 '부정' 없이 시민들에 의해 공정하게 이루어지고, 국민 다수의 의사가 국가권력을 구성하는 과정은 학생운동의 핵심 의제였다. 또 정당한 탈식민화

와 '자주' 역시 학생운동의 주요 과제였고, 이것은 1960년대 전반기 한일협
정반대운동의 국면에서 표현되었다.

또한 한국의 학생운동은 내전과 국제전이 혼합된 대규모 전쟁을 겪고
남북으로 분단된 사회 상황을 배경으로 전개되었다는 점을 고려해야 한
다. 국가형성 및 민족형성이 서로 괴리된 분단 상황에서 학생운동은 이를
극복하는 것을 이상으로 삼았다. 분단현실이 학생운동에 미친 영향은 매
우 중요하다. 학생운동의 시대 전 기간에 있어 분단 극복이라는 추상적
가치와 북한 현실에 대한 정확한 정보의 부재는 변수라기보다는 상수였
다. 이 때문에 학생운동의 시대 전 기간에서 혁명이나 변혁이라는 낭만적
인식이 자리 잡고 있었다고 할 수 있다.

국내적 맥락에서 보면 한국의 학생운동이 놓여 있던 가장 중요한 두 가
지 맥락은 국가권력의 성격과 지배의 양식, 그리고 대학정책과 제도였다.
학생운동은 직접적으로 제1기 군사정부였던 박정희 정부, 그리고 제2기
군사정부였던 전두환 정부하에서 프레임(틀)이 짜여졌다. 군사정권의 발
전주의 정책과 이를 수행하는 권력이 학생운동의 주된 대상이자 활성화
를 가능케 하는 에너지원이었다.

당시 한국사회는 정치적으로는 발전주의 국가가 지배하고, 경제적으로
는 빈곤한 후진국에서 신흥공업국으로 전환되던 상황이었다. 그리고 사
회적으로는 시민 또는 국민의 요구를 적절히 대변할 수 있는 노동조합이
나 시민조직이 별로 발전되지 않은 상황이었고, 고등교육 진학률이 비교
적 낮은 수준에서 매우 높은 수준으로 전환되던 상황이었다. 문화적으로
는 '대학생'에 대한 사회적 선망과 정치적 보호의식이 광범하게 존재하고
있었다. 학생운동은 이와 같은 정치 · 경제 · 사회 · 문화적 상황을 배경으
로 한다. 대학생들이 자신들의 대학 졸업 후의 노동시장 진입을 거의 고
려하지 않을 정도로 노동시장은 지속적으로 확대되고 있었다. '학생운동

의 시대'의 사회적 기반은 고등학교 및 대학교 진학률의 장기추세, 이에 바탕을 둔 대학생의 높은 취업률, 민족주의적 지식인 지향의 자기정체성에 주목할 필요가 있다.

'학생운동의 시대'에 한국의 대학은 지속적으로 팽창하였다. 이 기간에 대학진학율은 10%에서 70%로 상승했다. 국립대학과 사립대학의 분화와 사립대학 성장의 메커니즘 또한 학생운동에 영향을 미쳤다. 국립대학에서의 학생운동은 쉽게 국가권력에 대한 도전이 이루어졌으나, 사립대학의 경우는 대학 자체가 비판의 대상이 되었으므로 국가권력에 직접적 도전은 이에 의해 방해를 받았다. 또한 서울대학교를 정점으로 하는 대학의 위계화 또한 대학생들의 '선구자'적 사명감에 차별적으로 영향을 미쳤다. 1960-1970년대의 학생운동이 서울의 상위 대학 중심으로 전개되었다는 사실과, 1980년대 중반에 이르러 대부분의 대학으로 확산되었다는 사실은 학생운동이 대학정책과 대학의 구조적 배치에 의해 큰 영향을 받는다는 것을 잘 보여준다. 학생운동이 구체적으로 어떤 장소에서 어떤 의제를 중심으로 형성되는가는 이런 역사적, 사회적 맥락에 대한 탐구로부터 답을 얻을 수 있다.

3) 연구의 시각과 쟁점들

학생운동은 학생들이 중심이 되어 전개한 사회운동으로 이에 관한 연구는 시위 및 사건 중심의 접근, 조직 중심의 접근, 정체성과 문화(일상적 실천) 중심의 접근 등 다양하다.

1980년대에 이르러 시작된 초기의 학생운동 '연구'들은 주로 운동전략 또는 '변혁'적 지향을 가졌으며, 운동 내에서의 연구였다고 할 수 있다. 1987년 이후 사회운동은 서서히 객관적 연구대상이 되었고, 1990년대 초반 시민운동의 출발과 함께 사회운동 연구가 활발하게 진행되었다. 그러나 주민운동이나 노동운동, 농민운동, 그리고 시민운동에 비해 학생운동에 대한 연구는 상대적으로 더뎠다. 학생운동 연구는 사건사적 접근이 주류를 이루어왔으며, 국면사적 접근은 약하다.

학생운동을 개인적 조직적 수준에서의 운동 주체의 이념 실현의 장으로 보는 시각과 독재적 국가권력과의 대립·갈등관계로 포착하는 시각이 있을 수 있다. 전자로 접근한다면, 학생들이 만들어낸 각종 자료 그리고 당사자들의 구술과 증언이 주요 연구 자료가 된다. 후자로 접근한다면, 감시와 처벌이라는 시각이 상대적으로 더 중요해진다. 이 경우 학생운동 연구에서는 정보부를 위시하여 경찰과 군 정보기구, 나아가 검찰과 사법부가 남긴 자료가 중요해진다.

학생운동 연구는 구조, 제도, 행위(실천), 문화 등으로 구분된다. 지금까지는 학생운동사로 표현되는 역사적 연구, 특히 그중에서도 사건사적 연구와 대학별 접근이 주로 이루어졌다. 사건사적 접근의 경우, 민주화운동기념사업회 사료관이 편집한『1970년대 학생운동 1-7: 민주화운동 구술사료 열람집』(2010)을 활용할 수 있다.[2]

최근에는 1990년대 학생운동에서의 연대에 관한 연구, 즉 대학을 넘어서는 전국적 조직, 그리고 학생운동으로부터 노동운동으로의 개인적 투신 등에 관한 연구도 이루어지고 있다. 여기에는 운동조직(학생회, 동아리, 전국적 연대조직)과 운동참여자, 운동이념과 운동 방식(시위 등), 운동의 성과(결과, 효과) 등이 하나의 계열을 이루며, 통제법률(긴급조치, 집시법,

---

[2] 여기에는 정진회사건, 고려대 무장군인 난입사건, 함성지사건, 고려대 검은 10월단 사건, 서울대 10·2시위, 연세대 1975년 시위, 고려대 1975년 시위, 서울대 5·22시위, 서울대 경희대 연합시위 미수사건, 서울법대 1976년 시위, 서울대 1977년 봄 시위, 한신대 1977년 시위, 이화여대 1970년대 운동, 1977년 서울대 사회학과 심포지움사건, 1977년 서울대 11월 시위, 1977년 연세대 시위, 1977년 서강대 시위, 1978년 고려대 9월 시위, 1978년 서울대 시위, 1979년 부마항쟁 등이 포함되어 있다.

국가보안법 등), 통제조직(대학, 경찰, 검찰, 정보기구, 군 정보기구), 통제방식(처벌의 수위, 처벌 방식) 등이 또 하나의 계열을 이룬다. 여기에 운동권 출신의 이후 생애사적 궤적(노동운동, 농민운동, 시민운동의 배태), 학생운동과 환경과의 관계(종교, 노동조합, 농민운동 조직) 등이 추가될 수 있다. 학생운동 연구를 주체라는 측면에서 살펴볼 때, 그 주체는 개인, 소규모조직, 연대조직 등으로 대별된다. 때문에 이들의 역사의식(자기정체성), 조직능력, 소통능력이 검토되어야 한다. 학생운동의 환경적 요인들로는 정치체제, 행동의 자유를 허용하는 정도, 지원조직, 취업 상황, 학원통제역량(감시망) 등이 검토되어야 하고, 학생운동의 양상/성쇠에 영향을 미치는 요인들에 대한 탐구는 매우 중요하다.

학생운동에 관한 경험적 분석과 이론적 구성에서 주요 지표를 구성하여 이를 측정하는 방법도 가능하다. 학생운동의 대중성이나 사회적 영향력, 급진성과 고립성, 대학 간 조직들의 관계와 협력 수준, 규모(행위 동원능력)를 재는 지표가 학생운동 연구에 유용한 수단이 된다. 급진성 지표에는 전체 운동권 사망자 중 학생운동 참여자의 비율, 구속자 수의 비율, 학사징계, 시위의 빈도 등이 포함될 수 있다.

또한 한국 학생운동의 특성을 파악하려면, 비교연구가 불가피하다. 1968년에 세계적으로 진행된 신좌파운동과 한국 학생운동과의 시차나 영향 등을 비교의 틀에서 접근할 수 있고, 한국과 가장 유사하게 민주화의 경로를 밟은 대만과의 비교연구를 구상할 수도 있다. 이런 비교연구는 한국 학생운동에 대한 객관적 접근에 도움이 된다.

4. 학생운동의 이념과 조직 그리고 문화

1) 이념

1980년까지 한국에서 학생운동은 학문적으로 연구되지 못하였고, 1980년대 이후 시작되었다. 학생운동 연구는 1980년대 중반에 진행된 사회구성체 논쟁에서의 여러 가지 입장을 정리하고, '자주'를 강조하는 민족해방노선과 '계급적 변혁'을 강조하는 민중민주주의 노선으로의 분화를 기술하는 데 치중하였다. 그러나 상대적으로 학생운동이 지향한 민주주의의 이념이 어디에서 왔으며, 이들이 생각하고 있는 민주주의의 주체적 내용이 무엇이었는가. '운동권'은 어떻게 형성되며, 누가 운동에 참여하는가, 운동조직의 전략의 차이는 어떻게 재생산되는가. 운동문화의 특징은 무엇인가라는 질문들에 대한 설명이 충분히 이루어지지 못했다.

학생운동은 이념, 조직, 그리고 각종 행위동원으로 구성되며, 국가권력을 제도적으로 변화시키려는 집합적 노력, 드물게는 사회적 계몽이나 민족통일을 지향하는 집합적 노력이다. 학생운동은 학생들의 집단적 이해관계보다는 민족주의와 민주주의의 실현이라는 가치지향적 특성과 함께, 지식인의 사명이라는 규범적 지향을 가진다. 대학생들의 지식인으로서의 자기정체성은 학생운동의 시대에 새롭게 형성된 것이 아니라 식민지하에서 형성된 것으로 이것은 해방과 함께 부활했으며, 한국전쟁을 거치면서 계승되었고, 4월혁명 이후 신생활운동에서 재정립되었다. 1960년대 박정희 정부의 강력한 근대화프로젝트와 발전주의 국가에 대해 학생운동은 매우 비판적이었다. 학생운동은 대체로 한국사회를 식민주의의 잔재가 남아있고 계급 간 양극화 상태에 있으며, 외세의존적인 국가권력이 재벌과 결합하여 민중을 착취하는 구조를 가졌다고 인식하였다. 이런 인식은 1970년대와 1980년대의 한국 경제의 발전에도 불구하고 오랫동안 지속되었다.

사회운동은 특정 이념을 지향하고 집단적 이해를 옹호하는 두 가지 요소가 결합되어 나타나는 사회현상이지만, 학생운동은 일반적으로 후자보다는 전자를 우선한다는 것이 중요한 특징이다. 학생운동의 이념은 자유주의적 민주주의와 민족주의, 그리고 사회주의적 지향이 혼재하거나 서로 얽혀 있었다. 특히 1960년부터 1970년대 말까지는 명백한 민주주의와 민주주의가 아닌 것이라는 프레임에 의해 구성되었다. 이 프레임은 주로 박정희 정부의 민주주의로부터의 일탈에 대한 비판과 '반대'운동들에 근거하였다. 1964년의 한일협정반대운동, 3선개헌반대투쟁, 유신반대운동 등이 이를 대변한다. 학생운동 과정에서 제시된 각종 선언문들은 한국사회의 핵심적인 문제를 민주주의 대 독재라는 틀로 파악했고, 자주 재벌이라는 범주가 도입되었다.

1970년대 후반 한국사회에 종속이론이나 세계체제론이 영향을 미치면서 점차 한국의 위치를 제3세계나 주변부로 위치시키는 경향이 강해졌다. 1980년 광주민주항쟁을 겪은 이후 학생운동은 그 출발점을 광주민주항쟁에 대한 성찰에 두었다. 학생운동은 '시민들을 무참하게 살육한 군부정권과 이를 방조한 미국'이라는 인식에서 출발하여 이를 극복하기 위한 전략이 무엇인가를 모색하였다. 1980년 광주민주항쟁에 대한 군의 개입 과정에서 미국의 역할에 의문을 품고 그 책임을 묻기 시작하였다. 이로써 '반미'라는 틀이 학생운동의 이념 속에 들어오기 시작하였으며, 점진적인 개혁이 아닌 보다 급진적인 '변혁'이 운동 이념으로 채택되었다. 이에 대한 일차적 합의가 민중·민족·민주로 표현되는 이념이었다. 이것이 1985년 학생운동의 중심 의제로 나타난다. 그러나 이들 간의 관계 또는 우선순위를 둘러싸고 많은 논쟁이 발생했다.

학생운동이 한국사회를 인식하는 틀은 3민, 즉 '민족·민중·민주'로 수렴되었지만, '노동계급에 의한 혁명'이라는 표현은 회피한 대신, '민중에 의한 변혁'이라는 용어를 사용하였다. 변혁노선은 사회구성체 논쟁에 의해 규정받으면서 '민족자주'를 강조하는 집단과 '민중적 정의'를 강조하는 집단으로 분화되었다. 'NL'과 'PD'로 약칭된 학생운동의 분열은 매우 광범하였으며, 학생운동 지도부부터 일반 학생들까지 모든 조직적 단위들을 관통하였다.

1980년대 후반에 이르러 학생운동의 이념은 점차 급진화되면서 이른바 대중노선이 강화되고 북한의 입장을 수용하는 쪽도 생겨났으나, 1990년대 초반 세계 사회주의의 몰락과 탈냉전의 영향은 급진적 학생운동의 토대를 위협하기 시작하였다. 1990년대 중반 이후의 북한의 체제위기에 관한 정보는 학생운동의 시대의 종료와 무관하지 않았지만, 1980년대 후반의 이념적 관성은 상당 기간 유지되었다. 그만큼 한국의 학생운동은 고립적인 요소를 가지고 있었으며, 세계적 동향에 둔감하였다. 이런 현상에 영향을 미친 가장 큰 요인은 분단현실에 기초한 과도한 민족주의적 지향이었다.

2) 조직

규범적으로 학생운동은 일반학생 대중의 자발적 운동이라고 정의된다. 하지만 실제로는 소수의 운동조직이 존재하고 이들이 학생운동을 이끌어간다. 학생운동은 청원이나 농성, 시위나 점거, 심지어는 방화나 분신까지 매우 다양한 방식의 행위 동원을 통하여 요구를 표현힌다. 가장 흔한 표현 방식은 집회나 시위였다. 때때로, 각종 계몽이나 훈련 프로그램을 통해 자신의 모습을 드러내고 내부적인 결속을 도모했다. 집합적 행위 양식은 상황에 따라 다르게 선택된다.

학생운동을 조직의 측면에서 바라보면, 대학 내의 기초조직, 대학조직, 그리고 전국조직 등 세 차원으로 구성된다. 물론 항상 이 세 차원의 조직이 함께 조직되어 활동했던 것은 아니다.

　1960-1970년대는 이 조직이 실재했는가 아니면 가공의 조직인가의 논란이 있지만 1974년의 전국민주청년학생총연맹(민청학련)을 제외하면 전국적인 차원의 조직이 부재했다. 학생운동 조직에서 전국적인 연대활동을 하기 시작한 것은 1985년이며, 전국적인 조직은 1987년 전국대학생대표자협의회(이하 전대협)의 출범으로 시작되었다. 1980년대 중반 이후 학생운동에서 자주 거론되는 핵심개념은 '현장'과 '연대'였다.

　운동조직에 관한 논의는 대학 내부의 학문적 제도와 학과나 단과 대학에 기초한 학생대중 조직, 또는 제도적 구획을 가로지르는 독자적인 학생운동 조직, 그리고 대학교 간 교류와 연대의 양상, 이념적 지향에 영향을 주는 요인들을 종합적으로 검토해야 한다. 대학 단위 차원에서의 학생운동은 학생회에 의해 전개되는 것이 일반적이지만, 학생회의 결성이 허용되지 않는 상황이 상당 기간 존재했으며, 이 경우에는 학생운동 조직들의 연합이 이를 대신하기도 했다. 학생회는 4월혁명 직후에 허용되었으나 1970년대에는 해체되었고, 국가는 이를 학도호국단으로 대체하려고 하였다. 학생회는 1980년에 부활하였으나 다시 해체되었고, 1985년에 이르러 다시 부활하였다.

　학생운동을 수행해가는 기본조직은 학생회 하부조직으로서 학과 단위의 학생회, 소규모의 학회, 또는 이념적 서클이었다. 이런 조직의 기원은 1958년까지 거슬러 올라간다. 이들은 비록 부침이 있으나 일반적으로 1970년대 중반까지 지속되었고, 1970년대 후반에는 긴급조치에 의해 모두 지하화되었다. 1985년부터 학생회 조직이 다시 복원되고, 단과대학 및 학과 단위에서도 학생회가 조직되었다.

　1985년부터 학생운동 내부의 조직적 노선의 분화가 진전되고, 노선별 투쟁도 경쟁적으로 이루어졌다. 1985년 전국학생총연맹(전학련)과 삼민투쟁위원회(삼민투), 그리고 1986년, 반제반파쇼민족민주화투쟁위원회(민민투)와 반미자주화반파쇼민주화투쟁위원회(자민투)의 투쟁은 이를 단적으로 표현한다. 1987년부터 학생운동은 전국적으로 조직되었다. 6월항쟁은 전대협이라는 전국적 조직을 만들어냈다. 전대협은 6월항쟁의 와중에 희생된 이한열의 장례 절차를 논의하기 위하여 전국 대학의 총학생회장들이 모인 자리에서 논의된 결과였다. 이해 8월, 전대협은 충남대에서 서울지역대학생대표자협의회(서대협)의장 이인영을 의장으로 하여 출범식을 가졌다. 전대협은 이전에 여러 개의 조직이었던 학생운동 단체를 통합한 것이다.

학생들은 1987년 대통령 선거참여투쟁, 1988년 남북학생회담 추진, 1989년 제13차 세계청년학생축전 참가를 통해 자신들의 존재감을 과시하였다. 특히 전대협의 활동은 1989년에 전국적인 쟁점이 되었다. 당시 전대협은 민간 통일운동의 일환으로 평양에서 열린 제13차 세계청년학생축전에 임수경을 대표로 파견하였다. 이 사건의 파장은 매우 컸다. 직접적으로는 이 사건을 기획, 지원한 임종석 의장과 임수경은 국가보안법 위반으로 구속되었다. 그러나 이는 한국정부로 하여금 대북정책을 수정하게 하는 힘으로 작용하였다. 한편 북한에서의 임수경의 자유로운 행위는 북한 주민들에게 큰 충격을 주었다.

전대협 결성 이후 고려대, 한양대, 전남대, 서울대 총학생회장들이 차례로 의장을 역임하였다. 이는 학생운동의 대중화와 전국조직의 실태를 잘 보여준다. 이들은 1991년 8월 남북청년학생해외통일대축전 참가 후 방북활동을 하는 등 남북관계 변화를 위해 노력을 하였으나, 1993년 이른바 문민정부가 출현하면서 전대협은 이적단체로 지목되어 강제해산되었다.

전대협의 간부들은 비밀리에 모여 전대협을 계승하는 전국적인 대학생조직을 결성하였는데, 이것이 한국대학총학생회연합(한총련)이다. 한총련은 '생활, 학문, 투쟁의 공동체'를 내걸었지만, 동시에 '민족의 운명을 개척하는 불패의 애국대오'를 자칭했다. 한총련은 전북대에서 창립대의원대회를 갖고 고려대에서 8만여 명이 모인 가운데 출범했다. 그러나 1996년 여름, 한총련은 연세대에서의 8·15 통일대축전 및 범민족대회에서 벌어진 대규모 폭력 시위로 인하여, 정부의 대대적 제재 및 폭력 시위에 대한 학생들의 부정적 시각을 초래하였다. 또한 1997년 6월 한양대에서 발생한 프락치 오인 치사사건은 한총련의 폭력성에 대한 사회적 인식을 심어주게 된다. 1997년 대법원이 제4기 한총련을 '이적단체'로 규정하고, 또한 학생들의 무관심이 증대되면서 한총련의 활동력이 점차 위축되었다. 이 과정은 '학생운동의 시대'의 종료를 보여주는 지표라고 할 수 있다. 한총련은 이후에도 지속되었으나 이적단체 규정도 지속되었다.

1987년부터 1993년까지의 전국적 학생운동 조직이 '협의'조직이었다면, 1993년부터의 조직은 '연합'조직이었다. 흥미로운 것은 운동조직의 스케일이 커지고 조직화가 진행될수록 학생운동은 급진화되었고, 일반 학생이나 시민들로부터의 고립되어갔다는 점이다. 학생운동의 주체들은 지식인으로서의 자기 인식보다는 운동조직의 집단적 규율을 더 중시했다. 이런 조직적 규율은 한편으로 학생운동의 전국적 조직기인 1980년대 후반과 1990년대 초에 절정에 이르렀으며, 다른 한편으로는 시민들의 정서로부터 괴리를 가져와 학생운동의 시대를 종료시키는 원인으로 작용하였다. 1990년대 후반의 학생운동의 위기는 학생운동 내부에서도 인식되어 많은 토론이 이루어졌다.

3) 운동권 문화

'학생'이라는 개념은 교육제도의 발전 정도에 따라 달라진다. 원래 '학생'은 유교사회에서의 지배신분을 나타내는 개념이었다. 그러나 근대 학교제도가 발전하면서 여기에서 수학하는 피교육자들로 개념이 바뀌었다. 근대 초기에는 '학생'보다는 '생도'라는 용어가 더 일반적이었다. 우리는 여기에서 학생운동 문화를 이해하기 위해, '학생'의 위상과 의미를 질문해야 한다. 한국사회에서 학생, 특히 대학생의 사회적 위상, 이들에 대한 사회의 신뢰와 관용은 유교문화적 전통에 영향을 받은 것이었다. 학생들은 이러한 전통적 권위에 기초하여 지식인으로서의 자기 정체성을 형성하였다.

학생은 초등, 중등, 고등교육 등 모든 수준의 학교에 존재하지만, 학생운동은 대체로 고등교육기관에 재학하는 학생들에 의해 집합적으로 이루어진다. 주지하다시피 일제하에서 한국 학생운동의 사회선도적 전통이 만들어졌다. 당시 대학은 경성제국대학 하나뿐이었고, 전문학교 또한 매우 드물었다. 때문에 대단히 특별한 존재로 간주되었고, 따라서 학생운동의 중심은 '고등보통학교'라고 불리는 '중등학교'에 있었다. 근대적 의미의 학생들이 역사의 전면에 등장한 것은 1919년 3·1운동이었고, 이어 1929년의 전국적 학생운동에서 절정을 이루었다. 3·1운동이 전 민족적인 것이라 할지라도 학교들이 교회와 함께 행위동원의 핵심적 네트워크로 작동하였다. 또한 1929년 광주에서 시작되어 전국적으로 확산된 학생들의 투쟁은 매우 민족주의적인 것이었고, 그 내면에 사회주의적인 요소가 존재했다. 이는 동맹휴학이라는 양상으로 전개되었는데, 이 학생운동은 이후의 민족주의나 사회주의적 운동가들을 만들어내는 기반이 되었다. 이와 함께 문자해득력이 낮은 상황에서 학생들은 전국적 계몽운동의 주체가 되었고, 이때 만들어진 학생운동의 계몽주의적 훈민 전통은 해방 후 의무교육제도가 실질적으로 확립되기 이전까지 한 세대 이상 지속되었다.

학생운동이 특수한 집단적 이해가 아니라 보다 보편적인 민족운동의 일환으로 전개되었다는 점은 정치적으로나 문화적으로 매우 중요한 의미를 지닌다. 그것은 사회로부터 쉽게 정당성을 확보하도록 하고, 동시에 개인적으로는 존경과 신뢰를 받게 되는 기반을 마련하였다. 이런 전통은 해방 이후의 학생운동으로 계승되었다.

해방 직후의 격심한 정치투쟁과 전쟁은 학생들로 하여금 역사에서의 전면적 등장을 억제하는 요소로 작동했는지 모른다. '국대안 반대투쟁'은 매우 강력한 학생운동이었으나 20세기 후반의 학생운동과의 논리적 연결은 쉽지 않다. 그러나 한국전쟁 정전 후 1950년대에 빠르게 정비된 교육제도에 따라 성장한 학생들은 1960년 4월혁명에서 그 모습을 드러냈다. 이들은 학교교육을 통해 획득한 근대적 민주주의 이념을 내면화하였고, 동시에 식민지 시기에 형성된 민족주의적 에토스나 정의에 대한 감각을 가지고 있었다. 고등학생들에 의해 시작된 부정선거에 대한 규탄은 곧바로 대학생들로 대체되었으며, 이들이 기대하지 않았던 정부의 교체를 낳았다. 이들은 자신들이 내건 목표 이상의 성과를 거두었다.

학생들을 주체로 한 4월혁명은 국내적으로 뿐 아니라 세계적으로 그 의미가 평가되어야 할 사건이었다. 식민지 경험을 가진 제3세계나 신흥국이 아래로부터의 힘에 의해 정권이 교체된 경험을 가졌다는 것은 민주주의로부터 이탈한 국가권력은 타도되어야 하고 타도될 수 있다는 믿음을 심어주었다.

4월혁명의 전통은 이후의 학생운동에 큰 영향을 주었다. 1960-1970년대의 학생운동 주체들은 특별한 사명 의식을 가지고 있었다. 학생운동이 1980년대 중반 대중화되기 이전까지는 주로 서울대나 고려대, 연세대, 전남대, 경북대 등 상위권 대학과 지방거점 국립대학 중심으로 진행되었는데, 이들은 자신들이 민족이나 국가를 올바른 방향으로 이끌어야 한다는 독특한 엘리트적 사명 의식을 갖고 있었다.

학생운동의 핵심적 이념을 민주주의로 규정할 때 이들의 민주주의에 관한 관념이 민족운동의 전통으로부터 계승된 것인가, 해방 이후 새롭게 도입된 개념인가에 관한 논쟁이 있을 수 있다. 이 논쟁은 매우 복잡하여 쉽게 결론이 나지는 않는다. 그러나 냉전발전론의 입장에서 보면, 대학생들의 민주주의 담론은 미국으로부터 도입된 이념과 지식에 의존하고 있다는 측면이 부각된다.

1960년부터 1990년대 중반까지 학생운동은 한국사회의 민주화와 진보주의를 이끌어 가는 데 핵심에너지를 제공하는 원천으로 작용하였다. 학생운동은 전통적인 유교문화에서 학생들이 누리던 특권, 또는 식민지하에서 청년 학생들에게 민족의 미래를 구하던 전통에 의존하면서 정치적 맥락에서는 국가에 대응하는 가장 강력한 사회권력으로 존재하였다. 특히 일부 엘리트 대학의 학생들에게는 많은 사회적 권위가 부여되었다. 이것은 국가형성기 학생의 위상을 보여주는 현상이기도 하다. 학생들은 국가 또는 정치공동체의 발전 방향을 둘러싸고 국가권력과 대립하였고, 시민사회의 취약함으로 인해 시민사회가 해야 할 기능을 대신하는 대행자의 역할을 하였다. 또한 학생운동은 학생들의 집단적 이해를 대변하는 것이 아닌 시민적 국민주권을 대변하였다. 학생운동의 이념 속에는 계몽주의(근대적 발전주의), 시민적 민주주의와 민족주의가 혼재한다.

1970년대 학생운동에 대한 통제가 강화되면서 국가권력은 학생운동의 주체들을 점차 학생운동에 참여하지 않는 학생들과 구분하여 '운동권'이라는 이름으로 불렀고, 학생운동에 참여하지 않는 학생들을 '건전학생'으로 명명했다. 이런 명명법은 긴급조치에 의해 공개적이고 합법적인 학회가 점차 비공개 조직으로 전화하면서 그 조직의 성원을 의미하다가, 1980년 내에는 학생운동이 대중화되면서 그 경계가 모호해졌다.

학생운동의 연구에서 제기되는 중요한 질문 중의 하나가 한국사회에 대한 인식틀(프레임) 그리고 대학생의 역할에 관한 인식틀의 형성 과정이다. 한국사회에 대한 인식은 대학 내에서 뿐만 아니라 사회 속에서 형성되었다. 그런 점에서 대학생들의 일상에 관한 연구가 진전되어야 한다. 학생운동의 시대에 대학생들은 일반적으로 공식적인 강의보다는 자치적 학습 공간에서 한국사회에 대한 인식틀을 형성했다. 또한 교외활동 역시 이러한 인식틀 형성에서 큰 비중을 차지했다.

4월혁명의 국면에서 대학생들은 신생활운동이라는 이름으로 농촌에서 계몽운동을 하면서 한국사회의 현실을 체득하였다. 이후 1960년대 학생들의 교외활동에 대해서는 별다른 연구가 없다. 1970년대에 접어들어 도시화와 산업화에 따른 새로운 사회문제들이 발생했다. 특히 1970년의 광주대단지사건과 전태일분신자살사건은 대학생들에게 큰 충격을 주었다. 이를 계기로 노동현장이나 도시빈민들의 삶의 현장에 대한 관심이 커지기 시작했고, 이른바 민중생존권에 대한 요구가 학생들의 시위에 포함되기 시작하였다.

1969년 3선개헌 이후 박정희 정부의 민주주의로부터의 이탈이 심화되고, 1972년 유신헌법이 공포됨에 따라 대학생들의 정부에 대한 시각은 '반민주'로부터 '독재'로 이행하였고, 이에 대한 도전이 심화되었다. 이 시기 사회문제에 관심이 많은 대학생들은 서울 주요 교회의 청년부 활동, 그리고 도시빈민들이 밀집된 지역에서의 야학활동들을 통해 한국사회에 대한 감각과 인식을 강화하였다. 정치적 억압이 강화될수록 국제적 연결망을 가지고 있던 기독교 및 천주교 교회의 역할이 중요해졌다. 분단 냉전체제 하에서 서구적 배경을 가진 기독교 및 천주교 교회는 사회운동, 그리고 민주화운동의 후원자 및 근거지가 되었다. 한국기독청년협의회(EYC) 활동을 하였고, 새문안교회, 경동교회, 제일교회, 향린교회 등이 대학생 청년부 활동의 근거를 제공하였다. 성남이나 인천에서도 이런 교회활동이 비교적 활발하였다. 도시산업선교 역시 이들의 중요한 활동 근거가 되었다. 또한 도시화와 함께 발생한 빈민들의 무허가 정착촌, 즉 판자촌과 도시주변의 개발은 대학생들에게 사회의식을 계발하는 기회를 제공하였다. 신정동야학을 비롯하여 신림동, 봉천동, 사당동, 난곡, 창신동 등에 빈민야학이 개설되고, 이들에 대한 교육을 대학생들이 담당하였다.

이들은 한편으로 남미의 민중신학이나 급진적 교육학에 많은 관심을

가졌다. 또한 남미의 경험을 기반으로 형성된 종속이론 또한 대학생들로
하여금 후진국사회론을 넘어서는 이론적 틀을 갖게 하였다. 유감스럽게
도 1970년대 대학생들의 일상활동 및 인식틀 형성 과정에 관한 종합적이
고 체계적인 연구는 진전되지 않았다.

1970년대 중반에 확산된 빈민야학은 1970년대 후반부터 노동야학으로
전환되었고, 노동운동가를 키우는 교육으로 전환되었다. 대학생들이 노동
운동이나 빈민운동을 위해 직업적인 활동가로 전환하는 흐름이 1980년대
초부터 크게 확산되었고, 이는 1980년대 전투적 노동운동의 기반을 배태
하는 계기로 작용하였다. 서울의 구로동이나 인천의 공단 지역이 이런 대
학생들 현장투신의 주요 무대였으며, 1970년대 후반에 설립된 광주 광천
공단의 들불야학은 1980년 광주민주항쟁 이후 그 존재가 널리 알려졌다.

1980년대 중반에 이르러 대학교육의 대중화가 이루어지고, 그에 따라 학
생운동이 대중화되고 또 급진화되면서 학생들에게 주어진 권위나 관용은
조금씩 철회되기 시작하였다. 학생운동은 군사적 권위주의에 맞서서 한국
사회의 민주화를 대변할 때의 권위를 상실하고, 시민사회로부터 고립되기
시작하였다. 이러한 경향은 1991년을 전후한 시기, 그리고 1997년을 전후한
시기에 뚜렷해졌다. 학생운동 내부에서 운동의 목표를 '변혁'으로 설정하였
을 때, 이에 대한 방향을 두고 이념적 분화와 함께 실천 방법에 대한 격렬
한 논쟁이 진행되었다. 이때 한국사회는 민주주의로의 점진적 이행을 겪었
고, 동시에 학생운동 출신자들은 시민운동이라는 새로운 운동을 조직하기
시작하였다. 더 큰 변화는 세계적으로 진행된 탈냉전과 세계화의 흐름이었
다. 1990년대 전반기에 세계 사회주의 체제가 해체되고 한국은 한국전쟁이
나 베트남전쟁에서 맞서 싸웠던 중국, 베트남과 수교하였다. 한편 세계적
변화에 대처하지 못한 북한은 결정적인 체제 위기에 봉착하였다.

이런 세계적 변동에 대해 한국의 1990년대 초반의 학생운동은 상대적

으로 둔감하였고, 이에 대한 적극적 대응을 하지 못했다. 1980년대에 형성된 운동권 문화의 관성은 자신의 위기를 심각하게 인지하지 못하도록 했다. 더 정확하게 말하면 학생들의 역량으로는 이런 세계적 변화에 대처하기 어려웠을지도 모른다. 1990년대 후반부터 한국은 학생운동의 시대로부터 시민운동의 시대로 이행하였다고 할 수 있다.

5. 학생운동에 대한 통제

1) 감시

학생운동은 시기에 따라 이념적 지향이 달라지고, 주체들의 조직화 방식(참여와 동원)과 정치적 효과 등이 달라져 왔으며, 또한 국가의 대응 방식도 달라져 왔다. 집회와 시위 허용 정도(이를 허용하거나 규제하는 법률의 변화), 이에 대응하는 경찰 및 정보기구의 변화에 따라 주체의 형성(조직적 충원)과 내부적 실천전략의 변화를 겪으면서 학생운동이 진행되었다. 특히 집회 및 시위의 허용정도는 학생운동의 양상을 다르게 하였으며, 역으로 학생운동의 활성화 수준이 집회 및 시위 허용 정도를 다르게 하기도 하였다. 국가권력은 학생운동을 지속적으로 감시하고 통제하여 왔다. 때문에 학생운동에 대한 연구는 단지 그 주체들의 이념이나 조직활동을 언급하는 데 그치지 않고, 학생운동과 국가권력(통제권력)의 상호작용을 연구 시야에 포함시켜야 한다.

학생운동은 주체들에 의한 집합적 노력일 뿐 아니라 국가권력에 의한 통제의 대상이었다. 각 대학의 학생처를 비롯하여 경찰, 검찰, 정보부나 군 정보부대, 그리고 교육부 등이 수시로 학생운동을 모니터하고 통제하였다. 이들은 각자 개별적으로 통제활동을 하지만, 중요한 사건이 발생하거나 저항의 수위가 높아지면 합동모임을 통해 의견을 조율하였다.

학생운동의 통제에 관한 자료는 많이 공개되어 있지 않지만, 현재까지 가장 체계적이고 포괄적인 자료는 국정원 과거사위원회에서 펴낸『과거와 대화 미래의 성찰(Ⅵ)』이다. 이 위원회는 참여정부하에서 포괄적으로 진행된 과거사 정리 작업의 일환이었다. 안기부 또는 국정원이 과거의 학생운동에 대한 개입과 통제 자료들을 수집ㆍ정리한 것으로, 총 448건의 자료를 정리하였다. 여기에는 과거 권위주의 정부의 학원문제 대처 양태를 정보기관의 시각, 학생운동 전개 상황 및 정부의 대응, 정부의 학원문제 대처 유형 등으로 나누어 서술하고, 이어 학원 대상 정보활동 체계와 학생운동 통제 실태를 밝혔다.

학생운동에 대한 일상적 감시와 통제는 정보기구보다 경찰에서 담당하였다. 1970년대와 1980년대에는 대학에 대규모의 인원이 상주하면서 정보를 수집했고, 운동권 학생들을 직접 만나 주의나 경고를 하기도 했다. 또한 학교 당국과 학생운동의 동향에 관한 협의를 하였다. 이러한 경찰에 의한 자료는 현재까지 집대성되지 않았다.

2) 처벌

1960년대에는 최소한의 집회 및 시위의 자유가 어느 정도 허용되었지만, 1970년부터 약 20년간은 허용되지 않았다. 국가는 학생운동의 통제를 위하여 각종 형태의 법률적 행정적 수단을 동원했다. 대학 당국은 물론이고, 경찰, 정보기구 및 군 정보기구를 동원하여 감시하고 제재를 가했다. 그런 까닭에 학생운동은 학생운동의 시대 내내 고비용의 집합적 행위로 나타났다. 학생운동은 법률적으로는 불법이나 사회적으로는 정당한 것으로 간주되는 이중적 위치에 있었다.

학생운동에 대한 처벌은 대학 단위의 학생징계, 그리고 법률에 의한 형사처벌 등으로 구분된다. 대학 단위의 학생징계에 관한 가장 의미 있는 연구는 서울대학교의 사례를 학교 당국의 자료를 활용하여 분석한 한인섭의 연구(1997)이다. 그는 1961년 이후 시국에 관련하여 대학생들이 받은 각종 징계조치를 살펴봄으로써, 학생운동의 통제에 관한 연구를 진전시켰다. 그가 참고한 자료는 대학 학생처에서 제공한 '시국관련 연도별·사유별 징계현황'이다. 징계의 종류별 자료수집 연도는 제명의 경우 1959년부터 1988년까지, 무기정학은 1954년부터 1990년까지, 유기정학은 1954년부터 1990년까지, 근신은 1964년부터 1990년까지, 경고는 1981년부터 1987년까지, 지도휴학은 1981년부터 1983년까지이다. 이에 따르면, 1980년 이전에는 제명과 무기정학에 처벌의 비중이 두어졌다. 특히 1965년, 1971년, 1973년, 1975년, 1977년부터 1979년 사이의 기간을 살펴보면 다른 연도에 비해 제명 건수가 급등하고 있다. 이 시점은 정권의 독재화와 학원 탄압의 강화, 그에 의한 저항의 강화 시점과 일치한다.

징계의 특성으로 비교해 볼 때, 1960-1970년대가 '무더기 제명'의 측면을 보였다면, 1980년대는 '징계의 일상화'라는 특색을 보여준다.

학생징계는 다양한 유형이 있으므로, 이를 보다 체계적으로 계량화하기 위하여 징계의 유형별로 가중치를 주어 계량화할 수 있다. 한인섭은 징계 종류별 점수를 주어 합산하는 방식으로 징계의 추이를 하나의 표로 표현했다. 그는 제명에 10점, 무기정학에 5점, 유기정학에 2.5점, 근신에 1점, 경고에 0.5점, 지도휴학에 3점을 배정하여 연도별 징계점수의 추이를 보았다.

이에 따르면, 1980년 이전에는 주요 시국사건에 따라 점수가 급격하게 증감하는 경향을 보여주나, 1980년 이후 특히 1984년 유화국면을 제외하고는 전반적으로 높은 점수를 유지하고 있다. 그는 이 점수들이 해당 연도의

〈표 1〉 서울대학교 연도별 학생 징계 현황 (단위 : 명)

연도	제명	무기정학	유기정학	근신	경고	지도휴학	계
1961	1	-	-	-	-	-	1
1962	-	-	2	-	-	-	2
1963	1	-	5	-	-	-	6
1964	-	10	2	-	-	-	12
1965	10	43	20	22	-	-	95
1966	-	14	5	25	-	-	44
1967	3	11	-	-	-	-	14
1968	-	-	-	2	-	-	2
1969	3	-	2	3	-	-	8
1970	3	-	5	-	-	-	8
1971	67	18	11	11	-	-	107
1972	2	3	-	-	-	-	5
1973	23	55	-	-	-	-	78
1974	3	1	-	-	-	-	4
1975	129	-	-	-	-	-	129
1976	8	-	-	-	-	-	8
1977	43	46	2	-	-	-	91
1978	69	30	3	34	-	-	136
1979	10	13	43	19	-	-	85
1980	111	17	19	6	-	-	153
1981	54	69	49	83	331	57	643
1982	27	37	21	177	363	75	700
1983	58	91	60	101	53	74	437
1984	6	11	17	245	316	-	595
1985	20	19	16	88	317	-	460
1986	37	63	193	58	170	-	521
1987	31	121	21	10	29	-	212
1988	11	9	-	2	-	-	22
1989	-	-	-	-	-	-	-
계	730	681	496	886	1,579	206	4,578

* 출처 : 한인섭, 1997.

징계 강도를 의미한다고 보았다. 따라서 학생운동의 대중적 전개 양상에 따른 '일상적 징계'의 총량이 1970년대 유신체제의 강도 높은 '무더기 징계'를 초과하고 있다고 주장하였다.

그는 징계의 사유별 분석을 통해 학생운동의 변화 양상을 포착하는 방법도 제시하였다. 징계 사유를 학내시위, 학외시위, 단체 및 조직 기타 여러 유형으로 나누어 표로 제시하였다.

<표 2> 서울대학교 학생 징계의 사유별 분석 (단위 : 명)

	제명	무기정학	유기정학	근신	경고
1961-1971	학내 : 86 단체 : 1 기타 : 1	학내 : 93 단체 : 3	학내 : 51 단체 : 1	학내 : 48 학생회 등 : 15	
1972-1979	학내 : 278 단체 : 8 기타 : 1	학내 : 139 학외 : 9	학내 : 47 기타 : 1	학내 : 47 학외 : 1	
1980	111	17	19	6	
1981-1984	학내 : 119 학외 : 16 단체 : 10	학내 : 171 학외 : 12 단체 : 14 농활 : 1	학내 : 117 학외 : 18 단체 : 3 농활 : 1 학생회 등 : 7 기타 : 1	학내 : 349 학외 : 174 단체 : 1 학생회 등 : 57 노동 : 10 유인물 등 : 15	학내 : 757 학외 : 148 학생회 등 : 72 단체 : 31 유인물 등 : 22 농활 : 4 노동 : 21 전방입소 : 6 기타 : 2
1985-1987	학내 : 4 학외 : 37 단체 : 36 노동 : 3 유인물 등 : 6 기타 : 2	학내 : 39 학외 : 106 단체 : 55 노동 : 5 유인물 등 : 4 기타 : 2	학내 : 18 학외 : 185 단체 : 15 노동 : 1 유인물 등 : 7 기타 : 4	학내 : 52 학외 : 91 단체 : 8 노동 : 2 유인물 등 : 2 기타 : 1	학내 : 119 학외 : 372 단체 : 2 학생회 등 : 3 노동 : 6 화염병 : 5 유인물 등 : 6 기타 : 3
1988	학내 : 11	학내 : 9		학내 : 2	

* 학내 : 학내 시위 관련 사항(주동, 가담, 모의, 유인물 등).
* 학외 : 각종 학외 시위 관련 사항.
* 단체 : 각종 단체 및 조직 결성·가담.
* 학생회 등 : 학생회조직, 활동, 기타 학생활동(체육대회, 공연, 총회, 기타 집단행동).
* 노동 : 노동자 연대, 위장 취업 등.
* 유인물 : 유인물 기타 간행물 제작, 각종 의식화 관련 사항(시위 관련 여부를 확인할 수 없는 경우임).
* 출처 : 한인섭, 1997.

이 표를 보면, 1970년대의 학생운동 징계는 대부분 학내에서의 활동을 중심으로 이루어졌다. 반면 1980년 이후에는 학외활동이나 농촌활동, 노동운동과 연관되어 징계를 받는 비중이 크게 증가하고 있음을 알 수 있다.

학생운동에 대한 처벌은 학내의 징계로 그치지 않고, 법률에 의하여 직접적인 통제의 대상이 되고, 경찰이나 정보기구에 의해 직접 검거, 연행, 구속되는 경우가 많았다. 조현연(2005)은 1965년부터 1997년까지의 국가보안법, 반공법, 집회 및 시위에 관한 법률에 의해 연행, 구금, 구속된 사람의 추이를 보여주는 통계를 작성하였다. 이와 함께, 그는 한국 민주화운동에서 학생운동의 주도성을 역대 정권별 학생 구속자 수를 통해 밝혀보려고 하였다. 그가 작성한 학생 구속자 수의 추이는 다음과 같다.

〈표 3〉 학생 구속자 수의 추이

년도		구속자수	년도		구속자수
1970		2	1984		61
1971		43	1985	전두환 정권	678
1972		1	1986		2,117
1973		165	1987		1,189
1974	박정희 정권	246	1988		546
1975		126	1989		1,232
1976		27	1990	노태우 정권	1,173
1977		90	1991		765
1978		230	1992		255
1979		267	1993		82
1980		468	1994		410
1981		258	1995		263
1982		200	1996	김영삼 정권/ 김대중 정권	909
	전두환 정권		1997		1,014
			1998		419
1983		316	1999		288
			2000		129
			2001		149

* 이 수치에는 화염병 사용 등의 처벌에 관한 법률, 특수공무집행방해 치상, 폭력행위 등 처벌에 관한 법률, 국가보안법 위반, 집회 및 시위에 관한 법률, 도로교통법 위반 등으로 입건되어 구속된 사건들이 모두 포함됨.
* 출처 : 조현연, 2004.

1970년부터 2001년까지의 학생 구속자 수의 추이를 보면, 1970년대에는 1974년과 1979년에 두 번의 정점이 있었다. 그러나 1980년대에는 1970년대와 비교가 되지 않을 정도로 증가하였고, 1980년, 1986년, 1989년에 세 번의 정점이 있었다. 특히 1986년에는 무려 2,117명의 구속자가 발생했다. 위 표에 따르면 학생운동의 시대가 종료되는 1996-1997년에 또 한 번의 정점이 있었음을 알 수 있다.

3) 희생

학생운동을 재는 지표로는 대중성 지표와 급진성 지표가 있을 수 있다. 대중성 지표가 행위동원에서 얼마나 공격적이었으며 이를 통해 많은 사람이 참여/동원되었는가를 나타내는 것이라면, 급진성 지표는 얼마나 많은 사람들이 희생을 치렀는가를 나타내는 지표이다.

대중성 지표는 참가자 수, 참여한 대학의 수 등으로 구성된다. 그러나 대중성 지표를 통해 파악된 통계는 거의 발견하기 어렵다. 급진성 지표는 사망자 수, 구속자 수, 또는 구금자나 연행자 수 등으로 구성된다고 할 수 있다.

대중성 지수가 학생들의 의식이나 태도, 그리고 운동 주체의 조직력 등에 의존한다면, 흥미롭게도 급진성 지수는 학생운동을 통제하는 국가권력의 대응 방식, 그리고 이에 대한 운동 주체의 위험비용의 감수 정도에 따라 달라질 수 있다. 즉 동일한 행위라고 하더라도 통제 주체는 이를 관용할 수도 있고, 처벌주의로 대처할 수 있다.

학생운동에 대한 강력한 처벌주의와 함께 나타나는 현상이 자기희생이다. 이런 자기희생은 여러 가지 형태의 자살과 국가폭력에 의한 타살, 그리고 정확한 사인을 알 수 없는 의문사로 구분된다. 희생자의 죽음(산화)

의 유형은 분신, 할복, 투신, 음독, 교사, 단식, 의문사, 옥사, 사형, 병사, 사고사 등이다.

이 중에서 자살은 저항의 극단적 형태로, 한국의 학생운동에서는 극단적 테러보다 자살의 형태가 많이 나타난다. 학생운동에서 자살의 출발은 1975년 김상진사건이었다. 서울대 농대에 재학 중이던 그는 유신체제의 암울함을 할복자살로 표현하였다. 그의 죽음은 극단적 저항의 형식이어서 유신체제하의 학생들의 저항에 큰 영향을 미쳤으나 동시에 학생들 다수가 운동권을 이탈하는 힘으로도 작용하였다.

1980년 광주민주항쟁이 국가폭력에 의해 진압되면서, 많은 학생들과 시민들이 분신이나 기타의 방식으로 자살을 하면서 진실규명을 요구하였다. 이것은 제도적 저항이 불가능할 때 나타나는 저항의 방식이라고 할 수 있다.

학생운동에서 나타난 '희생'에 관한 가장 체계적인 통계는 추모연대[민족민주열사 · 희생자추모(기념)단체연대회의]가 작성한 〈연도별로 본 민족민주열사 · 희생자의 신분별 분류표〉이다. 이 표는 학생, 노동자, 농민, 빈민, 사회, 장기수, 군경 등으로 분류하여 1958년부터 2005년까지 정권별 희생자 명단을 제시하고 있다. 여기에는 장기수나 '사회지도자'와 같은 모호하거나 논쟁적인 범주를 포함하여 총 480명이 집계되어 있고, 이 중에서 학생은 77명이다. 이를 연도별로 나누어보면, 민주화 이행과 탈냉전의 시기였던 1988년에서 1992년까지의 기간에 가장 많은 학생들의 희생이 이루어졌음을 알 수 있다.

〈표 4〉 추모연대가 집계한 연도별 희생자 신분별 분류

정권	학생	노동자	장기수	총계	비고
이승만(3년)			6	7	4월혁명 희생자 집계 누락
박정희(19년)	3	3	61	89	장기수 다수(61)
전두환(8년)	20	21	16	89	
노태우(5년)	31	46	13	121	
김영삼(5년)	21	29	10	82	
김대중(5년)	2	21	5	42	
노무현(3년)		21	4	35	장기수 연도미상 15명 별도

* 출처 : 민족민주열사·희생자추모(기념)단체연대회의 내부 자료(2013).

6. 맺음말 : 과제

한국에서 학생운동 연구는 학생운동 내부의 전략론이 곧 학생운동 연구로 간주되거나, 학생운동사가 학생운동 연구로 동일시되는 경향이 있었다. 그러나 최근에는 학생운동 연구가 전개 과정, 주체적 실천전략뿐 아니라 해당 시기의 정치사회적 조건하에서 국가와 주체들의 상호작용 양상을 종합적으로 파악하는 방향으로 전개되고 있다.

학생운동 연구를 위한 자료는 주로 신문기사나 운동 주체들이 만든 유인물에 의존하고 있었다. 경찰이나 정보기구가 보유한 학생운동 통제 자료는 충분히 공개되어 있지 않으며, 재판에 회부된 구속자들의 재판 기록이나 행형 기록도 마찬가지이다. 이 또한 최근에는 학생운동의 주요 지도자들이나 참여자들의 회고적 구술사 연구가 진전되고 있다.

학생운동은 단지 사회운동으로 그친 것이 아니라 한국의 역동적인 정치의 일부였다. 한국정치는 민주화가 이루어지기까지 의회정치와 거리정치로 구분될 정도로, 거리정치의 비중이 컸다. 거리정치는 학생들을 비롯한 '노동자'나 농민, 또는 시민들의 집합적 시위나 농성, 심지어 분신 등의

극단적 저항 형식들을 포함하는 거리정치는 학생들의 시위로부터 시작된 것으로 '사회적 약자'들의 중요한 정치적 무기였다. 이런 거리정치는 의회정치의 취약성에서 비롯된 것이지만, 동시에 의회정치의 취약성을 재생산하는 기제로 작용하였다. 그런 점에서 국가의 중요한 정책결정 과정에서 학생운동과 거리정치 변수가 얼마나 중요했는가를 검증할 수 있는 자료와 방법의 개발이 필요하다.

학생운동의 활성화에는 이념적 정당성이 쉽게 획득되는 정도, 시민사회의 지지도, 노동운동이나 기타 사회운동과의 결합(고립)도, 법률적·사회적 제재 등이 영향을 미친다. 전체적으로 학생운동은 권위주의가 강할수록 고비용(high cost)을 치르는 정치적 실천(많은 대가를 치르고, 또 그것이 관행화되어 있는 정치문화)이었다. 학생운동은 국가와의 관계에서 강력한 통제의 대상이었고, 그만큼 학생운동 활동가들은 '희생'이라는 말이 무색할 정도로 많은 심리적 사회적 대가를 치렀다. 그러나 동시에 그들은 사회로부터의 많은 보상을 받았다. 학생운동의 지도자들은 정치가로 쉽게 전화되었다. 학생운동의 경력은 중요한 정치적 자원이었다. 이것은 학생운동이 당대의 정치에 영향을 미칠 뿐 아니라 상당한 정도의 사회적 정당성을 확보하고 있었다는 점에서 미래의 정치인 충원의 장이기도 했다는 것을 의미한다.

국가형성과 근대화의 국면에서 대학생의 사회적 위상과 노동시장(취업 기회)의 확대에 따라 학생운동 활동가들은 폭넓은 사회적 영향력의 행사가 가능했다. 그러나 절차적 민주주의의 실현, 대학의 대중화와 신자유주의적 경쟁의 강화에 따라 학생운동의 정치적 경제적 기반이 약화되고 있다. 1997년의 한국경제의 위기는 이런 새로운 국면이 출발이기도 하다.

학생운동에 관한 연구의 진전을 위해서는 학생운동과 이에 대한 통제에 관련된 자료들의 체계적인 수집과 정리가 필요하다. 자료의 측면에서 가장 유용한 것은 1983년 한국기독교사회문제연구원이 편집한, 1970년대 민주화운동에 관한 자료집이다. 그러나 이것은 1970년대에 국한되어 있다. 학생운동의 시대를 포괄하는 자료는 아직도 체계적으로 수집 분류되어 있지 않다. 2001년 김진균 교수가 『서울대 학생운동사』 및 『서울대 학생운동 자료집』 간행 계획서를 작성한 바 있지만, 후속 작업이 이루어지지 않았다. 이후 민주화운동기념사업회가 비교적 체계적으로 구술채록과 함께 자료를 수집을 하고 있지만, 아직까지 정리된 자료집으로 간행되지는 않았다. 앞으로의 연구에서 활용할 가능성이 있는 자료는 민주화운동보상심의회에 제출된 자료들이다. 그러나 이 자료는 개인들의 사생활에 관한 내용이 많이 포함되어 있어 공개에 한계가 있다. 학생운동에 관한 자료는 각 대학을 망라하고 또 운동조직의 구체적인 활동에 관한 자료가 수집되어야 한다. 또한 학생운동과 관련된 각종 통계가 작성되어야 한다. 여러 차원의 통제기구들, 대학의 학생처에서부터, 경찰, 검찰, 그리고 정보기구가 소장하고 있는 자료가 공개되면 학생운동에 관한 연구가 획기적으로 진전될 수 있다.

또한 학생운동 연구에는 이러한 자료뿐 아니라 이론적 상상력이 필요하다. 학생운동에 관한 연구는 시민운동의 초기 형성에 관한 연구들과 연결되어야 하고, 또 경제발전의 일반적 추세와 학생운동과의 관계, 학생운동 출신자들의 사회활동에 관한 연구도 필요하다. 학생운동의 시대에 관한 연구는 단지 1960-1990년대에 관한 것이 아니다. 여기에는 학생운동이 배출한 정치사회적 엘리트들에 관한 연구, 그리고 이 시기에 형성된 학생문화가 한국사회에 미친 영향에 관한 연구가 포함된다.

마지막으로 한국의 학생운동은 비교연구의 맥락에 놓여야 한다. 세계적으로 보면 1968년 혁명으로 불리는 서구 및 일본의 학생운동과의 비교,

그리고 탈식민 국가형성의 역사적 궤적이 유사한 국가들과의 비교가 진
전되어야 한다. 비교연구가 진전될수록 학생운동의 시대는 신화의 세계
에서 경험적 역사의 세계로 내려오게 된다.

제 1 부

1장_* 1960년대 대학생 '이념서클'의 조직과 활동
: 서울대, 고려대, 연세대를 중심으로

오제연

1. 머리말

시대를 불문하고 한국 학생운동에서 각종 학생 '조직'들은 중요한 역할을 담당하였다. 때문에 한국 학생운동사 연구에서 다양한 학생운동 조직에 대한 실증적 규명과 분석은 매우 중요하다. 하지만 그동안 학생운동 조직에 대한 연구는 제대로 이루어지지 못했다. 기존 학생운동사 연구는 학생운동의 주요 사건들을 시간의 흐름에 따라 일지식으로 설명하거나, 각 운동 과정에서 제기된 이슈나 이념, 논쟁 등을 분석하는 데 집중되었다. 학생운동사 서술 속에서 학생운동 조직은 단편적으로 언급되었을 뿐이다.

이에 이 연구는 학생운동이 본격적으로 분출하기 시작한 1960년대의 학생운동 조직에 주목하고자 한다. 한국 학생운동이 가장 큰 영향력을 발휘

---

* 이글은 필자가 2013년 10월에 제출한 서울대학교 대학원 박사학위청구논문 「1960~1971년 한국 대학 학생운동 연구」의 관련 내용들을 요약하여 재구성한 것이다.

했던 시기는 1980년대이지만, 학생운동의 기본 성격이 확립된 시기는 4월 혁명과 함께 시작된 1960년대라고 할 수 있다. 따라서 1960년대 학생운동 조직을 먼저 해명해야 1970년대 이후 학생운동 조직에 대해서도 역사적 맥락에 따라 보다 정확하게 이해할 수 있다.

이 연구는 다양한 학생운동 조직들 가운데 '이념서클'에 주목하고자 한다. 그 이유는 1960년대 학생운동이 각 대학 단위로 몇몇 '활동가'들에 의해 주도되는 운동이었고, 이들 활동가들을 결집시키고 재생산하는 단위가 바로 대학 내 '이념서클'이었기 때문이다. '이념서클'을 정확히 정의하는 것은 쉽지 않은 일이다. 기존 학생운동사 연구에서 '이념서클'이라는 용어는 명시적 정의 없이 "(진보)이념적 성격을 지닌 학생독서회"(박태순·김동춘 편, 1991, 55쪽) 정도의 개념으로 사용되었다. 이 연구에서도 '이념서클'을 '국가/민족/민주주의 등을 학술적으로 연구, 토론하여 이를 통해 한국의 현실을 고민한 대학생 서클'로 규정하고자 한다. 1960년대 이러한 규정에 해당되는 이념서클들은 대학별로 여러 개가 있었다. 이런 서클들을 모두 다 분석하는 것은 현실적으로 쉽지 않다. 따라서 이 연구는 1960년대 학생 운동을 선도했던 서울대, 고려대, 연세대 3개 대학의 이념서클 중에서 학생운동에 적극적으로 가담한 서클만을 분석의 대상으로 한정할 것이다. 그리고 이들 이념서클 각각의 존재 양상과 더불어 이념서클 상호 간의 교류와 협력에 분석의 초점을 맞추고자 한다.

2. 1950년대 이념서클

1960년대 이념서클을 본격적으로 분석하기 전에 그 전 시기인 1950년 대 이념서클에 대해 먼저 살펴볼 필요가 있다. 분단과 전쟁을 거치면서

1950년대 한국사회에서는 극우반공주의가 지배이데올로기로 확고히 자리 잡았고, 이에 기반을 둔 사회 각 방면에 대한 국가의 통제가 강화되었다. 1950년대 대학 캠퍼스라고 예외가 아니었다. 1949년 국가에 의해 조직된 '학도호국단'이 학교를 장악하면서 학생자치기구마저 정상적으로 존재할 수 없었다. 비록 학생들의 강력한 요구로 1950년대 중반 '학도호국단'의 자치기구적 성격이 강화되기는 했지만, 기본적으로 '학도호국단'은 대학에서 극우반공체제를 지탱하는 어용기구에 불과했다.

반면 학생들의 자발적인 서클활동은 활발하지 못했다. 극우반공체제가 학생들을 정치적 사상적으로 위축시켰다. 뿐 아니라, 1950년대의 경제적 빈곤이 학생들에게 서클활동을 할 수 있는 물질적 시간적 여유를 허락하지 않았다. 때문에 1950년대 대학생들이 이념지향적인 서클을 만드는 것은 결코 쉬운 일이 아니었다. 그런 의미에서 1950년대 '민주사회주의'를 연구할 목적으로 만들어진 서울대 문리대의 '신진회', 서울대 법대의 '신조회', 고려대의 '협진회'는 당시로서는 매우 예외적이고 선구적인 이념서클이라고 할 수 있다. 이들 이념서클들은 학생들이 다른 곳에서는 하기 힘든 진보적 이야기를 함께 나누고, 또 구하기 힘든 진보적 서적들을 접할 수 있는 특별한 공간이었다.

이 중에서도 가장 대표적인 이념서클이 바로 '신진회'였다. 신진회는 1956년 말 서울대 문리대 정치학과 학생들이 민병태 교수를 지도교수로 하여 조직한 것이다. 초대회장(대표간사) 김지주를 비롯하여 하대돈, 유한열, 김형열, 서정균, 류근일 등이 초기의 중심 회원이었고, 특히 대구 경북 출신 학생들이 많았다(서울대학교 60년사 편찬위원회 편, 2006, 838쪽). 신진회가 비밀조직은 아니었지만 기존회원 5명의 추천을 받아야 가입할 수 있었기 때문에, 사실상 선배들이 후배들을 '알음알음'으로 선별하여 회원으로 뽑았다.

서클 회원을 뽑을 때 이렇게 선별했던 이유는 보다 능력 있고 똑똑한 후배들이 필요했기 때문이기도 했지만, 그들이 관심을 갖고 공부하는 이념이 극우반공주의와는 이질적인 사상이었기 때문이기도 했다. 이들은 대체로 서구의 '민주사회주의'에 관심이 많았다. 신진회 등 당시 이념서클에 참여한 학생들은 "우리 민족이 왜 싸워야 하는가?", "사회주의 공산주의가 뭐기에 이렇게 적대시하는가?" 등의 의문을 갖고 이런 물음에 답하기 위해, 당시 쉽게 접할 수 없었던 이념 관련 서적을 함께 읽고 토론하였다(박태순·김동춘 편, 1991, 56쪽). 그들은 자본주의와 공산주의의 한계를 모두 극복할 수 있는 대안으로, 독일 사회민주당, 영국 노동당, 영국의 페이비언협회와 같은 서유럽의 비공산주의적인 민주사회주의 이념에 막연한 호기심을 느꼈다. 민주사회주의는 극우반공체제하에서 용인될 수 있는 가장 진보적인 사상이었다. 민주사회주의 이념서클로서 신진회의 일상적인 활동은 주로 독서와 토론이었다. 그들은 라스키, G. H. D. 콜, 시드니 웹, 베른슈타인, 네루 등 민주사회주의자들의 저서를 함께 읽고, 빈 강의실이나 학생식당에서 공개적인 토론을 벌였다(권영기, 1984, 256쪽).

그러나 1957년 말에 일어난 류근일 필화사건으로 신진회는 큰 타격을 입었다. 신진회 회원이었던 류근일은 서울대 문리대 신문인 『우리의 구상』 9호(1957년 12월 9일자)에 「모색」이라는 글을 썼다가, 글의 내용 중 "무산대중을 위한 체계로 지향하자", "우리는 신형 조국을 갈구한다", "전체 무산대중은 단결하라" 등의 표현이 문제가 되어 경찰의 수사를 받았다(『동아일보』 1957년 12월 15일자). 사실 류근일의 글은 민주사회주의를 주장하는 내용에 불과했지만, 몇 가지 표현상 문제와 류근일 개인의 가족사, 여기에 신진회라는 이념서클의 존재가 맞물리면서 커다란 필화사건으로 비화되었다.

결국 이 사건으로 1958년 1월 말 신진회는 공식적으로 해산당했다. 동대문서 사찰과 형사들이 밖에서 지켜보는 가운데 문리대 제7강의실에서 행해진 신진회 해산식에는 신진회원 대부분이 참석했다. 이제 신진회는 제한적인 활동조차 할 수 없는 상태가 되었다(권영기, 1984, 257쪽). 그러나 이런 상태가 오래 지속되지는 않았다. 1958년에 대학에 들어온 서울대 문리대 정치학과 학생들은 1959년 정도에 자신의 선배들이 만들었던 신진회를 계승하는 새로운 이념서클을 만들었다. 물론 신진회라는 이름을 그대로 쓸 수는 없었다. 그래서 탄생한 이념서클이 '후진국문제연구회'(후문회)였다.[1] 신진회를 계승해서 후진국문제연구회를 만든 후배들은 선배들의 민주사회주의 지향을 공유하고 있었다. 이들은 4월혁명으로 이승만 정권이 무너지고 캠퍼스에 어느 정도 자유가 찾아오자 서클 명칭을 다시 신진회로 바꾸고 공개적이고 활발한 운동을 모색하기 시작했다.

1950년대 서울대 문리대에 신진회가 있었다면 서울대 법대에는 '신조회'라는 이념서클이 있었다. 초기 회원인 남재희에 따르면 신조회는 1955년에 만들어졌는데, 신진회와 마찬가지로 민주사회주의, 특히 영국의 페이비언 사회주의에 관심이 많아서 영국의 페이비언협회에 정식회원으로 가입하려는 시도를 했을 정도였다고 한다(남재희, 2006, 33쪽).

신조회는 때때로 진보적인 인사를 초청하여 이야기를 들었다. 농민운동과 노동운동을 하였으며 자유협동주의사회를 내세웠던 전진한과 『조선일보』 논설위원으로 진보적 시각을 보이던 고정훈 등이 대표적인 인물이었다(남재희, 2006, 33쪽). 그러나 신조회도 1957년 말에 터진 류근일 필화 사건으로 직격탄을 맞았다. 이 사건으로 신진회가 해산당하자 문리대 바

---

[1] 신진회를 계승한 '후진국문제연구회'와는 별개로 1960년 4월혁명 직후인 6월 15일 서울대 문리대 사회학과를 중심으로 '후진사회연구회'(지도교수 최문환)라는 서클이 만들어졌다. 후진사회연구회는 1958년 가을 비공개로 발족한 '농촌사회연구회'의 규모를 확대한 것으로 그동안에도 회원들의 많은 연구발표가 있었다고 한다. 이 서클은 창립 직후 서울대 학생들이 주도한 국민계몽운동에 적극 가담한다(『대학신문』 1960년 6월 20일자).

로 옆에 있으면서 신진회와 비슷한 성격을 지닌 법대의 신조회 역시 사실
상 활동을 중지할 수밖에 없었다. 그러나 신조회 회원들은 곧바로 신조회
를 대신할 수 있는 새로운 서클을 만들었다. 1958년 4월 21일 노동법, 경
제법, 사회정책학을 연구한다는 명목으로 발족한 '사회법학회'였다(『대학
신문』 1958년 4월 21일자).

사회법학회는 '학회'를 표방했기 때문에 신조회 때보다 훨씬 자유롭고
공개적으로 활동할 수 있었다.[2] 사회법학회는 창립 이후 연구발표회를 활
발하게 개최하였다. 발표 내용은 "경제적 기본권에 관한 제 문제", "농지개
혁 문제", "수정자본주의", "노동조합 조직과 활동"과 그 외 한국 노동운동
문제나 사회보장제도에 관한 것이었다. 사회법학회는 이러한 연구 발표회
외에 노동자 실태 조사 등 외부활동도 진행하였다. 1958년 9월 이틀간 인
천부두자유노련의 '십장제도' 실태에 관해 현지 조사를 하였으며, 10월에
는 역시 이틀간 회원 4명이 11차 노총대회 초청으로 대회를 참관하고 부산
부두노동자 실태를 조사하였다. 또한 1959년 영월 탄광을 답사했으며,
1960년 대구 제일모직과 미8군 노무자들을 방문하였다. 이 중 노동현장에
대한 학생들의 관심 자체가 불온시 되어 학교 당국과 사법 당국의 주목을
받고 결국 보고서를 내지 못하는 경우도 있었다(서울대학교 60년사 편찬
위원회 편, 2006, 838쪽).

그러나 사회법학회 회원들은 이러한 '학회'활동과 더불어 일상적인 모
임 속에서 시국에 대한 논의를 함께 진행했다. 남재희에 의하면 1950년대

---

[2] 대학에서 학생들이 과외활동을 할 수 있는 조직은 자치기구인 '학생회'를 제외하면, 크
게 '학회'와 '서클'로 나눌 수 있다. '학회'와 '서클'을 엄격하게 구분하는 것은 무리이지만,
일반적으로 '학회'는 분과학문 체계에 따라 해당 분야를 연구하는 조직이라고 할 수 있
고, '서클'은 그러한 분과학문과 관계없이 학술, 교양, 취미, 종교 등 다양한 영역의 활동
을 수행하는 조직이라고 할 수 있다. 따라서 학생운동과 관련한 조직은 대개 '서클'의
형태를 띠게 된다. 그러나 서울대 법대의 사회법학회의 경우는 법학 내에서도 노동법을
연구하는 '학회'를 표방했기 때문에 다른 이념서클에 비해 학문적인 성격이 강했고, 덕
분에 외부의 감시와 의심을 약화시킬 수 있었다.

말 사회법학회 회원들이 "시국을 논의하는 열기는 참으로 뜨거워 무슨 일을 저지를 것 같은 분위기였다. 즉각 행동으로 나서야 한다는 급진파도 있었고, 연구에 머물러야 한다는 신중파도 있었다"고 한다(남재희, 2006, 37쪽). 이러한 뜨거운 분위기를 바탕으로 사회법학회는 1971년 정부에 의해 강제로 해산당할 때까지 10여 년 동안 서울대 법대에서 수많은 학생운동 주역들을 배출하였다.

끝으로 1950년대 이념서클 중 고려대 '협진회'가 있었다. 협진회는 고려대 경제학과 학생들이 주축이 되어 서울대에서 신진회와 신조회가 만들어지던 1955년경에 창립되었다. 당시 고려대 경제학과에는 진보적 성향을 가진 학생들이 상대적으로 많이 있었는데, 그들은 후진국인 한국의 처지에서는 선진 자본주의 국가와는 다른 길을 갈 수밖에 없다는 인식에 기반을 두어 민주사회주의나 사회과학에 관심을 가졌다고 한다(고려대학교 민주동우회 편, 2009a, 203쪽). 따라서 협진회도 신진회나 신조회와 마찬가지로 민주사회주의, 영국의 페이비언 사회주의에 관심을 가진 학생들이 주축이 되었다.

이렇게 1950년대 3개의 이념서클이 모두 비슷한 관심을 갖고 있다 보니 그들 사이에 접촉도 자연스럽게 이루어졌다. 이러한 접촉에는 각 서클의 고교동창들이 주요한 역할을 했다. 그래서 1957년 정도가 되면 이들 세 이념서클은 연합해서 같이 연구하고 발표하는 기회를 가졌다. 김낙중에 따르면 "연합서클이 두 달에 한 번 각 대학으로 돌아가며" 모임을 가졌고, "모택동사상에 대한 연구, 20세기 국제정치사에 대한 연구, 모리스 돕에 대한 연구 등"을 했다고 한다. 특히 "고대 식당에 와서 30, 40명이 모여서 연구 발표"를 한 적도 있다고 한다(고려대학교 민주동우회 편, 2009a, 204쪽).

민주사회주의를 매개로 한 신진회, 신조회, 협진회의 접촉과 교류는 이후 1960년대 이념서클들이 민족주의 일색의 이념성을 보인 것과 비교했을 때 특징적인 모습이라고 할 수 있다. 그러나 당시 이들 3개 서클의 멤버들이 얼마나 민주사회주의의 이념을 제대로 이해하고 흡수했는지는 의문의 여지가 있다. 이와 관련하여 남재희는 당시 이념서클들이 페이비언 사회주의와 같은 민주사회주의의 유행을 따르기는 했지만, 구체적으로 따진다면 서클 내에서 이를 진지하게 받아들인 사람도 있고, 그보다 더 과격하게 마르크스주의로 흐른 사람도 있고, 다만 서클을 토론의 장 정도로 생각하고 친구 따라 강남 가듯 가입한 사람도 있다고 설명했다(남재희, 2006, 40쪽).

그러나 민주사회주의를 매개로 한 이념서클 간의 접촉과 교류는 오래 가지 못했다. 역시 1957년 말에 발생한 류근일 필화사건 때문이었다. 이 사건 이후 신진회와 신조회는 물론 협진회도 더 이상 모임을 유지할 수 없었다. 이념서클 차원의 접촉과 교류는 단절되었지만, 이들 사이의 관계가 완전히 끊어진 것은 아니었다. 1950-1960년대 대학가에는 의외로 많은 학생 교류의 장이 열려 있었다. 특히 오늘날에 비해 대규모 토론회와 강연회, 그리고 '모의'라는 말을 앞에 단 행사들(모의국회, 모의재판, 모의주주총회 등등)이 자주 열렸는데, 이 중 학내 행사로 그치는 경우도 있었지만 학교를 넘어 여러 대학 학생들이 한자리에 모이는 행사도 많았다. 바로 이런 행사들을 통해 각 대학 이념서클 학생들 사이의 인적 관계가 유지될 수 있었다. 김낙중의 구술은 이를 잘 보여준다.

> 그 당시 고대에서는 정치학과에서는 모의국회를 했어. 모의국회를 하려면 각 대학 정치학과에 연락을 해서 학생들이 참여를 하도록 해야 되고, 경제학과에서는 "경제학토론대회"를 했어. 이와 같은 학생들의 모의국회와 학술토론대회 때문에 그것이 각 대학이 서로 연락해서 학생 간부들이 와서 참여하는 형식이 됐지. 그 모의국회와 경제학토론대회 때문에 서로 알게 된 그것이 4·19의 밑천이야. 그것이 4·19에 각 대학의 연결고리를 만들어서 4·19가 성공했거든. 모의국회하고 경

제학토론대회가 학생들 사이에 연대관계를 만드는 데 상당한 기여를 했다. 왜냐하면 참가자들이 각 대학 학생회 간부들이니까. 그 사람들도 참여를 했고, 4·19가 학생들 연결고리를 만드는 것이 정치학과에 모의국회하고 경제학과의 경제학토론대회였다. 우리가 경제학토론대회를 하니까 서울상대에서는 경제정책토론대회를 하기도 했었다. 그게 각 대학 학생 간부들이 서로 만나는 연결고리가 되었다(고려대학교 민주동우회 편, 2009a, 204-205쪽).

류근일 필화사건 이후 이념서클 단위의 공식적인 접촉은 단절되었지만, 일상적인 학술 행사 속에서 이루어지는 인적인 접촉과 교류는 이후 한국의 학생운동이 학교 단위를 넘어서 연대투쟁으로 나아가는 중요한 동력이 된다. 한마디로 대학생들만의 독특한 문화, 즉 '대학문화'가 학생운동 조직활동에 큰 영향을 끼친 것이다.

3. 4월혁명 직후 이념서클

신진회, 신조회, 협진회와 같은 1950년대 이념서클들은 비록 활발하고 지속적인 활동을 벌이지는 못했지만, 극우반공주의가 압도하는 한국사회에서 학생운동이 성장할 수 있는 가능성을 제공했다. 그리고 이러한 가능성은 1960년 4월혁명으로 현실화되었다. 4월혁명은 수많은 학생과 시민들이 부정선거와 이승만 독재에 저항한 사건이었다. 이 과정에서 혁명을 주도했던 특정한 조직이나 세력은 존재하지 않았다. 어떤 학교에서는 열혈 학생들이, 어떤 학교에서는 정치적, 이념적 지향을 가진 학생들이, 어떤 학교에서는 학도호국단 간부들이 시위에 앞장섰다. 따라서 4월혁명 자체에 이념서클이 큰 역할을 했다고 보기는 어렵다.

그러나 4월혁명으로 이승만 독재가 끝나고 이념적으로 보다 자유로운 세상이 열리자, 그동안 소극적으로 혹은 음성적으로 활동했던 이념서클의 학생들은 적극적으로 움직이기 시작했다. 이들이 먼저 관심을 가진 부분은 기존의 어용적 학생자치기구인 '학도호국단'을 명실상부한 학생들의 자치기관인 '학생회'로 바꾸는 작업이었다.

학도호국단을 학생회로 재편하는 과정에서 이념서클이 어떤 역할을 했는지는 분명치 않다. 단, 서울대 문리대의 경우 학도호국단 해체 직후인 1960년 5월 10일 서울대 문리대 학생 600여 명이 모여 학생총회를 개최하고 새로 만들어질 '학생자치회'의 조직형태와 구성 및 운영 방법에 대해 결의했는데, 이때 결의문을 낭독하고 통과시킨 학생이 신진회의 윤식이었다 (『대학신문』 1960년 5월 16일자). 그는 며칠 후 각 학과 대의원들로 구성된 서울대 문리대 대의원회에서 의장을 맡기도 했다(『대학신문』 1960년 5월 23일자). 이러한 윤식의 활동은 그가 정치학과 과회장이었기 가능했던 것으로 보이지만, 이념서클 회원들이 학생회가 만들어지는 과정에서 일정한 역할을 했던 것도 사실이다.

학도호국단을 학생회로 개편한 학생들은 '혁명정신'의 확산을 위해 농촌에서의 '계몽운동'과 도시에서의 '신생활운동'에 적극 나섰다. 이 운동에 앞장섰던 서울대에서는 1960년 7월 6일 '국민계몽대'가 결성되어 이틀 후부터 거의 전교생이 전국 각지의 농촌으로 파견되었다(『대학신문』 1960년 7월 11일자). 국민계몽대는 대장 안병규 외 21명의 참모위원을 선발하고, 중앙조직에는 총무부, 조직부, 섭외부, 선전부를 두며 그 아래에는 준비반, 서기반, 연락반, 기획반, 동원반과 몇 개의 대내반, 대외반을 두었다. 지방 조직은 각도 및 군단위 조직을 전국적으로 편성하고 연락책임자를 두었으며, 각도 및 군단위 조직의 업무연락과 독찰을 위해 중앙본부에 기동반을 두어 순회 활동케 했다(고명균, 1990, 73-75쪽). 졸업생이었던 고석원과 이돈녕을 고문으로 하고, 문리대 학생회장 안병규를 대장으로 한 서울대 국민계몽대는 지도이념이 김진균과 두 고문들에 의해 작성되었고,

황활원, 염길정, 이영일, 이수정, 신용하 등 신진회와 후진사회연구회 학생들이 주축이 되었다(권영기, 1984, 254쪽).

'계몽운동'과 '신생활운동'에는 많은 학생들이 참여했지만, 객관적인 여건이 성숙되지 않은 상태에서 학생들의 의지만으로 운동이 추진되었기 때문에 그 한계가 분명했다. 계몽운동과 신생활운동이 큰 성과를 거두지 못하자, 이 운동에 참여했던 일부 학생들은 점차 한국사회 후진성 타파를 위해 보다 근본적이고 이념적인 해결책을 모색하기 시작했다. 서울대의 경우 이념서클의 학생들을 중심으로 이 같은 움직임이 일어났다. 그리고 이들의 민주사회주의적 지향은 1955년 반둥회의 이후 본격화한 비동맹운동과 맞물려 민족주의로 나아갔다. 이들은 한국사회를 제3세계 민족주의 시각에서 바라보면서 한국사회의 후진성의 근본 원인을 분단모순과 외세의존에서 찾고, 남북의 평화공존, 교류, 통일 그리고 자립경제의 수립을 후진성 극복의 해결책으로 생각했다(오제연, 2007, 289-290쪽).

이들은 민족주의에 입각한 통일운동을 벌이면서도 학생조직으로서의 특성을 유지하는 통합적인 연합체를 만들고자 했다. 그 결과 서울대 문리대의 신진회, 후진사회연구회, 서울대 법대의 사회법학회 등을 주축으로 1960년 11월 1일 발기인대회를 거쳐 18일 서울대 '민족통일연맹'(이하 민통련)을 결성하였다(오제연, 2010, 159쪽). 서울대 민통련 중앙위원회 의장을 맡은 신진회의 윤식과, 조직위원장을 맡은 사회법학회의 황건은 민통련의 결성 과정에 대해 각각 다음과 같이 회고했다.

윤식 : 민통련 결성을 구체화하기 시작한 것은 1960년 10월 초의 일이었다. 신진회를 중심으로 친구들끼리 서울대 문리대와 법대 구내에서 만나 진지한 토론을 벌였다. 그런 과정 속에 단체의 명칭을 서울대학교 민족통일전선으로 정했다. 그러나 '전선'이란 용어가 듣기에 이상하다고 하여 나중에 '연맹'으로 고쳤다(권영기, 1984, 259쪽).

황건 : (1960년) 9월 초, 처음엔 문리대, 법대의 일부 서클 중심으로 논의되다가 10월 들어서면서 문리대, 법대, 상대, 미대, 의대, 수의대로 확산됐지요. 마침내 11월 1일 오후 2시 서울대 강당에서 발기인 264명을 포함, 420명이 참석한 가운데 '서울대학교 민족통일연맹' 발기인 대회를 갖고 이어 11월 18일 같은 장소에서 결성대회를 가졌지요(이근성, 1990, 221쪽).

신진회나 사회법학회 회원이라고 해서 모두 서울대 민통련에 참여한 것은 아니었다. 특히 사회법학회의 경우 황건, 심재택 등은 적극적으로 서울대 민통련에 참여하여 간부직까지 맡았으나, 좀 더 온건하고 보수적이었던 다수의 사회법학회 회원들은 서울대 민통련에 참여하는 것을 꺼렸다(권영기, 1984, 261쪽). 이처럼 같은 이념서클의 회원이라 하더라도 개인의 성향에 따라 중요한 지점에서는 입장과 선택이 다를 수 있었다. 이는 사회법학회가 '학회'라는 틀로 조직되었기 때문에 발생한 현상이기도 했지만, 유신 이전까지 대다수 이념서클들의 이념적 결속력이 비교적 느슨했기 때문이기도 했다.

결성 당시 서울대 민통련은 크게 '총회', '대의원회', '중앙위원회'의 3개 조직으로 이루어져 있었다. 가장 중요한 조직은 '총회'였는데, 서울대 민통련의 '중요기본방침'을 의결하기 위한 총회는 매학기 초에 대의원회 의장이 소집할 수 있었다. 단, 대의원회나 중앙위원회의 회원 200명 이상의 요구가 있을 때는 임시총회를 소집할 수 있었다(「서울대 민통련 규약」, 15쪽). '대의원회'는 각 단과대학별로 회원 10인당 1인식 선출된 임기 1년의 대의원으로서 구성되며, 의장 1인, 부의장 1인, 총무 1인을 두도록 되어 있었다. 1달에 1번 소집되는 대의원회의 주요 권한은 선언, 강령, 방침, 규약 등에 대한 결정 또는 제정, 중앙위원회 위원 선출, 중앙위원회의 집행에 관한 감독 및 집행의 승인 등이었다.3) 실질적으로 서울대 민통련을 움직이는

---

3) 「서울대 민통련 규약」, 16-17쪽. 황건에 따르면 규약상 대의원회가 매월 열리도록 되어

집행기구인 '중앙위원회'는 대의원회에서 선출한 20-25명의 중앙위원으로 구성되었는데, 중앙위원회에서 선출한 '중앙위원회 의장'이 서울대 민통련 전체를 대표했다. 중앙위원의 임기는 1년이며, 의장의 임기는 6개월이었다. 중앙위원회 산하에는 기획위원회, 조직위원회, 통일문제연구회 등 3개의 직속기관과, 7개 부서로 이루어진 집행위원회, 10개 연구회로 이루어진 학술위원회 등이 있었다(「서울대 민통련 규약」, 17-21쪽).

서울대 민통련이 결성되었지만, 겨울방학이 곧바로 이어진 관계로 본격적인 활동을 즉각 전개하기는 어려웠다. 그러나 서울대 민통련 핵심회원들은 겨울방학에도 서울에 남아 정세 분석과 토론, 조직 확장, 다른 대학과의 연락과 제휴 추진 등 적극적인 활동을 전개했다. 이들은 서울에 거처가 있는 간부의 집에 합숙하면서 하숙비를 전액 갹출, 활동비로 전용하여 경비를 조달했다. 일부 간부들은 새 학기 등록을 포기하고 등록금을 회비로 납부하기도 했다. 신진회(후진국문제연구회), 신조회(사회법학회) 출신 선배들을 비롯한 언론계, 학계 인사들의 찬조금도 큰 도움이 되었다.

이런 과정에서 서울대 이외의 다른 대학에서도 '민족통일연맹'의 이름을 그대로 사용하거나 이름은 약간 다르더라도 통일운동의 지향을 분명히 한 조직들이 속속 등장하기 시작했다. 1960년 11월에 경희대에서 민족통일문제연구회가 결성된 것을 비롯해, 12월까지 건국대, 고려대, 국학대, 단국대, 동국대, 성균관대, 중앙대, 한국외대, 항공대 등에서 통일운동 조직이 발족되거나 결성준비위원회가 구성되었다. 또한 지방에서도 부산대, 수산대, 경북대, 대구대, 전남대, 조선대 등에서 통일운동 조직이 추진되고 있었다(이근성, 1990, 222-223쪽). 이들은 조직의 정확한 명칭과 상관없이 일반적으로 '민통련'으로 불렀다.

있었으나 서울대 민통련 결성 직후 학교가 겨울방학에 들어갔기 때문에 실제로는 1961년 5월 3일 한 차례 소집됐을 뿐이었다고 한다. 따라서 서울대 민통련은 중앙위원회를 중심으로 운영될 수밖에 없었다(이근성, 1990, 222쪽).

겨울방학 동안 급속히 조직을 확대시킨 각 대학 민통련은 1961년 2월과 3월 연이어 발생한 '한미경제협정 반대투쟁'과 '2대악법 반대투쟁'에 적극적으로 가담하였다. 이 과정에서 '한미경제협정반대 투쟁위원회'와 '악법반대 전국학생투쟁위원회'가 각각 결성되었다. 이들 투쟁위원회에는 다양한 학생 조직이 참여하였지만 중심은 각 대학 민통련이었다. 투쟁 과정에서 많은 어려움을 겪기도 했지만, 민통련 학생들은 '투쟁위원회'를 통한 힘의 결집과 경험의 축적을 통해 조직적 역량을 강화해 나갔다. 그리고 이러한 성과를 바탕으로 1961년 4월 개강 이후 본격적인 통일운동에 나섰다.

1961년 5월 3일 서울대 민족통일연맹 대의원회에서는 남북학생회담을 제의하였다. 이들은 통일을 위한 선행 조건으로 통일문제의 주도적 역할을 할 남북학생회담, 남북학생기자 교류, 학술토론대회, 예술학문창작의 교류, 체육대회 개최 등을 주장하고 나섰다.

서울대 민통련의 남북학생회담 제의는 이어 5월 5일에 열린 '민족통일전국학생연맹'(이하 민통전학련) 결성준비위원회에서 보다 구체화되었다. 건국대, 경북대, 경희대, 국민대, 국학대, 단국대, 대구대, 동국대, 부산대, 서울대, 성균관대, 연세대, 외국어대, 전남대, 조선대, 중앙대, 청구대, 항공대 등 총 18개 대학이 참여한 '민통전학련'은 몇 달 전 '투쟁위원회'의 경험을 바탕으로 조직한 학생운동 연대체였다. 민통전학련 결성준비위원회는 위원장에 윤식, 재정위원장에 노원태, 공보위원장에 이영일, 연락위원장에 김승균을 각각 선출했다. 이어 서울대 민통련의 남북학생회담 제의 지지를 재확인하고 북한 학생 및 당국의 적극적 호응을 촉구했다(권영기, 1984, 262쪽).

조직적 관점에서 봤을 때 민통전학련 결성준비위원회는 다음과 같은 특징을 가지고 있었다. 첫째, 서울대의 몇몇 이념서클이 힘을 모아 대학

전체 수준의 연대조직을 만들고, 이후 각 대학에 비슷한 조직들이 만들어지면서 이들 조직이 힘을 합쳐 결국 전국 단위의 학생운동 연대체로 발전했다. 전형적인 '상향식 조직 구성'이라고 할 수 있다. 이는 민주적인 방식이기는 하지만 조직적 결속력을 약화시킬 수 있는 요인이기도 했다. 둘째, '상향식 조직 구성'임에도 불구하고 조직화의 속도가 매우 빨랐다. 1960년 11월 서울대 민통련이 만들어지고 불과 6개월 만에 민통전학련 결성준비위원회가 결성되었던 것이다. 이러한 빠른 조직화는 그만큼 4월혁명 이후 학생들 사이에서 민족주의가 고양되고 통일에 대한 관심이 높아졌기 때문에 가능한 것이었다. 그러나 다른 측면에서는 조직화 과정에서 충분한 내부 논의가 부족할 수밖에 없었음을 보여주는 것이기도 했다. 셋째, 가장 기초적인 학생자치조직인 학생회나 기존의 다른 서클들을 배제하고 각 대학 민통련 위주로만 조직을 구성하였다. 이는 당시 학생회나 다른 서클들이 운동 역량을 거의 갖고 있지 못했던 것과 관련이 있으나, 민통련의 통일운동이 학생대중 다수의 의사와 괴리될 위험이 있었다.[4]

이러한 조직적 특성은 남북학생회담 제안 이후 민통련 내부의 균열로 이어졌다. 남북학생회담이 사회적으로 큰 파장을 불러일으키자 이 문제를 둘러싸고 민통련 내부에서 온건파와 강경파의 입장 차이가 확대되었다. 민통전학련 내 온건파는 남북학생회담을 하나의 상징적인 이슈로 설

---

[4] 황건의 기억에 따르면 서울대 민통련은 4월 15일 학우들의 광범위한 여론을 수렴하고 통일운동에 대한 관심을 고양시키기 위해 여론조사를 실시했는데, 여론조사의 집계 결과는 5·16 후 파기되어 현재 기록이 남아있지 않으나 민통련의 운동방향에 대한 광범한 지지와 찬동을 입증한 것이었다고 한다(이근성, 1990, 224쪽). 그러나 민통련이 남북학생회담을 추진하기 직전인 1961년 4월 연세대 4학년 학생 398명을 대상으로 실시된 여론조사를 보면 남북협상을 통한 통일을 지지한 학생은 22.4%에 불과했고, 반면 유엔 감시하 남북총선과 대한민국 주권하 총선을 지지한 학생이 각각 43.7%와 18.8%나 되었다. 남북통일의 시기에 있어서도 52.0%가 선건설 후통일을 지지한 반면 34.4%만이 선통일 후건설을 지지하였다(『연세춘추』 1961년 4월 17일자). 물론 이 여론조사의 학교별 학년별 특성을 고려해야 하겠지만, 민통련의 주장이 실제로 일반 학생들에게 얼마나 호응을 얻었는지는 의문의 여지가 있다.

정했을 뿐 실제로 밀어붙일 의지가 없었다. 반면 강경파는 남북학생회담을 급박하게 몰아감으로써 통일운동을 한층 더 고양시키고자 했다. 이 과정에서 민통련 학생들이 대학 밖에서 통일운동을 추진하고 있었던 '민족자주통일중앙협의회(이하 민자통)'과 같은 혁신계와 어떤 관계를 맺느냐가 민감한 문제로 떠올랐다. 온건파들은 학생운동의 순수성을 지키는 차원에서 혁신계와 최대한 거리를 두고자 했다. 그래서 1961년 5월 13일 민자통 주최로 열린 '남북학생회담 환영 집회'에 의도적으로 참여하지 않았다. 윤식과 더불어 온건파였던 이영일은 훗날 구술을 통해 민자통이 "전부 빨갱이" 같았고, 자신들이 민자통에게 "이용당하는 것" 같았다고 회고했다(「이영일 구술」 2003년 8월 29일). 반면 강경파였던 김정강, 이수병 등은 이미 2대악법 반대투쟁 때부터 혁신계와 밀접하게 연결되어 있었고, 5월 13일 민자통 집회에도 직접 참여했다(한국정신문화연구원 편, 2001a, 42-44쪽).

결국 서울대 민통련이나 민통전학련은 빠른 속도로 조직을 확장시켜 사회적으로 큰 영향력을 확보했으나, 그 힘을 효과적으로 활용할 수 있는 조직적 결속력은 갖추지 못했다. 여전히 과거 민주사회주의의 입장을 견지한 온건파 그룹은 학생운동의 순수성을 앞세워 사회적으로 용인되는 틀 안에서 통일운동을 추진하고자 했으나, 보다 좌파적인 입장으로 기운 강경파 그룹은 혁신계와 연계하여 더욱 적극적으로 통일운동을 전개하고자 했던 것이다.

4. 1960년대 전반기 이념서클

민통련의 조직적 균열이 심화된 상태에서 1961년 5월 16일 군사쿠데타

가 발생했다. 그리고 민통전학련은 물론 각 대학 민통련은 모두 붕괴되어 버렸다. 민통련에 적극 가담한 신진회와 같은 이념서클도 더 이상 존립할 수 없었다. 통일운동을 주도한 학생들은 군사정권에 의해 체포되었다. 하지만 대학에는 4월혁명과 통일운동에 영향을 받은 학생들이 아직 많이 남아 있었다. 이들 학생들은 군사정권의 비민주성과 실정을 비판하면서 '민족주의'에 기반을 둔 새로운 이념서클들을 각 대학에 건설하기 시작했다.

이 중 가상 대표적인 이념서클이 1963년 10월 서울대 문리대에서 결성된 '민족주의비교연구회'(이하 민비연)였다. 민비연은 민통련과 같은 공개운동조직 대신 '연구회'를 표방하여 합법적으로 학생운동 기반을 확대하고 학생운동의 새 방향을 정립하고자 했다. 그들은 특히 제3세계 민족주의운동이 당면하고 있는 어려움과 체계적인 지식의 필요성을 공감하였다.

1963년 10월 4일 민비연이 창립총회를 열었다. "고립적, 일방적 전수식 강의의 맹점을 탈피하고 여러 유형의 민족주의를 비교, 연구함으로써 민족주의에 대한 과학적 인식의 토대를 마련하여 민족사적 현실을 타개할 수 있는 한국적 민족주의 이념을 모색, 정립하겠다"는 요지의 선언문을 채택하는 한편, 회장 이종률, 총무부장 박범진, 연구부장 김경재, 기획부장 김승의 등 60학번을 중심으로 임원을 선출하였다(『대학신문』 1963년 10월 7일자). 회원은 약 50명 정도였다. 창립 당시 민비연의 주요 활동목표는 첫째, 가능한 대로 합법적인 범위 안에서 학생운동의 기반을 넓히자, 둘째, 연구발표회나 세미나를 통해 학술적 이념적 지표를 확립하자, 셋째, 민정이양에 대비해 학생운동의 새 방향을 정립하자 등이었다.

그런데 민비연은 창립 직후부터 학내외에서 의혹의 눈초리를 받았다. 1963년 10월 15일로 예정된 대통령 선거를 앞두고, 민비연이 혹시 정권에 의해 만들어진 학생정치조직이 아닌가 하는 의혹이었다. 민비연의 창립 이후 활동을 보았을 때 이러한 의혹은 신빙성이 없는 것이었다. 단, '민족주의'라는 이념적 측면에서는 1963년 창립 당시 민비연이 박정희 정권과 일정한 공통분모를 가지고 있었던 것으로 보인다. 다음과 같은 박범진의 회고는 이를 잘 보여준다.

5·16군사혁명을 주도했던 세력의 정체가 뭐냐는 것에 대해 한 2년간 탐색하는 기간이 있었던 것 같습니다. 왜냐하면 그때 박정희 대통령의 이름으로 책이 3권 나왔었거든요. (중략) 그 책을 보면 과거 한민당 즉 야당이죠, 옛날 한민당 세력이 지주계급을 바탕으로 한 그런 세력이었다는 비판을 하고, 제3세계 비동맹 운동을 하는 지도자들을 높이 평가하면서 우리 민족이 나아갈 길은 민족적 민주주의라는 글들이예요. 이런 글들을 읽어보면 학생들의 생각과 비슷하거든요. 그래서 아… 이 사람들이 이쪽으로 가는 건지… 만나서 이야기를 해 본 적이 없어서 학생들 사이에 논의가 있었습니다. 이 사람들의 진짜 정체가 뭐냐… 좀 지켜보자고 했었습니다. (중략) 한미갈등이 학생들에게 군사정부가 상당히 민족주의적이구나라고 느끼게 했다고 볼 수 있지요(박범진, 2010, 26쪽).

민비연 창립 이듬해인 1964년 김중태가 2대 회장이 되면서 주도권이 김중태, 현승일 등 61학번들에게 넘어갔다. 이 무렵 민비연은 당시 한일 간에 추진되고 있던 국교정상화 협상에 관심을 갖기 시작했다. 국민들 사이에 반일감정이 상당히 높은 상황에서 정부의 협상 태도는 의심스러운 부분이 많았다. '민족적 민주주의'로 대표되는 박정희의 민족주의도 그 진정성이 의심되었다. 무언가 학생들이 나서서 문제를 제기해야 한다는 의식이 민비연 모임 안에서 커져갔다. 특히 과거 식민지 지배에 대해 사과 한마디 받지 못한 채 무상원조 3억 달러를 받는 대가로 해양주권선인 '평화선'을 팔아넘기는 박정희 정권에 민비연 회원들은 물론 대다수 학생들이 분노했다.

결국 1964년 3월 24일 서울대, 연세대, 고려대 학생 5,000여 명이 동시에 대규모 가두시위를 벌였다. 1964년과 1965년을 뜨겁게 달군 한일협정반대운동이 본격적으로 시작된 것이었다.[5] 서울대의 경우 '한일굴욕외교반대투쟁위원회'라는 조직이 3·24시위를 비롯한 1964년 서울대 학생운동을 이끌었다. 이 조직은 민비연 회원들과 서울대 문리대 신문사『새세대』를 중심으로 결집한 학생들이 연합해서 만든 투쟁위원회였다. 그러나 양자에 모두 관여한 김도현의 회고에 따르면, 3·24시위 이후 1964년 서울대 학생운동을 이끌었던 '한일굴욕외교반대투쟁위원회'는, 독자적인 체계를 갖춘 실체가 있는 조직이라기보다는 민비연과『새세대』등 운동 주도세력들이 학생운동 전면에 나서기 위해 편의적으로 이름만 갖다 붙인 문서상의 조직이었다고 한다(「김도현 구술」 2008년 11월 26일).

서울대에서 민비연이 조직되던 당시 연세대와 고려대에서도 민족주의를 앞세운 유사한 이념서클들이 만들어졌다. 연세대에서는 1963년 10월 29일에 '한국문제연구회'(이하 한연회)가 창립되었다. 한연회의 창립 과정은 오건환의 회고와 구술을 통해 확인할 수 있다(오건환, 2003, 237-242쪽 ; 「오건환 구술」, 2008년 12월 2일). 한연회의 전신은 1962년 연세대 정외과와 행정학과 학생들을 중심으로 만들어진 '오시회'라는 독서모임(스터디그룹)이었다.[6] 처음에 독서모임, 스터디그룹으로 시작했던 오시회가 그 다음 해 연세대의 주요한 이념서클로 발전했던 데에는 1963년 치러진 총학생회 선거가 큰 계기가 되었다. 오시회에는 김용서, 오건환 등 서울고 출신들이 많았는데, 이들은 같은 서울고 출신으로 당시 총학생회 선거에

---

[5] 이 사건은 흔히 '6·3'이라는 용어로 더 많이 알려져 있다. '6·3'이라는 용어는 1964년 6월 3일에 시위가 가장 크고 격렬하게 일어났고, 결국 이날 계엄령이 선포되었기 때문에 붙여진 이름이다. 그러나 한일협정 체결과 관련한 시위는 1964년 하반기에 일시 중지되었다가 1965년에도 다시 재개되어 이후 그해 가을까지 계속되었다. 이 때문에 과연 '6·3'이라는 용어가 중간에 휴지기가 존재하는 2년에 걸친 장기적인 항쟁을 포괄하는 용어로 적합한지 의문의 여지가 있다. 때문에 여기서는 보다 포괄적인 의미를 지닌 '한일협정반대운동'이라는 용어를 사용하고자 한다.

[6] '오시회'라는 명칭은 하루에 다섯 번 책을 읽고 또 하루 다섯 시간 책을 읽는다는 뜻에서 붙여진 이름이라고 한다.

출마한 안성혁과 선거 과정에서 자연스럽게 결합했다. 이후 총학생회장에 당선된 안성혁은 오시회를 바탕으로 총학생회를 지원하는 강력한 이념서클을 만들고자 했고(「안성혁 구술」 2007년 5월 28일), 또 오시회 멤버들도 총학생회의 지원을 통해 자신들의 영향력과 역량을 키우고자 했다. 이에 오시회가 발전적으로 해체하고, 1963년 10월 29일 연세대 총학생회 산하 단체로 한연회가 탄생하였다. 한연회는 '당신의 조국 한국을 알자'라는 모토를 내세웠는데, 이에서 알 수 있듯이 강한 민족주의 성향을 드러냈다.

창립인 22명과 명예회원(선배) 4명으로 시작한 한연회는 "한국의 사상, 통일, 정치, 산업경제, 민족문화, 과학기술 등의 모든 문제를 진지하게 연구하여 한국 민족이 지닌 무한한 가능성을 찾기에 노력하겠다"는 목표를 내걸었다(『연세춘추』 1963년 11월 4일자). 총학생회장 안성혁이 초대회장으로 선출되었고, 총학생회 간부 대부분이 회원으로 가입하였으며, 학생처장이 지도교수를 맡았다. 창립총회에서는 한연회의 활동범위를 순수한 학문 도야에만 국한시킬 것이냐의 여부를 놓고 열띤 토론이 벌어졌다고 한다. 대다수 오시회 출신들은 한연회도 오시회와 같이 회원 개인의 학문 도야와 교내 면학 분위기 조성을 주도하는 데 더 큰 관심을 가져야 한다고 주장했지만, 김용서, 오건환 등 일부 오시회 출신들과 안성혁 등 총학생회 간부들은 한연회가 연세대 이념서클로서 학생운동의 주체가 되어야 한다고 주장했다.

초기 한연회의 활동은 전형적인 학술서클의 모습을 보였다. 한연회는 회칙과 사업계획에 따라 매주 금요일 오후, 문과대학 지하 강의실에서 토론회를 열었다. 토론회마다 한 가지 주제와 주제발표자를 정해 토론을 진행했고, 이에 대한 지도교수의 평가를 들었다. 당시 토론회에는 거의 20여 명 이상의 학생이 참석했었는데, 그중에는 대학원생도 포함되어 있었다.

오건환은 당시의 토론회의 상황을 다음과 같이 설명했다.

방법은 그랬습니다. 책을 하나 선정을 해서 누가 대표적으로 또는 무슨 그룹 스터디를 하든지 해가지고 그 책에 그걸 가지고서 그 책 읽은 걸 가지고 발표를 하면 거기에 대한 토론을 하고 그래서 되도록이면 다른 전원이 다 그 책을 읽을 때 한 사람이나 또는 두, 세 명이 주도적으로 그 책을 이제 해석하고 하는, 나름대로 정리하는 걸로 하고 나머지는 토론하는 식으로 그런 형식을 취했습니다. 말하자면 세미나를 그렇게 이제 매주 하는 걸로 했는데 (중략) 그거를 정리해서 후에는 매번 주보를 만들었습니다(「오건환 구술」 2008년 12월 2일).

또한 수시로 사회 저명인사들을 초청해 강연을 듣기도 했다. 일례로 1963년 11월 11일에는 "제3공화국의 전망"이라는 주제로 함석헌, 조동필 등을 초청하여 강연을 들었다. 그러나 1964년 한일협정 체결이 임박해오자 한연회의 활동도 더 이상 '학술' 모임에만 묶여 있을 수 없었다. 그들은 서울대, 고려대의 이념서클들과 연합하여 적극적으로 한일협정반대운동에 뛰어들었다.

연세대의 경우 한연회 회장 안성혁이 총학생회장을 겸하고 있었기 때문에 자연스럽게 총학생회가 연세대 한일협정반대운동의 전면에 나섰고, 이를 한연회 회원들이 주도하였다. 첫 시위가 벌어진 1964년 3월 24일에는 시위에 앞서 총학생회가 주최한 장준하, 함석헌의 시국강연회가 열렸고, 이 강연회 도중 안성혁 총학생회장이 학생들을 선동하여 전교생이 곧바로 시위에 돌입하였다. 이후 연세대는 당시 결성 중에 있었던 전국적인 대학 학생회 연합체 '한국학생총연합회'(이하 한학련)를 중심으로 운동에 결합하였다. 한학련은 일종의 대학연합 투쟁조직이라고 할 수 있는 '난국타개학생대책위원회'를 조직하고 1964년 5월 25일 전국 32개 대학에서 각 대학별로 '난국타개궐기대회'를 동시다발적으로 개최하였다. 또 6월 1일에는 난국타개학생대책위원회에 참여한 각 대학 대표 35명이 청와대 앞에서 시위를 시도하다 전원 연행당하기도 했다. 이렇듯 연세대 한연회는 총학생회를 장악하고 있었기 때문에, 서울대 민비연처럼 독자적인 투쟁기구를 만들 필요 없이 총학생회를 통해 운동을 주도하는 특징을 보였다.

서울대 민비연, 연세대 한연회보다 조금 앞선 1963년 4월 29일에 고려대에서는 '민족사상연구회'(이하 민사회)라는 이념서클이 탄생하였다. 민사회는 그 조직 이름에서 분명하게 드러나듯 민비연, 한연회처럼 민족주의를 연구하는 서클이었다.

"우리 민족의 나아갈 길과 민족사상의 제연구"를 목적으로 발족한 민사회는 회장과 서기, 그리고 정치문제연구부, 법률문제연구부, 경제문제연구부, 사회사상연구부 등 4개 부문의 연구부장을 임원으로 두었다(『고대신문』 1963년 5월 4일자). 초기 민사회의 회원은 약 30여 명으로 주로 민족주의 사상의 고취와 아울러 우리 민족의 새로운 진로의 모색하기 위해 격주로 1회 세미나를 열었다(『고대신문』 1963년 10월 26일자). 서진영의 구술은 당시 민사회의 모습에 잘 보여준다.

> 고대에서 만일에 이념서클이 있었냐, 그러면 이 민사회가 이념서클의 원조다, 이렇게 볼 수가 있죠. 그 민사회에도, 민사회는 정외과에서는 별로 없었어요. 나하고 오히려 인제 그 최 교수만 아마 거기 관여했던 걸로, 다른 친구들도 있었는지 어땠는지 내가 기억이 안 나는데, 주로 이제 그 법대, 또는 다른 학과에 있는 친구들이 주로 인제 우리가 들어가 보니까, 내가 들어가 보니까 오히려 법대 출신이 많이 있었고, (중략) 뭐 이런 그 선배들이 좀 있었구요. 거기서 인제 좀 어떻게 보면 민족주의적인 성향이 강했죠(「서진영 구술」 2012년 9월 18일).

당시 고려대에는 민사회 이외에 1960년대 전반기 고려대 학생운동에서 중요한 역할을 담당한 '민주정치사상연구회(이하 민정회)'라는 또 하나의 서클이 존재하고 있었다. 민정회는 고려대 정치외교학과 내의 학술서클이었는데, 대략 1960년 4월혁명 전후에 만들어진 것으로 보인다. 창립 이후 지속적으로 사상토론회와 더불어 교수나 사회 저명인사들을 초정하여 좌담회나 강연회를 개최해 왔다. 민정회에는 1963년 11월 현재 43명 정도의 회원이 참여하고 있었다(『고대신문』 1963년 11월 16일자).

기본적으로 민정회 회원들은 정치외교학과 학생들답게 현실정치에 관심이 많았고 당시 다수 학생들과 마찬가지로 민족주의적 성향이 강했지만 민사회보다는 보수적이었다. 그러나 1964-1965년 한일협정반대운동에는 '행동'적인 측면에서 민정회가 민사회보다도 훨씬 더 적극적으로 가담하였다. 반면 민사연은 서진영, 최장집 등 민사연과 민정회에 모두 가담한 몇몇 학생들을 제외하고는 한일협정반대운동 전면에 나서지 않아 서울대 민비연과 같은 대대적인 탄압을 당하지 않았다(신동호, 1996, 112쪽). 이와 관련하여 서진영은 당시 고대 학생운동에서 민사회가 이념, 이데올로기 지향적이었다면, 민정회는 액션 오리엔트, 즉 행동이 중심이 되었다고 회고했다(「서진영 구술」 2012년 9월 18일). 그런 의미에서 민사회와 민정회는 상호 보완적인 측면이 있었다.

서울대, 연세대와 함께 1964년 3·24시위를 시작으로 한일협정반대운동을 본격적으로 전개한 고려대에서는 박정훈 등 민정회 회원들이 시위에 앞장섰고 민정회원이자 동시에 민사회원이었던 최장집이 서울대와의 연계에서 중요한 역할을 담당했다. 고려대는 이전부터 시위를 하게 되면 전교생이 모두 동참하는 특징을 가지고 있었기 때문에 학생회가 앞장 서는 경우가 많았다. 그런데 당시 민정회 박정훈이 고려대 정경대 학생회장을 맡고 있어서 자연스럽게 정경대 학생회가 시위 전면에 나섰다. 그밖에 법대와 상대 학생회도 운동에 적극 동참했다. 반면 총학생회는 앞서 언급한 한학련 활동을 제외하고는 운동에 소극적이었다.

1964년 6월 3일 대규모 시위를 앞두고 고려대 학생들은 이념서클과 학생회 등 학내 모든 운동 역량을 모두 끌어 모아 '구국투쟁위원회'라는 투쟁조직을 결성했다. 고려대 학생운동의 핵심세력 중 가장 연배가 높았던 선배가 위원장을 맡고, 그 밑에 부위원장을 정경대, 법대, 상대 학생회장이 공동으로 맡았다. 그리고 기획, 선전, 행동 등 조직의 실무책임은 민정회와 민사회 회원들이 맡았다(「박정훈 구술」 2007년 5월 23일). 즉, 고려대의 한일협정반대운동은 공식적으로 정경대, 법대, 상대 학생회가 전면에 나서 학생들을 모으고, 그 배후에서는 민정회와 민사연 회원들이 실질적으로 운동을 주도하는 구조를 가지고 있었다. 이는 연세대의 상황과 비슷하지만, 고려대의 경우 연세대와 달리 총학생회가 전면에 나서지 않았기 때문에 여러 단과대학 학생회와 이념서클들을 고려대 전체 차원의 단일조직으로 묶기 위해 서울대처럼 별도의 투쟁조직을 만들었던 것이다.

그런데 고려대 민사회 회원들은 일찍부터 서울대 민비연 회원들과 일정한 관계를 맺고 있었다. 이를 가장 잘 보여주는 사례가 1963년 11월 서울대 학생들과 고려대 학생들의 공동학술토론대회 추진이었다. 서울대『대학신문』지령 5백호 및 고려대『고대신문』창간 16주년을 각기 기념하는 차원에서 양교 대학생들의 공동토론대회가 1963년 11월 12일 개최 예정으로 추진되었다. 이때 단순히 일회성 행사가 아니라 1년에 한 차례씩 지속되는 연례적인 행사로 기획되었다(『대학신문』 1963년 11월 4일자). 이 공동학술토론대회는 명목상 서울대『대학신문』과 고려대『고대신문』이 주최하는 것으로 되어 있었으나, 사실은 그 배후에서 서울대 민비연 회원들과 고려대 민사회 회원들이 움직이고 있었다.

앞서 1950년대 이념서클에서도 확인했듯이 각 대학 이념서클 구성원들이 상호 교류하는 가장 적절한 공간이 바로 각종 '토론회'였다. 개별 대학의 틀을 넘어 여러 대학 학생들이 한자리에 모이는 토론회는 이념서클 학생들에게 자신들의 주의 주장을 가다듬고, 무엇보다 다른 학교 이념서클 학생들과 교류할 수 있는 좋은 기회를 제공했다. 서울대 민비연 멤버들과 고려대 민사연 멤버들도 이러한 공동토론회를 준비하는 과정에서 본격적인 접촉을 시작했다.

여기서 주목해야 할 점은 서울대 민비연과 고려대 민사연이 이념서클의 이름을 걸고 행사를 진행한 것이 아니라, 각각 서울대『대학신문』과 고려대『고대신문』을 앞세웠다는 사실이다. 이는 당시 이념서클들이 학교 당국에서 운영하는 신문사까지 움직일 수 있는 영향력을 가지고 있었음을 보여준다. 물론 이러한 영향력은 이념서클의 회원 중 일부가 당시 학교 신문사에서 중요한 역할을 맡고 있었기 때문에 가능했다. 이념서클 회원들이 학생회 회장 또는 간부를 맡아서 한일협정반대운동을 주도했던 것도 같은 맥락에서 이해할 수 있다. 그만큼 당시 이념서클들은 조직 자체의 역량보다 회원 개인의 역량과 역할에 크게 의존하고 있었다. 이를 통해 당시 이념서클들은 서클의 범위를 뛰어넘는 보다 광범위한 활동을 벌일 수도 있었다. 반면 개인에 크게 의존하는 만큼 조직 자체의 안정성과 힘은 상대적으로 취약했다고 할 수 있다.

서울대와 고려대의 공동학술토론대회는 "한국민주주의 진로"와 "안정정책이냐? 성장정책이냐?"라는 2가지 주제를 가지고 진행될 예정이었다(『대학신문』 1963년 11월 11일자). 그러나 공동토론회는 1963년 11월 12일 개최 직전에 무산되고 말았다. 표면적인 이유는 서울대와 고려대 양측의 '준비 부족' 때문이었지만(『대학신문』 1963년 11월 14일자), 사실은 토론회의 파장을 우려한 정부가 행사 당일 각 대학 총장들에게 이 공동학술토론대회를 무기연기 하도록 지시했기 때문이었다(신동호, 1996, 114쪽). 하지만 이 공동학술토론대회를 준비하는 과정에서 형성된 서울대 민비연과 고려대 민사회 사이의 네트워크는 그 다음 해 한일협정반대운동에서 큰 역할을 했다. 1964년 3월 24일 서울대, 고려대, 연세대 학생들이 한일협정반대운동의 시작을 알리는 대규모 시위를 동시다발적으로 벌일 수 있었던 힘이 바로 여기서 나왔다.

6월 3일의 대규모 시위로 절정에 달했던 1964년 한일협정반대운동은 박정희 정권의 계엄령 선포로 좌절되었다. 항쟁에 적극 가담했던 많은 학생들은 '내란죄' 등의 혐의로 가혹한 처벌을 받았다. 이 중에는 이념서클의 회원들도 다수 포함되어 있었다. 특히 서울대 민비연은 3·24시위는 물론 1964년 5월 20일 '민족적 민주주의 장례식'을 주도하면서 한일협정반대운동을 상징하는 이념서클로 부각되었다. 그 결과 1965년 재개된 한일협정반대운동이 1965년 8월 26일 정부의 위수령 발동으로 다시 탄압을 당하는 과정에서, 민비연은 1965년 학생운동에 깊이 관여하지 않았음에도 불구하고 문교부의 지시에 따라 1965년 9월 16일 강제로 해산되었다(『대학신문』1965년 9월 20일자). 그리고 얼마 후 중앙정보부는 국가전복을 기도했다는 혐의로 김중태 등 민비연 회원 11명을 구속하고 김도현 등 6명을 수배했다.[7] 이렇게 민비연은 역사 속으로 사라졌다. 한연회나 민사연, 민정회 등 다른 이념서클들은 일부 회원들의 처벌에도 불구하고 간신히 조직을 유지할 수 있었지만, 그 활동은 크게 위축될 수밖에 없었다.

5. 1960년대 후반기 이념서클

1964년과 1965년의 한일협정반대운동이 두 차례나 군대를 동원한 박정희 정권의 탄압으로 실패로 끝나자, 이념서클 회원들을 비롯해 이 항쟁에 적극적으로 가담했던 학생들은 큰 좌절을 맛보아야만 했다. 한동안 캠퍼

---

[7] 흔히 이 사건을 2차 민비연사건이라고 부른다. 참고로 1차 민비연사건은 1964년 6월 3일 계엄령 직후 당시 시위를 주도했던 민비연 회원들이 다수 처벌된 사건을 말하며, 3차 민비연사건은 1967년 동백림사건이 발생했을 때 여기에 민비연 지도교수였던 황성모가 연루되면서, 과거 민비연 회원들이 함께 처벌당한 사건을 말한다.

스에는 패배감과 무력감이 팽배했다. 그러나 1960년대 후반기에 접어들면서 학생들은 다시 세력과 조직을 추스르며 운동역량을 회복해 나갔다. 이 과정에서 그동안 학생운동을 주도해 오던 이념서클들도 일정한 재편을 겪었다.

1960년대 후반 가장 복잡한 이념서클의 재편을 겪은 학교는 서울대 문리대였다. 1965년 민비연 강제해산 당시 서울대 문리대에는 '낙산사회과학연구회'(이하 낙산연)와 '한국사상연구회'(이하 한사연)와 같은 다른 이념서클들이 존재하고 있었다. 이 중 낙산연은 1971년 위수령 선포로 강제해산 당할 때까지 서울대 문리대 학생운동에서 일정한 역할을 담당했다.

1965년 6월 11일 "한국적 이념의 형식을 위한 일반 사회과학의 연구를 목적"으로 사회학과, 철학과, 정치학과 학생 등 30여 명의 회원들이 모여 출범한 낙산연은(『대학신문』 1965년 6월 21일자) 창립 이후 금요특강, 월 정기세미나, 초청강연회 등을 꾸준히 진행했다. 낙산연에서 특기할 부분은 뒤에서 다시 살펴보겠지만 1967년 고려대 한국민족사상연구회(이하 한사회), 연세대 한연회와 손을 잡고 '한국연구학생연맹'이라는 이념서클 연합조직을 결성했던 점이다. 하지만 당시 함께 활동했던 윤준하(고려대 한사회)의 구술에 따르면 자신들은 연세대 한연회와는 친했지만 "낙산은 우리와 틀렸"으며 "낙산이 약간 중도적 입장에 섰다"고 한다(「윤준하 구술」 2007년 8월 10일). 이처럼 낙산연은 학생운동에 관여하기는 했으나 상대적으로 학술적 성격이 강했고 집회나 시위 등에는 조직적으로 나서지 않았던 것으로 보인다. 단, 회원 중 일부가 1969년 3선개헌반대투쟁과 1971년 교련철폐투쟁 등에 적극 가담했기 때문에 결국 1971년 위수령 선포 당시 다른 이념서클들과 함께 강제해산당하고 말았다.

1960년대 후반 서울대 문리대에서 낙산연보다 학생운동에 적극적이었던 이념서클은 '후진국문제연구회'(이하 후문회)였다.[8] 후문회의 창립 시

점과 과정은 현재 명확치 않은데, 한일협정반대운동을 경험한 학생들이
군대를 갔다 오거나 징계가 풀려 학교에 복학하면서 만든 것으로 보인다.
즉 후문회는 과거 민비연을 계승하는 면이 강했다. 후문회가 활발하게 활
동했던 시기는 1967년이었다. 이해 후문회는 '민족주의의 이해' 등의 주제
를 가지고 큰 발표회를 가졌는데, 이런 발표회는 결국 선배들이 일본 책
을 통해 습득한 사회주의 이론과 제3세계 민족주의에 대한 지식을 후배
들에게 이야기해주는 자리였다고 한다(「서중석 구술」 2007년 8월). 또한
후문연 회원들은 '6·8부정선거 규탄시위'에도 적극 참여하였다.

그러나 후문회는 1968년 지도교수가 중앙정보부에 끌려갔다 온 후 결
국 사퇴를 하면서 학교에 의해 정식 서클로 인정을 받지 못하게 되었다.
이때 대안으로 만들어진 서클이 '농촌문화연구회'(이하 농문회)였다. 농문
회는 1968년부터 준비해서 1969년 3월 발족했는데, 이들이 서클 이름에
'농촌'을 앞세웠던 것은 이념적 색채를 옅게 하여 탄압을 피하고자 한 면
도 있었지만, 학생들 사이에 "농민한테 배워야한다"는 인식이 커졌기 때
문이었다(「서중석 구술」 2007년 8월).

이 시기 농문회와 같은 이념서클들은, 1967년 동백림사건, 1968년 통혁당
사건의 여파로 후배들에 대한 체계적인 학습을 꺼렸다. 대신 개별적으로
선배들이 후배들을 만나며 같이 이야기를 나누는 은밀한 방식의 접촉과 학
습이 일상화되었다. 그리고 학생운동의 정서적 통일성을 고양시킬 목적으
로 '초혼제'와 같은 문화행사를 적극적으로 고민, 시도하기 시작했다.

농문회는 1969년 3선개헌반대투쟁에 적극 가담했지만 대중의 큰 호응
을 얻지 못한 채 결국 개헌 저지에 실패했다. 여기에다가 1969년 말 서울
대 문리대 '3과폐합사건'[9]을 거치며 다수의 농문회 학생이 처벌되었다.

---

8) 1960년대 후반에 조직된 후진국문제연구회는 앞서 언급한 1950년대 말 신진회를 계승
   하는 차원에서 만들어진 후진국문제연구회와 이름만 같을 뿐 전혀 별개의 조직이었다.

9) 3과폐합사건이란 1969년 서울대 문리대 내의 철학과, 종교학과, 미학과를 철학과로 통

이에 1970년 초부터 문리대 학생운동의 전기를 마련하고자 서클 통합운동이 일어났다. 그리고 이 과정에서 농문회를 비롯해 한얼, Pax Romana 등의 3개 서클이 통합하여 1970년 6월 6일 문우회라는 새로운 서클을 만들었다. 문우회는 '문리대 학우회'라는 전혀 이념적 색채가 없는 이름을 사용하였고 서클의 표면적인 목표 역시 "현실의 문제점을 연구, 토론, 비판, 통합하며 대학 내의 아카데믹한 풍토를 조성"한다는 식으로 학술적인 측면을 강조했다. 그러나 실제로 문우회는 "민주, 민족 투쟁을 계속해온 선배들의 맥맥한 전통을 이어받아 조국의 현실에 대한 학구적 탐구와 그 실천적 행동을 목표"로 하였다(『의단』 제2호 1971년 10월 7일). 설립 직후 특히 '한일문제'를 집중적으로 제기하면서 활동을 전개해 나갔다(『자유의 종』 창간호 1970년 10월 3일).

한마디로 문우회는 신진회−민통련−민비연−후문연−농문회로 이어지는 서울대 문리대 학생운동의 맥을 잇는 통합 이념서클이었다. 그런데 1970년대 초 서울대 문리대에서는 문우회 이외에도 또 다른 새로운 이념서클이 등장하여 활동의 폭을 넓히고 있었다. 이 서클이 바로 '후진국사회연구회'(이하 후사연)이다. 원래 후사연이 서울대 문리대 서클로 출발한 것은 아니었다. 1968년 서울대는 교양과정부를 신설하고 모든 신입생을 교양과정부 캠퍼스에서 공부하도록 조치했다. 이후 1969년 당시 3선개헌반대투쟁에 참여했던 심재권 등 1학년들은 교양과정부 내에 독자적인 이념서클로 후사연을 조직했다. 이들은 다음 해인 1970년 2학년이 되어 자신이 원래 소속되어 있는 각 단과대학으로 흩어졌으나, 이제는 그곳에 후사연 지부를 만들고 서클활동을 계속해 나갔다. 이 과정에서 후사연 회장 심재권의 소속 단과대학이었던 상대는 심재권의 후사연과, 또 김대환,

<hr>

합하는 데 대해 문리대 학생들이 반발하면서 총장실을 점거한 사건이다. 이 사건으로 농문회 회원을 비롯한 다수의 학생들이 처벌을 받았다.

김근태의 이론경제학회 등의 활동 덕분에, 1970년대에 들어와 서울대 학생운동에서 문리대, 법대와 어깨를 나란히 할 수 있게 되었다.

다른 이념서클들과 비교했을 때 후사연은 학술 또는 이론적인 관심보다 사회현실과 정치문제에 대한 관심이 많았다. 그들은 빈민촌 실태조사와 평화시장 노동자 실태조사 등을 수행하고 그 결과 보고서를 공표했다. 각 대학 학생회장 선거에도 적극 개입하여 1971년 문리대 이호웅, 법대 최회원, 상대 김상곤 등 주요 단과대학 학생회장을 모두 차지했다(신동호, 2007, 111쪽). 또한 후술하겠지만 후사연을 중심으로 '민주수호전국청년학생연맹'(이하 민주수호전학련)이라는 대학연합운동 조직을 만들어 1971년 대통령 선거와 국회의원 선거에 선거참관 및 부정선거 규탄 등의 방식으로 적극 개입하였다.

서울대 법대의 경우 1950년대 말에 탄생한 사회법학회가 4월혁명과 한일협정반대운동을 거치면서 1960년대 후반에도 여전히 법대 학생운동을 주도하고 있었다. 1966년의 경우 3월 17-19일 강원도 삼척 도계읍과 장성읍 광산근로자 실태조사 하였는데, 이 조사보고서에 대하여 동대문경찰서는 회장 임종률을 소환하여 실태조사의 의도와 배경에 온갖 의심을 품고 조사를 하면서 사회법학회의 목적에 나오는 "사회정의를 실현…"이라는 표현을 두고 사회법학회가 "사회주의를 실현…" 하려는 용공세력이라고 몰아붙이는 일도 있었다. 1970년 1월에는 서울시 용두동, 연희동, 성산동 빈민지구, 1971년 1월 10-15일 부산지역 노동자, 1971년 9월 경기도 광주대단지(현재의 성남시) 빈민 실태조사에 나서는 등 산업화 과정에서 소외된 계층에 관심을 기울였다.

1960년대 후반에는 이영희, 임종률이 대학원에 재학하며 후배들에게 영향을 줬다. 여기에 한일협정반대운동과 재벌밀수 성토로 징계를 받았다가 베트남 파병을 다녀온 이협, 장기표가 복학하여 후배들과 어울렸다.

조영래, 유정석, 송두환, 오제세, 최형무가 1965-1971년 동안 회장을 역임했다. 학생운동의 주동자로 앞장선 이신범, 조희부, 이광택, 이상덕뿐 아니라 1967년 입학생인 권영철, 박병연, 최경락, 전광희, 1968년 입학생인 최칠규 등이 1960년대 후반 같이 활동했던 사회법학회 회원이었다(서울 법대 학생운동사 편찬위원회, 2008, 22-23쪽). 이들 중 이신범과 장기표 등은 1970년 10월 3일 소위 '지하신문'의 대명사인『자유의 종』을 발간하기 시작했고, 후사연의 심재권과 함께 1971년 4월 민주수호전학련 조직에 앞장섰다.

서울대 법대의 사회법학회처럼 연세대의 이념서클 한연회 역시 많은 굴곡 속에서도 연세대 학생운동을 계속 주도해 나갔다. 한일협정반대운동 과정에서 해체의 위기를 맞았으나 1965년 후반 교내 단체로 재등록하는데 성공한 한연회는 다시 일상적인 학술활동, 즉 주간토론회와 다양한 심포지움, 강연회 등을 이어 나갔다. 또한 한연회는 1966년 초부터 1년에 한 번씩 나오는『한국연구』라는 서클 연구지를 간행하기 시작했고, 그해 11월에는『내나라』라는 서클 기관지를 만들어 정기적으로 발행하기 시작했다. 특히『내나라』는 이후 1970년대 초 유행하기 시작한 소위 '지하신문'의 선구격인 의미가 있다.

1963년 창립 이후부터 한연회가 강제로 해체당하는 1971년까지 한연회의 회원 가입 유형은 크게 3가지로 나눌 수 있다. 첫째, 집회나 시위에 참가하는 과정에서 이를 주도하는 한연회의 존재를 인지하고 이에 동참하는 경우다. 둘째, 다른 한연회 회원들의 가입 권유를 받고 동참하는 경우다. 셋째, 가입 홍보물을 보고 본인이 흥미를 느껴 서클에 가입하는 경우다. 이러한 모습은 당시 다른 이념서클에서도 크게 다르지 않았다.

한연회 회원들이 회원으로서의 정체성을 획득하고 이를 바탕으로 공동체의식을 갖게 되는 가장 큰 계기는 '농활'과 '연수회(오늘날의 MT)'였다.

물론 한연회의 가장 기본적인 활동은 주간토론회, 심포, 강연과 같은 학술 활동이었으나 이것만으로는 정체성과 공동체 의식을 갖는 데 한계가 있었다. '농활'과 '연수회'가 한연회 회원들에게 끼친 영향은 다음의 회고를 통해 확인할 수 있다.

내가 명실공히 한연회의 일원임을 확신할 수 있었던 일은 이해(71년) 여름 충남 태안군 팔봉면 고파도리에서 벌였던 하계 농촌봉사활동이었다. 7월 중하순에 열흘 동안 벌인 이 활동을 통해 나는 비로소 진정한 한연회 동지로 받아들여졌고, 나 역시 그렇게 느꼈다(70학번 석인호 ; 한국문제연구회, 2003, 284쪽).

(1971년) 봉사활동이 끝난 뒤 근처 해수욕장에 진을 치고 소위 MT가 진행되었는데 이때는 많은 선배들이 참석하여 한연회의 진수인 "당신의 조국 한국을 알자" 사상의 대물림과 선후배 간의 훈훈한 정이 아우러지는 시간이 되었다(69학번 김건만 ; 한국문제연구회, 2003, 268쪽).

1967년부터 본격화된 것으로 보이는 한연회의 농활과 그와 연결된 연수회 이외에도, 이때부터 신입회원에 대한 별도의 연수회가 한 학기에 한 번 또는 일 년에 한 번씩 열리기 시작했다. 신입회원 연수회는 주로 북한산, 천마산, 수락산 등에서 열렸다. 이렇게 정체성과 공동체 의식을 심어주는 장치들이 1960년대 후반에 활성화되면서 한연회의 위계질서와 결속력은 더욱 강해졌다.

그렇지만 한연회의 가장 중요한 활동은 학생운동이었다. 1967년 6·8부정선거 규탄시위와 1969년 3선개헌반대투쟁, 그리고 1971년 교련철폐투쟁에서 연세대 학생운동을 주도한 세력은 역시 한연회였다. 1960년대 후반 연세대 총학생회는 언제나 학생운동에 소극적이었다. 그러다보니 자연스럽게 한연회가 앞장을 설 수밖에 없었다. 1967년의 경우 6·8부정선거가 일어나자마자 그 다음 날(9일) 한연회가 주동이 되어 연세대 정법대 차원에서 부정선거를 규탄하는 성토대회를 벌였다(『연세춘추』 1962년 6월 12일자). 1969년의 경우 한연회 회원들의 주도로 '범연세 호헌투쟁위원회'가 결성되어 이 조직이 연세대 3선개헌반대투쟁을 이끌었다(『연세춘추』 1969년 8월 25일자). 반면 총학생회는 이 운동에 소극적으로 대처하여 학생들의 거센 항의를 받았다(『연세춘추』 1969년 9월 8일자). 1970년에는 4월혁명 10주년 기념행사를 총학생회가 무성의하고 미온적으로 진행하자, 역시 한연회가 중심이 되어 '범연세 4·19기념사업추진위원회'를 결성하고 이 조직이 시국선언, 백서 발표, 결의문 채택 등 4월혁명 기념행사를 실질적으로 주도했다(『연세춘추』 1970년 4월 20일자 ; 한국문제연구회, 2003, 87쪽). 끝으로 1971년 5월 20일에는 교련철폐투쟁 과정에서 윤재걸 등 한연회 회원들이 주동이 되어 연세대 내의 학생운동 세력은 물론, 자신들과 노선을 같이하는 타 대학 학생들까지 규합한 '범대학 민권쟁취청년단'을 발족시켰다(『연세춘추』 1971년 5월 24일자). 이 조직은 곧 '민주수호전국청년학생연맹'과 통합하여 '전국학생총연맹'으로 발전하였다.

민사회와 민정회가 1960년대 전반기 학생운동을 주도했던 고려대의 경우 1960년대 후반기에 들어와 민사회와 민정회를 대신하여 새로운 양대 이념서클이 등장하였다. 먼저 등장한 것은 한사회였다. 한사회는 1967년 3월 15일 '민사회'(회장 김봉규)와 '한사회'(회장 김호일)라는 두 서클이 통합하면서 탄생했다(『고대신문』 1967년 3월 18일자). 여기서 한사회의 모체가 된 두 서클 중 '민사회'는 이미 앞에서 언급했던 '민족사상연구회'를 의미하는 것으로 보이고, '한사회'는 '민정회' 회장이었던 김호일이 별도로 조직한 '한국사상연구회'를 의미하는 것으로 보인다. 한사회의 모체 중 하나인 '한국사상연구회'는 정성헌, 김극기 등 1964년 당시 고려대 교양학부 1학년으로서 한일협정반대운동에 적극 가담했던 학생들이 1년 선배인 김호일, 정해남 등을 규합해 1965년 12월에 만든 서클이었다(신동호, 2007,

60-61쪽). 그리고 이들은 1년여 뒤 민족사상연구회, 즉 민사회와 통합해서 한국민족사상연구회를 만들었다.

한사회는 1967년부터 회지『한사보』를 발간하기 시작했고(『고대신문』 1967년 6월 10일자), 그밖에 다른 일반적인 학술서클들과 마찬가지로 정기 토론회, 강연회, 심포지엄 등을 지속적으로 수행했다. 여기서 다루는 내용들은 자신들의 이름에 걸맞게 한국의 현안과 민족문제였다. 또한 1971년 한사회가 강제로 해체된 후 그 회원들이 다시 결집을 시도하다 적발되었다. 1973년 적발된 소위 '야생화 사건' 당시 공소장을 보면, 1970년 초 한사 회원들이『사회주의사상사』(을유문화사),『공산주의』(사상계사),『중국공산당사』(사상계사),『모택동사상』(지문각, 김상협 저) 등을 읽은 것으로 나오는데(고대 민주동우회 편, 2003, 92쪽), 이 공소 내용을 그대로 믿기는 어렵더라도 그들이 중국공산당이나 모택동에 대한 관심이 많았던 것을 짐작할 수 있다. 실제로 한사회는 1971년 5월 모택동 사상을 주제로 토론회를 가진 바 있었다(『고대신문』 1971년 5월 26일자).

한사회는 연세대 한연회 못지않게 강한 공동체의식과 단결력을 강조했다. 67학번으로 한사회를 이끌었던 윤준하는 이에 대해 다음과 같이 설명했다.

우리(한사회)는 좀 엉뚱한 게 요새는 엠티라고 하는데 이름도 그냥 가서 단합대회 비슷하게 수련회, 단합대회 이런 말 써서 구릉이라던가 강가나 이런데 가죠. 텐트 쳐놓고. 그리고 천마산 산속에 들어가서 주로 자기가 써, 이슈에 대해서. 그래서 우리가 2학년이라서 가르치는 것은 이슈에 대해서, 3선개헌이면 3선개헌에 대한 이슈에 대해서 씁니다. 한번 연설문을 쓰게 하고 잘못 쓰면 다시 써라. 그 당시는 막 기합도 주고 그랬어요. 그래서 저녁에 발표회를 하죠. 연설을 자기가 성토를 합니다, 성토문을. 격문을 또 쓰고. 그것은 자기가 책을 읽어야 나오는 것이니까 잘못 쓰면 혼나는 것이지. 이것 밖에 못하냐 그러면서. 잘못 쓴 놈은 어디가냐 하면 밤에 산 밑에 가서 막걸리도 사오고, 그 다음에 아침에 수유동 이런 데

올라갔다 내려갔다 선착순 집합시키고. 그렇게 하는 훈련부장도 있었고, 그렇게 하죠. 그렇게 해서 신체적으로나 정신적으로 단일한 조직. 정신적으로 지금과 같이 학습해서 이념적으로 뭉치기보다는 이념적으로는 이미 반독재에 뭉쳐져 있고, 주로 자유화·반독재 이런 테마였기 때문에 다른 학교와는 다를 수가 있어요(윤준하 구술 2007년 8월 10일).

한사회와 더불어 1960년대 고려대 학생운동을 이끌었던 또 하나의 이념서클은 한맥이었다. 한맥은 1969년 3월 17일 민족이념과 가치관 확립을 위해 활동해온 '민맥'과 휴머니즘에 입각한 민족주의를 토론해 온 '한모임'이 통합하여 만들어졌다(『고대신문』 1969년 3월 17일자). '한모임'은 1966년 당시 교양학부 1학년인 66학번 40-50명이 교양학부 학생회장 선거와 사카린밀수사건 규탄시위를 함께하면서 만든 서클이었다(고려대학교 민주동우회 편, 2009d, 47-48쪽). 처음에 이들 대부분은 한모임과는 별개로 기존의 다른 서클에도 중복 가입했는데, 1967년에 만들어진 한사회에 가입한 경우도 많았다. 그러나 그중 1966년 민사회 시절부터 가입했던 66학번들은 상당수가 통합 한사회보다 한모임 활동에 적극 참여했다(고려대학교 민주동우회 편, 2009e, 97쪽). 1967년 6·8부정선거 규탄시위를 거치면서 한모임의 독자적인 성격은 더욱 강해졌다(고려대학교 민주동우회 편, 2009d, 48-49쪽).

그런데 1967년에 대학을 들어온 67학번들도 "민족문제나 계층문제를 연구하고 해결할 수 있는 이념서클이 필요하다"는 문제의식 아래 교양학부 1학년 말부터 독자적인 모임을 갖기 시작했다(고려대학교 민주동우회 편, 2009c, 138-139쪽). 그리고 2학년이 된 이들은 1968년 4월 19일 '민맥'이라는 이름의 서클을 만들고 창립기념토론회를 가졌다(『고대신문』 1968년 4월 22일자). 민맥 역시 한모임과 마찬가지로 한사회 등 기존 서클의 한계를 뛰어넘는 독자적이고 좀 더 진보적인 이념서클을 만들고자 했다. 그래서 한모임과 민맥은 처음에는 각자 별개의 서클을 만들었지만 시간이 지나면서 두 조직의 지향이 동일하다는 데 인식을 같이하고 1968년 전국남녀 대학 토론대회를 공동 주최하는 등 보조를 맞추다가, 결국 1969년 통합을 하게 되었다(고려대학교 민주동우회 편, 2009f, 262-263쪽).

이렇게 해서 탄생한 한맥은 다른 이념서클들처럼 민족주의에 기반을 두면서도, 특별히 휴머니즘에 관심이 많았다. 특히 일본어로 되어 있는 『현대의 휴머니즘』(務台理 저)을 번역해서 함께 읽고 토론하였다. 한맥의 주요 활동은 토론회였다. 한맥은 "한국민족주의의 전망", "한국근대화 과정에 따른 빈곤과 소외의 문제" 등의 주제를 가지고 토론회를 지속적으로 열었다. 그리고 1년에 한 차례씩 전국 주요 대학의 이념서클 학생들을 모아 1971년까지 대규모 토론대회를 계속 진행했다.

1960년대 후반기 고려대 학생운동을 이끌었던 한사회와 한맥은 여러모로 차이가 있었다. 우선, 같은 이념서클이었지만 한사회는 학술적인 면보다 실천적인 면이 강했고, 한맥은 그 반대였다. 이는 1960년대 전반기 민정회와 민사회의 관계와 유사했다. 또한 두 서클은 고려대 학생회장 선거를 둘러싸고 경쟁 관계에 있었다. 앞서 지적했지만 1960년대 고려대 학생운동은 실제로는 이념서클이 주도를 한다 하더라도 그 전면에는 학생회가 나서 전교생들을 끌어모으는 전통을 가지고 있었다. 그래서 고려대 이념서클은 학생회 선거에 비교적 많은 관심을 기울였다. 1969년의 경우 한맥이 총학생회장과 다수의 단과대학 학생회장을 배출했다(고려대학교 민주동우회 편, 2009d, 49-50쪽). 이로써 1969년 고려대 학생운동의 주도권은 한맥이 잡았다. 일례로 이해 벌어진 3선개헌반대투쟁 당시 '범고대 민주수호투쟁위원회'를 조직해서 먼저 운동에 나선 조직은 한사회였지만, 곧 한맥 출신 총학생회장 조춘구가 이 투쟁위원회의 위원장을 맡게 되었다. 이를 통해 한사회와 한맥이 경쟁관계에 있었지만 중요한 국면에서는 협력하고 결합했던 것을 알 수 있다. 교련철폐투쟁이 거세게 일어났던 1971년 상반기에는 한사회가 지원하는 후보가 총학생회장에 당선되면서 다수의 한사회 회원들이 총학생회에 포진하여 운동을 주도했다. 반면 2학기에 총학생회장이 바뀌자 투쟁동력이 많이 소모된 한사회를 대신해서 한맥이 운동을 주도하기 시작했다(고려대학교 민주동우회 편, 2009g, 218쪽). 이처럼 양 서클은 상호 경쟁하면서도 보완적인 성격을 가지고 있었다.

1960년대 후반기 이념서클과 학생운동의 관계에서 주목해야 할 부분은 이 시기 각 대학 이념서클 사이의 교류와 협력이 이전보다 더욱 활성화되었고, 이러한 교류와 협력이 결국에는 모든 이념서클을 하나로 묶는 단일한 연합조직 결성으로 수렴되었다는 사실이다.

1960년대 후반기 이념서클의 교류과 협력, 그리고 단일한 연합조직 결성에서 맹아적인 형태를 보인 것이 1967년 3월 24일에 결성된 '한국연구학생연맹'이다. 이 조직은 1966년 12월 5일 연세대 한연회와 고려대 한사회의 접촉으로부터 시작되었다. 두 서클은 단일한 연합조직을 만들기로 결정하고, 여기에 서울대 낙산연을 끌어들였다. 이들 세 서클은 1966년 말과 1967년 초에 걸쳐 수차례 모임을 갖고 단일한 연합조직의 회칙 제정, 상임위원회 구성을 협의하였다. 그리고 1967년 2월 6일 발기인대회를 갖고 3월에 '한국연구학생연맹'을 정식으로 출범시켰다.

한연회, 한사회, 낙산연 세 서클은 현실참여를 위해 '민족주의'를 매개로 결합했다. 그러나 '한국연구학생연맹'은 출범 이후 활발한 활동을 벌이지 못했다. '한국연구학생연맹'의 모체가 된 세 서클은 이전처럼 주로 자신의 대학 내에서만 주요 활동을 벌였고, '한국연구학생연맹'의 차원의 활동은 1년에 1-2차례 친목모임 또는 세미나 정도가 전부였다. 친목의 수준을 넘어 학생운동을 위한 적극적인 연대와 연합조직 활동으로 나아가기에는 아직 여건이 성숙하지 못했다.

　그러나 1960년대 후반기 6·8부정선거 규탄시위와 3선개헌반대투쟁을 전개하면서 각 대학 이념서클 학생들 사이의 교류와 협력의 수준은 보다 높아졌다. 이 과정에서 각 대학이 선언문 내용을 공유하는 정도까지 협력의 수준이 올라갔지만 여전히 시위는 각 대학별로 알아서 하는 상황이었다.

　1970년 4월혁명 10주년을 맞이하여 ‘전국대학생연맹’ 명의로 〈학생운동의 나아갈 길〉이라는 제목의 백서가 발표되었다. 이 백서를 만든 ‘전국대학생연맹’은 실제로 만들어진 연합조직이 아니라, 조영래, 조희부 등 사회법학회를 중심으로 한 서울대 법대 학생운동 세력들이 3선개헌반대투쟁의 실패 이후 더욱 절실해진 전국적 연합조직의 여망을 담아 지은 이름이었다. 특히 이해는 4월혁명 10주년이자 경술국치 60주년이었다. 그래서 전국 10여 개 대학에서 “국치는 계속되고 있다”는 주제로 각종 학술행사들이 열렸는데, 이 행사들에 이념서클 학생들이 적극 참여하여 연합조직 결성의 기초를 만드는 작업을 진행하였다. 대표적인 것이 1970년 9월 11-12일 각 대학 학생들이 참석한 가운데 서울대 법대에서 진행된 ‘한일문제대강연회’와 9월 28-29일 고려대에서 열린 시국강연회, 그리고 10월 16-17일 서울대 상대에서 열린 ‘한일문제 남녀대학생 토론회’ 등이었다. 여기에 이해 11월 13일 발생한 전태일분신자살사건 후 여러 대학 학생들이 함께 추모운동을 전개함으로써 각 대학 간 연대의 분위기는 더욱 고조되었다(서울법대 학생운동사 집필위원회 편, 2008, 131쪽).

　그중에서도 각 대학 이념서클 학생들을 가장 강하게 묶어준 계기는 1968년부터 1971년까지 매년 한 차례씩 열렸던 고려대 한맥 주관 ‘전국남녀대학 학술토론대회’였다. 고려대 한맥이 주관한 이들 토론대회는 연세대 한연회, 서울대 문우회, 후사연, 사회법학회, 이론경제학회 등 각 대학 이념서클이 공식적으로 한 자리에 모이는 중요한 기회였다. 특히 이 글의 분석 대상은 아니지만 경북대의 정사회와 정진회가 꾸준히 참석해서 서울 각 대학 이념서클과 접촉하였다. 이 행사에서는 각 대학 이념서클 학생들이 민족주의, 근대화, 학생운동 등 굵직한 주제에 대해 진지한 토론을 진행했을 뿐만 아니라, 토론이 끝나면 도봉산의 수련원 등으로 장소를 옮겨 1박을 하며 같이 술 먹고 밥 먹고 아침까지 놀면서 보다 깊은 얘기를 나누고 정서적 공감대를 형성하였다(고려대학교 민주동우회 편, 2009h, 231쪽). 이러한 분위기 속에서 이 시기에는 고려대뿐만 아니라 연세대와 경북대 등에서도 비슷한 형식과 내용의 토론대회가 열렸고, 이러한 토론대회나 강연회를 매개로 이념서클 회원들은 수시로 만나고 협력을 강화할 수 있었다.

1960년대 후반기 고조된 이념서클 간 협력 분위기는 결국 1971년 단일한 연합조직 결성으로 이어졌다. 1971년 4월 14일 서울대 상대에서 서울대, 고려대, 연세대 등 11개 대학 300여 명이 모여 교련철폐, 공명선거캠페인 등의 행동강령을 내걸고 '민주수호전국청년학생학생연맹'(이하 민주수호전학련)을 결성하였다(『자유의 종』 제13호 1971년 4월 15일). 위원장은 서울대 후사연의 심재권이었고, 대변인은 서울대 법대 사회법학회 이신범이었다. 그밖에 고려대 한사회의 오흥진, 연세대 한연회의 이상문 등이 모두 참여해서 이념서클 연합조직으로서의 모습을 어느 정도 갖췄다.

그러나 민주수호전학련에서 실제로 조직된 것은 중앙위원회에 불과했고, 하부조직은 만들지 못했다(『한국일보』 2009년 10월 12일자). 또한 민주수호전학련에는 여전히 참여하지 않은 학생운동 세력들이 많았다. 특히 연세대 한연회 내에서 윤재걸을 중심으로 한 그룹은 서울대의 심재권, 이신범이 주도하는 흐름에 반발하면서 독자적으로 '범대학 민권쟁취청년단'(이하 민권쟁취청년단)을 조직하였다. 1971년 5월 20일 조직된 민권쟁취청년단은 연세대, 서강대, 한양대 등 전국 9개 대학으로 구성되었다(『연세춘추』 1971년 5월 24일자).

학생운동의 분열을 극복하기 위해 민주수호전학련과 민권쟁취청년단은 접촉을 계속했고, 마침내 1971년 6월 12일 통합을 이뤄냈다. 통합된 새 조직의 이름은 '전국학생총연맹'(이하 전학련)이 되었다. 전학련은 처음에 4인의 공동의장을 두었고 이를 서울대, 고려대, 연세대, 성균관대가 각각 한 자리씩 맡았다(『자유의 종』 제20호 1971년 6월 21일). 그러나 전학련 공동의장들이 소속 대학의 데모를 주도함으로써 경찰의 수배를 받거나 행동반경이 좁혀지자 1971년 2학기부터는 서울대 문리대 후사연의 손예철을 대표로 뽑아 비상체제로 운영했다. 전학련은 1971년 9월 7일 〈민주, 민족, 통일의 깃발을 높이 들자!〉는 제목의 시국 백서를 발표했다. 3개 장, 10쪽에 달하는 이 백서는 1971년 후반기 학생운동의 이론적 기초를 제공했다(이태호, 2001, 60쪽).

　1971년 2학기에 들어와 교련철폐투쟁과 더불어 각종 부정부패에 대한 규탄시위, 여기에 고려대에 군인들이 난입한 사건에 대한 규탄시위가 연이어 계속되었다. 이 가운데, 전학련은 10월 14일 명동의 흥사단 강당에서 '전국학생연맹 총대회', 즉 전국 대의원대회를 열고 한국외대 선경식을 새로운 위원장으로 선출하기로 했다. 그리고 정부를 규탄하고 전 대학인의 결전을 호소하는 총대회 선언문을 작성하였다. 이 선언문 말미에는 "민주, 민족, 통일을 위한 전국학생의 항구조직 전국학생연맹 만세!"라는 문장이 나왔다. 이는 당시 전학련 학생들이 이 조직을 정세에 따라 급조한 조직이 아니라 앞으로 한국의 학생운동을 지속적으로 이끌어갈 상시 조직으로 구상하고 있었음을 잘 보여준다. 또한 자신의 이념을 민족주의와 민주주의에서 찾고 있음도 알 수 있다. 그러나 10월 14일의 전학련 총대회는 집회장소를 경찰이 원천봉쇄하는 바람에 열리지 못했다. 선경식 위원장 등 전학련 지도부는 다음 날인 10월 15일 오전 연세대 교수식당에서 기자회견을 가졌다. 이 기자회견 도중 박정희 정권은 위수령을 선포했다. 전학련 지도부는 기자회견을 서둘러 마치고 후문을 통해 연세대를 떠났고 곧바로 무장한 군인들이 연세대에 진입했다(이태호, 2001, 74쪽). 전학련은 이렇게 최후를 맞이했다.

6. 맺음말

박정희 정권은 1971년 10월 15일 위수령을 선포하고 군을 동원하여 그동안 거세게 일어났던 학생들의 시위를 진압하였다. 시위 진압과 더불어 박정희 정권은『자유의 종』,『내나라』,『한맥』,『산지성』(고려대 한사회 기관지)과 같은 다수의 학생 간행물을 소위 '지하신문'으로 규정하여 발간을 금지시켰고, 동시에 당시 학생운동을 주도했던 각 대학 이념서클의 상당수를 강제로 해산시켰다. 당시 정부의 명령에 의해 해산된 각 대학 이념서클들은 후사연(서울대), 문우회(서울대 문리대), 한연회(연세대), 사회법학회(서울대 법대), 한사회(고려대), 한맥(고려대), 정진회(경북대) 등이었다. 정부의 해산 명령에서 빠진 이념서클 가운데 서울대 문리대 낙산연과 같은 경우는 학교 측의 조치를 통해 해산이 이루어졌다. 그리고 23개 대학에서 177명의 학생들이 제적 처리되고, 운동 주동학생들은 구속 후 강제징집당했다. 정부는 모든 대학에 "학생의 정치활동 금지"와 "제명학생의 재입학 금지" 등을 골자로 한 학칙 개정을 지시하였다. 살아남은 이념서클들도 자유로운 활동을 제약하는 학칙과 더욱 강화된 외부의 감시에 의해 큰 어려움을 당했다. 이로써 1960년대 학생운동의 기반이었다고 할 수 있는, 공개적인 이념서클의 시대가 막을 내렸다.

공개적인 토론을 위주로 활동했던 1960년대 이념서클 대신, 1970년대에는 보다 은밀하고 체계적인 사회과학 학습으로 무장한 새로운 '언더서클'들이 등장하여 유신체제의 사찰과 탄압을 피해 학생운동을 이끌었다.

1960년대와 1970년대 학생운동 조직의 연속과 단절문제는, 앞으로 학생운동사 연구에서 보다 깊이 천착되어야 할 것이다.

2장 1970년대 학생운동의 특징과 방식
: 서울대 이념서클과 서클연합회를 중심으로

신동호

1. 머리말

1970년대 학생운동은 크게 세 시기로 구분할 수 있다. 1971년 10월 15일 위수령 발령부터 1973년 10월 2일 서울대 문리대 학생 시위(10·2시위) 이전까지의 거세기, 그 이후 1975년 5월 22일 서울대 김상진 열사 추도식 시위(5·22시위)까지의 소진기, 나머지는 긴급조치 9호 발동 기간에 해당하는 복원기다. 거세·소진·복원의 지난한 과정을 거치면서 진화한 1970년대 학생운동이 한국사회에 미친 영향은 매우 크다. 전 세계 학생운동이 퇴조기에 접어든 1970년대 이후 한국 학생운동이 세계적으로 유례없이 장기간에 걸쳐 지속적으로 정국의 중심에서 발휘한 힘과 그 원천에 대해서는 아직 뚜렷한 연구가 별로 없다.[1] 이 글은 1970년대 학생운동이 독특하게

---

[1] 학생운동은 모든 민주화운동의 선봉에서 가장 큰 희생을 감수하면서 전선을 돌파한 보병부대와 같은 것이었다(최장집, 2012, 120쪽).

구조화하는 과정을 밝힘으로써 그것이 가지는 사회적·역사적 의미를 추론하는 근거를 제공하는 데 일차적 목적을 두고 있다.

이는 박정희 정권의 강력한 학생운동 탄압정책과 그에 대한 학생운동 내부의 대응 방식이 변화·발전한 반작용의 성과라고 할 수 있다. 10·15위수령 이후 교련철폐투쟁을 주도했던 학생운동 세력이 대거 제적과 함께 군에 강제징집되고 학생운동의 조직적 기반이었던 각 대학 이념서클이 해체되었다. 잔존세력은 서울대 내란음모 사건, 고려대 민우지·야생화 사건, 경북대 정진회사건, 전남대 함성지사건 등에서 알 수 있듯이 공안·조직사건을 통해 학원에서 격리되었다. 게다가 1972년 10월 17일 비상계엄이 선포되고 유신체제가 시작되면서 학생운동은 더욱 위축돼 거의 표면화하지 못하는 상황이었다. 10·2시위는 이러한 학생운동의 장기 침체 국면을 깨뜨린 하나의 파열구였다. 시위가 경북대, 이화여대 등 지방과 여자대학으로까지 번지자 정부는 구속 학생 전원 석방과 학사처벌 백지화를 담은 12·7조치로 수습을 시도하였다. 이에 자극받은 재야세력은 '개헌청원 백만인 서명운동'을 선언하고 학생운동권은 '전국민주청년학생총연맹'(이하 민청학련)의 이름으로 연쇄시위를 구상하게 된다. 박정희 정권은 대통령 긴급조치 1·2호와 4호로 강경하게 대처해 이를 각각 좌절시켰지만 학생들의 저항을 완전히 잠재우지는 못하였다. 긴급조치 4호가 해제된 뒤인 1974년 2학기와 이듬해 1학기에 대학가 시위가 이어졌고, 박 정권은 긴급조치 7호에 이어 9호를 선포하였다.

긴급조치는 국민의 기본권은 물론 유신헌법조차 무시한 초헌법적 조치였다.[2] 긴급조치 1·4·7·9호의 공통점은 반체제 또는 반정부 활동 일체

---

2) 대법원은 2010년 12월 16일 긴급조치 1호, 2013년 4월 18일 긴급조치 9호, 동년 5월 16일 긴급조치 4호에 대해 현행 헌법과 유신헌법에 모두 위반되어 위헌·무효라고 각각 판결 또는 결정하였다. 헌법재판소는 2013년 3월 21일 긴급조치 1·2·9호가 현행 헌법이 보장하는 기본권을 지나치게 제한하거나 침해하므로 모두 헌법에 위반된다고 결정하였다.

를 금지하고 이를 위반한 자는 법관의 영장 없이 체포·구금·압수·수색할 수 있도록 규정한 것이었다. 특히 4·9호는 미수에 그치거나 예비·음모한 자도 똑같이 처벌하도록 하였다. 게다가 9호는 조치 위반자의 소속 학교에 대해 휴업·휴교·폐쇄 등의 명령이나 조치도 가능하도록 하였다. 집회와 시위, 신문·방송·통신 등 공중전파 수단, 문서·도화·음반 등 표현물에 의하여 유신헌법을 부정·반대·왜곡·비방하거나 그 개정·폐지를 주장·청원·선동·선전하는 행위(긴급조치 9호 1항 나호)는 물론 학교 당국의 지도·감독하에 행하는 수업·연구 또는 학교장의 사전 허가를 받았거나 기타 예외적 비정치적 활동을 제외한 학생의 집회·시위 또는 정치 관여 행위(동 다호)까지 금지한 상황에서 학생운동은 원천적으로 불가능하였다. 1975년 서울대 5·22시위는 10·2시위 이후 민청학련 사건과 1974년 하반기 및 이듬해 전반기 시위에 대한 강경 대처로 초토화한 학생운동의 마지막 조직적 역량이라고 할 수 있는 자원이 투입된 시위였다. 이로써 서울대를 비롯한 각 대학의 학생운동은 거의 소진된 상태에서 이미 발령된 긴급조치 9호의 긴 터널에 들어서게 되었다.

이 글은 앞에서 말한 1970년대 학생운동의 세 시기 가운데 복원기를 주된 연구 대상으로 삼았다. 유신체제와 긴급조치로 상징되는 1970년대의 폭압적인 학원 상황을 가장 잘 반영하고 있고, 거기에 본격적으로 대응해 학생운동의 패러다임을 새롭게 구조화한 시기라고 보기 때문이다. 이 시기에 정착한 학생운동의 재생산 및 의사결정 구조와 발산 방식 등은 1970년대 전반 학생운동의 성과나 한계와 무관할 수 없고 1980년대 초반 학생운동을 이끄는 기반과 동력이 되었다는 점에서 중요한 논점이라고 하지 않을 수 없다.

조직적 연구 대상은 이념서클이 될 것이다. 여기서 이념서클이란 서클 또는 학회, 뒷날 동아리로 불리는 학생 조직 가운데 학생운동 내지 민중

지향적 사회운동에 관심을 보이고 관여하고자 하는 공개 · 비공개 세력을 통칭하고자 한다. 공개적으로는 흔히 학회 또는 학술서클로 불렸다.

긴급조치 9호 시기 학생운동 조직의 가장 큰 특징은 소규모화 · 정예화라고 할 수 있다. 공개 또는 연대, 대규모 조직이나 활동은 비단 긴급조치 9호가 아니더라도 1971년 위수령 국면의 전국대학생연합, 1974년 긴급조치 4호를 부른 민청학련, 1975년 명동성당 전국대학생연맹 등의 실패가 보여주듯이 애초부터 불가한 것이었다.[3] 보안이 유지되는 소규모 · 개별 단위의 정예 조직이 아니고서는 활동은 고사하고 조직 보전조차 어려운 구조였다. 때문에 학생운동사 전반에서 중요한 활동 기반이 됐던 이념서클이 특히 이 시기에 핵심적인 조직체로 떠오르고, 그에 따라 한층 정교한 형태로 심화 · 발전하는 것은 자연스러운 일이었다.

각 대학 이념서클은 긴급조치 9호 시기에 혁명적인 변화를 겪는다. 학생운동의 중심 역할을 하던 서클이 몰락하고 변방이나 신생 서클이 크게 성장하는가 하면 온건 노선 또는 비이념적이던 서클이 전투적 성향으로 탈바꿈해 학생운동을 주도하는 조직으로 변모하기도 한다. 이런 변화는 이 시기의 학생운동을 선도하고 폭발시켰던 서울대의 이념서클에서도 예외가 아니었다. 서울대 이념서클의 변화와 재생산 구조, 학생운동의 작동 메커니즘 등은 이 시기 다른 대학의 학생운동까지 폭넓고 깊게 반영하는 표본이라고 할 만하다. 이 연구에서 가장 풍부한 예시 대상으로서 손색이 없을 것이다.

긴급조치 9호 시기의 또 하나 중요한 특징은 기록의 부재이다. 이 조치 제2항[4]에 따라 긴급조치 9호를 위반한 내용을 보도할 수도 없고, 관련 문

---

[3] 긴급조치 9호 시기 1975년 명동성당 전국대학생연맹사건 외에도 그해 11월 서울대 · 경희대 연합시위 미수사건, 1978년 10월 광화문 대학연합시위 미수사건 등에서 볼 수 있듯이 연합시위 계획은 모두 사전에 수사 당국에 포착돼 실패한다.

[4] 제1에 위반한 내용을 방송 · 보도 기타의 방법으로 공연히 전파하거나, 그 내용의 표현

건이나 기록을 소지하는 것만으로도 1년 이상의 징역에 처해질 수 있었
다. 학생운동권에서는 불가피한 경우가 아니면 기록 자체를 생산하지 않
았고, 생산된 기록을 보관할 리 없었으며, 언론 또한 긴급조치 9호 위반과
관련한 내용을 보도할 수 없었다. 지금 남아 있는 자료의 대부분은 법원
의 판결문과 일부 언론인·종교단체 등이 긴급조치 9호를 위반해가며 기
록하거나 보존한 것들이다.

이 글은 연구자가 2003년 11월 27일부터 2005년 5월 10일까지 긴급조치
9호 위반자를 중심으로 한 1970년대 학생운동 관련자 315명을 452회 면담해
서 기록한 내용을 토대로 한 것이다. 1993년 4월 8일부터 1994년 6월 16일까
지 1960년대 학생운동 관련자 302명(419회)을 집중 면담한 내용도 부분적
으로 참고하였다. 그리고 이 연구를 위해 2013년 5월 18일부터 7월 13일까
지 박석운·양춘승·양민호·이원주 등 서울대 서클연합회 관련자 4명에
대해서도 추가 면담을 실시하였다.

연구 과정에서 발굴한 「학원사태를 통해 본 문제점 및 그 종합 대책」[5]
이라는 제목의 문건은 긴급조치 9호 시기 학생운동 조직에 대한 사찰 기
록이다. 서울대 주요 이념서클의 회원 가운데 한 명이 1978년 6월 7일 시
점에 학내 학생운동 조직의 내부 상황을 중앙정보부에 보고하기 위해 작
성한 형식을 취하고 있어 당시 학생운동뿐만 아니라 학원사찰 현황에 대
한 의미 있는 증거 자료라고 할 수 있다(박석운[6]의 증언 2). 검토 결과 연
구자가 관련자 면담을 통해 확인한 사실이나 다른 구술 자료에 나타난 내
용과 사실 관계가 거의 일치하였다. 이밖에 몇 가지 선행 연구와 관련 연

물을 제작·배포·판매·소지 또는 전시하는 행위를 금한다.

[5] 이 문건은 서울대 사회학과 김진균 교수가 소장하고 있던 것을 2000년 박석운이 복사본
을 만들어 보관해오다가 2013년 4월 연구자에게 제공한 것이다.

[6] 서울대 법대 73학번. 한국사회연구회(한사) 7기. 1976년 서울대 학생운동 지도부. 1976년
12·8시위 주동.

구, 여러 구술기록과 당사자의 회고담·저작물·증언록, 각종 사료 등도 검증이나 확인 가능한 부분을 중심으로 폭넓게 참고하였다.

2. 유신체제와 학생운동의 격변

1) 학원통제 방식의 고도화

1970년대는 5·16쿠데타로 시작해 10·26사태로 끝난 박정희 시대 18여 년 가운데 가장 폭압적인 시기에 해당한다. 정근식은 박정희 집권기를 통치 방식이나 정권의 합법성을 기준으로 1961년부터 1963년까지의 군정기, 1963년 국민의 직접·보통선거를 통해 집권하고 1967년 선거를 통해 재집권한 시기, 유신헌법 제정과 이에 기초한 억압적 통치기 등 세 개의 서로 다른 국면으로 구분하였다(정근식, 2011, 91쪽). 두 번째 국면의 후반기, 즉 1969년 3선개헌에서 1972년 '10월유신'에 이르는 '독재로 이행하는 소국면'까지 포함하면 1970년대 전체가 계엄령·위수령·국가비상사태·긴급조치 등 강력한 사회통제 체제가 학생운동을 억눌렀던 시기였다. 1971년 위수령(10월 15일-11월 9일, 서울 일원)과 국가비상사태 선포(12월 6일), 1972년 비상계엄령(10월 17일-12월 13일), 1974년 긴급조치 1호(1월 8일-8월 23일)와 4호(4월 3일-8월 23일), 1975년 긴급조치 7호(4월 8일-5월 13일)와 9호(5월 13일-1979년 12월 8일), 1979년 비상계엄령(10월 18일, 부산)과 위수령(10월 20일, 마산·창원)에 이어 10월 27일 제주도를 제외한 전국에 내려진 비상계엄령이 해제되지 않은 채 1970년대가 저물었다. 유신쿠데타로 효력이 다할 때까지 지속된 국가비상사태와 경제 부문의 조치인 긴급조치 3호 발령 기간(1974년 1월 14일-12월 31일)까지 포함하면 1970년대

10년 가운데 거의 7년이 비상상태에 있었던 것이다.

　이런 비상조치의 대부분은 학생운동을 겨냥한 것이었다. 1971년 10·15위수령, 긴급조치 4·7·9호, 1979년 10·18계엄령과 10·20위수령은 오로지 학생운동을 진압·통제하기 위한 목적으로 발동하였다. 특히 긴급조치 4호는 학생운동을 사형까지 시킬 수 있는 중죄로 규정했고, 실제로 사형·무기징역 등의 중형을 선고하였다. 긴급조치 9호는 학원통제에 집중한 긴급조치의 결정판이자 종합판이었다. 계엄령이나 계엄군, 군사법정 같은 것 없이 비상조치를 일상적 사법적 통치체제 속으로 편입시킴으로써 주권자인 국민은 이런 헌법 정지 또는 '사실상의 무헌법 상태'를 일상적으로 거의 느끼지 못하도록 매우 정교하게 구조화한 시스템이었다(박석운, 2005a, 4쪽).

<그림 1> 1970년대 연도별 비상조치 발령 현황

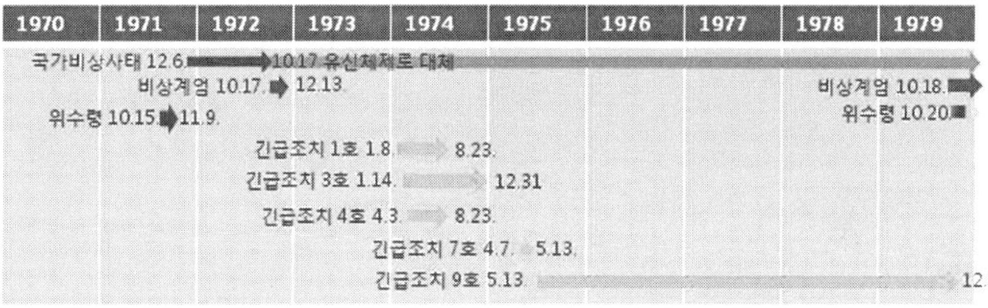

1970	1971	1972	1973	1974	1975	1976	1977	1978	1979

국가비상사태 12.6 ➡ 10.17 유신체제로 대체

비상계엄 10.17. ➡ 12.13

위수령 10.15 ➡ 11.9.

비상계엄 10.18. ➡

위수령 10.20 ■

긴급조치 1호 1.8. ➡ 8.23.

긴급조치 3호 1.14. ➡ 12.31

긴급조치 4호 4.3. ➡ 8.23.

긴급조치 7호 4.7. 5.13.

긴급조치 9호 5.13. ➡ 12.8

　긴급조치 9호 시기는 법·제도뿐 아니라 학원통제를 위한 것이라면 가능한 모든 수단이 동원된 시기였다. 1969년부터 실시하여 1971년에 확대한 교련교육을 더욱 강화하였다. 학생자치기구인 학생회도 폐지하고 이승만 정권 시절에 만들었다가 없어진 학도호국단을 부활시켜 학생 공조직을 준전시조직처럼 만들었다. 서클활동을 비롯한 학생활동도 지도교수제 등을 통해 통제하고, 학생운동 관련자에 대해서는 강제징집·지도휴학 등의 방식으로 수시로 사전 격리 조치를 하였다. 평시에도 캠퍼스 곳곳에 경찰과 기관원이 상주하며 학생들의 동태를 끊임없이 감시하였다. 학교 안에서 월남 패망에 따른 안보궐기대회 명목으로 관제 시위가 열리는가 하면, 화단에 장미꽃나무를 심고 1시간씩 주어지던 점심시간에 강의를 배치하는 등 시위를 할 시공간조차 가능한 한 없애려 하였다(박석운, 2005b, 112-113쪽). 국가폭력의 세 양태인 물리적 폭력, 법·제도적 폭력, 이데올로기적 폭력(조희연·조연현, 2002, 58-61쪽)을 모두 결합해놓은 학원통제 시스템이 물샐틈없이 작동하던 시기였다. 학생들이 집회나 시위를 계획해도 사전에 발각될 수밖에 없고, 설사 어렵게 성공한다고 하더라도 5분 이상 지속하기 어려운 조건이었다.

이처럼 1970년대 들어 박정희 정권의 학원통제가 더욱 폭압적이고 엄밀하게 이루어짐에 따라 학생운동도 더욱 강한 결속과 정교한 방식을 채택하지 않으면 생존조차 할 수 없는 상황이 된 것이다. 그 결과 학생운동은 1970년대 초반의 여러 차례 시행착오 끝에 후반기 들어 전혀 다른 모습과 양상으로 재편되고 전개되었다.

2) 학생운동 조직 재편

1971년 10·15위수령사태 이전에도 학생운동을 사실상 이끈 조직은 학내 이념서클이었다. 공식 조직인 학생회나 대의원회는 이념서클에 의해 장악되거나 그들의 지원 또는 압박을 받아 적극적 또는 소극적으로 학생운동에 참여하였다. 시기에 따라서는 학생운동과 절연하거나 심지어 대립하기도 하였지만, 학생 전체를 대표하는 공조직으로서 학생운동과 무관할 수 없는 위치에 있었다.

하지만 10·15사태 이후 학생 공조직은 학생운동에 거의 영향을 미치지 못하는 단위로 전락하였다. 서울대의 경우 총학생회, 단과대 학생회, 대의원회가 기능을 정지당한 뒤, 학생회를 다시 구성하는 작업이 여러 가지 제약과 진통이 따르면서 일부 대학에서만 부분적으로 구성된 상태로 지속되다가 긴급조치 9호를 맞았다. 학생회가 제대로 활성화되지 않은 가운데 1975년 6월 30일 발단식과 함께 출범한 학도호국단 체제로 대체된 것이다. 정부와 학교 당국에 의해 강력하게 통제되는 학도호국단이 학생운동과 결부되는 것은 애초부터 불가능한 일이었다. 따라서 1970년대 주요 대학 학생운동은 전적으로 이념서클 중심으로 전개될 수밖에 없었다.

그렇다고 이념서클도 온존한 상태가 아니었다. 10·15위수령 이후 전국적으로 74개 서클이 해체되었다. 이런 상황에서 학생운동 조직은 지난한 복원 과정과 함께 큰 변화를 겪게 되었다. 그것은 서울대·고려대·연세대 학생운동의 중심 조직에서 극명하게 드러난다.

(1) 서울대 : 문우회·후진국사회연구회의 몰락과 한국사회연구회의 득세

서울대에서는 1971년 10·15위수령과 함께 문우회와 후진국사회연구회(이하 후사연)를 비롯해 학생운동을 주도하던 이념서클이 강제해산되었다. 법대 학생운동의 중심이었던 사회법학회도 함께 해산되었다. 문우회는 1960년대 후반 후진국문제연구회(후문회)·낙산사회과학연구회·농문회·한얼회 등 기존의 문리대 운동권 조직을 단일체제로 통합한 이념서클이다. 후사연은 1969년 신설 교양과정부에서 태동해 급성장한 범서울대 이념서클이다. 1971년 교련철폐투쟁 등 학내외 학생운동을 주도한 3대 조직이 무너지면서 서울대 학생운동은 거의 공백 상태에 빠지게 된다.

1973년 10·2시위와 이듬해 민청학련 사건은 조직이 제대로 재건되지 않은 상태에서 10·15위수령 이후 강제징집이나 구속을 피한 3대 서클의

잔존세력과 해체를 면한 이념서클 등의 참여로 이루어진 것이었다. 두 사건으로 서울대의 학생운동의 중심세력은 궤멸 상태에 빠지고, 그동안 변방에 있던 이념서클이나 비이념서클, 새로운 이념서클이 학생운동에 관심을 갖는 조절기에 들어간다.

1975년 상반기 이른바 '작은 서울의 봄'에 이은 긴급조치 9호 발동으로 학생운동은 또 한 번 심각한 타격을 입는다. 긴급조치 9호 발동 직후의 5·22시위는 인문대 문학회와 민속가면극연구회, 사범대 야학문제연구회(야문회) 등 그동안 학생운동 전면에 나서지 않았던 조직과 학내에 남아 있던 구 이념서클 출신이 만들어낸 마지막 시위였다. 이로써 서울대 학생운동 역량은 완전히 소진되고 말았다.

이념서클이 생기를 되찾기 시작한 것은 1976년 신학기와 더불어 학회(서클) 등록이 이루어지면서였다. 이 무렵 구 문리대 중심의 서클은 복원이 거의 불가능한 상태에 있었고, 구 상대 서클인 한국사회연구회(이하 한사)·이론경제학회(이하 이경회)·농업경제학회(이하 농경회)·후진국경제학회(이하 후경회)·국제경제학회(이하 국경회) 등이 명맥을 유지하고 있었다. 구 법대 서클로는 농촌법학회(이하 농법회)와 경제법학회(이하 경법회)가 활동 중이었다. 이들 서클은 대부분 이름을 바꾸어 등록했다. 한사는 사회과학회(사과), 이경회는 경제철학회, 후경회는 경제문제연구회 등으로 과거의 강성 이미지나 이념적 지향을 희석시키기 위한 의도로 개명하였다. 여기에 역사철학회(이하 역철회)·흥사단아카데미(이하 아카데미)·사회복지연구회(이하 사복회)·사회철학회(이하 사철회)·현대사회연구회(이하 현사) 등이 신생 이념서클로 등장하고, 고전연구회·대학문화연구회(대문) 등 비이념서클이 학생운동에 가담하면서 1970년대 후반기 서울대 학생운동은 이념서클의 시대를 맞게 된다.

(2) 고려대 : 한국민족사상연구회 · 한맥회의 해체와 겨레사랑회의 부상

1970년대 고려대 학생운동은 독특한 궤적을 그린다. 10 · 15위수령 이후 학내 시위가 거의 없었고, 거의 전 대학이 피해를 입은 민청학련사건에도 연루되지 않았다. 그러나 1975년 상반기에 들어서는 선도적 투쟁에 나서서 긴급조치 7호를 먼저 얻어맞는 희생을 치른다. 그 결과 긴급조치 9호 기간에 다른 학교보다 긴 공백기를 겪을 수밖에 없었다.

그 원인은 이념서클의 붕괴와 밀접하게 관련돼 있다. 고려대 역시 10 · 15 위수령과 함께 학내 양대 이념서클이었던 한맥회(한맥)와 한국민족사상연구회(이하 한사회)가 해체되었다. 한맥회는 1968년 고려대 3선개헌 음모 분쇄투쟁 과정에서 민맥과 한모임이 통합해 재발족한 이념서클이다. 1967년 6 · 8부정선거 규탄운동 과정에서 한국사상연구회와 민족사상연구회의 결합으로 출범한 한사회 또한 한맥회와 함께 고려대 학생운동을 주도했던 이념서클이다.

문제는 이 두 서클이 단순히 해체되는 수순을 넘어 민우지 · 야생화 사건에 추가로 연루된 데 있었다. 민청학련사건 전인 1973년 조직 복원을 모색하던 두 서클에 대해 공안 당국이 각각 'NH회'와 '검은10월단'이라는 이름을 붙여 철퇴를 가함으로써 고려대 학생운동은 중요한 기반을 완전히 잃어버리게 되는 것이다.

긴급조치 4호의 광풍이 지나간 뒤인 1975년 상반기 고려대 학생운동의 중심적인 조직 기반은 앞의 두 서클과 뿌리가 다른 청년문제연구회(이하 청연)와 민족이념연구회(이하 민연)였다. 청연은 1970년 보수 지향적 이념서클로 출발했고, 민연은 1968년 학생운동보다는 사회과학적 이념 지향성이 강한 연구 서클로 발족하였다. 정반대 성향의 두 서클이 긴급조치 7호 국면에서 그 중간 지점으로 수렴되어 긴급조치 9호 시기 학생운동에

도 깊은 영향을 미치게 된다. 청연은 긴급조치 7·9호로 가장 큰 타격을 받았지만 1976년 고전연구회(이하 고연), 1978년 겨레사랑회(이하 겨사)로 재조직되고(고려대학교 청우회 편, 2012, 41-45쪽), 민연은 사회과학연구회(이하 사연)로 이름을 바꿔 각각 학내 이념서클의 중심축을 형성하는 것이다.

긴급조치 9호 시기 고려대 학생운동 조직은 겨사·사연을 비롯해 법률행정연구회(법행연)·한국농어촌문제연구회(한농회)·동민회·한국학연구회 등 합법 영역에 진출한 등록서클과 민맥·도산연구회 등 미등록 지하서클이 공존하는 구도를 이루었다. 민맥은 1975년에 조직된 지하서클로서, 1980년대에 공개하면서 이 이름을 사용하기까지는 무명 서클이었다. 도산연구회는 아카데미의 고려대 조직으로서, 장기간 등록을 거부당했다.

(3) 연세대 : 한국문제연구회의 퇴조와 기독학생회(SCA)의 활약

연세대 학생운동 조직은 1960년대부터 한국문제연구회(이하 한연회)의 단일 계보로 이루어졌다고 해도 될 정도로 단순·명료하다. 1963년 창립한 한연회는 6·3학생운동, 3선개헌반대투쟁, 교련철폐투쟁 등을 주도하며 연세대 학생운동을 대표하는 위치에 있다가 다른 대학과 마찬가지로 10·15위수령과 함께 강제해산된다.

조직적 근거가 사라진 한연회 세력은 그 후 동곳회에 가입해 서클을 통째로 접수하게 된다. 1973년 4월 동곳회를 한연회의 정신을 계승한 서클로 인정하고 본격적인 활동을 시작한다. 하지만 1974년 민청학련사건에 회원들이 대거 연루되면서 활동이 어려워진다. 그해 9월 민족문화연구회를 창립해 재출발하지만 이 역시 1975년 긴급조치 9호 발동으로 또 다시

강제해산됨으로써 1980년 민족문제연구회라는 이름으로 재등록하기까지 긴 공백기를 맞게 된다.[7]

긴급조치 9호 시기에 문교 당국은 지도교수제라는 이름으로 학생운동 조직을 통제했다. 지도교수를 확보하지 못한 서클은 공중분해되거나 지하화할 수밖에 없는 체제였다. 연세대는 민족문화연구회를 비롯해 목하회·인간걱정반 등 그나마 명맥을 유지하던 이념서클이 해산된 후 재등록이 어려운 상황에서, 미션계 학교라는 특성으로 인해 학생운동의 중심이 기독학생회(이하 SCA)로 급속히 옮겨갔다. 학생운동 조직의 진공 상태에서 SCA가 많은 인자들을 빨아들였고, 자연스럽게 중심 역할을 맡을 수밖에 없게 된 것이다. 1977년 10월 연세대가 긴급조치 9호하에서 처음으로 대규모 가두시위를 벌일 수 있었던 것도 학생운동 역량이 SCA로 집중됐고, 그 회원들이 앞장섰기 때문이다.

3. 긴급조치 9호 시기 학생운동의 패턴

1975년 5월 13일 긴급조치 9호가 발동돼 모든 학생운동 조직이 해산되고, 5·22시위와 6월 3일 명동성당 전국학생연맹사건 등으로 그나마 남아 있던 학생운동의 잠재 역량미저 제거된 서울대 학생운동권은 재기불능 상태에 빠졌다. 운 좋게 구속이나 제적을 면한 학생운동가들도 극도로 활동이 위축되거나 스스로 활동을 포기하는 상황에 이르렀다.

이런 국면을 예의주시하던 이념서클의 핵심 인물 가운데 일부는 학생운동의 방식과 구조를 근본적으로 바꾸지 않으면 안 된다는 인식하에 긴

---

[7] 김영래·임진영·김영준 편, 2003, 124-125쪽. 민족문제연구회도 1980년 5·17사태로 강제해산된다.

호흡으로 준비에 들어가게 된다. 일찍부터 이런 준비에 들어가 긴급조치 9호 국면에서 학생운동을 주도하는 위치에 오르는 가장 강력한 세력이 한국사회연구회, 줄여서 '한사'라고 불린 이념서클이다.[8]

한사는 1960년대 후반 서울대 상대의 중심 서클이었던 경우회에 대항해 태동한 향우회[9]에 뿌리를 두고 있다. 경우회는 경제학과의 엘리트로 구성된 폐쇄적 조직이고 지나치게 이론에 치중하고 있다는 게 향우회 구성원의 생각이었다. 기존 서클이 너무 이론적이거나 일반론적 투쟁 일변도여서 실천력을 갖지 못했던 점을 극복할 필요성을 느낀 것이다. 한사는 향우회 구성원의 이런 문제의식에 기반을 두고 1967년 범상대 이념서클로 발족하였다(정운영[10]의 증언).

한사는 그 후 많은 학생운동가를 양성해 상대를 넘어 서울대 전체 학생운동의 중심으로 부상했다가 다른 서클과 마찬가지로 1974년 민청학련사건 이후 세가 급격히 위축되고 활동 동력도 거의 상실하게 된다. 하지만 남은 세력이 그동안의 학생운동에 대한 반성적 성찰을 통해 근본적 변화를 꾀한 것이 긴급조치 9호라는 상황과 맞아떨어지면서 1970년대 후반 서울대 학생운동의 가장 강력한 구심점으로 떠오른다. 긴급조치 9호하에서 한사 구성원은 서울대 학생운동을 사실상 이끌었고, 수적으로도 가장 강력한 세를 형성했으며, 시위 주동 등 활동력에서도 압도적인 우위를 보였다(〈표 1〉 참조). 한사는 구성원 개개인이 독자적인 분파를 만들 수 있을 만큼 이론적·실천적 역량이 뛰어난 조직으로 학생운동 내부에서 인정받을 정도였다(양춘승[11]의 증언 1).

---

[8] 한국사회연구회는 긴급조치 9호하에서 사회과학회라는 이름으로 등록하지만 서클 내부는 물론 당시 학생운동권에서 '한사'로 통했다. 이론경제학회·후진국경제학회 등 많은 서클이 등록된 새 이름보다 옛 이름을 사용하는 경향이 강했다.

[9] 서울대 상대 앞마당의 솔밭을 향상림(向上林)이라고 명명한 데서 유래한 이름이다.

[10] 서울대 상대 64학번. 한국사회연구회 창립자.

[11] 서울대 74학번. 농법회 수장. 74학번 서클연합회 지도부. 1977년 3·28시위 주동.

<표 1> 1976-1979년 서울대 주요 이념서클별 학생운동 사건 주동 및 구속 건수

연도	사건	한사	농법	아카	역철	사복	국경	농경	이경	후경	경법	사철	현사	대문	기타
1976	12·8시위	1	1								1				
1977	3·28시위		1	1											1
	4·12시위	1		(1)	(1)		1								1
	4·22유인물미수사건	2													
	26동사건	1	1	1		1	1								3
	11·11시위	1	(5)	(1)				1	1	1					3
	11·18시위미수사건				2								1		4
1978	5·8시위	1		1				1							
	6·12시위	1		(1)							(1)		(1)		(9)
	6·26광화문연합시위														10
	9·13시위			(1)					1		(1)		(1)		9
	10·17연합시위미수	8				3						1	3		3
	11·13시위	1				1								1	(1)
1979	6·23카터방한반대사건												(1)		(2)
	8·28지하신문배포사건				1								(3)		
	9·11시위		1				1	1						1	3
	9·20시위	2			1							1			1
	9·21시위														
	10·5교외유인물팀사건	1													6
	10·19지도휴학반대		1		1		1	1							4
	11·22사건		1												2
	계	20	11	7	6	5	4	4	2	1	3	2	10	2	62

* ( ) 안은 이중 소속, 또는 중복 연루자가 포함된 숫자로서, 이 표는 주요 이념서클의 학생운동 관련자 수가 아니라 개입 횟수를 나타낸 것이다.

* 한사=한국사회연구회(사회과학회), 농법=농촌법학회, 아카=서울대 흥사단아카데미, 역철=역사철학회, 사복=사회복지연구회, 국경=국제경제학회, 농경=농업경제학회, 이경=이론경제학회(경제철학회), 후경=후진국경제학회(경제문제연구회), 경법=경제법학회, 사철=사회철학회, 현사=현대사회연구회, 대문=대학문화연구회. 기타에는 고전연구회, 휴머니스트회, 기독학생회, 인문대·법대·지연대 교지편집실, 문학·연극·야학 활동을 하는 의식 그룹, 단순 가담자, 소속 미상 등이 포함돼 있다.

긴급조치 9호 시기에 한사를 비롯한 서울대 이념서클이 성장할 수 있었던 요인은 무엇보다 활동가 재생산 구조의 확립에 있다고 할 수 있다. 한사가 이 시기에 강력한 조직으로 등극할 수 있었던 것도 일찍이 재생산 구조의 중요성을 간파하고 그에 기반을 둔 내부 체계를 구축한 데 있었다. 민청학련사건으로 적잖은 타격을 받은 한사는 활동가 양성 구조를 안정화하고 체계화하는 일을 최우선 방침으로 설정하였다. 즉 과거와 같은 방식으로는 유신체제를 무너뜨릴 수 없는 것이 분명한 이상 섣불리 투쟁에 나서지 않으며, 나서더라도 재생산 구조를 무너뜨리지 않는 범위에서 전개하며, 책임 단위를 확실히 분리하는 방식이었다.

1971년 위수령, 1973년 10·2시위, 1974년 민청학련사건으로 학생운동의 조직과 역량이 싹쓸이되자 내부에서 반성적 성찰을 하게 되었다. 통상적인 데모로는 세상이 바뀌지 않을뿐더러 한 줌도 되지 않는 학생운동마저 쓸려 나가버리는 걸 번번이 목격했기 때문이다. 특히 제대로 단련이 안 된 후배들까지 연루시켜 일찍 싹이 잘리는 방식은 곤란했다. 나도 민청학련 때 2학년으로서 유인물 심부름하다가 구속되니까 황당했던 경험이 있었다. 이런 종래의 운동 방식이 더 이상 통하지 않게 된 만큼 중장기 투쟁으로 가야 한다는 결론에 이르렀다. 무엇보다 후배를 길러내는 재생산 구조를 유지하는 것이 절실했다. 그렇다고 데모를 안 할 수는 없으니까 데모는 하되 고학년이 하고, 모든 것을 투입하지 말고 필요한 만큼만 하며, 더 이상 불길이 번지지 않도록 그 소수가 모든 책임을 지는 방식이어야 했다. 물론 학생운동만으로는 민주화 실현에 한계가 있는 만큼 노동자·농민의 의식화·조직화를 위하여 기층 대중으로 이전해나가는 준비를 하는 것도 중요했다. 말하자면 전통적 운동 방식을 폐기하고 완전히 새로운 운동을 설계하게 된 것이다(박석운의 증언 1).

실제로 긴급조치 9호 시기의 주요 이념서클은 1974년 민청학련사건 이후 시위나 조직사건에 깊이 연루되지 않는다. 재생산 구조가 확립되어 지속적인 투쟁이 가능할 때까지 선배 그룹이나 외부의 요구에도 일체 응하지 않았다. 그 결과 1976년 박석운·이범영·백계문 3명이 주도한 12·8시위 이전까지 이념서클에 기반한 학생운동 조직의 계획적 시위는 단 한차례도 표면화하지 않았다. 그러니까 1975년 5·22시위 이후 12·8시위까지 약 1년 7개월의 기간은 서울대 학생운동의 재생산·의사결정·발산 구조가 새롭게 확립된 시기라고 할 수 있다. 이런 패러다임은 비록 시차가 있긴 하지만 다른 대학에서도 모색되거나 벤치마킹되어 긴급조치 9호 시기 학생운동의 주된 흐름으로 나타나게 된다.

1) 재생산 구조

서울대 이념서클 가운데 1970년대 말까지 재생산 구조를 유지한 등록서클은 13개 정도다. 사회대가 국경회·경제사학회·경제철학회·농경회·사회과학회·사복회·사철회·아카데미·후경회 등 9개로 가장 많고, 법대의 농법회·경법회, 인문대의 역철회, 공대의 공업경제연구회 등이다. 이들은 단과대별로 등록을 하지만 다른 대학 소속 학생에게도 문호를 개방하였고, 실제로 상당수 회원이 타대생으로 구성되었다. 또 명칭은 각기 다르지만 관심사나 지향점, 활동 등이 거의 같아 학내 언론에도 비슷한 성격의 조직으로 인식되었다(『대학신문』 1979년 3월 12일자).

이들 이념서클의 주된 활동은 매주 개최하는 세미나와 학기별로 1-2회 실시하는 수련회(MT), 여름방학 때의 농촌봉사활동[12] 등이다. 역사·철학·문화 및 사회과학에 관한 세미나를 통해 학생운동을 위한 이론을 학습하고 의식을 고취하며, 수련회와 농촌봉사활동을 통해 이를 더욱 다지고 스스로를 단련하는 구조였다. 이런 활동은 이념서클의 오랜 전통이긴 하지만, 긴급조치 9호 시기에 한층 체계적이고 엄밀하게 이루어진 것이 특징적이다. 신입생 계열별 모집을 시작한 1974년부터는 신입 회원을 위한 공동 오리엔테이션을 실시하기도 했으며,[13] 공통 세미나 교재를 제작해 사용하기도 하였다.[14]

---

[12] 이념서클 내부에서는 '봉사'라는 시혜적·계몽적 의미를 제거한 '농촌활동'으로 불렀다.

[13] 신입 회원 공동 오리엔테이션은 구 상대에서 해왔던 관행으로서 범대학 차원에서는 1974년부터 시도되었지만 그리 활성화되지 못했고, 1975년부터 본격화하였다(박석운의 증언 2).

[14] 공통 세미나 교재는 『현실 인식』(1978), 『현실 인식의 기초』(1979)라는 제목으로 발간되었다(현무환, 2007, 69쪽).

　이념서클의 활동 가운데 무시할 수 없는 또 하나의 중요한 측면은 인맥관계 강화이다. 일상적 활동을 통해 형성된 동료·선후배 간의 끈끈한 정은 서로를 결속시키고 보안을 유지하며 사적 이익을 넘어선 행동을 결단하는 밑거름으로 작용하였다. 이런 인맥관계는 신입회원 모집 과정에서 자연스럽게 이루어지는 고향, 출신 고등학교, 교회 모임 등의 재결합 방식도 한 부분을 차지하지만, 정기 세미나와 잦은 술자리, 공동자취·하숙 등 학교생활을 거의 함께하는 과정을 통해 심화되기도 한다. 자신이 소속한 서클을 '집안'·'가문'·'패밀리' 등으로 부를 정도로 가족적 관계로 인식되었다. 「학원사태를 통해 본 문제점 및 그 종합 대책」에서는 이념서클의 일상 활동을 〈표 2〉와 같이 소개하였다. 세미나, 수련회, 농촌봉사활동 등의 일정을 정확하게 파악하고 있지만 '매주 1-2회 정도 술좌석'을 정례 활동의 일환인 것처럼 기술한 것은 오해를 불러일으킬 수 있는 대목이다. 술자리는 세미나 뒤풀이나 개인적 교우관계의 연장선상에서 자연스럽게 이루어지는 것으로서, 의도적으로 술자리를 조직화의 수단으로 삼은 것이라고는 할 수 없다(박석운의 증언 2).

〈표 2〉 이념서클의 일상 활동

구분	활동 내용
1학기	● 3월 초 신입생 모집, 서클 등록 ● 매주 1회 세미나(1·2학년 공부, 3·4학년 지도) ● 매주 1-2회 정도 술좌석 ● 4월 말경 1회 수련회 　6월 말경 2회 수련회
여름방학	● 농촌봉사활동(10일간)
2학기	● 매주 1회 세미나 ● 매주 1-2회 정도 술좌석 ● 9월 말경 3회 수련회 　11월 말경 4회 수련회
겨울방학	● 1·2학년 매주 1회 세미나와 일어 공부, 집중 강화 훈련 ● 3·4학년 이념서클 간 연결하여 신년 학생운동 토의

　* 출처 : 「학원사태를 통해 본 문제점 및 그 종합 대책」, 7쪽.

(1) 등록과 충원

긴급조치 9호 발동 후인 1975년 10월 서울대 학도호국단에 등록된 서클과 학회의 수는 203개였다. 예년의 250여 개보다 5분의 1 가량 줄어들었다. 그 이유는 지도교수 확보 실패, 학교 당국의 등록 거부, 서클 스스로의 등록 포기 등이었다. 이념서클로 알려진 단체 가운데는 법대의 경법회·농법회, 사회대의 국경회가 등록했을 뿐, 구 문리대의 문맥회·후사연·과학사회연구회·민족사회연구회, 구 상대의 이경회·후경회·농경회·한사 등이 모두 등록을 하지 않았다. 아카데미도 지도교수가 확정되지 않아 등록에 실패하였다(『대학신문』 1975년 12월 1일자).

이미 인맥관계가 형성된 이념서클의 경우 미등록 상태라고 해서 존재가 없어지거나 활동이 불가능한 것은 아니었다. 긴급조치 9호 발동 직후 상당수 이념서클이 등록을 스스로 포기하거나 학교 당국에 의해 거부당했다. 하지만 조직을 해체하거나 활동을 중단한 것은 아니었다. 이념서클 책임자에게 등록 여부는 그리 심각한 문제가 아니었다. 다만 신입 회원을 공개적으로 모집하기 위해 가급적 등록하려고 했고(양민호[15]의 증언), 미등록 상태로 활동할 경우 지하서클[16]로 간주되어 조직사건에 연루당할 가능성을 특히 경계하였다(박석운의 증언 2).

각 이념서클은 구성원과 내부 사정이 사찰 라인에 낱낱이 파악되지 않도록 외부 표현을 최소화하였다. 이를테면 등록을 할 때는 회원 명단을 한 명 정도만 실명으로 하고 나머지는 가·차명으로 제출하는 것이 관행화하였다(최영선[17]의 증언). 사찰 라인에서도 이념서클이 전혀 관계없는

---

[15] 서울대 75학번. 후경회 수장. 75학번 서클연합회 지도부. 1978년 9·13시위 주동.
[16] 1970년대 이념서클을 지하서클 또는 지하조직으로 기술하는 것은 적절치 않다. 대부분은 학교 당국에 정식으로 등록한 학술서클로서, 철저하게 합법서클의 구성과 운영 원리를 따랐기 때문이다.

학생들의 이름을 빌어 등록한다는 사실을 알고 있었다(「학원사태를 통해 본 문제점 및 그 종합 대책」, 8쪽). 회장도 성적이나 전력 등에 문제가 없고 시위에도 가담하지 않을 학생을 내세웠다. 대부분의 이념서클은 등록 회장과 실제 회장의 이중 지도부로 구성되었으며, 일부 규모가 큰 서클은 실제 회장을 내부 책임자와 외부 대표자로 다시 세분하여 삼중 구조로 운영하기도 하였다. 내부 회장은 조직 건사와 후배 양성의 임무를, 외부 회장은 서클연합회의 일원으로 학내 운동을 계획하고 실행하는 역할을 각각 맡았다. 회장은 기본적으로 내부 합의에 의하여 역량을 갖춘 적임자를 선출 또는 추대하는 것이 일반적이었다.

회원 충원은 매년 학기 초 신입생 모집을 통해 이루어졌다. 고등학교 평준화 세대(서울·부산은 77학번, 나머지 지방 대도시는 78학번) 이전에는 고등학교 학맥을 이용한 모집과 공개 모집, 개별 모집 등이 주된 충원 경로였다. 특히 고교 동문별로 입학시험, 신체검사, 입학등록, 신입생 환영회 때나 강의실, 사적 모임 등에서 서클을 소개하고 입회를 권유하는 방식이 성행하였다. 학내 게시판의 모집 공고를 보고 자발적으로 가입하는 경우도 있었다. 고교 평준화 이후 세대를 대상으로는 공개 모집이 대세를 이루었다. 긴급조치 9호 시기 들어서는 회원 충원을 위한 이념서클 간의 공조체제가 강화되었다. 오리엔테이션을 합동으로 진행하고 가입 신청서를 공동 접수하였다. 신입 회원 확보에 어려움을 겪는 서클을 다른 서클이 지원해주는 풍토도 조성되었다. 성격이나 관심 분야가 일치하는 학생을 그런 서클에 연결해주는 방식이었다. 이념서클 가입이나 탈퇴, 선택은 개인의 의사에 따라 자유롭게 이루어졌다.

1970년대는 서울대의 캠퍼스 종합화가 이루어지면서 이념서클의 충원 구조가 크게 변화한 때이기도 하다. 1969년부터 서울 공릉동 공대 캠퍼스

17) 서울대 77학번. 국경회 수장. 77학번 서클연합회 지도부.

에 교양과정부가 개설되고, 1974년부터 신입생 계열별 모집이 시작되었
다. 1975년에는 의대·농대·공대를 제외한 대부분의 대학이 관악캠퍼스
로 이전하였고, 문리대가 인문대·사회대·자연대로 분리되었다. 각 단과
대학에 뿌리를 두고 운영되던 이념서클들이 계열 단위로 영역을 넓혀 신
입 회원을 모집할 수 있게 됨으로써 학생운동의 기반이 더욱 확대되고 탄
탄해지는 결과를 가져왔다(농촌법학회50년사발간위원회 편, 2012, 186쪽).

(2) 교육·훈련

활동가 양성을 위한 교육·훈련은 이념서클 활동의 핵심이자 재생산
구조 확립에서 가장 중요한 부분으로 간주되었다. 세미나, 수련회, 농촌
봉사활동 등 이념서클의 활동 자체가 교육·훈련의 과정이라고 할 수 있
다. 각 이념서클은 1학년 신입 회원의 교육을 서클 내 3학년이 책임지며,
이런 관계를 다음 해까지 이어가는 방식을 채택하였다. 교육·훈련의 방
식과 내용은 이념서클의 공통적인 활동 양식으로 정착하였고, 인적 공유
도 이루어졌다. 시위·사건이나 개인 사정 등으로 후배를 지도할 자원이
고갈되거나 약화될 경우 다른 이념서클의 선배가 교육을 지원하기도 하
고, 둘 이상의 이념서클이 연대해 공동 세미나 형식으로 운영하기도 하
였다.[18)

① 세미나
세미나는 이념서클이 표방하는 '학회'의 정규 활동이라고 할 정도로 핵

[18)] 역사철학회는 초기에 흥사단아카데미와 사회복지회 소속 선배 3명이 번갈아 세미나를
  지도했으며(전재주의 증언), 국제경제학회와 후진국경제학회는 1974년 세미나를 통합
  운영하였다(김경택의 증언).

심적인 부분을 차지한다. 매주 서클룸이나 음식점 등에서 주로 이루어지며, 하숙·자취방이나 빈 강의실 등 더 편한 장소를 택하기도 하였다. 세미나는 일반교양서와 사회과학서적, 유인물 등을 교재로 선택해 이를 읽고 발표·토론하는 방식으로 진행되었다.

교재로는 국내외 역사와 정치·경제·사회 현실에 대한 분석서를 중심으로 약 30종이 사용되었다.[19] 리영희의 『전환시대의 논리』·『8억인과의 대화』·『우상과 이성』, E. H. 카의 『역사란 무엇인가』, 박현채의 『민족경제론』 등은 어느 이념서클에서나 읽혀지는 기초적인 교재였다. 신상초의 『중국 공산주의운동사』, 김준엽의 『중국공산당사』, 김상협의 『모택동 사상』 등 중국을 비롯한 사회주의국가를 이해하는 책도 빼놓을 수 없었다. 신상초의 『레닌과 러시아 혁명』, E .H. 카의 『볼셰비키 혁명』, C. W. 밀크의 『들어라 양키들아』, 프랑츠 파농의 『대지의 저주받은 자들』 등이 그런 경우이다. 『객지』(황석영), 『국토』(조태일), 『신동엽 전집』(신동엽) 등 민중문학 계열의 문학 작품과 루카치·백낙청 등의 평론도 자주 읽혔다. 김지하의 시집 『황토』나 담시 「오적」·「구리 이순신」, 지하 유인물로 나돌던 「양심선언문」 등 당시 출판이나 배포가 금지된 자료를 복사해서 돌려가면서 숙독하기도 하였다. 경제서로는 조용범의 『후진국경제론』, 김준보의 『농업경제학서설』, 조기준의 『한국 자본주의 성립사론』, 모리스 돕의 『자본주의 발달 연구』, 폴 바란의 『성장의 정치경제학』, 폴 스위지의 『자본주의 발전의 이론』 등이, 사상서로는 최문환의 『근세사회사상사』와 『민족주의의 전개 과정』, 마르쿠제의 『이성과 혁명』·『일차원적 인간』 등이 세미나의 필독서처럼 인식되었다.

이런 학습 과정은 입시 경쟁과 체제 순응 교육에 순치되어 온 신입생에

---

[19] 「학원사태를 통해 본 문제점 및 그 종합 대책」, 10쪽. 1980년대 들어 언론은 이념서클이 탐독하는 서적류를 600여 종으로 파악하였다(「대학가의 음영 4 : 지하 커리큘럼」 『경향신문』 1981년 12월 9일자).

게 균형 잡힌 시각과 비판의식을 길러주는 것이었다. 신입 회원은 고등학교 시절까지 받아온 교육에 대한 신뢰가 무너지는 충격과 배신감을 느끼게 된다. 게다가 대학 교육 과정 또한 고교 교과과정의 연장선상에서 무기력하게 이루어지는 것에 대한 실망감까지 겹친다. 세미나 과정을 통해 상당수는 자신의 가치관을 새롭게 정립하게 되고, 일부는 깊이 빠져들어 학교생활의 중심을 이념서클로 완전히 옮기게 되는 것이다.

　학생운동을 하게 된 가장 큰 동기는 학교가 재미없어서였다. 학회에서 공부하는 게 더 좋았다. 공부다운 공부라고 생각했기 때문이었다. 새로운 시야가 열리는 듯했고, 사람들과 대화도 비로소 통하는 기분이 들었다. 그래서 더 열심히 하게 되고, 그러니까 선배들이 더 총애하고 그 바람에 재미도 더 붙었다. 학회가 생활의 전부처럼 돼 버렸다. 나는 서울대가 아니라 '한사'를 다니고 졸업한 것이다(주대환의 증언).

이념서클 구성원들은 세미나를 통하여 활동가로서의 기본자세와 역량을 쌓게 된다. 교재로 사용되던 도서들은 당시 이른바 불온서적이나 금서에 해당하는 것보다 학문적으로 높은 평가를 받는 양서가 대부분이었고, 당시로서는 이념서클의 세미나 자체가 정보기관이나 학교 당국의 주목 대상도 아니었다. 이념서클 세미나를 '의식화 학습'·'세뇌교육' 등으로 불온시한 것은 1980년대 들어서였다. 「학원사태를 통해 본 문제점 및 그 종합 대책」은 이념서클의 학기별 커리큘럼을 상세하고 소개하고 그 내용을 분석하였는데, 이를 정리하면 〈표 3〉과 같다.

〈표 3〉 이념서클의 학기별 커리큘럼

학기	과목	교재	비고
1/1	교양	△『역사란 무엇인가』(E. H. 카)	역사 이론 입문서
		△『민족주의의 전개과정』·『근세사회사상사』(최문환)	사회사상 발전에 관한 폭 넓은 교양 제시
		△『전환시대의 논리』(리영희)	미국 의회 외교 문서를 토대로 월남·중국·일본 분석
		△『창작과 비평』·『대화』지, 노동자들의 호소문 (동일방직, 방림방적)	시국에 대한 인식
1/2	한국 근대사	△본 교재: 『한국근대사론 Ⅰ·Ⅱ·Ⅲ』(신용하·안병직 편)·『3·1운동』(안병직) △기본 교재: 『농업경제학서설』(김준보)·『후진국경제론』(조용범)·『한국자본주의성립사론』(조기준) △보조 교재: 『동학당 연구』(김복영)·『동학과 동학란』(김상기)·『동학당』(임선규), 김의한의 의병운동 관련 논문	개항 이후 현재까지의 역사를 운동사적으로 고찰해봄으로써 현재 상황의 역사적 의미를 이해, 미래의 비전을 제시할 수 있는 능력을 지니고자 함
2/1	경제사	△『경제사』(조기준) △『Man's Worldly Goods』(Leo Huberman) △『Studies in the Development of Capitalism』(Maurice Dobb) △『Political Economy of Growth』(P.Baran) △『Theory of Capitalist Development』(Sweezy)	자본주의 비판서, 마르크스의 자본론 해설서, 신마르크스주의 경제학 이론 등
	기타	△『Pedagogy of the Oppressed』(P.Frerrie)	야학하는 학생들의 필수 교재
		△『들어라 양키들아』(C. 라이트 밀즈, 신일철 역)	쿠바 혁명의 실상을 쿠바 혁명가들 입장에서 명쾌하게 해설
		△『이성과 혁명』·『일차원적 인간』(마르쿠제)	서구 학생운동의 이론적 대변자의 저서
2/2	혁명사	△중국:『중국 공산주의 운동사』(신상초)·『중국 공산당사』(김준엽)·『모택동 사상』(김상협) △러시아:『레닌과 러시아혁명』(신상초)·『볼세비키혁명』(E. H. 카) △쿠바:『들어라 양키들아』(C. 라이트 밀즈)·『쿠바혁명의 해부』(Leo Huberman & Sweezy) △알제리:『The Wretched of the Earth』	이밖에도 남미·필리핀·인도네시아 등 제3세계에서의 민주운동 자료, 해방신학, 이데올로기 계통의 책을 많이 읽음

* 출처 : 「학원사태를 통해 본 문제점 및 그 종합 대책」, 12-21쪽.

② 수련회

세미나가 학생운동에 대한 일정한 방향의 이념적 틀을 배양하고 형성하는 과정이라면, 매년 2-4회 실시하는 수련회는 이를 심화시키는 이벤트라 할 수 있다. 보통 1박 2일(토요일 오후-일요일 오후) 동안 서울 근교에서 이루어진다. 한 방에 20-30명이 둘러앉아 3, 4학년 선배가 주제발표를 하고 질문과 답변, 토론하는 방식으로 진행된다. 주제 토론 외에 일반토론이 밤을 새면서 이루어진다. 화제는 1960년대 이후 한국의 경제, 한국 노동운동사 등 학술적인 주제부터 유신체제의 비민주성, 학도호국단의 문제, 재야인사의 동향 등 시국과 학내외 현안에 이르기까지 다양하다. 후배들(1·2학년)이 개인적 갈등과 고민을 털어놓는 자리가 되기도 한다.

이념서클의 수련회는 학과나 친목·취미 서클의 그것과 달리 매우 밀도 있게 이루어졌다. 소박한 식사(밥·된장찌개·김치)와 술(소주), 안주(노가리·고추장·새우깡), 담배(청자·샘) 등으로 형식상이나마 고통받는 민중과 일체감을 느끼고자 하였으며, 토론 분위기가 진지하고 격정적이어서 부정적 관찰자에게는 '유사 종교적 분위기'로 비치기도 하였다(「학원사태를 통해 본 문제점 및 그 종합 대책」, 8쪽). 수련회는 학생운동과 관련한 이념과 이론을 다지는 장일 뿐 아니라 동지적 유대감을 높이는 기회이기도 하였다.

③ 하계 농촌봉사활동

여름방학 중에 8-10일간 실시하는 하계 농촌봉사활동은 이념서클만이 아니라 비이념서클도 많이 참가하는 주요 행사였다. 1976년 여름방학 때 서울대에서는 25개 서클에서 700여 명이 농촌봉사활동에 참여하였다(『대학신문』 1976년 8월 2일자). 이념서클의 경우, 농촌봉사활동이 단순히 봉사 차원을 넘어 농민의 일상과 고통을 이해하고 거기에 동참하는 것은 물론, 고된 육체노동과 정신적 훈련을 통해 스스로를 단련할 수 있는 좋은 기회이기도 하기 때문에 빠뜨릴 수 없는 중요한 연례행사로 여겼다. 등록을 못 했거나 참여자가 적어 독자적으로 봉사단을 조직할 수 없을 때는 이념서클끼리 연합 봉사단을 구성하거나, 회원 각자가 개별적으로 다른 팀에 가입해서라도 가급적이면 참가하려고 하였다. 오로지 농촌봉사활동에 참가할 목적으로 이념서클에 뒤늦게 가입하거나(양기운[20]의 증언) 두 서클에 적을 두기도 하였다(연성만[21]의 증언).

긴급조치 9호 시기 들어서는 농촌봉사활동도 세미나나 수련회와 마찬가지로 한층 체계적으로 진행되었다. 농민들은 보통 정신적 계몽이나 지도, 자제들 교육, 관계기관과의 협조에 의한 숙원사업 해결 등을 원하지만, 학생들은 하루 종일 농사와 관련된 고된 노동을 자청하였다(「학원사태를 통해 본 문제점 및 그 종합 대책」, 9쪽). 오전 5시에 기상해 오후 7시까지 마을 청소, 김매기, 지게지기, 풀베기 등 육체노동에 종사하고, 저녁 시간에는 주민과의 대화에 이어 밤늦도록 반성과 일반 토론을 하는 시간을 가졌다. 농민에게 일체의 폐를 끼치지 않는 것은 물론, 대학생·도시민으로서의 생활방식을 철저히 배제하려고 하였으며, 심지어 새참마저 거부하기도 하였다.

1977년 7월 경제법학회와 서울대·이화여대 흥사단아카데미 합동 농활을 충남 연기군으로 갔을 때였다. 내가 활동대장이었는데, 당시 새참문제가 농활의 중요한 현안이었다. 나는 농민이 부담을 가질 수밖에 없기 때문에 새참을 먹지 말아야 한다고 강하게 주장했다. 그러나 농민의 정서를 알려면 새참을 먹어야 한다는 반대 주장도 거셌다. 쉽게 결론이 나지 않았다. 그 문제로 매일 새벽 2-3시까지 토론하고 5시에 일어나는 일이 반복됐다. 다들 쓰러질 지경이 됐다. 다수결로 결론을 내자는 주장이 나왔지만, 나는 이런 중요한 문제는 다수결보다 토론으로 결론을 내야 한다고 생각했다. 결국 6일째 되는 날 새참을 먹는 문제를 다수결로 결정할 것

---

20) 서울대 74학번. 농법회. 1977년 11·11시위 주동.
21) 서울대 75학번. 농법회·흥사단아카데미. 1977년 11·11시위 주동.

이냐 마느냐를 다수결로 결정하기로 했다. 결과는 17 대 14로 다수결에 부치는 쪽
이 이겼고, 새참문제도 똑같이 나왔다. 그래서 내가 활동대장을 내놓았고, 새참도
먹게 되었다(박홍렬[22]의 증언).

새참문제는 1960년대부터 농활에서 끊임없이 제기되었던 논쟁거리였
지만, 비인간적이라고 할 정도로 농활 규율[23]이 엄격해진 것은 1970년대
중·후반 들어서였다. 농활을 봉사가 아니라 운동으로 인식하기 시작하
면서, 고된 노동과 엄한 규율, 강도 높은 평가회 등을 통해 스스로를 단련
하는 과정으로 정착시킨 것이다. 말하자면 현장을 체험하면서 운동에 대
한 의지를 다지고 구성원 간의 유대감도 높이는 종합적인 교육·훈련 과
정으로 여겼던 것이다.

긴급조치 9호 체제에서 그나마 자유롭게 허용되었던 농활도 정치·사
회적 상황이 악화되면서 어려워지기도 하였다. 정부 당국은 대학생 농활
이 "주민들에게 반정부적인 사상을 주입할 우려가 있다"는 이유로 달갑지
않게 여겼고, 동네 곳곳에 "이웃에 오신 손님 간첩인가 다시 보자"는 선전
탑이 서 있는 분위기에서 농민들도 학생들에게 쉽사리 마음을 열려고 하
지 않았다. 학교 당국도 농활에 대한 통제를 한층 강화했는데, 농법회의
경우 1979년 '공덕교회'라는 이름으로 농활을 진행하기도 하였다(농촌법
학회50년사발간위원회 편, 2012, 344쪽).

---

22) 서울대 75학번. 흥사단아카데미 회장. 1977년 경법회－서울대·이화여대아카데미 연합
농촌활동대장. 1977년 26동사건으로 구속.

23) 농법회의 경우 "농민에게 일체의 폐를 끼치지 않는다", "일체 얻어먹지 않는다", "끝나고
나면 그날그날의 활동을 평가하는 평가회를 갖는다", "어떤 농민에게도 지적 우월감을
드러내서는 안 된다", "먹는 것(음식), 입는 것(옷), 생활용품 등도 농촌 수준을 넘어서는
안 된다"는 등의 지침에 따라 농활 매뉴얼을 만들었고, 이를 곧이곧대로 실천했다. 음주
도 절대 금지이며, 여학생에게는 화장품도 일체 못 쓰게 했다(농촌법학회50년사발간위
원회 편, 2012, 339-340쪽).

(3) 가치관과 세계관

재생산 구조의 체계화와 안정화는 긴급조치 9호 시기 각 이념서클이 공히 최고 가치로 여겼기 때문에 세미나·수련회·농활 등의 교육·훈련 과정은 매우 강도 높게 진행되었다. 일반적으로 1학년 학기 초에 모집되거나 가입한 30여 명의 신입 회원 가운데 1년 동안의 교육·훈련 과정을 이겨내고 학회에 잔존하는 숫자는 약 3분의 1인 10여 명 정도이다. 3학년이 되면 큰 서클은 6-7명, 작은 서클은 3-4명으로 줄어든다. 4학년이 되면 그 숫자는 더욱 줄어 큰 서클은 3-4명, 작은 서클은 1-2명 정도가 남는다(권형택[24])의 증언).

학년이 올라갈수록 감소세를 보이는 것은 학생운동에 회의를 느껴서라기보다, 개인 사정이나 다른 진로 설정으로 후선에 머무는 선택을 하는 경우가 많아서다. 이들 가운데 돌발 상황이나 우연한 계기로 다시 학생운동에 복귀하거나 연루되는 예가 적지 않았다. 학생운동을 선택하든, 다른 길을 선택하든, 이념서클에서 교육·훈련의 전 과정을 마친 학생은 행동하는 지식인으로서 나름의 가치관과 세계관이 확립된 상태라고 할 수 있다. 매주 진행된 세미나를 통해 한국사회와 역사에 대해 인식의 지평을 넓힌 결과는 깊은 고민과 확고한 문제의식으로 나타난다. 수련회와 농활, 시위 참여 등 공동생활이나 체험을 통해 형성된 선후배·동료 간의 정서적 일체감은 행동의 동기가 되고 용기의 밑거름으로 작용한다(긴급조치9호철폐투쟁30주년기념행사추진위원회 편, 2005, 384쪽). 이념서클의 교육·훈련 과정을 '의식화 학습'이라는 부정적 시각으로 기술한 「학원사태를 통해 본 문제점 및 그 종합 대책」에서는 학년별 일반의식 상태 및 사회관의 변천을 다음과 같이 분석하였다(「학원사태를 통해 본 문제점 및 그 종합 대책」, 22-24쪽).

---

[24] 서울대 74학번. 농법회 회장. 1977년 11·11시위 주동.

● 1학년 초의 일반의식

학생들이 이념서클에 몰리는 일반적 동기는 고등학교 시절 지나친 입시 위주의 교육으로 폭넓은 교양에 대한 욕구가 강렬하기 때문이다. 특히 사회·인문계열 학생인 경우, 역사·철학·사상·경제 등의 교양에의 소망이 강렬하다. 대학 정규 교과과정에는 없으며, 학내 어떤 메커니즘도 이 욕구를 채워줄 수 없으며, 오직 이념서클만이 충족시켜줄 수 있다.

서울대 신입생의 경우, 대개 감수성이 강하고 지극히 이상지향적인 성향이 강하다. 따라서 부모·선배들의 산업사회 속에서의 소시민적 생활양식에 식상해 하며, 보다 정열적이고 이상에 몸 바칠 수 있는 삶의 양식을 지향하게 된다. 현재 사회 메커니즘에는 이러한 지향의 사람들을 수용할 기구가 없다. 현대 사회가 고도로 조직된 사회로 나아감에 따라 개인은 고립화·원자화되어, 대학생의 경우 진실로 대화가 통할 수 있는 또래집단(peer group)을 찾으려는 경향이 짙다.

● 1학년 말의 일반의식

1년 동안의 하드 트레이닝의 결과 약 3분의 1(보통 10명)이 학회에 잔존한다. 철저하게 1년 초의 엘리트 의식이 파괴되고, 고시 준비, 출세 등의 욕구는 민족사의 흐름을 배반하는 듯한 사고에 빠진다. 그러면서 그러한 욕구는 계속 밀려오고, 주위 집안·친척에서 이를 충동질한다. 스스로 기회주의자라는 생각이 들고 무척 나약하게 보인다. 노동자들의 파업·투쟁 소식이 들려오면 괜히 죄책감에 빠지기도 한다. 자신이 나아갈 길과 가정이 요구하는 바가 도저히 일치될 수 없다는 데 대해 고민하기 시작하고, 자신의 욕망, 가정조차도 버릴 수 있어야 한다고 트레이닝을 받는다. 과 선택 문제에 있어서도 사회대(사회계열)의 경우 법대·경영대·외교학과는 주위 친구·선배들의 눈 때문에 절대 가지 않고 일반적으로 경제학과·사회학과·신문학과·사회사업학과·농경제학과·정치학과·무역학과 등을 자신의 욕망과 이념의 절충점으로 택한다. 인문대는 영문과·불문과 등은 가지 않고 철학과·국사학과·동양사학과·서양사학과·국문학과를 지망해야 한다고 생각한다. 이미 서클을 주도하는 학생은 단호히 문제 학과로 가게 되나 대부분의 학생은 이 시기에 많은 고민을 한다.

● 2학년 말의 일반의식

보통 큰 서클은 6-7명, 작은 서클은 3-4명 잔존한다. 이제는 자신이 운동 이외에는 아무것도 못할 것 같은 기분이 든다. 신학기가 되면 학회를 운영할 책임을 맡을 수 있도록 준비를 한다. 혁명사·운동사 부분을 중점적으로 읽게 된다. 서클 친구들이 보이는 데서 강한 이야기를 하면서도, 개인적으로는 기회주의적 욕구 때문에 계속 고민을 하게 된다.

● 3학년 말의 일반의식
이미 학교에서 문제학생으로 찍히고, 위의 선배들이나 밑의 후배들의 눈을 봐서 자기 차례라는 기분이 든다. 이런 상태에서는 어느 한 명이 부추기면 함께 행동에 돌입해버린다. 이미 학회의 이념·친구·생활 방식을 떠나서는 자기 자신도 도저히 살아갈 수 없다는 생각이 든다.

긴급조치 9호 시기 이념서클 활동 및 학생운동 참여자의 의식화나 자기 결단의 과정을 악의적으로 해석한 것이지만, 그 실상은 비교적 잘 묘사하고 있다. 과 선택에 있어서 주변의 시선, 개인적 욕구와 고민, 폐쇄적인 조직문화 등의 영향을 지나치게 침소봉대하고, 부분적인 현상을 무리하게 일반화한 점은 있으나, 이념서클의 분위기와 구성원들의 고뇌를 예리하게 포착하였다. 예를 들면 서울대 긴급조치 9호 세대의 중심에 해당하는 75학번의 경우 45명이 학생운동으로 구속 또는 수배되었다. 과 배정을 받기 전인 1학년 때 구속된 8명을 제외한 37명의 구속·수배자는 경제학과가 5명, 국문학과·사회학과가 각각 4명, 동양사학과·농업교육학과가 각각 3명, 철학과·국사학과·서양사학과·화학공학과가 각각 2명이었다. 운동권 기피학과[25]로 지목된 법대·경영대·외교학과·영문과·불문과는 법대 1명 말고는 아무도 없었다(신동호, 2007b, 322쪽). 내부 사찰 문건이 언급한 이념서클 구성원의 학과 선택 메커니즘이 그대로 실현된 셈이다. 이런 점은 개별 구술을 통해서도 확인되었다. 법대에 가기 위해 사회계열로 입학하였지만 인문대로 계열을 옮겨 동양사학과를 택한 경우도 있었다(이우재[26]의 증언).

---

[25] 일반 학생에게는 인기학과에 해당한다.
[26] 서울대 75학번, 현대사회연구회 창립자. 1978년 6·12시위 및 9·13시위 주동.

하지만 이들이 단지 주변의 시선을 의식해서 본인의 뜻에 반하는 학과 선택을 하고, 폐쇄적인 조직문화의 보이지 않는 강압에 의해 개인적 진로를 포기당하며, 분위기에 떠밀려 충동적으로 시위 행동에 돌입한다는 식은 과장된 서술이자 악의적 해석이라고 할 수 있다. 이런 서술과 해석은 1980년대 들어 언론 등에서 학생운동과 이념서클을 공격하는 논리와 일치한다.[27] 이들의 학생운동 참여와 장래 진로 결정이 폐쇄적이고 억압적인 조직문화나 일시적 충동에 의해 이루어진 것이 아니라 체계화된 재생산 구조와 치열한 내적 고민에 의하여 형성된 개인적 가치관·세계관에 따른 결과라는 것은 이들의 뒷날 행적이 말해준다. 이들은 졸업 후 집단적으로 노동·사회운동으로의 이전이나 각 분야의 변혁 노력을 지속적으로 추진해온 세대로 꼽힌다(조희연, 1995, 114쪽 ; 정태헌, 2005, 193쪽 ; 임미리, 2011, 17-18쪽). 이념서클 구성원의 가치관·세계관과 그에 따른 행동 패턴은 뒤에 기술할 의사결정 및 발산 구조라든가 활동가들의 선택 및 결단 과정을 통해서도 잘 드러난다.

이념서클에 3학년 말까지 잔존한 학생의 일반의식을 "학회의 이념·친구·생활 방식을 떠나서는 살 수 없다고 생각하게 된다"고 표현한 것 또한 이념서클의 조직 수준을 과장한 기술에 해당한다. 오히려 긴급조치 9호 시기 이념서클은 조직을 의도적으로 발전시키지 않고 미성숙한 상태로 유지한 측면이 있다. 쓸데없이 조직사건에 연루되지 않기 위해서였다. 구성원이 학회에 끝까지 남아 활동하는 것은 조직의 고도화에 따른 결과가 아니라 구성원의 윤리의식, 자기 확신, 내부 단련, 인간적 신뢰 등 개인의식의 고도화에 기인한 현상이라는 게 더 설득력이 있다.

---

[27] 1981년 12월 2일부터 1982년 3월 3일까지 『경향신문』에 연재된 「대학가의 음영」 시리즈가 대표적이다.

(4) 행동수칙

사상 유례가 없을 정도로 운동 공간이 협소해진 마당에 이념서클은 의식과 이론 무장으로만 조직과 활동을 유지하기 어려웠다. 긴급조치 9호 시기 학생운동권의 공통적인 생존 전략은 보안 확보였고, 특히 이념서클은 보안 확보를 비롯한 행동수칙을 구체화·고도화하는 경향이 뚜렷하였다. 같이 일을 도모하는 상대가 어떤 위치에서 무슨 역할을 하는지, 누구와 연결돼 있는지, 심지어 이름·학교·출신지·연락처까지 알려고 하지 않았다. 그런 것은 묻지 않는 게 서로 간의 예의였다. 본의 아니게 알게 되더라도 기억에서 지우려고 애썼다(신동호, 2007b, 220쪽). 일기 같은 건 당연히 쓰지 않고 메모나 사진 등 뒷날 후환이 될 근거를 일체 남기지 않는 것이 긴급조치 9호 시기 활동가들의 행동수칙 1호라고 할 수 있었다.

이런 행동수칙은 세미나와 술자리 등의 접촉을 통해서 선후배 간, 또 서클 간 전파·공유되었다. "알면 다친다", "잡히면 끝까지 오리발을 내밀어라", "가까운 사람을 멀리 하라", "확실한 사람 3-4명이면 된다" 등과 같은 행동수칙들이 학생운동권 내에 경구처럼 회자된 것도 이 시기이다. 긴급조치 9호 기간 벌어진 시위에서 이런 행동수칙을 숙지하고 단련된 이념서클 소속 학생은 사찰 선상에 올라 있는 경우를 제외하고는 대부분 구속이나 중징계를 면하였다. 이외로 이념서클과 무관한 학생이나 단련이 덜 된 저학년이 현장에서 연행되었다가 미숙하게 처신하여 감옥살이까지 하는 예가 더 많았다.

2) 의사결정 구조

강력한 학원통제가 이루어지는 가운데 은인자중하며 재생산 구조를 구축한 서울대 이념서클은 1976년 하반기부터 학생운동 본연의 활동, 즉 시위투쟁에 눈을 돌리기 시작하였다. 학원 시위의 긴 공백을 깨고 긴급조치 9호 체제에 첫 파열구를 낸 것도 이 시기였다. 12·8 법대생 3인 시위를 시작으로 그 이후 관악캠퍼스에서 이어진 시위는 대부분 이념서클의 주도 아래 계획적으로 이루어졌다. 이는 이 시기에 이념서클 간에 새롭게 구축된 의사결정 구조가 성공적으로 작동한 결과이다.

(1) 이념서클의 지향성

1975년 관악으로 캠퍼스가 이전된 뒤 서울대 내에 잔존하거나 복원된 이념서클은 긴급조치 9호 시기에 대부분 살아남았다. 정부와 학교 당국의 강력한 통제에도 불구하고 재생산 구조 구축과 안정화에 절치부심하였기 때문이다. 이들은 본의 아니게 지상(등록)과 지하(미등록)를 오르내리는 등 활동에 어려움을 겪었지만, 이중·삼중으로 조직과 활동을 신중히 하면서 감시와 법망을 피하였던 것이다. 〈그림 2〉는 긴급조치 9호 시기 서울대 주요 이념서클을 도식화한 것이다.

이 가운데 아카데미와 대문 외에는 모두 각 단과대에 이른바 '학회' 성격으로 등록한 이념서클이지만, 앞에서 말했듯이 모든 대학에 문호가 열려 있고 성격도 비슷하였다. 다만 〈그림 2〉가 보여주는 것처럼 한사(사회과학회)·농법회·아카데미 등 3대 서클이 가장 막강한 세를 형성하였고, 사철회·대문·현사 등 새로 만들어졌거나 뒤늦게 운동권으로 변신한 서클은 아직 중심적 역할을 하지 못하는 구도였다. 이 3개 서클을 포함한 13개 서클이 긴급조치 9호 시기 상시적으로 또는 간헐적으로 학생운동의 방향 설정과 의사결정을 주도하였다.

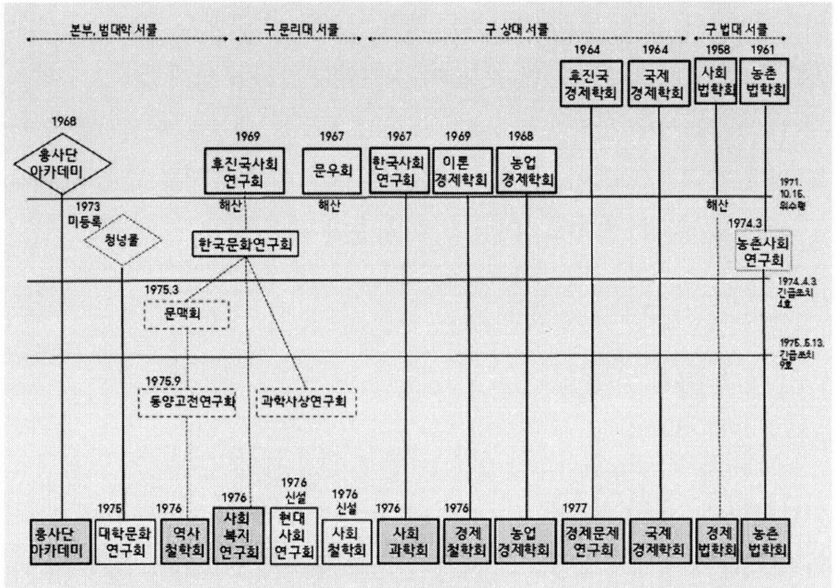

〈그림 2〉 1970년대 서울대 주요 이념서클 판도

당시 이념서클에 확산된 큰 흐름은 투쟁론보다 준비론 쪽이었다. 학내 시위 등 당면한 정치투쟁은 유보하고, 노동자·농민·도시빈민 등 민중층에 파고들어 그들을 의식화·조직화함으로써 장래의 근본적인 변혁을 도모한다는 논리였다. 학생운동은 바로 이를 위한 역량을 길러 사회에 배출하는 과정이라는 데 무게를 두었다. 대학생이 시위 몇 번 한다고 해서 체제를 무너뜨릴 수 없으며, 개인이 학생운동 4년 동안 열심히 한다고 해서 사회변혁의 주역이 될 수 없다는 냉엄한 현실인식이 만든 흐름이었다(박석운의 증언 2 ; 양춘승의 증언 2). 연이은 타격으로 학생운동권에 팽배해진 패배론도 학생들이 현장에 눈을 돌린 일정한 요인으로 작용하였다(김경택[28]의 증언).

───────────

[28] 서울대 74학번. 국경회 수장. 74학번 서클연합회 지도부. 1977년 11·11시위 주동.

하지만 학생운동의 고유한 사명을 저버려서는 안 된다는 기류도 만만치 않았다. 그 시대, 그 사회에 필요한 목소리를 내온 학생운동의 전통과 그런 사회적 역할을 외면할 수 없다는 요구가 내부에서 조금씩 힘을 얻었다. 1970년대 전반과 1980년대 초반에 학생운동권에 거세게 대두했던 투쟁론과 준비론 논쟁에 비할 정도는 아니지만 상당한 갈등 요인으로 떠오르기 시작하였다. 이런 분위기에서 1976년 하반기부터 서울대 관악캠퍼스 내에서 학생운동에 대한 논의 및 의사결정을 위해 '서클연합회'[29]가 본격적으로 가동되기 시작하였다.

(2) 서클연합회의 구성과 운영

서클연합회는 서울대 각 이념서클에서 파견된 대표들로 구성된 모임으로서, 철저하게 조직의 모습을 띠지 않게 구성되고 운영되었다. 공식적으로는 아무런 실체가 없는 것처럼 보이면서도 1970년대 후반 정례화하여 매년 학생운동을 계획하고 집행하는 기능을 한 것은 엄연한 사실이다. 이 모임은 1980년 12월 표면화된 무림사건 때 수사의 표적이 되었지만, 전모는 확실히 드러나지 않았다. 내용은 분명히 있는데 실체는 확인할 수 없는 구조였기 때문이다.

> '무림(霧林)'이라는 말이 서클연합회를 가장 잘 설명하는 표현이다. 대단한 조직인 것 같은데 실체는 안개처럼 잡히지 않는다. 그때 군대에 있다가 서울 서빙고 보안사 분실에 끌려가서 조사를 받았다. 김병곤 선배(71학번, 한사 수장)까지 연결시켜 간첩과 연계된 학생운동으로 엮으려고 했다. 그 실질적인 고리로 나를 잡았는데, 그게 실패한 것이다. TA-312 전화기로 전기고문당하면서 한 달 동안 조사받은 사람은 나뿐이다. 조사받을 때 시위가 초동 단계에서 깨지기 쉬운 데 대한 반

---

[29] 이 명칭은 일부 구성원이 편의상 칭한 것으로서, 공식적인 명칭은 정해진 바 없다. 각 학번별로 구분해 '77언더', '78언더' 등으로 부르기도 하였다.

성으로 서클 연대의 필요성을 느껴, 내가 김창호와 의논해서 77학번 조직을 만들
었을 뿐, 76학번 이상의 조직은 존재하지 않는다고 끝까지 버텼다. 서클연합회는
명칭이나 조직의 강령, 기타 모임에 대한 어떤 자료도 없었고, 남기지도 않았다.
내가 서클연합회 대표로 나간다는 것조차 서클 내부에서는 알지 못했다. 육군 보
안사가 서울대 학생운동의 이런 구조를 잘 몰랐던 것 같다(이원주[30]의 증언).

서클연합회는 학년(학번) 단위로 구성되었다. 뒤에 서클연합회를 지칭
할 때 '74언더'나 '75서클연합회' 식으로 학번 뒤에 '언더'나 '서클연합회' 등
을 붙였다. 서클연합회가 처음 구성된 것은 74학번 때이고, 체계화한 것은
75학번부터로 볼 수 있다. 이념서클 회장단 모임은 그 전에도 있었지만,
일이 있을 때를 대비해 서로 알고나 지내자는 취지였다. 새로 지명된 회장
단에게 전임 회장단이 마련해주는 이런 자리는 이념서클의 오랜 관행이었
다. 서클연합회는 이런 상견례 수준의 모임이 실질적인 의사결정 기구로
발전한 것이라고 할 수 있다(박석운의 증언 2). 서클연합회는 보통 연말에
회장 임기를 마친 3학년이 새로 임기를 시작하는 2학년 모임을 만들어주
는 방식으로 구성되지만, 이를 처음 가동한 74학번의 경우 1학년 때인
1974년 말 학내시위를 경험한 뒤 스스로 이 모임을 가지고서 자체적인 논
의 그룹으로 발전시켰고, 2학년 말이 되어 73학번의 후견 아래 서클연합회
를 구성할 때는 이미 상당한 조직력을 갖추게 되었다(양춘승의 증언 2).
시작 단계에서는 6-8개 이념서클이 참여하였으나, 점차 늘어나 1979년에
이르러서는 10-16개 조직으로 구성원이 늘었다.[31]

2학년 말에 구성된 서클연합회가 전체 학생운동을 계획하고 실행하는
시기는 4학년 때이다. 실행 계획 가운데는 유인물 제작 · 살포나 페인팅

---

[30] 서울대 76학번. 한사 수장. 76학번 서클연합회 지도부.

[31] 76학번 서클연합회 3인 지도부의 일원이었던 이원주는 10개 정도, 김창호는 16개 단체
가 참여한 것으로 기억하였다(긴급조치9호철폐투쟁30주년기념행사추진위원회 편, 2005,
385쪽 ; 김창호의 증언).

등 비교적 안전한 수단도 병행하지만, 가장 위험한 수단인 시위 주동자를 배출하는 것이 이들의 핵심 임무라라고 할 수 있다. 3학년 때는 각 서클 내부의 후배 양성, 서클연합회에서 합의되거나 결정된 사항의 전파 및 훈련, 시위에 인원을 동원하는 역할, 유인물 작업 등을 맡는다. 시위 주동자로 나서는 것은 구속과 제적, 즉 학교생활과 학생운동을 그것으로 마감하는 것을 의미하기 때문에 자기희생적 결단이 필요하였다. 따라서 시위 주동자는 그럴 각오와 단련이 가장 잘되어 있는 서클연합회 구성원 가운데서 주로 배출되었다. 하지만 서클연합회 구성원이 반드시 시위 주동자로 나선다는 원칙이 있었던 것은 아니었다(김수천[32]의 증언). 지속적인 시위 전개와 주동자의 안정적 배출을 위하여 의도적으로 서클연합회 지도부나 구성원을 보존할 때도 있었지만, 예기치 않게 후선으로 남기로 했던 지도부가 직접 주동자로 나서는 경우도 많았다.

수사기관이 '무림'이라고 명명한 데서도 알 수 있듯이 서클연합회는 하나로 집중되어 단선적으로 운영된 것이 아니었다. 75학번의 경우 복수의 서클연합회가 존재하였다는 증언이 있고(이증연[33]의 증언 ; 김동철[34]의 증언 ; 서동만[35]의 증언), 77학번에 이르러서는 '연합언더' 외에 각 '단과 대언더'도 만들어졌다(현무환, 2006, 12쪽). 75학번 서클연합회가 2개 존재하였던 것은 74학번 지도부가 만일의 경우를 대비한 2선 조직으로 비밀리에 가동하였기 때문이다(김창우[36]의 증언). 여기에 가 시위 팀 주동자의 논의 모임이 동시에 이루어졌고, 각 그룹이 서로의 존재를 모르거나 알더라도 더 이상은 '모르는 게 약'이었기 때문에 무림사건 수사에서처럼

[32] 서울대 75학번. 한사 수장. 75학번 서클연합회 지도부. 1978년 6·12시위 주동.
[33] 서울대 75학번, 역철회 수장. 75학번 서클연합회 일원. 1977년 11·18시위미수사건으로 구속.
[34] 서울대 75학번, 후경회 수장. 75학번 서클연합회 일원.
[35] 서울대 75학번, 이경회 수장. 75학번 서클연합회 일원. 1978년 5·8시위 주동.
[36] 서울대 74학번. 한사 수장. 74학번 서클연합회 지도부. 1977년 4·22유인물사건으로 구속.

보이기는 하지만 잡히지는 않는 안개와 같은 조직체계를 갖게 된 것이다.

서클연합회를 대표하는 회장,[37] 즉 지도부도 유동적인 구조였다. 74학번은 1인 지도부에 가까웠고, 중간에 회장이 의도하지 않았던 사건에 연루되어 구속되자, 다른 사람이 중심 역할을 대신하였다. 75학번도 1인 지도부였으나 회장이 시위를 주동하고 구속된 뒤 사전에 내정해두었던 사람이 바통을 이어받았다. 76학번의 경우 3인 지도부로 출발하였지만, 1979년 본격적인 시위를 조직할 때는 1인 지도부로 서클연합회가 운영되었다. 지도부는 명시적인 형태를 띤 것이 아니기 때문에 선출이나 임명 절차가 따로 있을 수 없었고, 서로 간에 형성된 고도의 신뢰와 공감대를 바탕으로 자연스럽게 결정되고 인정되었다. 4학년 지도부는 그해 학생운동의 사령탑 역할 외에 3학년 서클연합회를 지도하는 역할도 하였다. 하지만 의사결정은 자유로운 관계 속에서 이루어졌다. 지도부와 구성원, 구성원과 구성원 사이에 계파의식이나 주종 개념이 작용하지 않았고, 철저하게 수평적 관계에서 일이 꾸며지고 진행되었다(양춘승의 증언 2).

(3) 그 밖의 학생운동 단위들

긴급조치 9호 시기 서울대 학생운동의 기반은 이념서클이고, 그 대표자로 구성된 서클연합회가 주도권을 행사한 것은 분명하다. 하지만 이념서클 외에도 여러 단위와 층위가 학생운동에 직·간접적으로 참여한 정황과 증거도 뚜렷이 보인다. 각 단과대학 교지 편집실, 탈춤반·연극반·고전연구회·대문 등 비이념서클 또는 아직 '학회'로 인정받지 못한 서클, 야학그룹, 교회·사회단체 계통의 청년·대학생부, 조직화하지 않은 학내외 소규모 스터디그룹, 자발적으로 의식화된 개인 또는 부류 등이 학내 또는

---

37) 이 역시 공식적인 명칭이 아니다. 구성원 간의 수평적 협조관계 속에서 자연스럽게 리더십을 가진 중심이 형성되었고, 뒷날 편의상 그 중심을 '회장'이라고 지칭하였다.

학외 사건에 연루되어 구속된 사례가 많기 때문이다. 이들은 서클연합회에 선발되어 그 지휘하에 시위를 주동하는가 하면, 서클연합회와 무관하게, 또는 일정 부분 교감하에 독자적인 활동을 펼치기도 하였다.

이 가운데 특히 주목되는 것은 서클연합회처럼 연합조직의 성격을 띤 교지 편집실 모임이다. 인문대『지양』, 사회대『사회대평론』, 자연대『과학세대』, 법대『피데스』, 사대『청량원』, 가정대『아람』 등 단과대 교지 편집실 모임이 제구실을 못하는 학도호국단을 대신해서 학내 현안 등에 대해 제한적인 목소리를 내기 시작한 것이다. 이를테면 26동사건의 단초가 된 학도호국단 간선제 추진 서명 작업도 이 모임이 주도하였다(신동호, 2007b, 304쪽). 1977년 11·18시위 미수사건은 인문대 편집실 구성원을 중심으로 독자적으로 시위를 계획하다 사전에 발각되어 무산된 것이었다. 1979년에 이르러서는 이들 교지 편집실 구성원들이 서클연합회의 틀 안에서 대거 학생운동에 가담하게 된다.

서클연합회 외의 학생운동 단위도 크게 보면 이념서클에서 파생되거나 이념서클로 수렴되는 특징을 갖고 있다. 구성원 가운데는 이념서클에 소속되거나 교감하고 있는 인자가 많았고, 그렇지 않더라도 독자적으로 공부모임을 구성하여 이념서클의 세미나와 비슷하게 자발적 의식화 과정을 거쳤다. 이념서클의 재생산 구조라든가 행동수칙, 서클연합회의 의사결정 구조, 학생운동 발산 방식 등이 체계화되어 광범위하게 공유되었던 것이다.

3) 발산 구조

학생운동가를 양성하는 목적은 사회의 모순을 파악하고 이를 바로잡기 위하여 행동에 나설 수 있는 힘과 용기를 기르기 위한 것이라고 할 수 있다. 이념서클의 재생산 구조는 학생운동의 지속가능성을 담보하는 것이고, 서클연합회의 의사결정 구조는 제한된 자원을 효율적으로 발산하기 위한 것이다. 발산 방식 가운데 가장 전통적이고 보편적이고 효과가 크다고 인식되어온 것은 시위였다. 하지만 긴급조치 9호 시기 시위는 성공하기가 매우 어려웠고, 일단 시도하면 성공하든 실패하든 주동자는 제적·구속되는 것이 당연시되었다. 개인에게는 정상적인 삶을 포기해야 할 정도의 결단이 필요한 일이었다. 이런 자기희생이 요구되는 시위를 조직하여 성공시키는 것이 서클연합회의 가장 중요한 관심사였다.

서클연합회가 이런 역할을 자임하게 된 것은 긴급조치 9호 체제가 만들어놓은 특별한 상황에 기인한다. 학회를 표방한 이념서클이 내부적으로 축적한 성과를 외부로 발산하는 수단은 일반적으로 발표회·토론회 개최나 회지 발간 등이다. 긴급조치 9호 시기 이념서클은 이런 합법적인 활동을 애초부터 배제하였다. 그것이 불가능할 뿐 아니라 오히려 더 위험하다고 판단했기 때문이었다. 이미 1973년 고려대 한맥의 '민우'지와 한사회의 '야생화'지가 공안·조직 사건으로 비화한 데서도 알 수 있듯이 이념서클의 회지 발간은 멸문지화를 자초하는 일이 될 수 있었다. 학술행사를 통한 외부 발산의 어려움도 1977년 10월 7일 서울대 사회학과가 학과 창설 30주년을 기념하여 개최하려던 학술 심포지엄이 원천봉쇄되고 대규모 구속과 처벌, 임시휴업 사태로 번진 '26동사건'이 잘 말해준다. 서클연합회는 이처럼 합법적인 자기표현이 봉쇄된 상황에서 시위를 통한 발산을 꾀하려는 학내 움직임을 포착하여 거사 날짜와 인원 등을 조정하고 지원하는 역할을 할 필요가 있었다. 서클연합회의 이런 시위 조정자(Coordinator) 역할은 해를 거듭하면서 시위 조직자(Organizer) 역할로 발전하기에 이르렀다.

(1) 시위 주동자 선발

1970년대 학생운동에 몸담은 활동가가 가장 선호한 진로는 노동운동이었다. 이미 1960년대부터 일기 시작한 현장론의 연장선상에서 긴급조치 9호 시기 재생산 구조를 통하여 운동이론이 더욱 체계화·과학화하면서 나타난 현상이었다. 마르크스-레닌주의, 마오이즘, 신좌파 이론 등이 본격적으로 읽혀지면서, 사회 변혁의 주체를 기층민중, 그 가운데서도 노동자에게서 찾아야 한다는 흐름이 강력하게 형성되었다. 아직 노동자의 역량이 부족한 만큼 지식인이 현장에 들어가야 하고, 학생운동은 그 준비를 하는 과정이라는 인식이 주류를 이루었다. 노동자만으로는 사회변혁을 이룰 수 없고 법조계·학계·언론계 등 중간층으로 진출해 전문가 운동을 벌일 필요가 있다는 주장도 있었지만, 소수 의견 차원을 넘지 못하였다.

활동가의 진로와 관련한 최고 논쟁거리는 현장 이전을 위한 중간 단계의 선택이었다. 시위를 주동하고 감옥에 갔다 와서 가느냐, 아니면 정상적으로 졸업해서 깨끗한 신분으로 가느냐였다. 전자를 택한 활동가는 시위 주동자로 선발이 용이한 잠재적 자원이지만, 현장 이전을 준비하는 대부분의 활동가는 후자를 선호하였다.

시위 주동자를 선발하는 작업은 서클연합회의 임무 중에 가장 어려운 일일 수밖에 없었다. 시위를 주동할 역량을 갖춘 활동가가 얼마 안 되는데다 깨끗한 신분으로 현장 이전을 원하는 경우가 대부분이었기 때문이다. 이미 사찰선상에 올라 심하게 감시를 받는 활동가도 배제해야 하였다. 개인적으로 나설 수 없거나 나서기를 원하지 않는 경우도 물론 있었다. 그렇다고 공개적으로 모집할 수도 없고, 어떻게 정보를 듣고 의외의 인물이 자원하더라도 섣불리 받아들일 수 없었다. 보안을 고려해서 정밀하게 검증할 필요가 있었다. 이런저런 사정을 고려하면 시위를 주동할 만한 자원은 손가락으로 꼽을 정도로 적었다. 가장 확실한 주동 자원인 서클연합회 내부의 자원자도 막상 시위를 결행할 시점에 이르러 예기치 않은 사고나 심경 변화 등으로 투입할 수 없는 경우가 생겼다.

주동자 선발은 주로 내부 자원자 가운데서 순번을 정하는 방식으로 이루어졌다. 1979년 들어서는 자원자가 넘쳐났지만 그 이전에는 늘 부족하였다. 그때는 믿을 만한 인자를 대상으로 설득하는 방식을 동원하였고, 그것이 서클연합회 지도부의 역량 가운데 하나였다. 대면해서 제안했을 때 거절을 하는 측이나 당하는 측이나 서로가 곤란해지기 때문에 여러 명을 모아놓고 "자원할 사람은 언제 어디로 나오라"고 공지하는 방식이 사용되기도 하였다.

(2) 학생운동 전략과 전술

성공할 가능성이 거의 없고 성공하더라도 학교 밖으로 확산되지 못할 뿐더러 막대한 희생을 치를 시위를 감행하는 것은 무모하기 짝이 없는 일이었다. 설사 시위가 크게 번진다고 하더라도 그것만으로는 유신체제를 무너뜨릴 수 없다는 것은 서클연합회 구성원도 갖고 있는 공통적인 정세 인식이었다. 그럼에도 불구하고 1976년 하반기부터 서클연합회가 시위투쟁을 결정한 것은 재생산 구조가 어느 정도 구축되었고, 학생운동 고유의 사명을 외면할 수 없으며, 오랜 침묵으로 깊어가는 패배감을 극복할 필요가 있다고 판단해서였다. "내일 수십만 톤의 산소보다 지금 몇 그램의 산소가 더 중요하다"는 게 투쟁론자들의 생각이었고, 지도부도 거기에 동의하기에 이르렀다(양춘승의 증언 2).

시위투쟁의 목표는 유신체제를 무너뜨린다기보다 거기에 파열구를 내어서 권력 내부의 분열을 유도하는 것이었다. 계란으로 바위를 깨뜨리려는 게 아니라, 최대한 얼룩을 만들고 약점을 파고들어 정확하게 타격함으로써 내부적인 붕괴를 촉발시킨다는 게 서클연합회 핵심부의 전략이었다.

여러 나라 혁명사와 대중운동의 패턴을 연구했다. 데모로 체제를 전복시킬 수 없다는 것은 우리도 알고 있었다. 시민 저항이 아무리 광범위하게 이루어진다 하더라도 통치체제 내부가 강력히 통합돼 있다면 그것을 무너뜨릴 수 없다. 데모는 그것을 무너뜨리자는 게 아니라 약화시키자는 것이다. 우리가 의도한 것은 통치체제 내부의 분열이었다. 국제적 환경도 중시했다. 우리가 미국에 우호적인 것은 아니었지만 한국의 저항운동이 미국 양심세력에게 힘을 실어주고 대한(對韓) 압박의 명분이 될 수 있다고 보았기 때문이다. 이런 요소들이 결부되어 한국 통치체제의 약화·균열을 가속화하는 결과로 나타날 수 있다고 생각했던 것이다. 몇 차례 시위·사건을 겪으면서 중앙정보부 내부의 이반 기류와 수사관들의 심적 동요 등이 이미 감지되기 시작했다(김수천의 증언).

1975년 5·22시위 이후 긴급조치 9호 체제에 첫 파열구를 낸 1976년 12·8 시위는 그런 전략과 새로운 전술이 결합되어 원래 의도한 효과를 성공적으로 거둔 시위였다. 5·22시위가 정규전이라면 12·8시위는 유격전이었다. 고학년(4학년)이 주동자로 나서서 최소 3명의 인원으로 시위를 준비·결행하고 모든 책임을 지는 이 방식은 그동안 무력감에 빠져 있던 학생운동권에 강한 자극을 주었고, 그 후 시위의 전범이 되었다. 이 전술은 이듬해 서울대 3·28시위와 4·12시위에도 나타났으며, 다른 대학에서도 잇달아 시도되었다. 이들의 자기희생적 행동은 동료·후배에게 부채 또는 의무감으로 작용하였고, 결단을 돕는 계기를 제공하였다. '26동사건'으로 불리는 1977년 10월 7일 사회학과 심포지엄사건은 이런 시위투쟁으로 조성된 학생대중의 정서적 호응을 확인하는 계기가 되었다.

이런 상황은 '5분 시위'의 한계를 극복하는 새로운 전술을 낳았다. '26동사건'으로 고양된 분위기를 이어갈 의무감이 서클연합회 지도부에 지워졌고, 불만 붙이면 대규모 시위도 가능하다는 자신감도 일었다. 문제는 시위를 할 시간과 공간이었다. 이를 위해서는 학내에 상주하는 기관원과 형사의 주의를 다른 데로 돌리기 위한 전술과 주동자가 시위를 안전하게 지휘할 수 있는 공간 확보가 필수적이었다. 1977년 11·11시위 팀은 주동자를 3개 조로 나누어 한 조는 학생회관에서 초동 시위에 들어가 기관원들을 그쪽으로 유인하고, 다른 한 조는 5동 앞에서 학생을 모아 도서관 4층 열람실로 이끌며, 나머지 조는 열람실에서 창밖의 아크로폴리스 광장의 군중을 향하여 시위를 지휘할 준비를 한다는 작전을 세웠다. 말하자면 유격전술에 성동격서의 '사석작전'을 가미한 진지전이었다.

1978년 들어서는 시위 전술은 한층 다양하고 정교해졌다. 5·8시위에 이은 6·12시위는 분·초 단위의 시간차 시위에 들어가 군중을 아크로폴리스 광장으로 일시에 모으고, 1동 난간에서 시위대를 지휘하는 전술이 크게 성공을 거두었다. 주동자 5명 가운데 1명을 제외하고 전원 도피에 성공하여 '시위 주동=구속'이라는 등식이 깨졌으며, '6월 26일 오후 6시 서울 세종로 네거리 시위'를 예고하여 주동자 없이 긴급조치 9호 발동 이후 첫 도심 시위가 이루어지기도 하였다. 당시 해외 언론[38]도 새로운 시위 전술로 주목한 '도심 예고시위'는 뒷날 1987년 6월항쟁 때 크게 성공을 거두었다.

서클연합회는 예측하기 어려운 외부 상황과 수많은 변수가 발생하는 내부적 조건에도 불구하고, 1977년부터 매년 계획했던 3-4차례 정도의 시위를 성사시킨다. 1977년 1학기에 2회, 2학기에 1회 시위 계획을 완수하였고, 1978년에도 10·17대학연합시위 실패와 더불어 많은 구속자가 발생함에도 불구하고, 1학기 2회, 2학기 2회 시위를 성공적으로 이끌었다. 1979년

---

[38] 일본 『아사히신문』은 1978년 6월 27일자 국제면 「한국, 예고대로 반정부집회」라는 제목의 기사에서 "이 예고—도심전술은 이후 반복될 가능성을 지닌 새로운 수법으로 불릴 수 있다"고 보도했다.

에는 2학기에 시위를 집중하는 전략을 구사해 9·11시위와 9·20시위가 대규모로 전개되었고, 이어서 9·21시위는 이례적으로 주동자가 없는 가운데서 자발적으로 이루어졌다.

긴급조치 9호 시기에는 시위 주동자로 나서지 않더라도 많은 이념서클 구성원과 일반 학생이 적잖은 희생을 치렀다. 시위에 동원되었다가 구속이나 징계를 당한다든가 단순

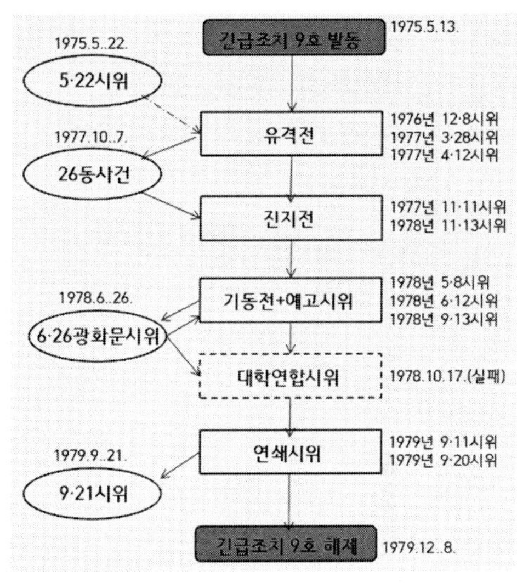

가담자가 시위 현장에서 연행되어 구속된 사례도 부지기수였다. 유인물 작업을 한 것이 뒤늦게 발각되어 투옥되는 경우도 있었다. 시위 인원 동원이나 시위 주동자 경호 등은 주로 저학년 활동가가 맡았고, 유인물 작업은 시위 주동자로 나서지 않을 고학년 활동가나 징계 중인 저학년 활동가의 몫이었다.

학생운동 공간이 협소하기 이를 데 없었던 긴급조치 9호 시기에는 법정과 감옥도 운동의 무대로 활용되었다. 이념서클에서는 시위 주동자 재판 방청에 학생들을 조직적으로 동원하였다. 시위 주동자들은 공판 과정에서 유신체제와 긴급조치의 부당성에 대해 치열하게 정당성 논쟁을 벌였다. 학교나 사회에서 공개적으로 할 수 없었던 주장을 법정에서 합법적으로 하게 됨으로써, 그 자체가 운동이자 후배 교육이었다. "우리는 데모를 학교에서 한 게 아니라 법정에서 했다"고 할 정도였다(김천우의 증언). 옥중에서도 1977년 12월 9일[39] 세계인권의 날을 기하여 긴급조치 9호 위

반자들이 벌인 집단 샤우팅과 단식투쟁 등 소내투쟁이 전국 교도소로 확산되었다. 이들의 법정투쟁과 소내투쟁 등은 방청객과 재소자들을 의식화시키는 데도 큰 기여를 하였다.

4. 고민하고 결단하고 희생한 세대

학생운동사에서 '긴급조치 9호 세대'는 매우 고유한 특징을 갖는다. 소준섭은 긴급조치 9호 세대를 "긴급조치 9호 이전 및 이후의 시기와는 상대적으로 단절되어, 순수하게 긴급조치 9호가 작동하고 있던 시기라는 일정한 시대 상황하에서 긴급조치 9호 철폐 및 민주화투쟁을 집단적으로 실천한 세대"로 개념화하고, '집단적 헌신성'을 중요한 특징의 하나로 꼽았다(소준섭, 2005, 9쪽). 사회적 모순과 개인의 욕망, 높은 압제의 벽 앞에서 절망과 번민에 빠져서 스스로 공부하고 자각했으며, 열악한 활동 공간에서 과거와 단절하고 미래로 나아갈 겨를 없이 고독하게 싸우다가, 감당하기 어려운 결단을 내리고 이름 없이 무대에서 퇴장함으로써, 운동의 굳건한 진지를 구축한 세대라는 점에서 적확한 지적이며 다른 세대와 뚜렷이 대비되는 점이라고 할 수 있다. '고뇌의 세대'·'전환시대의 논리 세대'·'고독한 세대'·'결단의 세대'·'무명세대'·'밀알의 세대' 등 긴급조치 9호 세대를 지칭하는 수많은 표현이 그 한마디로 귀결된다고 할 만하다.

투옥이 예정된 시위 주동을 결단하는 과정은 하나하나가 개인적으로는 대사건일 수밖에 없었다. 특히 가족에게는 청천벽력과 같은 것이었고, 도저히 이해할 수 없는 행동이었다. 그들의 개인사가 하나같이 감옥에 가서

---

39) 세계 인권의 날은 12월 10일이나, 당시 교도소 달력에 12월 9일로 표시되어 있어서 재소자들이 이날 샤우팅에 들어갔다(박석운의 증언 2).

는 안 되는 가슴 아픈 사연을 품고 있다는 것은 면담 과정에서 보편적으로 발견할 수 있는 특징이기도 하다. 충동이나 강압, 집단심리와는 거리가 먼 사회적 결단이 이루어질 수 있었던 요인은 개인에 따라 차이가 있겠지만 몇 가지 공통분모를 찾을 수 있다. 앞에서 언급했듯이 사상 유례 없는 폭력적 학원통제로 인해 한층 강화된 학생운동 역량, 유신체제와 긴급조치 9호로 상징되는 폭압체제가 역설적으로 대학에 지운 전통적 장소성[40]에 대한 부담, 베이비부머로서의 긴급조치 9호 세대가 갖는 인구사회학적 배경 등을 꼽을 수 있다.

먼저 극단적 학원통제는 학생운동의 구조적 변화를 촉발하였고, 긴급조치 9호 세대는 이를 성공적으로 체계화·안정화시켰다. 전통적 학생운동이 갖는 낭만적·즉흥적·비조직적 요소를 배제하기 위하여 선배 세대와 인적 단절마저 불사하면서 이룬 성과였다. 살아남기 위해서는 스스로 고립화하는 길을 택할 수밖에 없었던 것이다. 또 사회적 모순과 폭압체제에 대항하기 위해서는 확고한 신념과 이론 무장이 필요하였고, 그것은 운동의 과학화에 본격적으로 눈을 뜨게 만들었다. 냉전논리와 체제교육으로 다져진 기존 세계관의 파괴, 사회주의 사상과 혁명 이론에의 접근, 종속이론·네오마르크시즘·해방신학·민중교육 등 새로운 조류의 수용 등이 그것이다. 이념서클에서 음성적으로 체계화된 이런 학습 프로그램은 학내는 물론 학외 스터디그룹에서도 채택되어 일반화되었다. 한국 민주화운동의 이론적 근간인 민주·민중·민족 개념은 이 시기에 정립된 것이다(정태헌, 2005, 179쪽). 또한 사회 각 부문운동으로 이전하여 학생운동 과정에서 다져진 개혁·변혁의 이상을 집단적·조직적·이념적으로

---

40) 장소성(placeness) 또는 장소정신(sprit of place)은 지리학적 개념인 공간(space)에 특정 활동이 지속적으로 장기간 발생했을 때 나타나는 개념으로서, 여기서 대학의 전통적 장소성이란 민주화운동의 진원지로서 고유하고 특별하고 자랑스러운 전통을 갖고 있다는 뜻이다.

실천하기 시작한 것도 바로 이 세대였다(정태헌, 2005, 176쪽).

이창언이 지적했듯이, 대학이 갖는 장소성은 1960년대 이래 학생운동이 민주화운동의 주요 축으로 역할을 수행할 수 있었던 중요한 동인 가운데 하나였다(이창언, 2012, 88쪽). 특히 체제 비판과 민주화 요구가 원천적으로 차단된 긴급조치 9호 시기에는 정치권이나 기성세대도 몸을 사렸고, 실제로 거의 침묵하는 상황이었다. 때문에 당시 학생운동권은 그 임무를 자신들이 맡을 수밖에 없다고 생각하였다. 긴급조치 9호 세대는 이 점에서 무거운 책임감을 느꼈고, 그것이 자기희생적인 결단을 집단적으로 내리게 되는 요인의 하나로 작용하였다고 할 수 있다.

하지만 사회적 모순과 폭압체제, 학원통제만으로 이들이 집단적 헌신성을 발휘한 배경의 전부라고 하기에는 부족한 점이 있다. 구조적 요인에 저항하기 위하여 희생을 결단하는 일에는 사회적 신념과 용기를 뛰어넘어 개인적으로도 강한 책임의식과 세대적 일체감이 필요하다. 양춘승은 이를 인구사회학적 배경으로 설명하였다. 긴급조치 9호 세대를 구성하는 연령층은 1954년생(73학번)에서 1960년생(79학번)까지로서, 이는 6·25전쟁 직후의 1차 베이비부머(1955-1963년생)와 거의 일치한다. 이들은 농어민 인구가 전체의 약 70%를 차지하던 시절에 주로 농촌의 가난한 환경에서 3-7명의 형제자매 사이에서 태어났다. 이들이 대학에 들어갈 즈음에는 대략 농어민 40%, 노동자 30%로 인구구성이 크게 바뀌었다. 고교 졸업생의 대학 진학률도 20% 안팎에 머물러 집안에서 누군가 한 명이 대학에 진학하면 다른 형제자매는 학업 기회를 포기하고 가족 부양 의무를 져야 하는 경우가 흔하였다. 대학생은 치열한 경쟁을 뚫은 선민 집단이자 입신출세하여 집안을 일으켜 세울 기대 집단이었다. 강한 엘리트 의식과 책임감은 모순적이고 억압적인 현실에 대한 분노와 저항감을 증폭시키는 요인으로 작용하였고, 개인의 입신을 초월하는 자기희생적 사회적 결단을 가능하게 만들었다. 또한 이들이 노동자·농민 등의 하층계급 형제자매로 구성된 가족의 일원이기도 하였던 점은 학생운동이 야학이나 농촌활동·공장활동 등 민중운동과도 쉽게 연결될 수 있었던 정서적 토대가 될 수 있었다(양춘승, 2012, 1-2쪽 ; 양춘승의 증언 2).

긴급조치 9호 세대를 흔히 '아침이슬 세대'로 부르는 것은 당시 대학가에 조성되고 발달한 독특한 문화적 흐름을 반영한 것이다. 오제연은 통기타·청바지·생맥주로 대표되는 '청년문화'와 탈춤·가면극·마당극으로 대표되는 '민속'을 1970년대 대학문화를 지탱한 두 개의 기둥으로 보고, 거기에서 드러나는 지배와 저항의 관계를 분석하였다(오제연, 2012, 77-108쪽). 1960년대 후반부터 본격화되는 소비문화에 영향을 받은 청년문화와 박정희 정권이 민족주체성 차원에서 진흥책을 폈던 민족문화가 대학가에서 저항문화와 민중문화로 자리 매김할 수 있었던 것도 그것이 학생운동과 밀접하게 결합해 있었기 때문이다.

5. 맺음말

학생운동사에서 1970년대, 특히 긴급조치 9호 시기는 공백기 또는 1980년대의 전사(前史) 정도로 치부되었다.[41] 이 연구를 동해 그것이 잘못된 인식이라는 걸 알 수 있다. 운동 자체가 철저히 지하화해서 겉으론 없는 것처럼

---

[41] 최장집은 한국 학생운동에 있었던 중요한 파고에 대해 "1964년 한일국교정상화반대운동, 1968-1969년의 3선개헌반대투쟁, 1973-1974년의 반유신체제운동, 그리고 1980년 '서울의 봄'과 뒤이은 광주민주항쟁…"이라고 언급, 긴급조치 9호 시기를 건너뛰었다(최장집, 2012, 119쪽). 임춘식은 1970년대 학생운동의 전개 과정을 시기별로 ① 제3공화국 말기의 학생운동(1969. 2-1972. 10) ② 유신 초기의 학생운동(1972. 11-1974. 3) ③ 긴급조치 4호 이후의 학생운동(1975. 5-1977. 4) ④ 긴급조치 9호 이후의 학생운동(1975. 5-1977. 4) ⑤ 유신 말기의 학생운동(1977. 5-1979. 12)으로 구분하여, 긴급조치 9호 시기를 둘로 세분하였다(임춘식, 2005, 38-48쪽).

보였을 뿐 땅 밑에서는 그 어느 때보다 치열하게 전개되었던 때가 긴급조치 9호 시기인 것이다. 긴급조치 9호를 위반한 내용을 전파하는 것은 물론 그 내용의 표현물을 소지하는 것도 금지되었기 때문에 학생운동이 알려지지도 기록되지도 않았던 점도 이 시기 학생운동사가 공백처럼 보인 이유이다. 그럼에도 불구하고 얼마 전하지 않는 기록과 뒷날 발굴된 자료, 학술 연구, 관련자 구술 등을 통해 이 시기 학생운동의 현황과 메커니즘을 복원해 본 결과는 놀랍기까지 하다.

무엇보다 의미 있는 것은 학생운동이 가질 수밖에 없는 치명적인 한계인 단절성과 분절성을 극복한 점이다. 학생운동은 지도부의 수명이 1년을 넘지 못한다. 활동가의 영향력도 길어야 재학 기간인 4년에 불과하다. 중심세력이 매년 완전히 바뀌고 끊임없이 세대교체가 일어나는 구조에서 지속적인 투쟁은 불가능하다. 이슈 중심으로 1회성 운동이 폭발했다가도 일거에 소멸하는 속성을 지닐 수밖에 없고, 실제로 학생운동사는 그런 과정의 반복이었다. 하지만 긴급조치 9호는 전통적 학생운동이 원천적으로 작동할 수 없게 강제함으로써 오히려 연속적이고 지속가능한 형태로 새롭게 학생운동을 구조화하는 결과를 낳았다. 학생운동이 이념서클 중심으로 집중되고 활동이 지하화하면서 조직적·체계적으로 변모하였다. 그럼으로써 오히려 그동안 극복할 수 없었던 단절성·분절성을 뛰어넘어 연속성·지속가능성을 확보할 수 있게 되었다. 학생운동이 단절과 분절을 극복하고 6월항쟁 국면 등으로 이어질 수 있었던 기초체력이 이 시기에 길러졌다고 할 수 있는 것이다.

시위투쟁으로는 뒤엎거나 흔들 수 없도록 공고해진 폭압체제는 학생운동의 목표를 중장기 투쟁으로 방향을 전환하게끔 만들었다. 민주화는 학생 시위로만 이룰 수 있는 게 아니라는 인식이 확산되면서 많은 활동가가 노동운동 등 민중운동으로 진출할 꿈을 꾸었고, 이념서클을 비롯한 학생운동 조직의 교육·훈련 등 인력 양성 프로그램도 그에 대한 준비의 성격을 지니게 되었다. 1980년대 들어서 일어난 '한국판 브나로드 운동'(공장이전투쟁)의 기반이 긴급조치 9호 시기에 구축된 셈이다.[42] 실제로 긴급조치 9호 세대는 1986년 6월항쟁과 7·8월노동자대투쟁, 그리고 이 시기에 일어난 사회 각 부문운동의 중간 허리에 해당하는 활동가로 대거 참여하였고, 상당수는 지금도 활동을 이어가고 있다.

긴급조치 9호 시기 학생운동의 또 하나 성과는 유신반대투쟁 자체에 있어서도 올바른 방향을 제시하고 스스로 실천한 부분이다. 긴급조치 9호 기간 학생운동권은 스스로의 표현처럼 '한 줌'도 안 되는 세력이었다. 그 한 줌도 안 되는 인자 가운데서도 시위투쟁에 나설 활동가는 각 학교마다 손가락에 꼽을 정도로 소수에 불과하였다. 이런 악조건 속에서 학생운동은 반독재투쟁이라는 고유의 사명을 저버리지 않고 소수 정예의 유격전 방식으로 유신체제의 연약한 부위를 타격하는 전략·전술을 지속적으로 구사하고 발전시켰다. 이런 전술과 자기희생적 저항은 학생운동권 내부는 물론 학생대중에게 강한 자극을 주었고, 유사한 방식의 학내 시위가 전국으로 확산되었다. 도서관 점거 시위, 건물 난간 시위, 밧줄 시위, 분·초 단위의 시간차 시위, 예고 시위 등 온갖 변화무쌍한 시위 전술이 시도된 것도 이 시기였다. 시위 주동 이외에도 인원 동원, 주동자 보호, 유인물 살포, 페인팅 등 다양한 활동도 병행되었지만, 점조직 형태로 정교하게 운영되어 대부분이 노출되지 않고 보호되었던 것도 이 시기에 체계화한 방식이다. 결국 학생 시위가 원천적으로 불가능한 법·제도, 거미줄처럼 쳐놓은 사찰망, 초동 단계에서 좌절시킬 수 있는 진압 시스템 등 학원을 에워싼 3중의 두꺼운 벽을 뚫고 시위가 이어졌다. 1976년 12·8시위로 파

---

[42] 조희연은 사회운동사적으로 유신시대는 사회운동의 방어적 진출기이며, 동시에 1980년대적인 변혁적 사회운동의 기반 조성기라고 보았다(조희연, 1995, 107쪽).

열구가 난 긴급조치 9호 체제는 1977년 들어 대학가에서는 금이 가기 시작하였고, 1978년에 이르러서는 6·26광화문연합시위로 크게 훼손되었다. 1979년 들어서는 사실상 무력화되어 대학가 시위 격화, 부마항쟁, 10·26사태로 이어지면서 유신체제의 붕괴로 귀결되었다.

계란으로 바위를 깨뜨리고 하나의 불씨로 광야를 태운 것에 비유되는 긴급조치 9호 시기 학생운동의 독특한 동력은 세대적 특징, 즉 집단적 헌신성을 언급하지 않고는 설명이 불가능할 것이다. 이들은 이념서클이나 소규모 스터디그룹에서 남모르게 공부하였다. 혼자서 자각하고 오로지 그에 근거해서 혼자 결단할 수밖에 없었다. 시위를 감행할 때도 가족은 물론 가까운 친구도 모르게 해야 했다. 감옥살이가 언제 끝날지, 학교로 언제 돌아올 수 있을지 전혀 알 수 없는 길을 고독하게 선택하는 결단을 집단적으로 내린 특이한 세대인 것이다. 이 외롭고 잊힌 세대에게서는 그 뒤에도 정치권 진출이나 화려한 입신의 길보다 사회 저변에서 개혁과 변혁의 이상을 묵묵히 실천하는 삶을 지속하는 모습을 공통적으로 발견할 수 있다. 왜 학생운동이 중요하고 진지한 연구의 대상이 되어야 하는지, 특히 긴급조치 9호 시기 학생운동이 역사적으로 어떤 자리 매김을 해야 하는지를 학생 시절 그들이 지향했던 사회와 그 이후의 현실이 말해주고 있다.

3장

1980년대 상반기 학생운동 체계의 변화와 학생운동 문화의 확산*

허 은

1. 머리말

주지하다시피 1980년대 학생운동은 한국사회가 '6월항쟁'을 통해 유신체제를 종식시키고 '87년체제'로 전환하는 데 지대한 기여를 했다. 5·17쿠데타 이후 전두환 정권의 폭력적인 억압에도 불구하고 학생운동은 전국적 단위의 학생회와 투쟁조직을 건설하는 한편, 사회변혁운동과 정당정치에 커다란 영향을 미칠 정도로 급성장했다. 1980년대는 한국근현대사에서 학생운동이 그 어느 때보다도 전성기를 이루었던 시대라 할 수 있다.

1980년대 학생운동은 민주화와 사회운동을 이끈 추동력이었기에 일찍부터 조명을 받아왔다. 변혁노선을 둘러싼 논쟁 중심의 학생운동 정리는 이미 1980년대 후반부터 학생운동권 내부에서 시작되었고 이후에도 관련 연구들이 꾸준하게 제출되어 더 이상 논구가 필요 없을 정도이다.[1] 또한

---

* 이 글은 『사총』 제80호에 게재되었던 동일 제목의 논문을 교정·보완한 글임을 밝힌다.

2000년대 이후에는 변혁노선 분석에 치중된 연구 경향에서 벗어나 학생운동의 문화와 주체들의 정체성을 다룬 다수의 성과들도 제출되었다.[2] 기존의 연구성과로 1980년대 학생운동의 노선과 운동 주체들의 지향을 깊이 있게 파악할 수 있게 되었음에도 불구하고 1980년대 학생운동의 총체적 규명을 위해서는 극복해야 할 과제와 채워져야 할 공백들이 여전히 많이 남아 있다.[3]

1980년대 학생운동은 급변하는 상황과 우연적 요인들이 결합하며 전개되었고, 사후적으로 이론과 노선이 정리되는 경향이 강했다. 더구나 정국이 신군부에 의해 주도되고 전국적 단위의 학생운동 조직이 결성되지 않은 1980년대 초반 상황에서 특정 대학의 노선 논쟁을 중심으로 정리된 학생운동사는 학생운동의 실상과 괴리될 가능성이 크다. 논쟁 중심의 학생운동사 정리는 당시 학생운동권 핵심세력이 가졌던 이론적 고민 수준이나 사상적 지향을 보여 줄 수 있으나, 전체 학생운동 체계의 구축과 확산을 가능케 했던 다양한 변수들과 참여한 주체들의 고민을 드러내는 데에는 한계가 있다. 문화적 연구들은 논쟁사적 연구들보다 주체들의 경험과

---

[1] 편집부 편, 1988, 『학생운동논쟁사』, 일송정 ; 강신철 외, 1988, 『80년대 학생운동사』, 형성사 ; 조희연, 1988, 「80년대 학생운동과 학생운동론의 전개」, 『사회비평』 창간호 ; 김민호, 1988, 「80년대 학생운동의 전개과정」, 『역사비평』 3호 ; 강형민, 1990, 「1980년대 조직운동의 전개과정에 대한 연구」, 『경제와 사회』 제6권 ; 전명혁, 2007, 「1980년대 비합법 정치조직」, 『한국 정치와 비제도적 운동정치』(정해구 외), 도서출판 한울 등.

[2] 조대엽, 2002, 「386세대의 문화와 세대경험」, 『한국의 문화변동과 가치관』(임희섭 외), 나남 ; 김민환, 2003, 「누가, 무엇을, 어떻게 기억할 것인가」, 『저항, 연대, 기억의 정치』 2(김진균 편), 문화과학사, ; 정호기, 「민주화운동의 기억투쟁과 기념」, 같은 책 ; 정근식, 「5월운동과 혁명적 축제」, 같은 책 ; 고동현, 2007, 「저항의 기억과 의례, 정체성 형성 : 1980년대 학생운동 연구」, 『상징에서 동원으로─1980년대 민주화운동의 문화적 동학』(정철희 외), 이학사 ; 김원, 2011, 『잊혀진 것들에 대한 기억 : 1980년대 대학의 하위문화와 대중정치』, 이매진 등.

[3] 최근까지 진행된 학생운동의 연구 동향과 문제점에 대해서는 이창언의 다음 글을 참조. 이창언, 2005, 「학생운동의 연구 경향과 과제에 관한 연구─연구방법론을 중심으로」, 『역사연구』 제15권.

지향을 드러내는 데에선 성공하고 있으나, 1980년대 학생운동이 처했던 조건과 운동 체계의 변화 속에서 학생운동 문화의 확산 방식을 고찰하고 그 특성을 규명하는 데에는 미흡하다.

그런데 이상 선행 연구들이 지닌 한계는 연구방법에서 기인한 바도 크지만 한정된 자료의 활용에 제약 받은 측면도 적지 않다. 따라서 이미 여러 연구자들이 지적했듯이 1980년대 학생운동사 연구의 진전을 위해서는 무엇보다도 일차자료의 발굴과 이에 의거한 실증적 연구들의 축적이 필요하다. 그러할 때 우리는 논쟁이나 개인의 경험을 과잉 해석하는 오류를 극복하며, 1980년대 학생운동의 성격과 의의를 규명할 수 있는 발판을 확보할 수 있을 것이다. 이 글의 일차적인 목적도 최근까지 축적된 구술 자료의 적극적인 활용과[4] 문헌 자료 및 구술 자료의 추가 발굴을 통해 학생운동의 전체상 규명에 일조하는 데 있다.[5]

이 글에서 다루는 1980년대 상반기는 학생운동이 '언더서클'이라 칭해 진 비합법 조직에 기반을 두어 전개된 기간을 의미한다. 구체적으로 말하면 이는 학생운동이 신군부의 탄압으로 다시 긴급조치 9호 시기와 유사한 비합법 운동 체계를 구축할 수밖에 없었던 1980년 5·17쿠데타 직후부터 학생운동권 내에서 언더서클 운동 체계가 부정된 1986년 중반 시점까지이다.

언더서클에 기반을 둔 학생운동이 전개되었던 시기는 앞서 언급했듯이

---

[4] 80년대 전반기 학생운동 기념문집 출간위원회 편, 2006,『5월광주를 넘어 6월항쟁까지』, 자인 ; 고려대학교 민주동우회 엮음, 2009,『고대학생운동 Ⅱ─긴급조치 9호~81년 반전두환군사정권 투쟁』, 민동출판사 ; 농촌법학회 50년사 발간위원회·민주화운동기념사업회 편, 2012,『고난의 꽃봉우리가 되다─서울대학교 농촌법학회 50년사』, 서울대학교 농촌법학회 ; 고려대학교 청우회 편, 2012,『고려대학교 청우회 40년 발자취』, 고려대 청우회 등.

[5] 1980년대 학생운동과 관련하여 귀중한 구술을 해 주신 분들께 진심으로 감사드린다. 구술자들의 이름은 드러내지 않았다. 구술자들의 출신 대학과 학번 그리고 구술일시는 다음과 같다. 구술자 A─서울대 82학번, 2013년 3월 27일 구술. 구술자 B─고려대 83학번, 2013년 3월 7일 구술. 구술자 C─강원대 79학번, 2013년 4월 17일 구술. 구술자 D─성균관대 80학번, 2013년 5월 1일 구술. 이외에도 여러분들로부터 도움을 받았다. 감사드린다.

한국사회가 '유신체제'에서 '87년체제'로 이행하는 과도기였다. 학생운동의 측면에서 보자면 이 시기는 유신체제하 학생운동 방식이 새로운 조건에 대응하며 80년대식 학생운동 방식을 만들어 갔던 시기였다. 동시에 '6월항쟁'을 가능케 했던 인적, 문화적 기반들을 만들어간 시기였다. 또한 1980년대 상반기는 사회 부문운동과 변혁운동 세력이 미약한 상황에서 학생운동이 민족·민주운동을 이끌었던 시기로부터 사회운동과 비합법 변혁운동 조직에 규정되는 시기로 넘어가는 과도기였다.

1980년대 상반기 학생운동의 과도기적인 면을 주목하며 학생운동사 연구의 출발점이라 할 수 있는 학생운동 체계와 그 변화상을 치밀하게 규명한 연구는 의외로 많지 않다. 1980년대 상반기 학생운동의 체계와 확대 과정을 심도 있게 다룬 성과는 은수미의 연구가 거의 유일하다시피한 상황이다. 은수미는 '소규모 의식화 조직'이 학생운동 및 사회운동에 미친 영향이 매우 크다는 점에 주목하며 서울대의 학생운동을 사례로 삼아 운동 체계의 역사적 발생, 변화, 소멸의 과정을 추적하고 있다(은수미, 2003). 이 글은 은수미의 연구성과를 적극 수용하면서도 다음과 같은 지점들에서 관점을 달리한다.

첫째, 1980년대 상반기 학생운동이 처했던 조건 속에서 운동시스템을 파악하고자 한다. 80년대 '언더서클'은 신군부의 학생운동 탄압과 대학 통제에 대응하기 위해 '어쩔 수 없이' 지속된 유신체제하 운동 방식이다. 따라서 언더서클 중심의 운동 방식을 이해하기 위해서는 역사적 전사(前史)보다 1980년대 상반기 학생운동에 커다란 영향을 끼친 폭력적이며 억압적인 대학통제를 분명하게 드러낼 필요가 있다.

둘째, 이 글에서는 1980년대 상반기 운동 체계가 1970년대 후반 학생운동 체계를 계승했다는 점을 주목하지만 양자를 질적으로 구분한다. 1980년대 언더서클은 규모면에서 급격히 팽창하여 더 이상 소규모 서클로 볼 수 없고, 재생산과 동원 체계가 분리되어 갔다는 점에서 1970년대 이념서클과 차이가 있다. 또한 1970년대 비합법 이념서클과 달리 1980년대 언더서클에 소속된 구성원들은 반독재 민주화와 사회변혁을 위한 '언더' 조직에 결합하고 이후 활동 속에서 소속 서클을 알게 되는 경우가 많았다.[6] 이와 더불어 1980년대 상반기 학생운동은 비합법, 비공식 대학 간 연대기구를 지속적으로 운영했다는 점에서 1970년대 운동 체계 및 방식과 다른 면모를 보였다. 언더서클에 기반을 둔 대학 간 연대는 서울 주요 대학, 서울지역 내 대학 그리고 서울과 지방의 대학 간의 연대로 확장되었고, 이를 기반으로 삼아 전국적 단위의 공개 조직들이 만들어 질 수 있었다. 따라서 개별 대학의 언더조직 체계에 대한 분석만으로는 1980년대 상반기 학생운동 체계와 운동의 확대 양상을 드러낼 수 없다.

셋째, 1980년대 상반기 학생운동 문화의 확산 방식을 구체적으로 규명해 보고자 한다. 1980년대 상반기 학생운동 문화는 급격한 양적 팽창만큼이나 역동적으로 확산되었다. 이 시기 형성된 학생운동 문화는 일반 학생과 구별되는 혁명적 전위를 지향하는 일군의 학생들이 공유한 문화를 의미하기도 하고, 또한 일반 학생들과 공유한 반독재 민주화를 추구하는 '저항문화'를 의미하기도 했다. 전자가 '차이와 구별'을 추구한다면 후자는 '공유와 연대'를 추구했다고 하겠다. 이러한 학생운동 문화의 확산 즉, 가치와 저항운동 방식의 공유 과정에 대한 고찰을 통해 6월항쟁이란 전국

---

6) 이러한 점들을 고려할 때 1980년대 상반기 비합법 학생운동 조직을 70년대 용어인 '이념서클'로 호칭하는 것은 적절하지 않다고 본다. 또한 '이념서클'이란 명칭은 당시 반공서클을 지칭하는 용어로도 쓰였기 때문에 적절하지 않다. '이념서클' 이외에도 '지하서클', '문제서클', '언더서클', '패밀리' 등 다양한 명칭들이 사용되었다. 1980년대 초 언론이 특히 많이 사용한 용어가 '지하서클'이란 용어인데, '언더서클'의 직역으로 보이는 이 호칭은 학생운동에 음모적이라는 이미지를 덧붙이기 위해 의도적으로 사용된 측면이 강하다. 이 용어는 민주화운동을 위해 어쩔 수 없이 취해진 저항 방식이란 측면을 가리기 때문에 적절한 용어라 할 수 없다. 이상의 점들을 고려하여 이 글에서는 저항성, 비합법, 비공개 조직이라는 의미를 동시에 담은 용어로서 '언더서클'을 사용하도록 하겠다.

적 항쟁을 가능하게 한 운동적, 문화적 기반을 학생운동 차원에서 파악하는 데 일조할 수 있을 것으로 본다.

2. 교육정책의 전환과 억압적 학원통제의 지속

1) 졸업정원제 실시와 학생운동의 여건

1981년 도입된 졸업정원제는 1980년대 초 대학의 교육여건과 분위기를 크게 바꾸어 놓았다. 입학정원제에서 졸업정원제로의 급격한 정책 전환은 입학생의 증대를 가져왔고 이는 연쇄적으로 교육 조건, 대학문화 그리고 학생운동 방식에까지 영향을 끼쳤다. 졸업정원제 시행으로 1981년도부터 각 대학들은 기존 졸업정원의 30%를 추가 선발했다. 1981년 12월 주요 대학 총장들과 문교부 장관이 참석한 좌담회에서 안세희(安世熙) 연세대 총장은 졸업정원제 실시로 한국의 대학교육이 엘리트교육에서 대중교육으로 바뀌었고, 고등교육의 대중화가 초래하는 어려움들에 직면하는 심각한 전환기에 들어섰다고 평가했다.[7]

문교부는 졸업정원제 시행 목적이 고등교육의 국제적 경쟁력을 근본적으로 제고시키는 데 있다고 강조했지만,[8] 이러한 목표를 달성하기 위해

---

[7] 안세희는 캘리포니아 대학의 트로우(Martin Trow) 교수의 논의를 빌어 18세부터 21세까지의 청년 중 대학진학률이 15% 미만일 때는 엘리트교육, 15-50%면 대중교육 그리고 50%가 넘으면 보편교육이라 규정하고, 졸업정원제가 실시된 1981년 대학진학율이 15.8%가 되었다는 점을 주목했다(「「81년 대학」한해를 되돌아 본다」, 『동아일보』 1981년 12월 8일자). 트로우가 제시한 각 단계별 이행에 따른 대학 사회의 변화상은 최용섭이 간략히 도표로 정리해 놓았다(최용섭, 1981, 143쪽). 최용섭에 따르면 1970년대 말 고등교육 인구는 급증했다. 1978년에 397,000명, 취학률 11%였던 것이 1979년에는 491,200명, 12.8%의 취학률로 증가했고, 1980년에는 589,000명, 취학률 15.42%가 되었다(최용섭, 1981, 141쪽).
[8] 1983년 문교부는 입학정원제를 졸업정원제로 개혁한 의도가 대학교육의 질적 향상을

정부가 제시한 방안은 학점 경쟁의 강화뿐이었다. 1981년 교육정책 담당자들이 졸속으로 도입된 졸업정원제로 고등교육의 국제적 경쟁력을 확보할 수 있다고 진정 확신했는지 여부는 알 수 없다. 하지만 문교부가 졸업정원제 도입과 '학원안정화'를 직결하여 생각했던 것은 분명하다. 1981년 이규호(李奎浩) 문교부 장관은 졸업정원제 실시로 대학의 면학분위기가 쇄신되었다고 강조했는데, 그가 주목한 점은 "지난 20년간 데모를 하면 휴업, 휴강, 가정실습을 해오던" 구습이 없어졌다는 사실이다(『동아일보』 1981년 12월 8일자).

학생들은 졸업정원제가 학생들을 무한 경쟁으로 내몰고 오직 학점취득에만 집착하는 존재로 바꾼다고 강하게 비판했다(『동아일보』 1983년 8월 31일자). 대학정원의 급증과 강제탈락의 압박 속에서 학생 간의 유대감이 기존과 같을 수 없었다. 대학생들은 졸업정원제를 "만인의 만인에 대한 학점투쟁을 낳고 교수와 학생의 관계를 지식판매자와 지식구매자의 위치로 타락시키고 학생들의 창조적 기능을 약화시켜 대학문화를 대중화시키는" 제도로 규정했다(『경향신문』 1984년 3월 12일자). 결국 도입된 이래 계속 비판을 받았던 졸업정원제는 1984년 정부가 1985년부터 강제탈락률 제도를 완전히 폐지하기로 결정함으로써 사실상 폐기되었다.

졸업정원제가 학생운동에 미쳤던 영향은 양면적이다. 입학정원의 증대는 1980년 서울의 봄 이후 가혹한 단압을 받았던 학생운동이 빠르게 회복하고 나아가 양적 확대를 이루는 기반이 되었다(농촌법학회 50년사 발간위원회 · 민주화운동기념사업회 편, 2012, 425-426쪽). 반면, 졸업정원제의 강제탈락 조치는 운동권 학생들에게 큰 압박을 주었다. 졸업정원제가 운동권 학생에게 미친 영향은 입학년도와 전공에 따라 달랐다. 강제탈락제

유도하여 낙후된 한국의 대학을 "세계 속의 대학"으로 바꾸는 데 있다고 강조했다(문교부 편, 1983, 5-6쪽).

의 원칙이 관철되던 시기와 이 원칙이 유야무야되어가던 시기에 학생들이 받았던 압박 정도의 차이는 컸다. 여자대학과 같이 자연 탈락률이 낮은 대학교의 학생들이나 시험, 출석 등의 압박이 컸던 의대나 이공대 소속의 학생들이 받았던 부담은 상대적으로 더 무거울 수밖에 없었다.

졸업정원제 적용을 받아 강제탈락한 학생들의 수는 전체 재학생과 대비할 때 결코 큰 규모는 아니었다. 그러나 강제탈락은 탈락 대상자나 가족들에게 커다란 고통을 주었고, 양호한 성적을 거두고도 탈락하는 상황은 사회적으로도 납득되기 어려웠다. 자연 탈락률이 낮은 명문대와 여자대학에서의 중도탈락은 사회적 관심을 더 끌었다.[9]

졸업정원제는 1980년대 초 학생운동의 전개 방식에도 일정한 영향을 미쳤다. 입학 직후부터 학생운동에 적극 가담한 구술자 A는 졸업정원제의 탈락 대상자가 되었다. 구술자 A는 이러한 상황이 변화하지 않을 것이라 보고 대학 2학년이란 낮은 학번임에도 불구하고 시위를 주동했다. 졸업정원제 실시로 정부는 학생운동에 적극적으로 참여한 학생들을 압박하고 강제적으로 퇴출시키는 효과를 거두었던 것이다.

구술자 A : 서울대 같은 경우는 2.0, 연속 2학기 2.0, 4.3만점인데 연속 2학기 2.0이 안 되거나 3학기 평점이 2.0이 안 되거나 이러면 잘리는 거예요. 그것 때문에 어떤 친구는 1학년 때 잘리는 거예요. 얘는. 다시 시험공부를 해서 그 다음 해에 입학을 했어요. 그런 애도 있고 어떤 친구는 1학년 때 잘려서 재수를 해서 사회대로 가는 애도 있고.

저 같은 경우는 2학년 때 아예 수업을 못 들어갔죠. 못 들어가고 시험을 선배들

---

9) 강신택, 1986, 129쪽. 졸업정원제에 의한 중도탈락은 82학년도 말에 처음 실시되었다. 강제탈락 제도에 따르자면 81년도 입학생 181,590명의 20%인 3만여 명이 탈락되어야 했으나 자연탈락, 휴학 등으로 당초 입학정원의 0.5%인 872명이 탈락되었다(같은 쪽). 그러나 83학년도 말에는 서울대 517명, 전남대 289명, 영남대 127명, 고려대 110명 등 주요 대학들에서 탈락자들이 급증했다. 서울대의 경우는 졸업정원제 대상자의 3.14%에 해당하는 인원수였다(같은 글, 128쪽, 〈표 4〉 '학사징계에 의한 제명자 비율' 참조).

이 대신 봐주거나 그랬는데 성적은 안 나오고… 다른 친구도 마찬가지인데 어차피 3학년 때 나가나 4학년 때 나가나 그 패턴일 거고 그때만 해도 83년도가 굉장히 탄압이 심할 때니까 마찬가지 아니냐! 그런 태도를 일찍 가진 거죠. 일찍 가지니까 그런 식으로 빠른 거죠. 빨랐던 친구라고 보면 될 것 같습니다.

2.0 규정을 갖추기 위해서 굉장히 애를 써야하죠. 특히 이공계 같으면 전혀 과목이 다르니까 애를 써야하죠. 수업도 들어가야 하고 또 이쪽은 출석을 칼 같이 부르잖아요. 그게 상당히 압박이 있었어요. 저는 시위할 때 선언문 중에 일번이 졸업정원제 폐지하라니까 그때는 83년도에 나온 문건 중에 대부분이 졸업정원제 폐지하라가 나왔을 것입니다. 스트레스가 컸죠.

2) 정부의 학원통제 방식과 이념공세

역대 독재정권은 민주화운동의 진원지와도 같았던 대학교를 효과적으로 통제하고자 많은 노력을 기울였다. 1971년 대학생들이 교련철폐투쟁을 대대적으로 전개하자 박정희 정부는 대학 및 학생운동을 효과적으로 통제하기 위해 문교부 내 학사 담당관실을 설치했다. 학사 담당관실은 1981년에 교육정책실로 개편되어 대학과 학생운동 통제 업무를 수행했다.[10]

1981년 전두환 정권은 '학원안정이 곧 사회안정'으로 직결된다는 전제 아래 이른바 '학원안정화'를 본격적으로 추진했다. 1981년 6월 언론에 보도된 정부의 학원대책은 학생들의 불만점 개선, 건전한 문화 조성과 같은 온건한 조치들 뿐이었다.[11] 그러나 실제 정부가 학원통제를 위해 활용하

---

[10] 교육정책실은 "교수재임용, 교수추천제, 학사경고제, 지도교수제 운영 등 지도 감독과 문제학생 지도 실태 감독, 학원사태 주동자 처리 지시 감독, 축제 등 학내행사 시 행사 기간 규제" 등의 업무를 수행했다(국정원 과거사건 진실규명을 통한 발전위원회 편, 2007, 64쪽).

[11] 언론이 보도한 학원대책은 "① 학원부조리 및 불만요인 제거 ② 서클 활동의 양성화를 통한 건전한 방향유도 ③ 학도호국단 학과 학생장은 현행 임명제에서 직선제로 바꾸고 간부학생의 취업기회를 확대해 활동 강화 ④ 학내언론의 건전한 방향유도 ⑤ 건전한 청년문화조성 ⑥ 기업체 시간제근무 권장으로 학비조달 알선" 등 6가지이다(「최근 학원사태 정부보고 내용」, 『동아일보』 1981년 6월 4일자).

주된 방안은 물리력에 의존한 억압적 통제 방식과 대대적인 이데올로기 공세였다.

문교부는 국가안전기획부(이하 안기부) 등 관계기관의 업무협조를 위해 실무소위, 추진위, 심의회의와 같은 여러 종류의 협의체를 구성했으며,[12] 안기부는 학원통제의 방침의 입안에서부터 실시까지 주도했다. 특히 '학원자율화' 조치의 일환으로 추진된 제적생의 복교와 관련한 실무는 업무분담 및 시행세칙에 이르기까지 안기부가 총괄적으로 주도했다(국정원 과거사건 진실규명을 통한 발전위원회 편, 2007, 69쪽).

1980년 5월 17일 이후부터 민주화운동을 주도한 전국의 주요 대학에는 경찰병력이 상주했다.[13] 교내 상주 경찰들은 '관할서 정보과 학원담당', '관할서 타과 지원병력', '학생가장 전경'들로 구성되었다. 경찰은 심지어 '잠복근무조'를 편성하여 학원 상주 경찰들의 근무태도까지도 확인할 정도였다.[14] 학내 경찰은 시위를 조기 진압하여 시위가 확산되는 것을 막는 데 큰 역할을 했다.

하지만 경찰 상주는 학생들의 저항의지를 약화시키기는커녕 오히려 자극하는 결과를 낳았다. 다음 A의 구술은 경찰이 상주했던 대학의 분위기와 학생들의 인식을 잘 보여 준다.

---

[12] 문교부가 대통령에게 보고한 「1984년도 학원종합대책」(1983.12.15)에 따르면 1983년에만 학원대책심의회가 6회, 추진위 8회, 실무소위 52회에 걸쳐 소집되었다. 실무소위의 경우는 주 1회 개최되었다(국정원 과거사건 진실규명을 통한 발전위원회 편, 2007, 66쪽).

[13] 1983년 12월 대학내 경찰 상주 인원은 다음과 같다. 서울대 209명, 연대 194명, 고대 194명, 동국대 85명, 부산대 92명, 경북대 81명, 충남대 61명, 전북대 71명, 전남대 149명 등이다 (국정원 과거사건 진실규명을 통한 발전위원회 편, 2007, 127쪽).

[14] 1983년 안기부는 전국 98개 대학을 3개 등급으로 분류하여 '유인물 살포자 적발을 위한 잠복활동'을 전개했는데, 잠복활동 보고서에 적힌 이들의 주요업무에는 불순 유인물 살포 및 낙서자를 검거하는 것뿐만 아니라 '경찰 및 대학 야간근무자 근무상태 점검'도 포함되어 있었다(국정원 과거사건 진실규명을 통한 발전위원회 편, 2007, 57쪽).

구술자 A : 대학 분위기는 굉장히 암울했습니다. 학교를 등교할 때 학생들이 쭉 걸어올라가면 옆에 사복경찰들이 쭉 걸어올라가죠. 입학과 동시에 그랬는데 3월부터 4월 되니까 4, 5백 명씩 걸어 올라와요. 사복경찰이. 그래서 점심시간에 이제 학생들이 식판을 받아서 밖에서 먹으면 4, 5명 앉아서 먹으면 흩어지라고 그러고 학교 내에서 가방 검사도 하고 여학생들 가방 검사도 하고 또 성추행 사건이 있었다 그런 소문도 많이 돌고 그리고 인문대나 사회대에서 하는 역사개론이라든가 사회개론이라든가 하면 사복경찰들이 같이 들어와요. 교실에도. 자연과학 할 때는 이 친구들이 안 들어오고 들어와도 모르니까. 그런 거를 보면 대부분의 학생들이 반발심이 생기는 거죠. 저는 나중에 학생들이 특히 서울대의 경우는 많은 학생들이 학생운동을 하게 된 이유라고 봅니다.

학내 경찰상주가 불러일으키는 상황의 심각성은 안기부조차 인정하는 바였다. 1983년 12월 안기부는 경찰상주가 학생들의 저항심을 높이고, 학내 병영화, 학원사찰을 주요 이슈로 만들고 있기 때문에 방침의 변화가 필요하다고 보았다. 물리력을 동원한 방식으로 더 이상 학생들의 민주화 투쟁을 통제할 수 없다는 점이 분명해 졌다. 안기부는 경찰병력의 완전철수가 사찰과 시위진압에 부담을 줄 수 있다고 판단하여, '학생가장 전경'만 철수하고 나머지 사찰 경찰들의 잠복활동은 지속하는 방안을 제시했다(국정원 과거사건 진실규명을 통한 발전위원회 편, 2007, 129쪽).

'학원자율화조치'의 일환으로 1984년 2월 29일 전국 주요 대학에서 '학생위장 경찰'들이 철수했다. 그러나 이는 공권력을 동원한 학원통제가 약화됨을 의미하는 것은 아니었다. 오히려 학생운동을 진압하기 위한 공권력은 강화되었다. 정부는 1983년부터 '의무경찰제도'를 도입하여 시위진압 경찰의 수를 크게 늘렸고, 진압경찰도 필요하다고 판단되면 즉시 투입했다(홍석률, 76쪽). 1983년 10월 서울대생들이 '프락치사건 관련 학생징계 철회, 학생회 인정' 등을 요구하며 '시험거부' 투쟁을 벌이자 정부는 경찰을 다시 학내에 투입시켰다.[15) 이를 놓고 학생들은 예견된 사태가 일어났다고 지적하며, "선심을 쓰는 것처럼 발표되었던 학원자율화조치가 근 8개월 만에 대단원의 막을 내린 것"이라 꼬집었다.[16]

학원자율화조치 이후 학생들의 민주화운동 시위가 크게 증대하자 정부는 강경 방침으로 회귀하려는 경향을 강하게 드러내었다. 1985년 2월 문교부 장관 손제석(孫製錫)은 '학원의 비정치화'를 강조하면서, 시위 주동 학생에 대해서는 단호한 조치를 취할 것이라 밝혔다(『동아일보』 1985년 2월 27일자). 8월에는 정부와 민정당이 '문제학생'을 격리조치하기 위한 '학원안정법' 제정을 본격적으로 추진했다. 전두환 정부는 학생, 교수, 재야인사들의 강력한 반발에 부딪혀 학원안정법 제정이 실패하자 국가보안법을 학생운동의 탄압수단으로 적극 활용했다(고려대학교 100년사 편찬위원회 편, 2005, 299쪽 ; 민주화운동기념사업회 한국민주주의연구소 엮음, 2005, 242-243쪽). 1985년 8월 24일 문교부 주관으로 개최된 '학원대책추진위원회'에서는 안기부, 문교부, 청와대 등 관련 기관들은 학원소요에 대한 강경한 공권력 운용지침을 마련했다. 새로운 지침은 단순집회는 대학 당국에 위임하나, "국가보안법 위반, 폭력, 파괴, 방화, 린치, 감금, 수업방해 등 극렬 사태 시"는 요청을 불문하고 즉각 공권력을 투입하고, 수배자 검거도 총학장의 고발 여부와 관계없이 실시한다는 내용을 담았다. 더불어 대학 간 연합시위가 활발히 전개되고 있는 점을 주목하며 연합시위를 일체 불승인하고 강력하게 대처한다는 방침을 세웠다(국정원 과거사건 진실규명을 통한 발전위원회 편, 2007, 131쪽).

한편, 안기부, 치안본부, 보안사 등은 학생운동의 정보를 수집하기 위

---

15) 1984년 10월 24일 경찰은 서울대학의 요청을 받고 6,400여 명을 학내에 투입했다. 문교부 장관 권이혁(權彝赫)은 "대학이 자기 회복력을 상실할 정도로 황폐가 되도록 방치되어서는 안 된다"고 강조했다(「권이혁문교부장관 담화문」, 『경향신문』 1984년 10월 26일자).

16) 〈우리는 무엇을 할 것인가〉(고려대학생회, 1984.11.12. ; 고려대 박물관 소장) 이하 일차자료로 인용된 성명서나 학생처 작성 보고서 중에서 소장처에 관한 설명이 없는 경우 이는 고려대 박물관에 소장 된 자료이다.

해 '학원망'을 광범위하게 운용했다. 1983년 12월 안기부가 직접 관리, 운영하고 있던 망은 401개였고, 이는 1984년 9월에 502개로 증가했다. 또한 1983년 12월 현재 치안본부가 267개, 보안사가 16개를 운영했다.[17] 1980년대 상반기 정보기관들이 운영했던 대부분의 '학원망'은 '문제서클'에 침투하지 못하고 학내 전반적인 동향을 파악하는 정도에 그쳤다. 학원망이 이처럼 기대만큼 역할을 해주지 못했음에도 불구하고 정보기관들은 '부실망'을 계속 정비하며 1984년 이후에도 운영을 지속했다(국정원 과거사건 진실규명을 통한 발전위원회 편, 2007, 54-55쪽). 정보기관들은 '학원망' 이외에도 학교 교직원, 고등학교 교사, 그리고 강제징집된 이들까지 정보 수집을 위한 협조자로 동원했다.[18]

'학원사범 중형주의 원칙'은 전두환 정부가 학생운동을 억압하기 위해 취한 주요한 방안 중에 하나였다. 학원소요와 관련된 학생들의 사법처리는 중형주의 · 엄벌주의 원칙에 따라 선고되었고, 학생들에게 최소 3년 최고 5년의 중형을 구형하는 검찰의 조치에 대해 비판적인 여론이 제기되

---

[17] 국정원 과거사건 진실규명을 통한 발전위원회 편, 2007, 51쪽. '망'과 '프락치'는 구분된다. '망'은 정보수사관의 설득에 의해 당사가자 자발적인 협조의사를 밝힘으로써 형성되는 협조자로서 일정한 보수를 받고 정보수사관으로부터 부여받은 임무를 수행한다. 반면 '프락치'란 정보기관이 대상자의 취약점 등을 이용한 공작을 통해 강압적인 방법으로 협조를 유도하는 경우를 일컫는 것이다. 1980년대 초반 '학원망'은 다양하게 분류된다. 보수여부에 따라 유보수 망/무보수 망/협조자로 분류되며, 담당업무에 따라 고정망(일반적인 정보 수집을 주로 담당)/기동망(특수임무 부여 시 목표 내에 침투하여 순화 · 저지 · 와해 · 차단 능력을 소지)/특수망(학내 건전세력 육성의 주도적 역할 수행이 가능한 교직원 및 학생으로 선정되었는지 여부 확인)으로 구분되었다(같은 책, 50-51쪽). 한편 경찰서에서 학원사찰을 담당하는 부서는 정보 1과 2계였으나, 무림사건 이후 학생운동 내에서 자생적으로 공산주의 대두된다고 판단되자 공안담당인 정보 2과도 학생운동을 조사하기 시작했다고 한다[김근식(정외과 79. 1981년 5월 20일 교내시위 배후 관계로 강제징집) 구술, 고려대학교 민주동우회 엮음, 2009, 513쪽].

[18] 군수사기관은 강제징집된 사병들에게 만날 대상자를 지정하고, 하루에 만나야할 시간, 논의 주제 등 매우 구체적인 지시를 내렸다〈강제 징집에 대한 우리의 입장과 결의—고 김두황 학우 추모식에 즈음하여〉(고려대학교 총학생장단, 1984.4.4), 고려대학교 총학생장단, 7쪽].

는 것은 당연했다. 학원사범의 선고형량에 대해 법원은 검찰구형의 최소한 1/2이상 선고원칙하에 평균 2년형 이상을 선고했다. 특히 1983년부터 병역기피목적 학원사범은 반드시 3년형 이상 선고했다. 1983년 학원사범 103명 중 97명이 1년 6개월 이상의 선고형량을 받았다(국정원 과거사건 진실규명을 통한 발전위원회 편, 2007, 206-207쪽). 그러나 긴급조치 9호 시절부터 이어진 정부의 엄벌주의는 학생운동을 약화시키기보다 오히려 비합법 전위주의 운동을 확산시킨 요인이 되었다.[19]

1980년대 초 학생들이 학생운동을 탄압하기 위한 대표적인 방침으로 여기며 그 결과에 분노한 것은 지도휴학제와 강제징집제였다. 1979년 10월 20일 시행된 지도휴학제는 유신정권이 마지막으로 남긴 악제(惡制)였다. 기존까지 휴학은 총장 허가사항이었다. 그러나 신설된 지도휴학제는 총장이 지도교수와 학장의 건의를 받아 학업을 정상적으로 지속할 수 없다고 판단되는 학생에 대해 직권으로 휴학을 조치하는 방침이었다. 이 조항은 운동권 학생의 강제징집을 사후적으로 합법화시키는 명분이 되었다. 공안 당국은 연행된 '문제학생'을 협박하여 자원입대 형식으로 강제 입대 시킨 뒤 지도휴학 조항을 사후적으로 적용했다. 정확히 말하면 '학업 지속여부에 대한 판단'은 학장이나 총장이 아닌 공안 당국이 내렸다.

강제징집을 당한 학생들 중에는 시위주도자, 정보기관의 특별수사대상자로 분류된 이들뿐만 아니라 단순시위 가담자들도 다수 있었다. 또한 고려대생 '문무대 사건'(1981년 11월)처럼 109명이 집단으로 강제징집된 경

---

[19] 이와 관련하여 1983년 한 좌담회에서 김동길 교수가 행한 발언이 주목된다. "60년대, 70년대 초만 해도 데모를 하다 구속되면 10년, 15년 이렇게 형을 받아도 한 1년 있을까 말까 하고 나왔어요. 그러니까 그런 것 때문에 별로 투지가 없는 사람들도 그런 것을 하는 경우가 있었어요. 그런데 요새는 말예요, 70년대 후반에서 80년대에 접어들면 데모를 하다가 구속되면 제적이 되고 1년이고 1년 반이고 사는 거예요. 그걸 뻔히 알면서도 하는 학생들이 있단 말예요. 많지는 않지만, 그러니까 그런 면에서 이 세대들은―의식이 굉장한 층이 소수이기는 하지만―형성돼 있으니까, 학생운동이 성숙해 간다, 나는 그렇게 보고 있어요"(「學生, 이 時代의 權利와 義務」, 『고대신문』 1983년 10월 31일자).

우도 있었다.[20] 공안 당국은 연령이나 신체등급이 미달되어 현역병으로 징집될 수 없는 이들도 강제 입대를 시켰다. 입대 후 학생들은 보안부대의 감시를 받았고 일정기간 소속부대에서 격리되어 '특수학적 변동자에 대한 교육' 즉, '녹화사업'을 받았다. 국방부 과거사 진상규명위원회의 발표에 따르면 1980년부터 1984년까지 1,152명의 학생들이 강제징집을 당했다(국방부 과거사 진상규명위원회 편, 2007a, 38쪽 ; 국방부 과거사 진상규명위원회 편, 2007b, 139-141쪽). 그리고 강제징집을 당한 학생 중 6명이 의문사 했다.[21] 학원자율화조치 이후 학생들은 지도휴학제와 강제징집제를 강도 높게 비판했다. 결국 지도휴학제는 1984년 5월 이후 정부가 폐지여부를 학교 당국에 위임하는 조치를 취한 뒤 모든 대학에서 폐지되었다.

1980년대 상반기 정부는 언론을 동원하여 학생운동에 대한 대대적인 이데올로기 공세를 펼쳤다. 1980년 11월 서울대에서 배포된 〈반파쇼학우투쟁선언〉을 놓고 정부 당국자들은 학생운동의 '좌경화'가 심화되고 있다고 주장하며, 새로운 방식으로 이념교육을 전개할 필요가 있다고 강조했다. 1981년 2월 문교부 장관 이규호는 국민윤리교육, 이데올로기 비판교육을 제대로 시켜야 함을 역설했다. 문교부는 각 대학의 국민윤리 과목을 종래의 한 학기 2학점에서 두 학기 4학점으로 늘리고 과목도 국민윤리 1과 국민윤리 2로 나눠 국민윤리 2에서 적극적인 이데올로기 비판교육을 하도록 했다. 각 대학별로 사회과학 전공 교수들로 하여금 이데올로기 비판 교육위원회를 설치토록 했다(『동아일보』 1981년 2월 24일

---

[20] 1981년 병영집체 훈련에 참석한 고려대생 1학년들이 애국가 대신 교가를 부른 것이 계기가 되어 109명이 훈련을 마친 후 방학기간에 강제징집된 사건이다.

[21] 성균관대 이윤성, 서울대 한희철, 한양대 한영현, 연세대 정성희, 동국대 최온순, 고려대 김두황이다. 지도휴학제 및 강제징집제와 관련한 서술은 다음 자료들을 참조하여 작성한 것이다. 『강제징집실태보고서-고 김두황군의 죽음을 애도하며-』 ; 〈강제징집에 대한 우리의 입장과 결의-고 김두황 학우 추모식에 즈음하여〉 ;『강제징집문제 공동조사보고서』.

자). 1980년대 초반 정부와 언론의 각종 이념 공세는 물리적 억압과 함께 학생들에게 상당한 압박을 가했다. 이는 운동권 학생들의 이탈을 일으킬 정도였다.[22]

정부는 학생자치활동을 통제하기 위해 1982년 3월 각 대학별 '문화육성위원회(文化育成委員會)' 설치를 지시했다. 문교부는 기존 학도호국단지도위원회만으로 학생활동에 대한 지도가 한계가 있다고 판단하고 별도의 위원회 설치를 지시한 것이다.[23] 이외에도 학원자율화를 앞두고 1983년 12월 문제대학생 선도기구 설치가 추진되었다.

끝으로 정부의 대학생에 대한 이념공세와 관련하여 한 가지 사실을 짚고 넘어가야할 필요가 있다. 유신시대부터 각 대학에는 한국반공연맹으로부터 지원을 받으며 반공서클이 활동하고 있었다는 사실이다. 1980년 한국반공연맹은 반공지도자들을 육성하고 자질을 향상하기 위해서 대학 내 반공서클들을 다시 활성화할 필요가 있다고 강조하며 구체적인 계획을 발표했다.[24] 1982년도 대학반공서클 하계 수련대회가 7월에 강원도에서 개최되었다. 이 대회에는 서울과 인천, 경기, 강원 지역의 52개 대학에

---

[22] 박종혁(국문78, 한국학연구회 출신, 1979년 9월 18일 교내시위 기도 관련 구속) 구술(고려대학교 민주동우회 엮음, 2009, 441쪽). 학생들이 이러한 정부의 이념공세에 적극적인 대처를 하지 않으면 더욱 수세적인 입장에 처할 것이라 판단했다. 이에 고려대 학생들은 이규호 문교장관이 대학순회강연의 일환으로 방문 강연을 하자 분위기 반전을 위해 비판적인 질의를 하며 적극적으로 대응했다(같은 자료 ; 「동문서답으로 끝난 대화」, 『고대신문』 1981년 3월 17일자).

[23] 문화육성위원회의 역할은 학생들의 문화 체육에 관한 각종 서클 활동 및 대학신문 발간 등 전반적인 학생활동에 대해 지도 및 지원을 하는 것이었다. 교수들은 학도호국단지도위원회와 업무가 중복되는 위원회를 중복 설치하는 것에 회의적인 반응을 보였다(「문교부 지시 '문화육성위' 설치 교수들 "호국단 지도위와 중복"」, 『동아일보』 1982년 3월 5일자). 1984년 11월 서울대 대학문화육성위원회에서 학도호국단 시행령 개정을 논의했다는 기사를 볼 때, 문화육성위원회가 1980년대 상반기에 대학기구로 설치되어 있었음을 알 수 있다(「서울대, 비정치 활동 허가제 완화 고려」, 『경향신문』 1984년 11월 7일자).

[24] 이근철, 1981, 3쪽. 반공서클은 유신정권에 의해 목적의식적으로 배양되었다. 1975년 현재 59개 대학에 반공서클이 있었고, 2,234명의 회원수를 확보하고 있었다(「유신교육을 강화」, 『매일경제』 1975년 2월 7일자).

서 120명의 반공서클 대표들이 참석했다.[25] 그러나 정부의 반공서클 학내 지지기반인 학도호국단이 1984년을 기점으로 총학생회로 재편되는 상황에서 반공서클의 영향력은 축소되거나 미미한 수준에 그쳤을 것이라 판단된다.

3. 언더서클 기반 학생운동 체계의 구축과 해체

1) 비합법 운동의 재개와 언더서클의 팽창

1980년대 상반기는 '언더서클'에 기반을 둔 유신체제하 운동 방식이 지속된 시기이자, 동시에 이러한 운동 체계의 변화와 해체가 이루어진 시기였다. 이러한 1980년대 상반기 운동의 전개는 '유신체제'와 '87년체제' 사이의 과도기라는 조건에 규정받은 바 크다.

첫째, 1980년 5·17 이후부터 1983년 말까지의 기간에는 앞서 살펴보았듯이 학내 경찰병력이 상주하며 긴급조치 9호 시기와 거의 동일한 학원 상황이 지속되었다. 긴급조치 9호 상황은 '이념서클'이 합법적으로 활동할 수 없게 만들었고,[26] 1980년 신군부의 완전한 정권장악과 학생운동 탄압은 다시 비합법·비공개 서클에 기반을 둔 운동 방식을 선택히게 만들었다.

둘째, 주체적인 면에서도 '긴급조치 9호 세대' 운동권 핵심들이 80학번

---

[25] 이 수련회 개최의 목적은 전후세대인 대학생들에게 공산주의 실체와 이데올로기에 대한 비판력을 배양시키는 데 있었다(「반공서클 수련대회 52개 대 120명 참석」,『동아일보』 1982년 7월 24일자).

[26] 유신정권은 긴급조치 9호를 발표한 다음 날인 1975년 5월 14일 학내 문제서클 해체령을 내렸으며, 신군부는 1980년 5월 17일 계엄령을 전국으로 확대하고 학내 운동서클을 강제해산 시켰다.

이후의 재생산을 일정기간 담당하며 기존 운동 방식을 전수했다는 점이다.[27] 1981년도 하반기에서 1982년도 초반에 79학번이 이끄는 '언더 지도부'가 주요 대학에서 구성되었다. 극소수였지만 1982년도 초반까지 70년대 학번이 남아 지도부를 구성하여 운동을 이끌었다.

이처럼 1980년대 상반기 학생운동의 전개 방식은 신군부가 학생운동에 대해 대대적인 탄압을 하는 상황에서 1970년대 '긴급조치 세대'와 1980년대 학생운동 주체들이 결합하여 만들어 낸 것이다. 그러나 1980년대 상반기에 학내에 남아 학생운동을 지도했던 소수를 제외하면, 70년대 학번과 80년대 학번은 매우 다른 경험을 지닌 집합적 주체들로 볼 수 있다. 전자는 유신정권 말기 긴급조치 9호 아래에서 대학을 보냈고, 후자는 '1980년, 서울의 봄' 시기를 제외하면 졸업정원제 도입으로 크게 변화된 대학을 다닌 이들이다. 80년대 상반기 학번 내에서도 1984년 정부의 학원자율화조치 이전 입학생과 이후 입학한 학생들 사이의 경험 차이는 컸다. 1981년 이래 학생운동 역량의 급격한 증대와 이에 따른 학회 및 학생회 중심의 운동 전개 필요성이 인식되었으나, 이를 주도한 것은 70년대 후반 학번이 아니라 80년대 이후 학번들이었다. 합법 공간의 활용과 운동의 대중적 확산을 본격적으로 경험하고 그 안에서 학생운동 방식을 고민해야만 했던 주체들이 80년대 학번이었기 때문일 것이다.

광주학살과 신군부의 집권은 학생운동에 커다란 영향을 미쳤다. 학생운동권 내에서는 정권타도라는 목표가 분명해지고, 확대된 학생운동을 체계적으로 조직화하는 것이 주요 과제로 인식되었다(고려대학교 민주동

---

[27] 긴급조치 9호 이후 서울대 학생운동의 방향 모색은 73, 74학번들이 서클연합모임의 형태로 시도하다가, 76, 77, 78학번이 주역이 되는 78, 79년에 와서 틀이 잡히고 정착되었다 한다. 이 과정에서 학생운동의 핵심 주체역량을 양성, 보전하는 한편 시위를 주동할 인물을 안정적으로 배출할 수 있는 시스템을 갖추고, 강화된 학원사찰에 대응해 보안 세부수칙을 생활화 했다. 학번별 언더모임의 구성과 운영 등은 이런 모색의 결과였다(현무환, 2006, 17쪽).

우회 엮음, 2009, 434쪽). 1980년대 상반기 언더서클은 운동의 저변을 확대하며 동시에 운동을 체계적으로 조직화하는 두 가지 과제를 동시에 수행해야 했다.

1981년 해체된 서클이 명칭을 바꾸어 합법 공개서클의 형태를 유지한 사례도 있지만 이 경우도 조직의 일부분만 공개되는 정도였다. 비공개 조직인 언더서클의 규모를 명확하게 파악하기는 어렵다. 서울대 법대 81학번으로 농촌법학회 회원이었던 강동욱에 따르면 무림사건으로 서울대 학생운동권이 대규모 탄압을 받기 전까지, 서울대에는 이른바 '패밀리'라고 불리는 언더서클이 100여 개 정도가 있었다고 한다. 그리고 이 중 사회과학을 정통으로 공부한 그룹이 20여 개 정도였다고 한다. 무림사건으로 탄압을 받은 후 서울대 내에 남아 있는 운동인자는 50여 명으로 축소되었다.[28]

1981년 안기부는 '문제서클'이 전국적으로 68개(서울 49개/지방 19개)가 있다고 파악했다(국정원 과거사건 진실규명을 통한 발전위원회 편, 2007, 164-167쪽). 안기부 조사 자료에 열거된 '문제서클' 중 상당수가 공개서클인 점을 고려할 때, 1981년 안기부도 언더서클의 실체를 제대로 파악하지 못했다고 볼 수 있다.[29] 1985년에도 정보기관들이 '문제서클'을 조사하여 문제서클의 현황을 총 33개의 대학에 96개(2,762명), 서울 소재 20개 대학에 62개(1,930명), 지방 소재 13개 대학에 34개(832명)가 있다고 보고했다(국정원 과거사건 진실규명을 통한 발전위원회 편, 2007, 162-164쪽). 하지만

---

[28] 농촌법학회 50년사 발간위원회·민주화운동기념사업회 편, 2012, 496쪽. 언론 기사에 따르면 서울대 학교 당국이 자체조사 한 불법 미등록 서클은 '사회철학회', '한얼', '흥사단 아카데미', '동학연구회' 등 32개, 회원수가 169명이었다. 이 중 학교 당국이 '이념서클'이라고 규정한 문제 집단은 16개에 회원수가 90여 명에 이른다고 파악했다(「작년 서울대 미등록 서클 38명 징계」, 『동아일보』 1982년 2월 10일자).

[29] 1982년 경향신문은 전국 대학의 '지하화한 이념서클'이 50여 개 이상 된다고 추산하고 등록서클로서 이념지향적인 것은 60여 개, 교회 계통의 '이념서클'은 11개 정도라고 언급했다. 더불어 5-10명의 소수 핵심회원으로 구성된 스터디 그룹은 훨씬 더 많은 수에 이른다고 보았다(「대학가의 음영(17)」, 『경향신문』 1982년 1월 25일자).

이 자료에 거론된 '문제서클'도 대부분 등록된 '오픈서클'이라 정보 당국이 '언더서클'을 포함한 전체 학생운동의 규모를 제한된 수준에서 파악했음을 알 수 있다. 다만 합법서클의 확장과 언더서클의 양적 확대 사이에 밀접한 관계가 있었다는 점을 고려할 때, 이 수치는 1981년 이래 전체 운동권의 양적 팽창 정도를 짐작할 수 있게 해준다.

5·17쿠데타 직후 학생운동은 대대적인 탄압을 받았지만 1981년부터 곧바로 확대될 수 있었다. 그 토양은 광주학살을 자행한 정권에 대한 학생들의 거부와 민주화에 대한 갈망이었다.[30] 1981년 이후 언더서클들은 규모를 급격히 확장했고, 그 결과 농촌법학회와 같은 언더서클은 보안상의 이유로 여러 개의 팀으로 분화하여 각 팀이 독자적으로 운영하는 방식을 취하기도 했다.

대학 신입생들이 학생운동에 참여하는 방식과 동기는 다양했다. 언론은 학생운동의 참여가 졸업정원제 실시 이후 열악해진 대학 교육환경에 대한 불만에서 주로 기인한다고 설명했다. 또한 언론은 학생들의 운동참여가 학습 열의의 실추 결과인 것처럼 강조했고(『경향신문』 1982년 2월 19일자), 따라서 학생들의 지적 욕구가 채워지면 시위 참여가 크게 줄어들 것처럼 언급했다(『경향신문』 1984년 3월 17일자). 하지만 열악한 교육환경은 운동 참여의 배경 중에 하나였지 주된 동인은 아니었다. 신입생들이 학생운동에 참여하게 되는 주된 동인은 주로 입학 직후 느낀 광주항쟁의 진실과 폭력적 대학통제에서 비롯한 정의감과 분노에 있었다. B의 구술을 들어보자.

구술자 B : 혈기 방자한 나이에다가 정의감들이 다 많은 때였고 도덕적인 것이

---

[30] 서울대의 농촌법학회의 경우 신입 81학번들의 입회가 봇물을 이루어 "2명의 2, 3학년이 신입생 10명 이상을 지도하는 호황을 맞았다"고 한다(농촌법학회 50년사 발간위원회 · 민주화운동기념사업회 편, 2012, 434쪽).

상당히 객관적인 기준이 적용되던 시기에요. 철학적으로도 객관주의가 더 일상 생활에 더 영향을 미쳤으니까 불의를 보면 못 참는다는 나름의 판단 기준들이 있는 거든요. 몰랐던 사실들이 이제 확인이 되기 시작하니까 이게 사실일까 고민이 시작한 거죠. 많은 정황들이 선배, 선배에 학과선배도 있고 고향선배도 있고 친척도 있고 들려오는 얘기들도 문화 자체가 다 그게 사실의 일부고 인정된 상태니까 거기서 많은 혼란들을 겪게 되고 충격을 받는 순간 뭐 이런 놈들이 있어. 당시 전두환 5공 정권인데 나쁜 놈들이구나 특히 광주학살에 대한 충격적 사실들이 자기 앞에 다가설 때는 엄청나게 분노하는 거죠. 근데 동시에 겁이 나는 거거든요. 왜 그러냐면 올 때만 해도 제가 들어왔을 때 1학년인데 4월 18일날… (고려대) 중앙도서관에서 농성이 있었어요… 조금 있다가 81학번 선배인 것 같은데 여자 선배가 바로 옆 중앙도서관 앞에서 경찰에게 끌려가는 거거든요. 야사라고 그러죠. 데모주동자. 야전사령관이죠. 약칭이 야사인데 이 양반이 순식간에 잡혀가지고 가는데 뜯어져가지고 젖가슴이 들어나고 이런 걸 목격하는 거예요. 그거는 엄청난 충격이죠. 그러면서 아이들은 자연스럽게 그때는 아주 분명한 거예요. 선과 악이, 들어나니까. 이건 옳다 이렇게 의식적으로도 그렇게 되고 거기에 이제 서클에서 학습을 하자.

이러한 분노와 정의감은 당시 대부분의 대학생이 '현실 참여'를 긍정적으로 받아들이는 분위기와[31] 맞물리며 많은 학생들이 반독재 민주화를 외치는 학생운동에 동참하게 만들었다.

대학입학 후 새로운 사실을 접하며 인식의 전환을 이룬 경우가 대부분이었지만 입학 이전부터 광주학살의 내용을 접하고 초보적인 학습을 한 신입생들도 적지 않았을 것으로 판단된다. 구술자 A는 비평준화가 지속

---

[31] 1981년 『성대신문』이 창간 27주년 기념으로 성대생 1,400여 명을 대상으로 한 조사(「대학인의 의식현황」)에 따르면 응답자(719명) 중 절반에 가까운(48.9%) 학생들이 대학생이 기성세대와 함께 사회를 이끌어 가는 중추라고 응답했다. 이를 보도한 언론은 학생들이 강한 현실참여 경향을 보이고 있다고 평가했다(「대학생 아르바이트 갖기를 원한다」, 『경향신문』 1981년 10월 20일자). 더불어 1982년 경상대 학생들에 대한 의식조사 결과도 흥미롭다. 이 조사에 따르면 '대학생의 사회참여'에 관한 질문에 응답자의 56%가 긍정적으로 본다고 답변했고 반면, 부정적인 입장은 전체 답변자의 20%에도 미치지 못했다(송준수 · 김병길, 1982, 「대학생의 의식구조 및 가치관에 대한 조사연구」, 『학생생활연구소보』 8 · 49쪽 참조).

된 소도시의 명문 고등학교의 경우 학교서클을 매개로 대학생 선배와 연결되었고, 이러한 관계가 의식화의 계기가 되었음을 지적한다.

> 구술자 A : 5·18 소문이 난거에요. 광주에서 사람이 많이 죽었다더라 임산부가 많이 죽었다더라 그게 3, 4개월 고등학생들에서 회자가 됐어요. 그래서 문제가 많다 이런 인식을 갖고 있었죠… 저 같은 경우는 고3 때 입시가 끝나고 나서 전통적으로 입시 치르는 날, 저희 때는 학력고사라고 했는데 대학 1년 선배들이 내려와요. 후배들이 고생했다고 막걸리 사주는 전통이 있었는데 대부분의 지방 명문고들이 그런 게 있었어요. 그날 이제 대학 얘기를 많이 하는 거죠. 그리고 나서는 그 뒤 2주 후부터는 주1회 정도씩 해서 독서 토론회를 본격적으로 했어요. 대학교 갈 애들, 대학 선배들이 같이 결합해서, 제 입장에는 81학번들이 오는 거죠. 자기들이 그때 기말고사 끝나는 시점이니까 와서『민중과 지식인』,『해방전후사의 인식』이런 걸 하는 거죠. 그거를 대학 입학할 때까지 3개월 매주했으니까 그리고 이제 대학을 들어갔습니다.
>
> 저희 같은 경우는 고등학교에서 역대 내려오는 서클이 있었다는 거, 상호신뢰가 있으니까 자연스러웠죠. 그런 데가 몇 군데 있었던 것 같아요. 광주도 대전도 그랬던 것 같고 전주도 하나 있었던 것 같아요. (질문 : 부산은 언급을 안 하셨는데) 거기는 대도시인 데다가 저희 때가 뺑뺑이 1회, 전국 뺑뺑이 1회 그러니까 단절이 많이 됐을 거예요. 우수한 학생들이 많이 흩어지니까 소도시 같은 경우는 우수한 학생들이 어쨌든 모여 있고 그렇게 되잖아요. 학교 수가 작으니까.

언더서클에 참여한 학생들은 어떠한 학습을 했을까. 운동권 학생들이 탐독한 서적들은 바뀌어 갔다. 1980년대 초반에 네오마르크시즘, 뉴레프트, 종속이론과 관련한 서적들이 많이 읽혔다면 1985년 이후에는 마르크스—레닌주의 원전이 본격적으로 읽혔다(『경향신문』 1986년 5월 19일자). 학생들이 네오마르크시스트의 책을 읽었던 이유는 이들 서적이 '의지'를 강조하여, 군부독재와 경제구조가 만든 구조적 억압으로부터 지적·정서적으로 해방되고자 하는 학생들의 욕구를 채워주는 부분이 있었기 때문이었다(80년대 전반기 학생운동 기념문집 출간위원회 편, 2006, 382쪽). 한

편, 일찍부터 학생운동권에서 사회주의를 대안으로 고민하기 시작했지만, 학생들이 마르크스-레닌주의 원전을 본격적으로 탐독하기 시작한 때는 1985년부터이다.

　　구술자 A : 83년도까지만 해도 사회주의적 경향성은 있긴 있었어요. 있었는데 이게 이제 자본주의가 어떻게 나쁘다는 관점에서 자본주의의 대안이 뭐냐 그럼 사회주의다. 그래 그럼 그게 뭐지. 이런 정도. 84년도가 되면 한국사회가 유화국면 된 상황에서, 전두환 정권이 물러난 다음에 어떤 사회시스템이 되어야 할 거냐에 대해서 고민들이 시작된 것 같고… 깃발그룹들이 글을 써내고 본격적인 학습이 이뤄지는 게 85년부터예요. 사실은 운동권 전체에서. 그래서 85년부터 시작이 됐고 85년도에 먼저 제기했던 깃발그룹들이 레닌의 글들 몇 개를 번역해서 소책자로 냅니다. 나중에 보니까 다 오역이고 그렇죠… 당시 학생운동이나 바깥으로 노동운동, 재야운동으로 나왔던 또래로 보면 77학번부터 83학번 정도 되겠죠. 그 또래집단이 맑스나 레닌에 대한 원전을 읽을 필요가 있다는 공동인식이 생긴 것은 거의 86년도 돼서.

　해를 거듭할수록 운동권 학생들은 다양한 종류의 금서들을 더욱 쉽게 구입할 수 있었다. 유신시대 학생운동에 참여했던 이들 중 상당수가 출판계로 진출하여 새로운 출판사를 차리고,[32] 운동권 학생들의 지적 열망에 부응하는 서적들을 출판하기 시작했다.[33] 기성 출판사에 취업하거나 새로운 출판사를 차린 운동권 학생들은 상업성에 치우치며 빈곤을 드러내

[32] 독재체제에 비판직인 인문사회과학 출판사들은 집난을 형성해 갔다. 분학과 지성사, 문학예술사, 민음사, 열화당, 전예원, 지식산업사, 창작과 비평사, 평민사, 한길사, 홍익사 등 10개 출판사로 이루어진 수요회와 일월서각, 청사, 형성사, 두레, 백산서당, 풀빛, 한마당, 돌베개, 사계절, 거름, 민중, 이삭, 기린문화사, 인간, 나남, 석탑 등이 참여한 금요회가 있었다. 금요회에는 청년사, 아침, 공동체, 녹두 등이 추가로 참여했다(민주화운동기념사업회 한국민주주의연구소 엮음, 2010, 568- 569쪽 ;「수준 높은 독자확보 위해, 믿고 읽어볼 책 자체선정」, 『매일경제』 1983년 8월 10일자).

[33] 1985년 5월 경향신문의 보도에 따르면, 『한국출판연감』에 등록된 번역 이념서적이 1982년에는 39종, 83년에는 48종, 84년에는 50종으로 증가했다. 여기에 국내서적까지 포함하며 2백여 종이 발행되었을 것이라 한다(「「불온서적·유인물」 집중 단속의 배경 범람하는『지하출판』에 경종」, 『경향신문』 1985년 5월 4일자).

고 있던 기성 출판계와는 달랐다. 그들은 "우리의 것"을 깊이 있게 알고자 하는 독자들의 지적 욕구에 발 빠르게 부응하며 학계와 지성계에 커다란 영향력을 미쳤다(『동아일보』 1983년 8월 17일자 ; 『경향신문』 1982년 2월 15일자).

대학가 사회과학 서점의 확대, 복사기 보급에 따른 복사 문화 확산 등의 요인들은 마음만 먹으면 일반 학생들도 '금서'를 쉽게 구입할 수 있는 환경을 조성했다. 전자 복사기의 보급과 이에 따른 인쇄, 제본 기술의 발전으로 학생들은 대학 주변 복사집을 통해 쉽게 책을 구하고 문건을 복사해 돌려 볼 수 있게 되었다. 심지어 전자 복사기의 보급을 두고 "대학문화의 혁명"이라는 말을 할 정도였다(『경향신문』 1983년 12월 6일자).

대학가 사회과학 서점은 군소 사회과학 출판사들의 신간 서적들이 판금 조치를 당하기 이전에 배포하여, 운동권 학생들의 지적욕구를 채워주는 데 큰 기여를 했다. 이는 서울의 주요 대학에 국한된 현상이 아니었다. 거의 모든 주요 도시에 사회과학 서점이 하나씩은 있었다(한국출판문화운동사 편집위원회 편, 2007, 162-163쪽 ; 민주화운동기념사업회 한국민주주의연구소 엮음, 2005, 572쪽). 이와 관련하여 1980년대 상반기 강원대 학생운동을 이끌었던 구술자 C의 언급이 주목된다.

구술자 C : 80년대 들어와서 춘천서림이라고 만들어져요. 그게 이제 완전히 의도적으로 한 건데 하○○이라고 춘고 출신에 서울대로 진학을 했다가 이 친구가 아주 일찍 제적이 돼요. 80학번인데 81년도에 제적이 돼요. 데모를 하다가 첫 번에 잡힌 거예요. 그래서 계열별 입학을 해서 자기 과수업을 한 번도 못 들어가 보고 제적이 돼요. 이 친구가 81년도에 제적이 돼서 이 친구가 춘천에 지역운동 하던 선배가 있는데 ○○씨라고 나한테 직접 선배인데요. 이 양반이 지역운동을 풀어보자고 가서 꼬시는 거예요. 가서. 서울대 자연대 다녔으니까. 이 친구가 내려온 거예요. 내려와서 이 친구가 맨 처음 한 게 서점을 낸 거예요. 강대 앞에다가 춘천서림이라고 사회과학 서점을 낸 거예요. 이 친구를 통해서 책들이 공급되는 거죠.

C의 구술은 학생운동을 제약하기 위한 수단인 졸업정원제가 역설적이게도 지역운동 활성화에 일조하고, 사회과학 서점이 해당 지역 학생운동에 지적 공급처 역할을 수행했음을 확인시켜 준다.

거의 대부분의 언더서클이 의식전환을 위한 현실인식 입문서 – 정치경제학과 유물론 – 세계 혁명사 – 한국 학생운동사 및 사회주의 운동사를 단계적으로 밟는 학습프로그램을 도입했다. 의식화 프로그램은 학회와 같은 대중조직에서도 채택되었고, 은수미에 따르면 이는 언더서클이 해체된 이후 학회가 운동가를 배출하는 역할을 대신할 수 있었던 이유 중에 하나였다(은수미, 2003, 212쪽). 구술자 A에 따르면 무림사건, 학림사건으로 대대적인 탄압을 받았던 서울대의 경우 1982년도경에 학습 경험이 축적되며 틀이 잡혔고, 더 나은 학습 체계를 구축하기 위한 정보교환을 하면서 서클들이 유사한 프로그램을 진행하게 되었다.

구술자 A : 80년도 5 · 18이니까 80학번들이 대거 그만두고 학교도 많이 쉬고 그 상태에서 81년도에 학생운동 조직사건들이 터지죠. 무림, 학림이라고 그래서 77학번들이 대거 구속돼요. 그래서 살아남은 77학번이 일부고 78학번과 79학번들이 좀 있는 거죠… 78, 79학번하고 살아남은 80학번들이 이제 81년이 되면 80학번이 2학년밖에 안 되니까 사실은 결단의식이나 의식은 강했지만 책을 읽거나 한 것은 별로 없었을 거 아니에요. 아마 78, 79가 영향을 줬을 것 같고 81년 말 정도가 되면 79학번, 80학번들이 주류가 되가지고 학습시스템을 체계화한 거라고 보여지고 그래서 82년도가 되면 안정화가 되는 것 같아요. 마침 82년 3월에 부산 미문화원 사건이 터졌고 좌경화 학생운동에 대한 언론의 비판이 컸기 때문에 거꾸로 조직을, 사실 별건 없지만 조직을 보호하기 위해서 어떻게 할 것인가에 대한 고민이 깊어졌죠. 제 생각에는 학습 커리큘럼의 완성도 82년도 중반 정도쯤 되어서 완성이 되고 조직 운영 방식도 그때쯤 돼야 완성이 되는 것 같아요. 그래서 학습 커리큘럼은 어쨌든 80들이 주도가 돼서 자기들이 3학년 때 1학년들을 지도하다 보니까 커리큘럼 어떻게 하는 게 좋겠냐고 상호 간의 의논을 많이 한 거로 기억하고 있고 그래서 어떤 서클이 주도했다기보다는 좋은 책을 선정하는 거랑 순서 잡는 거거든요. 뭘 앞에 하고 뭘 뒤에 하고, 공유가 됐기 때문에 같아지지 않았나 이렇게 생각이 듭니다.

상호 의견교환을 통해 세미나 커리큘럼이 공유되었기 때문에 세미나 내용에서 언더서클 간에 큰 차이는 없었을 것으로 판단된다. 그리고 학습 내용은 외부 연합서클이나 사적 경로를 통해 학교 단위를 넘어서 상호 공유해 나갔다.

2) 운동 체계의 변화와 대학 간 연대의 확대

1980년대 상반기 학생운동이 운동시스템 측면에서 보인 첫 번째 특징은 학회나 단과대 단위의 운동 체계와 언더서클 중심의 운동 체계가 병존했다는 점이다. 1970년대 후반 긴급조치 상황 아래서 학내 시위 일정과 동원을 조정하기 위해 '언더 지휘부'로 칭해진 비공개 논의 기구가 만들어졌다. '언더 지휘부'가 생긴 시점은 각 대학마다 달랐다. 서울대 학생운동은 1970년대 후반 '언더 지휘부'를 체계적으로 구축했다. 긴급조치 9호 상황에서 서울대 학생운동을 이끌던 이들은 학생운동의 역량을 안정적으로 재생산 할 수 있는 시스템을 마련하고자 고민했다. 그리고 이는 각 '이념서클'의 정비와 76학번 주도의 '(77학번) 연합언더 조직' 결성으로 이어졌다. '연합언더'는 서울대 문과계열 대학 소속 이념서클 11개에서 파견된 대표자로 구성되었다. 이들은 운동의 주객관적 정세와 방법론에 대한 토론과 공유, 단대 및 과별 조직화의 추진, 시위의 유지와 확산 등을 담당했다(80년대 전반기 학생운동 기념문집 출간위원회 편, 2006, 11-12쪽).

고려대에서도 1970년대 중반부터 비공개 지도부로서 학생운동 내 논의 구조가 작동되고 있었다.[34] 신군부의 탄압으로 언더지도부가 다시 만들어졌다는 구술을 보면 1979년 말부터 1980년 초까지 언더지도부가 작동

---

[34] 1974년에 비공개 지도부가 구성되어 74, 75년도 시위를 이끌었다[도천수(철학과 73학번, 도산연구회 출신, 1975년 긴조 7호 조치로 제적) 구술(고려대학교 민주동우회 엮음, 2009, 396쪽)].

하지 않았던 것으로 보인다. 1980년 5월 이후 신군부에 의해 합법활동 기구인 총학생회와 서클연합회가 무너지고 선배 그룹도 학교를 떠난 상황에서 고려대 학생운동의 최대 과제는 '누가 지도부를 어떻게 구성할 것인가'였다. 이러한 상황에 대처하기 위해 고학번 중심의 '언더조정회의'가 자연스럽게 만들어졌다(고려대학교 민주동우회 엮음, 2009, 439쪽).

연세대에서 경우 1981년도 2학기에 79학번들의 주도 아래 '언더 지휘부'가 최초로 구성됐다. 연세대의 언더연합 지휘부는 교내외 유인물 살포와 데모를 기획하고 시위주도자를 선발하는 역할을 담당했다(80년대 전반기 학생운동 기념문집 출간위원회 편, 2006, 258-260쪽).

1981-82년도 학생운동권에서는 학회활동을 강화하면서 학생운동 동원 체계를 재편하려는 흐름들이 대두되었다. 고려대의 경우 81년도에 들어서면서 서클별로 '언더조직'을 만들고 단과대 학회를 활성화하기로 의견을 모았다(정태헌, 2012, 55쪽).자발적으로 학회가 결성되기 시작하고, 동원 단위로서 학회 또는 학과가 훨씬 효율적이라는 점을 주목한 80학번들은 오픈서클과 언더서클에 참여한 인원들을 각과 학회로 보내 학회 건설에 참여시켰다(고려대학교 민주동우회 엮음, 2009, 423·437쪽). 그 결과 학회의 핵심인자들을 중심으로 학과에 맞는 학습이 진행되고, 단과대별 동원 체계가 만들어졌다.[35] 언더서클과 별개로 학회에서 재생산 및 동원 체계가 만들어진 것이다.

서울대에서도 1982년 무렵부터 과별로 학회가 만들어지기 시작했다. 이처럼 학과를 중심으로 한 학습과 대중활동이 확대되며 언더서클 기반의 동원 체계가 한계를 드러내자 80학번들의 주도로 단과대별 동원 체계가

---

[35] 학회활동을 이끈 80학번들은 학회연합을 만들어 등록서클, 학회연합, 언더서클이 망라된 운동 체계를 구축하고자 했다. 이 구상은 이를 주도했던 이들이 강제징집을 당하면서 무산되었고, 운동 체계는 언더서클이 주도하는 방식으로 유지되었다(고려대학교 100년사 편찬위원회 편, 2005, 272쪽).

만들어졌다. 1982년 여름부터 각 단과대학을 동원 단위로 한 학생운동 체계가 빠르게 자리 잡기 시작했다. 그 결과 인적 재생산은 언더서클이 담당하고 동원은 단과대를 통해 이루어지는 방식이 구축되었다(농촌법학회 50년사 발간위원회·민주화운동기념사업회 편, 2012, 497-498쪽). 동원책임자(post)를 중심으로 움직여 이른바 '포(Po) 시스템'으로 불렸던 서울대의 운동 체계는 1983년에 정착되어 1985년까지 존속했다(은수미, 2003, 210-212쪽).

A의 다음 구술은 1980년대 상반기 주요 대학의 학생운동이 운동의 저변을 확대하였음을 보여준다. 또한 이에 따른 학회와 같은 과 단위 활동의 자연스런 확대와 대중운동의 본격적인 모색, 그리고 시위 규모와 방식의 변화가 연쇄적으로 전개되었다는 사실을 확인시켜 준다.

구술자 A : 오픈서클의 멤버하고 언더서클 멤버는 별도로 공부나 토론모임 같은 거를 했었고 이게 그렇게 힘이 생기고 나니까 83년도 되니까 과 단위로 학회를 만들기 시작하죠… 83년 신학기 들면서 소위 대중운동론이라는 게 나왔어요, 학생 내부에서. 그래서 2월정도 돼서 학교를 갔더니 80선배가 부르더니 야 이제 대중운동이 필요한 거 같지 않아? 갑자기 무슨 대중운동이냐 그랬더니 과 단위의 모임을 만들자는 얘기에요… 공식적으로 학교 제도에 의해서 학년이 있으니까 그거 말고 모여서 학습도 하고 토론도 하고 풍물도 하고 같이 놀기도 하고 이런 거를 이제 만들어낸 거죠. 83년도에 거의 전과에 만들어진 거죠. 그래서 제가 볼 때는 언더서클의 지도자들 입장에서 볼 때는 언더서클 갖춰져 있고 언더서클이 내부에 운영 소그룹을 갖고 있죠. 그렇게 하고 오픈서클이 생기고 과 단위까지 만들어지고 그러고 나니까 83년도에 시위가 있을 때는 82년도 시위하고 좀 다르게 교내시위 때 좀 체계적이에요. 누가 주로 4학년이지만 어떤 학생이 나와서 시위 전술이 있잖아요. 몇 시에 어디 도서관 앞에서 누가 하고 몇 분에는 어디가 있고 어디가 있고 이렇게 하면 참여 학생들이 많고 체계적으로 움직이는 거죠. 좀 상대적으로 시위 시간이 길어지는 거죠. 83년도에는 학도호국단 폐지운동을 하죠.

성균관대는 1980년대 상반기에 각 공개, 비공개 서클의 독자성을 크게 축소하는 방식의 동원 체계를 일찍 구축했다. 1982년 말에서 1983년 초에 학교로 복귀한 78학번들의 주도로 기존 언더서클, 오픈서클, 각과에 속했던 4학년 80학번들이 모두 7-8명으로 구성된 10개의 학습팀으로 묶여졌다. 이와 함께 학내활동을 비합서클, 합법서클, 단과대, 여학생팀, 합법공개부문이란 분류로 묶고(80년대 전반기 학생운동 기념문집 출간위원회 편, 2006, 368쪽), '투쟁' 및 '학간연대' 담당을 맡은 일인을 배치하는 체계를 구축했다. 성균관대의 이러한 학생운동 체계는 1985년까지 지속되었다.

성균관대와 유사한 동원 체계가 고려대에도 1984년 이후 구축되었다. 고려대에서는 학원자율화조치 이후 총학생회와 같은 공개적인 학생자치 조직의 역할을 강조하고, 동시에 서클주의의 한계를 비판하는 목소리가 제기되었다. 이러한 서클주의를 극복하기 위한 방안으로 학교 전체를 5개의 '섹트'로 구분하고 투쟁지도부로서 'CT(Control Tower)'가 배치되었다(고려대학교 100년사 편찬위원회 편, 2005, 280쪽). 학교 섹트에 기반을 둔 'CT'는 기존 언더서클의 조정회의와는 달랐으며, 각 언더서클의 독자성과 영향력을 인정했다면 점에서 'CT' 중심의 운동 체계는 과도적이었다. 언더서클의 조정회의는 별도로 유지되었다.

요컨대, 1980년대 상반기 서울지역 주요 대학의 운동권 학생들은 급격한 인적 확대, 이에 따른 과 학회의 활성화, 학원자율화조치에 따른 합법 활동 공간의 확대 등에 대응하며, 학생운동을 더욱 효율적으로 이끌어 갈 수 있는 동원 체계를 고민했다. 그리고 변화의 전반적인 흐름은 재생산과 동원을 동시에 담당했던 언더서클의 역할을 축소하며 동원조직을 분리하는 방향으로 나아갔다.

1980년대 상반기 학생운동 체계의 두 번째 특징은 이른바 '페더'(federation의 약어로서 'feder')라 칭해졌던 비공개 '학교 간 연대'(이하 학간연대) 모임이 안정적으로 자리를 잡았다는 것이다. 그리고 서울 주요 대학 학생운동 전개에 커다란 영향력을 발휘했다는 점이다.

대학 간 비공개 연대 모임 결성의 배경에는 1980년 패배에 대한 1970년 대 후반 학번들의 뼈저린 반성이 있었다. 1980년 학생운동의 중심에 있었 던 학생들은 신군부에 패배한 주요 원인 중에 하나를 전체 운동지도부의 부재에서 찾았다.[36)]

1970년대에도 지역, 종교, 연구회에 기반을 둔 다양한 형태의 교외 연 합서클들이 있었다. 향우회, 교회, 야학, 흥사단아카데미, '한국농업근현 대연구회'와 같은 교외 모임은 대학 간 인적 관계를 구축하고 학내에서 채우지 못하는 학습을 할 수 있는 공간이었다. 유신체제하에서 이러한 교 외 단체들을 매개로 서울 시내 대학 운동권 학생들의 연대조직이 만들어 지기도 했다(신동호, 2007, 222-226쪽). 그러나 1970년대 연대조직은 소속 대학 운동권 전체의 의사를 대변하지 못했고, 또한 지속적으로 운영되며 학생운동 전개에 영향력을 행사하지도 못했다. 이러한 점에서 연대조직 은 1980년대 상반기 비공개 학교 간 연대 모임인 '페더'와 구별된다.

학교 간 연대 모임을 만드는 데 주도적인 역할을 한 고려대 76학번 이승 환은 당시 학생운동이 발전하기 위해서는 개별 학교 단위를 벗어나야 한 다고 판단했다. 그리고 '전국적 조직'을 바로 결성할 수 없기 때문에 우선 학생운동이 활성화되어 있는 서울의 주요 대학들을 "내적으로 깊이 연결 맺는 작업을" 했다고 구술했다(고려대학교 민주동우회 엮음, 2009, 283쪽).

고려대, 서울대, 성균관대 3개 대학 학간연대 모임은 1983년 상반기부 터 상설화 되었다.[37)] 1984년 4월경에 연세대 대표자가 참여하여 고려대,

---

36) 이와 관련하여 1980년에 4학년으로서 서울대 전체 학생운동을 이끄는 위치에 있던 현무 환의 사후적인 평가가 주목된다. 현무환은 1980년 박정희의 갑작스런 죽음으로 열린 공 간에서 독재체제를 타파하고 민주화를 진전시키기 위해서는 범대학적인 학생운동지도 부를 긴급히 건설해야 했었는데, 이를 담당해야 할 서울대 학생운동 지도부가 1970년대 후반의 학생운동의 역사적 경험의 한계에 갇혀 이를 만들어내지 못했다고 평가했다(80년 대 전반기 학생운동 기념문집 출간위원회 편, 2006, 18쪽).

37) 이하 학간연대 모임과 관련한 세부 내용은 84년부터 85년도까지 학간연대 모임에 참여 했던 D의 구술에 의거하여 서술한 것이다. 고려대 76학번 이승환, 서울대 77학번 윤○

서울대, 성균관대, 연세대 4개 대학의 대표자 모임으로 자리 잡았다. 학간연대 모임은 거의 매주 1회의 모임을 가지며 각 학교의 정보를 교환하고 매 시기 쟁점과 이슈에 대해 토론을 했다. 협의체였기에 의사결정을 볼 수 없는 사안에 대해서는 더 이상 논의를 전개하지 않았다.

1985년까지 성균관대와 고려대, 연세대 대표자는 학교 언더지도부를 이끄는 위치에 있었기 때문에 연대 모임의 합의사항이 해당 대학에서 큰 무리 없이 관철되었다. 서울대는 다른 대학들과 사정이 달랐다. 모임에 참여한 서울대 대표자는 무림계열이었다. 무림계열 대표자도 학간연대 논의사항을 다시 학내로 돌아가 협의해야만 하는 위치였고, 여기에 서울대 학림계열(민주화추진위원회 그룹)은 학간연대 내 성대책임자와 사선으로 관계를 맺고 의사를 관철시키고자 했다. 1984년부터 1985년까지 학간연대 모임을 이끌었던 구술자 D에 따르면 서울대가 다른 대학과 달리 복잡하여 비록 사안에 따라 혼선이 발생하기도 했지만, 학간연대 결정사항은 다 관철되었다고 한다.[38] D는 학간연대 모임이 학생운동의 주요 인물들로부터 지원과 존중을 받으며 실천투쟁 측면에서 지도부적 역할을 수행한 협의체라고 평가했다.

구술자 D : 대개는 그 당시의 합의가 기타 학교들에서도 대등한 리더십을 가지

○, 성균관대 78학번 이○○ 등이 모여 최초 학간연대 모임을 구성했다. 이후 모임 참여 구성원은 바뀌었다. 학간연대 구성원들은 적어도 1년 정도를 참여했고, 길게는 3년까지 학교 대표자로서 참여했다. 84년도부터는 80학번(서울대, 성균관대) 81학번(고려대, 연세대)이 이끌었고, 연대모임이 유지되었던 86년까지 81학번 밑으로 대표자가 내려간 적은 없었다고 한다.

[38] 학간연대 모임은 사안에 따라서는 분열된 서울대를 논의구조에서 일시 배제까지 하며 결정 사항을 관철시켜 나갔다. 1984년 12월 '민정당사 점거농성'이 그 사례이다. 이 점거농성의 제안은 서울대 무림계열의 의견을 대변하는 학간 대표를 통해 제안되었으며, 이를 수용한 학간연대 모임에서 함께 치밀하게 준비했음에도 불구하고 최종 단계에서 서울대가 배제되었다. 이는 고려대, 성균관대, 연세대 학간연대 모임 대표들이 서울대 내에서 혼선이 보이자 보안유지가 어렵다고 판단한 결과였다.

게 되면서 서울대가 안 받을 수가 없었어요. 이쪽하고 결정했든 저쪽하고 결정했든 가령 서울대 무림하고 성대, 고대하고 결정했든, 물론 신사적으로 얘기했죠. 그럼 끝인 거예요. 여기는 이게 무림의 의견이라고 해서 안 가는 게 아니고 여기의 의견이니까 가는 거예요.

실천적인 행동은 다 거기서 결정했으니까 지도부입니다. 다만 이제 여기 모인 사람이 최고 상위라기보다는 수많은 선배들을 이들이 스스로 존중했다. 많은 의견을 경청하면서 또 사실은 이게 어떻게 유지될 것인가에 관해서는 완전 단독 결정이라기보다 각 학교의 유력한 선배님들과 상시적으로 적당한 선까지 상의를 했다. 집단이죠. 집단 자체가 뭘 만들어냈고 당장 리딩하는 최고 모임을 하나 만들어냈고 그걸 3-4년간 유지를 했고 또 밑에도 만들고 옆에도 하면서, 이런 성격의 협의체적이죠.

1970년대 캠퍼스 단위로 분절된 상황에서 전개된 학생운동과 달리 학간연대 모임의 안정적 운영은 학교 간 연합시위가 보편적인 시위양식으로 정착하는 데 촉매제적인 역할을 했다.[39] 유신체제하에서도 연합시위가 전개되기도 했지만 단발성에 그쳤던 반면 1980년대 상반기에 연합시위는 주된 시위 방식으로 자리 잡았다. 또한 비공개 학간연대의 운영은 개별 캠퍼스 학생운동이 독자적으로 추진하기 어려운 민정당사 점거농성도 치밀하게 준비할 수 있었다.

구술자 D : 82년까지는요. 연합시위가 없었어요. 전국적으로 한 건의 연합시위도 없었어요. 만났다고 하더라도 사전에 의견을 주고받은 거지, 행동을 같이 짜서 한 거는 없어요. 선배들이 이전에 만났다고 하더라도 그거는 그냥 제한적인 인간관계다. 행동을 했던 것은 아니다. 그렇지만 이 학간 페더가 처음으로 주동을 했던 거가 83년도 연합시위입니다. 연합가두시위![40]

---

[39] 문교부의 조사에 따르면 대학가 연합시위가 1984년 1학기 동안 7개 대학에서 13회가 개최되었고, 1984년 2학기에는 14개 대학에서 22회가 개최되었다(문교부 편, 1985, 31쪽).
[40] 이는 1983년 9월 30일에 서울지역 대학생들이 전개한 연합가두시위를 말한다.

학간연대 모임은 외연을 넓혀 나갔다. 학간연대를 구성한 대표들은 각자 인근 대학 비공개 서클들과 연계를 맺는 방식으로 연대의 폭을 확장해 나갔다.[41] 이러한 점을 고려할 때, 1980년대 상반기 학간연대라는 시스템의 구축과 안정적인 운영이 전국적인 대학조직 결성의 출발점으로 볼 수 있다는 이승환의 평가는 주목해 볼만하다(고려대학교 민주동우회 엮음, 2009, 283쪽).

끝으로 공식적인 전국 단위 학생조직이 만들어지기 이전에 서울과 지방의 학생운동이 연계되는 방식을 짚어보자. 이미 학생운동의 전통과 역량이 상당히 축적된 부산, 광주, 대구 등과 같은 지역들을 제외한 학교들의 학생운동 역량은 매우 취약한 상태였다. 공권력에 의해 몇몇의 핵심인물들이 구속당하면 학내운동이 정지되는 상황에 직면하기도 했다. 구술자 A와 C는 지역 연고를 가진 서울지역 대학생들과 상대적으로 취약한 지역의 대학 운동권이 결합하여 학생운동 역량 강화를 도모한 흥미로운 사례를 확인시켜준다. 그리고 1984년 정부의 유화조치는 제적생의 복교에 따른 개별 대학 학생운동 활성화의 계기가 되었을 뿐만 아니라 전국적 차원에서 학생운동이 강화된 계기였음을 확인시켜 준다. '6월항쟁'이 전국적으로 일어날 수 있었던 학생운동 기반이 이 시점부터 만들어졌다고 하겠다.

구술자 A : (1984년) 3·1절 특사로 나오죠. 저도 그때 나왔는데 근데 이 학생 수가 굉징히 많았어요. 이 학생늘이 바로 복학을 한 친구가 있고 복학을 하지 않고 현장으로 간 친구들도 있고 그때 마침 공교롭게 70년대 초, 60년대 말 학번이 중심이 되가지고 공동체라는 출판사에서 지역운동론이라는 책이 나왔어요.[42] 그래서 대중문화운동이라는 컨셉도 처음 나오고… 제가 출소를 해서 환영식을 했죠.

---

[41] D에 따르면 연세대 대표는 서강대, 이화여대 언더서클들과 관계를 유지했고, 성균관대 대표는 후배를 통해 성신여대, 덕성여대, 국민대 책임자들과 관계를 맺었다고 한다.

[42] '지역운동론'이란 책은 확인되지 않는다. 도서출판 공동체는 1983년부터 『공동체 문화』라는 부정기 간행물을 발간했다.

그때 우리 춘천 출신의 친구들이 모였죠… 거기서(환영식 자리에서) 우리가 지금 국면에서는 강원대학교, 한림대학교, 춘천교대 대학이 세 개가 있었는데 그쪽에서 학생운동을 하는 그룹이 있었는데 아주 극소수죠. 이런 우리가 알고 있는 친구들을 연결을 해줘서 그쪽에 연결을 시켜주면 활성화하는 데 도움이 되지 않겠느냐(하는 논의가 나오고). 저희가 이제 사람들을 모아서 연결을 해준 게 한 백여 명 돼요.

84년도에 대거 출소한 친구들이 다시 일부는 학생운동을 또 했죠. 복학해서 전통적인 학생운동을 한 그룹이 있었고 그렇지 않은 그룹들이 있는 거죠. 그런 사람들이 음으로 양으로 상당히 도왔다고 봐야 돼요. 그렇기 때문에 제가 볼 때는 84년도부터 시작해서 85년도가 되면, 2년 정도가 되면 그런 지방 국립대학들의 학생운동이 제법 규모 있게 만들어지죠.

구술자 C : 서울 쪽에 있는 친구들이 강원대학교에 자기 친구들이나 후배들을 규합해서 만든 서클이 있어요. 그게 대학문화연구회라는 서클이었어요. 85년도에 생겨난 서클이죠. 이 대학문화연구회도 여기 동력은 지도하는 사람들은 서울 쪽에 있는 애들이 와서 했고 다른 서클은 강원대 자체에서 한 거고.[43] 이런 것들이 있었는데 그래서 제가 강대운동을 어떻게 발전시킬 것인가를 가지고 사람들을 만나죠. 만나는 과정에서 대학문화연구회 위에 ○○○(구술자 A)를 만난 겁니다… 그래서 둘이서 얘기를 하다가 의기투합을 하게 된 것입니다. 그래서 언더서클을 만들어내자 얘기를 해서… 제가 서클들의 지도자들을 다 만나봅니다.

3) 언더서클 운동 방식의 문제 대두와 전환

1983년 12월 전두환 정부의 학원자율화조치 방침 결정과 이에 따라 1984년도부터 조성된 새로운 상황은 기존 운동 방식에 커다란 영향을 끼쳤다. 이는 크게 세 가지의 변화로 나타났다. 첫째는 언더서클 중심의 운

---

[43] 1982년 성조기 소각 시위사건으로 대대적인 탄압을 받은 뒤 한동안 침체되었던 강원대 학생운동은 1984년 재학생과 출소한 복학생들이 결합하며 다시 활기를 띠었다. 1984년에 강원대학에는 민중문화연구회, 사회문화연구회, 각의 모임 등의 사회과학 서클들이 활발하게 활동하며 학내민주화운동을 이끌었다. 1980년대 상반기 강원대 학생운동의 전개 과정에 대해서는 유남선, 2007, 146-149쪽을 참조.

동 방식에 대한 본격적인 비판의 제기이다. 둘째, (총)학생회와 투쟁위원회와 같은 합법, 반합법 조직에 기반을 둔 운동의 확대이다. 셋째, 학생운동권의 변혁노선에 따른 재편과 운동 방식의 변화이다.

언더서클 해체론이 제기된 시점은 학교마다 달랐지만[44] 대중활동이 크게 확대된 1984년부터 본격적으로 논의가 되었던 것으로 보인다. 언더서클을 중심으로 한 운동 방식은 1980년대 상반기 학생운동 역량의 급성장에 큰 역할을 수행했다. '패밀리'라는 호칭이 은유하듯이 언더서클 운동 체계는 서클원으로서의 정체성과 학생운동가로서의 정체성이 분리되기 어려운 구조였다. 이는 학생운동 역량과 합법 대중활동이 증대하는 상황에 효과적으로 대처하지 못하고, 심지어는 투쟁 과정에서 서클의 이해를 우선시하며 충돌을 빚는 폐해로 나타났다. 한편, 전체적으로 보면 학생운동은 학회와 같은 공간에서 성장하거나 활동하며 언더서클에 대한 정체성이 약한 학생들의 규모가 빠르게 증가하는 양상을 보였다.

언더서클 중심의 운동 체계에 대한 비판은 운동노선을 달리한 그룹들 모두에 의해 제기되었다. 1984년 이후 서울대 학생운동의 분화와 지향은 이를 잘 보여준다. 상시적인 반합법 투쟁조직을 건설해야 함을 강조한 '깃발(MT)'그룹이나, 학생회 강화를 강조한 '반깃발(MC)'그룹 양자 모두 '포시스템'이 더 이상 효과적이지 않다고 보았다.

1985년에 '포시스템'을 이끌었던 서울대 내 언더서클 그룹들은 유화국면이 장기적으로 지속될 것이라 판단했다. 따라서 이들은 '포시스템'을 해체한 뒤 소속원들 모두가 학생회에 진출하여 지도부를 구성해야 한다고 보았다. 한편, 깃발그룹은 '포시스템' 대신 정치투쟁, 선전선동, 연대투쟁 등 기능별 조직을 강화한 중앙투쟁위원회를 구성하여 학생운동 지도부를

---

[44] 서울대의 경우 언더서클이 다시 성황을 이루었던 1982년경부터 패밀리 해체론과 단과대 단위의 대중활동론이 제기되었다고 한다(농촌법학회 50년사 발간위원회 · 민주화운동기념사업회 편, 2012, 449쪽).

결성해야 한다고 주장했다(편집부 편, 1988, 83쪽). 깃발그룹은 학생운동의 과제가 대중조직과 다른 높은 수준의 사상적 통일, 조직 규율, 훈련 체계를 가진 지도조직을 건설하는 것이라 보았다. 그리고 이를 위해서는 통일적 수준을 확보하지 못하고 있는 서클주의적 조직활동을 극복하는 것이 일차적인 과제라 보았다(편집부 편, 1988, 201-202쪽).

깃발그룹은 1984년 10월 지도조직으로서 '민주화추진위원회'(이하 민추위)를 결성하여 학생운동을 주도했다. 그러나 민추위를 구성했던 핵심 인물들이 1985년 여름에 구속당하며 학생운동에 대한 영향력이 크게 약화되었다. '민주화추진위원회'사건으로 깃발그룹이 지도력을 상실한 후 서울대 양 그룹은 'Line-system'이라는 잠정적인 운동 체계를 구축했다. 이는 정치투쟁, 선전, 노동자 지원, 기획, 학생회 각각의 라인이 독자적인 내부 논의구조와 투쟁구조를 갖는 방식이었다(강신철 외, 1988, 87-88쪽).

학회를 통해 성장한 학생운동 세력도 비공개 지도조직의 건설을 추구했던 그룹들만큼이나 언더서클 중심의 운동 체계가 갖는 문제점이 크다고 보았다. 앞서 살펴보았듯이 학생운동의 저변 확대는 학회활동이 활성화되면서 이루어졌고, 이는 학회가 학내 학생운동에서 차지하는 비중이 커짐을 의미했다. 하지만 기존 언더서클을 중심으로 한 운동 체계는 대중활동 공간에서 성장하는 이들을 이른바 동원 '오더'를 받는 수동적인 대상으로 만드는 구조였다. 따라서 기존 언더서클들의 학생운동 주도권을 유지하는 방식이 비민주적으로 인식될 때, 학회를 통해서 성장한 이들의 반발은 피할 수 없었다. 고려대의 상황에 관한 B의 구술은 이를 잘 보여준다.

가 만들어지고 딴 데서 교육을 받는 게 아니고 그 자체 공간에서 하는 거잖아요. 그래서 이제 문정그룹이라고 해서 나중에 이름을 붙이는 그룹이 학회를 통해서 성장한 사람들입니다. 학회를 통해서 나도 올라왔는데 왜, 민주적으로 가야지 니네가 독점하느냐, 이거잖아요… 당분간은 그럼 우리는(민맥) 학회 공간에 나가질 않겠다. 한시적으로. 그래서 아주 해프닝이 벌어지는 거죠. 근데 겨사(겨레사랑)는 나름대로 독자라인으로 계속 포스트를 세워가지고 정리를 하고 그리고 이게 붙는 거죠. 서로 안 맞아떨어지니까, 그러니까 학회에서 성장했던 그룹이 그래 우리도 세력화할게… 문과대하고 정경대 중심이었기 때문에 문정이라고 불렀고 거기에 한정된 사람들은 아니고 근데 숫자적으로 제일 많아진 거죠.

언더서클의 영향력이 상대적으로 더 강하게 유지되며 그 폐해가 드러났던 대학들에서 'NL 주사파'의 영향력이 급속도로 확산되었다는 점은 흥미롭다. 고려대 이승환은 성균관대보다 고려대에서 NL주사파의 문제 제기가 큰 반향을 불러일으킨 이유 중에 하나로 학생운동의 조직적인 폐해에 대한 문제의식이 팽배해 있다는 점을 지적한다.[45] 즉 NL주사파의 급속한 영향력 확대는 주체사상 그 자체보다 "종파주의 투쟁이나 이런 것들이 딱 학내 상황과 맞아떨어지는 상황"에 있었다.[46]

B의 언급은 학생운동권 내에서 서클주의적 운동 방식을 극복할 필요가 있다는 공감대가 형성되어 있었음을 확인시켜 준다. 1985년 말에서 1986년 중반까지 서울대 '단재사상연구회'나 고려대 '문정'과 같은 NL그룹을 중심으로 서클주의와 종파주의에 대한 비판이 강력하게 제기되었다. 그리고 이는 언더서클에 기반을 둔 운동 방식의 변화를 심각하게 모색하고 있던

---

[45] 물론 이보다는 성균관대 80년대 상반기 학생운동에 지대한 영향을 미쳤던 민병두와 같은 78학번들이 학림—MT—CA로 입장을 정리해 갔다는 점이 더 큰 작용을 했을 것이다.

[46] 고려대학교 민주동우회 엮음, 2009, 289쪽. 1986년 3월 서울대에서 결성된 구국학생연맹(구학련)에는 '구학련'의 조직적 위상을 명확히 파악하고 가입하기보다 '서클주의 혁파'와 '통일된 학생운동 조직의 결성'이라는 구호에 공명하며 참여한 이들이 많았다고 한다(강신철 외, 1988, 179쪽). NL주사를 서울대와 고려대에서 전파했던 인물들은 이른바 '메이저 패밀리'에서 성장한 이들이 아니라 모두 공개 서클이나 학회에서 성장한 이들이었다는 점도 주목된다.

학생운동권 전반에 큰 반향을 불러일으키며 언더서클 운동체제를 종식시
켰다.

> 구술자 B : 86년도에 CC를 구성하기 전에 이미 고려대학교 운동틀은 문제가
> 있다는 문제의식을 다 갖고 있었어요. 이미 다 문제의식을 갖고 있었고 뭔가 고
> 려대학교는 조직의 변화가 필요하다 이 점에 다 공감하고 있었는데… 총학생회
> 는 서로 밑에서 논의를 협의해서 올라오는 방식으로 정리했어요. 서클들은 그대
> 로 비합조직으로 남아있었죠. 근데 첫째 이 서클이 비효율적이라는 데 동의를 했
> 습니다. 두 번째, 분파주의, 섹티즘이 자꾸 발생하게 되고 그 다음에 효율성 문제
> 는 아까 얘기했지만 투쟁력이 약화된 거잖아요. 분파주의는 심각해지고 이런 와
> 중에서 그걸 해결할 수 있는 방법이 없을까. 제가 미안하지만 학생운동 조직은
> 문제를 제기할 수는 있어도 담지자가 되기는 힘들다, 우리가 주도할 수 없는 집단
> 이다라고 이렇게 딱 정리했습니다. 그렇다고 중앙지도부가 당이 있는 것도 아니
> 고 없잖아요. 그렇지만 노동운동이 성장할 거라고 예측하고 있기 때문에 5·3인
> 천이 벌어지니까 그때 이미 조짐이 그랬거든요. 85년 구동파(구로동맹파업)부터
> 시작해서 나서기 시작했거든요. 그래서 학생운동도 뭔가 더 역량을 결집하는 게
> 필요한데 고려대학교 내에 있는 투쟁체만 가지고는 곤란하다 이런 문제의식을
> 갖고 있었어요.
>
> 근데 NL주사 쪽에서 정리를 해가지고 왔어요. 두 가지 딱 얘기를 했어요. 하나
> 는 서클주의고 하나는 종파주의, 좀 차이가 있습니다. 종파주의는 사상에 대한
> 얘기고 서클주의는 조직이, 서클은 서클이어야 되잖아요. 서클이 상위조직의 역
> 할을 할 수는 없거든요. 그러니까 서클이 뭔가 하려고 하지 말고 서클은 서클답
> 게 서클로 있고 그 외 상위운동 조직이 만들자 이겁니다. 해체론을 들고 나온 거
> 죠. 여섯이[47] 몇 차례 만났는데 제가 제일 먼저 동의를 했어요… 서클주의 문제
> 는 옳은 얘기다. 서클은 서클답게 가는 게 맞다. 기존의 운동 서클들이… 사실상
> 운동조직인데 그 상태는 실질적으로 형식적으로 서클이다. 이런 내용 가지고는
> 안 맞으니까 해소하는 데 동의한다. 서클이야 누구든지 조직하라고 해라. 대신 이
> 걸 뛰어넘는 조직을 만들자. 이렇게 합의를 한 거예요. 그래서 애국학생회를 만
> 든 겁니다.[48]

---

[47] 고려대 내 6개 언더서클(겨레사랑, 기독교학생회, 민맥, 한국사회연구회, 문정, 정경련)에
서 파견된 대표자들을 말한다.
[48] B에 따르면 고려대 '애국학생회'는 교내 대부분의 언더서클이 해체하며 결합하는 방식

이처럼 1984년 이래 학생운동의 흐름은 언더서클을 해체하면서도 '비합법 조직'에 기반을 둔 운동 방식을 유지하는 방향으로 나아갔다. 이 시기 학생운동 주체들은 유화조치로 열린 학내 합법 대중공간을 적극적으로 확대하여 학생운동을 확대하는 과제와 사회변혁과 학생운동의 결합이란 과제를 동시에 추진했다. 그리고 그 결과는 '언더'라는 비합법 조직을 해체하면서 전위적 지향의 비합법 조직을 만드는 양상으로 나타났다.

(총)학생회 강화를 추진한 흐름과 선도투쟁을 지향한 흐름들은 개별 학교 단위를 넘어 전국적 단위의 학생운동 조직을 결성하는 단계까지 진전되었다. 1984년 하반기에 '전국학생대표기구회의'가 '전국학생총연맹'로 바뀌었고, '민주화투쟁학생연합'(민투학련)이 결성되었다. 대학 연합조직의 등장은 전국적 단위의 연합조직 결성에 대한 관심을 고조시켰다(김민석, 1992, 259쪽). 이는 1985년 상반기에 '전국학생총연맹'(이하 전학련)-'민족통일·민주쟁취·민중해방투쟁위원회'(삼민투위)의 체계로 자리 잡았다. 1985년 4월 17일 고려대에서 발족식을 가진 전학련은 한 달이란 짧은 기간 동안에 지역평의회들을 구성하며 전국적인 학생조직으로서 구색을 갖추었다. 산하에 중부지역평의회, 호남지역평의회, 서울지역평의회, 대구지역평의회를 두었고, 서울지역평의회는 다시 동서남북의 4개 지역 평의회를 두었다. 그러나 각 대학에서 총학생회가 구성되었음에도 불구하고 과에서부터 의견이 수렴되는 대의체게는 제대로 정착되지 못했다. 전학련은 조직적 측면에서 보자면 '전국학생연합'이기보다 '대표자협의회'정도의 위치였다. 그럼에도 불구하고 전학련은 실질적인 조직력보다 더 큰 힘을 발휘

으로 결성되었기 때문에 NL그룹, 비NL그룹이 함께 참여한 조직이 되었다(이와 관련해서 강신철 외, 1988, 215-223쪽 참조). 이는 NL그룹만으로 구성된 서울대의 '구학련'이나 연세대의 '반미구국학생동맹'과 다른 점이다. 또한 B에 따르면 자신이 '애국학생회'에서 교육을 담당한 초기는 공식적인 교양을 주체사상으로 하지 못하도록 했기 때문에 애국학생회를 처음부터 NL주사파로 통일된 조직으로 규정해서는 안 된다고 한다.

했다. 당시 전학련 의장을 맡았던 김민석은 그 이유를 학생운동이 노선대립에 따른 분화가 이루어지지 않으며 '초기적 통일성'을 견지했다는 데서 찾았다(김민석, 1992, 261쪽).

그런데 전국적 학생조직과 투쟁위원회의 구성과 상관없이 학간연대 모임은 1986년도 상반기까지 유지되었다. 합법, 반합법 조직이 여전히 취약한 상태이고, 비합조직이 주도적인 위치에 있는 상황에서 학간연대 모임이 일정한 역할을 담당해야 했기 때문이라 보인다. 구술자 D에 따르면 1986년 상반기까지 학간연대 모임이 연합시위를 조정하는 역할을 수행했다. 그러나 각 학교의 운동세력이 노선에 따라 재편된 이후 학간연대 모임은 기능을 상실했다. 연합시위를 '노선'으로 묶인 학생운동 계파들끼리 조직했기 때문이다.

구술자 D : 신길동 시위라는 게 있어요. 매우 폭력적인 그때부터 완전 (제헌의회 그룹에서) 독자행동을 해버립니다. 당시 학생운동 쪽에 가장 많은 영향력을 미치고 있었던 제헌의회 쪽에서 우리가 다 완성이 되니까 이제 다른 계파랑 할 일이 없다. 첫 행동이 86년도⋯ 10월인가 11월인가에 신길동에서 시위를 하는데 그때 단독행동을 합니다.[49] 그리고 그 전까지는 조종을 했는데 선배 그룹만 해체하고요. 81선의 밑에 그룹은 유지시켰어요. 거기서 연합시위를 조종했고요. 왜냐면 연합시위 조종기능이 되게 중요했거든요. 매번하니까 봄가을로 몇 번 하는데 마지막까지 여기서 했다고 보면 돼요. 86년도 하반기가 아마 교체되는 과도기였을 겁니다. 그 때부터는 이거고 저거고 모르겠다. 전부다 계파별로 가자. 그렇게 되면서 그 뒤에는 그 뒤 과도기 2년 정도는 조정기능이 오픈조직으로 갑니다⋯ 이제 언더끼리는 만날 수가 없어요. 이제. 입장이 달라서

---

[49] 1986년 11월 13일 서울대·성대·동국대 등 '민민투경인지역평의회' 소속 학생과 '노동자투위' 소속 노동자 500여 명이 신길동 우신극장 앞에서 벌인 가두시위를 말한다(기쁨과 희망 사목연구원 편, 2000, 365쪽).

4. 학생운동 문화의 확산과 정체성 공유의 확대

1) 대학문화의 균열과 변화의 추구

1980년대 상반기 학생운동은 이중적 학생운동 문화를 만들어 냈다. 하나는 언더서클 구성원들만이 공유한 문화를 말한다. 다른 하나는 일반 학생들과 학생운동의 가치와 지향에 관한 공감대를 형성한 문화이다.

유신독재와 신군부의 독재가 민주화를 요구하며 시위를 벌이는 학생들에게 퇴학과 강제징집 그리고 중형을 과하며 폭압적인 통치를 실시하는 상황에서 학생운동 참여는 학생들 개개인에게 커다란 결단을 요구했다. 세미나와 뒤풀이, 팀방의 운영, MT · 농활 · LT(Leadership Training)와 같은 프로그램은 언더서클의 일원으로서 소속감을 자연스럽게 마련하는 과정이었다. 일반 학생들과 민주화운동을 놓고 공감대를 형성할 수 있는 공간을 박탈당한 채 비합법 운동을 전개한 학생들은 의도와 상관없이 정부의 이념공세에 시달리며 '고립적인' 문화를 가질 수밖에 없었다. 아래 구술 인용은 1970, 1980년대 반독재 민주화 운동에 참여한 학생들이 처했던 상황을 잘 보여준다.

> 폭압적인 유신독재와 이어 등장한 전두환 정권 아래에서 민주주의를 향한 외침에 되돌아 온 것은 모진 고문과 투옥, 퇴학처분이었습니다. 너무나 많은 이들은 아무렇지도 않다는 듯이 학교에 잘 다니고 오직 소수 극렬분자들만 학생운동을 한다고 생각하던 시절도 있었습니다. 그래서 외롭기도 했지만 한편으로는 서클의 적지 않은 선후배와 동료들이 있어 외롭지 않았습니다(고려대학교 청우회 편, 2012, 205쪽).

광주학살에 이어 동료 학생의 투신 그리고 의문사가 일어나는 상황에서 쌍쌍파티를 벌이는 대학축제는 운동권 학생들이 볼 때 현실을 모르는 철없는 이들의 낭만에 불과했다. '서울의 봄' 시기 대학생들은 기존의 대학축제를 거부하기 시작했다. 고려대 학생들은 타 대학 학생들이 민주화를 위한 시위를 벌이다가 중퇴에 빠지는 상황에서 '축제' 자체가 용납될 수 없다고 주장했다(고려대학교 민주동우회 엮음, 2009, 428쪽).

학생운동권은 학도호국단 주최의 대학축제에 대해 지속적으로 비판의 날을 세웠다.[50] 1981년 서울대에서는 학도호국단이 본부 서클들이 준비하던 '민족적 민주적 대학축전'을 방해하며 연예인 공연과 쌍쌍파티를 추진하자, 운동권 학생들이 연예인들에게 똥물을 퍼부었다. 이 사건 이후 서울대 운동권은 합법 공간과 대중투쟁을 본격적으로 고민했다. 그리고 학도호국단의 활용, 공개서클 등록을 통한 합법 공간의 확보, 학예제와 같은 합법 대중행사 개최 등을 시도했다(농촌법학회 50년사 발간위원회·민주화운동기념사업회 편, 2012, 443쪽).

축제거부 투쟁은 축제를 준비하는 다른 대학들의 학도호국단이나 학교 당국에게 상당한 부담을 주었던 것으로 판단된다. 1982년 5월 고려대, 연세대 운동권 학생들이 "대학축제는 현 상황하에서 마땅히 거부되어야 한다"는 이유로 축제를 거부했다. 그러자 다른 대학의 학도호국단들은 향락문화에 치우쳤다는 비판을 듣지 않기 위해 '전통문화행사'를 다수 배치하는 모습을 보였다(『동아일보』 1982년 5월 29일자). 그렇다고 이때 운동권 학생들이 대학문화를 주도할 수 있는 위치에 섰던 것은 아니다. 이는 축제 변화를 모색한 고려대 학생들의 탄압 사례를 보면 알 수 있다. 1983년 고려대 운동권 학생들은 석탑축제의 변화를 도모했고 이는 향락축제에서 벗어나 '민족문화와 올바른 학문자세를 모색'하며 "대학축제의

---

[50] 이 시기 서울 및 지방의 대학 신문들에 대학문화가 향락적 소비문화나 저질 오락문화에 잠식당하는 것을 비판하며 올바른 대학문화를 정립해야 함을 강조하는 글들이 발표되었다(「오염된 대학문화에 반성의 소리」, 『경향신문』 1982년 10월 14일자).

올바른 방향을 정립하였다"는 평가를 받았다. 하지만 공안 당국은 학생들의 이러한 시도를 용납하지 않았다. 경찰은 축제가 끝나자 축제 기간 자연발생적으로 일어난 시위를 빌미로 축제의 변화를 모색한 이들을 연행했고, 고문 수사 후 10명을 강제징집했다(『강제징집실태보고서 ─ 고 김두황군의 죽음을 애도하며』, 5쪽).

1984년부터 주요 대학의 학도호국단 총학생장에 운동권 학생들이 선출되면서 대학축제를 운동권 학생들이 주도할 수 있게 되었다. 1984년 5월 고려대학교 석탑대동제 준비위원회는 기존까지의 대학축제에 대해 "무방향성·비체계성·몰가치적인 외래 대중문화의 무분별할 수용과 나열, 이 모든 것이 결과했던 대학문화의 저질 대중문화에의 종속과 오염된 문화풍토"를 답습해 왔다고 비판하였다. 그리고 대학 교정이 일부 대학생들의 '쾌락과 방종'을 위한 곳으로 전락하는 것을 용납하지 않겠다는 결의를 밝혔다. 운동권 학생들은 민주화 투쟁을 전개한 선배들이 만든 투쟁의 전통과 대동의 문화가 되새겨지며 대학문화의 중심으로 자리 잡아야 한다고 강조했다. 이들에게 '대동의 문화'란 "천대받고 유린당하는 '민족'과 '민주'와 '민중'을 석탑대동의 한마당에 모아 그 참의미를 되살리는 것을 의미했다. 당연히 대동제의 대주제는 '민족·민주·민중'이었다.[51]

대학축제에서 쌍쌍파티를 열고자 하는 학생과 사회변혁의 전위가 되고자 하는 학생 간에 가치나 지향의 공감대가 형성될 가능성은 거의 없었을 것이다. 그러나 극단적 대비를 제외하면 일반 학생들과 운동권 학생들 사이의 공감대는 넓었다. 이와 관련하여 1984년 실시된 부산대 학생의 의식조사 결과가 주목된다.[52] 답변자 중 정치상황을 비관적으로 답변한 학생

---

[51] 〈개교 79주년 석탑대동제를 준비하며〉(고려대학교 석탑대동제 준비위원회, 1984.5.1).
[52] 부산대 교수 이대우는 부산대 학생 1,200명을 대상으로 여론조사를 수행했고 이중 유효 응답자 1,108명의 답변을 분석한 결과를 논문으로 발표했다(이대우, 1984, 부산대학교 학교생활연구소, 59쪽).

들이 58%, 경제상황을 비관적으로 답변한 학생들이 43%, 특히 사회문제를 심각하게 본 학생들은 약 88%에 달했다(이대우, 1984, 63쪽 참조). 그런데 시위에 참여 한다고 답변한 학생들은 약 22%를 넘지 않았다(이대우, 1984, 66쪽 참조). 이러한 수치는 다수의 학생들이 시위에 참여하지는 않지만 운동권 학생들과 현실문제를 놓고 공감대를 형성하고 있음을 짐작하게 한다. 이와 관련하여 강원대생들의 반응을 언급한 C의 구술이 주목된다.

> 구술자 C : 데모를 맨 처음에는 경찰들이 학내에 상주해있고 하니까 50명 정도 해서 데모를 하잖아요. 날만 어두워졌다면 금방 천 명으로 불어나요. (강원대에서요?) 네, 강원대에서요. 그런 게 뭐냐 하면 내가 볼 때는 의식이 다들 속으로는 있는 거예요. 다들 공감을 하고 있는 거예요. 구경하는 사람들이 꽉 차잖아요. 백명이 뭐를 해도 구경을 하는 사람 천 명 되잖아요. 구경하는 사람들이 결코 의식이 없는 게 아니에요. 반대하는 게 아니니까. 다 동조를 하고 자기도 하고 싶은데 여러 가지 제약 조건 때문에 못하고 있을 뿐이에요. 그런 조건들만 벗어지면 다 동참을 하는 거예요. 이런 게 그때 당시 시대 분위기가 아닌가.

2) 기억투쟁과 집합적 정체성의 공유

1984년 유화조치로 대중활동 공간이 크게 확대되자 자신들의 가치와 지향을 일반 학생들과 공유하기 위한 다양한 활동을 적극적으로 전개했다. 1984년 이전이 학생운동 체계가 언더서클 활동을 통해 소수만이 공유하는 이른바 '운동권 문화'를 만드는 데 치중되었다면, 1984년 이후부터는 일반 학생들과 공유하는 '학생운동 문화'를 만들어 나갔다고 할 수 있다.

운동권 학생들은 학생들의 복지문제에도 본격적으로 관심을 두었다. 1984년 학원자율화조치 이후 각 대학의 학생들은 사회민주화와 학생회 부활 등 학원의 실질적 자율화를 주요한 이슈로 삼았다. 이들은 총학생회 출범과 함께 '학생복지회'를 설치하며 학생들의 일상적 이해를 대변하는데 관심을 기울였다(『동아일보』 1985년 6월 18일자). 학생복지위원회는구체적인 실태를 조사 분석하여 학생복지 개선을 추진하고, 과소비추방운동 및 학생협동조합을 만들며 새로운 대학 공동체문화를 형성하고자했다.53) 이는 복지시설 점검 수준에서 그쳤던 학도호국단의 활동과는 큰차이를 보였다. 당시 대다수의 학생들이 학비에 대한 부담을 크게 느끼고, 졸업정원제 실시 이후 열악해진 교육환경에 대한 불만을 제기했다.54)이 같은 상황에서 총학생회의 이러한 시도는 운동권 학생들이 일반 학생들로부터 지지를 얻는 데 일조했을 것이라 판단된다.

학원자율화조치로 학내 상주 경찰이 철수하자 학생들은 단발성 학내시위에서 벗어나 집회를 보다 안정적으로 개최하고 시위를 벌일 수 있게 되었다. 시위 주동자가 밧줄 하나에 목숨을 맡긴 채 고공시위를 벌이며 어떻게든 시위 시간을 연장하려고 더 이상 애쓸 필요가 없게 되었다. 자유토론을 진행하는 집회가 열리고, 학내 학생들에게 집회 이슈를 알리기 위한 교내 행진은 보편화 되었다.55)

---

53) 『학내 후생복지시설 운영 실태 보고 및 개선을 위한 방안』(고려대 총학생회·고려대 애기능 복지위원회, 1985.11.14), 1쪽 ; 「대학가에도 '소비자운동'」, 『동아일보』 1985년 10월 2일자. 『동아일보』 보도에 따르면 국가외채의 심각성이 부각되자 학생들이 이에 대응하는 차원에서 과소비추방운동을 벌였다고 한다. 일례로 한양대 학생들은 '신 물산장려운동'을 벌이며 국산품 애용과 외제품 안 쓰기 운동을 전개했다.

54) 1983년도 고려대 신입생 중 학비사정이 곤란하다고 답한 학생은 전체학생의 47%에 달했다. 1981년도와 1982년도는 50%가 넘었다. 대다수 학생들의 가정형편으로 학비마련에 상당한 부담을 받는 처지였음을 알 수 있다(고려대학교 학생지도상담실 편, 1982, 26-27쪽). 신입생들의 요구사항들로는 학교 일반시설(건물 및 캠퍼스) 확장이 가장 많았고(17.5%), 그 다음이 장학금 혜택(8%)과 후생복지시설(6.5%)의 확대 순이었다(같은 책, 51쪽). 1987년 서울대 학생생활연구소의 조사에 따르면 지방대생의 50%가 하층 가정에 속했으며 고려대 44.2%, 서울대 38.8%, 연세대 21.7% 였다(서울대학교 60년사 편찬위원회, 2006, 753쪽). 1980년대 상반기에는 상당수의 대학생들이 경제적인 어려움을 느끼고 있었다고 보아야 할 것이다.

55) 1984년 11월 15일 고려대에서 개최된 '여학생 추행사건 진상보고대회'의 집회 구성이 이러한 변화를 잘 보여준다. 이 집회는 '여학생 추행사건 진상보고'와 '민정당 농성사건의

대학연합 등으로 대규모화 된 집회도 '의례적' 성격이 강화되며 틀을 잡아갔다. 1984년부터 1985년까지 개최되었던 집회 및 시위의 내용은 이 기간 동안 학생운동의 집회 및 시위의 구성이 국민의례적 내용을 적극 반영하는 방향으로 나아갔음을 보여준다. 1984년 11월 '민주화투쟁학생연합'(민투학련)의 창립식에서는 '개회사와 경과보고'로 집회가 시작되었던 반면, 1년 뒤인 1985년 전학련 동부지역 궐기대회에서는 국민의례와 애국가 제창 그리고 민주열사에 대한 묵념으로 집회가 시작되었다(〈표 1〉 참조).

〈표 1〉 학원자율화조치 이후 집회 및 시위 양식의 변화

◎ 민주화투쟁학생연합창립대회 및 군사독재 정권 퇴진궐기대회(1984년 11월 3일)[56]
　－전국 제1차 학생대표자회의 및 민주화투쟁학생연합 주관

　▲ 집회 순서 : 개회사－경과보고－의장단 소개－창립선언문 낭독－의장단 선서－축사－국민에게 드리는 글－결의문 채택-고천의식－군부독재정권 화형식-횃불행진

◎ 민생권 및 민자권 수호로 삼민헌법 쟁취하여 군부독재타도 전학련 동부지역 평의회 궐기대회(1985년 11월 7일)[57]
　－전학련 동부지역 평의회 주관

　▲ 집회 순서 : 국민의례－애국가 제창－민주열사에 대한 묵념－전학련 동지평 10만 학우에게 드리는 글－전학련 100만 학도에게 드리는 글－국민에게 드리는 글－새마을 중앙본부 점거 학우의 글－미상의(미상공회의소) 및 새마을본부 점거 경위보고－화형식 및 교내시위－투석전

'기념주간', '실천주간'이 학생운동 방식으로 정착된 사실은 가치와 지향의 공유라는 측면에서 볼 때 특히 주목을 끈다. '5월 광주항쟁'과 '11월 학생의 날'은 반정부 시위를 벌이는 기간에서 벗어나 역사적 경험에 대한

경위 설명'을 한 뒤, '자유토론회'(결의사항/행동강령)를 진행하고 '교내행진'을 벌였다(고려대 학생처 작성 집회 정리보고 자료, 1984년 11월 15일).

[56] 〈학생의 날 부활기념－군사독재정권퇴진궐기대회〉(제작주체 미상, 1984.11.1).

[57] 고려대 학생처 작성 집회 정리보고 자료(1985년 11월 7일).

재현을 통해 '기억투쟁'을 전개하는 기간으로 변화되었다.

1985년 전학련 차원에서 추진한 '5월투쟁'의 일환으로[58] 각 대학에서는 '광주민중항쟁 5주년 기념식 및 희생자 추모기간'을 선포하고 다양한 관련 행사를 개최했다. 5월 15일부터 23일까지 고려대에서는 '광주민중항쟁의 민중 운동사적 조명', '광중항쟁 현장 사진 및 시 그림 등 자료전시회', '비디오 상영과 육성 녹음테이프 방송 및 판매',[59] '사회학과 학술심포지엄 : 한국 군부에 관한 고찰', '광주항쟁 재현극' 등 다채로운 행사들이 개최되었다. 이와 같은 광주항쟁의 기념 또는 추모기간의 실시는 1984년부터 시작되었으며(『고대신문』 1984년 5월 21일자), 이는 단발성의 격렬한 시위를 벌였던 1982년, 83년의 5월 상황과는 확연하게 대비된다.[60] 1985년에는 5월 광주항쟁 기념이 더욱 체계적이고 모든 이들이 결합하는 기념제로 바뀌어 갔다. 1985년 서울대 '5월제 행사 진행표'를 보면 광주항쟁만을 다루는 데 그치지 않고 다양한 비운동적 문화, 학술행사도 포함하고 있다. 이는 일반 학생들이 기억투쟁의 수동적 소비자가 아니라 주체적으로 결합하는 방향으로 기념제의 성격이 변화해 갔다는 사실을 보여준다.[61]

유신정권에 의해 폐지되었던 '학생의 날'도 1984년 다시 부활되었다.[62]

---

58) 전학련 위원장 김민석에 따르면 전학련 간부들은 1985년 2·12총선에서 신민당의 압승으로 정세가 고양되고 학생운동이 전국적 조직을 갖추게 되어 '5월투쟁'을 계획했다고 한다(김민석, 1992, 262쪽).

59) 육성테이프에는 현장 전투 녹음, 광주기독교 방송 뉴스, 당시 불린 노래, 빅관현 전남대 총학생회장의 육성연설 등이 담겼다(광주민중항쟁 5주년 기념행사주간 5월 22일 행사 안내)(고려대 총학생회 제작, 1985.5)]

60) 1982년 5월 14일 고려대 학생 5명의 주도로 '반파쇼투쟁'을 외치는 시위가 벌어졌다.『고대신문』에 따르면 이날 시위는 "즉시 달려온 교수, 교직원, 현장에 있던 사복 경찰에 의해 저지를 받자, 수적 열세로 무력하게 해산되고 말았다"고 한다(「또 본교생 5명 구속」, 『고대신문』 1984년 5월 21일자).

61) '80년대의 민중운동', '민중 민주주의 이념 정립을 위한 시론'이란 발표도 있었지만 '제1차 관악 백일장, 민속마당', '클래식 기타 연주회' 등이 포함된 것은 '5월제'가 소수 학생운동권의 기념제에서 벗어나고 있음을 보여주는 사례로 판단된다(5월제 행사 진행표)(1985.5.13) ; 서울대학교 전자도서관 대학사료].

이는 학생들에게 저항정신을 가진 대학생이란 집단적 정체성을 부여하는 계기로서 배치되었다. 전두환 정부가 1984년 9월 19일 학생의 날 부활 요청을 받아들여, 11월 3일을 '학생의 날'로 정했다. 이에 학생들은 '학생의 날'을 계기로 '민주화투쟁학생연합'을 결성하고[63] 대대적인 시위를 벌이거나 '학생의 날 기념주간'을 정하여 다양한 행사들을 개최했다. 학생의 날 부활을 결정한 정부가 서울대 학생들의 시위를 진압하게 위해 10월 24일 대거 공권력을 투입했다. 그러자 학생들은 정부가 사회의 불의에 꿋꿋하게 항거하는 학생의 자세를 기리기 위한 '학생의 날' 제정 취지를 허울에 그치게 만들었다고 비판했다(『고대신문』 1984년 11월 5일자). 1985년 '학생의 날'은 학생들에게 민주화운동의 주체로서 정체성을 불어넣는 기념주간으로 성격이 더 강화되었다.[64]

학생들이 민중연대, 노학연대를 중시했다는 점을 고려하면(유경순, 2011, 98-103쪽) '전태일 기념주간'이 설정된 것은 당연하다 하겠다. 전태일이 분신한 날인 11월 13일을 전후로 하여 '전태일 기념주간'이 배치되었다. 1985년 11월 13일 고려대에서 경인지구 9개 대학 학생들과 노동자들이 연합하여 '전태일 열사분신 15주기 추도식 및 군부독재 타도와 삼민헌법 쟁취 실천대회'를 개최했다.

1984년부터 운동권 학생들은 인식의 공유와 확산을 위해서 다양한 방

---

[62] 유신정권은 1973년 3월 53종에 달하던 각종 기념일을 26개로 통폐합하면서 학생의 날을 없애고 성년의 날을 신설했다. 학생의 날 부활 요구는 폐기가 결정된 1973년부터 일제하 광주학생운동 관련자들이 지속적으로 제기했다.

[63] 1984년 11월 1일 연세대에서 20개 대학의 대표자가 회합하여 '민주화투쟁학생연합' 결성을 결의하고, 다음 날 '전국대학생 대표기구회의' 명의로 성명서를 발표했다. 그리고 11월 3일에는 각 대학에서(재경 9개교, 지방 2개교) 학생회 날 기념식 및 시위가 벌어졌다(문교부 편, 1985, 64-65쪽).

[64] 고려대 총학생회는 11월 4일부터 8일까지를 학생의 날 기념주간으로 정하고, 4일 '2만 고대학우여, 당당한 신새벽의 출정가를 울리자'란 제목으로 학생의 날 기념식을 개최했다. 이외에도 모의국민 대토론회, 개사곡 발표회, 강연회를 준비했다(「2만 학우여, 당당한 신새벽의 출정가를」, 『고대신문』 1985년 11월 4일자).

식과 매체들을 활용하기 시작했다. 복학생 대표자, 총학생회나 단과대 또
는 언론협회 등의 주관하에 학내 및 사회 민주화의 내용을 담은 회보 형
태의 정기간행물이 1984년부터 폭발적으로 발간되었다.[65] 여기에 다양한
'과 회보'들도 발간되었다.[66]

한편 다양한 '문화매체'는 학생운동의 외연을 확대하는 수단으로서 주
목되었다. 1985년 5월 서울대 서클연합회는 문화강좌를 개최하며, 학생들
모두가 문화매체를 습득하도록 하여 "학원의 진정한 자율화가 실현되고
나아가서 학원이 사회의 민주화에 참여하는 데 도움을 주기 위해 마련되
었다"고 취지를 설명했다.[67]

노래패들의 노래극이나 극회의 재현극은 감성적 차원에서 공감대를 형
성하는 주요한 수단들이었다. 이 시기 영화도 의식화나 문화운동을 위한
매체로 조명받기 시작했다. 서울대 얄라셩 영화연구회, 고려대 영화연구
회가 4월혁명의 내용을 담은 16mm, 8mm 영화 등을 제작, 상영했다(문교

---

[65] 1984년과 1985년도 상반기까지 문교부가 파악한 각 대학의 간행물들 다음과 같다. 『자
유언론』(주관 : 서울대 언론협의회, 창간일 1984.5.14), 『전진』(서울대 복학생협의회,
1984.9.17), 『아크로 폴리스』(서울대 자율화추진위원회, 1984.5.14) 이후 『민주전선』으로
개칭), 『상록』(서울농대 학생회, 1984.10.4. 이후 『민주서둔』으로 개명), 『깃발』(서울민주
학우, 1984.8.31), 『관악평론』(서울대 언론협의회, 1985.3.15) 『새벽을 향하여』(연세대 학
도호국단, 1984.3), 『울림터』(연세대 서클연합회, 1984.5.5), 『민주횃불』(연세대 기구대표
자협회의, 1984.9.5), 『선구자』(고대 언론출판연합회, 1984.9.28), 『정의의 광장』(고려대
법대학생회), 『함께 답새리』(이화여대 민주화추진위원회, 1984.9.17), 『이화언론』(이화여
대 총학생회, 1985.4.11), 『민주회보』(성균관대 민주화추진위원회, 1984.6.7), 『서클연합
회보』(성균관대 서클연합회, 1984.6.22., 85년도 『장정』으로 개칭), 『자유전선』(경희대
민추위 위원장, 1984.9.14), 『전진하는 새벽』(동국대 학자추, 1984.4.27), 『함성』(서울시립
대 학자추위, 1984.9.28), 『불꽃』(1985.4.8), 『민주외대』(한국외국어대 복학생, 1984.11.3),
『민주광장』(부산대 학도호국단, 1985.2.16)(문교부 편, 1985, 159-172쪽). 문교부가 조사
한 회보가 당시 발간된 회보를 모두 포괄한 것은 아니다. 이보다 더 많은 회보들이 발간
되고 있었고, 회보 이외에도 다수의 비정간물이나 보고서, 백서 등이 제작 배포되었다.
[66] 예를 들면 1984년 3월 서울대 정치학과가 『評天下』 제호의 과 회보를 만든 뒤를 이어 외
교학과의 『靑山』 지리학과의 『踏眞』, 사회학과의 『社照榜』 등 사회대 10개 학과가 모두
매달 과 회보를 발간했다(「대학가 『과회보』 발간 러시」, 『동아일보』 1984년 11월 20일자).
[67] 『5월 문화강좌』(서울대학교 서클연합회, 1984.5.1. ; 서울대학교 전자도서관 대학사료).

부 편, 1985, 175-176쪽). 당시 언론보도에 따르면 새로운 문화운동의 매체로 영화의 중요성이 오랫동안 대학 내 일부에서 인식되어 왔고, 학원자율화조치 이후 좀 더 자유로운 분위기 속에서 자연스럽게 영화서클이 뿌리를 내리게 되었다(『동아일보』 1985년 5월 14일자). 비디오, 슬라이드 상영도 파급력이 큰 매체였다. 앞서 살펴보았듯이 광주항쟁 기념주간에 다수의 대학에서 비디오, 슬라이드, 육성테이프 등이 항쟁의 실상을 알리는 매체로서 적극 활용되었다(문교부 편, 1985, 177-179쪽). 또한 미술도 활용되었다. 연세대 총학생회와 고려대 총학생회는 민중적 시각에서 해방 40년사를 재조명하는 젊은 미술 작가들의 순회전시회 프로그램에 참여했다.[68]

이전의 언더서클에서 소규모 학습 단위를 통해 의식화를 수행하는 방식과 달리 1984년부터는 합법적으로 다수 학생을 의식화하기 위한 방안들이 시행되었다. 언더서클에서 학습교재로 채택되었던 대다수 서적의 목록이 1985년이 되면 체계적으로 정리되어 일반 학생에게 제공되었다.[69] 여기에 방학 기간을 이용하여 짧게는 3일에서 길게는 일주일 정도까지 실시된 '민족학교', '캠프', '해방제'가 대중적인 학습과 의식 공유를 위한 방안으로 제시되었다. 1984년 8월 연세대 학도호국단에서 주최한 여름 '청송 캠프'가 이러한 행사들을 추진하는 계기가 되었다.[70] 이러한 여름학교에 일반 학생의 참여 정도는 매우 낮았을 것으로 판단된다. 하지만 일반 학생의 참여 가능성을 열어두고 교육 프로그램을 운영한 점 그리고 이른바 '의식화 정도'가 낮은 학생들도 결합하기 쉬운 프로그램이라는 점 등은 학생운동 문

---

[68] 〈해방 40년 역사전〉(고려대학교 총학생회 문화부, 1984.12.11).

[69] 교양도서 목록은 철학, 역사, 경제, 정치, 사회, 문학·예술, 여성문제 등으로 대분류 되어 있고, 대분류 아래 세부 주제를 배치했다. 총학생회가 체계적인 도서목록을 제시하기 위해 관심을 기울였던 것으로 보인다(고려대총학생회, 1985, 『교양도서목록 — 대학인을 위한 도서안내』 참조).

[70] 문교부 편, 1985, 52-53쪽. 각 대학에서 준비한 캠프 프로그램 구성은 대체로 주제 강연, 분반토론, 공연, 집단놀이 등으로 구성되었다. 1986년에는 학과단위에서도 여름학교가 개설되었다〈화학교육과 여름학교〉(1986.6.18. ; 서울대학교 전자도서관 대학사료)].

화의 대중화를 위한 새로운 시도라는 측면에서 주목된다.

이외에도 총학생회, 단대학생회, 서클연합회, 그리고 학과 차원에서 다양한 학술회의가 개최되었다. 또한 재야, 학계, 노동계 인사들의 연이은 초청강연도 주목되는데, 특히 이 중 저명인사들의 강연은 운동권 학생과 일반 학생들 간의 공감대를 넓히는 데 적지 않은 기여를 했을 것으로 판단된다.[71]

이처럼 1984년 이후 대학문화는 학생운동 문화로 대표되었고, 다수의 대학생들은 시위에 참여하지 않더라도 다양한 방식과 계기를 통해 반독재 사회 민주화의 지향과 저항 방식을 공유하게 되었다. 거의 모든 학생들이 거리에 나서게 된 1987년 6월항쟁의 양상은 대학문화의 변화를 모색한 이들의 지속적인 노력이 있었기에 나타날 수 있다고 판단된다.

그러나 이처럼 학생운동의 지향을 공유하기 위한 새로운 노력들을 했음에도 불구하고 한편에서는 '운동권'과 '비운동권' 간의 구분이 약화되지 않고 오히려 선명해졌다. 이와 관련하여 두 가지 점을 지적해 볼 수 있다. 첫째, 앞서 살펴보았듯이 학원자율화조치 이후 학생운동 내에서 비합법 조직의 역할은 약화되지 않고 오히려 더욱 강화되는 방향으로 나아갔다는 사실이다. 언더서클 해체 이후 등장한 비합법 조직들은 전위조직으로서의 지향이 더욱 강화되었다. 운동의 목표가 사회변혁에 설정될 때 이는 학생이 주체가 된 운동의 수위를 이미 벗어난 것이다.

둘째, 학내 집회 개최의 자유가 가져다준 역설이다. 1984년부터 각종 투쟁위원회가 주관하는 집회들이 폭발적으로 개최되었다. 운동권 학생들

---

71) 문교부에 따르면 1984년부터 1985년 1학기까지, 즉 3학기 동안 각 대학에서 행해진 외부 인사 강연 회수는 204회에 달했다. 주요 초청 강연자들은 재야인사, 해직기자, 종교계 인사, 복지교수, 단체인사들 그리고 해직근로자 등으로 구성되었다. 주요 대학에서 행해진 명망 있는 재야인사들의 강연에는 수많은 학생들이 몰렸다. 1984년 4월 이화여대 개최된 함석헌의 강연('4·19와 인간혁명')에는 3천여 명이 참석했다. 각 대학에서 행해진 강연 내역에 대해서는 문교부 편, 1985, 183-209쪽 참조.

이 선도투쟁의 일환으로 수많은 집회를 준비했기 때문이다. 그러나 이를 뒤집어 보면, 그와 동시에 운동권 학생들에게 그만큼 일반 학생들과 인식을 공유할 여력이 줄어드는 상황이 전개되었음을 의미한다.[72]

5. 맺음말

이상 1980년 상반기 학생운동을 둘러싼 조건과 운동 방식 그리고 학생운동 문화의 확산 과정을 살펴보았다. 언더서클 기반의 운동 체계는 1980년 총학생회를 부활시키며 서울의 봄을 이끌었던 학생운동 세력이 신군부의 억압적인 학원통제 방침에 대응하기 위해 다시 선택한 70년대식 비합법 운동 체계였다. 따라서 합법적인 학생회 활동이 가능해지면 개편되어야 할 잠정적인 운동 체계였다. 1981년 이래 학생운동 저변의 확대와 이에 따른 학회 활동이 강화되면서 언더서클의 역할과 영향력이 축소되어갔다. 특히 학원자율화조치로 합법 대중활동 공간이 크게 열리자 언더서클에 기반을 둔 학생운동 체계는 해체의 방향으로 진전되었다.

1980년대 상반기 언더서클에 기반을 둔 학생운동은 긴급조치 9호 아래 비합법 이념서클 운동 방식을 계승했지만 양자는 질적으로 달랐다. 언더서클에 기반을 둔 운동 체계였지만 학회와 같은 합법 활동의 활성화에 힘을 쏟았고, 학회에서 성장한 학생운동 세력은 언더서클의 해체를 주도했다. 한편 1970년대 학생운동에서 없었던 비공개 학간연대 모임의 안정적

---

72) 1985년 11월 18일 고대신문에는 85년 고대학생운동을 정리하며, 운동에서 나타난 편향을 다음과 같이 지적했다. "(총학과) 「鬪委」와의 역할 분담이 되지 않은 상태에서 성급한 싸움주도, 특히 대중들과 접촉하려는 의지부족 등으로 인해 올해의 학생운동 양태는 「물과 고기가 분리된 것」이라는 비판을 면하기 어려울 것이다"(「특집 : 85년 고대학생운동의 전반적인 흐름」, 『고대신문』 1985년 11월 18일자).

인 운영은 학생운동이 개별 대학 캠퍼스를 뛰어넘어 전개되는 발판이 되었고 전국적 학생회 조직과 투쟁조직이 만들어지는 출발점이 되었다. 그러나 학생운동의 전국적 연대와 강화에는 다양하고도 우연적인 계기들이 작용하였음을 주목할 필요가 있다. 서울의 주요 대학 언더서클이 축적한 운동 노하우는 지연, 학연 등을 매개로 지역의 학생운동으로 확산되었다. 이는 상대적으로 학생운동 역량이 열악했던 지방 대학의 학생운동 성장에 기여했다. 1980년대 상반기 학생운동은 이와 같은 다양한 인적 연계와 경험의 교류 과정을 통해 전국적 단위의 항쟁을 끌어갈 수 있는 기반을 마련할 수 있었다.

문화적 측면에서 볼 때도 1980년대 학생운동은 언더서클만의 정체성을 유지하는 데 안주하지 않고 학생운동 문화가 대학문화를 대변하는 시대를 열었다. 운동권 학생들은 권력과 자본에 종속된 대학문화를 거부하고 민주화운동의 전통을 복권시킬 것을 주장했다. 학생운동권은 다양한 문화매체와 새로운 학생운동 양식들을 도입하며 일반 학생들과 그 가치와 지향을 적극적으로 공유해 나가고자 했다. 다수의 일반 대학생들이 광주항쟁의 진실과 사회문제를 접하며 현실참여를 당연하게 여기고 있었다는 사실에서 알 수 있듯이 운동권 학생과 일반 학생 간의 공감대는 넓었다.

운동권 학생들은 광주항쟁, 학생의 날 등과 관련한 다양한 기념주간을 배치하고, 일반 학생들이 함께하는 방향으로 기억투쟁의 방식을 바꾸어 갔다. 이처럼 운동권 학생들이 운동권만의 문화가 아닌 다수의 학생들이 공유하는 학생운동 문화를 만들기 위해 힘을 쏟았다. 이러한 사실은 1980년대 상반기가 운동권과 비운동권의 구분 없이 모든 학생들이 참여하는 항쟁의 전개를 문화적 측면에서 준비해 가는 과정이었음을 말해준다. 그러나 동시에 이 시기 학생운동의 영역을 뛰어넘는 비합법 전위적 지향과 선도투쟁에 입각한 시위의 반복은 운동권 학생과 일반 학생 간의 차이와 거리를 분명하게 하는 결과를 낳았다. 이러한 경향은 1986년도 하반기 비합법 전위적 조직의 와해나 자진 해산 이후 학생회가 활동의 중심이 되면서 극복되어 갔던 것으로 보인다.

언더서클의 해체는 학생운동에서 사회변혁의 지향과 대중활동의 확대라는 두 요인이 동시에 작용한 결과였다. 따라서 언더서클의 해체는 비합법 운동의 완전한 종식이 아니라 전위적 비합법 조직의 결성으로 이어졌다. 그리고 이를 만든 학생운동 세력들은 학생운동을 정리한 이후 전국적 단위의 변혁조직 결성을 추진했다. 이러한 사회운동의 전개 속에서 학생운동은 외부의 변혁적 전위조직으로부터 규정받는 위치로 바뀌어 갔다. 1980년대 상반기를 경과하며 학생운동이 사회운동을 주도하는 시대는 끝났다.

4장 NL(민족해방)계열 학생운동의 주류화와 한계

: 전국대학생대표자협의회와 한국대학총학생회연합

이창언

1. 머리말

1980년대 학생과 지식인들은 광주항쟁을 목도하면서 종속적 자본주의화와 분단구조에 대한 문제의식을 심화시켰다. 이들은 노동운동 현장으로 이동하거나 반미운동을 전개하는 등의 활동을 펼쳤다. 이렇듯 1980년대는 인식과 실천의 차원에서 급진적 형태를 띤 저항운동이 강화된 시기였다. 당시 운동가들은 '억압적 국가 대 저항적 피지배층'이라는 이분법적 도식에 따라 민중을 절대적 가치로 인식하였다. 그리고 이러한 생각은 군부권위주의의 반정치(反政治)를 넘어서기 위해 정치를 복원시켜야 한다는 과제와 함께 진정한 해방은 국가 체제를 넘어섬으로써 가능하다는 인식으로 이어졌다. 광주항쟁 이후 급진화되었던 1980년대 초기의 학생운동은 정치주의, 노동자 계급 중심성을 강조하는 경향 즉, 전위와 노동계급과 학생운동의 선도적 투쟁을 강조하는 운동전략을 구사하였다. 이러한 '비제도적 운동정치'로부터 시작된 1980년대의 학생운동은 노선논쟁과 실천의 과정에서 점차 통일전선과 합법 정당에 대한 문제의식으로 확산되었다(이창언, 2011a, 115쪽).

1980년대는 변혁의 시대로 불릴 만큼 학생운동의 이념, 가치, 행위 양식적 차원에서 반제·반자본적 성향이 나타났던 시기였다. 학생운동 진영의 주요 활동가들은 계급론적 민중주의, 반미주의, 통일전선론 등 강한 민족·민중주의적 가치지향을 가지고 있었다. 1980년대 중후반은 이념의 급진성만이 아니라 운동의 대중성 역시 고도로 성장한 시기였다. 당대 학생운동은 반제·반자본적 지향을 가지면서도 대중화될 수 있었다. 그 이유로 광주학살로부터 기인한 부채의식을 들 수 있겠지만, 그 외에도 그것이 학생운동의 주체적 행위 전략과 관련이 있음을 간과해서는 안 된다. 학생운동의 대중화는 두 가지 차원에서 검토할 수 있다. 첫째는 운동양식의 변화(통일전선에 기반을 둔 군중노선)이고, 둘째는 조직형식의 변화(학생회 중심성)이다. 1980년대 중후반 이후 조직형식과 대중운동 방식의 변화는 정치적 기회구조, 운동의 조직적 역량 확대와 더불어 NL(민족해방)론의 수용과도 밀접한 관련이 있다.

이 글은 1980년대 이후 당대 학생운동의 주류를 형성한 NL(민족해방)계에 관한 역사적·개념적 고찰을 진행하되, NL계의 조직－행위전략에 상대적으로 많은 지면을 할애한다. 이는 당대 학생운동의 동학과 운동 메커니즘을 분석하는 과정이자, 민주화 이후 이들의 분화와 약화 과정을 검토하는 것과 깊은 관련이 있다. 이 글은 NL계 학생운동의 대표성을 가진 전국대학생대표자협의회(이하 전대협)를 중심으로 검토하고, 검토 시기는 1980년대에서 1990년대 중후반까지로 설정한다.

이 연구에 사용한 자료는 크게 문헌자료와 부분적인 구술 자료 등 2가지로 구분된다. 이 글은 무엇보다도 NL계 학생운동에 대한 당파적 의도성과 과장을 탈피한 재해석과 재구성의 필요성이라는 문제의식과 맞물려 있다. 나아가 이 글은 1980년대 중후반 이래 NL계 학생운동의 인식과 실천의 결과적인 측면에 대한 객관적 평가와 이들이 남긴 유산의 역사화와 재보편화, 부정적 역사에 대한 성찰을 통한 우리 시대 저항 과제의 현재화를 지향한다.

2. NL계 학생운동에 대한 역사적 고찰
　　: 반제 통일전선론 전통의 부활

한국의 학생운동에서 이데올로기로서의 반미주의가 보다 집단적이고 조직적으로 수용되는 결정적인 계기는 1980년 광주의 경험이었다. 이후 광주에서 미국이 보여준 태도에 대한 응징으로는 부산미문화원 방화사건이 있었고, 광주미문화원 방화도 있었으며, 강원대에서는 성조기가 소각되는 일도 있었다. 하지만 학생들의 반미투쟁이 최소한 1986년 이전까지는 일회성을 지닌 것이었다는 한계를 가지고 있었음을 염두에 둘 때, 대중적 차원에서의 반미의식은 대단히 소박한 수준이었다. 미국을 제국주의로 규정하는 인식이 대중적으로 표출된 것은 1985년 서울미문화원 점거농성사건이었고, 이를 계기로 반미공세가 본격화되었다.

학생운동 진영 내부에서 반미주의에 대한 이론적 논의가 시작된 단초는 1983년 초반 제작·배포되어 널리 읽혔던 〈1980년대 혁명투쟁의 인식과 전략〉(이하 〈인식과 전략〉)1)이라 할 수 있다. 〈인식과 전략〉은 한국사

---

1) 〈인식과 전략〉은 무엇을 민족해방혁명이라고 주장하고, 그 구체적 과제를 반제 민족주의혁명, 반파쇼 민주주의 혁명, 민중해방혁명, 북한과의 통일적 혁명으로 제시했다. 또한 우리 운동의 현 단계는 지하전위운동노선의 강화발전을 필요로 하는 때이고, 현 단계는 통일전선 형성이 필요하며, 우리 혁명의 기본 대중 속에서 지도핵심을 키워야 하고, 그

회를 신식민지로, 군부정권을 제국주의 대리통치 세력으로, 한국경제를 예속적 국가독점자본주의로 규정하고 있다. 〈인식과 전략〉에서는 한국사회의 모순을 미·일 제국주의와 한국 민중 간의 민족적 모순으로 파악하고, 미·일 제국주의를 타도하는 민족해방운동을 과제로 제시하고 있다. 하지만 이러한 인식이 학생운동권 전반에 걸쳐 체계적이고 광범위하게 확산됐다고 보기는 어렵다. 1985년 하반기 이후 이른바 AI(반제)직접투쟁론(제국주의에 대한 직접적인 공격 주장)이 제기되기 전까지는, 한국사회의 기본 모순을 미제국주의와 한국 민중으로 설정했음에도 실제로는 군부정권을 상대로 한 투쟁이 주를 이루었다.

1) 구국학생연맹, 반미자주화반파쇼민주화투쟁위원회의 반제노선

한국 학생운동 급진화의 정점은 1986년이었다. 민주화추진위원회(이하 '민추위') 노선을 계승한 '전국 반제반파쇼 민족민주학생연맹' 발족과 함께, 다른 한 축으로 반제노선이 제기되면서 1986년에는 사상투쟁이 격렬하게 벌어졌다. 그 첫 번째 문제의식은 단재사상연구회라는 서클로부터 제기된 것으로, 사회성격 및 투쟁방향 면에서는 전면적으로 미제국주의에 대한 투쟁을 해야 한다는 관점으로의 시각 전환이 필요하다는 것이었다. 조직노선 면에서는 과거 MC(Main Current)의 포시스템(PO-System)에 이르기까지 만연한 서클주의 종파성을 척결하고 통일적 학생운동을 건설할 것을 제기하였다. 이러한 문제의식을 계승하여 '단재사상연구회'의 핵심 멤버를 주축으로 '구국학생준비위원회'가 결성되었고, 1986년 3월 29일에 '구국학생연맹'(이하 '구학련') 전체대회가 열려 혁명적 대중조직 노선이 본격적으로 전개되었다.2)

뿌리를 박아야 함이 절대로 필요함을 주장하였다.

구학련의 등장은 한국전쟁 이후 운동사회(movement society)[3]에서 가장 대중화된 '연공연북노선'의 부활이라 할 수 있다. 반제노선의 등장과 더불어 각 대학 내 이론투쟁은 MC-MT(민주화투쟁위원회)에서 MT-NL의 대립으로 전환하게 되는데, 서울대의 '구학련'이 고려대의 애국학생회, 연세대의 반미구국학생동맹 등과 함께 NL계를 이루었다. 이들은 최초로 품성에 기초한 사상운동을 표방하였으며, 서울대 학생운동 조직의 기본 틀이었던 이념서클 체계의 즉각적 해체, 종파주의 척결, 학번제 철폐, 운동조직에 만연해 있는 봉건적 잔재 해소 등을 주장하면서, 그 대안으로는 통일된 학생운동 조직의 건설을 제시하였다.

구학련과 반미자주화반파쇼민주화투쟁위원회(이하 '자민투')의 등장 이후 NL론은 빠르게 확산되었다. 그런데 5·3인천사태 이후 NL의 총노선에서 커다란 변화가 나타난다. 첫째는 반국적(半國的) 관점에서 전국적(全國的) 관점으로의 변화라 할 수 있다. 즉 당면 변혁운동의 귀착점은 자주·민주·통일에 이른다는 것이다. 다시 말해 남한의 지역혁명이 아닌 한반도 전체에 걸친 혁명을 주장하고 있음을 의미한다.

민족해방이론은 크게 두 가지의 문제 제기로 시작되었는데, 하나는 '민족민주'의 관점을 가진 혁명이론의 조망과 대비되는 '민족해방민주주의'라는 총노선이었다. 그리고 또 하나는 대중조직에 대한 이론, 조직사업,

---

2) '구학련'의 강령은 다음과 같다.
   1. 미제의 신식민지-파쇼체제를 분쇄하고 민족의 자주적 독립국가를 건설하기 위하여 투쟁한다.
   1. 모든 국민의 민주적 제 권리를 쟁취하기 위하여 투쟁한다.
   1. 진보적이고 민족자주적인 교육제도 확립을 위하여 투쟁한다.
   1. 모든 민족민주세력과 연대하여 투쟁하고, 민중의 생존권 쟁취투쟁을 적극 지원, 연대투쟁한다.
   1. 조국의 자주적 통일을 이룩하기 위하여 투쟁한다.
   1. 제국주의의 모든 침략전쟁을 반대하고 한반도의 평화옹호를 위하여 투쟁한다.
3) 운동사회는 "사회운동이 사회적으로 보편화되고 엄청난 힘을 발휘하며 변화를 주도하는 사회"를 말하는 것이다. 자세한 내용은 조대엽(2003)을 보라.

투쟁사업에서의 원칙적 태도 등에 관한 것이었다. 특히 당대 NL론 유포에서 막강한 역할을 했던 강철시리즈는 주체사상의 입장에서 대중운동의 자세와 방식, 운동조직 건설 및 운영 등을 논하였다.

반미(反美)노선에서 학생운동의 구체적인 대중 조직화 방도를 전면적으로 모색한 계기는 '전국 반외세반독재 애국학생투쟁연합'(이하 '애학투련')의 결성이었다. 당시 개헌국면 타결을 모색한 전두환 정권이 학생운동에 대해 이데올로기적 탄압을 가하는 국면에서, 학생운동 내부에서는 내적 성찰과 혁신의 과정이 치열하게 전개되었던 것으로 보인다. 사실, 애학투련 결성에 이어 벌어진 건국대 점거농성 당시, 투쟁 와중에도 내부 비판이 있었던 것으로 보인다. 도발성, 무모한 모험주의, 대중의 자주성을 무시한 투쟁형태와 슬로건 등 전술 채택 문제가 주된 비판의 대상이 되었다. 그리하여 건국대사건 이후 혁명적 군중노선을 통해 올바른 대중의식화, 조직화를 실천해야 한다는 반성이 적극적으로 대두되었다(이창언, 2009).

2) NL계 학생운동의 전국적 단결과 투쟁의 구심
: 전국대학생대표자협의회와 한국대학총학생회연합

NL계 학생운동은 1987년 4월 하순부터 군사독재정권을 효과적으로 퇴치하기 위한 학간연대(學間連帶) 조직의 필요성을 절감하였고, 서울지역 대학생대표자협의회(이하 서대협), 전대협[4] 등 새로운 대중조직을 만들

---

[4] 전대협 결성문제가 처음 공식논의된 것은 1987년 7월 5일 '서대협' 주도로 연세대에서 소집된 '전국 각 지역 총학생회장 연석회의'였다. 이날 회의는 이한열의 장례식 절차를 논의하기 위해 소집되었는데, 여기서 전국적인 학생 대중조직 건설에 관한 문제가 공식 제기되었다. 이후 8월 1일 고려대에서 전대협 결성을 결의하게 되었고, 마침내 1987년 8월 19일 충남대에서 전국 95개 대학이 가입한 전대협(초대의장 이인영)이 발족되었다. 이후 6기 전대협은 1993년 3월 20일 경희대에서 개최된 대의원 총회에서 전대협을 해체

게 되었다. 6월항쟁을 거치는 동안 서대협, 전대협은 단결이 가져다주는 힘을 경험하면서, 조직사업에서 새로운 국면을 열기 시작했다. NL계열 학생운동 내에서는 대중조직의 중요성을 강조하고 대중투쟁의 현실적 방도를 찾기 위해 학생회를 강화하자는 의견이 대두되었다.

이후 NL계열은 1988년 통일운동을 통해 국민적 관심을 모아 나간다. 한편, 학생운동의 통일된 역량을 구축하기 위해 1988년 8월 서울지역총학생회연합(이하 서총련)은 서울지역대학생총연합건설추진위원회(서건추)를 흡수하는 통합력을 발휘하기도 했다. NL은 여세를 몰아 평양축진 침가를 위한 전대협 대표인 임수경의 방북에도 깊이 관여하였다.

이 시기 무림-학림, 자민투-민민투, NL-CA 등의 세력관계를 보여오던 학생운동 진영은 전대협을 중심으로 크게 NL계열로 정리되었다. 그리고 다수의 군소 그룹이 난립하던 시기를 거쳐 1989년 하반기에 들어와 급속히 NL-PD라는 양 계열로 결집, 분화되었다.

(1) 전국대학생대표자협의회 발족 배경과 과정

학생운동의 전국화와 대중화의 결실은 누가 뭐래도 전대협 결성이라 하지 않을 수 없다. 학생운동이 활발했던 1980년대의 전국적인 조직 즉, 1984년 전국대학생대표자기구회의, 1985년의 전국학생총연맹(이하 전학련), 전국민족민주학생연합(이하 전민학련), 애학투련은 이름과 달리 대중적 토대가 취약한 상층 중심적·서울 중심적인 선포식 연대조직이었다. 이에 반해 전대협은 아래로부터의 학생회 건설과 강화, 낮은 차원으로부터의 지역연대조직 건설에 기초하여 건설됨으로써 튼튼한 조직적 토

하고, 그보다 더 강력한 연합체인 전국대학총학생회연합 건설추진위원회를 결성하였다. 다음 날 조직의 명칭을 한국대학총학생회연합으로 재변경하고 준비위를 발족함으로써 전대협 시절은 마감된다.

대를 갖추었다. 이는 1985년에 시작된 학생회 부활 및 강화 투쟁과 연대 공동투쟁 활성화에 기초한 지역연대조직 건설을 통해 가능할 수 있었다. 전대협 건설은 6월항쟁에 대한 평가 과정에서 제기되었다. "외세 배격과 자주적 민주정부 수립을 위한 대동투쟁, 조직·정치사상적 기초와 근거를 제공할 수 있는 전국적 연대틀, 6월항쟁으로 확대된 정치공간 속에서 학생들의 다양한 이해와 요구를 수렴하고, 공동으로 해결해야 할 필요성에 더해, 상이한 정치노선과 정치적 입장 간의 통일성을 이루기 위한 민주적 의사 통로와 체계 확보"가 필요하다는 것이 그 주된 논리였다.[5]

1987년 7월 5일 이한열 열사 장례식 절차와 관련해 서대협의 연락으로 연세대에서 열렸던 전국 각 지역 총학생회 연석회의에서 전국적 학생 대중조직 건설에 관한 문제가 공식적으로는 처음으로 제기되었다. 8월 1일 고려대에서 제1차 전국 대학생 지역대표자회의가 개최되어 본격적으로 이 문제를 검토하였고, 이후 세 차례의 연석회의를 거쳐 전대협 건설이 결의되었다. 8월 19일 충남대로 집결한 3,500여 명의 학생들은 전대협을 발족하고 초대 의장으로 이인영 고려대 총학생회장을 선출하였다(전국대학생대표자협의회 편, 1991, 32쪽). 전대협은 발족선언문에서 자주적 민주정부 수립, 조국의 평화적 통일, 민중연대, 학원자주화, 백만 학도의 통일단결을 활동목표로 설정하였다. 비합법적이고 분산적으로 전개되던 학생운동은 전대협의 발족으로 합법적 전국 대중조직을 가지고 사회운동의 더욱 강고한 동력으로 등장하게 되었다(동아대학교 6월항쟁 20주년 준비위 편, 2007, 193쪽). 전대협은 이후 전국노동조합협의회(이하 전노협), 전국농민회총연맹(이하 전농), 전국교직원노동조합(이하 전교조) 등 각 부문의 전국조직 결성의 단초를 열었다.

---

[5] 전대협 건설의 필요성에 대한 초기의 공개적 논의는 서대협의 『1987년 백만 학도 통일 대장정 자료집』을 참고할 것.

(2) 전국대학생대표자협의회의 지향과 목표, 운영체계

전대협은 다음과 같은 총 10개의 강령을 가지고 있다.

1. 미국을 반대하고 모든 외세의 부당한 정치·군사·문화적 간섭과 침략을 막아 내고, 목숨보다 소중한 민족의 자주권을 회복하여 **조국의 자주화**를 이룩한다.
1. 친미군사정권의 식민지 파쇼통치를 철폐하고, 민중의 창조적·자주적 생활을 보장하기 위한 완전한 **사회민주화**를 실현한다.
1. 조국의 영구 분난을 막아내고, 자주·평화·민족대단결의 원치 아래 **조국의 통일**을 이룩한다.
1. 학원 내 온갖 반민족적·반민주적 교육과 억압적 제도를 청산하고, 학문과 사상의 자유를 쟁취하여 **학원의 민주화·자주화**를 이룩한다.
1. 노동자, 농민을 비롯한 기층민중과 모든 애국적 교사, 언론인, 종교인, 정당정치인, 군인 등을 망라한 **각계각층과 굳게 연대**하여 싸워나간다.
1. 학원과 사회에 존재하는 여성에 대한 모든 억압적·비인간적 제도와 문화를 청산하고, **여성의 자주적 권리와 이익을 옹호**한다.
1. 민족의 생존을 위협하는 **전쟁과 핵을 반대**하고, 순결한 조국 강토를 길이 보전하기 위해 환경오염과 파괴를 방지한다.
1. 백만 학도의 단결과 연대를 도모하는 한편, 북녘의 청년학도와 전면적이고 **자주적인 교류를 실현**하여, 청년학생이 민족의 화해와 단합을 위해 앞장선다.
1. 백만 학도의 부문별·계열별 조직활동을 적극지지·지원하여, **학우들의 다종다양한 이해와 요구를 실현**한다.
1. **제국주의를 반대하고 평화를 사랑하는 전 세계 청년학생과의 친선과 단결을 도**모하고, 인류의 평화와 자유를 위해 공동 노력한다.

위의 강령은 전대협의 지향과 목표를 자세히 보여주고 있다. 외세로부터의 해방을 민족자주권 수호의 선결적 필요조건으로 규정한 전대협의 강령은 대체로 NLPDR(민족해방민중민주주의혁명론) 즉, 반제통일전선론에 근거하고 있다고 할 수 있다.

전대협은 총회－중앙위원회－각 지역·지구대표자회의(또는 중앙상임

위원회 등)—각 대학 총학생회 운영위원회—각 단과대학 학생회 운영위
원회로 연결되는 골간조직과, 전대협 사무국—각 지역·지구 사무국—각
대학 총학생회 총무부(또는 사무국 등)로 연결되는 여러 집행체계에 의해
움직였다. 여기에 여러 부분별·계열별 조직들이 존재하였다. 이를 조금
더 세분해서 언급하면, 전대협 총회는 최고 의사결정기구로서 전대협 회
원인 각 대학 총학생회장 전체로 구성된다. 총회에서는 전대협 강령과 규
약 제정 또는 개정, 전대협 의장 선출, 전대협 사업에 대한 심의와 의결,
전대협 의장과 중앙간부에 대한 탄핵 등을 다룬다. 또한 대변인, 특별기
구 위원장, 정책위원장, 각 집행국장 등을 인준한다. 중앙위원회는 총회
와 총회 사이의 최고 의사결정기구로서 전대협 의장과 각 지구 대표자로
구성되며, 전대협 사업을 운영·지도하며 이를 책임지는 역할을 수행하
였다. 중앙집행위원회는 전대협의 상설 집행기구로서 의장, 중앙정책위
원, 각 집행국장으로 구성되어 있다. 실제로 이 단위가 기동성 있는 사업
집행을 담당하고 조절하는 역할을 수행했다고 볼 수 있다. 그리고 전대협
의 정책과 노선을 연구하며 중앙위원회에 제안하는 등 정치사업을 전개
하는 정책위원회와, 전대협의 최고 중앙 실무단위로서 중앙집행국(사무
국, 선전국, 편집국, 연대사업국, 투쟁국, 문화국 등)이 있다. 이외에 전대
협은 계기적·일상적 특수사업을 수행하기 위하여 중앙위원회의 결의에
따라 특별기구를 두었는데, 학원자주 실현을 위한 소위원회, 조국의 평화
와 자주적 통일을 위한 학생추진위원회, 대변인 등이 그것이다. 특별기구
의 대표적인 예는 1989년의 조국의 자주적 평화통일 촉진 학생추진위원
회와 제13차 세계청년학생축전준비위원회, 1990년의 조국의 평화와 자주
적 통일을 위한 학생추진위원회 등이라 할 수 있다(전국대학생대표자협의
회 편, 1991, 234·242쪽).

전대협에 가입한 대학은 가장 활성화된 시점을 기준(1991년 4월 현재)

으로 179개로 전국의 4년제 대학을 거의 모두 포함하고 있었고, 일부의
전문대학도 참가하였다. 이 시기 전대협은 전국을 8개 지역, 26개 지구와
1개의 특별지구로 구분하였다.[6]

(3) 전국대학생대표자협의회의 활동 개괄

전대협은 1987년 공정선거감시단 활동, 1988년 6·10, 8·15 남북청년학
생회담 성사투쟁, 11월 광주·5공청산투생, 1989년 임수경의 평양축전 참
가, 1990년 8·15범민족대회 추진, 광주항쟁 10주년 계승투쟁을 주도하였
다. 핵심 간부들에 대한 구속·수배 등 정권의 탄압에도 불구하고 매년
1회씩 거행되는 전대협 발족식은 해마다 규모가 커져 1992년에는 2만-6만
여 명의 대학생들이 참여하였다.

---

[6] 규약에 따른 구분에 의하면 지구 구분은 아래와 같다.
　·서울지역 : 동부지구, 서부지구, 남부지구, 북부지구
　·경기지역 : 인천지구, 수원지구, 용인·성남지구
　·강원지역 : 춘천지구, 원주지구, 영동지구
　·충청지역 : 대전지구, 충남지구, 충북지구
　·전북지역 : 전주지구, 이리지구, 군산지구
　·전남지역 : 광주지구, 여수·순천지구, 목포지구
　·부산·경남지역 : 부산 동부지구, 서부지구, 남부지구, 북부지구
　·제주 특별지구

<표 1> 전대협 개관

	결성일	의장	주요 활동
1기	1987. 8. 19 충남대	이인영 (고려대)	1987년 12월 대통령선거 투쟁에서 김대중에 대한 비판적 지지
2기	1988. 8. 13 연세대	오영식 (고려대)	6·10남북학생회담을 북측에 제안 '조국의 평화적 통일을 위한 특별위원회' 구성 6·10, 8·15 남북학생회담 준비
3기	1989. 5. 13 충남대	임종석 (한양대)	제13차 평양축전 참가 : 임수경을 대표로 파견
4기	1990. 2. 21 전남대	송갑석 (전남대)	3당 합당반대, 반민자당투쟁 광주항쟁 10주년 행사 제1차 범민족대회(연세대) 참가 기타(재야) : 베를린에서 조국통일범민족연합 결성
5기	1991. 6. 1 부산대	김종식 (한양대)	강경대 사망과 분신정국, 전국 145개 대학이 동맹휴학 정원식 사건 비핵군축 투쟁 연방제 통일 기타(재야) : 민주주의민족통일전국연합 발족
6기	1992. 4. 8 - 4. 10 인하대	태재준 (서울대)	총선투쟁, 대선투쟁 1992년 범민족대회에서 범민족청년학생연합을 결성 범민주단일후보 방침과 당선가능한 야당후보 방침 ※전대협 7기에 이르러 1993년 3월 경희대에서의 대의원 총회를 통해 전대협을 해체하고, '한국대학 총학생회연합 건설 준비위원회'를 발족하기로 결의. 1993년 5월 '한국대학총학생회연합'으로 재발족

하지만 전대협은 분신정국과 박홍 총장의 폭로, 유서변조사건, 학생들의 분신을 비판하는 김지하의 글, 한국외국외대학교 사건(정원식 총리 밀가루 투척) 등으로 어려운 상황에 처했다. 학생운동 세력은 점차 사회적으로 고립되는 양상을 맞이하였다. 이후 문민정부의 개혁정책으로 인해 정권의 성격이 모호해지면서 투쟁에 대한 설득력이 점차 약화되어 갔다.

회원 수 100만 명, 간부 4만 명, 핵심 간부 1만 명, 총예산 연 50억 원, 상
시전투력 2개 사단, 참가 학교가 전국 180여 개 대학에 이르는 등 전대협
은 정권이 두 번 교체되는 6년 동안 활발하게 활동을 전개했다. 전대협은
7기에 이르러 1993년 3월 경희대에서 대의원 총회를 통해 전대협을 해체
하고 '한국대학총학생회연합 건설 준비위원회'를 발족하기로 결의하였다.
이후 1993년 5월 '한국대학총학생회연합'(이하 한총련)이 발족되었다.

(4) 전국대학생대표자협의회 해소와 한국대학총학생회연합 결성
    : 한국 학생운동 성장의 위기

한총련은 3개 국(局) 9개 지역에 1개의 특별지구와 25개의 지구총련, 9개
의 부문계열 조직을 두는 등 조직을 정비했다. 지역총련에는 서울지역대
학총학생회연합(이하 서총련), 경기인천지역대학총학생회연합(이하 경인
총련), 광주전남지역대학총학생회연합(이하 남총련) 등이 있고, 부문계열
에는 전국여대생대표자협의회(이하 전여대협), 전국교육대학대표자협의
회, 전국한의과대학학생회연합(이하 전한련), 전국가톨릭대학생협의회
(이하 전가대협) 등이 있다. 한총련은 최고 의사결정기구인 대의원대회와
각 대학 총학생회장으로 구성되는 중앙운영위원회, 각 지역총련 의장단
과 특별기구장(대변인, 조통위원장, 학원자주화추진위원장)으로 구성되
는 중앙상임위원회와 각 회의를 주재하는 의장 등의 기구를 두었다(추주
형, 2007, 144쪽).
하지만 1990년에 들어 전 세계적인 진보진영의 방황과 침체, 문민정부
의 출범, 신세대 학생들의 의식변화 등 급변하는 내외 환경 속에서 학생
운동도 격류에 휩쓸리지 않을 수 없었다. 총학생회 선거에서도 큰 변화가
있었다. 한총련 출범 이후 처음으로 치른 1993년 10월-11월의 각 대학 총

학생회 선거 결과, 한총련 주류계열이 120개 교, 비주류계열이 36개 교, 그 외 비운동권이 21개 교에서 당선되었다. 외형상으로 보면 여전히 한총련 주류인 NL계열이 다수를 차지했지만, 범좌파 계열이 서총련 산하 서울지역북부지구학생회연합(이하 북부총련) 대부분 학교의 학생회에서도 상당수 당선되었다. 1994년 4월 2일 부산에서 열린 한총련 제2기 대의원대회에서는 서울대, 연세대, 이화여대 등의 총학생회가 한총련의 폐쇄적 운영방식 등을 비판하면서 한총련 개혁을 촉구했다. 그러나 한총련이 1995년 들어 민중연대투쟁에 눈을 돌리고, 5·18학살자 처벌투쟁을 성공적으로 이끌면서 민중운동권 내에서의 위상이 높아졌다. 자주계열은 선거를 통해 조직적으로 압승하고 분파투쟁에서도 헤게모니를 장악하였다.

자주계열이 주도하는 1996년 4기 한총련은 정부와의 대립이 전면으로 치닫는 가운데 범민족대회를 강행했다. 1996년 여름 연세대에서의 8·15 통일대축전 및 범민족대회에서 벌인 대규모 폭력시위는 정부의 대대적 제재와 폭력시위에 대한 학생들의 부정적 시각을 초래하였다. 그리고 이듬해 대법원에 의해 4기 한총련이 '이적단체'로 규정되었고, 학생들의 무관심이 증대되면서 한총련의 활동력은 점차 위축되었다. 또한 이후의 5기, 6기 한총련도 대법원에 의하여 이적단체로 규정되었고, 10기 한총련[2002년, 서울산업대(서울과학기술대의 전신)에서 출범식 개최] 또한 이적단체로 규정되었다.

한총련은 전대협과 달리 전국 단일 학생회연대조직의 지위를 확보하지 못했다. 학생회운동을 시작한 1987년 전대협의 이념적 분화는 1999년 7기 한총련운동 중 의견그룹의 실질적 분화와 지역총련 탈퇴 등을 거치면서 수면 위로 떠올랐다. 1997년 검찰의 이적단체 규정과 주요 간부 구속·수배, 1999년 전북총련의 탈퇴 등으로 한총련은 한 차례 위기를 겪었다. 1999년에는 소위 제2파 한총련 건설안을 내놓은 전국학생연대(이하 학생연대)가 전국학생협의회(이하 전학협)를 건설하면서 학생회운동을 중심으로 한 연대조직은 한총련과 전학협으로 사실상 양분되었다. 범좌파 학생운동 조직의 탈퇴 외에도 2003년에는 21세기 한국대학생연합(이하 한대련)을 결성하고자 하는 움직임이 있었다. 한대련은 2년간의 추진위원회 활동을 거쳐 2005년에 출범하였다(추주형, 2007, 145쪽).

한총련은 2008년 3월 신임 의장 선거에서 후보자를 찾지 못해 출범 16년 만에 처음으로 의장 선출에 실패했다. 1990년대 한총련의 대표적인 활동으로는 1993-1994년 UR협상 반대투쟁과 우리 쌀 지키기 운동, 1995년 5·18특별법 제정과 전·노 구속처벌투쟁, 1차 중앙위원회 총회성사투쟁과 6·3 남·북·해외 청년학생 통일선언투쟁, 1996년 노동법 안기부법 개악철회투쟁, 1998년 IMF 반대투쟁, 1999년 통일대축전 10차 범민족대회 등이 있다. 2000년대에 들어서 한총련은 한총련 합법화를 실현하기 위한 투쟁을 전개하였으나, 전체 학생운동의 흐름을 대표하기에는 역부족이었다. 현재 한총련은 유명무실해졌고, 한대련이 전국 학생운동의 명맥을 이어나가고 있다.

3. NL계 학생운동의 확산 요인 : 조직전략을 중심으로

1980년 광주항쟁을 경험하면서 한국 학생운동에는 두 가지 차원에서 변화가 나타났다. 하나는 모순해결의 주체로서 '민중'을 더 '과학적'으로 인식하고, 학생운동의 '민중성'을 획득하려고 노력한 것이다. 또 다른 하나는 반제·반자본, 동맹·연합에 관한 논의가 심화되었다는 것이다. 특히 1970-1980년대 비판적 사회과학이론의 수용과 연구 작업 축적, 운동 환경의 변화, 냉전체제하 세계사적 모순의 응축으로 인한 근본적 해방에 관한 관심 등이 논쟁을 더욱 치열하게 만들었다.

1980년대 학생운동은 1970년대 후반 현장론과 정치투쟁론, 1980년-1981년의 무림·학림 논쟁과 1982년의 야학비판·전망 논쟁, 1984-1985년의 MC·MT 논쟁(깃발·반깃발 논쟁) 등을 거치면서 한국사회에 대한 과학적 인식과 운동 조직화에 대한 논의를 심화시켜 나갔다.

C-N-P 논쟁, 학생운동가의 현장투신과 민중운동 조직의 태동, 연대와 연합운동 활성화가 이루어지는 1980년대 초중반을 거치면서 변혁적 이념은 학생운동 전반에 안착되었다. 1985년 학원자율화조치 이후에는 주체의 능동성, 그리고 전위와 목적의식성을 강조하는 MT적 경향과, 대중 자발성을 상대적으로 강조했던 MC적 경향의 조직노선이 구체화 되었다. 그리고 1986년을 거치면서 NL-CA(PD)의 대립구도가 정립되었다.

하지만 특정한 사회운동 조직에 참여하는 모든 참여자가 완전히 일치된 집합행동의 틀을 공유하는 것은 아니었다. 민중(계급)적 급진성과 민족(반제)적 급진성이라는 틀 분쟁은 일반적인 틀 분쟁의 사례와 같이 진단 프레임(diagnostic frame)과 처방 프레임(prognostic frame)[7] 구성을 동반했다. 1980년대 지식인들과 학생운동권 내부 논쟁의 가장 중요한 쟁점은 한국 자본주의의 독점적 성격과 제국주의 국가-자본에의 종속을 이해하는 문제, 그리고 한국 자본주의의 역사를 통사적으로 재구성하는 문제와 분석 과정에서의 방법론적인 문제 등이었다. 이는 한국사회 성격 규명을 위한 민주주의 논쟁, 파시즘 논쟁, 자본주의 논쟁, 노동운동

---

7) 진단 프레임과 처방 프레임은 집합행위의 하위 프레임이다. 진단 프레임은 "어떤 사건이나 생활의 일부를 사회문제로, 혹은 바꾸어야 할 대상으로 진단하는 것이며 사회문제의 책임주체를 정의하는 요소"라 할 수 있다. "진단된 문제에 대해 해결 대안을 제안하는 요소"는 처방 프레임이라 할 수 있다. 일례로 진단 프레임은 운동 이슈(무엇이 문제인가)와 원인 진단(문제의 원인은 무엇인가)에 처방 프레임은 해결대안(무엇이 행해져야 하는가)와 운동 주체(누가 해결할 수 있는가)에 대한 해석틀을 제공한다(민영, 1997, 18-20쪽).

과 사회운동의 저항, 이를 위한 진보정치세력화 논쟁, 전선 논쟁, 대안으로서의 사회주의 논쟁, 혁명과 개량투쟁 논쟁, 한국사회에 특유한 미국과 북한과의 관계 정립을 둘러싼 논쟁으로 비화·발전하였다(허상수, 2004, 308쪽). NL계와 PD계로 대별되는 틀 분쟁과 경합 과정에서 민족해방(반제)이 담론 및 실천상의 우위를 점할 수 있었다. 이는 오랜 기간 형성된 주변부적 멘탈리티와 무계급적 비생산주체로서 상대적 자율성을 가졌던 학생들의 특성에 기인한 바 크다고 할 수 있다. 나아가 1980년대 여러 사회운동이 공유하거나 여러 사회운동 조직의 해석틀을 포괄할 수 있는 운동의 기본 패러다임에는 민주화라는 사실도 영향을 미쳤던 것으로 보인다. 계급노선과 달리 반제노선은 현실적인 개량투쟁 노선과 대중화 전략을 추구함으로써 민주화라는 기본 틀과 크게 충돌하지 않았기 때문이다.

여기서 학생운동의 급진화·대중화와 관련, 기회구조로 작용했던 두 가지 계기를 재확인할 필요가 있다. 하나는 이미 검토했듯이 광주학살이었고, 두 번째는 학생운동을 제도 내적으로 포획하고 압박하려 했던 졸업정원제와 학원자율화조치였다. 전자가 국가권력의 폭력적 지배를 보여 준 가장 본질적인 형식이라면, 후자는 유화적이면서 기만적인 지배양식이라 할 수 있다. 이러한 차이에도 각각의 사건들은 해석틀의 변화와 운동의 대중화라는 의도하지 않은 결과를 낳았다.

광주항쟁은 동시대인의 부채감에서 비롯된 운동 참여와 저항에 정당성을 부여해 주는 원천이 되었다. 반면 졸업정원제와 학원자율화는 양적으로 팽창된 대학사회와 학원자율화를 통해 확보된 상대적으로 개방된 공간을 만들어 저항언론, 저항담론의 활성화와 함께 운동문화 확산과 저항 주체의 동형화에 일조했다. 급진적 이념의 확산은 학원 내 다양한 네트워크를 통해 인지되고 강화되었다. 동형화된 운동문화는 부활한 학생회와 다양한 학생모임과 이념 논쟁을 수반한 정파투쟁(학생회 선거를 포함해서)을 통해 확대 재생산 되었다. 한편, 학생운동이 민주화운동에서 커다란 기여를 한 이유는 학생운동의 주요 행위자들이 변혁운동의 선도적 저항주체로서 자신을 위치지운 것에 머물지 않았기 때문이다. 1980년대 후반 학생운동은 "변혁을 지향하는 여러 부문을 취합하여 자신의 조직 중심 주위에 그것들을 둘러 세우는 방식을 동원"(이신행, 1997, 65쪽)했으며, "쁘띠부르주아로서 자신의 이해보다는 민중과 민족의 총체적 문제를 자신의 과제로 하여 민주-민족-민중-계급적 담론으로 발전(김동춘, 1997, 80-81쪽)" 시켰다. 그들은 통일전선론에 입각, 다양한 계급계층과의 연합과 연대를 모색함으로써 1987년 6월항쟁을 승리로 이끌었으며, 민주화운동의 주요 행위자로서의 역할을 수행할 수 있었던 것이다. 여기서는 NL의 주류화 요인에 대해 조직 전략적 차원을 중심으로 검토하고자 한다.

1) 반제통일전선론 : 운동의 급진화와 대중화의 기제

NL에 의해 '통일전선론'이 한국 사회운동의 주요한 관심사로 부각되었다. 이러한 사실은 첫째, 학생운동이 '이념과 가치 차원'에서 상당한 급진화를 이루었음을 보여준다. 통일전선론8)의 수용은 권위주의 정권에 대한 반대 수준에 머물던 민주화운동 프레임을 넘어 변혁과 권력의 전략이 운동권에 수용되었음을 의미한다. 왜냐하면, 통일전선론적 문제의식은 국

---

8) 통일전선(united front)이란 '변혁운동에 이해를 가지는 복수의 계급·계층·정당·사회단체, 개별적인 인사들이 계급적 이해나 정치적 견해가 다르다 할지라도 공통의 목표를 위해 공동의 대상에 투쟁할 목적으로 만든 공동전선(공동투쟁의 형태·조직)을 말한다(田富久治, 1987, 282쪽). 따라서 사회구성체의 성격과 모순을 밝힘으로써 객관적 조건을 분명히 하고, 피아(彼我)의 역학관계를 고려하여 통일전선의 주관적 조건을 밝혀, 통일전선의 대상과 동력을 설정하고, 통일전선의 동력에 있어서 각 구성 요소들 사이의 위상과 역할을 정확히 설정하는 작업이 필수적이다.

제·국내적 제 조건과 계급적 제 관계 등 유물론적 분석 틀에 기초한다. 통일전선은 주요 모순, 주적, 지도와 동맹 등의 구조를 갖는 계급적 대항을 파악하고 변혁을 수행하는 전략이기 때문이다.

통일전선론의 확산이 급진화(radicalization)[9]를 설명하는 증거가 되는 또 다른 이유는 타도와 고립의 대상과 운동 동력의 재설정을 통해 미국뿐 아니라 북에 대한 인식상의 변화를 수반했다는 점 때문이다. 당대 운동가들은 광주를 혁명의 표상으로 재구성하는 한편, 여기에 '희생자 담론'과 '부채 담론'을 접합하어 경계와 진략을 재구성했다.

NL은 "한국에 대한 미국의 제국주의적 지배가 본질적 모순이며, 따라서 사회적 재화의 생산에 기초한 계급모순은 제국주의에 의한 식민지 지배라는 민족모순에 대해 부차적"이라는 대미인식과 운동전략의 변화를 가져왔다. NL론은 당시 "한국사회의 모순과 그 해결 전망을 수립하는 데 필수적인 '사회구성체'에 대한 기존의 논의가 토대분석만 있을 뿐 정치·군사적 측면을 소홀히 하고 있으며, 한국사회의 미국에 대한 종속성을 인식함에 있어서 경제적 종속뿐만 아니라 정치·군사적 종속과 기타 사회적 종속을 내포하는 종속의 총체적 성격에 대한 파악이 부족하며, 한국사회 분석이 남한사회에 국한되어 있다"면서 민족 전체적 관점을 견지해야 한다고 역설하였다.

주체사상과 통일전선론의 확산은 한국전쟁 이후 운동진영 내부에 상존하던 변혁운동의 단절(복원)론적 해석보다 '연속론적 해석'이 우위를 점하게 되는 데 큰 영향을 주었다.

---

[9] 운동의 '급진화(radicalization)'는 어떤 사건이나 현상에 의미를 부여하는 틀(frame)의 변화 즉, 자신의 삶의 공간과 세계에서 일어나는 일들을 위치시키고, 지각하고, 구별하며, 이름 붙이는 것을 가능하게 해주는 '해석틀'이 더욱 급진적으로 재구성되는 과정이나 상태로 정의할 수 있다(이창언, 2009).

변혁운동사에서 80년대는 운동의 대중적 발전과 전위조직 자체의 발전, 그리고 이 양자의 결합이 높아가면서 혁명준비기에 있어서 가장 중요한 과제인 역량의 축적, 장성 과업이 이루어진 시기였다. 이렇게 볼 때 80년대 운동사는 "한국민족민주전선"을 중심으로 본다면 전위조직의 전화가 이루어진 1985년을 경계로 크게 두 시기로 나눌 수 있다. 이것은 통혁당의 한국민족민주전선(이하 한민전)으로의 전화가 전위조직의 명칭, 개칭 자체에 의미가 있는 것이 아니라 우리 사회의 사회경제적 토대 및 정치정세의 변화 등 시국 전반의 변화 그리고 대중의 사상의식과 대중역량의 발전 및 높아진 요구, 여기에 지도역량 자체의 발전을 총체적으로 반영한 것이라고 한민전이 주장하는 데 근거한다. 결국, 해방 후 지난한 준비기를 경과하고 있는 남한사회변혁운동은 1969년 통혁당의 결성으로 하나의 커다란 맥이 형성되고 다시 1985년을 경계로 변혁운동사의 새로운 단계가 열리는 것이며, 그 사이에 1980년 광주민중항쟁은 운동의 질적 발전을 예고하는 분기점이라고 보인다(이주현, 1991).

NL 일각에서 존재하는 이러한 시각은 반제통일전선론의 확산이 미친 사회운동의 문화적 결과(cultural consequence)라 할 수 있다. 절대역량 단절(복원)론은 광주항쟁 이후 급진적 학생운동이 이전의 급진적 운동(사회주의운동)의 단절을 극복하고 자생적으로 급진성을 회복했다는 점에서 1980년대를 '급진적 운동의 부활 시기'로 상정한다. 대체로 PD적 시각에서는 한국전쟁 이후 사회주의 운동의 폐허 속에서 1980년 광주를 거치면서 급진화가 새롭게 모색되었다고 보는 데 반해, NL은 통일혁명당(통혁당) 등 지하당의 보존된 역량이 수행한 역할을 강조하며 운동의 연속성을 강조하는 것이다. NL과 PD 일각에서 일던 연속론(NL주사파)과 단절복원론(PD)은 단절된 혁명전통, 정확히는 일제강점기 이후 한국(조선)의 민족해방운동에 정통성을 부여하는 것을 둘러싼 대립적 시각을 내포하는 것이다. 즉, NL적 시각은 치열한 고난을 이겨낸 노력으로 끊어진 혁명 전통의 줄기를 되찾았다고 주장한다. 반면 PD적 시각은 1980년대의 변혁투쟁은 그 이전 어느 시대의 투쟁 경험과도 완전히 무관하고 새롭게 자생적으로 생겨난 것임을 주장한다. 이러한 각각의 견해는 한국사회 성격 규정에 대한 문제를 넘어서 북한과 북한 정권에 대한 입장과 태도의 상이함을 반영하고 있다.10)

<표 2> 단절론과 연속론

분류	주장
절대적 역량 단절론적 해석	<노동운동 집중론적 해석 / 재출발론적 해석> 한국전쟁 이후 좌익운동의 인적·전략전술적 단절. 1980년대 자본주의 발전의 심화외 노동계급의 성장, 경제주의에 대한 각성과 정치주의·전위주의·혁명주의 등장.
연속론적 해석	1960년대 이후 남한운동에 보이지 않는 영향력을 행사해 온 NL론이 1980년대 중반에 공개적으로 재등장하여 주류화 됨.

* 출처: 이창언, 2009.

통일전선론의 등장과 확산은 둘째, 조직적 차원에서 볼 때, 반합법·비합법 정치조직의 필요성에 대한 인식뿐 아니라 합법·비합법 대중조직이 활성화되었음을 의미한다. 사실 1970년대는 비합법 정치조직의 경우 '민주화를 위한 공동투쟁체'와 '전략적 통일전선체의 건설'로 전선을 바라보았지만 민주화운동 전반에 걸쳐 영향력을 미치지는 못했다.11) 통일전선

---

10) 이창언, 2009. NL자주파도 단절(복원)론적 시각을 가진다는 주장도 있다. 그러나 위에서 살펴보았듯이 NL주사파의 주장은 엄밀한 의미에서 단절(복원)론은 아니다. 연속론적 시각은 북에 대한 편향적 시각과 한국운동의 독자성의 간과라는 한계를 보인다. 다만, 한국의 근대국가 수립과정으로부터 초래된 특수한 구조적 모순과 민주화운동 내지 변혁운동의 이념적 고유성을 발견하고, 그러한 요소들이 민주화운동과 민주화 이행, 공고화 과정에서 어떤 변수로 작용했는지를 고찰할 수 있게 해준다. 단절(복원)론은 1980년대 급진화된 운동의 패턴을 설명해 주지만, 선험적으로 사회주의 운동 모형을 선으로 규정하는 우를 범하고 있다. 이로 인해 운동 참여, 실천, 목표의 다양한 차이를 일반화하는 문제를 낳는다.

11) 1984년을 전후하여 국민운동 방식을 지양하고 변혁적 대중노선 아래 조직단위 가입과 민중 주체역량 강화에 초점을 맞춘 '민중민주협의회'와 상층 명망가형 조직인 '민주통일국민회의'가 통합 논의를 거쳐 1985년 3월 마침내 '민주통일민중연합(이하 민통련)'이 결성된다. 민통련은 1970년대식 상층 명망성과 1980년대식의 하층 대중성을 결합시킨 것

론의 확산은 연합연대운동의 확장에 기여하게 된다.

셋째, 행위양식과 운동 전략상의 변화를 수반하였다. '통일전선적 혁명론'과 '소비에트 혁명론'은 체제의 통제와 관련된 갈등에서 도구적 행위논리를 내장하고 있다는 점에선 같지만 통일전선적 혁명론은 생활 세계의 양식과 관련된 표출적 행위논리를 무시하지 않는다. 두 개의 노선이 공히 권력 지향적 전략(power-oriented strategy)을 내포하고 있지만 통일전선적 혁명론은 기존의 가치관과 관행으로서 '사회적 정신' 내지 '사회의식(societal mentality)'에 근거해 '저항행동의 틀'을 구성하는 한편 정체성 지향적 전략(identity-oriented strategy)을 구사[12]함으로써 전략의 효율성을 높일 수 있었던 것이다. 통일전선론은 혁명을 단순히 혁명적 지향을 갖는 제 계급과 제 세력의 동맹이라는 모델로 인식한 저항주체론의 변화를 의미한다고 할 수 있다. 통일전선론이 정식화됨에 따라 여타 계급계층이나 세력과의 연합문제는 단순히 전술적 차원이 아니라 전략적 차원의 문제로 새롭게 인식(조희연, 2004, 40-44쪽)되었다. 1970년대 후반부터 1980년대 초반의 '노학연대'가 '계급 중심성'의 문제를 강조했다면, 통일전선론은 어떤 목표를 갖고 누구와 연합할 것인가에 관한 문제의식을 담고 있었던 것이다. 급진적 민족주의자에게 통일전선론은 볼셰비키 혁명론의 급진적

으로 반파쇼연합전선에서 상설적 통일전선조직으로 나아가는 맹아라고도 볼 수 있다. CNP논쟁을 거치면서 연합해야 할 대상(동력)과 타도 대상을 둘러싼 문제가 부각되었지만, 급진적 운동이 제도야당으로부터 명백히 분화되고 독자적인 실제로 나타나게 된 전환점은 1986년의 5·3인천투쟁이었다(성공회대 출판부 편, 2000, 100쪽). 5·3인천투쟁 이후 전선 논의는 개념·이론적 논의와 실천적 논의의 차원에서 활발히 전개되었다. 전자가 개념 논의, 사회성격과 계급 배치에 기초한 전선 유형 논의 등이었다면, 후자는 전술 운용 논의, 지도부 구성, 가입 범위, 연대운동의 수준, 조직 체계 등에 주목한 통일전선체 결성 관련 논의(은수미, 2004, 323쪽에서 재인용) 등으로 대별되었다.

[12] 사회운동이 권력의 문제나 정체성의 문제 중 어느 하나만을 배타적으로 지향하는 것은 아니다. 비록 운동의 특성이나 운동 시기 그리고 운동의 경향성에 따라 어느 한 측면이 강조될 수는 있지만 두 가지 논리를 공유하고 있는 경우가 훨씬 더 전형적이고 효과적이라고 할 수 있다. 두 개의 전략구성(사)와 관련해서는 조대엽(2005)을 참고하라.

변용과 확장, 즉 '전략의 한국화'라는 차원에서 이해되었다. 그리고 러시아적 현실로 환원되지 않는 복잡하고 다양한 현실의 저항성과 역동성을 담아내는 방법론으로 수용되었다.

2) 분단체제·민족적 에토스에 기초한 의식－조직화
: 교조주의 비판과 자주적 변혁이론의 정당화 기제

주체사상 또한 마르크스－레닌수의와 유사하게 수입한 이론인 것은 마찬가지일 수 있다. 그러나 CA와 PD가 분단과 민족통일 문제에 있어서만큼은 이전의 삼민이념(민족통일·민중해방·민주쟁취)의 후퇴라 할 수 있다면, 이에 비해 NL은 한국 근현대사의 아픔인 분단과 민족통일에 대해서 적극적인 관심과 대안을 모색하였다.

> 오늘날 주사파의 부정적인 측면만이 부각되고 있는 것은 사실이지만 그럼에도 불구하고 주사파운동은 색다른 시도를 했다고 봅니다. 이른바 전국적 관점을 강조했던 점입니다. 전국이라는 것은 남한만이 아니라 한반도 전체를 놓고 변혁운동을 꾀했다는 의미입니다. 당시 우리는 남한에 국한된 사고를 반국적 관점이라고 불렀습니다. 학생운동이 남북한을 통틀어서 사고해야 한다는 것을 본격적으로 제기했다는 점을 지적하고 싶습니다. 지금의 시점에서 볼 때 대단히 의미 있는 일이었다고 봅니다. … 그런 면에서, 1980년대 주사파가 금기의 영역을 깨고, 한반도 전체를 운동의 틀 속으로 가져간 것은 정치적으로 의미 있게 바라볼 필요가 있다고 생각하는 거지요(유근일·홍진표, 2005, 147-148쪽).

CA와 PD가 정치경제학과 레닌 저작을 주로 학습하였다면 NL은 다른 학생운동 그룹에 비해 한국의 역사와 문화에 대한 학습이 갖는 의미를 강조하였다. NL에게 학습은 "자기 조국의 역사적 전통과 구체적 실정에 익숙하도록 준비되는 과정"이었다. 또한 이들은 "궁극적으로 식민지의 강고

하고 열악한 조건, 강대한 미제국주의와 타협 없이 장기간에 걸쳐 진행되는 이 나라 변혁을 끈기 있고 완강하게 수행할 활동가를 배양하는 데 이바지"하는 것을 목표로 설정했다.

민족자주노선을 강조한 초창기 NL을 거쳐 주체사상이 중심사상으로 자리 잡은 후에는 이러한 경향이 더욱 강화되었다. 항일무장투쟁기의 투사들을 모범으로 삼고 따라 배우며 자기 자신의 모습을 바로 만들어 나가는 것이 식민지 청년학도들의 학습관점으로 규정되었다.

자기 조국의 역사적 전통과 구체적 실정에 익숙하도록 준비되어야 한다. 조국의 실정과 역사 문화 국토에 대한 절절한 사랑을 가슴 깊이 지니고 있는 사람만이 민족과 강토를 유린하는 제국주의에 대한 불같은 적개심을 가지고 지칠 줄 모르는 투쟁을 계속할 수 있을 것이다. 또한 자기조국에 정통할 때 올바른 운동을 수행할 수 있게 된다. 러시아혁명에서 페트로그라드 공방전이 어떻게 진행되었는지 아는 것보다 갑오농민전쟁에서 우금치 전투의 패인이 무엇인지, 우금치 일대의 지형지세가 어떤지를 아는 것이 우리의 약술(전략전술) 수립에 더 도움이 된다(금성출판사 편, 1989).

『해방전후사의 인식』과 민족주의적 시각을 견지한 강만길의 저작은 저학년 학습에서 여전히 사용되었다. 그러나 1988년을 거치면서 NL 내부에서는 한국 역사학자들의 연구 저작보다는 북한 원전을 짜깁기 내지 재편집한 역사서와 한국에서 출판된 북한 도서들을 학습 교재로 사용하였다. 주된 내용은 항일무장투쟁과 조선노동당, 미제침략과 저항을 다룬 역사에 관련된 것이었다.

NL 초기에는 민족자주의식으로 무장하기 위한 중점적인 과제로 한국사 전반에 대한 주체적인 재조명과 미제침략의 본질과 만행을 파헤치려 하였다. 이후 주체사상이 어느 정도 수용되면서 한국사 교양에서는 애국주의와 우리민족제일주의를 고취하기 위한 민족의 역사전통에 대한 학

습, 주체의 민족이론 학습과 함께 혁명전통의 의의와 계승의 중요성이 강
조되었다.[13]

전자가 우리 민족의 전 기간의 역사에 대한 검토(반제전통이 면면히 살
아 숨 쉬는 근·현대사·반미투쟁사를 중심으로)로 이어진다면, 후자는
김일성이 지도한 항일투쟁에서 만들어진 민족주체노선에 대한 학습으로
이어졌다. 주로 항일무장투쟁 시 인민 정권의 운영 경험, 당 창건 방침,
대중단체에 대한 사업, 민족통일전선사업, 대중정치선전사업의 경험 등
이 혁명적 군중관, 혁명적 사업방법과 인민적 사업작품과 연계되어 학습
되었다.

NL의 역사관은 승리사관, 주류사관, 지도사관, 민족해방사관으로 압축
요약된다. 1980년대 후반 주사파의 양적 확대는 혁명 전통의 복원문제(김
태호, 1990 ; 이재화, 1988 ; 조진경, 1988 ; 이주현, 1991)를 둘러싼 진보진
영의 치열한 논쟁을 수반하기도 했다.

한편, NL학생들이 주도한 북한바로알기운동은 김일성 가짜설의 허구성
과 함께 주체사상이 보급되는 계기를 만들었다. 북한바로알기운동은 정
서적·감정적 차원에서 새로운 경계 형성(해체와 재구성)에 일조하였다.
분단, 전쟁, 통일은 각각 좌절, 공포, 희망과 연결되면서 연대(solidarity)와
적대(hostility)의 감정적 원천이 되어, 북한은 내부로 미국은 외부로 구획
되었다.

한편 북한과 주체사상에 대한 접근과 수용을 순환적 반응 내지 전염으
로 설명하는 경우가 있지만, 그보다는 행위자의 적극적 환경조정 의식 차
원에서 이루어진 것으로 보인다.

---

[13] 1988년을 기점으로 1988년 이전에는 북한의 시각에서 제작된 팸플릿이 비공개적으로 유
통되는 시기라면 1988년 이후에는 출판된 북한 원전이 교재로 활용되는 시기라고 할 수
있다. 물론 이 시기에도 여전히 북한 방송 녹취물과 전위(한민전)와 대중을 매개하는
인전대를 자칭하는 비공개 정치조직의 팸플릿이 NL내부에 영향을 미쳤다.

<표 3> 1990년대 초반 NL주사파의 학습체계와 내용

학습체계	학습내용	검토할 과제
주체의 사상·이론· 방법 원리 교양	1. 사상 2. 이론 3. 방법	① 주체사상 창시의 문제의식과 사회역사적 배경 ② 주체사상의 기본원리교양
		① 주체의 혁명이론 ② 혁명의 성격, 단계, 강령 등에 따른 구분 ③ 혁명의 약술교양 ④ 인간개조, 경제건설, 사회문화건설 이론
		① 주체사상에서 영도방법이 차지하는 지위와 역할 ② 영도체계와 수령론에 대한 이해 ③ 혁명적 사업방법에 대한 이해 ④ 인민적 사업작풍과 품성론 교양
당노선과 정책 교양	1. 김주의의 당창건 방침 2. 당창건을 위한 조직 사상적 준비과정 3. 당 명칭 개칭의 의의와 근거 4. 당정책과 노선	−. 조선노동당 약사를 고찰 −. 전위당 건설의 요구와 식민지 조건에서의 당창건의 특수성 이해 −. 70년대 통혁당의 정책기조와 80년대 애국적 전위대의 정책기조 분석 −. 전국혁명에서 전위대가 차지하는 지위와 역할과 당의 관계 −. 준비기 대중운동 지도원칙
혁명전통 교양	1. 혁명전통의 의의와 계승의 중요성의 문제 2. 혁명전통의 내용	−. 왜 항일무장투쟁이 혁명전통의 산실이 되는가? −. 항일무장투쟁의 현재적 의의와 현대 민족해방운동사의 차이점 −. 혁명전통의 내용 ①민족주체노선 ②불요불굴의 투쟁정신과 자력갱생의 생활기풍, 필승의 신념 ③ 인민정권 운영경험, 당창건 사업, 대중단체사업, 민족통일전선사업, 대중정치선전사업의 경험 ④혁명적 군중관, 혁명적 사업방법, 인민적 사업작풍 ⑤ 혁명적 조직생활의 모범, 수령에 대한 충실성.
현대사회경제 발전법칙 및 계급교양	1. 주체의 정치경제학 2. 제국주의론 교양 3. 노동계급의식 교양	초기 자본주의와 맑스의 정치경제학 ① 자주사상에 대한 학습 ②레닌의 제국주의론에 대한 학습 ③현대 제국주의 기본특징 이해 ④현대제국주의의 식민지전략 이해 ⑤현대제국주의 분석에 기초한 세계혁명전략 이론 이해 ⑥ 제국주의, 국독자론에 대한 수정주의 비판
애국주의, 민족제일주의 교양	1. 우리민족의 역사전통 2. 주체의 민족이론 3. 우리민족제일주의	①우리 민족의 역사전통에 대한 학습(한국 근현대사, 반미투쟁사) ②민족문제에 대한 역사적 인식 변화·변경과 주체의 민족이론 ③우리민족제일주의 개념과 의의

집단주의 생활관, 혁명적 인생관 교양	품성론 정치적 생명체론	①혁명하는 사람의 생활관, 인생관, 혁명적 사업작풍, 민중적 풍모 ②정치사상적 생명의 중요성, 혁명적 집단주의 관점
한국변혁의 구체적 문제 교양	1. 전국혁명의 총제적 전도와 조국통일노선 2. 한국사회의 성격 3. 식민지 남한 민해운의 전략과 전술 4. 통일전선과 각 부문운동	〈전국혁명과 조국통일노선〉 ①45년 해방 후 조성된 혁명정세와 두 개의 지역혁명으로 구성되는 전국적 혁명의 전도 ②3대혁명 역량의 총체적 편성에 의한 전국혁명의 수행과정과 전도 ③민주기지에서의 사회주의 건설과정과 사상·기술·문화 3대 혁명에 대한 이해 ④통일의 두 가지 전도와 여섯 가지 방도 ⑥연방공화국 통일방안의 의의와 정당성 〈한국사회성격〉 ①사회분석의 방법으로서 주체사관 교양 ②식민지반자본주의의 기본지표 및 반봉건 사회와 동일성과 차이성 ③식민지반자본주의로의 이행시기와 동력 ④반자본주의 단계의 전략전술적 특징 ⑤신식민지 국가독점자본주의론 비판 〈민해운의 전략과 전술〉 ①한국 변혁의 성격과 임무 ②한국 변혁의 동력과 대상 ③변혁운동역량 편성, 통일전선 ④준비기 대중운동의 지도원칙 ⑤혁명의 전략적 시기 〈통일전선론〉 ①1930년대의 통일전선운동 ②식민지 통일전선의 기본특징 ③식민지 반자본주의 한국사회에서의 통일전선 ④국제적 반제 통일전선 및 비동맹운동 〈학생운동론〉 ①식민지 청년학도의 지위와 역할 ②학생운동사 ③학생운동의 조직노선, 자주적 대중조직으로서의 총학생회의 위상 ④각계각층과의 공동·연대투쟁

* 출처 : 이창언, 2009.

70년대, 80년대에 누구도 통일담론에 대해서는 쉽게 이야기 할 수 있는 문제가
아니었어요. 특히 북한에 대해서 무엇을 이야기를 한다는 것은 어려웠어요. 87년
6월항쟁 이후에도 그랬어요. 당시 북한에 대해서 얘기하는 것 자체가 상당히 급진
적이고 진보적인 학생이라는 등식이 성립할 수 있었던 것 같아요. 군사정권이 가
장 적대시하고 금기시하는 북한에 접근한다는 것은 군사정권에 가장 강력한 저항
자로 인식되었어요. 어떤 운동인자들, 활동가 개개인에게는 어떤 자긍심을 줬다고
나 할까요(H대 85학번 S씨).

NL운동 일각에서의 주체사상 수용은 당시 한국사회에서 금단의 영역
으로 인식되었다. 역설적으로 군부독재와 가장 멀리 대척하고 있는 자가
역사에서 가장 의미 있는 존재, 강렬한 삶을 살고 있는 존재라는 믿음이
공존하였다. 주체사상의 수용은 민중에 대한 죄의식과 같이 개인이 손상
된 정체성(spoiled identity)을 회복하는 길이자, 죽음을 각오하고 싸우면서
세계를 변혁한다는 자기만족을 얻는 과정이기도 했다.

3) 대중노선 : 새로운 운동 주체 형성의 기제

전대협의 건설을 주도한 NL 학생운동은 반제적 관점을 상위에 두었지
만 운동의 방식은 타 정파에 비해 유연하였다. 이들은 학생회를 통해 대
중사업을 전개한다는 노선 아래, 대중의 자주성을 옹호하는 방향으로 대
중의 요구와 지향 그리고 그들의 정서에 맞게 운동이 진행되어야 한다는
점을 강조한다. 전투적 학생회(戰鬪的 學生會)에 대한 인식이 그것인데,
현실에서는 수정주의적 편향이라는 비판도 있었지만 이들은 새로운 조직
사업에 대한 관점―혁명적 군중(대중)노선 관철―을 세웠다는 점에서 이
전 시기의 학생운동과 다른 양상을 띠게 되었다.
대중노선의 견지는 전대협 건설의 토대로 작용하였다. 실제로 1987년
6월항쟁은 대중동원에 성공하는 요인으로 작용한다. 그것은 NL의 직선제

개헌론으로 표출되었는데 이 노선은 이제까지 '개헌국면'이라고 파악한 상황인식을 비판, '제국주의의 한반도 권력재편기'라고 국면을 정의하고 개헌투쟁의 성격을 '반미자주화 투쟁'이라는 관점에서 재해석한다.

NL론은 반제의 문제와 함께 변혁운동가가 지녀야할 입장과 태도(자세)의 중요성을 제기하면서 등장하였다. 초기에는 반외세 문제에 과도하게 집착하면서 대중의식과 주체 역량에 맞춰 일상적인 대중활동을 전개하지 못하였지만 역설적으로 반제노선의 강조가 대중노선을 자연스럽게 수용하는 계기로 작용하세 된다. 민족문제의 중요성을 강조힌다는 시실은 광범위한 연합전선의 필요성으로 귀결될 수 있었다. 동시에 주체사상의 사상, 이론, 방법의 수용가능성도 높아질 수 있었다. NL은 초기 반제노선 차원에 머물지 않고 각계각층의 애국적 역량의 총집결로서 민족연합전선의 형성과 이를 실현하기 위한 근본 방침인 대중노선[14]을 제기하게 되었다.

CA(PD)는 아주 강직성이 많았죠. 쟤네는 뭔가 노동자 같고, 뭔가 강성인 것 같고, 이런 이미지를 많이 줬어요. NL은 쟤네들이 운동권인데 오히려 학생들과의 관계에서 아주 자연스러웠던 것 같아요. 당시에 학생들 안에서도 CA(PD) 같은 경우에는 '비타협적 투쟁' 이런 말들을 참 많이 했어요. 비타협적 투쟁이라고 하는 것은 대단히 필요한 건데 문제는 모든 활동 방식이 거기에 내포되어 있었어요. 비타협적인 투쟁을 한다고 할 때는 그런 어떤, 대치 과정에서 싸워서 그들과 타협하지 않는다는 것이지 대중들 속에서 우리 편으로 끌어들여서 힘을 붙여서 어떻게 걔들과 싸울 것이냐 하는 다양한 방식이 강구될 수 있는 거잖아요. 비타협적인 투쟁이라는 것이 싸움의 대상하고의 관계에서만 나타나는 게 아니라 대중을 대하는 태도에 있어서도 뭔가 경직성, 또는 이런 형태로 표현됐다고 하는 거지요. 그런 것이 좀 정서적으로 다가가는 데서도 그렇고, 비치는 데서도 그렇고 좀 많은 차이들이 있었던 것 같아요(H대 85학번 P씨).

---

[14] NL은 대중노선을 "대중의 이익을 철저히 옹호하고, 대중의 자주적 지향과 요구를 반영·결집시키며 대중의 창조적인 지혜와 힘을 발휘시켜 모든 문제를 풀어나가는 의식·실천적 행위"라고 말한다.

NL은 대중노선의 관철을 민족민주운동의 전략적 침로를 견지하는 데 있어서 관건으로 파악하면서 대중노선을 "한마디로 변혁운동상의 모든 문제들을 대중을 중심으로 사고할 것"이라는 명제로 표현한다. 또한 '지도성이 거세된 대중성', '자생성에의 굴종'이라는 운동진영의 비판에 대해서 다음과 같이 반론을 펴면서 자신이 견지한 대중노선의 본질적 내용과 정당성을 강조하였다.

대중에 대한 올바른 지도란 결코 언제까지나 인도하고 가르쳐주고, 시혜를 베푸는 것이 아니라, 대중이 자신의 두발로 튼튼히 설 수 있도록 보조하는 것을 의미한다. 대중과는 분리된, 대중을 대상화해버린 전위주의자들은 대중이 갖는 한계에만 주목했지 대중의 역동성에 대해서는 철저히 외면하고 있다. 지도성이란 결코 활동가들의 관념적인 당위성 속에서 관철될 수 있는 것이 아니라, 오직 대중들 속에 뿌리내리고 대중들과 결합함으로써 있음이 자명한 일이 아니겠는가(김민철, 1988, 35-37쪽).

NL이 대중노선을 강조한다고 해서 선도적인 정치투쟁 자체를 거부하는 것은 아니었다. 선도투는 정세 변화에 따라 능동적으로 검토되어야 하며, 무엇보다도 대중의 요구에 부합하여야 한다는 것이 이들의 기본적 입장이었다.

과학적인 전략전술과 정치적 대응은 매 시기 조성된 정세를 정확히 파악하는 것이어야 하며 대중의 자주적인 진출을 이끌어 정세를 발전시켜 나가려는 관점이어야 한다고 NL은 주장한다. 그러나 1985년 말에서 1986년 초의 선도적 정치투쟁은 대중투쟁에의 지향이 없이 배치되었으며, 대중을 주체로 인식하지 못한 그릇된 대중관에 기인한 것이라고 봤다.

83년 겨울에 시작된 학원자율화가 84년 들어 본격화되면서 대중적 진출은 급격히 폭발되고 이를 결집하기 위한 자주적 대중조직 건설투쟁, 정치투쟁이 일어나나

그 역량을 올바로 조직하지 못함으로써 갈수록 대중적 결집은 난관에 부딪히게
된다. 이때부터 선도적 정치투쟁은 다시 시작된다. (중략) 합법적인 투쟁공간 속
에서 전취가능한 회원들에게 세심한 배려를 하기 보다는 제기되는 사안들을 중심
으로 선도적인 정치투쟁을 조직하는 데 사고의 중심이 있었으므로 다종다양한 투
쟁위원회가 결성되고 투쟁이 무성해진다. 이 과정에서 수많은 회원들이 소외되었
으며 (중략) 선도적 정치투쟁이 무엇에 기여할 것인가를 사고하지 않고 다만 자신
은 선도적인 문제 제기 집단이라는 인식에서 출발한 투쟁은 본말이 전도된 것이
다. 결론적으로 선도적 정치투쟁은 대중투쟁의 촉발에 기여하는 것이어야 한다.
대중투쟁에 대한 지향과 의식성 없이 전개되는 선도투쟁은 일회적인, 실천적이지
못한 것이다(우상호, 1989, 178-179쪽).

대중노선이 등장했던 초기에는 주로 대중노선의 정당성과 투쟁의 대중
화를 실현하기 위한 방법을 놓고 많은 논의가 전개되었다. 그것은 첫째,
투쟁 주체의 문제 둘째, 정치투쟁과 학생의 계층적 요구의 결합에 대한
문제 셋째, 작은 실천으로부터 큰 실천의 결합문제라 할 수 있다. NL의
대중노선은 학생운동의 투쟁 주체가 누구인가(소위 운동권인가 학우대중
인가)를 밝히는 것과 투쟁의 중심주체(대중)를 불러일으키기 위한 정치사
업의 내용, 학생회의 역할, 학원자주화투쟁의 중요성 강조, 일상활동의
중요성을 환기시키면서 지지자를 확보할 수 있었다.

4) 서클 해소와 학생회 강화노선
: 해석틀, 미시 동원구조의 확장기제

NL계열 학생이 학생운동의 다수가 될 수 있었던 배경은 서클주의의 혁
파라는 운동혁신 담론과 학생회 강화노선에서 찾을 수 있다.

초기 NL인 구학련은 서클주의를 비판하면서 대중노선을 표방했지만
기존의 인식—조합적 대중조직과 정치적 대중조직의 관계설정에서 기계

적 결합과 분리를 넘어서기 위한 목적의식적인 대안제시와 실천은 부재
하였다. 구학련과 애국학생회가 표방한 '혁명적 대중조직(RMO)'은 대중조
직을 지도하기 위해 선진적인 사람들을 묶어 전위조직을 세우자고 주장
했다. RMO노선은 대중운동을 표방하기는 했으나 대중을 움직이는 중심
적인 힘으로 작용하지 못했다. 그럼에도 불구하고 대중노선을 최초로 제
기함으로써 조직운동의 변화의 근거를 마련했다는 점은 인정되어야 할
것이다. 한편 비슷한 시기 학생회 건설의 중요성을 강조하면서 학생회를
강화하기 위해 비밀학생회(Secret Union Line, SU노선)를 만들어 대중들을
결집시키자는 주장도 제기되었다. 하지만 SU노선은 학생운동에 있어서
의 대중조직적인 학생회의 중요성을 제기했다는 의의에도 불구하고, "비
공개와 비합법에 대한 혼돈과 소위 운동권이라고 불리는 사람들을 따로
묶어놔야 한다는 일종의 강박관념"이라는 비판에 직면하게 되었다. 조직
운동 경험의 축적과 군사정권과의 전면적 투쟁 과정에서 대중조직의 주
요한 형태인 '학생회'의 위상과 역할에 대한 인식은 변화되어갔다. 그리고
'자칭 전위'에 대한 정서적 반감이 더해지면서 현실에 있어서 주요한 임무
가 대중조직 건설과 강화에 있다는 문제 제기로 이어지게 되었다.

　　운동권 학생들이 (중략) 생활적 요구에 근거하지 못하고, (중략) 이리하여 투쟁
　양상은 근거지(학원)운동에 충실한 것이 아니라 소수의 정치투쟁, 폭력투쟁으로
　치달았다. 이 과정에서 일반대중의 일상적 요구에 기초한 투쟁은 방기되거나 소홀
　히 되거나 또는 독자적 질을 보장받지 못한 채 운동권 학생들의 정치투쟁을 위한
　부속물로 전락되어 버렸다. (중략) 우리가 참으로 학생운동을 대중화하려 한다면
　이와 같이 대중근거지(학원)에 깊이 뿌리박고 대중투쟁의 합법칙적 발전에 맞게
　사업을 벌여나가야 한다. 그것의 기본은 선진적인 학생들이 스스로를 학생으로,
　학원이라는 자기 근거지를 가진 학생으로, 학원이라는 자기근거지로부터 나오는
　대중의 다양한 이해와 요구를 잘 파악하고 이에 근거하여 대중투쟁을 의식적으로
　준비시켜 나가는 학생으로 변화해야 한다(『자주언론 혁신』 8호)

1986년에서 1987년으로 넘어가는 사이에 학생회를 중심으로 하는 대중적 학생운동이 제기되었던 것은 어쩌면 학생운동 발전상의 필연적 과정이었다고 할 수 있다. 당시는 5공 정권과 민중세력 사이의 대격돌이 준비되었던 시기였다. 그리고 아직 대중동원의 핵심은 학생운동 쪽이 맡고 있었다. 과 단위 학생들까지 동원할 수 있는 체계를 갖추고 있고 운용 여하에 따라 전투에 적합한 중앙집중적 편재를 취할 수 있는 조직이 학생운동의 중심조직으로 대두되는 것은 시대의 요구사항이었다(장석준, 1998, 60쪽).

> 1987년 6월항쟁에서 학생들은 자생적이나마 학생회로 결집하였으며 대거 투쟁에 참여하였다. 각과 학생회에서는 연일 토론이 개최되고 총학생회 · 단과대학생회를 통하여 그날그날의 투쟁지침이 전달되었다. 또한 각과 학생회에서 결집된 대중들의 의사는 단과대와 총학생회로 수렴되고 그들의 의사와 행동을 결정하였다. (중략) 무엇보다도 중요한 성과는 선진적인 활동가들에 의해 대중들을 학생회로 조직한다는 것이 의식적으로 제기되었다는 데 있다(한신대 교지, 연도미상).

6월항쟁 당시까지 남한사회는 극도의 억압적 체제로 지배권력의 강력한 노동통제 정책에 의해 노동자, 농민 등 기층민중의 정치적 진출이 차단되었다. 이러한 조건에서 정치투쟁은 선각자적인 지식인들의 투쟁으로부터 대치되었고, 6월항쟁에서 나타난 학생운동권의 놀라운 역할은 지식인들의 정치투쟁의 주요한 통로가 바로 학생운동이었다는 역사적 상황에 기인한 것이다. 사실 학생회는 노동조합과 같이 자본과 지배권력의 억압으로부터 학생대중의 초보적 단결을 도모하는 기본 대중조직의 한계를 갖고 있었다. 그럼에도 불구하고 대학이라는 상대적으로 열린 공간과 대학생을 회원으로 하는 학생회는 저항을 대중적으로 전개할 수 있는 유력한 수단이었다. 그것은 "조합조직은 경제투쟁"이라는 등식을 넘어서는 것을 의미했다. 사실 남한사회에서 반정부 민주화투쟁을 선도해가던 학생운동 세력은 지배권력에게 눈엣가시 같은 존재였고, 때문에 학도호국단으로 대치시키는 형태로 나타났었던 것이다. 1987년 6월항쟁의 경험은 1984년 학생회 부활 이후 학생회를 선진대중의 정치·투쟁조직을 보위·보좌해주는 보조기구로 인식하던 한계를 넘어 학생회 중심노선의 정당성을 획득하는 데 있어서 결정적인 계기로 작용했다. 학생회를 전위인자 배출을 위한 '공간'이자, 선진적 인자의 지도대상으로 여겼던 기존의 관념은 대중동원과 대중투쟁을 효과적으로 이끌어내는 학생회 모습을 통해 여지없이 허물어졌다.

사람 중심의 조직노선 그리고 자치조직이며 정치조직, 생활조직으로서 학생회의 위상과 역할이 새롭게 조명되기 시작하였다. 1987년 이후 학생회를 전투적으로 강화하고, 학생회를 중심으로 대중을 궐기시키는 것이 기본적인 대중활동 수행 방도임을 강조하는 '전투적 학생회론'이 대세를 이루게 된 것이다.

전투적 학생회론의 주창자들은 학생의 계층적 이해와 지향에 대한 몰이해, 정치적 대중조직과 정치투쟁에 대한 편협한 이해, 운동 주체의 사업 성과주의나 조급성 등이 학생회에 대한 잘못된 인식을 확산시켰다고 주장했다.

학생회를 괄시했던 것은 몇 가지 그릇된 인식에 기초한다. 그것은 첫째, 학생회가 사람이 많이 모인다는 것은 알지만 학생회가 조합으로서의 기능을 갖는 조직이라는 것은 이해하지 못했다는 것이다. 둘째, 학생회를 투쟁단체로 바라보지 못한 데서 기초한다. 이 엄중한 식민지 파쇼통치하에서 학생의 권익옹호라니? 라는 식의 사고(로 인해) 학생회는 일상투쟁이나 복지문제 등만을 책임지는 조직으로 전락될 수밖에 없는 것이다. 셋째, 학생운동을 개량적이거나 자생적인 운동으로 바라보는 데 기초한다. 이런 인식 자체는 일면 타당성을 가질 수 있겠으나 문제는 혁명적, 의식적 운동이 학생회 활동 속에서 결합된다는 것을 이해하지 못하고, 이 둘을 별개의 문제로 바라본 데 있다. 이러하니 학생회를 전투화, 의식화시키려는

노력을 기울이는 것이 아니라 자생적 운동으로 방치하게 되는 것이다. 넷째, 학생
회운동은 공개적이고 합법적인 운동이기 때문에 탄압국면에서는 별 의미가 없다
는 인식에 기초한다. 물론 대중조직이므로 공개성과 합법성을 지행해야겠지만 그
러한 시기엔 학생계층의 대중적 요구 자체도 반합·비합의 양상을 보이고, 그러한
요구를 실현하기 위해 과감히 나서게 된다는 인식이 간과되고 있다. 그 외에도 학
생회 간부를 어용 인사에서 운동권 인사로 교체하기만하면 된다는 식의 형식주의
적 인식이 존재했었다(우상호, 1989, 22-23쪽).

무학논쟁 이후 학생운동의 주류를 점했던 정치투쟁 강화론에 대한 비
판으로 대중기반 강화론이 대두되었다. 그러면서 청년학생의 계층적 특
성과 이해와 요구가 강조되는 정체성 지향의 전략이 권력지향적 전략과
동시에 구사되었다. 학원을 근거지로 삼으면서 학생강령을 준비해야 한
다는 NL의 정체성 지향 전략은 반제운동에서 청년학생운동이 갖는 독특
한 지위, 즉 변혁운동의 주력군 규정에서 그 배경을 찾을 수 있다. 또한
대중기반 강화론도 식민지 민족해방운동의 일반적 투쟁이 갖는 운동의
장기 항전적 관점에서 비롯되었다고 할 수 있다. 반제와 주체사상의 수용
이 역설적으로 대중적 기반을 넓히기 위한 운동의 내부자원 확충으로 이
어진 것이다. 이러한 내부 문제의식은 NL의 대표적인 조직인 반미청년회
의 글을 통해 확인할 수 있다.

첫째, 장기적 관점을 가져야 한다는 것이다. 미−노태우 군정을 요소요소에서
허물어뜨리고 사회 곳곳에 민주의 기지를 만들지 않고서는 민중권력을 쟁취할 수
없으며 설사 쟁취했다고 하더라도 각성되고 조직된 대중의 힘으로 전취한 권력을
지켜낼 수 없고 건설을 힘차게 밀고 나갈 수가 없다. 우리가 지향하는 것은 파괴
가 아니라 건설이기 때문이다. (중략) 따라서 승리와 건설의 과정은 의연히 장기
적이고 복잡한 과정이 아닐 수 없다. 그러므로 조급할 것이 아니라 실제로 놈들을
와해시킬 수 있는 역량을 착실히 준비하고 그것을 요소요소에 배치하여 전민중적
궐기=전민항쟁을 준비해 나가지 않고서는 승리는 도저히 불가능 한 것이다. (중
략) 둘째, 전략적 관점을 가져야 한다. 우리는 모자라는 역량을 헛되이 낭비할 것

이 아니라 가장 주요한 지점, 전략적 요충지로 힘을 집중해 나가야 한다. 그것을 위해서 의식적으로 사람을 준비하고 전략적 중요성을 갖는 곳에 우리의 역량을 더 강하게 준비함으로써 놈들에게 심대한 결정적 타격을 입히도록 해야 한다(『자주언론 혁신』 8호).

대중노선 내지 혁명적 군중노선이 말하는 장기항전과 전략적 관점의 부단한 강조는 청년학생의 계층적 특성과 청년학생운동의 독자성이라는 이론제시를 넘어 현실운동의 구체적 전략과 행위 형태의 변화를 추동하는 힘으로 작용하였다. 당시 NL학생들뿐만 아니라 신입생들의 교재로 사용된 책의 내용을 인용한다.

대중노선의 실현에서 중심이 되는 문제로 첫째, 학생대중의 이익이라는 좁은 집단만의 이익이 아니라 전체 민중의 이익이라는 관점에서 학생대중의 이익을 승화, 통일시켜 내는 것.

둘째, 학생대중을 튼튼한 대중조직 체계로 묶어세우는 것이다. 대중의 다양한 수준의 관심에 따라 중추적, 다면적으로 대중조직을 건설하면서도 그것을 하나의 통일적·유기적 체계로 건설하는 것은 학생운동이 실제로 힘을 발휘하기 위해 가장 중요한 관건이 되기 때문이다.

셋째, 대중과 유리되는 선도적인 투쟁 형태를 극복하고, 합법적, 평화적, 공개적인 다양한 투쟁 형태를 보다 높은 형태의 투쟁들과 올바로 결합시켜내는 것이다(동녘 편집부 편, 1987, 371쪽).

위에 언급된 첫째와 둘째 주장은 정치조직과 대중조직의 기계적 분리를 통해 학생회는 조합조직이고, 정치적 대중조직은 정치투쟁조직이라는 좌편향적 사고를 비판하는 것이다. 이로써 사람 중심의 학생회 강화노선으로 연결되는 근거가 된다. 세 번째 주장은 일반적 전략으로서 권력 지향과 정체성 지향전략(체계 지향적 운동과 생활세계 지향적) 구사의 중요성을 피력하였다. 그리고 이와 함께 구체적 전략으로 제도정치 바깥에서의 투쟁 즉, 가두투쟁과 집회 방식 위주의 행위 형태뿐 아니라 생활공간에서의 다양한 문화적 도전을 포함한 다양한 방식의 운동양식의 가능성과 실천의 중요성 역시 피력하였다. 강의실투쟁, 학회와 다양한 취미의 문화소모임 만들기, 생활혁신운동,15) 자치와 권익실현을 위한 학원자주화운동 등이 자주성 옹호와 민족자주운동의 대중화 차원에서 진행되었다.

> 식민지 동토에서 학원 역시 제국주의와 그 앞잡이들의 지배와 억압과 수탈의 대상에서 예외일 수 없다. 학문을 탐구하더라도 진리를 외치지 못하며 정의를 부르짖다 여지없이 억압의 사슬에 묶이고 만다. …… 따라서 청년학생이 자신의 삶과 세계의 주인이 되는 인간다운 삶을 누릴 수 있는 세상을 창조하기 위해서는 학원에서 청년학생들의 자주성을 짓누르는 억압의 굴레를 대중의 현실적 생활적 토대로부터 깨뜨리기 위한 투쟁, 즉 학원자주화투쟁이 중요한 과제로 제기되는 것이다. …… 학원자주화투쟁에 의한 자주학원의 전선은 식민지배의 수준이 하나씩, 잘라나가는 것과 같은 의미를 가지게 됨을 자각하여야 한다(김태호, 1990, 156-157쪽).

NL학생운동가들은 학생총회를 대중의 자주성·민주성·집중성이 통일되는 장이자 대중운동의 꽃으로 상정하였다. 〈표 4〉에서 알 수 있듯이 학생총회와 학원자주화투쟁에서 제기하는 학원 내 비민주적 요소의 척결은 민족대학의 건설과 긴밀히 연결되어 있었다.

물론, NL론 수용 이후에도 한국사회 현실에 대한 문제의식 속에서 저항의식을 강화했었던 것은 예전과 크게 다르지 않았다. 하지만 이후의 성장 과정은 예전과는 확연히 달라졌다. 이들은 2학년에 들어서자마자 각급 학생회 활동가로 대규모 충원되었다. 그리고 학생회 간부로서 이들은 초기의 의식화 과정에서 획득한 NL이데올로기의 지향에 맞추어 조합조직으로서의 학생회 임무와 정치투쟁체로서의 학생회 임무를 동시에 책임

---

15) 반미청년회는 대학에서 잔잔한 호응 속에 진행되는 생활문화혁신운동으로 자가용 안타고 다니기, 시험 중에 부정행위하지 않기, 제국주의 옷 안 입기, 도서관 좌석 독점안하기 운동의 사례가 있었다고 말한다.

져나가게 되었다(장석준, 1998, 60쪽). NL에 비공개 정치조직이 없었던 것은 아니지만 이들은 전대협−지구대협−각급 총학생회와 단위학교 학생회 골간을 최대한 활용하여 대부분의 사업을 대중적인 활동으로 전개하였다.

〈표 4〉 제 1차 연세대학교 학생총회 토론 안건과 내용[16]

분류	주요 내용	주장
민족대학 건설	영국 국기 내리기 민족적인 교수 추도 모국어 사랑	−. 민족대학의 본관 앞 화단이 영국국기 형태라는 것은 참을 수 없는 치욕. −. 최현배, 김윤경, 정인보, 백남운 등 민족적 교수의 업적기념과 추도 −. 영어가 국어보다 높은 비율을 차지하는 점은 민족대학의 면모를 해치는 일. 학점비율 조정.
학내 비민주적 요소를 척결	봉건, 권위주의적 교수 배격 비민주적 학사행정 쇄신 교과과정 민주화 학생의 참여보장 학내 언론자유 쟁취	−. 정권을 비호하고 사대주의적 의식을 전파하는 사학과 ○교수 등 퇴진 −. 1학기 휴학제 부활, 채플자율화, 수강신청 변경 자율화 −. 강의개설시 학생의견 수렴, 강의 평가제도입 −. 기념비, 건물, 공간문제 결정과정에서 학생 참여보장 −. 원고에 대한 검열, 삭제, 압력 철회. −. 학내 언론인의 신분보장.
학원자율화 확립	문교부의 간섭 배격 학생회비 인상 자판기 증설과 자율관리	−. 평교수협의회 부활, 총장승인제 폐지, 상벌권 실질적 획득, 학생회 5원칙 조항 철폐. −. 3,000원에서 6,000원으로 인상 −. 문교부의 자판기 증설 제한 반대.
학내 복지문제 해결	기숙사 건립 학생신분증 단일화 기타	−. 기숙사 건립 −. 학생증, 도서 대출증, 의료카드의 단일화

---

16) 이 표는 연세대 총학생회(총학생회장 우상호)가 1987년 4월 30일(목) 오후 2시, 노천극장에서 개최한 제 1차 학생총회에서 제시된 토론 안이다. 당시 연세대는 학생회 중심의 사업이 모범적으로 진행되었다. 이 토론안은 NL 학생회의 학원자주화운동에 있어서 모범 토론안으로 많은 학교에서 활용되었다.

NL은 조합조직과 대중정치조직의 통합체라는 학생회 역할을 제고하기 위해 학생회 간부의 책임성을 부단히 강조하였다. 학생회 간부는 남들이 망설일 때 먼저 나서며 어려운 일이나 궂은일에 앞장서고 끝까지 책임을 지는 사람(선도성), 학우들에게 애정을 갖고 헌신하는 사람(헌신성), 친밀감을 주며 소박하고 겸손하며 명랑한 사람(대중적), 회원들의 현 상황과 실정에 대한 구체적인 파악을 기초로 지도의 내용과 방향에 대해 연구하는 태도를 견지하는 사람(지도성), 창조적이고 실천적인 사람(창조성과 실천성)이어야 했나.

이처럼 학생회 중심노선이 일정한 기간, 그 의의와 생활력을 확보하는 데 있어서 학생회라는 조직구조가 갖는 대중활동의 유리함 외에도 운동에 대한 견결성과 학우들에 대한 깊은 애정, 정서적 유대를 매개하는 품성론의 영향이 컸던 것으로 보인다.

투쟁위원회 주최의 집회는 별로 많은 학우들을 끌어내지 못했어요. 품성론과 학생회의 중요성과 관련된 문건을 읽으면서 많이 반성을 했어요. 엘리트의식 같은 것에 대한 반성이랄까요. 87년도 6월항쟁 때 학과별로 집회에 참가하는 것을 보면서 많이 놀랬어요. 프랭카드도 우리보다 더 이쁘게 쓰고, 구호도 참신하고….
어떤 계기만 주어지면 학우들도 나설 수 있다는 것을 알게 되었어요. 수업에 자주 들어가게 되었고, 과 친구들과도 교류하자 더 많은 사람들이 함께하게 되었어요. 이론보다는 학생회의 중심을 세우고 학우들 속에서 함께 동고동락하는 것이 훨씬 감동을 주고 운동을 확대하는 길이라는 것을 알게 되었어요(M대 86학번 Y씨, 2007. 12).

전투적 학생회론은 그 실천 과정에서 학생회 일색화, 조합 만능주의라는 비판이 있었고, 같은 NL운동 내부에서도 선진대중조직론이 제기되기도 하였다.[17] 그럼에도 불구하고 반NL계열도 점차 학생회의 지위와 역할

---

17) 반합법 공개투쟁조직으로서의 '민주화투쟁학생연합'과 진보적 학생대중의 공개적 정치

을 인정·수용하는 입장을 취하게 된다. 하지만 이 경우에도 NL과 같이 투쟁·학문·생활공동체로서 학생회의 지위를 부여하지는 않았다.[18]

한편 전투적 학생회론에 대한 견제로서 제기된 NL 내부의 선진대중조직론은 하나의 일관된 체계가 아니라, 학생회를 다양한 선진대중조직의 하나로 본다는 점에서 전투적 학생회론과 대비되는 것은 아니었던 것으로 보인다. 선진대중조직론은 선진대중조직을 선전선동, 투쟁조직, 사상학습, 연구조직, 민중운동 지원, 연대조직 등 다양한 형태로 선진대중의 요구에 기초하여 꾸릴 것을 주장하고 있다. 따라서 이는 지도조직―대중조직의 엄격한 분리, 선진대중조직도 대중조직이라는 점을 인정한다. 선진대중조직론도 학원에서 학생회를 최고의 대중단체(권력)로 보기 때문에 학생회 활동을 강조하는 전투적 학생회론과 다를 바 없었다(일송정 편집부 편, 1989, 10쪽).

지금까지 살펴본 바와 같이 "대중의 자주적 요구는 자신의 자주성 실현

조직으로서의 '통일민주학생연맹'은 학생회 체계와는 명확히 구분되어 정치투쟁을 지속적으로 수행하고 선진대중의 독자적 훈련을 담당할 조직 건설을 주장하는 점 등에서 유사한 입장을 취하고 있다. 이 견해에 따르면 학생회는 대중자치조직의 고유한 위상과 역할을 갖고 있으나, 남한 계급투쟁의 조건상 정치투쟁체적 성격이 덧붙여 부과된다. 그러나 학생회는 대중적 정치투쟁의 활성화를 이루는 데는 구조적 한계를 내포하고 있다고 본다. 즉 강력한 규율과 단일한 집행력을 가지고 미제와 파쇼에 대해 신속하고 기동력 있는 비타협적 투쟁을 할 수 없고, 항상적이고 정규적인 안정적 투쟁을 전개할 수 없으며 일상적으로 높은 수준의 투쟁을 기동력 있게 담보할 수 없기 때문에 진보적 학생대중 조직이 필요하다는 것이다(일송정 편집부 엮음, 1989, 10쪽).

[18] 제헌의회로 유명했던 민족민주학생연맹 그룹은 기존의 좌편향을 반성·극복하고자 88년 가을부터 활동방식을 전면 개조한다. 이들은 「캠퍼스에서의 정치활동조직에 대하여」라는 문건을 통해 학생회를 학생대중의 대표조직이자 대중투쟁조직으로서의 위상을 정립하면서 학생회의 일관된 정치지향성을 확보하기 위한 정치조직의 작용을 명확히 한다. PD계열의 민중민주학생회(PDH)의 경우에도 반제반파쇼민중민주주의의 대중적 정착을 위해서, 학생운동의 양·질적 발전을 위해서 과학적 대중노선에 입각해야 하며, 그것은 학생회를 그 실제적 대표성에 있어서나 정치성에 있어서 민중민주적으로 강화하는 것이라는 주장한다. 그러나 이를 위해서는 전위조직과 대중조직의 명확한 분리와 학생회의 민중민주적 강화를 의식적으로 추진하는 학생회의 동력으로서의 피디-H건설추진위를 건설하는 것이었다(일송정 편집부 엮음, 1989, 11-12쪽).

을 가로막는 제 요소를 타파하기 위한 투쟁으로 발현되며, 대중의 자주성
은 본질적으로 투쟁 속에서만 고양되고 실현된다"는 대중노선의 대두는
학생운동의 전략과 운동양식의 변화라 할 수 있다.

NL은 대중노선을 확산시키는 과정에서 학생회 강화를 통해 서클주의
와 종파주의, 대중노선의 올바른 이해라는 내부적 과제를 해소할 수 있었
다. 이 과정에서 반제통일전선론을 확산시켜낼 수 있었다. 다시 말해, 초
기 NL활동가들은 서클주의, 종파주의 타파를 내세워 운동의 정통성을 확
보했으며 혁명적 군중노선의 정당성을 확보하였던 것이다.

5) 애국적 사회진출론
: 대학-시민사회 내 저항 네트워크 연계, 확장기제

CA, PD와 달리 NL은 3대 주력군으로, 청년학생운동의 지위와 역할을
부여함으로써 학생운동의 독자성을 확보하는 것은 물론 청년학생의 특성
과 정서에 맞는 사업을 진행하는 폭이 넓어졌다. 한편 민족해방의 과제는
전체 민족의 단결과 단합이 전제되어야 한다는 기본 인식하에 계급적 이
슈보다는 공통의 과제와 요구를 슬로건화함으로써 자유주의적 정치세력
까지를 포함하는 연대전선을 강화할 수 있었다.

이러한 논의의 연장선상에서 NL은 현장진출을 부정하지는 않지만 애
국적 사회진출을 통해 지역과 각계각층의 대중 속으로 들어가려는 움직
임을 보였다. 사회학자 김동춘은 NL의 애국적 사회진출의 특징에 대해서
다음과 같이 말한다.

"전대협에서 한총련으로 이어지는 민족해방노선이 세를 얻는 것도 이러한 학생
들의 출신계층의 부르주아화(化)와 무관하지 않을 것이다. 민중민주주의 노선은

노동운동과 학생운동의 연대, 학생들의 노동현장 투신을 강조하였다면, 민족해방
노선은 학생들이 자신이 서 있는 자리에서 자신의 계급, 계층 출신을 의식하지 않
고서 민족해방의 대의에 헌신할 수 있다는 것을 강조하고 있다. 그리고 졸업 후에
도 무리하게 이들을 노동현장으로 투신하도록 촉구하기보다는 '애국적 사회진출'
이라는 구호하에 사무직이나 자영업, 교사와 법조인이 되어 자신의 몫을 수행하는
것에 대해서도 대단히 관용적인 태도를 갖고 있다"(김동춘, 2001, 74-75쪽).

애국적 사회진출은 전선 개념에서 소수의 투신 의미를 다수의 사회진
출의 의미로 확장시킨 개념이다. 이는 초기에 능동성을 갖고 있었다지만
1990년대에 들어서는 학생운동의 위기를 반영하는 의미로도 해석되었다.
애국적 사회진출론이 운동사회 내에서 회자될수록 민중지향적 삶과 민중
지향성 이데올로기의 매력은 감소되었다.

그 결과 6월항쟁 이후 노동운동으로의 투신 내지 존재 이전은 감소된
반면 청년운동과 사무·전문직 노동운동으로의 진출은 증가하였다. 의도
하지 않은 결과겠지만, 애국적 사회진출론은 현장에 갈 수 없었던 나약한
지식인들의 죄의식을 반감시켜주었다는 점에서 NL 내적으로는 학생운동
의 보다 광범위한 층을 인입하는 기제가 되었다. 한편, 전선운동과 부문
운동의 정파적 활성화라는 측면에서 보면 장기적으로 많은 영향력을 행
사할 수 있는 기제로 작용하였다.

1980년대는 자본주의적 모순이 심화되면서 노동운동의 중요성이 부각
되고 그것을 뒷받침하는 사회변혁 이론이 발전하였다. 이에 따라 학생운
동권을 중심으로 한 지식인들의 이데올로기적 급진화 현상이 지식인들의
노동운동 현장 속으로의 참여라는 형태로 표현되었다.

NL은 반제노선의 수용 이후 수령관과 후계자문제, 남한 내 독자적인
전위조직(前衛組織) 건설, 통일운동의 중심 기조와 방향, 정치세력화 등
의 내적 이견과 논쟁으로 일정한 균열과 분화를 겪었다. 그러나 전대협,

한총련으로 이어지는 학생운동, 한국민주청년단체협의회(한청협) 등 청년운동과 노동자 정치적 대중조직(지역노동자회)을 기본 축으로 농민운동과 연대하면서 통일전선운동(統一戰線運動)을 지향하는 민중부문연합조직 전국민족민주운동연합(이하 전민련), 민주주의민족통일전국연합(이하 전국연합)에 영향력을 행사할 수 있었다.

통일전선, 연합전선운동의 다수파가 합법 정당보다는 야당과의 민주대연합을 선호하는 상황에서 NL은 좌파 학생운동계열에 비해 운신의 폭이 넓었다. 주지하다시피 한국 민족민주운동사에시 1980년대 후반 이후 민중운동 진영 내부에는 합법 정당에 대한 찬성론과 반대론이 첨예하게 대립하였다. NL은 합법 정치공간 활용을 결코 부정하지 않았지만 변혁을 지향하는 한국사회에서 운동은 비타협적인 대중정치투쟁에 의해 수행되는 것이 기본이고, 합법 정치전술은 그 전술적 측면에 불과하다는 입장이 강했다. 이러한 입장의 배경에는 반미구국통일전선에 대한 확고한 신념이 작용했다. 이미 살펴보았듯이 NL은 남한사회를 '식민지 반봉건(반자본)사회'로 규정한 후 미국에 대항할 수 있는 가능한 광범위한 전선을 형성하고자 하였다. NL이 애용하는 애국, 민족, 조국 등의 표현이 보여주듯이 통일전선은 보다 광범위한 민족적 연대(북한을 포함하는)를 강조한다. NL이 '당 중심성'을 거부한 또 다른 이유는 외세 지배하에서 당적 조직이 갖는 제약과 한계(탄압과 개량화)라는 측면보다 이미 당 조직이 존재한다는 사고도 일부(NL 내부의 주체사상 계열) 기인한다.[19]

반미구국통전은 NL의 독특한 전략적 의미(권력의 창출)를 가진다. 이

---

[19] NL계열 일부이지만 북의 노동당과 한민전(한국민족민주전선)에 대한 태도는 다른 형태의 교조주의와 관련이 있는 바, 이들은 자신의 지위와 역할을 대중과 전위(한민전)를 연결하는 인전대(引傳帶)로 규정하였다. 여기서 인전대는 "동력을 전달하는 벨트라는 뜻으로, 당과 대중의 유기적 연계를 보장하며 광범한 대중을 조직적으로 동원하는 역할을 하는 사회·정치적 조직을 이르는 말"이다.

관점은 합법·비합법 당 조직 중심이 아닌 전선 중심성(주도성)을 강조하였다. NL의 주류적 흐름은 일관되게 합법 정당 건설과 관련해서 민주대연합에 근거한 시기상조론(사실상 불필요론)의 입장을 취하게 된다. 따라서 1987년 대선과 1988년 총선에서 각각 비판적 지지론과 평민당 개조(활용)론의 입장을 취했고, 전민련은 합법 정당 건설을 둘러싸고 분열을 겪기도 한다. NL은 비판적 지지를 일관되게 견지함으로 인해서 '독자적인 정치세력화'를 제약하였다.

그러나 전략적 통전이 추구하는 넓은 차원의 연대(야당과 민족자본가까지 포함하는)는 최대민주화연합에 근거한 6월항쟁의 성공에 견인차가 될 수 있었으며 NL이 운동진영에서 주류가 될 수 있는 토양으로 작용했다.

맑스－레닌주의를 공부한 학생운동가들은 점점 그 이론에 회의감을 느끼지 않을 수 없었을 거야. 우리나라 현실에 별로 안 맞았거든. 한국의 현실에 맞는 운동이란 무엇인가를 생각하게 되었지. 그때 등장한 게 NL론이었어. 반미와 연공연북 그리고 변혁을 이야기하니까 별로 개량주의적으로 보이지 않았고 대중노선을 강조하니까 운동의 승리에 도움이 될 수 있다고 생각했어. 내 개인적인 생각으로는 실패하지 않는 운동, 승리하는 운동을 위해서는 당시 재야나 야당과의 연대가 필요했다고 봐. 그런데 CA는 아니었거든. 사실 재야인사들의 급진성이란 것도 따지고 보면 상대적인 급진성이었지 변혁적이라고 할 수는 없었어. 그런 상태에서 관념적으로 혁명을 주창하는 것이 별로 도움이 안 되었다고 봐(Y대 82학번 K씨).

구술자 K씨의 말처럼 한국의 재야운동은 민족주의와 민주화라는 기본 틀을 넘어서지 못하고 있었다. 단적으로 CNP 논쟁에서 이념적으로 주류에서 배제된 재야의 CD론자들과 1986년 NL－CA 논쟁을 거치면서 대중노선에 천착한 선봉 다수파 그룹에 대한 흡수로 나타났다. 상대적으로 온건한 이미지의 반미통일노선은 민족주의로부터 자유롭지 못한 학생운동가들의 정서에 부합할 수 있었다. 또한 합법 정당 추진세력이 진보정당 건설 과정에서 인적·재정적 부담과 함께 계속되는 패배로 역량이 소진된 반면, 야당과의 연대를 강조한 NL은 상대적으로 조직운영에 있어서 안정적일 수 있었다. 따라서 남한의 자주적인 당 조직 건설에 대한 운동진영의 비판은 NL의 태도에 집중되었다.

4. 민족해방(NL)의 분화와 한계 : 민주화 이후 혁신의 실패

1) 통일운동과 정치조직을 둘러싼 논쟁

1990년대 초중반 NL 내에서도 내적 분화가 이루어졌다. NL의 분화는 공개적으로는 통일운동과 정치조직을 둘러싼 논쟁 과정에서 드러나고 확인된다. 두 계기는 정치적 기회구조의 변화와 내부 혁신과 맞물려져 제기되었던 것으로 보인다. 먼저, NL계열 내부의 의견 대립은 1995년 8·15 민족공동행사를 전후한 과정에서 뚜렷하게 나타났다. 당시 전국연합은 1990년부터 이어진 범민족대회가 통일운동의 필요성을 선도적으로 제기한 성과가 있었지만, 국민 대중으로부터 외면 받았다고 평가했다. 때문에 대중적인 통일운동을 위해 다양한 민중·시민단체를 포괄하고 당국과의 합의를 통해 합법적인 공간에서 대회를 치러야 한다는 견해가 있었다. 이후 문익환 목사가 1992년 8월 범민족대회를 전후하여 조국통일범민족연합(이하 범민련) 해소와 새로운 통일운동체(이하 새통체)를 제안하면서 갈등은 증폭되기 시작하였다. 당시 통일운동을 둘러싼 민족해방(자주파와 사람사랑계열)파 내부의 갈등은 통일운동의 정치방침, 통일방안, 3자연대, 통일운동 진영의 단결 문제를 둘러싼 시각 차이를 반영하고 있었던 것이다. 새통체 주창자들은 통일 주체세력을 형성하기 위해 통일 개념과 의미에 대한 재조정과 사회적 합의의 확산을 강조한다. 여기서 대북관의 변화는 대중적 통일운동을 위한 전제로 제시된다. 조국통일이 민족의 단순한 단합의 실현을 넘어 상호변화를 통한 항구적 공영을 도모하는 것이라 할 때, 상호공존을 위협하는 것이라면 그 어떠한 체제라도 비판이 가능해야 한다는 것이었다. 이들은 통일운동에서 대중화를 저해하고 이분법적(통일/반통일) 사고를 심화시켜 왔던 원인 중 하나로 북한을 대안체제로 인식해 온 운동진영의 편향적 사고를 문제 삼고 있었다. 이들은 아직까지 친북적 이미지로 남아있던 연방제를 대중적 구호로 제기하는 대신 대중이 통일문제를 깊이 인식할 수 있는 다양한 계기를 마련했다. 그리고 이 공간에서 공존, 공영, 흡수통합의 반대 원리를 공유하면서 연방제로 개념화할 것을 주장한다. 남·북·해외 실정에 맞는 3자연대를 통해 남한의 통일역량을 보존하며 통일운동에 대한 대중적 거부감을 해소해 나갈 것을 주장한다.

〈표 5〉 통일운동에 대한 민족해방파 내부 쟁점

주요 단위		자주계열 (주사파)	혁신계열 (사람사랑)
		서총련, 남총련, 부경총련 등	경인총련, 전북총련 등
정치 방침	주한미군 평화협정	주한미군철수투쟁의 전면화	전략주의적 반미주의의 탈피 (미군기지 반환운동, 한미행정협정 개정운동)
	평화협정	북미평화협정 체결	남북미 3자 평화협정체결
	통일방안	연방제 통일방안의 전면화와 확산	공존·공영·흡수통합 반대의 논리 확산
3자연대(남·북· 해외)/통일운동의 상과 조직		남·북·해외 범민련	민족공동의 이익을 중심으로 각자의 실정에 맞는 수준에서 연대

* 출처: 이창언, 2009 ; 2011a.

즉, 남·북·해외의 3자연대에 대한 과도한 집착은 남한 통일운동의 준비 정도와 남한의 정치현실(법적·제도적 제약)을 고려하여 계획적으로 추진되면서 대중의 통일의식 성장으로 나아가야 한다는 것이다. 혁신계열은 3자연대는 연대 대상의 상이한 역량과 객관적으로 존재하는 3자의 상이한 상황에 대한 이해가 전제되어야 하며, 상황 변화와 필요에 따라 다양한 방식으로 탄력적으로 추진되어야 한다고 주장했다. 반미근본주의도 같은 맥락에서 제기된 것으로 보인다. 전략적인 반미주장에서 탈피하여 생활상에서의 민족자주의식의 지평을 넓혀야 한다는 주장이 제기되었다. '새통체' 주창자들은 주한미군 철수를 목표로 하되 미군기지반환운동과 한미행정협정 개정운동 등과 같이 대중적인 반미운동의 필요성을 강조했다.

반면 범민련－한총련 주류가 강경한 입장에 선 이유는 북미·남북 관계가 극단으로 치닫고 있다는 위기의식과 함께 북을 배려하려는 의도도 깔려 있었다. 1994년 6월 13일 북한의 IAEA 공식 탈퇴, 6월 15일 빌 클린턴 미 행정부의 북한 핵시설 폭격까지 포함하는 대북제재 결의안 초안 발표로 긴장은 극에 달했다. 다행히도 6월 15일부터 18일까지 지미 카터 전 미국 대통령의 중재에 힘입어 10월 북·미는 제네바합의를 체결함으로써 전쟁 위기는 넘길 수 있었다. 그러나 김영삼 정부는 "핵을 가진 북한과 협상할 수 없다"며 북과 대화를 거부하였고 김일성 주석 사망 이후 조문파동이 벌어지면서 남북관계는 급격히 냉각됐다. 북한은 통미봉남(通美封南) 정책을 통해 남한 배제전략을 사용했다.

1994년 이후 북한은 지구적인 거대한 전환(동구 사회주의 몰락, 세계화)과 남한의 민주화 진전, 변화된 운동 모색과 실천을 인정하고 싶지 않았던 것으로 보인다. 북한은 동구 사회주의 몰락, 1993부터 1994년까지의 북핵위기 상황에서 남한의 적극적인 반미·반정부운동을 촉구했고, 이 과정에서 '범민련'에 대한 지지입장을 표방했다.

범민련과 한총련은 조문과 주사파 파동(1994), 두 개의 통일행사(1995),

연세대 사태(1996) 등을 거치면서 보수·진보 양자 모두로부터 제기되는 비판에도 투쟁의 질주를 멈추지 않았다. 한총련은 1996년 연세대 사태가 있고 나서 급속하게 전민항쟁노선으로 정리되기 시작한다. 1997년 한총련 대의원대회 등 각종 회의를 거치며 전민항쟁노선은 민족해방파 학생운동의 기본방향이 되었다. 김영삼 정권을 타도하는 제2의 6월항쟁을 이루겠다는 것이었다. 이러한 방침에 따라 준비기, 고양기, 분출기 등 다단계, 계단식 투쟁을 추진했다.

그러나 진보진영은 김영삼 정권의 탄압을 규탄하면서도 한총련식 운동방식에 우려를 드러내었다. 전민항쟁에 대한 주된 비판은 뚜렷한 대안 없이 단지 투쟁 방식의 폭력성 여부에 초점을 맞춘 문제 제기에 불과하다고 하였다. 또 한총련 투쟁의 결과는 김영삼 정권을 대선자금 궁지에서 탈출하게 하였으며, 반대로 학생운동은 고립무원화 상태가 되었다고 하였다. 한총련 혁신을 주창해왔던 사람사랑계열은 NL적 대중노선에 대한 문제를 제기하였다. 사람사랑계열은 "90년대 이후 한국사회의 변모와 이에 따른 운동진영의 위기 상황에 주목한다. 이들은 한국 자본주의가 고도화되었고 정치적으로 일정한 수준의 민주화가 진척된 상황에서 단발적인 타도투쟁의 슬로건 대신 수권능력을 갖춘 진보적 국민정당의 건설을 통해 새로운 비전과 대안을 제시해야 한다"고 주장했다. 사람사랑계열은 한총련이 김영삼 정권에 대한 비현실적·주관적 견해에 근거해 1996-1997년을 대격돌기로 규정한 점, 분노와 적대감만을 자극하는 폭력투쟁 일변도의 관성적 운동 방식을 고수한 점, 대중과의 교감 부재와 권위주의적이고 비민주적으로 학생회와 한총련을 운영한 점 등을 거론하며 한총련의 혁신을 요구하였다.[20] 그리고 한총련 비주류의 혁신안이 수용되지 않자 한총

---

[20] 그 내용을 요약하면 다음과 같다.
　① 한총련은 새로운 시대의 요구와 과제를 파악하고 새로운 시대이념을 정립해야 한다.
　② 폭력투쟁을 진지하게 재검토해야 한다. ③ 새로운 시대적 요구와 과제를 실현할 수

련과 각급 대학은 경선체제로 돌입했다. 한총련에 대한 비판은 한총련과 학생회 위상의 과도한 설정, 비민주적 운영에 집중되었다. 먼저 한총련은 학생대중 조직으로서의 위상이 불분명해 청년기 학생들이 당연히 갖게 되는 모든 정치사회, 문화적 관심을 학생회로 일원화했다. 이 과정에서 민주화 사회운동에 상대적으로 관심이 덜한 학생들의 요구나 관심은 묵살되었고, 일부 정치그룹의 입장만이 학생 전체의 이름으로 정치투쟁을 반복했다. 이는 군부독재하에서 효율적이었던 전투적 학생회 노선(자주적 학생회 노선)이 민수화 이후에는 학생들의 자주성을 제약하고 있다는 것을 보여주는 사례였다. 한총련이 대중조직이 아닌 특정 정파의 조직임을 보여주는 또 다른 예는 집행부 인선 과정이 공개되지 않으면서 인선을 둘러싼 잡음이 끊이지 않는 것에서도 찾을 수 있다. 한편 사람사랑그룹 중 전북총련과 새벽그룹, 21세기 진보학생연합은 '한총련'을 탈퇴한다.

당시 '한총련'은 전국 단위 학생운동 조직을 주도하는 학생들의 사상적인 경직성이 두드러졌고 이론적 자기 쇄신 능력을 갖추지 못했다.[21] 전국 단위의 학생운동 조직을 주도하는 한총련 주류는 비판에 직면했다. 그들의 비민주적 조직운영이 기술적인 문제나 청년학생들의 미숙함 때문이라기보다 주사파가 신봉하는 주체사상에 내장되고 위계화된 관료주의, 군사주의, 명령주의적 조직운영 방식에 기인한 것이라는 비판을 받았다. 한총련 주류는 민족적 조건의 특수성을 들어서 수령관이나 조직의 중앙집중성이 정당화될 수 있음을 강조하였다. 일례로 한총련의 '의장님' 문화는

있는 정치역량을 준비하기 위해 대중단체의 본성에 맞게 학생회를 대중화하는 한편 우리 정당의 건설에 대한 상을 마련하기 위해 학생 정치조직을 건설해야 한다.

[21] 1980년대 중반 미문화원 점거농성 사건의 주역이었던 함운경은 1996년 연세대 사건 시 다음과 같이 언급한다.

"한총련은 정체불명의 사상에 붙들려 현실을 망각하고 있으며, 이는 운동 방식의 문제보다 근본적인 사상과 이념이 잘못됐음을 드러냈다. (중략) 현재 한총련 지도부는 스스로 생각하지 않고 행동하는 무능한 집단이며 96년의 연세대 사건이 학생운동 전체를 궁지에 몰아넣었는데도 '항쟁정신 계승' 운운하는 등 현실을 보는 눈이 전혀 없다."

북한의 혁명적 수령관을 모방한 것이라 할 수 있다. 이와 함께 한총련의 폭력성과 군사주의 문화도 비판의 대상이 되었다. 국가폭력에 의존한 전두환 군사정권과의 대결 과정에서 형성된 군사주의적, 명령주의적인 조직관리 방식이 1990년대 들어서서 약화되기는커녕 학생회조직의 비대화와 맞물려 더욱더 확대 재생산되었던 것이다.

한편, 1997년 대선방침을 둘러싼 갈등은 통일운동 논쟁에 이어 학생운동을 포함한 민족해방파 전체에 정치조직을 둘러싼 갈등과 분화를 촉진하였다. 앞서 언급했듯, 1987년 대선 이후 학생운동 내부에서는 후보전술을 둘러싼 대립과 갈등이 있었고, 1992년 대선 과정에서도 내부에서 심각한 양상을 띠기도 하였다. 1992년 대선투쟁 전술과 관련된 논쟁은 크게 민주연합론과 민중의 독자적 정치세력화(민독정)론으로 나뉘었다. 민주연합론의 입장에 선 NL 내부에는 '당선 가능한 야당 후보론'과 '범민주단일후보론'이 대립했는데 전대협의 공식 방침은 후자였다. 두 개의 흐름을 특정 조직으로 환원한다는 것이 무리일 수 있지만 '당선 가능한 야당 후보론'은 민족해방파 중 새벽(석탑)계열, 청년학생단위에서는 자민통(자주민주통일) 그룹이 논의를 주도했다. '범민주단일후보론'은 반제청년동맹 등 자칭 정통주사계열이 지지했던 것으로 보인다. 1997년 대선에서는 국민승리21의 권영길 후보에 대한 지지를 둘러싼 내부 논쟁이 보다 격화되었다. 전국연합과 한총련 내 NL 일각에서는 민족민주운동 세력이 자신의 독자적 세력화에 기초한 민주연합→평화적 이행으로 나아가는 과정에서 합법적 대중정당 건설이 필수적임을 강조했다. 현대적 대중정당 건설문제는 본질적으로 사회조건과 대중운동의 변화에 따른 전략적 노선의 재정립 문제라는 것이었다.22) 그것은 첫째, 사회정치적 세력이 매우 다양하게 형성·분화되었다는 시각에 기초한 것이었다. 과거 민주화운동 세력

22) 현재적 국민정당 건설에 대한 초기의 문제의식은 이승환, 1995, 32-36쪽을 보라.

도 민주대연합이라는 틀로 묶어낼 수 없다. 둘째, 대중운동의 발전적 전개로 1987년 이후 점차 운동의 다변화가 일어났다. 셋째, 군부의 퇴조, 가두투쟁보다 선거의 중요성, 제도정치공간의 중요성이 확대되었다. 이런 변화에 따라 민족민주운동 세력은 평화적 이행에 더 무게를 싣고, 민족민주운동의 독자적 정치세력화에 기반을 둔 민주연합을 실현하는 방향으로 전환해야 한다는 것이었다(이창언, 2011a).

한총련 주류는 "한국이 여전히 미국에 예속된 식민지이며 그 형태가 다소 완화됐을 뿐 본질은 여전하며 따라서 민주 대 빈민주 전선은 여전히 유효"하다고 주장함으로써 1997년 대선에서 독자후보전술이 아닌 반(反)신한국당 노선을 견지하게 된다(이창언, 2008 ; 2010 ; 2011a 등에서 재인용). 한총련 주류는 정치조직 또는 합법 정당 건설을 반제 통일전선론에 기반을 둔 전민항쟁 노선의 수정으로 보았던 것이다. 그 결과 전국연합의 대선/정치방침에 반대하면서 국민승리21에 잔류를 선택한 NL계열 일부는 전국연합으로부터 이탈하여 국민승리21을 정치조직으로 전환하기 위한 운동을 전개했다.

결론적으로, 1990년대는 학생운동의 전반적 침체기라 할 수 있다. 1989년 공안정국부터 침체기를 벗어나지 못한 학생운동은 김영삼-김대중 정권의 등장과 더불어 개혁의 바람이 몰아치는 가운데 더 큰 혼란의 늪으로 빠지게 되었다. 1980년대와 같이 포괄적인 민주주의에 대한 대중적 동의기반과 학생회를 통한 공동실천은 1990년 초반부터 그 균열이 시작되었다. 1991년 5월 투쟁의 패배와 현실 사회주의권 몰락으로 운동대오에서 이탈하는 활동가와 학생이 늘고, 대학사회 전반에 정치적 무기력·무관심이 나타나기 시작하였다. 1991년 6월 한국외대 '정원식 총리 폭행사건'을 계기로 학생운동은 도덕성에 대한 권력과 언론의 집중포화를 받았다. 이어 1993년 문민정권의 출범, 연세대 사건, IMF와 국민의 정부 수립 등으로 더 광범위한 대중적 이반과 탈정치화를 겪게 되었다.

이는 군부세력 집권의 종식과 민선민간정부의 개혁 드라이브가 강력한 대중 이데올로기로 전화한 결과다. 여기에 더하여 포스트모더니즘의 등장과 신세대 논쟁, 소비문화의 확산, 신자유주의로의 편입과 대학의 시장 논리 강화, 학부제 도입 등 변화된 현실에서 생겨나기 시작한 균열이 더해지면서 학생운동의 위기는 급속히 확산·가속화되었다. 운동 주체적인 측면에서 보면, 1990년대 학생운동을 포함한 민족민주운동의 위기는 권위주의 정권하에서 전개된 운동의 내재적 위기, 즉 권위주의 시기 운동의 한 주기를 끝내고, 민주화 이후에 나타나는 새로운 과제를 해결하기 위한 사회운동의 주기에 민족민주운동이 능동적으로 조응하지 못함으로써 심화된 위기라고 할 수 있다.

5. 맺음말

지금까지 1980년 중후반 이후 등장 확산된 NL 학생운동에 대해 검토하면서 NL의 성장과 위기에는 사상과 이념의 적실성을 떠나 대중노선이 중요한 역할을 수행하고 있다는 점을 확인하였다. 살펴본 바와 같이 NL론, NL 학생운동 주류화의 기저에는 NL이 기존의 가치관과 관행으로서의 사회적 정신 내지 사회의식(societal mentality)에 근거해서 '집합행동의 틀'을 구성하였다는 점에서 실마리를 찾을 수 있다.

1980년대 초에 레닌주의는 운동의 정통성 있는 혁명이론이라는 명분을 통해 대학가에 확산되었지만 러시아의 특수한 경험, 계급론, 경제우위성 강조, 이론이 갖는 난해함 등으로 현실적합성에 대한 회의가 제기되었다. 정치주의와 행동주의적 요소가 강한 한국 사회운동의 정서와는 맞지 않았던 것이다. 이에 비해 NL계열 학생운동의 민족적 언어 강조와 구사는 지식인과 대학생들에게 마르크스-레닌주의보다 정서적 동질감을 형성하는 데 일조 하였다. 이는 민족해방론(주체사상)이 구사한 언어가 더 '정체성 지향적'임을 보여주는 하나의 예라 할 수 있다. 1980년대 반제통일전선론 확산과 수용은 마르크스-레닌주의의 한국적 적용의 한계, 운동 주체 형성과 재생산 문제, 운동의 성공 가능성이라는 합리적 동기에 근거한 것이었다. 이것은 학습을 통한 수동적인 선택으로 환원될 수 없는 당대 운동가들의 능동직인 선택이며, 운동가에게 내면화된 정서악 이념적 지향을 보여주는 것이다. 민족주의의 고취를 심화시킨 학교교육의 역동일시 효과와 민족의 재발견을 시도한 현대사 연구물에 쉽게 접근할 수 있었던 것도 하나의 요인이었다.

NL학생운동가들은 정통성(민족주의/정통이념)이라는 기표의 투쟁을 통해 민족의 적과 운동 내부의 적(타 정파)과의 헤게모니투쟁에서의 유리한 고지를 확보하였고 군중노선과 민주대연합은 일정한 시기 운동 대중화에 효과적이었다. 조직-전략적 차원에서 볼 때, NL학생운동가는 선택 가능한 행동노선을 취함으로써 얻게 되는 이득과 비용, 주체의 능력에 대해 깊이 고민하였다. 혁명적 군중노선과 학생회 중심, 애국적 사회진출론, 광범위한 연대(야당과 민족자본가까지 포함)는 최대민주화연합에 근거한 6월항쟁의 성공에 견인차가 될 수 있었으며 민족해방파의 영향력과 통일전선론을 확산하는 토양으로 작용했다.

그러나 NL론은 민주화 이후 다원적이고 다차원적인 저항과 적대에 능동적으로 대응할 수 없는 근본적 한계 속에서 운동 기반이 내파되는 요인으로 작용한다. 일례로 보수정치권으로의 선택적 포섭과 국가와 민족의 테두리를 넘어서지 못하는 제한적 투쟁이 이를 바로 보여준다 할 수 있다. 사실 NL론과 그 실천은 기존의 권력화된 지배 가치에 대한 대립과 초

극, 기존의 제도화된 실천방식과의 차별적 초월 그리고 이를 포괄하는 이
념의 근본성과 공유성을 갖고 있었다고 보기가 어려우며 '민주화'라는 기
본 틀을 넘어서지 못하였다.

여기서 우리는 NL이 주류가 될 수 있었던 배경과 함께 민주화 이후 NL
운동의 주요 활동가들이 왜 시대적 운동을 주도할 수 없었는지를 유추할
수 있다. NL론은 국가권력에 대항하는 상징정치의 과정에서 민족주의(내
지 국가주의)와의 공모를 통해 소수성의 정치를 제약하고 억압하였다는
사실로부터 자유롭지 않다. 특히 이들이 주도한 운동조직에서 차이와 반
(反)정치, 비국가적 실천의 강조는 분열의 전조이자 도전으로 간주되었
다. NL 지도부가 민족과 국가라는 기표를 둘러싸고 보수세력과 경쟁을
해왔던 게 사실이기 때문이다. 이들은 국가주의에 대한 규범적 이해를 통
해 근대화 코드를 공유함으로써 국가권력에 대항한 사회적 동원을 가능
하게 하였다. 하지만 발전론—근대화론을 보편화한 과잉 국가—민족주의
로 인해 권력 담론에 대한 대항 담론으로 발전하는 데 실패할 수밖에 없
었던 것이다(이창언, 2009 ; 2011a). 최근 민주노동당과 통합진보당 사태는
이러한 역설을 보여준다. 따라서 이제는 외부와 내부의 경계를 넘어 우리
내부에 각인된 비주체적이고 현실 변화에 능동적으로 대응하지 못하는
인식과 실천에 대한 더 급진적인 내부 비판이 필요하다.

5장_ 민중민주(PD)파 학생운동의 집합적 특성과 메커니즘*

고 원

1. 머리말

1980년대 초부터 1990년대 초까지의 시기는 한국사회에서 학생운동의 급진적 에너지가 최대로 압축되어 폭발한 시기였다. 학생운동은 한국의 정치변동을 설명하는 가장 중요한 정치적 행위자였다(이수인, 2008b, 232쪽). 이 시기에 민중민주(PD)파 학생운동은 1980년대 초반부터 1990년대 초중반까지 민족해방(NL)파 학생운동과 함께 학생운동의 양대 세력을 형성했던 중요한 사회현상이었다. 민족해방파와 민중민주파는 학생운동의 방향과 노선을 둘러싸고 대립하면서 줄기차게 논쟁을 전개했다. 그것은 저항운동 세력이 한국사회의 구조 변화에 대한 해석과 대응에서 극명한 차이를 보여주었다는 점에서 역사적 의미가 깊은 것이었다. 양대 집단은 식민지반봉건사회론(식민지반자본주의론)과 신식민지국가독점자본주의론의

*『기억과 전망』 겨울호(통권 29호)에도 약간 수정된 글이 게재되었음을 밝힌다.

대립에서 나타나는 한국사회의 성격에 대한 이해, 민족 담론과 민중 담론의 대립에서 나타나는 가치지향성, 국가체제의 역사적 정통성에 대한 규정, 대중성 대 선도성의 대립에서 나타나는 투쟁노선·조직노선의 차이 등 거의 모든 면에서 뚜렷한 차이를 드러냈다.

민족해방파와 민중민주파 간의 노선 대립은 그 역사적 뿌리가 매우 깊었다. 그것의 연원은 보통 1980년대 초 무림－학림 논쟁을 출발점으로 삼지만, 실제로는 훨씬 이전인 1970년대 중반까지 거슬러 올라간다. 1970년대 중반부터 대두한 '현장론'과 '정치투쟁론' 사이의 논쟁에서 싹트기 시작하여, 유신정권 붕괴 이후 '민주화의 봄' 시기에 벌어진 '단계적 투쟁론'과 '전면적 투쟁론' 사이의 논쟁으로 이어지고, 또 1980년대 초반 '야학비판'과 '학생운동의 전망' 사이의 논쟁으로 전개되어왔다(임경민, 1989, 404쪽). 민족해방파와 민중민주파 간의 노선 대립은 이러한 맥락 위에 있었다.

그리고 이는 80년대 중반의 MC파와 MT파 사이의 논쟁,[1] 민족해방파와 제헌의회(CA)파 사이의 논쟁을 거쳐 1980년대 말 이후 민족해방파와 민중민주파 사이의 논쟁으로 이어져 나간다.

이처럼 민중민주파 학생운동은 1980년대에 절정에 달한 한국 학생운동사의 양대 축을 이뤄온 중요한 사회운동의 조류이며, 그것이 한국사회에 미친 영향 또한 지대하다 할 수 있다. 그럼에도 불구하고 민중민주파 학생운동의 활동상에 대한 자료정리와 연구는 거의 전무하다시피 하다. 소수의 문헌자료가 있긴 하나 저널리즘의 취재 차원이며(박덕건, 1989 ; 임경민, 1989 ; 이동규, 1989 ; 유길성, 1989), 연구차원에서는 주로 사상이론 논쟁 중심이어서 활동상을 체계적으로 알기는 쉽지 않다. 연구차원에서의 글들로는 조희연(1988), 강신철 외(1988), 강형민(1990) 등을 들 수 있다.

---

1) MC는 주류(main current)를 뜻하는 영문 약자이고, MT는 학림을 계승한 그룹이 결성한 '민주화투쟁위원회'의 약자인 '민투'의 영어식 표현이다(김윤철, 2012).

한편 1990년대 중반 이후 수행된 학생운동에 대한 연구는 이념과 노선에 대한 연구에서 나아가 학생운동 행위주체의 관점을 강조하고 있는데, 학생운동 문화 속에서 형성된 하위문화의 특성(김원, 2011), 학생운동 조직의 변화 과정(은수미, 2003), 행위자의 정체성 등에 주목하여 사회운동 참여의 동기와 과정을 분석하고자 한 시도(이승훈, 2005) 등이 있다(이희영, 2005, 109-110쪽). 그런데 이들 연구는 개별적 행위 참여자들의 생애체험을 중시하다보니 미시적인 면이 강한 편이었다. 때문에 집단적 특성의 구소와 흐름 등에 대한 연구와 징리가 미진하다는 문제기 있다. 다만 은수미의 글이 조금 다른데, 그것은 일반적인 이념노선에 대한 연구나 역으로 개별적 행위참여자의 동기나 과정에 초점을 맞추지 않고, MT−MC 논쟁 시기에 학생운동의 조직구조와 재생산 메커니즘을 다루고 있어 주목된다.

이와는 조금 다르게 학생운동 집단의 차별성에 주목하면서 특정 집단의 영향력이 커지고 확산되는 과정에 대한 연구들도 꾸준히 이어져 왔다. 가령 조대엽(2005)은 반미주의(민족해방파)를 추구하던 집단이 이념의 내재성과 대중화전략을 통해 학생운동의 주류로 부상했음을 규명하고 있다. 채장수는 「1980년대 한국 학생운동의 자주노선」(『한국동북아논총』 42집)에서 학생대중이 가진 민족주의에 대한 친화성으로 인해 민족해방파가 대세를 장악했다고 말한다(이수인, 2008a, 235쪽). 또 이수인(2008b, 237쪽)도 학생운동 집단의 행위지향과 실천양태들을 비교하고 이런 요소들이 어떤 주체적, 객관적 조건과 결합하여 민족해방파의 우세를 가져왔는가를 설명하고 있다.

하지만 이 글은 기존의 연구들과 달리 학생운동 내에서 어떻게 특정 파벌이 승리 혹은 패배하게 되었는지 같은 문제에 궁극적 초점을 맞추지는 않는다. 그 같은 질문은 학생운동의 내재적 관점에서 제기되는 것으로서

1980-1990년대에는 적실성이 있으나 2010년대의 문제 제기로서는 다소 뒤떨어진 감이 없지 않기 때문이다. 이 글이 던지는 중요한 질문은 "한국사회의 정치, 경제, 사회 구조의 격렬한 변화 속에서 하나의 사회현상으로 등장한 민중민주파 학생운동의 의미를 어떻게 규정할 것인가"이다. 1980년대에 들어서 어떻게 한국 학생운동에 질이 현격히 다른 두 개의 학생운동이 분화되어 나타나게 되었고, 그 속에서 민중민주파 학생운동 세력이 보여주는 집합적 특성을 분석해 보면서, 그것이 한국사회의 구조적 변화 속에서 갖는 역사적 의의와 한계를 포착해 보려는 시도이다.

여기서 집합적 특성이라는 개념은 사회운동의 구성주의적 접근법에서 강조하는 '집합적 정체성'이란 개념을 참고하여 사용하고자 했다. 이 접근은 사회운동에서 가장 중요한 요소를 참여자들이 자신의 동조자들과의 연대성을 발견하고 자신과 반대자들을 구별하는 집합적 정체성을 구성하는 것이라고 본다. 그 같은 구성의 결과는 '집합행동의 틀'(Snow, Rochford, Worden, and Benford, 1986)의 형태가 될 수도 있고, '집합적 정체성'(Mellucci, 1989) 혹은 '정치의식'(Morris, 1984)의 형태가 될 수도 있다[2](임희섭, 1999, 129쪽에서 재인용). 그것은 현재의 사회적 조건이 정의롭지 못하다고 인식하는 의식, 불만스러운 현재의 조건과 고통을 공유하고 있는 '우리(we)'에 대한 집합적 정체성, 그 같은 조건을 개선하기 위해 집합행동이 필요하다는 대행자의 의식 등의 요소들로 구성된다. 인지적 · 상징적 · 문화적 요소들(신념, 가치, 규범, 전략 등)과 사회 심리적 요소들(의식, 감정, 헌신, 충성, 연대성, 정체성 등)을 포함한다. 이 글은 민중민주파 학생운동의 조직과 문화, 대중사업방식, 사회적 기반과 배출 같은 요소들에 대한 분석을 통해 '집합적 정체성'의 개념에 접근해 보고자 했다.

---

[2] Mueller, C.M., 1992. "Building Social Movement Theory." in Aldon Morris and Carol McClurg Mueller eds., *Frontiers in Social Movement Theory*, New Haven : Yale University Press.

이 글은 일차적으로 학생운동에 관한 여러 가지 1, 2차 문헌자료들을 검토하여 담론 분석을 수행하였다. 하지만 자료의 절대적 부족은 민중민주파 학생운동 세력에 참여했던 주요 리더들과의 구술 인터뷰에 대한 분석에 크게 의존하지 않을 수 없게 했다. 인터뷰는 PD파 학생운동에서 지도적 활동을 수행했던 5명을 대상으로 이루어졌다. 그들은 MC-MT논쟁에서 MT파 학생운동의 핵심리더였던 ㅈ씨, 민중민주파의 주요 정파인 반제반독점민중민주주의혁명그룹(이하 AMC그룹)의 중심 멤버였던 J씨, AMC그룹의 중심 멤버이면서 민중민주파의 내표성을 갖고 서울지역총학생회연합(이하 서총련)-전국대학생대표자협의회(이하 전대협) 정책위원회에 참여했던 S씨, 반제반파쇼민중민주주의혁명그룹(이하 제파PD그룹)의 리더였던 K씨, 진보학생정치연합(이하 진학련)의 중심 멤버였던 P씨이다.

2. 민중민주파 학생운동의 전반기 : MT파 학생운동

1) MT파 학생운동의 형성과 전개

민중민주파 학생운동의 본격적인 연원은 1980년대 초로 거슬러 올라간다. 1980년대 민주화의 봄 당시 '서울역 회군'과 뒤이은 '광주민중항쟁'을 둘러싼 평가논쟁이 기원이라고 할 수 있다. 당시 학생운동은 그 평가를 둘러싸고 무림파와 학림파로 나뉘었다. 무림파는 기존 학생운동의 주류로서 다수파였고, 학림파는 이에 도전하는 소수파였다. 무림파는 장기적 관점에서 민주변혁운동의 주력군인 학생운동의 역량을 강화하는 데 주력해야 한다고 주장했다. 반면에 학림파는 무림파의 이 같은 주장에 대해 조직보신주의, 준비론, 대기주의에 빠져 당면 투쟁을 방기한다고 비판을 가하고 학생운동이 반독재투쟁에서 선도적 역할을 담당해야 한다고 주장했다(김윤철, 2012).

무림과 학림의 노선 대립은 1984-1985년에 표출된 MC파와 MT파 간의 논쟁으로 이어졌다. MC파는 무림의 맥을 잇는 범주류였고, MT파는 학림의 맥을 잇는 학생운동의 새로운 노선을 표방했다. 양대 파 간 논쟁의 주요 주제는 전두환 정권의 임기가 끝나는 1987-1988년 시점의 정세 상황에 대한 전망과 대응 방식에 관한 것이었다. MC파는 변혁운동의 주체역량이 미약한 방어기라면서 대중적 기반 강화에 주력해야 한다고 보았다(김윤철, 2012). 반면에 MT파는 1987-1988년은 지배세력의 총체적 위기가 조성되고 변혁적 정세가 창출될 것이므로 적극적이고 공세적인 투쟁을 전개해야 하고, 이 속에서 학생운동은 전위적 지도를 받아 선도적 투쟁 역할을 수행해야 한다고 강조했다.

MT파 학생운동은 민중민주파 학생운동의 전반기에 해당한다고 볼 수 있다. 1980년대 중반, 특히 1984-1985년에는 민주화추진위원회(이하 민추위)라는 전위조직의 성격을 지향하는 지하조직이 결성되어 활동하고 있었다. 그들은 주로 학생운동에서 학림 출신의 운동가들로 노동현장과 학교현장을 배경으로 활동하고 있었다. 이들은 한국사회에 대한 성격 분석을 토대로 민족민주혁명론(NDR)이라는 혁명노선을 제창했다. 이들의 운동노선 정립에는 레닌주의의 혁명이론이 많은 영향을 끼쳤다. 특히 프롤레타리아독재의 사상과 전위주의의 노선이 강한 영향을 주었다. 이들은 혁명운동 방법에 관한 레닌의 저작물들을 번역하여 읽고 비밀리에 대학가에 유포시켰다. 이들은 지하서클 선후배 인맥을 바탕으로 학생운동과 깊은 연계를 갖고 있었다. 이들의 지도 덕분에 MT파 학생운동은 1984-1985년에 대학가의 학생운동 분위기를 주도할 수 있었다. 광주학살 등에 대한 선도적 문제 제기와 삼민(민족, 민주, 민중)의 이념을 담는 삼민투쟁위원회(이하 삼민투) 건설 등은 주로 MT파 학생운동에 의해 주도되었다.

MT파 학생운동 세력은 패밀리(family)라 불리는 지하서클들의 연합구조로 이루어져 있었다. 이들은 소규모 의식화조직으로 1980년대 학생운동의 중추적인 역할을 수행했다. 당시 서울대 경우를 예로 들어 지하서클의 상황을 살펴보면, 주요 패밀리로는 대학문화연구회(이하 대문)와 사회과학회(이하 사과), 경제법학회(이하 경법), 농촌법학회(이하 농법), 흥사단아카데미(아가), 후진국경제연구회(이하 후경) 등이 있었다. 이들은 대체로 1970년대 중반 이후 지하서클화 되는데, 뚜렷한 목적과 운영원리를 가졌던 것은 아니고, 내부에서 금서를 읽고 토론하는 것을 주로 하였다. 이들 조직들은 서로 구속력을 갖지는 않았지만, 조직들 간에 협의를 위한 지하서클대표자회의가 존재하였고 이들이 학내 비밀지도부로서의 역할을 수행하였던 것 같다(은수미, 2003, 202-203쪽).

1970년대에 형성된 지하서클들은 1980년대 들어서 조직의 목적을 보다 분명히 하는 단계로 나아가는데, 학생운동의 역할을 선도적 정치투쟁, 민중지원투쟁, 전위적 활동가 배출이라는 세 가지로 정리한다(은수미, 2003, 208쪽). 지하서클은 대부분 3학년까지로 구성되며, 4학년은 성원 중 일부만이 느슨한 인적 연결망을 형성하거나 전위적 조직(예를 들어 민추위)의 성원으로서 학생운동을 지원하는 역할을 수행했다. 나머지 4학년 성원들은 현장에 투신하거나 시위 주도로 감옥에 가는 경우, 그리고 운동현장에서 이탈하는 경우로 나뉘었다. 3학년들은 조직재생산책임, 노동야학, 선전선동, 전투조, 공개서클 담당 등으로 역할이 나뉘었다(은수미, 2003, 208-209쪽).

이들 지하서클들은 학생운동의 중심부대로서 1984년 중반 이후 본격적인 노선투쟁을 전개하게 되는데, 대문, 사과가 학림을 잇는 MT파 학생운

동의 중심을 형성하게 되고, 경법, 농법이 무림을 잇는 MC파 학생운동의
중심을 이루게 된다. 그 중간 영역에는 흥사단아카데미(아카), 후경이 자
리 잡고 있었다. 1984-1985년도 MT－MC논쟁 과정에서 MT파 학생운동이
주도권을 쥐게 된 데에는 중간그룹들이 MT파 노선을 지지하고 들어옴으
로써 가능해진 것이었다.

2) MT파 학생운동의 집합적 특성

이때 MT파와 MC파 간의 논쟁은 주로 조직노선과 투쟁노선을 중심으로
전개되었다. 당시 학생운동의 조직은 일명 포시스템(po-system)이라는 구
조에 의해 운영되고 있었다. 포시스템이란 포스트체제라는 말의 영어식
약칭 표현으로서, 포(po)란 의식화조직의 재생산을 책임지는 담당자와 달
리 투쟁에 대중을 동원하는 실천 활동의 책임을 맡은 사람을 지칭하는 것
으로 학과포(po), 단과대포(po), 중앙포(po) 등으로 이루어진다. 포시스템
은 1970년대부터 이어져 온 지하서클대표자회의를 해체하고 1983년부터
도입되었는데, 이는 의식화조직에 참여하지 않은 학생대중 전체에게 호
소하고 이들을 동원하여 실천 활동을 조직하려는 것이었다(은수미, 2003,
210쪽). 보통 포(po)는 선배 학번 라인에서 신망이 두터운 사람을 지명하
는 식으로 이루어졌다. 포시스템은 처음 1984년 상반기까지는 단과대학
별 포시스템(일명 단포)이었다. 그것은 단과대포에서 학과포로 이어지는
탑다운 방식의 투쟁동원 체계로서 점조직의 보안성을 유지하는 구조로
운영되고 있었다. 그런데 MT파가 이 시스템이 갖는 서클에 소속된 학생
대중이 투쟁에 아무런 의미 설명이나 공유 없이 단순 동원되는 현상에 문
제를 제기하면서 논쟁이 시작된다(MT파 학생운동 리더 ㅈ씨 구술).

하지만 양대 그룹 간 논쟁에서 더 중요한 지점은 다른 데 있었다. MC그

룹이 과 학회, 서클 등 일반대중들의 의식화와 조직활동을 중시하였다면, MT파는 좀 더 선진적 대중의 선도적 활동과 투쟁을 중시하였다. 이런 차이는 정세를 보는 시각의 차이와도 긴밀하게 연관되어 있었다. 당시 전두환 정권에 의한 유화조치를 두고, MC파는 실리주의의 관점에서 하나하나 단계적으로 변혁운동의 준비를 해나가야 한다고 보았다. 반면 MT파는 개방 공간을 공격적으로 활용하여 전두환 정권이 유화국면에서 받아들이기 어려운 요구들을 던지면서 치고 나가 반민주성, 반민족성, 반통일성을 드러내야 한다고 하였다. 그리고 이런 역힐을 학생운동이 선도적 입장에서 수행해야 한다고 보았다.

기존의 의식화조직－지하서클대표자회의 체계에 비해 포시스템이 갖는 가장 큰 성과는 각 포(po)들이 과 학회 등의 대중조직을 광범위하게 활성화시켜 학생운동의 대중적 확산에 기여하였다는 것이다(은수미, 2003, 212쪽). MC파는 이 시스템을 유지하고자 했다. 반면에 MT파는 이제 이런 시스템으로는 대중동원력을 끌어올리는 데 적합하지 않다는 강력한 문제 제기를 하면서 MC파의 주도성에 도전을 하게 된다. 이들의 논리는 '대중투쟁의 시대가 왔다'는 인식하에 '대중 전체를 투쟁의 전선에 내세우려면 의식화와 투쟁 모두를 대규모로 조직할 반합법 투쟁조직을 결성하여 기존 학생회－포시스템의 실천활동에서의 한계를 극복해야 한다'는 것이었다(MT파 학생운동 리더 ㅈ씨 인터뷰). 그리고 MT파는 MC파를 실질적으로 무력화시키기 위해 1984년 10월 21일 '반독재민주화투쟁위원회'(이하 민투)를 결성했다. 그리고 11월 3일에는 연합조직인 '전국민주화투쟁학생연합'(전민투)을 출범시키면서 존재감을 과시하기 위해 다음 날 민정당사농성투쟁을 감행하게 된다. 민투는 1985년 '민중민주화와 민족자주통일을 위한 투쟁위원회'(삼민투)로 발전하게 된다(은수미, 2003, 214쪽).

MT－MC파 간의 논쟁은 대체로 MT파 쪽에 유리하게 전개되었지만, 포시스템을 바로 즉각적으로 해체시키는 데까지는 나아가지 못했다. MC파는 포 체계를 그대로 가동시켰고, MT파 내부에서도 완전한 합의가 이루어지지 않아 포시스템과 삼민투 체계가 공존했다. 그래서 논쟁 초기에는 단포 위에 중앙포를 하나 더 설치하고, 이 중앙포가 학교 간 연합모임에 참여하였다. 그리고 이 중앙포를 MT파가 맡는 것으로 정리하였다(MT파 학생운동 리더 ㅈ씨 인터뷰). 하지만 포시스템의 내적 구조는 일정한 변화를 겪기도 하였다. 단포 밑에 과포를 없애는 대신 전투조를 편성하여 매트릭스 조직 구조로 만들어 상향식 논의 흐름을 만들어내고 투쟁력의 극대화를 꾀했다.

MT파의 노선은 한때나마 MC파를 압도하면서 상당히 성공을 거두게 되었다. 1980년대 초중반경부터 시작된 역동적 정세 변화와 그럼에도 불구하고 조직화되지 못한 대중역량 사이의 불일치는 선도적 정치투쟁의 정당성과 효율성을 입증했기 때문이다. 논쟁의 중간 영역에 있던 그룹들이 MT파의 손을 들어주게 되었고, MC파도 역동적인 정세 변화를 보면서 더 이상 소극적인 자세에 머물러 있을 수 없다는 쪽으로 나왔다. 1985년 5월 미문화원 점거농성투쟁은 그것을 단적으로 보여준 계기였다. 처음에 이 투쟁은 MT파가 기획·제안하였고, MT파 서울대 삼민투 공동위원장의 주도 아래 집행하기로 하였다. 한편 MC파는 처음에 이를 반대하였으나 나중에 입장을 선회하여 MC파 삼민투 공동위원장 주도로 집행하는 것으로 강력하게 주장하면서 양쪽 간에 갈등이 커지기도 했다.

그러나 MT파는 노선투쟁에서의 승리에도 불구하고 1985년 하반기 이후 급속한 와해를 맞게 된다. MT파 학생운동을 배후에서 지도하던 민추위 조직의 문용식 등 주요 인물 수십 명에 대한 1985년 10월 29일 공안 당국의 검거와 수배로 인해 MT파의 지도력이 붕괴되었기 때문이다. 현상적으로 대학가 학생운동은 여전히 MT파 계열의 주도로 움직여 나가고 있었지만,

내적으로 MT파 학생운동은 뚜렷한 방향성을 잡지 못한 채 침체상태로 들어간 것이었다. 바로 이런 상황에서 무림-MC파 계열의 학생운동 중 일부는 주체사상을 받아들여 민족해방인민민주주의혁명(NLPDR) 노선을 정립하고, 학생운동의 주도권 쟁탈을 노리고 있었다. 그리고 이 공백기를 대체해 들어온 것이 다름 아닌 주체사상파(주사파) 김영환의 〈강철서신〉 영향력 아래 조직된 반미자주화반파쇼민주화투쟁위원회(이하 자민투) 체계였다(은수미, 2003, 216쪽).

MT파의 학생운동이 스스로의 자생력을 충분히 갖추고 있었는지는 의문이다. 배후에서 이들을 지도하던 전위적 조직이 검거, 와해되자 MT파 학생운동은 방향성을 상실하고 무력화되어 버리고 말았기 때문이다. 필자와 인터뷰한 MT파 학생운동의 리더이면서 서울대 학생운동에서 중앙 포의 역할을 했던 ㅈ씨는 외부와의 관계를 묻는 질문에 "사실상 맥락을 모른 채 춤을 춘 면이 많았다"고 했다. MT파 학생운동은 민추위의 전위조직 성원으로서 학생운동을 먼저 졸업한 선배의 지도에 의존하였으며, 기본적으로 지시를 하달하는 구조였다고 말했다.

MT파와 MC파 간 논쟁은 상당히 험악하고 거칠었던 것으로 보인다. ㅈ씨에 의하면 MC파의 리더와 논쟁하다 주먹다짐을 벌이기도 했고, 평소의 관계가 매우 적대적 권력투쟁의 양상을 나타냈다고 했다. ㅈ씨는 "학생운동 내부에 권력지향과 열정의 혼재로 타협할 수 있는 것을 못했다"고 했으며, 당시 학생운동 활동가들은 "정신적으로 피폐"했고, "상당히 시니컬(냉소적)"했으며, "민주적 토론과 의사결정방식에 익숙하지 못했다"고 평가했다. 이 같은 MT파와 MC파 간 첨예한 논쟁은 학생운동 활동가들의 정신적 피폐화와 피로감을 누적시켰고, 이것이 결국 품성론을 앞세운 주체사상에 매료되게 하는 원인이 되었다고 볼 수 있었다.

MT파의 또 다른 문제는 의식화 조직의 가장 기본적 단위이자 공동체적 유대감의 접착제 역할을 수행해 왔던 지하서클(일명 패밀리)을 섣부르게 해체했다는 것이다. 그들은 서클의 구조와 활동을 서클주의라고 규정하고, 변혁운동에 대한 목적의식적 인간관계에 기초한 조직운동을 전개해야 한다고 보면서 서클을 일시에 해체시키고 말았다. ㅈ씨는 MT파에 대해 "학생운동의 성격 자체가 아마추어적이고 서클적일 수밖에 없으며, 학생운동의 힘이 결국은 서클이라는 일차적 공동체에서 나온다는 것을 간과"했던 것이라고 했다. 그에 반해 주사파의 자민투 체계는 서클에 해당하는 기층조직을 파괴하기보다는 꾸준히 재생산해 나갔다. 이는 MT파 학생운동이 민족해방파에 급속하게 밀린 중요한 요인이 되었을 것으로 추정된다. 결과적으로 MT파 학생운동은 한때의 정치적 승리에도 불구하고 당국의 검거에 따른 조직적 붕괴와 전략적 결정의 오류가 겹치면서 급속히 세력이 위축되고 말았다. 여기에는 MT파의 정세관과 선도적 투쟁론으로 대표되는 전투주의적 투쟁노선이 많이 작용했을 것으로 분석된다. 대중적 피로도가 쌓인 상태에서 대중과 유리되었으며, 선도적 투쟁을 통해 확보된 공간에서 대중과 결합하는 후속 작업을 하기보다는 오히려 기층대중기반을 스스로 허무는 오류를 범하기도 했던 것이다.

3) MT파 학생운동의 쇠퇴와 함의

1986년도 학생운동은 초기에는 MT파 계열 학생운동의 주도로 전국민족민주투쟁학생연맹(민민학련)을 결성하고 활동에 돌입하였으나, 주체사상으로 무장한 민족해방파 학생운동의 거센 도전에 직면하여 급속하게 주도권을 상실해 갔다. 때문에 1986년 여름이 되면 이미 전국 학생운동의 판도는 민족해방파가 거의 장악하게 되고, MT파 계열 학생운동은 7-8개 정도의 대학 학생회를 장악한 소수파 집단으로 전락하게 된다. 그런 상황에서 과거 민추위-MT파 계열의 맥을 잇던 노동현장과 대학가의 활동가들이 전위적 조직을 재건하기 위한 시도를 하는데, 이것이 제헌의회(CA)그룹이었다. 당시 민족해방파가 반제투쟁과 민주헌법쟁취투쟁(직선제개헌투쟁)을 강조했다면, 제헌의회그룹은 민중지원투쟁(노학연대투쟁)과 민중헌법의 쟁취를 강조했다. 특히 개헌투쟁과 관련해서 민족해방파는 자유주의 야당 세력과의 연대를 좀 더 강하게 주장했다면, 제헌의회그룹은 자유주의 야당 세력과의 차별성을 강화하는 데 주력했다. 이는 대중성을 강조하던 무림(MC)노선과 선도성을 강조하던 학림(MT)노선의 차이에 뿌리를 둔 것이기도 했다. 하지만 제헌의회파도 공안 당국의 수사와 검거로 와해되고 다시 지도력의 위기를 겪게 된다. 그 후 노동자해방투쟁동맹이라는 전위적 조직으로 다시 지도력을 복원하였지만 뚜렷한 반전을 이루어내지는 못한 채 지속되고 있었다.

1987년 6월항쟁과 직선제 실시로 정치 상황은 크게 바뀌었다. 대통령선거에 대한 대응을 놓고 학생운동은 김대중 후보 비판적 지지론, 야권후보단일화론, 민중독자후보론으로 분열하게 된다. NL주사파의 주류가 비판적 지지론을 취하고 있었다면, 제헌의회파는 민중독자후보론의 노선을 표방하고 재야인사 백기완을 후보로 옹립했다. 이때 민중독자후보노선의 진영에는 제헌의회파 이외에도 주체사상의 수용을 거부하던 NL비주사파가 독자후보노선 쪽으로 가세함으로써 민족해방파-제헌의회파의 구도에 커다란 변화가 생기기 시작했다(최성일, 1990, 13쪽). 1987년 대통령선거에서 군사정권의 후예인 노태우 후보가 당선되고, 비판적 지지론을 표방한 민족해방파는 상당한 타격을 받고 주춤거리는 상황이었다. 이에 반해 김대중 후보에 대한 비판적 지지에 강한 반대를 표방했던 민중독자후보파는 선거에서 일정한 반향을 얻게 되었다. 이것이 바로 뒤에 범민중민주파 학생운동의 틀이 형성되는 계기였다고 할 수 있다.

민족해방파는 1987년 대통령 선거 이후에도 여전히 학생운동의 다수파 지위를 유지하고 있었다. 백기완선거대책본부를 중심으로 모였던 세력들은 대통령 선거 이후 1988년 국회의원 총선거를 앞두고 민중의 독자적 정치세력화를 모색하고 있었다. 그런데 민중의 독자적 정치세력화를 추진하던 학생운동의 중심세력이었던 제헌의회파가 다시 다수파와 소수파로 분열하였다. 그리고 그중 다수파가 민족해방파의 노선에 호응하면서 민족해방파-제헌의회파 구도는 다시 한 번 커다란 변동을 맞게 된다(최성일, 1990, 13쪽). 이런 가운데 지금까지 민족민주혁명(NDR)노선에 입각하여 학생운동의 판도를 양분해 오던 제헌의회파 학생운동 세력 대신에 민중민주파(PD, People's Democracy Revolution) 학생운동 세력이 부상하게 되었다. 그럼으로써 민족해방파-민중민주파 구도가 학생운동의 판도를 이끌게 되었다.

당시 학생운동 내부에서 볼 때, MT-제헌의회파는 마르크스의 과학적 사회주의와 레닌의 혁명론을 가장 적극적으로 수용하여 정치적 실천과 노선투쟁의 무기로 활용하고자 했다. 그들이 표방한 선도적 투쟁론과 선도적 투쟁체 건설론은 전통적 운동 방식에 대해 근본적으로 문제를 제기하고, 이를 위해 전위의 목적의식적 실천을 강조한 레닌주의를 충실하게 적용하려한 시도였다. 그리고 확고하게 정립하는 단계로까지 나아가지는 못했지만 그들의 변혁노선이라 할 수 있는 민족민주혁명론(NDR)은 한국 사회의 구조와 성격을 신식민지국가독점자본주의로 새롭게 규정하고, 레닌의 혁명론에서 빌려온 2단계 연속혁명론을 이에 접맥시키고자 했다. 그러나 MT파 학생운동은 급속히 무력화되었다. 변혁운동의 목적에 종속되는 인간관계에 대한 과도한 강조에 기초한 조직문화, 전위적 조직에 대한 지나친 강조, 대중의 자발적 운동 영역에 대한 과소평가는 한때 그들로 하여금 학생운동의 주도권을 쥐게 하기도 했다. 그러나 결국 공안 당국의 탄압과 지도조직의 와해, 그리고 민족해방파의 도전 앞에서 그들은 급속히 무력화되는 길을 걸어야 했다.

3. 민중민주(PD)파 학생운동의 전개와 특징

1) 민중민주파 학생운동의 주요 정파

민중민주(PD)파 학생운동은 기본적으로 민족해방파의 노선에 반대하고, 동시에 기존에 민족해방파와 맞섰던 제헌의회파의 한계를 비판하면서 등장한다. 민중민주파 학생운동은 1989년에 급속히 성장하기 시작하며, 민족해방파와 대등하게 겨룰 수 있는 정도는 아니지만 비주류 학생운동의 대표세력으로 성장하게 된다.

민중민주파 학생운동은 기본적으로는 NDR노선을 계승하는 성격이 강했다. 무엇보다 레닌주의 혁명노선을 기반으로 삼아 한국사회의 변혁운동을 실천하고자 했다는 점에서 CA그룹의 문제의식을 발전시키고자 했다(AMC그룹 중견활동가 J씨 인터뷰). 선도적 투쟁과 전위조직을 통한 목적의식적 변혁활동을 강조했다는 점에서도 그러했다. 다만 이들이 제헌의회파의 노선과 다른 것이 있었다면, 민족민주혁명(NDR)노선이 레닌 초기 사상의 한계를 답습하여 한국사회에 기계적으로 적용함으로써 민족해방파의 개량주의와 철저하게 단절되지 못했다고 비판하면서 레닌주의적 문제의식을 더욱 급진화시키고자 했다는 것이다.3) 따라서 민중민주파 학

---

3) 민족해방파 학생활동가들은 민중민주파 학생활동가들을 향해 "자신이 마치 재림레닌이라도 되는 것처럼 혁명이론을 떠벌리는 쁘띠인텔리이며 투쟁 없이는 살아도 논쟁 없이는 못사는 좌익공론가 운동의 휴식분자…"라는 표현으로 비판했다(유길성, 1989, 29쪽).

생운동이라고 지칭할 때는 제헌의회파 계열의 학생운동을 포함하여 새롭게 등장한 레닌주의노선에 입각하고자 하는 학생운동 제 세력을 포괄하는 의미라고 볼 수 있는 것이다.

민중민주파 학생운동 세력 내부에는 크고 작은 수많은 정파조직들이 존재하고 있었다. 하지만 대체로는 크게 몇 개의 줄기로 대별될 수 있는데, 반제반파쇼(제파)PD그룹, 반독점민중민주혁명그룹(AMC그룹), 진학련, 그리고 MT−제헌의회파의 연장선상에 서있는 남한사회주의노동자동맹(이하 사노맹) 계열의 전국민주주의학생연맹(전민학련) 등으로 나뉜다. 그 외에도 CPC파, 트로츠키파 등이 존재하는데, 여기서는 주요 세 정파에 대해서만 간략히 살펴보기로 한다.

(1) 반제반파쇼민중민주주의혁명 학생운동그룹(제파PD그룹)

제파PD그룹은 보임·다산계라 불리는 노동운동 정파조직의 영향하에서 성장했다. 보임·다산계는 일찍 1986년 조직사건을 통해서 세상에 알려졌다. 이들은 일본 등에서 이념서적을 입수하여 서울, 경기 지역을 무대로 대학생과 근로자들에게 의식화 교육을 시키는 한편, 이를 출판하려했다. 이것이 보임·다산사건이었다(『동아일보』 1986년 5월 15일자). 보임·다산사건 후 이들은 내부적으로 '반제반파쇼민중민주주의혁명론'이라는 변혁운동 노선으로 자기정체성을 확립하고 활동을 전개하고 있었다. 그래서 이들은 내부적으로 자신들을 '제파PD'라고 불렀다. 그런데 이들은 큰 틀에서는 변혁운동 노선을 공유했지만, 실제 활동에서는 인천, 안양, 서울, 부산, 울산 등 공단을 중심으로 한 권역별 조직으로 분산되어 활동하고 있었다(제파PD그룹 중견활동가 K씨 인터뷰).

제파PD그룹은 바로 제파PD 노동운동 정파조직과 관련을 맺으면서 태

동했다. 그런데 노동운동 정파조직이 지역별로 분산되어 활동하다보니 제
파PD 학생운동 조직들은 바깥의 어떤 선과 연결을 맺느냐에 따라 분화되
고 조직의 계통이 달라졌다. 그럼에도 한 가지 특이한 것은 바깥 노동운동
정파조직의 학생운동에 대한 실질적인 현장 지도는 부재했다는 점이다.

대체로 제파PD파 학생운동그룹은 그 과정에서 크게 두 개의 계열로 나
눌 수 있었는데, 그것은 각각 AP그룹(일명 '선언조직')과 AF그룹(일명 '반
파')으로 불렸다. AP그룹은 서울대, 연대, 고대 등에 주로 분포했고, 반파
그룹은 서강대, 숙명여대, 중앙대, 홍익대, 한성대 등에 분포했다. 혁명론
의 관점에서 이들 양자 간 뚜렷한 차이는 없었으나, 시기별 정세 인식이
나 전술 운영이나 대중조직관에서는 상당히 달랐다. 하지만 그것 역시도
기본적 관점의 차이라기보다는 주로는 서로 소통이 없었던 데서 기인했
던 것이다. 이들은 각각 독립적으로 운영되었으며, 민중민주파 학생운동
그룹들의 전국적 연대조직인 '민중운동탄압분쇄 및 파쇼악법·폭압기구
철폐를 위한 학생특별위원회연합(일명 '학특연')과 학교별 좌파조직의 대
표자들 간의 논의테이블인 'SPY'(NPY)라는 정파 간 테이블에서 논의를 통
해 주요 노선과 방침을 결정했다.4) 이는 민족해방파 내부의 소통이 다양
한 채널로 활발하게 이루어졌던 반면, 민중민주파 진영 내부의 소통구조
가 제한적이었음을 보여주는 것이기도 했다(제파PD그룹 중견활동가 K씨
인터뷰).

---

4) 학특연은 민중민주파 학생운동그룹들이 민족해방파에 맞서 대중적이고 준공개적인 실
천 활동을 위해 1989년에 학교별로 발족한 학생특별위원회의 연합조직이었다. 민중민주
파 학생운동 세력들은 이 조직을 서총련 산하의 공식기구로 인정해 줄 것을 요구했지만
민족해방파에 의해 거부당했다. 그래서 민중민주파는 이 기구를 독자적으로 발족하게
되었다(『경향신문』 1989년 10월 28일자). SPY(NPY)는 Seoul(National) Political Yeonhap의
약자로 학교별로 좌파조직을 대표하는 사람들이 모여 만든 반합법과 비합법의 중간 정
도에 해당하는 정치조직이라고 볼 수 있다. 민중민주파 내 각 정파그룹 간의 논의는 주
로 이런 기구를 통해서 이루어졌다. 그 후 사노맹 계열의 학생조직인 전국민주주의학생
연맹(전민학련)이 가세하면서 SLAY라는 명칭으로 바뀐다.

제파PD그룹의 세력분포는 시기별로 약간 다르다. AP그룹은 1990년 상반기에 AMC그룹과 연대하여 서울대 총학생회장을 배출한다. 1990년 하반기부터 1991년 상반기에는 서강대 총학생회장을 비롯해 숙명여대, 인하대 등의 총학생회를 장악하면서 AF(반파)그룹의 위상이 높아진다. 1991년까지는 제파PD그룹이 민중민주파 학생운동에서 다수파였는데, 민중민주파의 각 정파그룹 간 테이블인 SPY에서 제파PD 출신이 의장에 당선되는 것에서도 알 수 있다.

(2) 반제반독점민중민주주의혁명 학생운동그룹(AMC그룹)

AMC그룹은 『현실과 과학』이라는 잡지 발간을 주도한 '노동계급'이라는 정파조직의 영향하에 성장했다. '노동계급' 그룹은 노동현장의 자생적 활동가들과 『현실과 과학』이라는 이론 잡지를 발간하던 젊은 학자들이 결합하여 만든 조직이었다. 그들은 마르크스-레닌주의에 입각하여 남한사회주의혁명을 위해 전국적 규모의 '혁명적 노동자 계급 전위당' 건설을 지향하는 강령과 조직 규약을 만들어 활동하고 있었다(『동아일보』 1990년 2월 13일자).

AMC 학생운동 그룹은 외부세력의 작용에 의해 만들어졌다기보다 처음에는 자생적으로 만들어졌고, 이후 1989년 초경부터 전위적 조직의 성격을 지향하던 '노동계급'이라는 정파조직과 연결되어 조직적 지도-피지도 관계를 맺게 되었다. 하지만 AMC그룹은 1989년 말에 다시 '노동계급' 그룹과 결별하고 학생운동 자체적으로 존립하면서 활동해 나갔다. '노동계급' 그룹이 인천지역민주노동자연맹(이하 인민노련), 삼민그룹 등과 함께 한국노동당을 결성하고 합법주의로 나가게 된 것이 결별의 이유로서 가장 컸다.

초기의 조직 구조는 이원적 구조였다. 즉 학생운동 정치 조직으로서 AMC PD그룹으로 묶인 학교별 틀이 있고, 그 속에 바깥의 전위적 비합법 정파조직인 노동계급과 연결된 프랙션그룹들이 여러 학교의 AMC그룹 학생운동을 연결하고 지도하는 구조였다. 이런 구조는 내부 노선투쟁을 거쳐 1992년 '대장정학생연합'이라는 반합법 공개 학생정치 조직을 결성할 때까지 지속되었다.

민중민주파 학생운동 분파들 중 처음에는 일명 제파PD그룹의 세력규모가 가장 컸지만, 1992년경부터는 AMC그룹이 민중민주파 학생운동의 다수파가 된다. AMC그룹은 주로 고려대, 성균관대, 서울대, 성신여대 등에 많이 분포했다. 1990년 일명 제파PD그룹과 연합하여 서울대 총학생회 선거에서 당선자를 내게 되었고, 그 후 서울대에서는 1992년 이후로 민족해방파와 교대로 총학생회를 장악했다. 1992년에는 서울지역 북부지구를 중심으로 고려대 등 여러 대학에서 총학생회장을 다수 배출하여 이들이 서울지역 북부지구대학생총연합(북부총련)의 조직을 장악한다. 이때는 대구, 인천 등 전국적으로 민중민주파가 총학생회를 역대 가장 많이 장악했던 해였다.

(3) 진보학생정치연합(진학련) 학생운동그룹

진학련 그룹의 기원은 1991년 하반기에 결성된 한국사회주의노동당(이하 한사노)의 합법적 대중정당인 한국노동당으로의 전환,5) 그리고 뒤이어 민중당과 합당한 것과 궤를 같이 한다. 1991년 7월경 민중민주파 계열의 '인민노련', '민주주의민족통일노동자동맹'(삼민동맹), '노동계급' 등 비

---

5) 1991년 가을 〈재고를 요청함〉이라는 제목의 팸플릿을 계기로 한사노는 한노당으로 노선을 전환한다.

합법 노동운동 조직체들이 연합하여 '한사노 창당준비위원회'를 결성하였다. 그것은 혁명적 계급정당 건설의 현실적 어려움에 대한 인식이 공유되면서 합법 정치전술을 주요 내용으로 하는 새로운 정당건설 노선을 제기한 것이었다. 즉 노동자 계급이 중심이 되어 독자적인 합법 정당을 건설하고 이러한 합법 정당을 통해 의회민주주의의 정치공간을 활용함으로써 민주적 계급투쟁을 적극적으로 전개하겠다는 것이었다. 그에 입각하여 이들은 1991년 12월 15일 241명의 추진위원을 중심으로 '한국노동자정당건설추진위원회'(이하 노정추)를 발족하였다. 노정추의 신노선은 사노맹을 비롯한 여타 다양한 좌파의 소규모 노동운동 조직체들로부터 개량주의나 패배주의라는 비판을 받기도 했다. 노정추는 1992년 1월 '한국노동당창당준비위원회'를 공식 발족하였고, 곧이어 민중당과 통합하여 통합민중당을 결성하기에 이른다.⁶⁾ 진학련은 이 같은 흐름 속에서 학생조직 단위로서의 성격을 갖고 형성된 것이었다.

진학련은 원래 '○○'(일명 땡땡)이라는 이름의 비합법 조직의 틀로 존재하면서 기관지 『진실』을 발간했다. '○○'은 인민노련, 삼민그룹, 노동계급, 중부지역PO그룹의 영향을 받는 학생운동이 결합한 조직이었다. 그런데 한사노의 한노당으로의 노선 전환과 함께 1992년 5월 명지대에서 공개 학생정치 조직인 진학련을 결성한다. 이들은 1992년 서울시립대, 이화여대, 연세대(원주), 영남대 등 10여 개 대학의 총학생회를 장악하는 세력 규모를 보여준다. 또한 1993년 한총련 1기 의장선거에 출마하여 전대협의 정치성, 정파성을 비판하기도 한다. 대외적으로 진학련은 1992년 백기완

---

⁶⁾ 주대환, 민영창, 이용선, 전성, 김동호 등 노정추 지도부의 구속은 노정추의 활동을 크게 제약했고, 민중당에 사실상 흡수통합되는 데 결정적으로 작용한다. 이와 관련된 재판 과정에서 구속자들이 비합법 전위노선을 폐기하고 폭력혁명노선을 부정하며 합법 정당에 참여하게 되었다는 취지의 탄원서를 재판부에 제출하였는데, 이것이 운동권에서 많은 파장을 불러일으키기도 했다(성공회대 민주자료관 편, 2009).

후보선거대책본부(백선본)와 1992년 총선에 적극 참여하여 한국노동당과 통합한 민중당을 지원했다.

그들은 사회주의 이념의 퇴조와 대학사회 학생운동의 퇴조에 영향을 받아 공개 학생정치 조직을 표방하고, 학생대중의 생활에 걸맞은 정치활동을 지향했다. 그들은 사회주의 지향은 여전히 유효하지만 레닌주의 노선(특히 프롤레타리아독재의 사상)은 불가능하다고 인식했다. 이와 함께 비합법-특위의 형식으로 지속해 온 학생운동의 재생산 방식과 활동은 근본적 한계에 부딪쳤다고 보았다. 이 같은 진학련의 인식과 공개적인 정치활동조직의 결성에 대해 민중민주파 학생운동의 AMC그룹, 사노맹 계열의 전민학련 등은 개량주의, 타협주의, 기회주의, 청산주의, 합법주의라고 강하게 비판했다.

조직 구조는 캠퍼스 단위-지역 단위-전국 단위로 이루어졌고, 전국 회원이 1,800여 명 가량으로 가입원서를 작성하도록 하고, 간부 및 체계 등 조직을 공개하고, 대의원대회 등을 공개적으로 개최했다. 정치교육, 정치홍보, 이슈캠페인, 여름캠프활동 등을 전개하고, 온건한 이미지를 갖추려 노력했다. 공개적 대회로 일 년에 대의원대회와 수련회를 두 번 정도 개최했다. 조직의 규율은 다른 민중민주파 학생운동 그룹들에 비해 리버럴(liberal)하다는 평가를 많이 받았다.

1994년 진학련 3기에는 민족해방 자주파인 일명 '생때'(생활정치대학생연합의 약칭), 진보대학생연합(진대련)이 연합하여 21세기진보학생연합을 결성한다. 1996년에는 한총련의 연세대 사건 와중에 진학련의 주요 간부들이 공안 당국에 의해 체포되는 조직사건이 일어났는데, 강령상 사회주의라는 표현이 문제가 되어 법원에서 이적단체 판결을 받았다. 21세기진보학생연합은 이후로 명맥을 유지하는 수준이다가 2006년에 해산했다. 진학련은 민중민주파 학생운동의 레닌주의적 노선이 균열되면서 나타난

하나의 노선 전환 시도였다. 그것은 민중민주파의 퇴조를 나타내는 하나의 지표이기도 했다.

4) 민중민주파 학생운동의 집합적 특성

(1) 조직과 문화

민중민주파 학생운동의 조직 원리는 대체로 대중의 자연발생적 움직임보다는 전위의 목적의식적이고 선도적인 실천활동을 강조하는 혁명적 전위주의의 노선을 지향했다. 적어도 이론상으로는 구성원 간의 인정, 의리, 친목 등 일차적 관계를 토대로 맺어진 서클을 지양하고, 변혁운동의 목표를 중심으로 형성되는 목적론적 인간관계에 기초를 둔 고도의 조직성을 지향했다. 그러다보니 자연스럽게 공개적이고 대중적인 활동보다는 비밀활동을 강조하는 비합법주의가 기본 틀이 되었다.[7]

그러나 민중민주파 학생운동 그룹들은 변혁운동의 목적에 복무하는 고도의 조직 구조를 구상했지만, 실제로는 1980년대의 패밀리(family)라 불리는 서클운동과 크게 다르지는 않았다. 학습, 생활규율, 조직에 대한 지도 관리는 패밀리와 비슷했고, 단 차이가 있다면 학생운동이 민주화를 전후로 크게 대중화되면서 학생대중 운동에 대한 지도가 강조되고, 시스템화된 정도였다고 할 수 있었다(AMC그룹 중견활동가 J씨 인터뷰). 민중민주파 학생운동은 조직의 원리를 구현하는 과정에서 노동자 계급의 헤게모니에 입각한 학생운동 외부에 존재하는 전위조직의 지도성을 관철하고자 했다. 그러나 여기서 전위조직은 학생운동 출신자들이 연고관계를 매

---

7) 물론 진학련처럼 민중민주파 학생운동 내에서 후기에 조직노선을 전환하는 사례도 있다. 그러나 그 경우도 원래는 전위주의, 비합법주의의 원칙을 공유했었다고 볼 수 있다.

개로 결성한 정파조직으로서 고참 선배집단에 지나지 않는 면이 많았다. 어쨌든 그것은 학림, MT-제헌의회파 학생운동에서부터 민중민주파 학생운동 그룹들 대부분에서 공통적으로 나타나는 현상이었다.

다만 전위조직의 지도성을 세우는 과정에서 얼마나 실질적 지도가 이루어지는가는 다소 차이가 있었다. 예를 들어 MT-제헌의회-사노맹그룹 학생운동은 전위조직에 의해 학생운동에 대한 긴밀한 지도가 이루어지고 있었지만, 그 밖의 민중민주파 학생운동 그룹들에 대한 바깥 정파조직의 지도는 사실상 미약했던 것으로 보인다. 그 이유는 바깥 정파조직들의 상태 자체가 서클 수준을 크게 벗어나지 못한 데다 지역적으로도 분산되어 있어서 학생운동을 체계적으로 지도할 여력이 되지 못했기 때문이었다.

이들의 조직 충원은 보통 과학생회(학회)와 서클에서 세미나를 진행하면서 적극적인 학생을 발굴하여 비합법 공간에서 별도로 훈련시키는 식으로 이루어졌다. 이들은 3학년 정도가 되면 비합법 멤버십을 부여받는다. 조직의 훈련은 학습, 투쟁, 생활규율로 이루어졌다. 학습은 이론적 의식화 프로그램이라고 할 수 있는데, 의식화 프로그램은 세계철학사, 변증법적 유물론, 사적 유물론, 자본론 축약판, 각국 혁명사 등 사회과학 서적을 활용한 학습으로 이루어졌다.[8] 투쟁은 반정부 선도투쟁, 공장활동, 농촌활동 등 변혁적 실천을 지칭한 것이었다. 생활규율은 조직운동가로서 금기사항, 일상생활의 기본자세에 대한 가이드라인의 설정과 상호 강제에 관한 것들이었다.

조직의 운영은 하향식의 피라미드 구조로 이루어졌다. 조직의 지도부는 비합법에 준하는 단위로 설치되었으며, 정파조직의 학습, 실천, 생활

---

[8] 민중민주파의 의식화프로그램은 민족해방파에 비해서 고도의 수준이었고 강도가 높았으나, 역사 학습의 영역에서는 민족해방파가 항일무장투쟁사 등 풍부한 소재를 갖고 있었던 것과는 달리 러시아혁명사 등 한정된 면이 있었다.

규율을 지도했다. 보상 구조에는 조직 내 지위의 변동과 상응하는 역할의 부여, 질책, 경고, 반성문 등이 주로 사용되었다. 보상과 징계 등은 지도부들의 판단으로 주로 이루어진다. 민중민주파의 조직 안에는 여전히 폐쇄적이고 일방적인 조직관계의 틀과 문화가 남아 있었다.

> 80년대 후반 학생정파운동은 80년대 전반기의 패밀리운동과 차이가 그리 크지 않았어요. 여전히 폐쇄적이고 일방주의의 조직 틀 때문에 87년 이후에 활성화되기 시작한 학생회운동과 같은 대중운동의 흐름과 안 맞는 부분이 있기 때문에 이것에 대한 고민들이 학생정치조직운동에 대한 흐름들로 바뀌었다고 볼 수 있죠(AMC그룹 활동가 출신 J씨 인터뷰).

민중민주파의 조직문화를 민족해방파의 조직문화와 비교해보면 몇 가지 중요한 특징들을 알 수 있다. 민족해방파의 조직문화의 특징이 조직 자체에 대한 절대적 충성심, 리더에 대한 존중 같은 요소들의 강조라고 한다면, 민중민주파의 그것은 사상적 동질성에 근거한 존중이었다. 때문에 민족해방파에 비해 조직이라거나 상급자이기 때문에 일방적으로 행동할 수 있는 범위에는 상대적으로 제약이 있었다.

> 문화적 차이가 엄청났어요. 그 당시 전대협이 공개 조직인데 정책위 사람들은 비합법 조직처럼 운영되고 있었어요. (중략) 정책위 의장을 했던 분이 지금도 정확히 학번을 모르겠어요. 그때 받은 느낌으로는 최저 82학번 이상이라고 봤어요. 학번이 낮은 사람들은 나에게 적대적이었는데, 그 분은 저에 대한 태도가 매우 온정적이었어요. (중략) 당대에 같이 활동을 하는데 정파의 문제를 떠났다면 감히 같이 말을 섞기 힘들 만큼 올드(old)한 사람이었죠. 그러다보니 조직문화가 굉장히 봉건적이라고 해야 하나… 공식적인 회의를 하더라도 정책위 의장은 토론을 하는 것이 아니라 교시를 주는 거예요. 지적질을 하고 딴지를 거는 사람이 될 수밖에 없는 저는 굉장히 불경한 존재인거죠(AMC그룹 활동가 출신 S씨 인터뷰).

민중민주파는 민족해방파의 이런 조직문화를 패권주의, 봉건주의라고
보고 거부감을 표출했다. 민중민주파는 실천활동 계획을 수립할 때 상황
인식부터 논쟁을 하고, 지침의 수립에 대해서는 더 치열하게 논쟁을 했다.
상황 인식과 방침에 대해서 논쟁을 한 이후의 사업프로그램 기획과 실행
에 대해서는 분권적으로 수행하는 방식이었다. 이렇게 보면 민중민주파의
조직문화는 민족해방파의 봉건적, 권위적 조직문화 패러다임과 비교하여
상대적으로 민주적, 근대적 패러다임을 갖고 있었다고 할 수 있다.

그럼에도 불구하고 사업의 효율성이라는 면에서는 민족해방파의 조직
문화가 앞서는 면도 많았다. 왜냐하면 민족해방파는 상황 인식과 지침에
대해서 논쟁하지 않고, 상급 단위 리더로부터 전달되는 지침에 입각하여
사업 기획과 사업 성과의 창출에만 집중했기 때문이었다. 민중민주파의
조직에 대한 충성도나 헌신성은 민족해방파보다 약했다. 그러나 민중민
주파가 끊임없는 비판적 문제의식을 통해 한국사회에 대한 학생운동의
인식 지평을 확대하는 데에서는 확실히 뛰어났다. 하지만 이 또한 "머리
가 공룡처럼 커져 고민은 많으나 대중활동을 하지 않는다"(AMC그룹 활동
가 출신 S씨 인터뷰)는 비판을 자주 받았다.

민족해방파가 특정한 상황에 맞는 리더를 중심으로 조직을 운영해 나
가는 실용적 조직관에 기초하였다면, 민중민주파는 원칙적이고 논리적인
측면을 강조했다는 점에서 다소 경직적이었다. 때문에 민중민주파에게서
는 사상적 논쟁이 발생했을 때 민족해방파에 비해 조직적 결속력이 쉽게
균열되고 분화되기도 하는 모습들이 나타났다. 민족해방파는 단결의 최
소조건을 내세웠지만 민중민주파는 단결의 최대조건을 내세웠다. 이렇듯
민중민주파는 민족해방파에 비해 단결 조건이 까다로웠기 때문에 분열적
인 면이 많았다. 예를 들어 AMC학생운동 그룹과 바깥의 정파조직인 '노
동계급' 그룹이 지도−피지도 관계를 매개로 만났다가 노선 차이 때문에

쉽사리 결별하는 현상은 민족해방파에서는 쉽게 찾아보기 힘든 것이었다. 민중민주파 AMC그룹 활동가 출신의 J씨는 이렇게 말했다.

가장 큰 차이가 뭐냐면, 당시에 NL(민족해방파)을 보고 너희는 이런 말도 안 되는 이야기에 대해서 "너희들은 아무 생각이 없니?" 이렇게 물으면 NL들 같은 경우 대답을 못하죠. 그런데 PD(민중민주파)들 같은 경우 끊임없이 궁금하고 동의가 안 된 부분에 대해서 해소가 되어야 동지적 관계가 유지가 되는 건데, NL 같은 경우의 말 그대로 가르치는 것에 대한 이견 없이 수용하는 문화에 대해서 잘 이해를 못했던 거죠. PD활동가가 NL활동가를 보고 "무식하다" "공부가 안 됐다"는 식의 편향된 태도가 나타나기도 했던 것 같아요. PD는 사상의 통일, 입장의 통일이 이야기의 출발이기 때문에 자기주장의 확인에 강하게 경도됐던 측면이 있었고, 이게 지나칠 경우에는 아무리 선배가 이야기하더라도 나는 다르다고 갈라서 버리는 경우도 있었던 거죠(AMC그룹 활동가 출신 J씨 인터뷰).

민중민주파의 조직문화는 학생운동 주류인 민족해방파에 대한 새로운 대안이 되기를 자임했지만 조직의 발전단계상 민족해방파의 안티테제에 머무르는 면이 강했다.

제가 생각하기로는 PD 조직의 존립 근거 자체가 NL과의 대당성이었어요. NL과 구분되는 다른 형태의 노선, 문화, 네트워크, 이런 것들을 만들기 위한 과정이었기 때문에 NL의 미러(거울)인 면이 강했다. 노선으로 보면 NL이 정치운동이나 사태해석을 하는 데서 거의 모든 사안을 북한과의 관계 중심적 버전으로 가다보니 그들이 장악하고 있는 전대협, 서총련이라는 틀 속에서는 동의하지 않는 학생들도 그 활동에 가담하지 않을 수 없는 문제가 발생하죠. 그런 NL의 제도적 압박에 대응하기 위한 안티테제로서 네트워크 조직들이 만들어지기 시작한 거예요. 그리고 학교 내에서도 여러 네트워크들 간의 선거연합이 만들어진 거죠. 그러면서 점차 조그만 그룹들은 쇠퇴하고 고려대에서는 (PD파 중에서는) AMC계열이 가장 영향력 있는 세력으로 남게 된 거죠(AMC그룹 활동가 출신 S씨 인터뷰).

민중민주파의 조직 내적 문제들은 1990년대에 접어들면서부터 본격적으로 표출되기 시작한다. 한편으로는 한국사회에서 학생운동이 차지하는 지위가 퇴조하기 시작하면서 봉착한 학생운동의 한계로부터 기인하는 것이었고, 다른 한편으로는 그들이 이념적 모델로 삼았던 소련·동구 사회주의권이 몰락하면서 밀려온 이념적 정체성의 혼란에서 비롯된 것이었다. 이런 와중에 1990년경부터 비합법정파 조직을 민주적 룰을 갖는 학생 정치조직 운동으로 전환해야 한다는 주장을 놓고 민중민주파 내부에서 합법−비합법 논쟁이 벌어지기도 하는데, 그것은 단순히 조직문제에 국한된 것이 아니라 매우 근본적인 고민을 반영하는 것이었다. 일례로 민주화 이후 정치체제의 변화에 대한 인식을 둘러싸고 논쟁이 있었는데, 한국 사회에서 파시즘 체제의 본질이 변할 수 없다고 보고 비합법 노선을 유지해야 한다고 보는 측과 그렇지 않다고 보는 측으로 나뉘었다. 그리고 이는 합법 공간을 활용할 수 있음에도 불구하고 활용하지 않는 것은 전략적 오류라는 중간의 절충적 문제 제기에 이르기까지 다양한 논쟁으로 이어진다. 또 사회주의권의 변동을 사회주의 전체의 몰락이라는 근본적인 체제전환으로 볼 것이냐, 아니면 단순히 잘못된 사회주의국가의 몰락으로 볼 것이냐는 논쟁으로도 이어졌다. 이런 문제들에 대한 논란은 결국 민중민주파 내에 분화된 두 가지 흐름을 만들었다. 하나는 진학련처럼 비공개적 비합법주의에 문제를 제기하면서 공개적 합법주의로 전환해 나가는 흐름이고, 다른 하나는 비합법주의를 고수하는 쪽으로 나아가는 흐름이다. 진학련의 출범에 대해 중견활동가 출신 P씨는 "이념적, 대중적으로 학생운동이 약화되어 가는 상황 속에서 지속적인 재생산과 학생운동의 기운을 재생해 나가는 데 한계"를 절감했으며, "그런 흐름을 예측하고 그에 맞게 기존의 방식을 극복하는 새로운 학생운동의 방식을 모색"했던 것이라고 말했다.

사상 이념적으로 사회주의가 퇴조하고 있는 상황이었고, 대학사회는 투쟁의 기운이 삭아드는 상황이었기 때문에 당시 학생회장들은 임기를 못 마치고 감옥가고 하는 활동이 학생사회에서 대중적 영향력을 발휘하고 대중들의 공감대를 얻기는 어려웠고, 공개정치학생조직으로 출범하면서 학생사회에 걸맞은 정치활동을 새롭게 모색해볼 필요가 있다. 학생들의 라이프사이클에 맞는 학생운동의 내용과 형식의 변화를 모색해 볼 필요가 있고, 그 다음에 진보적 사회진출이라고 해서 일반 학생대중들도, 정치의식이 있는 학생들이 사회진출에 대해서 고민을 하고, 그런 기치를 최초로 했었죠. (중략) 진학련에 대해서도 공개정치학생조직으로 출범했을 때 학생운동의 다른 제 정파들은 개량주의니 합법주의니 타협주의니 청산주의니 이런 걸 하면서 비판적으로 많이 봤었죠(진학련의 출범에 대해 중견활동가 출신 P씨 인터뷰).

그러나 진학련과 같은 공개적인 학생정치조직의 등장에 대해 개량주의, 청산주의라고 비판했던 다른 그룹들조차도 그 후 일정하게는 대장정 학생연대나 전민학련 같은 공개적 학생정치조직을 만드는 쪽으로 나아갔다. 당시의 사회운동과 학생운동이 전체적으로 침체기로 들어가고 있는 상황에서 기존의 운동 형태로부터 탈피해야 한다는 압력으로부터 민중민주파의 어느 정파그룹들도 자유로울 수는 없었음을 시사한다.[9]

2) 대중사업 방식의 특성

민중민주파와 민족해방파의 대중운동론의 차이는 대중성과 운동성의 관계, 자생성과 의식성의 관계에 대한 강조점의 차이기도 했다. 민족해방파는 대중의식의 현 상태를 변화시켜서 끌어올리기보다는 그 자체를 인

---

[9] 장석준은 진학련의 실험을 정치조직-대중조직의 분리구축론이라고 부르면서, 그 같은 분리구축이 학생회의 사업 내용을 순수한 조합기구로 전락시키고 학생회에 주요하게 배치되어 있던 진학련 조직원들의 정치적 긴장을 상실케 함으로써 변혁운동으로서의 학생운동의 성격 청산, 시민운동으로의 학생운동 투항이라는 결과를 가져왔다고 비판한다(장석준, 1998, 69쪽.

정하고 거기에 근거해서 대중사업을 벌이는 방식을 취했다. 때문에 반대파로부터 대중추수주의라는 비판을 받기도 했다. 반면 민중민주파는 대중운동을 하더라도 운동성을 담보하는 것이 중요했다. 때문에 운동성을 담보하지 않은 대중성을 수용하지 못한 면이 많았다. 민중민주파는 한국사회의 근본적 개조를 위한 의식성(이를테면 사회주의 이념)의 중요성을 강조했다. 이는 소련·동구 사회주의 붕괴로 민중민주파가 주로 지적·정신적 충격을 많이 받았던 것과도 관련이 깊었다.

민중민주파는 민족해방파에 비해 조직 내 규율과 의식화프로그램이 더 강했지만 대중운동에 대한 개입과 지도에 대한 시야는 좁았다. 일례로 민족해방파는 '자주적 학생회'니 '민주적 학생회'니 하는 학생회운동론에 대한 몇 가지 틀을 가지고 있었지만,10) 민중민주파에는 그런 학생회운동론 자체가 없었다. 민족해방파에게는 주체사상에서 도입된 영도예술, 대중운동론과 같은 철학과 방법론의 토대가 일정하게 있었으나, 민중민주파에게는 그 같은 대중노선과 방법론이 없었다고 볼 수 있다. 그래서 이를 보완하기 위해 1990년에는 서울대를 중심으로 민중민주학생회(일명 PDH) 논쟁이 벌어지는 계기가 되기도 했다.11) 이는 민중민주파가 학생회에 대한

10) 서클운동 극복을 주창한 이후 가장 큰 조직노선의 대두는 민족해방파에 의해 주도된 RMO(revolutionary movement organization)노선이었다. RMO의 대상은 대중투쟁 과정에서 단련된 활동가들이며 임무로는 RMO 주변에 다양한 대중을 조직하기 위한 투쟁과 조직화사업이며, 학번제 철폐를 비롯한 민주적 운영방식을 표방했다. 1980년대 중후반에 나타났던 구국학생연맹이나 애국학생회로 대표되는 RMO는 전위조직인지 대중조직인지 애매모호하다는 비판 등을 이유로 스스로 해체선언을 통한 대안을 모색했다. 전투적 학생회는 RMO노선의 변화를 근거로 이루어졌는데, 학생회에 대한 위상과 역할을 협소한 틀에서 벗어나 폭넓은 대중을 대상으로 하되 단순한 자치조직이 아니라 대중 스스로의 훈련과 그를 통한 권력조직의 모체로 위치지우고자 했다(인하대공대편집부 편, 1989, 191-192쪽). 전투적 학생회론은 "학생대중을 정치화/전투화시켜 반정권, 반자본, 반미투쟁의 선봉대로 동원하는 한편, 대학을 변혁운동의 기지로 만든다"는 것으로 요약된다. 이런 전투적 학생회론은 극단적으로 보아 정치투쟁이라는 하나의 문제만을 위해 학생들을 동원하는 데만 초점을 맞춤으로써 학생들의 다양한 요구를 반영하지 못한다는 비판을 지속적으로 받았다(태재준, 1998, 291-292쪽).
11) 민중민주학생회론은 학생회의 일상투쟁을 경제투쟁으로 치환하려는 경향과 선진대중이

영향력을 조금씩 넓혀가는 계기가 되기도 했으나 여전히 민족해방파에 비해서는 대중운동의 경쟁력에서 뒤처지게 되었다. 제파PD그룹 출신 활동가 K씨는 인터뷰에서 "민족해방파에 비해 응집력과 대중활동 능력이 떨어지는 데 대한 고민은 무엇이었나?"라는 질문에 다음과 같은 사례를 소개하기도 했다.

> 88년에 전대협은 통일투쟁을, PD는 노학연대투쟁을 주장했다. 그래서 연세대 통일투쟁 현장에 늦게 결합했는데, 통일투쟁전술의 잘못을 알리고 노학연대투쟁의 중요성을 알리는 대자보 하나 쓰고 나오는 것이 PD활동의 전부라고 해도 과언이 아니었다. 주안공단에 가서 몇 명 안 되는 사람들을 모아놓고 꽹과리 치는 PD활동과 5만여 명을 놓고 통일투쟁 하는 NL과의 차이에 비감을 느꼈다. NL파는 대중이 동의하고 참여하기 쉬운 활동을 하는데, PD는 대중적 경험을 할 수 없고 강한 의식성을 강조하는 선전 중심의 활동, 이를테면 사회주의의 당위성을 알리는 것에 치중한다. NL파는 세 명만 할 수 있는 것, 예를 들면 주체사상 학습과 100명이 할 수 있는 일과 1천 명이 할 수 있는 일을 잘 구분했다(제파PD그룹 출신 중견 활동가 K씨 인터뷰).

초기 세력 형성 단계에서 민중민주파가 안고 있는 딜레마는 대중활동 과정에서 많은 경직성을 발생시키는 원인이 되었다. 그것은 "통일적인 전체 안에서 다수를 형성하고 그렇게 만들어진 다수에 승복을 하는" 민주적 룰에 대한 인식과 실천이 부족했던 것과 관련이 깊었다. "민족해방파의 문화는 통일성을 너무 강조했고 이에 동의하지 않는 소수자 입장에서는

기본적 대중조직으로부터 분리되어 독자적 조직으로 묶이는 것은 올바르지 못하다고 비판하고, 선진대중들은 학생회 각급 단위와 다양한 대중조직 속에서 간부로서 지도적 역할을 수행해야 한다고 말한다. 핵생회의 민중민주적 강화가 선진대중의 활동에서 일차적 임무가 되어야 한다고 역설한다. 하지만 학생회 속으로의 무책임한 산개를 극복하기 위해 선진대중들의 활동이 결집된 힘으로 수행될 수 있도록 하기 위한 구조로서 민중민주학생회의 예비간부진으로 구성된 조직을 꾸릴 것을 주장한다(안창훈, 1989, 172쪽). 민중민주학생회론은 민중민주파의 근본적 지향성인 전위주의를 보존하면서도, 민족해방파에 비해 치명적 약점이었던 학생회에 대한 영향력을 증대시켜 보고자 했던 시도라고 할 수 있다.

매우 패권적이었다. 발언의 기회 자체를 주지 않는 경우가 많고 심지어 회의참석을 공지 안 해 줬다. 그런데 이는 민중민주파가 다수에 승복을 할 수 있는 훈련을 할 기회를 결여하게 만든 원인이기도 했다. 그리고 이 것이 심지어는 좌파끼리 사업을 할 때도 관성으로 작용했고, 사회에 나와 서도 여러 행동 속에 연장된 측면이 많았다"(AMC그룹 활동가 출신 S씨 인터뷰).

민중민주파 학생운동 세력들의 그 같은 문제들이 완고하게 주장되기만 한 것은 아니었고, 민족해방파와 공동의 대중사업을 통한 접점 속에서 이 를 극복하려는 노력의 필요성을 자각하고 이를 다양한 방식으로 경주하 였다. 민중민주학생회론의 제기를 통해 대중운동론의 부재를 극복해 보 려는 시도도 그러한 노력의 하나였다. 진학련과 같은 새로운 노선을 제창 하고 나온 것도 그랬다. 특히 민중민주파 학생운동 세력이 대학 총학생회 를 장악하는 숫자가 점차 늘어나고, 그에 따라 민족해방파가 거의 전유하 다시피 했던 서총련ー전대협에서 일정한 지위와 역할을 맡게 되면서 그 같은 노력들은 점점 뚜렷이 나타났다.

AMC그룹 출신의 활동가 S씨는 1992년 당시 서울지역 북부지구학생총 련의 정책위원장으로서 서총련 지도부에 참여하여 민족해방파 간부들과 함께 연합활동을 경험했었던 사람이다. 그는 "민중민주파가 이전의 민족 해방파에 대한 사보타주 일변도의 전략에서 대중적 사업에 참여하여 공 동 실천하는 집단적 경험을 할 수 있었고, 민족해방파도 마찬가지였다"고 말했다.

대중사업을 같이 하면서 일 년 내내 싸웠어요. 기억나는 게 그때 한양대에서 전대협 집회를 했었는데, 허영이라는 PD쪽 고려대 총학생회장이 서총련 북부지구 의장이라서 전대협 총회를 같이 하는 걸로 하고 한양대에 들어갔는데, 좌파블록만 따로 집회를 하고 전대협 총회에 일원으로 합류하는 걸로 딜링을 한 거죠. 그 전

에는 전대협 총회를 하면 한 공간에서 같이 하지 않고 따로 따로 했었어요. NL이
다수파인 걸 인정하고 대신에 아지프로(선전선동)의 자유를 보장해 달라는 식으
로 딜을 한 거죠. 그게 받아들여져서 한양대집회를 같이 한 거죠. 이제는 싸우면
서도 공동의 사업이라는 마인드의 형성이 생기기 시작한 거죠(AMC그룹 중견활동
가 출신 S씨 인터뷰).

그러면서 민족해방파와 민중민주파 간에는 서로 상대방의 투쟁의제를
공동실천의 대상으로 수용하는 현상도 나타났다.

(PD파는) 자신의 아이덴티티(정체성)를 찾을 때 두 가지였던 것 같은데, 하나는
노동, 노학연대에 대해서 민감하게 반응하는 노선들을 만들어 나가는 거고, 이게
결과적으로 서총련이나 전대협이 노학연대 쪽으로 가게 만드는 효과를 가졌던 것
같아요. (중략) 전대협 정책위의장이나 그 사람들과 딜(거래)을 할 때 처음에는 굉
장히 공존하기 힘든 적대적 구조라고 생각했었어요. 그런데 얘기를 해보니까 우선
순위에서 밀린 거구나라는 걸 느끼게 됐어요. 제가 노동문제에 대한 사업을 제안
하고 같이 집회하자고 하면 다 받아요. 단 같은 시기에 통일문제라든지 북한에 대
한 대응문제가 국내적인 문제와 결착이 되면 불가능한데, 이 분들한테도 세컨드
오더 정도로는 공존을 할 수 있는 그런 구조들이 있다는 것을 느꼈죠(AMC그룹 중
견활동가 출신 S씨 인터뷰).

하지만 전체적으로 민중민주파는 대중정치의 구현에 실패했다고 보인
다. 그들은 자신들을 학생운동의 전위로 사고했으며, 대중의 자발적이고
무의식적인 행동을 대중추수주의라는 자신들의 보편화된 언어로 경시하
는 경향을 나타내 보였다. 대중을 통제와 규율, 지도의 대상으로 고정시
켰다(김원, 2011, 190-209쪽). 민족해방파도 그런 방식의 사고 문화에서 자
유롭지는 못했으나, 민중민주파에게는 혁명적 전위주의라는 기저에 흐르
는 노선적 문제의식으로 인해 그 같은 결점이 더욱 크게 증폭되는 경향이
많았다.

요컨대 "민주적 결정이 작동할 수 있는 제도와 규범이 작동하기 위해서는 통일적인 전체로서의 귀속감, 그 안에서 다수가 형성되기 위한 룰과 절차에 대한 합의가 필요하고, 일단 승자가 만들어지면 그에 승복하는 문화"가 있어야 하는데, 민중민주파는 민주주의에 대한 문제의식이 강했음에도 불구하고 이에 대한 의식들이 약했다. 민중민주파는 "북한체제를 저렇게 봐도 되나, 사회주의 체제의 전환과 이행을 어떻게 봐야 하나, 한국사회의 문제가 단순히 독점자본의 문제에서 기인하는 것인가 등 끊임없이 근본적 질문을 던지면서 다기한 사회적 인식 프레임을 확장하는 데 기여"(AMC그룹 활동가 출신 S씨)했지만, 역설적이게도 대중활동 공간에서 민주적 룰에 입각한 행위규범들을 만들어 내는 데는 여전히 많이 부족했다.

(3) 사회적 기반과 배출

민중민주파는 학생운동 이후의 긴 전망에 대해 고민하고 만들 수 있는 관점이나 조직이 부족했다. 민족해방파는 '애국적 사회진출론'을 내세우면서 학생운동 이후의 다양한 사회진출 통로를 인정했고, 이것이 그들의 조직적, 대중적 기반을 넓히는 데 실리적으로 기여했다고 할 수 있다. 반면에 민중민주파는 운동성을 견지한 사회진출, 이를테면 노동현장으로의 진출이나 전국노동자협의회(전노협) 운동 등 국한된 영역에서의 사회진출만을 정통으로 내세우다보니 조직적, 대중적 기반이 좁아지는 경향이 생겼다. 이후 진학련은 민중민주파의 이 같은 약점을 극복해보고자 민족해방파의 '애국적 사회진출론'에 상응하는 '진보적 사회진출론'을 내걸기도 한다.

하지만 민중민주파의 사회진출에 대한 관점과 태도가 항상 고정되어 있었던 것은 아니었다. 이에 대해 AMC그룹 출신의 활동가 J씨는 민중민주파도 나중에는 사회진출에 대한 통로를 다양하게 확대해 나가는데, 노동운동 외에도 생활협동조합운동, 환경운동, 지역공동체운동 등에 대한 포용적이고 포괄적인 관점을 수립하면서 사회진출의 폭을 넓혀나가는 모습을 보인다고 말한다. 또 그것이 사회적 영향력을 확보하면서 넓어지는 것인가의 문제는 있지만 2000년대 이후 이 분야가 활성화되면서 민중민주파의 공간이 넓어진 면이 있다고 말한다. 그러면서 이는 "민족해방파가 시간이 흐르면서 사상적 순결성과 운동성의 고수를 표방하는 NL청년단체들과 사상과 운동에 대해 유연한 태도를 표방하는 전대협동우회, 청년문화정보센터 등으로 쪼개지면서 민족해방파의 운동공간은 더욱 협소"해지는 현상과는 반대라고 말하기도 했다.

사회적 기반의 관점에서 볼 때 민족해방파와 민중민주파는 일정한 차이점을 나타내기도 했다. 활동가들의 지역적 출신 분포로 볼 때 대체로 민족해방파는 광주·전남의 대학들이 중심에 섰으며 서총련－전대협 간부 활동가들 중에도 호남 출신들이 많았다. 반면에 민중민주파는 서울과 수도권이 활동의 중심이었고, 호남 출신의 비중이 상대적으로 적은 경향이 있었다. 이런 차이는 상당히 중요한 연구 과제가 될 수 있을 것이다. 이런 특징들은 민중민주파의 과도한 이론적 경향과 결합되어 민중민주파가 지방대학으로 세력을 확산하는 데 쉽지 않았던 요인으로 작용했을 것으로 추론된다. 그 외에 계층적 기반의 차이는 특별하게 발견되지 않았다.

활동가들의 사회적 배출이라는 관점에서 볼 때, 민중민주파는 유럽이나 일본의 학생운동이 걸어갔던 것과 비슷한 패턴을 나타낸다고 볼 수 있다. 유럽에서도 68혁명 이후 학생운동 출신자들이 학계와 문화 쪽에 많이 투신하고, 정치권에서는 녹생당 등 기성 정당이 아닌 신생 정당으로 진출하는 현상을 보인다. 일본에서도 전공투 학생운동 출신들이 주류 제도권 진출이 막히자 생활협동조합운동이나 지방 차원의 풀뿌리자치운동, 또는 학계에 진출하고 일부는 좌파 정당에 들어가는 모습을 보인다. 한국의 민중민주파 역시 노동운동으로 진출로부터 시작해 환경, 지역커뮤니티, 생활협동조합운동에 포진해 나가고, 영화, 노래 등 문화운동과 학술운동 영역으로 많이 진출하는 경향을 보인다. 이는 유럽이나 일본의 학생운동에서 보이는 일반적 특징들과 맥락을 같이 한다. 이에 비하면 민족해방파의 사회적 배출은 아주 특이한 현상이라고 볼 수 있다. 민족해방파 활동가 출신의 상당수가 제도정치권의 주류 속으로 진출하고, 학생운동의 압도적 다수파임에도 불구하고 특수한 민족문제에 천착하여 통일운동 영역에 집중되어 있는 것이 그렇다.

4. 맺음말

1980년대 초에서 1990년대 초까지 민족해방파와 민중민주파는 학생운동에서 양대 세력을 형성하며 대립했다. 민족해방파와 민중민주파 간의 대립을 관통했던 주제들은 한국사회에 대한 인식의 차이, 민족문제와 민주주의의 문제에 대한 인식의 차이, 조직노선과 투쟁노선의 차이 등 총체적인 영역에 걸쳐 있었다.

그 속에서 민중민주파 학생운동은 한국사회 변혁운동의 전통적 관념, 노선, 방법들에 대해 새로운 흐름을 형성하고자 했다. 그들은 한국사회의 자본주의 고도 발전 현상을 과학적 변혁운동이론의 틀 속에 담고자 했고, 민주주의의 문제를 중요하게 제기했다. 중앙집권적이고 일정하게는 봉건적인 조직 구조와 정서적 인간관계에 기초한 학생운동의 불철저성을 과학적 이론에 입각한 토론과 논쟁 그리고 분권화된 조직 시스템으로 바꿔내는 새로운 노선을 정립하고자 했다. 또 그것을 통해 학생운동의 낭만성, 개량주의를 극복하고 혁명주의노선을 세우고자 했다.

그러나 그 같은 기획에도 불구하고 민중민주파 학생운동의 실험은 명확한 자기 한계를 넘지 못했다. 그들은 학생운동 개조의 과제를 역사 속에서 소멸해 가는 레닌주의의 혁명 전략을 통해 달성하고자 했다. 그들은 한국사회의 근본적 개조가 필요하고, 이를 위해서는 자연발생적 운동만으로는 부족하며 사회개조에 대한 의식적 지향과 노선이 필요하다고 하였다. 그리고 이는 과학적 사회주의와 레닌주의의 근본적 가치들을 구현함으로써 가능하다고 믿었다. 그래서 그 같은 이념적 가치들을 20세기 후반의 한국사회에 적용해내기 위한 방법들을 치열하게 모색해 나갔다. 의식성과 선도성의 기념에 기초한 혁명적 전위주의의 실험들이 그것이었다. 하지만 그 같은 이념적 가치와 전략이 갖는 내재적 모순과 한계는 20세기 후반에 급속히 진행된 소련·동구 사회주의의 몰락 속에서 구체적이고 선명하게 표상되어 나타났다.

민중민주파의 그 같은 노선 실험들이 지닌 한계와 오류는 현실의 운동 과정에서 다양하게 표출되었다. 과도한 의식성과 전위성에 대한 강조는 대중의 자생적 에너지와의 결합을 소홀히 하게 되었고, 조직이 위기에 처하게 되면 하부 단위들이 방향성을 상실하고 자생적 복원력을 제대로 보여주지 못하는 현상이 되풀이 되었다. 또 과도한 이념지향성과 이론주의의 편향은 활동가들의 배타적 개인주의적 성향을 형성했고, 민중민주파 내부의 여러 그룹들 간에도 서로의 차이에 대한 과도한 집착과 단결의 저해를 가져왔다. 비합법주의와 전위주의는 과감한 대중적 활동을 제약했을 뿐만 아니라 내부의 민주주의적 조직 절차와 운영을 활성화하기 어렵게 만들었다. 선도적 투쟁론에 입각한 활동가 조직의 비중에 대한 과도한 강조는 민주화에 의해 정치적 공간이 크게 확장되고, 일반 학생대중의 역할이 중요해졌음에도 불구하고 이를 경시하게 만듦으로써 학생대중의 지지를 얻는 데서 민족해방파에 크게 뒤졌다. 이론주의의 편향은 엘리트주의, 계몽주의의 문화를 확산시켰고, 일반 학생대중들이나 지방대학 활동가들에게는 정서적으로 받아들여지기 힘든 것이었다.

그들은 민주주의의 가치를 중요하게 제기하고, 그들의 조직문화 역시 토론과 논쟁을 중요시하며 활동 방식에서 분권적 시스템으로 처리해 나가는 면이 많았다. 그러나 혁명적 전위주의와 비합법주의의 지향은 민주적 룰에 입각한 활동을 끊임없이 방해했다. 결과적으로는 대중을 통제와 규율, 그리고 지도의 대상으로 규정하고 대중의 자발성을 경시함으로써 운동엘리트주의로 나아가는 모습을 보였다. 이런 내재적 문제들이 해소되지 않고 축적되어 가면서 어느 시점부터 민중민주파 학생운동 내부에서는 각 분파들 간에 분화가 이루어지기 시작했다. AMC, 제파PD, 전민학련 등은 대체로 이념주의, 이론주의의 지향성이 강하고 조직노선에서 비합법주의를 고수했던 반면에, 진학련은 한국노동당의 영향 아래 경험주의에 근거하여 현장성, 대중성, 합법성, 공개성을 강조하는 실용적 노선으로 나아갔다.

제 2 부

6장_ 인민혁명당사건과 경북대학교 학생운동

: 1960~1970년대 대구지역 학생운동의 메커니즘

임채도

1. 머리말

해방 이후 대구지역 학생운동 세력은 학원민주화와 자주통일을 위해 중단 없는 투쟁을 전개해 왔다. 하지만 외양의 면에서 대구지역 학생운동은 1970년대 이전과 1980년대 이후의 모습에서 큰 차이가 나타난다. 4·19 직후의 계몽운동과 통일운동, 한일협정반대운동, 3선개헌반대투쟁과 유신반대투쟁 등에 보이는 참여폭이나 대중동원력, 그리고 1970년대 이전의 대구지역 학생운동이 전국투쟁에서 차지하는 영향력 등은 1980년대 이후의 학생운동에 비해 훨씬 넓고 강력해 보인다. 이는 같은 시기 대구지역 전체 민족민주운동의 부침과도 대체로 부합하고, 나아가 1980년대 이후 대구지역의 정치사회적 '극우 보수화' 경향과도 일면 일치하고 있다.

대구지역에서 1970년대와 1980년대의 '단절'을 가져온 정치적 사건이 1974년에 발생한 소위 인민혁명당 재건위원회 사건(이하 '인혁당재건위사건')이라는 데는 별다른 이견이 없다. 물론 이 사건은 대구뿐 아니라 전국 학생운동과 민족민주운동에 큰 영향을 준 사건이다. '인혁당 재건위사건' 발표 이후 전국적 운동의 흐름 또한 일정한 단절을 경험하였다. 하지만 이 사건으로 인해 대구지역이 입은 정치적 타격과 운동역량상의 손실은 타 지역의 그것에 비할 바 없이 지대한 것이었다.

우선 '인혁당재건위사건'에 직·간접적으로 연루된 26명 가운데 대구경북지역 인사가 15명(서도원, 도예종, 송상진, 하재완, 나경일, 강창덕, 이태환, 전재권, 정만진, 이재형, 조만호, 임구호, 이현세, 여정남, 이재문)이었고, 서울 등 기타 지역이 11명(우홍선, 이수병, 김용원, 전창일, 이성재, 김한덕, 장석구, 김종대, 유진곤, 황현승, 이창복)이었다.[1] 당시 사형선고를 받은 8명 가운데 5명이 대구 경북지역을 기반으로 활동한 인사들이었다.

또 '인혁당재건위사건'에 연루된 대구 경북지역 인사들은 주로 4·19혁명 이후 지역과 전국적 범위에서 반독재, 자주통일운동을 주도한 지도급 인물들이었다. 특히, 여정남의 경우 경북대 등 대구지역 학생운동을 지도하던 인물이었고, 도예종 등 주요 인사들은 여정남을 통해 직·간접으로 지역 학생운동에 영향을 준 것으로 알려졌다(경북대학교 대형과제연구단 편, 2005b, 137-138쪽). 이들이 박정희 정권에 의해 '사법살인'당하거나, 구속되어 1980년대까지 긴 기간 영어의 몸이 되면서 대구지역 민족민주운동의 인적 기반과 운동의 재생산 메커니즘은 궤멸적 타격을 입게 되었다. 지역 학생운동 역시 그로 인한 직접적인 피해를 입게 되었고, 그 영향은 1980년대 이후 학생운동과 현재 지역 민족민주운동에까지 이어지고 있다.

1964년과 1974년, 두 차례 일어난 인혁당사건은 경북대 학생운동, 나아가 한국 학생운동의 궤적과 밀접한 연관을 맺고 있다. 두 차례 모두 학생운동의 커다란 분출시기─박정희 독재정권의 위기적 국면이기도 하다─와 일치

---

1) 당시 거주지 기준. 출신지역을 중심으로 하면 대구지역 인사들의 숫자는 훨씬 많아진다.

하고, 학생운동 주체와 인혁당 그룹과의 직·간접적 연계관계가 드러나기도
했다.2) 현재 '인혁당사건'은 국가기관(국정원 진실위, 진실화해위원회)에 의
해 그 조작성이 완전히 밝혀졌으나,3) '인혁당 그룹'4)이 가진 진정한 의도와
목적, 그 조직적 실재와 실체 여부, 활동 범위와 영향, 박정희 정권에 의한
'사법살인'의 배경 등에 대한 논란은 완전히 종식되지 않고 있다.5)

2) 널리 알려졌다시피, 1차 '인혁당사건'은 6·3시위를 주도했던 서울대 '불꽃회' 학생 김정
   강의 수첩에서 도예종과의 만남이 노출되면서 수사가 확대되었고, 2차 '인혁당사건'에
   서는 경북대 학생 여정남을 통한 전국학생운동과의 연계가 일부 확인된 바 있다.
3) 소위 1차 '인혁당사건'은 당시 사건을 수사한 검사가 "양심상 도저히 기소를 할 수 없으며
   공소를 유지할 자신이 없었다"며 기소장 서명을 거부하고 사표를 제출했던 것으로 유명
   하다. 또 구속 기소된 26명 대부분이 중앙정보부에서 발가벗겨진 채 물고문과 전기고문
   등 당했다고 폭로하여 언론에 크게 보도된 바 있다(『동아일보』1964년 9월 12일자). 당시
   담당 검사조차 "아무 것도 없었다. 당시 불온서적, 판매금지된 서적 하나도 찾아볼 수 없
   었다. 애당초 기록 접수해서 수사 착수하던 순간부터 이 사건 수사는 딜레마에 빠졌다고
   봐야지. 정보부 진술조서는 재판상 아무런 증거능력이 없으니까"라고 증언한 바 있다(천
   주교 인권위원회 편, 2001, 294쪽). 2007년 국가정보원 진실위원회의 조사결과에서도
   1964년 '인혁당' 사건은 "당시 발표문 내용은 대부분 확인되지 않은 것이었을 뿐만 아니
   라 사실과 다른 것이었으며, 많은 관련자들은 중정의 수사 과정에서 물·전기 고문 및
   구타 등의 강압수사를 받은 것으로 판단됨"이라고 밝혔다(국가정보원 과거사진실규명을
   통한발전위원회 편, 2007).
4) 이 글에서는 '인혁당사건'과 '인혁당 그룹'을 구분해 사용하고자 한다. 전자의 경우는 박
   정희 정권에 의해 두 차례 조작된 대표적인 간첩 조작, 인권침해 사건을 지칭한다. 후자
   는 1차 '인혁당사건'으로 주요 인물이 알려지고 2차 '인혁당사건'으로 소멸된, 1960-1970년
   대 중반까지 대구지역을 기반으로 유·무형으로 존재했던 인혁당 희생자를 포함한 전
   국적 민주화운동 지도그룹의 한 단위로 정의하고자 한다. 현재까지 밝혀진 사실을 종합
   하면, 인혁당 그룹은 항일운동, 단정수립 반대투쟁, 반이승만 투쟁, 4·19 이후 성장한
   자주통일운동 등 다양한 정치적 배경과 연령, 계층의 지식인들로 구성되었고, '전위당'
   등 유형의 운동지도조직으로 성체화되지는 않았다. 이들은 제3세계 국가들의 사회발전
   단계에 따라 한국사회의 민주화와 통일을 지향하며, 전국적 운동의 지도구심을 형성하
   고자 노력하던 중, 박정희 정권에 의해 조작된 '북괴 지령에 의해 조직된 지하혁명당'
   사건으로 희생되었다.
5) 인혁당 유가족과 일부 인혁당 인사들은 '완전 조작'을 주장하고 있으나, 함종호 등 일부에
   서는 중앙정보부가 발표한 '전위당'은 아니었지만, 당시 분출하는 민주화운동을 종합·지
   도할 수 있는 '민족민주운동의 지도부'를 지향하는 재야그룹의 지도부였음을 주장하고 있
   다. 이러한 논란의 지속은 국가기관에 의한 '진실규명'의 한계이기도 하다. 애초 국가기관
   에 의한 '진실규명'은 국가기관에 의한 인권침해와 범죄사실 조작 여부에 한정되어 있었
   다. 이러한 '공안사건' 재조사 과정에서 참여자 혹은 피해자들의 의도와 동기, 조직 목적은
   조사 대상에서 정치적으로 배제될 수밖에 없었다. 따라서 국가기관에 의한 '진실규명'은

이 글은 '인혁당재건위사건'이 발생하기까지 1960-1970년대 대구지역 경북대 학생운동의 주요 조직과 투쟁의 메커니즘을 살펴보고, 당시 시대 상황에서 1·2차 '인혁당사건'과의 상호관계를 파악하고자 한다. 물론 인혁당과 관련한 구술증언이나 단행본 자료들은 많은 편이다. 그러나 개별 경험이나 사건의 조작 여부에 치중된 서술로 말미암아 인혁당의 운동사적 의미에 대해 분석한 연구는 미미한 편이다. 또한 대구지역 민주화운동사 기술에서도 인혁당과 경북대 학생운동은 사건이나 조직의 연대기적 나열에 그친 측면이 없지 않다. 인혁당이 전국적 여파뿐 아니라 지역적으로 큰 영향을 미친 사건인 만큼 이 연구의 공백은 대구지역 민주화운동사 연구를 위해서도 메워야 할 부분이다.

학생운동의 메커니즘을 분석하기 위해서는 학생운동 조직을 중심에 놓고, 조직 내부의 논리와 활동, 투쟁, 운동문화 등과 함께 학생운동 조직의 환경을 이루는 정치적 사회적 조건과 타 운동조직과의 관계 등을 종합적으로 파악해야 할 것이다. 이 글에서는 4·19혁명 이후 1975년경까지 활동한 경북대 이념서클인 '맥령회(麥嶺會)'와 이를 이은 '정사회(正思會)', '정진회(正進會)', '한국풍토연구회'(이하 한풍회)를 주된 분석대상으로 하여 이들 조직의 학습과 조직활동, 투쟁과 운동문화를 살펴볼 것이다. 동시에 이들 조직과 투쟁들이 인혁당 그룹과 맺는 관련성을 조심스럽게 살펴보고자 한다.

이 글은 시기적으로 4·19 이후부터 1970년대 중반까지를 분석 대상으로 하는데, 이 시기는 일제강점기부터 활발하게 전개되어온 대구지역의 진보적 사회운동을 배경으로 하고 있으므로, 4·19 이전 시기도 부분적으로 다루어질 것이다. 또 1974년 사건의 영향과 결과 측면에서 1970년대 후반과 1980년대 지역 학생운동의 경우도 부분적으로 언급될 것이다.

이 연구를 위해 관련 단행본과 민주화운동기념사업회 소장(所藏) 구술증

보다 심층적 차원에서의 접근을 위한 전제 조건이라 평가할 수 있을 것이다.

언록, 기타 '인혁당재건위사건' 관련자와 당시 주요 활동가들의 기록과 문헌 자료 외 7명의 구술 증언을 새로이 확보하였고, 이미 작고한 활동가와 당시 활동가 몇 분의 미출간 기록물[6]을 일부 발굴하여 여기에 소개하고자 한다. 당사자들이 만든 당시의 1차 자료가 당국의 압수, 자체 소각, 분실 등으로 거의 멸실된 상황이지만, 다행히 생존해 있는 당사자들의 구술과 직접 증언 록이 적지 않았다. 다만, 기억에 의존하는 구술의 한계가 있는 만큼 후속 연 구를 통해 보완해야 할 대목이 많은 점도 이번 연구를 통해 알 수 있었다.

대구지역은 타 지역에 비해 학생층의 비율이 높고, 대학의 숫자도 많은 편이다. 1960-1970년대 대구지역에는 경북대 외에 대구대, 청구대, 영남 대, 계명대 등 유수의 사립대학들이 있었다. 이들 대학의 학생운동 역시 체계적인 조명이 필요하나 자료나 정보의 부족, 필자 능력의 한계로 안타 깝게 이번 연구에서는 제외될 수밖에 없었다. 다만 이 시기의 대구지역 학생운동의 메커니즘을 분석하는 데는 지역 학생운동의 중심 단위로서 경북대 학생운동의 사례가 크게 부족함은 없을 것으로 판단한다. 추후 대 구지역 학생운동의 전모를 이해하기 위해서는 지역 대학들의 학생운동사 연구가 더 활발하게 이루어져야 할 것이다.

2. 인혁당 그룹의 형성과 1960년대 경북대 학생운동

1) 4 · 19와 인혁당 그룹 형성

해방 직후 일제강점기 민족해방운동과 좌파세력의 대중운동이 해방 이

---

[6] 이 글에 소개된 미공개 기록물은 임규영, 함종호 선생으로부터 도움을 받았음을 밝혀둔다.

후에도 계속 이어지는 가운데 대구지역은 어느 지역보다도 진보적 색채를 띠었다. 대구지역에서는 1946년 10월항쟁, 1947년 국립서울대학교안('국대안') 반대투쟁, 1948년 단독정부 수립 반대투쟁 등 미군정기하에서 강력한 투쟁이 전개된 바 있었다. 그 결과 대구, 경북지역은 한국전쟁 전후 발생한 국민보도연맹사건의 대표적인 피해지역이기도 했다. 1956년에 치러진 제3대 대통령 선거에서도 대구지역은 타 지역에 비해 진보당 조봉암 후보에 대한 지지가 훨씬 높게 나옴으로써 '전통적 야당도시'로서의 면모를 보여주었다. 대구지역에서 발생한 2·28대구학생시위는 4·19혁명의 도화선이 되었고, 4·19 직후 대구지역에서 일어난 교원노조, 피학살자유족운동, 노동운동, 학생운동 등은 타 지역에서 볼 수 없는 완강한 대중투쟁 역량을 보여주었다(경북대학교 대형과제연구단 편, 2005b, 111쪽).

〈표 1〉 1956년 제3대 대통령선거 지역별 득표 상황

지역	총투표	조봉암	이승만
계	9,067,06	2,163,808	5,046,473
서울	608,741	119,129	205,253
경기	1,058,971	180,150	607,757
강원	789,673	65,270	644,693
충북	499,744	57,026	353,201
충남	900,571	157,973	530,531
전북	875,210	281,068	424,674
전남	1,286,178	286,787	741,623
경북	**1,398,722**	**501,917**	**621,530**
경남	1,538,337	502,507	830,492
제주	110,916	11,981	86,683

* 출처 : 중앙선거관리위원회 자료(www.nec.go.kr).

인혁당 그룹은 이러한 대구지역의 민족민주운동 선상에서 형성되었다. 먼저, 1차 인혁당사건 관련자들의 인적 특성을 살펴보면 〈표 2〉와 같다.

<표 2> 1964년 인혁당사건 주요 관계자

성명	학력	약력
도예종	대구대 경제학과 졸업	· 영주 교육감 당선(56) · 4·19 후 민민청(민주민족청년연맹)경북연맹 간사장(61)
박현채	서울대 경제학과(석사)	· 한국농업연구소 연구위원(63) · 국학대학, 서울 상대, 농협대학 강사
정도영	서울대 사학과 중퇴	· 경북 오상중학교 교원, 미군부대 통역(50) · 합동통신사 기자
김영광		· 대위로 예편(56), 4·19 후 통민청(통일민주청년동맹) 중앙간사장 · 민족일보사 기자, 원륭건설 사원(62)
김금수	서울대 사회학과 졸업	· 민민청 중앙간사장(61) · 운수업 자영(63)
임창순	성균관대 교수	· 경북중 교사, 대구사범 교수 · 성균관대 부교수, 태동고전연구소 주간
김한덕	동국대 법학과 중퇴	· 경산 가야 중학교 강사 · 사회대중당, 민자통(민족자주통일협의회) 부산진구 조직위원
김병태	중앙대 경제학과 (박사 과정)	· 한국농업문제 연구위원 · 중앙대, 한양대, 농업대학 강사 · 국제연합식량 농업기구 경제과 위원
김경희	서울대 사회학과 졸업	· 민중서관 사원
전무배	서울대 사회학과 졸업	· 민족일보사 기자(61) · 서울신문사 기자(63)
박중기	건국대 정치과 중퇴	· 민민청 간사장, 민통령 청년부장 · 한국여론사 취재부장(64)
양춘우	서울대 정치학과	· 신진회 학술간사 · 통민청 발기인
이재문	경북대 정치외교학과	· 대구매일신문, 민족일보 기자 · 통민청, 민자통

* 출처 : 국가정보원 과거사진실규명을통한발전위원회 편, 2007, 116-117쪽의 표를 일부 수정.

1차 '인혁당사건'의 주요 관련자들을 직업적으로 살펴보면, 교사, 강사, 기자, 연구원 등 지식계층이 대부분이고, 이들이 4·19혁명의 주축세력임을 알 수 있다. '인혁당 당수' 도예종은 1961년 4월 2일 '2대악법 반대 대구

시민 궐기대회'에 참여하여 주모자로 지명수배된 바 있었고, 그 외 김영광, 김금수, 우홍선, 김한덕, 박중기, 양춘우 등도 도예종과 같이 5·16쿠데타 이전 2대악법 반대투쟁과 통일운동, 혁신정치운동을 전개했던 '통일민주청년동맹'(이하 통민청)과 '민주민족청년연맹'(이하 민민청)등에 소속되어 활동한 경력이 확인된다.[7] 1차 인혁당사건 관련자들의 이와 같은 인적 배경은 10년 뒤 2차 인혁당으로 그대로 이어진다. 2차 인혁당사건으로 사형 집행된 8명의 경우도 4·19 직후 민민청과 통민청, 학생민통련 활동 경험을 대부분 공유하고 있다.

위 인혁당 그룹의 인적 특성에서 보듯이, 이들은 4·19혁명 공간에서 혁신정치운동과 통민청, 민민청 등 전국적 청년운동의 경험을 지니고 있었다. 4·19투쟁에서 영남권, 특히 대구지역은 선도적 역할을 수행했다(석원호, 2010, 82쪽). 4·19혁명기를 1960년 2·28대구학생시위부터 1961년 5월 16일 군부쿠데타 발발까지로 볼 때, 이 시기 대구지역은 학생운동, 노동운동, 혁신정당운동, 한국전쟁 전후 피학살자유족회운동, 통일·민주화운동, 언론운동 등 당시 모든 부문에 걸친 전국적 이슈가 대중투쟁으로 전개된 특이한 지역이다.

학생운동의 경우, 4·19의 서막을 연 경북고·대구고·경북사대부고·경북여고 등 8개 지역 고등학생들의 2·28연합시위부터 이승만 정권의 퇴진을 요구하며 계엄령을 뚫고 시가지 시위를 전개한 4월 20일의 경북대·대구대·청구대 학생들의 시위 등이 있었다. 이 시기 중·고등학생이 포함된 시위는 시위행진에 그치지 않고, 도지사·경찰국장의 관사와 파출소, 자유당사, 자유당 의원 신도환의 자택 등에 대한 파괴와 방화로 이어지는 격렬성을 띠기도 했다. 대학생들의 경우, 4·19 직후 치안 부재 상황에서

---

7) 도예종은 1974년 2차 '인혁당사건'으로 사형선고를 받았으며, 1975년 4월 9일에 사형이 집행되었다.

자율치안활동, 계몽운동을 적극적으로 전개하면서 지역 사회운동과의 긴밀한 연대를 유지하고 있었다.

경북대학교 내 동아리인 신생활계몽대에 들어가게 되었고, 그 동아리에서 58학번 기세환 선배, 전재창 선배, 박용목 선배 등을 만나서 비밀 댄스홀 급습, 양담배 안 피우기운동을 하였다. 이승만 대통령이 하야하고, 4·19혁명 후 경찰서, 관공서 직원들이 도망가고 없어서 치안을 유지할 사람이 없어서 학생들이 선무대를 조직하여 경찰들이 도망가고 없는 경찰서에 학생들이 치안을 유지하였고, 학생들 스스로 각 지방경찰서로 파견되어 치안을 유지하기 위한 노력을 하였다. 그 후 신생활계몽대원인 나와 기세환 선배, 전재창 선배, 박용목 선배 등은 민자통 사무실에 찾아가 청년학생 조직을 만들고 통일운동에 앞장서서 활동했다. 그 과정에서 안민생 선생님의 인품과 통일에 대한 열정과 민족을 사랑하는 신념에 많은 감명을 받았다(「변태강 증언 녹취록」).

4월 26일 이승만이 퇴진한 이후 대구지역에서는 교원노조가 전국에서 최초로 결성되었고(4월 26일), 대한방직 해고자들의 복직시위(5월 29일), 제일모직 노동자들의 노조 결성과 농성·시위 등 노동운동이 활발하게 전개되었다. 1960년 6월 21일에는 25개 지역 노조가 제일모직 노동자 쟁의에 연대하여 '동정데모'를 일으켰고, 같은 해 6월 25일에는 대구역 앞 광장에서 대구지구 교원노조원 2,000여 명이 문교부 장관 규탄성토대회를 개최하기도 했다. 또 같은 해 9월 26일 노동3권 보장을 요구하는 교사 1,500명이 단식투쟁을 결의하자, 9월 29일 종로초등학교와 대구초등학교 5·6학년생들이 "쓰러져가는 스승은 국회에서 책임지라", "민주학원 이룩하자"는 플래카드를 들고 스크럼을 짜서 시위를 했다(『동아일보』 1960년 9월 30일자).

이 시기 피학살자유족회운동은 한국전쟁 전후 국민보도연맹사건으로 군경에 의해 학살된 민간인 희생자 유족들의 투쟁으로서 4·19 직후 경상

남북도를 중심으로 전개되었다. 특히 대구·경북지역의 피학살자유족회가 조직적 구심체 역할을 하였다. 한국전쟁 전후 국민보도연맹사건으로 학살된 피해 지역은 군위, 의성, 경주, 포항, 영천, 경산, 청도, 고령, 성주, 칠곡, 봉화, 안동, 김천, 구미, 영양, 청송, 울진, 영덕, 예천, 문경, 상주, 영주 등 대구와 경북 전역에 걸쳐 있었다. 하여 대구·경북지역의 피학살자유족회운동은 짧은 기간에도 불구하고 빠른 시간 내에 확산되었고, 당시 다른 부문운동과 적극적으로 호응하면서 대중운동으로 전개되었다. 유족회는 7월 28일 대구역 앞 공회당에서 유족과 시민 2,000여 명이 참석한 가운데 '경북지구 피학살자 위령제'를 개최하였고, 이후 1961년 2대악법 반대투쟁 등에 조직적으로 결합하기도 했다.

4·19혁명기에 실시된 제5대 총선(7월 29일)에서 혁신계 정당은 예상 밖의 저조한 득표에 그쳤으나, 대구지역에서는 사회대중당 대표 서상일이 대구 을구에서 민의원으로 당선되었다. 대표적인 혁신계 정당인 사회대중당의 당시 지역별 득표율을 보면 경북지역이 전국 최다 득표율(12.4%)을 기록했다(석원호, 2010, 72쪽). 7월 총선 이후 분열된 혁신정당의 통합운동이 전개되는 과정에서 대구와 부산지역 청년들을 중심으로 '민민청'이 이종률, 서도원, 도예종, 김상찬 등을 중심으로 결성되었고, 부산과 서울을 중심으로 '통민청'이 우홍선, 진병호 등을 중심으로 결성되었다. 당시 대구지역의 정치 역량은 전국 6개 정당, 18개 사회단체가 참가한 민족자주통일중앙협의회(이하 '민자통') 결성(1961년 2월 25일)을 추동하는 것으로 이어졌다(재경대구경북민주동우회·민청학련인혁당진상규명위원회 편, 2005, 13쪽 ; 석원호, 2010, 79쪽).

한편, 1960년 11월 1일 서울대에서 민족통일연맹이 결성되자, 11월 4일 경북대에서도 '경북대 민족통일연맹' 발기인대회가 개최되었다. 곧이어 청구대 민족통일연맹이 결성되었고, 경북고, 경북여고, 영남고, 대구여고 등

5개 고등학교에서도 '학생민족통일연맹'이 결성되었다. 학생들은 이듬해 3월 1일 대구 달성공원에서 3만 명이 참여한 가운데 '3·1민족통일 촉진 궐기대회'를 개최하고, 5월 20일 남북학생회담 참가를 결의하기도 했다.

이 시기 대구지역 민족민주운동 역량의 집중적 표현은 1961년 3월 장면 정권의 '반공임시특별법'과 '데모규제법' 제정에 대한 반대투쟁(2대악법 반대투쟁)으로 나타났다. 대구·경북지역의 2대악법 반대투쟁은 전국에서 가장 치열하게 전개되었는데, 대중동원에서도 성공적이었다. 같은 해 3월 18일 대구역 광장에서 학생·시민 3,000여 명이 참여한 가운데 2대악법 반대 궐기대회가 개최되었고, 이어 3월 21일에는 집회 규모가 1만 5,000명으로 늘어났다. 3월 25일 '2대악법 반대 학생공동투쟁위원회(위원장 정만진, 경북대 58학번)'가 주최한 집회에서는 3만여 명이 운집했다. 4월 2일 시위에서는 43명이 구속되는 사태가 발생하였으나, 계속하여 구속자 석방을 요구하는 집회가 이어졌다.[8]

요컨대 이 시기 대구지역에서는 교사, 정당인, 언론인, 학생 등 진보적

---

[8] 당시 시위에 참가한 변태강은 다음과 같이 증언하였다.
1960년 말경 "2대악법(반공법, 데모규제법)을 폐지하라"는 구호로, 나와 기세환, 전재창, 전학춘, 박용목 등의 주도로 경북대 교문을 나서면 학생들뿐만 아니라 일반 시민들까지 가세하여, 1만 명 이상의 데모대가 시가지를 행진하여 대구역 광장, 남일동, 수성천변, 달성공원 등에 집결하였던 걸로 기억된다. 1960년 말경에 시작된 2대악법 반대투쟁에서, 1961년 3월 1일 3·1절 행사는 민자통 주도로 달성공원에서 "가자 북으로, 오라 남으로, 만나자 판문점에서", "남에서 봐도 1961, 북에서 보아도 1961, 올해는 통일의 해"라는 구호로 남북통일운동으로 자연스럽게 옮아가게 되었다. 이때가 아마 우리 역사상 민족통일운동이 시민 대중에 가장 가까이 있었을 때가 아닌가 싶다. 1961년 5월 20일인지 5월 22일인지 잘 기억나지 않지만, 판문점에서 남북학생회담을 갖기로 하고, 대구에서는 100여 명이 참가하기로 하여, "가자 북으로, 오라 남으로, 만나자 판문점에서"라며 남북학생회담의 분위기를 돋우기 위해 연일 시가행진을 하였다. 경북대에서는 변태강, 기세환, 전재창, 전화춘, 청구대 최규태, 대구대 정만진이 주동한 걸로 기억된다. 그 외 경북고등학교, 경북여고, 영남고, 대구여고 등 고등학교 대표도 참가했던 걸로 기억된다. 통일의 열기가 전국적으로 모든 계층으로 확산되어 거국적인 운동으로 확산되어 가는, 우리 민족의 소원인 통일에 한걸음 더 발전해 가려는 시점에서 반통일 세력들이 총·칼로 이 땅을 짓밟아 버리는 5·16군사쿠데타가 일어났다(석원호, 2010, 78-79쪽 ; 석원호 외, 2007, 239쪽).

지식계층과, 노동운동과 피학살자유족회운동 등 민중운동 세력이 결합되면서 2대악법 반대투쟁과 평화통일운동 등 정치적 대중투쟁이 가장 활발하게 진행되고 있었다. 인혁당 그룹은 이와 같은 4·19혁명기 동안의 정치적 대중투쟁에 직접 결합하면서 성장하였다.

한편으로 조직면에서 인혁당 그룹은 통민청과 민민청의 핵심 간부들로서 1961년 2월에 결성된 민자통에서 중추적 역할을 담당하였다. 1차 인혁당 사건에서 거론되는 인혁당 그룹은 크게 부산 출신 민민청과 암장그룹, 대구·경북 민민청과 통민청 간부 및 6·3시위에 참여했던 주요 학생운동 리더그룹(김정남, 김중태 등)으로 구분해 볼 수 있다. 우선 민민청은 1960년 4월 12일 부산에서 이종률 교수의 주도로 김상찬, 하상연, 이영석, 김달수, 김배균, 최종권 등 그의 제자와 후배들을 중심으로 결성되었다. 이후 부산 출신 '암장'그룹의 이수병·박중기·김금수와, 대구지역의 도예종·서도원 등이 결합하면서 전국화되었고, 초기의 민족운동적 성격에서 점차 정치적 청년 대중운동으로 발전하였다. 통민청의 경우, 1960년 7·29총선 참패 이후 결성된 사회당의 청년 조직으로 김배영, 우동읍(본명 우홍선), 김낙중, 김영광, 이재문, 진병호, 이규영, 배근식, 양춘우 등이 주요 활동가들이었고, 사회당 간부 최백근이 지도를 맡았다. 사회당은 7·29총선 참패 후 운동세력이 분열된 가운데, 남로당 등 전통적인 좌파세력과 4·19 시기 성장한 젊은 청년 통일운동 세력이 결집하여, 민자통 결성에 중요한 역할을 담당했다. 민자통은 당시 21개 정당 및 사회단체와 4만 명의 회원을 포괄하는, 한국전쟁 이후 최대의 통일전선조직이었다. 해방 이후 좌파와 진보세력의 계속된 좌절 속에서 인혁당 그룹은 4·19혁명기에 비록 짧은 시기였지만, '대중조직과 대중투쟁의 경험', '이승만 퇴진'이라는 정치적 승리를 경험한 흔치않은 세대였다. 또한 이들 사이에는 노선 갈등도 크게 두드러지지 않았다. 평화통일을 통한 민족모순 해소가 이 시기 최고의 당면

과제라는 데 별다른 이견이 없었다.

5·16쿠데타로 등장한 박정희 정권의 첫 번째 목표는 자신의 정치적 반대세력, 구체적으로 좌파세력과 민족주의세력을 '빨갱이'로 몰아 처단하고, 정권의 기반을 강화하는 것이었다. 그 주요 타격대상이 4·19혁명 공간을 주도한 세력이고, 대구지역이 주요 피해지역이 되는 것은 당연한 일이었다. 박정희는 초헌법적 권력기구인 '국가재건최고회의'를 설치한 후, 군 수사기관을 동원하고 경찰의 협조를 얻어 용공분자들을 색출하라는 지시를 내렸다. 그리고 같은 해 5월 18일 전국피학살자유족회를 비롯하여 사회당, 사회대중당, 민자통, 통민청, 민민청, 민족통일학생연맹 등 18개 정당·사회단체의 주요 간부들에 대하여 예비검속을 실행하여 4,000여 명을 검거하였다.[9] 또 이들을 법적으로 처단하기 위해 국가재건최고회의는 같은 해 6월 13일 「혁명재판소및혁명검찰조직법」, 같은 해 6월 15일 「특수범죄처벌에관한특별법」을 제정하였다.[10] 5·16 직후 대구지역 주요 사회조직의 지도급 인물들은 거의 대부분 체포되어 군사재판에 회부되었다. 군사재판 결과, 민민청의 서도원 5년, 교원노조의 김문심 무기, 이목 10년, 피학살자유족회의 이원식 무기, 이복녕 10년, 사회당 류한종 7년, 강대희 7년, 강창덕 7년, 신대영 10년, 민자통의 안경근 7년, 안민생 10년, 김성달 10년 등 다수의 지역 지도급 인사들이 중형을 선고받았다.

대대적인 검속 과정에서 몸을 피하거나, 일찍 풀려난 활동가들은 내부적으로 암중모색하는 가운데 개별적 차원의 교류 이상을 진행할 수 없었

[9] 5·16쿠데타 직후 단행된 예비검속에 관하여는 「5·16쿠데타 직후의 인권침해사건 진실규명결정서」를 참조할 것. 국가재건최고회의 법제사법위원장 이석제는 "미국의 사상 공세를 일거에 역전시키고 군사혁명의 성공을 결정하는 비상한 조치가 필요하여, 보도연맹원 등 좌익사상범을 희생양으로 삼아 반공에 대한 의지를 미국에게 보여주자고 결심하여, 좌익활동 경력자들을 대대적으로 색출, 4,000여 명을 체포·수감했다"고 하였다(이석제, 1995, 123-124쪽).

[10] 5·16쿠데타는 그 자체가 '헌법파괴행위'에 해당하며, 이에 관한 법적 검토는 「5·16쿠데타 직후의 인권침해사건 진실규명결정서」를 참조할 것.

다. 5·16쿠데타 직후 대구지역 상황에 대해 변태강(경북대 농화학과 60학번)은 다음과 같이 증언한다.

5·16군사쿠데타가 일어났다. 민자통 사무실에 가보니 사무실을 지키고 있던 사람들은 연행되어 가고 없어서, 나도 도피생활에 들어가서 약 1년 후 집에 돌아왔다. 아버지도 혁명재판소에 구속되었다가 석방되었고, 당시 같이 활동했던 친구 선후배들도 피신하였다가 돌아온 후에 경찰국에 체포되어, 5관구 군사재판에 회부되었다가 약 1개월 후에 석방되었다(「변태강 증언 녹취록」).

또 이 시기에 대해 당시 사회당 활동가 김세원은 다음과 같이 회고하였다.

5·16 이후는 시련의 시기임과 동시에 가장 투철한 민족통일운동가들을 단련하는 시기였다. 그토록 우후죽순으로 튀어나왔던 4·19 시기 '우파' 혁신세력은 모두 반공주의를 내세우며 박 정권에 투항했다. 사회당과 민자통에 협조했던 사람들 속에서도 사실상 휴식하는 사람들이 많았다. 군사정권이 '민족적 민주주의'를 내세웠던 1963년 선거에서 일부 지방 동지들은 "한민당 쪽 사람들이 민족이란 말을 입 밖에라도 내보인 적이 있느냐? 윤보선보다는 박정희를 찍겠다"는 말을 하면서, 무원칙한 동요를 보였다. (중략)
사회당과 민자통, 통민청과 민민청 등 이른바 좌파 출신들만이 반외세민족민주통일운동을 쉬임 없이 이어갔다(김세원 증언·한상구 구성, 1991, 410쪽).

1948년 남한 단독정부 수립 후 이승만 정권은 법적(「국가보안법」), 비(非)법적(「대한청년단」 등 우익단체), 불법적(고문, 테러 등) 수단을 총동원해 남한 내의 진보세력을 말살해왔다. 그러나 이승만 정권의 탄압에도 불구하고 4·19혁명의 공간에서 진보세력은 '민자통', '민민청', '통민청', 제 진보정당 결성을 통해 조직적 진출을 이루어내었다. 이들 제 조직의 진출은 영남지역을 기반으로 이루어진 것으로 특히, 대구지역은 4·19 시기 지식인, 중간파, 일반 대중들이 결합되어 연합전선을 이루고 대중투쟁이 활발하게 전개된 곳이었다. 대구, 영남을 기반으로 한 인혁당 그룹은 단순히 이념적 서클이 아니라, 폭발적 대중투쟁의 경험을 기반으로 형성된 것이기에 운동적 지구력이 1960년대와 1970년대까지 이어질 수 있었다고 할 수 있다. 이 시기 대구지역 학생운동은 개별적인 접촉을 통해 '민자통'을 중심으로 한 당시 대중투쟁의 지도부와 연결되었으나, 조직적인 연계나 지도선으로 보기는 힘들다. 5·16군사쿠데타 발생으로 대량 검속을 경험한 대구지역 사회운동의 지도부는 학생운동과의 연계에 더욱 조심스러울 수밖에 없었디. 이리힌 조긴에시 1960년대 초반 대구지역 학생운동의 출발은 '이념성'보다는 4·19의 승리적 대중투쟁 경험을 공유한 소수의 학생운동가들로부터 시작되었다.

2) '맥령회', '정사회'의 한일협정반대운동과 3선개헌반대투쟁

(1) 맥령회와 정사회의 창립

경북대 이재형(정외과), 변태강(농화학), 이동욱(법학과), 김성희(농화학) 등 4인은 4·19 정신을 계승하는 학생운동의 핵심부를 구성할 것에 합의하고, '맥령회'(맥령은 보릿고개라는 뜻이다)라는 비밀단체를 1963년 4월 결성하였다. 이들 4명은 모두 경북고 선후배 간이었다. 전국적으로 1960년 당시 2·28시위를 전개한 경북고 학생들이 한일회담반대운동 때는 대학생이 되어 서울대(현승일, 김중태, 김윤식), 경북대(변태강, 이재형 등) 등에서 시위를 주도하고 있었다.

소수의 맥령회 회원들은 4·19투쟁에 참여한 경험을 가지고 있었으나, 한일회담반대운동과 같은 폭발적인 대중투쟁을 지도하는 데 한계를 드러낼 수밖에 없었다. 확산되는 한일협정반대운동을 대중적 투쟁으로 추동하기 위해서는 맥령회를 보다 대중적 서클로 개편하는 것이 시급했다.

맥령회가 탄생한 1년 뒤인 1964년 4월 변태강, 이재형, 김성희는 한일회담반대운동 과정에서 발굴된 새로운 학생운동가들을 대상으로 맥령회를 확대, 개편할 것을 결의하고, 대구 근교 가창유원지에서 '정사회'를 창립하고 초대 회장에 서훈을 추대했다. 창립 회원은 변태강, 이재형, 김성희, 서훈, 신현길, 곽중수, 강성중, 최광남, 여광세, 이동훈, 박창규, 최정환 등이었다. 당시 여정남은 한일회담반대운동 중 군에 입대하여 1967년경 제대, 복학하였다.

1968년경 정사회 회원의 숫자는 50명 내외였다고 한다. 그러나 정사회는 이 정도 숫자로도 경북대 내 학생운동과 학생회 조직을 거의 석권하다시피 할 정도로 학내 영향력이 컸다. 이현세(경북대 수학과 68학번)는 당시 정사회원들은 정의감이 강하고, 정치적 관심이 많았으며, 그 중에는 총학생회장 출마에 관심 있는 학생들도 있었던 것으로 회고하였다(이현세의 증언). 그에 의하면, "당시 정사회원이 아니면 총학생회장이 되기 힘들었다"고 한다. 당시 경북대 학생운동 조직활동에 필요한 물적인 지원은 여정남, 이재형이 주로 역할을 담당했다고 한다.11)

정사회의 조직력은 내부적으로 정연한 체계를 형성한 것은 아닐지라도, 과 단위에서부터 총학생회에 이르기까지 전체 학생회 간부와 대표들을 대부분 장악할 정도로 강력한 영향력을 발휘하고 있었다. 이 힘을 바탕으로 김성희(정사회 1기), 김휘(정사회 2기), 고인순(정사회 2기) 등은 '전국학생총연맹' 결성을 위해 서울지역 대학과 연대를 꾀하고, '경북학생총연맹'을 결성하기도 했다. 당시 '경북학생총연맹'에는 경북대 외에 대구대, 청구대, 계명대, 대구효성여대 총학생회가 가입하였다.12) 정사회는

11) 이현세는 "그분(이재형)이 4·19를 겪은 세대라. 당시 영천의 갑부집 아들인데 자신의 신념을 관철하기 위해", "3선개헌까지는 경북대 학생운동의 물질적, 이론적 지원도, 뒷바라지를 다하신 분이다"라고 증언했다(이현세의 증언 ; 정만기의 증언).

1964년 4월 창립되어 1970년 3월까지 약 6년간에 걸쳐 활동하였다.

(2) 한일협정반대운동

5·16쿠테타 이후 계엄선포 1년 6개월 만인 1962년 12월에 계엄령이 해제되었으며, 국민투표가 실시되고 12월 18일 헌법개정안이 확정되었다. 그리고 그해 10월, 5대 대통령으로 박정희가 당선되었다. 1964년 1월에 '국교정상회'를 위한 한일 간 접촉이 기시화되면서 굴욕외교에 대한 비난이 커져갔다. 동년 3월에는 민중당 등 야당이 '한일 저자세외교 반대투위'를 결성하였으며, 사회 각계 인사 200여 명도 '대일 굴욕외교 반대 범국민투위'를 결성하고, 「구국선언」을 발표하였다. 삼분(밀가루, 설탕, 시멘트) 폭리 의혹과 쌀값 폭등으로 인한 민생고 악화로 말미암아 시위는 시민들의 적극적인 호응을 얻고 있었다.

3월 23일에 개최된 김종필·오히라 회담에서 5월 초에 한·일협정을 조인하기로 합의하였다는 소식이 전해지자, 서울대, 고려대, 연세대 등에서 5,000여 명이 한일굴욕외교 반대데모를 감행하였다. 특히 서울대 문리대에서 '민족주의비교연구회'(이하 민비연)가 중심이 되어 '제국주의자 민족반역자 모의 화형식'을 거행하는 등 가장 격렬한 투쟁이 전개되었다. 이 시위를 시작으로 대구에서도 경북대, 대구대, 계명대, 한국사회사업대(현 대구대 전신)에서 한일 굴욕외교에 반대하는 성토대회와 데모가 있었다. 3월 26일 고교생이 처음으로 데모에 가담하였으며, 28일에는 김종필의 귀국에 맞추어 "그대를 기다렸노라"라고 쓰인 플래카드를 앞세우고 전국에서 시위가 일어났다. 4월 2일 4·19혁명 제4주년 기념행사를 논의하기 위

---

12) '경북학생총연맹'은 6개월 후 경찰 등의 탄압으로 와해되었다(민주화운동기념사업회 사료관 편, 2010).

해 대구 시내 12개 단과대학 학생회장단 회의가 열려 "각 대학 상호 간의 친목도모, 행동통일 및 학원자유 쟁취"라는 공동 목표를 설정하고, '경북 대학생연합회' 결성을 시도하기도 했다(석원호 외, 2007, 330-331쪽).

5월 20일 서울대에서 '민족적 민주주의 장례식'이 거행되었으며, 무장 경관이 학내에 진입하여 학생들을 자극하는 사태가 발생하였다. 5월 25일 법대생을 주축으로 한 경북대 학생 60여 명이 서울대 학생 송철원에 대한 린치[13]에 항의하여 본관 앞에서 "굴욕외교 반대", "무장군인 법원 난입 규탄", "무장 경찰관 학원 난입 규탄", "매판자본 타도", "쌀값 급등에 따른 민생고 해결 촉구" 등의 구호를 외치며 성토대회를 개최하였다.

6월 2일 전국 각지에서 대규모의 시위와 단식 농성이 급증하고, 구호도 "박정희 하야, 공포정치 중지" 등 굴욕외교 반대에서 반정부로 바뀌었다. 6월 3일에는 데모가 더욱 확대되었다. 서울 17개 대학을 선두로 일부 고 교생까지 가세한 시위대는 중앙청 광장을 점거하고, "박정희 물러나라"는 구호를 외치며 시위를 계속했다. 이에 정부는 6월 3일 오후 8시를 기해 서울 일원에 비상계엄을 선포하고, 6월 4일부터 대학에 휴교령을 내렸다.

6월 3일 대구 시내 14개 단과대학 학생회장단이 6월 4일 명덕로터리에 있는 2·28기념탑에서 단식투쟁을 벌이기로 의논하던 중 서울의 계엄령 소식을 듣자, "서울 학우들이 발이 묶여 행동하지 못할 때는 이곳 학생들 이 그 바통을 받아야 한다"고 입을 모았다. 이날 경북대 학생 변태강, 이 재형, 이동욱, 김성희, 신현길, 조백수, 장주효 등은 밤을 새워 짚으로 공

---

13) 박정희 정권은 한일회담반대운동 당시 청사회(일명 YTP)라는 유령 청년학생조직을 앞 세워 학생운동 내부의 교란을 획책하였다. 당시 서울대 문리대에 재학 중이던 송철원이 학원 내에서 중앙정보부가 학생 동향 파악을 목적으로 비밀리에 운영하던 YTP 조직을 폭로하자, 기관원이 린치를 가하였다. 청사회는 전국 주요 대학에 조직되어 있었으며, 경북대에도 조○○과 김○○을 주축으로 조직되어 있었다고 한다. 당시에는 경찰 정보 형사나 중앙정보부 요원들이 총장실, 학생감실을 사무실로 쓸 정도로 학원 내에 상주하 고 있었고, 학생처가 이들의 하수인으로 변질되어 있었다고 한다(「6·3사태」).

화당 정권을 상징하는 황소를 만들고, 플래카드와 선언문 수천 부를 준비했다. 6월 4일 경북대 본관 앞에 모인 300여 명은 황소 허수아비 화형식을 거행하면서 성토대회를 마친 후, 정문-신암동-중앙통-2·28기념탑까지 행진하였다. 이들은 구국선언문과 결의문을 낭독하고 "비상계엄 철회, 구속학생 석방" 등을 강력히 요구한 후 자진 해산했다. 이들 중 서훈 등 20여 명은 다시 교내로 돌아와 비상계엄 해제를 요구하면서, 본관 앞에서 6월 5일 정오까지 철야 단식농성을 계속했다. 6월 5일 전국의 대학은 1개월간 임시 휴교령이 신포되고, 밤 10시부터 다음 날 4시끼지 통금도 실시되었다.

1965년 박정희 정권이 일본과의 협상에서 전관수역을 양보하는 등 굴욕을 넘어 매국의 단계로 진입하자, 고교생까지 포함된 학생 데모가 전국에서 다시 불붙기 시작했다. 4월 13일 전국 각지에서 굴욕외교반대 데모가 있었고, 17일에는 서울에서 고교생 3,000명의 대규모 시위가 있었다.

대구에서는 4월 15일 대구 한국사회사업대 학생들의 시위가 있었다. 4월 21일에는 법대생이 중심이 된 경북대 학생 150여 명이 본관 앞 로터리에서 굴욕외교반대 성토식을 마친 후 시위를 시작하였다. 이들은 정문에서 경찰과 대치하면서 연좌농성을 시작했다. 학교 당국은 곧 학장회의를 열고, 22일부터 28일까지 의대를 제외한 휴교조치를 의결했다. 이때 처음으로 걸개그림이 등장했다.[14]

4월 22일 경북대, 대구상고, 대륜고 등이 휴교를 단행하자, 언론에서는 "억지 춘면(春眠)"이라 혹평했다. 경북대에서는 휴교에 아랑곳없이 문리

---

[14] 4월 20일 신현길의 집에 모인 이재형, 변태강, 김성희, 신현길, 백정호, 고인순 등은 선언문과 플래카드를 여러 개 준비하고, 그림에 뛰어난 솜씨를 가지고 있는 백정호에게 '일본 게다가 한국 땅을 짓밟고 있는 걸개그림'을 그리게 한 다음, 플래카드와 선언문 및 그림을 조금씩 나누어 각자 헤어졌다. 당시 정사회는 정보당국의 주목 대상이 되어 있어 불시에 연행될 우려가 있었으므로, 이에 대비하기 위해서였다. 헤어진 후 정보 형사들이 신현길의 집을 덮쳤다(「6·3사태」).

대 학생을 주축으로 300여 명이 본관 앞에서 '대일 굴욕외교 성토대회'를 마친 후, 휴교 철회를 요구하면서 가두진출을 시도하였다. 그러자 경찰이 정문에서 막아섰고, 이날 처음으로 경찰과 격렬한 투석전이 전개되었다. 4월 23일에는 대구대와 청구대 학생 1,000여 명의 시위가 있었다.

1965년 4월 한일협정의 핵심 쟁점이었던 청구권, 어업협정, 재일동포 법적 지위문제가 타결되면서 박정희 정권은 정식 조인에 앞서 학생들의 시위를 막을 속셈으로 방학을 앞당겨 실시했다. 6월 21일 강제 방학 실시에 항의하며 가두시위가 이어졌고, 22일에는 사립대들도 조기 방학에 들어가고, 고교에는 휴교령이 내려졌다. 6월 22일 한일협정이 정식 조인되자 굴욕조인을 규탄하는 데모가 전국으로 확산되었다. 경북대 학생 300여 명도 "매국외교 즉각 중지하라!", "한일회담 중지하고 팔려가는 조국 찾자!", "팔려가는 내조국, 근대화가 웬말이냐!", "제국주의, 이 땅에서 몰아내자!" 등의 구호를 외치며, 신암동 신도극장 앞까지 진출하여 격렬한 투석전을 전개하였다. 이 와중에 학생 3명과 경찰 3명이 중경상을 입었고, 2명의 교수가 부상당했다. 특히 경찰이 경찰봉으로 무자비하게 구타하자 이대수 교수가 "때리지 말고 연행하라!"고 경찰에 요구하였다. 그러나 교수 신분임을 알면서도 경찰이 이 교수를 구타하여 전치 2주의 부상을 입혔고, 이것이 사회문제화되었다. 학교 당국은 곧 학장회의를 열고 6월 23일부터 7월 3일까지 휴교하기로 결정했다.

그럼에도 경북대 학생 1,000여 명은 6월 23일 스크럼을 짜고 "매국외교 즉각중지!", "제국주의 세력 물러가라!", "굴욕협정 비준 반대!" 등의 구호를 외치면서, 정문을 거쳐 대구공고 앞까지 진출하여 경찰과 투석전을 전개하였다. 의대 학생 150여 명은 가운을 입고 시위에 나서 본대와 합류를 시도하였다. 이들은 교문에서 경찰의 저지를 당하자 단식투쟁에 돌입했다. 이날 조화형(총학생회장), 최현우(문리대 학생회장), 최광남이 시위 중 붙

잡혀 구속되고, 정사회 지도부 중 노출된 김성희와 신현길은 도피생활을 시작했다. 이날의 시위는 경북대 한일회담반대운동 중 가장 규모가 크고 격렬했다. 이 당시의 시위에 대해 안재구(당시 경북대 수학과 교수)는 "경북대 문리대 철학과 기세환 등이 시위를 주도했다. 당시 자신은 교수들의 반대서명운동을 전개했다. 잘 안되었지만. 시위는 주로 일청담에서 시작되고, 중앙통까지 진출하기도 하고. 전체 경북대 학생 숫자가 3,000명 정도였는데, 보통 1,000명, 많이 모이면 3,000명이 모였다"고 증언한다(안재구의 증언).

6월 24일 단식투쟁 중인 의대 학생의 숫자는 계속 늘어났다. 경북대 교수회의는 이대수 교수 구타를 규탄하는 내용의 성명서를 발표했다. 한국사회사업대 학생 50여 명이 단식투쟁을 시작하였으며, 청구대 학생 200여 명이 굴욕회담 성토 후 시위에 들어갔다.

6월 25일에도 한일협정비준에 반대하는 단식투쟁과 시위가 전국적으로 계속되었다. 대구에서는 효성여대 학생 200여 명이 개교 이후 처음으로 연좌데모를 감행했다. 주동자는 학생회 부회장 전정자였다.[15]

6월 28일 일부 대학 교수단이 대정부 항의문을 발표했으며, 29일에는 일제상품 불매운동 중이던 서울 시내 사립대들이 갑자기 여름방학을 시작했다. 하지만 비준반대 데모와 단식투쟁은 전국적으로 계속 확대되고 있었다. 7월 2일 이화여대에서 비준반대 서명운동이 시작되었고, 고교는 조기방학에 들어갔다. 7월 7일 대구대 학생 300여 명이 빗속에서 비준반대 데모를 했으며, 7월 11일에는 전국 7개 도시에서 한일협정비준반대 우중 데모가 있었고, 7월 15일에는 구속된 경북대 학생 3명이 석방되었다.

---

[15] 효성여대 학생들의 데모에는 이재형과 김성희가 깊이 관여하였다. 이재형과 김성희는 1964년 5월부터 전정자를 비롯한 효성여대 학생 2-3명과 수십 차례 만나 공을 들였다. 이날도 새벽에 전정자와 다른 한 사람이 신암동 김성희의 집으로 찾아와 당일 쓸 선언문 초안을 받아갔다(「6·3사태」).

박정희 정권은 8월 10일 고교와 대학에 내려졌던 정치방학을 연장하였으며, 8월 14일에는 공화당 단독심의로 한일협정 비준안을 국회에서 통과시켰다. 8월 17일부터 등교가 시작된 대학가에서는 비준무효화 데모가 벌어져, 계속 확대일로에 있었다. 박정희 정권은 데모 저지에 무장 군인을 투입하는 등 강경하게 대처하였다. 학생들에게 집시법 대신 반공법을 적용하기 시작했다. 8월 25일에는 무장 군인이 고려대에 난입하였으며, 휴교하는 대학이 늘어나 대학가는 공포 분위기 속에 입을 다물어 갔다. 결국 12월 18일 한일 국교가 수립되고 비준서를 교환함으로써 한일협정이 발효되기 시작했다.

(3) 3선개헌반대투쟁

1967년 5월 대통령 선거에서 당선된 박정희는 그해 6월 총선에서 관권을 동원한 부정선거를 통해 개헌이 가능한 의회 의석을 확보하였다. 그 후 장기집권을 위한 대통령 3선 연임을 가능케 하는 개헌작업을 추진했다. 그러나 6·7 총선에 대한 부정선거 규탄시위가 확산되자 박정희 정권은 1967년 7월 동백림간첩단사건과 민비연사건을 발표하고, 6·7부정선거에 항의하는 시민, 학생들을 잠재우기 위해 공안통치를 실시했다. 3선개헌 움직임은 1969년 초부터 가시화되었다. 야당과 재야는 그해 2월 공동전선을 구축하고 전국적인 반대투쟁을 시작했다.

경북대 정사회 회원들도 1969년 6월 여러 차례의 모임과 토론을 거쳐 3선개헌반대투쟁을 전개하기로 결의했다. 정사회 5기 회원인 3학년들이 먼저 행동에 나서기 시작했다. 정화영, 임구호(경북대 물리학과 67학번), 남호연, 양재영, 이진우, 한태준 등이 투쟁 준비 작업에 참여했다.

6월 21일 시내에 마련한 합숙방에서 선언문 등 일체의 준비를 끝낸 후,

23일을 디데이(D-day)로 결정하고 각자의 역할을 분배했다. 이들 중 정화영은 법정대 학생회와 선배들에게 자신들의 계획을 전달하였다. 임구호 역시 유정선, 성진용 등 정사회 4기 선배들에게 자신들의 의사를 전달하고 검토를 요청하였다. 이 계획에 대해 선배들은 "학생회 주도로 4학년 선배들이 선두에 서겠다"며 후배들의 선도투쟁을 만류하고 후비대로 남아줄 것을 요청하였다. 선배들의 의견이 받아들여져 시위에 필요한 준비물은 선배 그룹에게 넘겨졌다.

6월 23일 법정내 학생회(회장 권오룡)는 100여 명의 학생들과 함께 교내 일청담에서 "헌정질서 파괴하는 개헌음모 포기하라"면서 3선개헌 반대 성토대회를 벌였다. 6월 25일에는 총학생회(회장 진원규)가 일청담에서 성토대회를 개최하여 '3선개헌 결사반대'를 선언하고, 〈구국선언문〉을 채택·낭독하였다. 교수들의 만류를 뿌리치고 교문에서 경찰과 대치하면서 교내시위와 농성을 계속하였다.

7월 1일에 이르러 총학생회와 정사회는 총력전으로 개헌반대투쟁을 전개했다. 일청담에서 공화당(신랑)과 자유당(신부)의 허수아비 결혼식을 진행한 후 화형식을 거행했다. 총장 이하 보직교수들의 저지에도 불구하고 1,000여 명의 시위대가 교문으로 진출하여 치열한 투석전을 벌였다. 이후 후문으로 방향을 튼 시위대는 그곳에서 경찰과 공방을 벌이다가 저지선을 돌파하여 칠성시장과 도청까지 진출하는 데 성공했다. 이날 교정으로 돌아온 학생들은 해산하지 않고 교내 행진과 시위 연습을 계속하였는데, 마치 시위축제를 연상하게 했다.

7월 2일, 3일에 이어 4일에도 학기말 시험을 거부하면서 3선개헌 반대투쟁을 계속하였다. 교내시위 및 경찰과의 치열한 투석전이 벌어졌다. 유정선, 이해만, 임구호 등은 후문 근처 목욕탕 옥상에 있던 경찰 사복 지휘조를 급습하여 무전기를 탈취하기도 하였다. 이 시기 경북대 학생들의 시위투쟁에는 연일 2,000여 명의 학생들이 적극적으로 참가하였고, 때로는 운동장에서 패를 갈라 경찰 저지선을 돌파하는 연습을 하기도 하였다. 여학생들은 행주치마를 두르고 와서 돌을 나르는 연습을 하였고, 가두시위 때에는 이들이 날라주는 돌로 투석전을 벌였다. 이때 지도부는 휴교에도 불구하고 매일 시위와 규탄대회를 계속 감행한다는 결정을 내렸다. 대부분의 주동 학생들이 교내에서 침식을 하였는데, 총장 이하 보직교수들이 주동 학생들을 학교에서 쫓아내기 위해 교내 순시를 나왔다. 이때 학생들은 이를 막기 위해 신문지를 들고 교정에서 잠을 청했다. 7월 25일 학교 당국은 교수회의를 열고, 20명의 학생을 처벌했다.[16] 더욱이 8월 6일 경북병무청은 처벌 학생들에 대해 전격적으로 징집영장을 발부했다. 유정선, 정화영이 즉시 강제입영당했다.

학사징계, 강제징집을 통해 총학생회가 사실상 무력화되자, 정사회가 투쟁의 전면에 나설 수밖에 없었다. 정사회는 임구호 등을 중심으로 '경북대학교 3선개헌 반대 투쟁위원회'를 구성하여 "처벌학생 구제", "학생자치활동 원상회복", "3선개헌 반대" 등을 요구하는 시위와 서명운동을 전개하였다. 8월 28일 '경북대학교 3선개헌 반대 투쟁위원회'(이하 3선개헌 반대투위) 주최 교내규탄집회가 일청담에서 개최되었다. 규탄집회에서 학생들은 ① 3선개헌 결사저지 ② 총학생회 기능정지 즉각 철회 ③ 학생 처벌 철회 ④ 전국 백만학도들에게 '개헌반대 전국공동 투쟁위원회' 결성 제안 등을 내용으로 하는 결의문을 채택하고, 개헌 결사저지를 외치며 교내

---

16) 처벌을 받은 학생은 다음과 같다.
　　· 제적 : 진원규(총학생회장, 철학과), 유정선(정사회장, 법학과)
　　· 자퇴 : 정화영(정치외교학과 3학년)
　　· 무기정학 : 홍윤순(총학총무, 사회학과), 김순복(총학간부, 수의학과), 임구호(정사회 부회장, 물리학과) 등 9명
　　· 유기정학 : 안태환(법학과), 이진우(체육과)
　　· 근신 : 권오룡 등 8명

시위를 하였다. 3선개헌 반대투위는 8월 29일 '개헌지지 국회의원 121명 화형식'을 거행하고, 9월 1일부터 시행되는 시험과 등록을 거부할 것을 선언했다. 8월 30일경 학교 안에 기거하고 있던 주동급 학생들이 학교 당국에 의해 모두 부모들에게 인계되어 귀가조치 당하였다. 같은 날 진원규 총학생회장과 정화영은 제적생이라는 이유로 교정에서 경찰에 연행되었다. 9월 9일 의대 학생 200여 명이 개헌반대 성토대회를 열어 '① 국회는 개헌안을 부결시켜라 ② 정부는 처벌학생을 구제하라 ③ 학생들의 의사표시를 휴교조치로 묵실하지 밀라'고 결의하고 단식농성에 들어갔다.

9월 14일 국회에서 개헌안이 날치기 통과되자, 9월 18일 밤 11시 '경북대 3선개헌 반대 투쟁위원회'는 40여 명의 학생들과 함께 학생회관 2층을 점거하여, 바리케이드를 치고 국회날치기 통과를 규탄하며 농성에 들어갔다. "근대화된 날치기에 국민은 통곡한다", "장기 집권 결사반대", "자유 아니면 죽음을!" 등의 현수막을 내걸고 행동규약을 선포하는 한편, 방송을 통해 자신들의 결의를 알렸다.

이에 놀란 학교 당국은 전 교수와 교직원을 동원하여 학생회관을 포위한 후, 참여 학생들을 고립시키고 강제해산을 시도했다. 두 차례에 걸친 총력 공세를 폈음에도 농성 학생들이 완강하게 저항하여 해산이 불가능하였다. 이에 협상으로 전환하여 사태를 수습하려 했다.

고립된 농성 학생들은 밖의 여정남과 비밀연락 끝에 협상 후 마무리하기로 결론을 내렸다. 9월 21일 저녁 9시경 농성학생 대표 임구호는 박정기 총장과 학생회관 강당에서 담판하여, ① 농성에 참여한 학생들에게 일체의 책임을 묻지 아니한다 ② 학생회를 조속히 정상화 한다 ③ 처벌 학생들의 피해를 최소화한다 등에 합의하고 자진해산했다.[17]

---

[17] 3선개헌반대투쟁은 그해 10월 17일 국민투표로 개헌안이 확정되면서(찬성 65%) 서서히 막을 내렸다(석원호 외, 2007, 86-87쪽).

이상과 같이 경북대 학생운동은 전국에서 벌어진 3선개헌반대투쟁 가운데 가장 치열했다고 해도 과언이 아닐 정도로 대중동원에 있어서나 그 완강함에 있어 단연 두드러졌다. 언론은 박정희의 고향에서 3선개헌을 더 반대한다고 보도하기도 했다. 박정희 정권은 자기 고향에서마저 배척받는 짓을 하는 정치집단으로 낙인찍히는 수모를 당해야 했다. 이 시기 정사회는 지역의 한일협정반대운동과 3선개헌반대투쟁을 주도하면서 전국 투쟁의 선봉적 역할을 했고, 경북대는 물론 '대구·경북지역 학생운동의 모체'로서의 역할을 다하였다(민주화운동기념사업회 사료관 편, 2010). 정사회는 이후 학교 당국의 탄압으로 지도교수가 해촉되었다. 하지만 정진회, 한풍회로 이름을 바꿔나가면서 그 조직 실체를 면면히 이어갔다.

3) 1960년대 지역 학생운동 문화와 인혁당

6·3시위의 지도부(3, 4학년)는 1960년 2월 28일 대구 고교생 시위에 참여한 자들이었다. 이들은 2·28과 4·19 시기 교원노조투쟁을 통해 일찌감치 정치사회적으로 각성되었다.

저희들은 고등학교 때 벌써 훈련이 되어 있었던 것입니다. 그러니까 그리고 또 하나 있었는 게, 저희들이 고등학교 1학년 때 교원노조사건이 있었어요. 교원노조를 만들었는데 그 교원노조가 불법화가 됐습니다. 그래서 선생님들이 교무실에서 단식투쟁을 했어요. 저희들도 학생들도 동조를 해 가지고 학교에서 단식투쟁을 했습니다. 학교에서 교실 앞에 바리케이드를 전부 치고 이렇게 해서 밤새도록….
그 사건이 끝나 가지고 사건의 와중에 선생님들이 많이 구속도 되고, 당시에. 뒤에 남아있는 선생님한테도 요즘 말하면 소위 의식화 같은 게 일찍 많이 받은 겁니다. 현실 비판 이런 것도 많이 듣고, 사회 시간에는 당시에는 듣기 힘든 매니페스토 이런 것도 얘기도 많이 들었고요. 예. 마르크스 얘기도 많이 듣고… 그러니까 제가 헌책방에 가니까 우연히 그런 것이 있는 것예요. 처음에는 그걸 보면서

부들부들 떨었습니다. 그런 책들을 보면서. 저뿐만 아니라 사람들이 많이 봤을 겁
니다(민주화운동기념사업회 사료관 편, 2010).

2·28, 4·19의 정치적 세례를 받은 이들은 박정희 정권의 가장 큰 통치
위기를 만든 장본인들이었다. 정치적 각성이 빠른 만큼 이론적 사상적 수
준도 높았다. 하지만 당시 반공을 국시로 내건 박정희 정권하에서 자유로
운 이론 학습은 불가능했다. 따라서 사상이론 학습은 공개적으로 진행될
수 없었고, 어느 정도 투쟁성이나 자질이 확인된 후에 개별적으로 진행될
수밖에 없었다.

정사회에서도 학습은 모든 성원들에게 동일하게 진행되지 않았다. 이른
바 '이론진'이라고 하는 일부 회원에 대해서만 체계적인 학습을 시켰고, 그
외 대부분 멤버들에게는 토론회나 MT를 통한 의식화 학습을 진행하였다.

1대 1로 만나서 토론도 하고, 다음은 이걸 읽어라 그 다음은 이 책을 읽어라,
그런 식으로 학습이 되어 갔지요. 걔들이 핵심입니다. 그런데 데모할 때 이럴 때
에는 걔들은 선봉에 서면 안 됩니다. 보호돼야 되지요. 이론진이니까…(민주화운
동기념사업회 사료관 편, 2010).

임구호에 의하면 당시 정사회의 학습체계도 전체 회원이 참석한 정기
적인 학술토론회에서 회원들이 돌아가며 발제하고 토론하는 방식으로 진
행되었다고 한다. 또 그는 1968년경 자신이 직접 이 토론회에서 선배들이
준 학습자료를 토대로 발제를 하기도 했다고 한다(임구호의 증언). 이현
세도 "정기적인 토론회 하고 세미나 하고 학습이 있었지. 농활을 가더라
도 전부 저녁에 세미나가 있고, 이게 그러니까 학술연구단체라"라고 증언
하고 있다. 또 당시 학습자료로는 『한양』지,[18] 『사상계』 등이 사용되었고

---

[18] 『한양』지는 1962년 3월 발간된 재일본 한국어 잡지이다. 발행인은 재일 한국인 김기심,
김인재이다. 『한양』지는 1960-1970년대 학생운동, 지식인, 문학인들 사이에서 널리 읽혔

깊이 있게 공부하는 사람은 『자본론』까지 보았는데 그런 사람은 극소수였으며 당시는 그런 책을 구하기는 힘들었다고 한다(이현세의 증언). 또 학습 내용으로는 매판자본 비판, 대만 총통제 비판, 유신헌법 비판 등이 있었다고 한다.

4·19 직후부터 1960년대 말까지 대구지역 학생운동가들은 사회과학 서적과 마르크스주의 문헌들을 중고 책방을 통해 구하여 학습했다. 한국전쟁 시기 서울에서 피난을 온 지식인들이 가지고 내려온, 그리고 미군이 주둔하면서 기지에서 흘러나온 사회과학 서적들이 많았다. 때문에 이 무렵까지 대구지역에서는 중고 책방을 통해 사회과학 책들을 어렵지 않게 구할 수 있었다. 기세환(경북대 철학과 58학번)은 "그 당시 책들은 흔했어요. 중고 서점에 가마, 어느 집에 가도 책들이 흔했어요. 중고 서점이 중앙파출소, 남산동 골목에 또 많았어요. 그게 해방되고 출판되고 많이 팔리던 책이 고물로 나와 수집해 거기서 팔았어요. 정부에서 그걸 다 압수할 수도 없고 그렇게 하지 않았어요"라고 증언하고 있다(기세환의 증언). 김성희는 당시 이런 경로로『대중철학』(빅토르 아파나세프 저),『공산당선언』,『고요한 돈강』(영어판 The Don flows Home to the Sea),『세계사교정』,『낙동강』,『임꺽정』,『자본론』(독어판 Das Kapital) 등을 볼 수 있었다고 한다(김성희의 증언).

4·19 시기 대구지역과 서울지역의 운동 상황은 여러모로 대조적이었다. 서울은 주로 자유주의적 대학생들과 교수들이 4·19시위를 이끌었다. 반면 대구·경북지역은 피학살자 유족회, 교원노조, 노동조합, 고교생 등

다. 1974년 세칭 '문인간첩단'사건에서『한양』지는 조총련의 자금에 의한 '민단 위장 친북 잡지'로 매도되었으나, 2009년 진실화해위원회는『한양』지가 위장지이고 관계인이 조총련 공작원이라는 증거가 없고, 단지 비판적인 성격의 잡지일 뿐이며, 주일공보관이나 국회도서관에도 전시되어 있었다는 점에서 순수문학잡지로 보았다는 주장이 타당하다고 결정한 바 있다(「문인간첩단 사건 결정서」).

기층 민중운동의 기반 위에서 운동이 진행되었다. 투쟁 양상에 있어서도 서울에 비해 대구·경북지역은 강한 민중성과 전투성을 띠고 있었다.

서울에서는 주로 학생, 교수들이 나섰지. 대표적으로 4·24(4월 25일의 잘못－인용자) 교수시위. 대구는 피학살자 유족회 분들, 10월항쟁 때 싸워본 경험이 있는 사람들, 민민청, 통민청 등 청년운동, 노동조합, 교원노조 등 네 가지 부문에서 결사적으로 싸워 전위 역할을 했어요. 운동에서 계급계층의 핵심들이 모여 있었어요. 그리고 이들의 통일전선체가 민자통이었고. 그런데 이 통전에 결점이 생기기 시작했어요. 통전 내에 남로당, 근로인민당 등 중앙파, 민주사회주의파 등 운동의 분파, 종파들이 생겨나면서 서로 내 패거리를 많이 만들려고 싸우고 이걸 정치로 착각하게 됩니다. 만약 당시에 하나로 뭉쳐 통일전선을 이루었다면 5·16 때 결사적으로 무기를 들고 싸웠다면 군인들로 못 달라듭니다(안재구의 증언).

그 가운데 민자통은 4·19 시기 학생운동을 포함 다양한 부문운동과 지역 전체 운동을 하나로 잇고, 운동가들을 교류할 수 있게 하는 중요한 터전이었다.

민자통은 5개 정당, 17개 사회단체가 가입한 전국적인 규모의 단체였으며, 통일운동의 연합전선을 형성하였다. 당시 통일로 가는 정당을 만들 것인가? 민자통과 같은 정당의 전단계로 연합전선을 형성하여 점차 통일을 담당할 정당으로 나아가야 한다는 의견이 달라 전자는 통일지향적인 사회당과 통일대중당(김달호, 양호민, 서민호등)이었고 후자는 민자통으로 연합전선을 형성한 것 같다(「변태강 증언 녹취록」).

'1차 인혁당사건'의 박중기는 "대구는 4·19 이후 민족자주통일중앙협의회, 민자통이라고 하는 건데, 그때로서는 진보진영 혁신계열의 통일전선체처럼 돼 있었다. 그래서 거기의 출신들은 모두 신뢰했다. 그때 민족민주청년동맹을 했는데, 민자통의 가맹단체가 되고, 대구하고 광주, 대전, 전주, 부산, 원주 이게 합해져 있었다. 대구의 구체적 조직과 만나게 된

동기가 민자통을 통해서였다"라고 증언하고 있다(박중기, 2011).

2·28과 4·19의 세례를 받은 맥령회, 정사회 그룹이 5·16 직후의 탄압기를 뚫고 6·3시위, 한일협정반대운동을 통해 새로운 대중투쟁을 전개할 때, 대구지역에서는 5·16 이후의 혹독한 운동지도부 탄압에서 살아남은 혁신계 즉, 민자통, 민민청, 통민청 선배 활동가들과의 자연스러운 교류가 있었다. 6·3시위 당시 서울에서 1만-1만 5,000명 규모의 시위가 벌어졌지만, 이듬해 1965년 4월 1일 대구 수성천변에서는 '굴욕외교반대투쟁위원회' 주최 시국강연회에 2만여 명의 시민이 운집했다. 같은 해 7월 10일 민중당 주최로 대구종합운동장에서 열린 '매국조약 비준반대 국민성토대회'에도 1만여 명의 시민이 참여했다. 대구·경북지역의 정당, 사회단체들은 '대일굴욕외교 반대투쟁위원회 경북지부'를 결성하여 전국적으로 가장 강력한 반대투쟁을 전개하였던 것이다. 이 투쟁을 통해 4·19 직후의 혁신계 핵심들과 새로운 지역 학생운동 그룹 간의 자연스런 교류가 이루어졌다.

6·3 때 벌써 일반 기성인들도 반대투쟁연합회를, 단체를 만들어가지고 같이 시국선언문도 발표를 했거든요. 저희들하고 자동적으로 연계가 됐습니다. 대학생들하고. 나중에는 고등학교 애들까지 연결됐지만. 그래서 기성세대들을 제가 많이 알았는데, 그 당시의 세대를 보니 서도원 씨라든가 하재완 씨 여덟 분, 정남이 빼고 김용원, 경기여고 선생님 하는 한 분, 그분만 빼고는 일곱 분은 제가 평소에 아는 분들입니다. 돌아가신 여덟 분 중에. 나중에 그분들하고 민주화수호협의회 70년도에 운동 같이 했고요(김성희의 증언).

한일협정반대운동의 배후로 조작된 1964년 1차 인혁당사건은 서울지역의 학생운동 중심을 파괴하는 동시에 전국적 시위의 지방 중심지이면서 이른바 혁신계의 핵심 배후지로 남은 대구·경북지역의 핵심 운동역량을 파괴하기 위한 시도였다고 할 수 있다.

그게 4·19운동을 할 때만 해도 운동의 중심이 대구였습니다. 대구에서 전부 서울 올라와서 선배들이 "가자 북으로" 그 운동을 전부 대구에서 모두 다 기획을 했습니다. 그게 내가 지금 생각하건데 대구가 당시의 좌파의 뿌리였습니다… (중략) … 4·19 때 굉장히 대구가 희생이 심했거든요. 4·19 후에 5·16쿠데타 때문에 다 무산되지 않았습니까! 4·19 열매가 하나도 없지 않았습니까! 결국은 다 무산되어 버렸는데. 무산되고 난 다음에 그 뿌리를 경찰들은 아마 조금 많이 알고 있었던 것 같아요. 그리고 그 다음부터의 사건이 6·3사태, 사건인데, 그때만 해도 그 위에 지금 돌아가신 노인 선배들하고 저희들하고는 학생이지만 유대관계가 아주 깊었습니다. 결국은 쭉 오면서 경찰 자체가 그 정보부와 경찰 자체가 아마 이걸 뿌리째 뽑아서 없애자, 아마 거기에 기본 목적이 있었던 것 같습니다. 그 뒤에도 보니까 대구에서 학생운동이 계속 오는데, 가만히 들어가 보니까 이게 전부 그 뿌리에서 나온다고 자기들이 느꼈겠지요. 6·3 때도 도망치다가 필요하면 선배들 집에서 자고 그랬습니다. 그러니까 아마 무의식적으로도 뒤에 미행을 당하고 했을 거니까 심증은 많이 갔을 겁니다. 그런데 증거는 없었지요. 그것 때문에 아마 오랫동안 준비한 것 같아요. 이 사람들이. 한번 본때는 보여야겠다고… (김성희의 증언).

3선개헌반대투쟁은 1960년대 학생운동의 정점에 서 있었다. 그 정점에서 대구·경북지역 학생운동은 가장 완강한 투쟁성을 보여주었다. 경북대의 경우, 여학생이 치마폭에 돌을 나를 정도였고 거의 전교생이 강의실을 뛰쳐나왔다고 해도 과언이 아닐 정도로 연일 교내와 가두시위를 전개했다(안재구의 증언). 또 3선개헌반대투쟁과 관련하여 간과할 수 없는 인물이 여정남이다. 당시 여정남은 정사회를 통해 "(경북대) 학생운동을 일일이 다 체크하고 막후에서 지도"했다고 한다(정만기의 증언). 5·16쿠데타 이후 영구 집권 음모로 나아가는 박정희 정권에게 대구·경북지역의 저항세력은 눈엣가시일 수밖에 없었다.

3. 1970년대 경북대 학생운동과 인혁당재건위사건

1) '정진회'와 1971년 4·19 기념 '반독재구국선언'사건

3선개헌반대투쟁이 잦아지면서 경북대에서도 정사회와 진원규 등 운동지도부에 대한 제적, 정학, 강제입영 등 탄압과 수배가 이어졌다. 정사회는 지도교수(이태재 법학)가 1969년 말 사임함에 따라 학교 당국에 의해 강제해산되었다. 학생운동 서클에 대한 탄압은 늘 지도교수를 사임케 함으로써 등록서클 자격을 박탈하는 것으로 진행되었다. 경북대 학생운동 세력은 정사회 7기인 전정효(회장), 여석동, 정만기, 정욱표, 장한목, 김점상, 권영기, 손원동, 박찬수, 사공염 등을 중심으로 김영하 철학과 교수를 지도교수로 하여 1970년 3월 정진회를 창립하였다.

정진회는 조직을 재정비하면서 1970년 10월의 총학생회 직선제 쟁취투쟁을 필두로 교련철폐투쟁, 등록금인상 반대투쟁 등 대중투쟁을 전개하였다. 특히 1971년 대선을 앞두고 3선개헌반대투쟁의 한계를 극복하기 위해 학생운동의 전국화라는 새로운 목표로 나아갔다.

정진회의 조직체계는 회장 이하에 총무, 조직, 홍보, 편집 등의 부서로 이루어져 있었다. 정진회 7기 회원들은 저학년이었지만 3선개헌반대투쟁 과정에서 두각을 나타냈다. 하지만 이들이 『정진』이란 제명으로 서클 신문을 발간하고 '학원 민주화를 위한 여론조사'를 추진하려고 하자, 지도교수가 반대하면서 사임했다. 후임으로 김성혁 교수(영문과)가 정진회의 지도교수가 되었다(정만기의 증언).

1971년 봄 경북대에서는 정진회에서 발간하는 『정진』이란 제호의 세칭 지하신문이 매주 1회 발간되어 학생들에게 배포되기 시작했다. 이 신문에 실린 대부분의 내용은 당시 학교 당국의 비민주적인 학교행정과 일부

교수들의 학생들에 대한 야만적인 폭력행위 등을 비판하고, 박정희 군사 정권의 반민주적, 반민중적, 반민족적 성격을 폭로하는 것이었다.

반독재 민주화 학생운동을 준비하던 정진회 회원들은 1971년 2월경부터 신암동 소재 대일여관에서 여정남의 지휘하에 지하신문 『정진』을 발행하는 한편, 학습과 토론을 하면서 학생운동을 전국적 범위에서 조직화하는 작업에 박차를 가하였다(정만기의 증언). 이 무렵 이들은 여정남이 구해 온 당시로서는 최신 인쇄기를 이용하여 신문과 각종 문건들을 제작했는데, 편집부는 이현세, 징치부는 어식동, 경제부는 징만기, 사회부는 정욱표과 손원동, 제작부는 권영기가 맡았다. 부족한 자금은 등록금을 낼 돈으로 우선 충당하기도 했다.

이들은 1971년 4월 7일 '4월 민주혁명 제11주년 기념 전국 대학생 서클대항 학술토론대회'를 계기로 각 대학 학생운동 서클을 찾아가 참가를 약속받는 등 전국 조직화의 기초 작업을 해나갔다. 이때 이들이 접촉한 서클은 부산대의 한얼회(김재규), 서울대 문리대 문우회(유인태), 서울대 법대 사회법학회(채만수), 고려대 한국사상연구회와 한맥회(조성준, 함상근), 연세대 한국문제연구회(이하 한연회), 서울대 상대 후진사회연구회, 서울대 공대 산업사회연구회, 계명대 대학토론회 등이었다. 학술토론회에 참가한 각 대학 대표들 중 조성준(고려대), 유인태(서울대) 등 일부 인물들은 여정남과 전국적인 학생 조직문제에 관한 논의를 하기도 했다(정만기의 증언).

1971년 4월 7일 학술토론회에 즈음하여 〈반독재 구국선언〉이 발표되었다. 이 선언문은 '경북대 정진회', '서울대 문리대 문우회', '서울대 상대 후진국사회연구회', '연세대 한연회', '고려대 현대사상연구회', '서울대 법대 사회법학회', '고려대 한맥', '부산대 한얼', '서울대 공대 산업사회연구회', '계명대 대학토론회' 연명으로 작성되어 각 언론사와 대학으로 발송되고, 일반 대학생 등에게도 뿌려졌다. 당일 토론회는 학교 당국과 정보기관의 원천봉쇄와 탄압에 의해 파행적으로 진행되었지만, 〈반독재구국선언〉은 당면한 학생운동의 기본 방향이 '반외세, 반독재 민주화투쟁'임을 명확히 제시하였다. 이 선언문에 등장한 '반외세'라는 문구는 당시로서는 매우 충격적이었다.

이 토론회를 관철하기 위해 당국의 탄압에 맞선 '정진회' 학생들의 투쟁은 토론대회에 참가한 다른 학교 학생들에게 큰 감명을 주었다. 그날 앞장서서 학생들에게 폭력을 휘두르며 탄압을 가하던 당시 사범대 학생과장은 분노한 학생들에게 뭇매를 맞기도 했다.

하지만 전국적인 학생조직 건설에 대한 정황을 눈치 챈 정보기관에 의해 1971년 4월 8일부터 경북대 학생운동가에 대한 일제 검거가 시작되었다. 여정남, 김성희(배후조종 혐의), 이현세, 여석동, 정만기, 정욱표, 전정효, 권영기 등은 대구시 동촌 K2비행장 내 보안부대에 감금된 채 보름이상 불법적인 모진 고문을 당해야 했다. 결국 이들에게는 반공법위반 혐의가 씌워졌는데, 선언문 내용 중 '반외세'라는 단어와 "개 값도 안 되는 헐값으로 귀중한 우리 젊은이들의 생명을 용병이란 오욕에 찬 이름을 들어가며 월남에 보내어"라는 구절과, "반외세 반독재 전선에 총궐기하라!"는 문구를 문제 삼아 이른바 '정진회 필화사건'을 조작하였던 것이다(〈반독재구국선언〉). 이 사건으로 인해 경북대 학생운동은 일시적으로 사실상 와해되다시피 하였다. 이미 정진회는 지도교수 사퇴로 불법화된 상태였는데, 여기에 핵심 회원들의 구속까지 겹치면서 심각한 위기에 빠지게 되었다(석원호 외, 2007, 93-94쪽).

이 사건에서 〈반독재구국선언〉을 누가 썼는가는 지금까지 해명되지 않는 부분이다. 김성희의 구술에 의하면, 여정남이 4월 7일의 토론회를 앞두고 자신을 찾아와 8절지 석 장짜리 선언문의 윤문을 부탁했는데, 그때 이 글이 여정남이 쓴 것으로 보이지는 않았다고 한다. 문투는 '고색창연'한 고어체가 많았다고 한다. 이후 임구호는 이 선언문을 서도원이 쓴 것으로 주장하였고, 여정남 역시 인혁당사건 기록에서 서도원에게서 받았다고 진술하였다. 하지만 정작 서도원은 인혁당사건 재판에서 끝까지 자신이 쓴 글이 아니라고 주장하였다(김성희의 증언). 현재로서는 서도원이 수사 과정에서 학생운동과의 연계를 부인함으로써 경북대 학생운동을 보호하려는 취지에서 부인한 것이 아닌가 짐작할 뿐이다.

2) 1971년 대선투쟁과 민주수호경북협의회

한편, 재야, 혁신계 그룹 내에서는 1971년 4월 27일 대통령 선거를 앞두고 다양한 논의들이 진행 중에 있었다. '야권 후보단일화'가 핵심 논점이었다. 이미 1967년 대선을 앞두고 재야, 혁신계 그룹은 서민호 당시 대중당 후보를 사퇴시키고 윤보선을 야권 단일후보로 내세운 경험이 있었다. 1967년 2월 대구에서는 '반독재재야민주세력단일후보추진위원회'가 결성되었다. 위원장에 류시벽, 부위원장 조용만, 대변인 강창덕, 섭외담당 이재문, 운영위원 류한종, 서도원, 도예종, 송상진, 하재완, 이태환, 전재권, 정만진, 조만호, 나경일, 안민생, 박삼세, 김호일, 도혁택, 김종도, 권오봉, 이복녕 등이 참여했다.[19] 참여자들의 면면을 보면, 안민생, 류시벽, 류한종 등 원로에서부터 통민청, 민민청 등 인혁당 그룹의 인물들이 망라되어 있음을 알 수 있다. 이들은 박정희 정권을 물리치기 위해서 대선에서 신민당 윤보선 후보를 포함하여 야권 후보가 단일화되어야 한다고 생각했다. 그래서 보수적이지만 당선 가능성이 높은 윤보선 후보로의 단일화를 추진하여, 상대적으로 진보적 색채의 서민호 후보의 사퇴를 성사시켰다.

1971년 대선에서 김대중 후보로의 야권 단일화운동은 '민주수호국민협

[19] 강창덕은 1967년 대선 야권 단일후보운동을 "대구에서 출발, 중앙무대에서 완결되었다." 고 말한다(강창덕, 2005, 37쪽).

의회'운동으로 전개되었다. '민주수호국민협의회'는 4월 19일 서울 명동
대성빌딩에서 결성되었다. 공동대표에 천관우, 이병린, 김재준, 함석헌,
사무처장에 김승균, 운영위원으로 김정례, 계훈제, 김승균, 이호철, 김순
경, 천관우, 김재준, 함석헌, 이병린 등 12명이 선출되었다.

　동년 4월 27일 '민주수호경북협의회'가 대구 현대예식장에서 결성되었
다. 사무실은 대구백화점 신관 717호에 있었다. 공동대표는 최해청(청구
대학장), 박삼세(전 경북대 교수), 유한종(재야 대표), 주병환(전 신민당국
회의원), 김순덕(변호사)이 맡았고, 지도위원에는 유한종, 최해청, 박삼세,
김순택, 주병환(전 국회의원, 신민당 도지부장) 등이 추대되었다. 총무위
원장은 강창덕(전 매일신문 기자), 선전위원장 겸 대변인은 이재문(전 민
족일보 기자), 청년위원장은 정만진(대구대 4·19투쟁 주도)이 각각 맡았
다. 운영위원으로는 김종도(노동운동), 이백희(전 대구시장), 김호일(전
대구일보 편집국장), 서도원(전 청구대 강사), 도예종(전 대구대 강사), 송
상진(전 교사), 하재완(전 양조장 경영), 나경일(노동), 백정호(학원강사),
우종수(한의원), 이태환(전 수리조합 직원), 강창덕, 이재문, 정만진, 여정
남, 임구호 등이 있었다[20](정화영, 2005, 37·116쪽).

　'민주수호경북협의회'의 인적 구성은 1967년 대선의 '반독재재야민주세
력단일후보추진위원회'와 비슷하지만, 최해청, 이백희, 주병환 등 지역의
유력한 인사들이 보강되고, 여정남, 임구호, 정만진 등 청년학생 그룹이
운영위원에 추가되었다. 단순히 재야, 혁신계의 조직이 아니라 지역 대표
성과 실질적인 활동력이 뒷받침되었음을 알 수 있다. 이러한 인적 구성은
4·19투쟁을 주도하던 대구지역의 2대악법 반대투쟁위원회나 민자통 조
직을 방불케 하고 있다. 이 시기 '민주수호경북협의회'라는 조직의 존재는

---

[20] 그 외 운영위원으로 이재형(전 경북대 학생운동), 권오봉(노동운동), 도혁택(출판사), 류
　　근삼(청년운동) 등 있었다고 한다(강창덕, 2005).

대구지역이 4·19 이후 5·16쿠데타와 1964년 1차 인혁당사건의 큰 피해
를 입었음에도 불구하고 지역운동의 핵심 역량이 유지되고 있었으며 나
아가 청년학생운동으로 계승되고 있음을 보여주고 있다. 또한 참여자들
의 면면을 볼 때, 지역운동의 정치사회적 영향력이 상당 부분 건재하고
있었음을 알 수 있다.

'민주수호국민협의회'는 부정선거를 막기 위해 투개표 참관운동 등 공
명선거운동에 주력하였다. 야권후보단일화는 물밑에서 진행될 수밖에 없
었다. 당시 후보단일화 추신 과성에 대해 선 사회낭 산부 김세원은 나음
과 같이 증언하였다.

> 야당후보 단일화가 가장 중요하다고 보고, 윤보선의 사퇴에 노력했습니다. 그
> 리고 김대중 단일후보 추진과 그의 선거공약에 우리들의 희망사항을 포함시키고,
> 향후 통일운동에 우리와 연대해 줄 것을 전제로 해서, 혁신세력이 김대중에게 지
> 원을 주자는 합의가 여러 달 동안의 논의 끝에 이루어졌습니다. 윤보선 사퇴교섭
> 은 유한종 씨가 맡았습니다. 그리고 나와 이기홍 선생은 김정규, 우동읍(우홍선)과
> 논의하여 이기홍 선생의 사돈인 정성태 당시 국회부의장을 매개로 김대중과 접촉
> 했습니다. 그러나 김대중과의 교섭은 결국 실패하고 말았지요(김세원 증언·한상
> 구 구성, 1991, 413-414쪽).[21]

'민주수호경북협의회'가 위치한 '대구백화점 717호'는 1971년 대구지역 대
선투쟁의 거점이자, 4·19세대와 3선개헌반대투쟁의 젊은 학생운동가들이
만나는 교류지였다. 당시 '민주수호경북협의회'는 '공명선거감시단'을 조직
하여 신민당 경북도지부와 함께 투개표 참관인을 대구·경북지역의 30여

---

[21] 같은 글(414쪽)에서 김세원은 '당시 국민의 당 총재는 윤보선, 대선 후보는 박기출이었
다. 후보단일화를 위해 김대중과 접촉한 직후 나와 이기홍은 중앙정보부에 끌려가 모진
고문을 받았다. 중앙정보부는 빨치산 출신 박춘석을 미끼로 삼아 치밀하게 빨갱이 조작
의 올가미를 씌워갔다. 하지만 수사 과정에서 김대중으로부터 1억 원을 받았다고 한 제
보가 허위임이 드러났고, 또 단 하나의 혐의도 인정하지 않는 견결한 투쟁으로 중앙정
보부의 음모를 극복할 수 있었다'고 한다.

개 투표소에 파견했다. 그 후 '민주수호경북협의회'는 1971년 10월 17일 박정희 정권의 위수령 발동으로 사무실이 폐쇄되면서 활동이 중단되었다.

3) '한국풍토연구회', 여정남과 전국민주청년학생총연맹

1971년 대통령 선거에서 당선된 박정희는 이듬해 10월 17일 계엄령을 선포하고 유신체제를 선언했다. 그러나 1973년에 들어서면서 4월 수도경비사령관 윤필용사건, 8월 김대중 납치사건, 10월 중동전 발발에 따른 오일쇼크 등으로 말미암아 박정희 정권은 국내외적으로 궁박한 처지에 놓이게 되었다. 그러다 10월 2일 서울대 학생들의 시위를 시작으로 개헌청원 백만인 서명운동 등 반유신시위가 전국으로 확산되면서 정권은 다시 위기를 맞이했다.

경북대 학생운동 조직은 정진회 〈반독재구국선언〉사건과 연이은 1971년 10월 위수령 발동으로 제적, 강제입영, 수배 등이 자행되면서 심각한 위기 상황에 처해 있었다.[22] 하지만 한편으로 정진회 9기와 71학번이 모체가 된 새로운 학생운동 세대가 등장하고 있었다. 이들은 입학과 더불어 1971년 4월 27일 7대 대통령 선거 과정을 경험하였고, 학내시위가 빈번하게 일어나는 가운데 짧은 기간이지만 이전 세대에 비해 많은 투쟁 경험을 쌓게 되었다. 황철식, 이수일, 임규영 등을 중심으로 71학번 학생 50여 명이 1971년 11월 하순경 인문관 강의실에 모여들었다. 이 자리에서 한풍회 창립총회와 토론회가 개최되었다. 초대 회장에는 전경수가 만장일치로 선출되었고, 토론회에서는 임규영이 주제발표를 했다. 지도교수는 문리대 사회학과의 류시중 교수가 맡았다.

이들 '71학번 그룹'은 이수일과 임규영의 자취방과 하숙방을 근거지로

---

[22] 임규영은 당시 "(일청담) 등나무 아래 100명이 안 모였지. 유인물도 못 뿌리고. 뿌리기도 전에 교수나 직원들이 끌고 가 버리니", "총학생회를 못 잡았는 게 크지. 그때나 지금이나"라며 집회의 규모나 학생운동의 세가 크게 줄어든 상황을 설명했다(임규영의 증언).

하여 이곳에 자주 모여 정세 토론과 학내시위를 조직해갔다. 이들의 자생적인 활동에 대해 졸업한 정진회 선배인 임구호는 주로 임규영을 통해 상당한 기간 동안 조언과 도움을 주었다(임규영의 증언).

임구호를 비롯하여 정사회 이현세와 정진회 회장이었던 전정효, 정만기 등 선배 정진회 회원들의 지원도 있었다. 주요 활동가들은 황철식, 강동균, 이수일, 임규영, 장성백, 이한용, 이광하, 김진규, 전경수, 김도헌, 최재룡, 이대희, 박수동, 임학종, 김임복, 박상수, 배영표 등이었다. 이전과 딜리 한풍회에는 창립부터 유진숙 등 여학생들이 참여하고 있었다.[23]

유신 선포 직후, 계엄령하에서 경북대 선·후배 학생운동가들은 정세를 주시하면서 유신반대투쟁을 전개하기 위해 암중모색을 하고 있었다. 1972년 10월 유신체제가 선포되고 계엄하에서 1년여 동안 전국적으로도 이렇다 할 시위가 없었다. 그러다 1973년 10월 2일 서울대 문리대 학생들의 유신반대투쟁이 일어나자, 그 직후 한풍회는 여정남, 정화영 등 선배그룹들과 함께 즉각 이 투쟁을 잇는 대규모 시위를 기획했다.[24]

---

[23] 맥령회로부터 정진회에 이르기까지 남성들로만 구성되었고, 여성의 가입이 일체 불허되었다. 여성 회원의 가입이 허용된 것은 1971년 1학년들이 중심이 되어 조직한 한풍회부터이다. 이현세는 "정사회 때 선배들로부터 여학생이 들어오면 회원들 사이에 문제가 있을 수 있다는 염려가 있었고, 또 그 당시 여학생은 고문을 받을 경우 정보를 유출시킬 수 있다고 여자를 좀 약하게 보는 것 같애. 정진회 만들면서 내가 제안했는데 통과되지 않았다. 여학생 있으면 분위기도 좋을 텐데. 해 바뀔 때 마다 토론하는 과제 중의 하나야. 결국 선배들의 뜻이니까 할 수 없다 그래서 해서 안 한 거고."라고 증언했다. 또한 당시 집회를 마치면 삼삼오오 모여 주로 술을 먹는 곳이 학교 동문의 '노랑집', 정문 쪽 '둥글관'이라고 하였다(이현세의 증언).

[24] 이즈음 대구지역에는 유신을 규탄하는 익명의 소규모 투쟁이 있었다. 영남대에서 '통일혁명당 목소리방송' 벽보가 나붙기도 했고, 경북대 도서관에 유신독재를 규탄하고 궐기를 선동하는 벽보가 나붙는가 하면, 경북대 일청담 주변에 전단이 살포되는 사건이 연이어 일어났다. 1972년 11월경에는 대구시내 고등학교 몇몇 군데에 '구국장교단' 명의로 유신체제를 규탄하는 내용의 선언문이 뿌려졌다. 이 선언문 살포사건은 유신 계엄하 정보기관을 발각 뒤집어 놓았다. 여정남이 용의선상에 올라 중앙정보부 경북지부에 끌려가 무자비한 고문을 당하고, 일부 학생들도 체포되거나 수배되었다. 여정남, 임구호, 임규영, 이한용이 체포되어 계엄군법회의에서 '불법집회혐의'로 재판을 받고 징역형의 유죄판결을 받았으며, 이현세, 정만기, 정욱표, 황철식, 강기룡 등이 수배 또는 피신하기도

정화영을 비롯한 한풍회 회원 40여 명은 1973년 11월 5일 월요일 오전 9시 교양과정부 4층 건물에 모였다. 일부는 선언문과 격문을 가진 채 다른 건물에 배치되었다. 이들은 오전 10시 정각이 되자 일제히 '경북대학교 반독재민주구국투쟁위원회' 명의의 〈반독재민주구국선언문〉과 격문을 뿌리며, 반유신 시위투쟁을 선동하고 행동을 개시했다. 얼마 후 일청담 부근 로터리에 많은 학생들이 집결해서 시위에 참여했다. 결정적인 순간에 인근 교내신문 보급소가 불탔다. 시위대열의 선두 학생들은 "박정희 물러가라"는 현수막을 앞세우고, 구호를 외치며 스크럼을 짠 채 후문을 나가 도청다리 중간까지 진출하였다. 몇 시간 동안 진행된 시위투쟁에 직접 참가한 학생은 1,000여 명에 달했다. 교내 주변 연도에는 많은 구경꾼으로 인산인해를 이루었다.

11월 5일의 시위투쟁은 즉시 국내 언론과 해외 언론에 보도되기 시작했다. 당일 석간 『대구매일신문』 사회면 4칸짜리 사사만화 옆에 4-5단 크기로 경북대 학생들의 시위사건 관련 기사가 있었지만, 활자가 지워져 내용을 알 수 없는 상태인 채로 보도되었다. 이튿날 『동아일보』에는 비록 작은 지면이었지만 경북대 학생들의 시위사건이 유신 후 첫 시위사건으로 보도되었다. 해외 신문들에서는 선언문의 내용이 요약 보도될 정도로 크게 취급되었다. 이날 배포된 〈반독재민주구국선언〉은 시위 전에 이미 서울로 전달되어, 11월 5일에 있었던 재야인사들의 시국선언 발표를 자극하였다. 이날 경북대 시위투쟁에서 제시된 "유신헌법 철폐하고 민주헌법 제정하라"는 구호는 이후 '개헌청원 백만인 서명운동' 등에서 유신반대투쟁의 중심적 구호로 등장하게 된다.

박정희 정권은 즉각 대구북부경찰서 정보과장을 직위해제 시키고, 30여 명의 전담 수사요원을 배치하여 수사본부를 차렸다. 수사가 시작되면서 이강철, 신유균, 강기룡, 최문수가 구속되고, 정화영, 황철식, 이광하, 최

했다(임규영, 2005, 145쪽).

재룡, 임규영 등이 수배되었다.

경북대 학생들의 투쟁 이후 전국의 대학에 유신반대투쟁의 불길이 번지기 시작했다. 12월 초순경 유신정권은 계속 확산되는 전국적 학생시위 투쟁을 휴교령과 종강으로 잠재우면서, 한발 물러나 10월 2일 이후 시위와 관련되어 구속·수배된 모든 학생들에게 사면조치를 단행했다. 구속되었던 서울대·경북대 학생들이 석방되고, 수배된 학생들도 수배가 해제되어 학교로 돌아왔다.

당시 11·5시위와 3선개헌반대두쟁 등 경북대 학생운동을 사실성 이끌고 있었던 인물은 여정남이었다. 11·5시위를 끝으로 여정남은 대구지역 학생운동을 정리하면서, '학생운동 전국화'를 목표로 서울과 지방 학생운동을 연결하는 역할을 맡게 된다. 하지만 이 부분에 대해서는 당시 대구지역 혁신계 인사들 내부에 이견이 있었던 것으로 확인된다. 여러 증언들에 의하면 여정남에게—여정남 역시 강력하게 주장한 대로— 학생운동의 전국화를 맡게 하여 유신체제에 한층 직접적이고 강력한 집중투쟁을 전개하자는 측과, 여정남을 청년운동 진영으로 전이시키고 학생운동의 새로운 세대를 발굴하는 등 보다 장기적인 반유신투쟁 전략을 수립할 것을 주장하는 측의 대립이 있었던 것으로 보인다(안재구의 증언).

결국 상황은 전자로 기울어지며 여정남은 1973년 11월 5일 경북대 시위가 마무리된 시점에 대구를 떠나게 되었다(임규영, 2005, 159쪽). 하지만 여정남의 역할을 둘러싼 당시의 견해 대립은 단순히 여정남 개인의 활동공간 문제가 아니라, 혁신계—인혁당 그룹과 학생운동과의 관계 설정, 1967년과 1971년 대선을 거치면서 나타난 의회주의 선거전술을 둘러싼 내부논쟁과 결부되어 있었다.

혁신계—인혁당 그룹 내에서는 이미 1967년경부터 선거참여를 두고 상이한 견해가 있었다. 의회진출과 선거를 통한 평화적 해결 노선을 주장한

측과 학생운동을 선도로 한 민중봉기에 의한 변혁노선 사이의 의견대립
이 그것이다. 전자는 예속군사파쇼정권하에서 민족운동은 지정학적으로
적의 포위망 속에서 물리적 군사적으로 해결될 수 없다, 6·25의 경험이
증명한다, 그러므로 대통령 선거와 총선을 투쟁의 최대 계기로 삼아야 한
다는 주장이었다. 후자는 전자의 주장을 수정주의, 개량주의, 단계론으로
규정하면서 의회투쟁을 통한 단계적 정치세력 확보란 개량주의적 환상에
불과하다, 전체 민중은 민족민중의식으로 각성되고 산업화 추세로 보아
노동운동이 10년 후에 전국적 규모로 확산될 것이다, 학생운동 세력이 군
대의 초급 중견장교로 진출할 수 있다는 것을 가정할 때, 4·19를 능가하
는 항쟁을 계속하면 민족자주정권의 수립이 가능하다고 주장했다(김세원
증언·한상구 구성, 1991, 412-413쪽). 이 대립은 1971년 대선에서 선거참
여라는 대체적 합의로 결론지어진 것으로 보인다. 하지만 이러한 인식의
차이는 유신체제 등장 이후에도 유신체제에 대한 규정, 즉각적 전면투쟁
론과 장기 항전론이라는 서로 다른 입장 차이로 이어진 것으로 보인다.

　학생운동과의 관계 설정에서도 학생운동의 보안, 보호를 위해 극도로 개
입을 꺼려하는 입장과 부분적 연계를 통해 학생운동의 흐름을 전체 운동
맥락과 연결하려는 입장이 있었다.25) 1차 인혁당사건으로 이미 서울지역
학생운동 조직에서는 학교 외곽 혁신계와의 접촉에 대해 학생운동의 대의
나 존립에 부정적이라는 판단이 우세했던 것으로 보인다.26) 반면, 대구지
역의 경우 전국민주청년학생총연맹(이하 민청학련)−인혁당재건위사건이

---

25) 1960년 후반 혁신계 인사였던 하재완이 여정남을 통해 경북대 학생운동가들과 만나고
　있는 것을 당시 서도원 등 혁신계 인사들이 질책했던 사례가 있다(임구호의 증언). 이
　와 관련하여 안재구 역시 당시 여정남을 통한 인혁당 그룹의 학생운동 관여를 비판하
　고 있다(안재구의 증언).
26) 김지하, 이철 등의 증언에 따르면 서울지역 민청학련 지도부는 외곽 지원을 원주 등 종
　교계 인사와 윤보선 등 정치권 인사를 통해 얻었고 이는 그들도 인정하듯이 학생운동의
　'대의'와 '존립'의 안전과 보호라는 평계가 컸던 것으로 판단된다.

발발하던 시점까지 지역 혁신계와 학생운동 조직의 끈끈한 선·후배적 의리와 인정이 뿌리 깊게 잔존해 있었다. 비록 1차 인혁당의 경험으로 인해 공개적으로 교류하지는 않았지만, 주요한 투쟁 방향과 슬로건, 물질적 지원 분야에서 선배 그룹들의 후견 역할이 컸다는 점은 여러 증언자들의 공통된 견해이다. 여정남이 서울지역 학생운동과 접촉을 하게 된 경위에서도 어쨌든 인혁당 그룹의 후원과 조정이 있었던 것은 사실로 보인다.[27]

1973년 겨울방학을 맞이한 대학가의 유신반대시위는 일단 휴면기에 들어갔다. 하지만 학생들의 투쟁에 고무된 각계 인사들의 유신헌법 철폐투쟁이 벌어지기 시작했다. 1973년 12월 하순 함석헌, 장준하, 백기완 등 재야인사 30여 명이 개헌청원운동본부를 발족시켰고, 여기에 학생들과 성직자 등이 합세했다. 1974년 1월 7일에는 이희승, 이호철, 백낙청 등 61명의 문인이 서명한 개헌지지 발표가 있었다(석원호 외, 2007, 101-103쪽).

유신헌법 철폐투쟁이 각계로 확산되어 가자 박정희는 1974년 1월 8일 긴급조치 1호를 선포하고 곧바로 장준하, 백기완을 긴급조치 1호 위반으로 구속하여 징역 15년을 선고하였다. 그해 2월 하순에는 '문인간첩단사건'을 조작하여 이호철, 임헌영 등을 구속하였다.

한편, 1973년 가을의 고립분산적인 투쟁을 극복하기 위해 1974년 2월 초, 대학 간 연계가 추진되었다. 경북대의 이강철, 정화영, 임규영, 황철식은 대구 강창에서 서울대의 유인태, 김재근, 전홍표를 만나 앞으로 전개될 학생들의 유신반대투쟁에 대한 논의를 하였다. 그 연계는 여정남이 맡았다. 여기서 ① 대학 간의 연계문제는 서울대가 서울·중부지방을, 경

₂₇₎ 전창일은 "대구, 광주지방에서도 대학가의 움직임에 관심을 갖고 지원에 고심하고 있다는 소식이었다. 대구에서는 경북대생 여정남을 상경시켜 수도권 대학과 영남권 대학을 연결하는 작업을 진행하는 많은 협조를 바라고 있다는 전갈이었다. 우리는 여정남과 학생운동을 지원하기 위하여 극비리에 모금을 행하기도 하였다"고 말한다(전창일, 2005, 25쪽).

북대가 영남지방을, 전남대가 호남지방을 담당한다 ② 서울대, 경북대, 전남대는 별도로 만나 협의한다 ③ 개학 후 일정한 기간 조직을 확대한 후 동시다발적인 시위를 위주로 투쟁을 전개하되, 학생운동의 상당 부분이 정보기관에 노출된 점을 고려하여 지나치게 시기를 늦추지 않는다는 합의가 있었다. 그 후 이강철, 임규영은 부산에 내려가 부산대의 김재규 등을 만나 향후 학생운동을 논의했다. 임규영은 경북대 연락원으로 대전 등지에서 서울대의 황인성·전홍표, 전남대의 윤한봉·김상윤을 만나 학생운동을 수시점검하고 협의했다.

경북대에서도 지난 가을의 시위투쟁에 적극 참여한 학생들을 발굴해서 조직을 확대하기 위한 작업이 진행되었다. 영남대, 계명대의 학생운동 세력과도 관계를 맺으려고 하였으나, 준비된 조직이 없어 별다른 성과를 얻을 수 없었다.

긴급조치 1호가 선포된 후 정세는 그 이전과는 다른 양상이었다. 우선 학생운동 조직이 대부분 정보기관에 노출되었고, 유신독재정권의 추적·감시·협박·와해공작은 극심했다. 거기에다가 유신독재정권이 긴급조치 1호라는 흉기를 휘두르자 많은 사람들이 두려움에 움츠려 들었다.

3월 초순이 지나자 경북대 학생운동 진영은 앞으로의 주된 투쟁은 서울에서 벌어지리라 예견하고, 대전 모임에서 경북대가 먼저 투쟁의 첫 봉화를 올리겠다고 서울대와 전남대에 통고했다(민청학련운동계승사업회 편, 2003, 97쪽). 그리고 3월 18일에 시위를 하기로 계획을 세웠다. 하지만 계획이 누설되어 21일로 연기되었다. 경북대에서는 제2의 〈반독재민주구국선언문〉을 준비하고, 시위 주동자를 제1선과 제2선으로 나누어 시위투쟁을 엄호하도록 하였다. 제1선도 역량배치를 이곳저곳으로 분산시켰다. 하지만 3월 21일 시위투쟁은 실패로 끝나고 바로 그날부터 검거가 시작되었다.

정화영, 임규영, 황철식, 이광하, 장성백, 김진규, 윤규한, 유진숙, 김시

형, 조태수, 이승룡 등 13명은 중앙정보부 대구지부에서 조사를 받다가, 서울에서 시위가 시작된 3월 말에 서울구치소에 수감됐다. 이들은 조직과 배후를 수사하는 과정에서 "사회주의혁명 기도"라는 허위자백을 강요당하며 구타, 물고문, 전기고문 등을 당했다.

1974년 4월 3일 서울 주요 대학에서 유신반대 학생시위가 벌어졌다. 당국에 의해 서울에서 유인태, 이철 등이 검거되고, 이어 여정남과 이강철이 검거되었다. 5월에 접어들면서 이른바 인혁당 관련자들이 본격 체포되기 시작했다.

박정희는 긴급조치 4호를 선포하였다. 그리고 같은 해 4월 25일 중앙정보부장 신직수는 학생들이 배포한 유인물에 인쇄된 조직 이름을 딴 이른바 '민청학련'사건을 발표하였다(『동아일보』 1974년 4월 25일자) 이어 같은 해 5월 27일 비상군법회의 검찰부는 민청학련을 배후 조종하였다는 인혁당재건위사건을 발표하였다. 당시 정부는 두 차례 사건 발표(4월 25일과 5월 27일)를 통해 인혁당재건위가 민청학련을 배후조종하여 전국적인 봉기를 꾀하고, 이를 폭력혁명으로 비화시켜 이들이 궁극적으로는 공산주의 정권을 수립하려 했다고 주장했다.

민청학련과 인혁당재건위사건으로 총 1,024명이 체포되었고, 그중 745명이 훈방되었다. 253명은 군사재판에 송치되었고, 그중 73명이 기소유예되고, 180명은 기소되었다. 이 가운데 인혁당 관련자 8명(여정남 포함)은 1975년 4월 8일 사형을 선고받고, 그 다음 날 4월 9일 사형이 집행되었다.

4) 인민혁명당 그 후

4·19혁명기 동안 분출되었던 대구지역의 민족민주운동 역량은 5·16 직후의 검속으로 큰 역량 손실을 입고 지하로 잠복하게 되는데, 1960년대에

연이은 공안사건―1차 인혁당사건, 통일혁명당 사건, 남조선해방전략당 사건 등―으로 더욱 움츠리게 된다. 여기에 1974년 인혁당재건위사건으로 일부 온존한 지도역량마저 박정희 정권에 의해 절멸되는 결과를 낳았다.

<표 3> 1, 2차 인혁당사건의 동일점과 차이점

쟁점	2차 인혁	1차 인혁	비고
사건 발표일	1974년 4월 25일	1964년 8월 14일	
정치 상황	1973년 하반기 이후 유신 반대투쟁의 확산(긴급조치 4호 발동)	6·3사태 등 한일굴욕회담 반대시위 확대(비상계엄 선포)	대규모 반정부 시위 직후 발생
가해 주체	중정 6국장 이용택 중정부장 신직수 법무장관 황산덕 대법원장 민복기 대통령 박정희	중정 5국 대공과장 이용택 중정부장 김형욱 검찰총장 신직수 법무장관 민복기 대통령 박정희	1, 2차 인혁 공통 관련자는 이용택, 신직수, 민복기, 박정희
검찰 수사 과정	중정 수사실에서 검찰이 출장 조사	o 담당검사(이용훈 김병리 장원찬 최대현) 불기소 의견. 3명 기소 불가 이유로 사표 o 26명 기소 후 14명 공소 취하, 12명 공소 변경 o 검찰이 중정의 수사기록을 백지화하고 고문 여부 수사, 가해 사실 확인	검찰이 중정 수사에 대해 대등한 위치에서 견제한 1차에 비해 2차 인혁당사건에서 중정은 수사 과정에서 검찰을 압도함.
주요 피해 그룹	학생운동 리더 혁신계 종교계 재야, 지식인 그룹	혁신계 언론·지식인 그룹 학생운동 리더	
피해자 인적 특성	o 4·19 직후 대구지역 민족민주청년동맹 관련―서도원, 도예종, 하재완, 송상진 o 4·19,직후 학생 민족통일연맹―이수병(경희대), 김용원(서울대) o 4·19 직후 통일민주청년동맹―우홍선 o 6·3시위―여정남	도예종 등 41명 체포, 26명 기소.	1, 2차 인혁 공통 관련자는 도예종, 김용원, 우홍선, 송상진, 정만진, 김한덕, 조만호

박정희 정권에 의한 여러 차례의 탄압과 조작사건을 경험하면서, 앞서 언급한 대로 1차 인혁당 이후 혁신계 소속 인사들은 학생운동과의 연계를 금기시해 온 것으로 보인다. 하지만 지방에서의 여러 연고적 관계나 민주화투쟁에 참여하는 선·후배 간 끈끈한 정서와 의리는 대구에서 특히 강한 편이었다. 또 당시 혁신계 역량과 선배 그룹이 학생운동과 직접적인 연계가 없다 하여 그 영향력마저 소실되는 것은 아니었다. 인혁당 그룹은 경북대 학생운동과 직접적인 연계를 회피하는 한편, 여정남을 통해 필요한 '지원'을 경북대 학생운동에 제공하고 있었다. 또 대구지역 혁신계 인사들과 지역 민주인사들은 1971년 '민주수호경북협의회'를 통해 공개적으로 학생운동 진영과의 접촉면을 넓혀가기도 했다. 하지만 정진회, 한풍회 등 1970년대 초 경북대 학생운동의 역량이 성장하면서 학교 외곽에서의 '지원'에 대해 비판적으로 이해하는 견해도 나타났다(임구호의 증언).

1972년 유신체제가 등장한 이후 대구지역 혁신계 인사들 사이에는 즉각적 전면적 투쟁으로 유신정권을 타도해야 한다는 입장과, 유신체제의 강고함에 대항해 장기적인 조직투쟁을 전개해야 한다는 입장이 충돌하고 있었던 것으로 보인다. 이 논쟁은 제대로 전개되기도 전에 1974년 4월 박정희 정권의 반격에 의해 소멸되고 만다. 2차 인혁당사건으로 수배가 내려진 이재문 등은 그 후 남조선민족해방전선준비위원회(이하 '남민전')를 통해 전위조직 투쟁으로 나아갔다.[28]

---

[28] 이재문은 인혁당재건위사건 이전까지 '장기항전론' 입장을 가졌던 것으로 보이는데, 재건위 사건 이후 박정희 정권과의 전면투쟁으로 전화하였다. 이에 대해 김세원은 1978년경 이재문을 만나, 그로부터 "2차 인혁은 조직(형식)이 없어도 죽었고, 관련이 없어도 수배되었다. 무고하게 죽고 쫓기느니 차라리 강력한 투쟁조직을 갖고 싸우다가 죽는 것이 옳다고 판단했다"는 말을 들었다고 한다(김세원 증언·한상구 구성, 1991, 20쪽). 대구지역에서 1974년 사건 이후 일부 학생운동가 출신이 '남민전' 사건에 가담하게 되는데, 이들은 대부분 조직 가입 제의를 전혀 거부할 수 없었다고 한다. "인혁당 선배, 여정남 선배를 생각하면 못할 게 없었다"는 것이었다.

1975년 직후에는 누구도 '인혁당'을 입에 올리기조차 힘든 세월이 계속되었다. 유족들과 종교계의 힘겨운 진실규명 투쟁이 이어지고 있었다. 민청학련사건을 겪고 1975년 2월에 출소한 경북대 학생운동가들은 경찰과 정보기관의 극심한 감시를 받았다. 하지만 이러한 악조건 속에서도 몇몇은 조심스럽게 후배들을 접촉하면서 학생운동 재건을 위해 노력을 기울여 나갔다.

군 복무를 마치고 1974년 복학한 전 정진회장 전정효는 많은 선·후배들이 감옥에 있거나 뿔뿔이 흩어진 상태에서도 권용원, 박명규 등과 만나 학생운동 재건과 계승에 노력했다. 1976년 4월 군에서 제대한 정만기는 '남민전'에 가입한 후 강기룡, 윤규한, 김진규 등과 접촉했다. 이미 후배들과 관계가 있던 강기룡을 통해서 한풍회 이후의 학생운동을 재건하도록 고무하였다. 임규영은 1977년에 대구로 와 가방공장에 취직한 후 학생운동 재건을 위해 노력하였다. 그러나 그는 경찰의 집중적인 감시를 받고 활동이 불가능하다고 판단하고 서울로 가서 '남민전'에 가입하여 활동했다. 임규영은 1978년에 강기룡, 황철식, 함종호, 장수원 등과 함께 1979년 경까지 접촉하면서 학생운동의 재건을 모색했다. 그리고 '민주구국학생연맹'의 대구 조직을 만들기 위한 토대 구축에 노력하였다. 이재형은 8년의 감옥생활을 마치고 지역에 돌아와 1980년대 중반 경북대 학생운동의 보이지 않는 후견 역할을 다했다.[29]

1974년 인혁당재건위사건 이후 경북대 학생운동의 점진적 복구는 1978년 11월 2일 '경북대 구국선언문사건'으로 나타난다. 1978년 11월 2일과 7일에 발생한 경북대 학생들의 대규모 시위는 유신정권 권력의 본거지에서

---

[29] 이현세는 1975년 이후 경북대 학생운동의 단절된 흐름을 연결하는 데 이재형의 역할이 컸다고 다음과 같이 증언했다. "평생 동안 가업을 이으면서 운동을 하신 분이라. 인혁당 사건으로 8년 동안 옥살이를 하고 나와서도 이후 경북대 후배 함종호를 통해 경북대 운동의 흐름을 보고 받고 지원도 하고…"(이현세의 증언).

그 권력의 정당성을 거부하는 중요하고도 상징적인 투쟁이었다. 이 시위
는 유신치하에서 6,000여 명이 참가한 가장 대규모의 격렬한 가두시위로
발전했다. 대구 시내의 주요 가도를 휩쓴 이 시위는 유신의 심장부인 대
구에서 박정희의 유신체제를 강력히 규탄하고 지역 학생운동의 운동적
자긍심을 회복시키는 전기가 되었다.[30]

또 내부적으로는 경북대 학생운동의 중심이 법정대 정치외교학과에서
문리대로 옮겨가는 경향이 나타나기 시작했다. 11월 시위의 주도자들은
철학과(장수원, 남영주, 김동호)·사회학과(최용식)·도서관학괴(유시대)
등으로 문리대의 인문사회계열 중심과 사대의 일사과(김동호), 역사교육
과(손호만), 국어과(전상수, 김진덕)와 기타 과(김진섭―지리교육, 박세원
―영어교육) 출신으로 구성되었다. 이 시기의 투쟁을 주도한 서클은 복현
독서회를 중심으로 한국기독학생회총연맹(KSCF)과 복현문우회, 농촌경
제연구회 등이었다.

경북대 학생운동은 1980년 광주항쟁을 겪으며 서서히 복원되던 중 1983년
'대구미문화원 폭파사건'으로 다시 위기를 맞는다. 하지만 이후 1983년 학
원자율화조치를 기해 총학생회를 부활시키고, 1986년의 직선제개헌투쟁
과 1987년의 6월민주항쟁을 통해 다시 지역 대중과 결합해갔다.

---

30) 이 시위를 기념하여 작곡된 "팔천건아가(후에 二萬歌)"는 함종호에 의해 작사·작곡되어
이후 경북대뿐 아니라 1980년대 대구지역의 학생운동 현장에서 널리 불렸다. 이 노래의
가사는 "팔천 건아 외치는 그날의 그 함성/맺혀진 그 함성에 민중은 잠깼다(일청담 쏟
아지는 물 민중을 적시고―2절). 민족민중통일자유 타도 (박)정희 유신(파쇼)철폐/물러
가지 않는다면, 물러가지 않는다면/민중의 철퇴로 격멸하리라"로 시작하고 있다. 이 노
래는 경북대 학생운동이 '인혁당재건위사건' 이후 긴 침묵에서 벗어나 새로운 투쟁을
시작했다는 의미를 담고 있다(석원호 외, 2007, 107-108쪽).

4. 맺음말

대구지역은 일제강점기부터 우리나라 상업화, 산업화의 중심지이자, 근대적 지식과 문화가 유입되는 관문으로서 서울과 함께 전국의 판도를 양분하며 사상과 문화의 진보적 흐름을 이끌어왔다. 해방 이후 1970년대 중반 이전까지 대구·경북지역을 기반으로 전개된 민주화운동 역시 전국적인 민족민주운동의 흐름에서 주요한 축을 형성하고 있었음을 부인할 수 없다. 그러나 오늘날 대구지역은 '보수' 혹은 '수구'의 대명사가 되고 있다. 진보는커녕 '중도'가 설 땅조차 찾아보기 힘들게 되었다. '1974년'은 대구지역 민족민주운동뿐 아니라 지역사회의 정치적 보수화 흐름에서도 그 이전과 그 이후를 분기하는 중요한 전환점이다.

지금까지 살펴본 바, 첫째, 1974년 이전까지 운동 주체의 측면에서 인혁당 그룹은 일제하에서부터 해방공간, 한국전쟁기, 이승만－박정희 통치 시기 동안 쉼 없이 이어온 대구지역의 진보적인 사회운동의 계승자들이었다. 박정희 정권에게 있어, 4·19 정신의 정통성을 계승한 인혁당 그룹은 비록 비조직적으로 혹은 느슨한 논의구조를 통해 존재하였지만, 정권의 '정통성 문제'에 관한한 뇌관과 같은 존재였다. 대구, 영남이라는 '동향(同鄕)'을 기반으로 한 남로당 출신의 박정희－영남 지배엘리트 그룹과 인혁당 그룹은 '황태성사건'에서 보듯이 역사적 연원에서 분리될 수 없음에도 불구하고 현실에선 화해 불가능한 모순관계에 서 있었다. 1974년 사건은 1차 인혁당사건 후 10년간에 걸친 박정희의 절치부심이 낳은 피의 완결판이었다.

학생운동과의 관계에 관한 한 인혁당 그룹은 5·16쿠데타 직후의 검속과 1964년 1차 인혁당사건을 경험하면서 학생운동과 '거리 두기'를 늘 염두에 두고 있었다. 인혁당 그룹은 자신들과의 '연계'가 빌미가 되어 학생운동에 치명적 결과를 초래할 것이라는 것을 잘 알고 있었다. 인혁당 그룹과 학생운동과의 연계는 1971년 '민주수호경북협의회' 조직에서 보인 합법 공개적인 방식과 '반독재구국선언문 사건'에서 나타난 여정남을 통한 비공개적인 방식이 있었다. 1960년대 후반 3선개헌반대투쟁을 거치며 학생운동이 전면화하고, 정세의 주요 변인으로 등장하면서 인혁당 그룹 내외에서 반유신투쟁 전면화와 학생운동의 지위, 역할 문제에 대해 부분적인 논쟁이 있었던 것으로 파악된다. 그러나 1974년까지 학생운동의 투쟁과 조직, 학습 등 전반에서 인혁당 그룹이 직접적으로 개입한 흔적은 보이지 않는다. 여정남의 경우에도, 인혁당 그룹은 '배후'라기보다 '후원자'의 역할에 머문 것으로 보인다.

둘째, 1974년 이전까지 경북대 학생운동은 내적 메커니즘에서 전국 어느 대학에서도 찾아보기 힘든 자기재생산 능력을 보여주었다. 집중적인 탄압 속에서도 맥령회-정사회-정진회-한풍회로 이어지는 단일한 학생운동 조직을 이어왔다. 특히, 정사회 시기(1964-1971) 동안은 이념서클 수준을 뛰어넘어 과학생회부터 총학생회에 이르기까지 학내조직과 지역 학생운동을 조직, 지도하는 역량을 보여주었다. 이러한 역량은 한일협정 반대운동, 3선개헌반대투쟁에서 완강한 전투성과 동원력으로 나타났다.

셋째, 이 시기 경북대 학생운동은 여정남이라는 걸출한 학생운동 지도자를 낳았다. 여정남은 한일굴욕회담 반대시위에서부터 시작해 강제징집 후 복학한 뒤 3선개헌반대투쟁, 정진회의 '반독재구국선언'사건, 1973년 11월 5일 경북대 학생들의 유신반대시위를 조직하는 등 뛰어난 이념, 조직, 투쟁가로서의 면모를 보여주었다. 그가 박정희 정권에 의해 인혁당 재건위와 민청학련의 연결 고리로 조작당해 사법살인 당하지 않았다면, 1974년 사건 이후 대구지역 학생운동과 민족민주운동은 한 사람의 운동가로 인해 운동의 전도가 전혀 달라지는 경험을 할 수 있었을 것이다.

넷째, 이 시기 경북대 학생운동의 조직은 이념적 지향보다는 양심과 정의, 끈끈한 선후배 간 인정이라는 일차원적 정적(情的) 신뢰관계에 기초해 있었다. 이 점은 운동 초기에 그 나름 조직의 내적 성장기제로 작용할 수 있었으나, 운동이념 생산이나 조직운영의 체계화에까지 이르지 못했다는 한계는 불식시킬 수 없다. 이러한 한계점은 일회적 투쟁과 이후 정권의 침탈에 비조직적으로 대처하는 과정에서 여러 차례 드러났다.

학습의 측면에서는 체계적인 커리큘럼이나 교재가 부재한 상태였다. 중요한 학습 내용은 일대일 만남을 통해 철저히 개인 간에 전달되고 있었다. 1980년대식의 소규모 의식화, 이념학습 단위는 볼 수 없었으며, MT나 공개 세미나를 통해 비정기적으로 교양이 진행되는 수준이었다. 하지만 대구지역은 북한군 미점령지역으로 진보적 출판물이 잔존할 수 있었고, 전쟁 시기 피난 온 서울지역 지식인들이 남긴 사회과학 서적과 미군부대가 위치한 진주와 인근 부산, 포항으로부터의 유입을 통해 타 지역에서는 쉽게 접할 수 없는 진보 출판물이 많이 있었다. 주로 헌책방을 통해 유통되는 이러한 서적들은 4·19 이후 직접적인 이념 학습이 없었던 학생운동 참여자들에게 진보적 이론을 섭취할 수 있는 통로가 되었다.

다섯째, 이 시기 경북대 학생운동의 투쟁은 전국적 시야에서 진행되었다. 정사회의 '경북학생총연맹' 건설, 정진회의 '반독재구국선언'사건, 민청학련사건에서 여정남의 역할은 그런 의미가 크다. 1960년대 당시 대구지역 각 대학 총학생회의 공개 협의체를 조직한 것은 이전 시기 어느 지역에서도 시도된 바 없었으며, 이념서클 수준을 뛰어넘어 학생운동의 대중화와 조직화 측면에서 주목할 만하다. 정진회의 '반독재구국선언'사건은 전국적 학생 연대의 준비 과정과 추진력에서 타 대학에 귀중한 경험을 보여준 사건이었다. 1974년 3-4월 민청학련의 전국적 투쟁에서도 경북대 학생운동은 투쟁의 돌파구를 여는 역할을 담당했다.

여섯째, 이 시기 경북대 학생운동에서는 아직 노동현장, 농촌현장으로
의 '운동적 이전'이 이루어지지 않고 있었다. 서울지역의 경우 노동운동, 민
중운동에 대한 내부 토론이 1970년대 중반 이후부터 본격화되었지만, 대
구지역의 경우에는 학생운동 그룹 내에서 노동현장에 대한 관심이나 경
북지역 농촌현장으로의 운동적 이전을 보기 어렵다. 당시 개별 학생운동
참여자들은 학생운동 이후 일반적인 취업 외 다른 운동적 삶의 경로 모색
이 어려웠다. 인혁당재건위사건 이후 임규영은 학생운동을 마친 후 서울
지역에서 노동운동을 모색하기도 했다.

마지막으로 인혁당재건위사건으로 인한 지역 운동역량의 손실은 1980년
대까지 영향을 미치고 있다. 1970년대 전반기 학생운동의 지도급 인물들은
1980년대 중반 이후 출소하지만 감시로부터 자유롭지 못했다. 1970년대 후
반부터 경북대 학생운동은 이전 시기 학생운동의 전통과 문화적 맥락, 인
적 재생산구조가 단절된 채 새로운 모색을 하게 된다.

7장_ 부산지역 학생운동의 메커니즘 연구

김희재

1. 머리말

부산지역 학생운동은 해방 이후 4·19, 부마항쟁, 6월민주항쟁 등 반독재 민주화운동에 중심적인 역할을 수행했다. 그럼에도 불구하고 정치지형의 변화에 따라 학생운동이 갖는 의미는 변질되고, 퇴색되어 가고 있는 것이 현실이다. 여기서는 학생운동이 조직적으로 확대·재생산되는 과정으로서 1980년 중반 및 1990년대 초반의 시기를 학생운동의 사회적 영향력이 최고점에 달한 '학생운동의 시대'로 규정하였다. 그리고 부산지역의 학생운동 조직이 어떻게 형성되었으며, 대중성을 갖게 되었는지를 당시의 사회적 상황과 사건을 바탕으로 살펴본다.[1]

---

[1] 학생운동의 구체적인 내용을 정리하거나 사건을 설명하거나 운동사를 정리하는 것이 목적이 아니라 부산지역에서 학생운동 조직이 형성되고 확대·재생산되어 지역사회운동의 핵심세력으로 등장하게 되는 메커니즘을 분석하는 것이 목적이다. 따라서 학생운동에 대한 구체적인 내용이나 상세한 설명은 최소화되어 있다.

부산의 학생운동은 1979년 부마항쟁과 1987년의 6월민주항쟁2)이라는 두 개의 큰 사건을 계기로 그 성격이 규정된다고 해도 과언이 아니다. 물론 두 사건이 전국적인 학생운동의 흐름과 크게 다르다고는 할 수 없지만, 부산 학생운동만이 가지는 특징은 이들 두 사건을 통해 알 수 있다. 부마항쟁이 부산에서 학생운동의 시대를 잉태한 사건이었다고 한다면, 6월민주항쟁은 학생운동의 시대로 접어들게 한, 학생운동의 대중화를 초래한 사건이었다. 따라서 부산 학생운동에 대한 이해는 ① 부마항쟁을 전후로 한 1970년 후반 및 1980년대 초반 패밀리를 중심으로 한 학생운동의 형성, ② 반독재 민주화운동을 위한 패밀리 학생운동 조직의 확산, ③ 학생회를 중심으로 부산의 민주화운동을 주도한 6월민주항쟁에서 학생운동 조직의 확대 및 체계화 과정을 중심으로 정리될 필요가 있을 것이다.

이와 더불어 부산지역이 갖는 특수성 역시 학생운동의 성격 규정에 일정한 영향을 미친다. 일제에 의해 만들어진 항구도시로서 부산은 해방 이후 귀환동포 및 전쟁 피난민으로 인해 급격한 인구증가를 보였다. 뿐 아니라 1960-1970년대의 급속한 산업화는 1980대 말의 부산을 거의 400만에 이르는 인구가 집중된 거대도시로 만들었다. 주지하는 바와 같이 급속한 산업화 · 도시화의 이면에는 저임금 · 저곡가정책이라는 민중수탈정책이 그 기반으로 자리하고 있었는데, 부산은 특히 성장의 모순이 압축적으로 집약된 대표적인 도시라고 할 수 있다. 18년간의 박정희 정권의 지배하에서 수많은 시민들은 잠재적으로 불만을 갖고 있었다. 그러나 부산지역에는 이들의 불만을 조직하여 정권에 체계적으로 대항할 어떠한 사회운동 조직도 존재하지 않았다. 따라서 부산지역의 학생운동은 저항적 엘리트 · 지식인들이 해야 할 역할을 수행하지 않으면 안 되는 상황이었다. 그러한 역할 수행은 결과적으로 학생세력이 중심이 되어 18년 박정희 정권

2) 부산지역에서의 부마항쟁과 6월민주항쟁에 대한 연구동향은 김희재(2006)를 참고할 것.

의 독재를 끝내는 것이었다. 1979년 부마항쟁의 경험은 1980년대 학생운동 조직이 체계화되는 과정에서 중요한 의미를 갖게 되었다. 신군부 독재에 대한 저항이 부마항쟁의 계승이라는 의식과 18년 독재를 무너뜨린 힘이 지역의 대학생들이었다는 사실에 입각하여 학생운동 조직의 확산·재생산을 이루어내고 있었기 때문이다. 또 1987년 6월민주항쟁의 경험은 전국적으로 꺼져가는 6월민주항쟁을 부산지역 학생들이 그 불씨를 되살려 6·29선언을 이끌어 냈다고 하는 자긍심을 갖게 되는 것이었다. 부마항쟁과 6월민주항쟁의 경험은 항후 학생운동 조직을 강건히 유지하고, 진국직으로도 특징적인 조직운동을 만들어 왔다.

여기서는 부산지역의 학생운동을 선도했던 학생조직을 중심으로 어떻게 조직이 형성, 확대되어 대중적인 선도조직으로서의 위상을 갖게 되었는가를 살펴보고자 한다. 특히 학생운동 조직의 형성과 변화 과정에서 외부적인 환경에 조직이 어떻게 대처해 갔는가를 살펴본다.

2. 부마항쟁과 학생운동

부산지역 학생운동의 성격을 규정하는 중요한 사건의 하나는 1979년 부마항쟁이라고 할 수 있다. 부마항쟁은 1960년대-1970년대 박정희 정권이 가지는 모순의 총결로서 나타난 사건이지만, 그것의 발생이 당시 박 정권에 대한 저항이 가장 빈약했던 부산지역에서 일어났으며, 학생들에 의해 발발했다3)는 사실은 시사하는 바가 크다고 할 수 있다. 부산지역의 학생운동은 부마항쟁 이전과 그 이후로 나눌 수 있다. 1970년대의 학생운동이 서클이라

3) 부마항쟁 발발의 국내외적 정치적 배경과 관련해서는 손호철, 2006, 164-211쪽을 참고할 것.

고 하는 조직을 중심으로 이루어졌다고 한다면, 1980년대의 학생운동은 부마항쟁의 결과로 비조직성의 한계를 인식하고 조직적 학생회운동을 진행하면서 확대·재생산되어 온 것이기 때문이다. 일부 정의감에 넘치고 의식적으로 무장된 학생들이 주도한 자연발생적 결과로서 부마항쟁이 일어났다고 한다면, 학생회 조직을 중심으로 체계적인 저항을 이루어 내고 대중성을 확보한 대표적 운동이 6월민주항쟁이라고 할 수 있다.4) 우선 부마항쟁을 기준으로 그 이전을 서클(패밀리) 학생들이 주도한 1970년대와 1980년대 초반의 저항운동을 통해 학생운동의 메커니즘을 살펴보자.

1) 학생조직운동의 전사 : 1970년대 서클을 통한 단속적 저항

1970년대 부산의 학생운동은 3선개헌반대투쟁을 통해 형성된 비공개 스터디그룹을 바탕으로, 민청학련사건 이후 침체기를 거쳐 1979년 부마항쟁으로 최고조에 이르며, 1980년대 신군부하에서의 패밀리 조직을 통한 단속적인 저항운동으로 이어진다.

부산대의 경우, 김재규 등이 1969년 '한얼'과 1971년 '사회문제비교연구회'를 조직하였으며, 법정대에서는 비공개 스터디그룹이 등장하여 저항운동을 이어가려고 하였다. 이는 전국적으로 주요 대학마다 이념서클이 결성되는 분위기와 그 궤를 함께하는 것이라고 할 수 있다. '한얼'은 71년 양대 선거에서 공정선거감시 및 선거참관운동에 참여하였고, 그 후 불법으로 간주되어 다시 조직된 '사회문제비교연구회'는 1971년 교련철폐투쟁5)을 주도하여 그 역량을 강화시켜 나갔다.

---

4) 따라서 이글에서는 학생회 조직을 통한 학생운동의 대중화가 이루어지기 전에는 서클을 조직하는 데 기여하고, 운동을 주도한 개인들의 이름이 빈번하게 등장하는 반면, 학생운동이 대중성을 갖고 학생회가 주도하는 1980년도 후반 이후에는 개인의 이름보다는 학생회나 조직의 차원에서 내용들이 기술되고 있다.

그러나 학생운동은 유신체제가 수립되면서 강화된 유신체제의 이데올로기적 공세 가운데 침묵을 강요받게 되었다. 1973년 12월 1일 유신체제의 출범 이후 부산대에서는 최초의 학생시위가 발생하는데 1,500여 명의 학생들의 11월 30일부터 시작된 기말고사를 거부하였다. 이들은 교내에서 "학원자유보장", "구속학생 석방" 등 5개 항을 결의하고, 이어 교문을 나서다 경찰관과 대치하였다. 또 오후 1시경에는 남포동 부영극장 앞에 700여 명의 학생들이 모여 교가 등을 부르며 연좌시위를 하였다.

이 시기 부산운동 세력 특히 학생세력은 진국직 차원의 운동과 보조를 같이하는 실천적 힘을 가지지 못한 채, 자체 역량 강화와 기반확대를 위한 국면에 처해 있었다. 그러나 가열되어 가는 유신철폐투쟁의 움직임이 서울에서 일어나고 여기에 대하여 긴급조치로 대응한 정권의 반민주성을 목도하면서 부산 운동권은 비록 고립·분산된 형태로나마 저항을 보여주려고 노력하였다.

1974년 민청학련사건에 대한 재판이 종결되는 시점에 맞춰 부산대를 비롯하여 동아대, 수산대 등 각 대학에서 구속자 석방을 요구하는 시위가 발생하고 이에 대한 당국의 강력한 탄압이 계속되었다. 특히 1975년 가을 공안 당국에서 '재일교포 간첩 김오자'사건을 발표하는 등 대대적이며 끈질긴 학원탄압이 계속되었으며, 그 결과 부산지역의 학생운동은 쇠퇴일로를 걷게 되었다(박철규, 2003, 188-193쪽).

1970년대 중반 이후까지 침체의 길을 걷던 학생운동에 종교계와 연계된 학생운동 세력이 등장하게 되었는데, 이 세력이 각 대학에 조직을 형성하면서 학생운동은 수면 아래에서 새로운 움직임을 모색하게 된다. 1978년 부산대에서 '4·19 선언문사건[6]'과 '부산대 교내 페인팅사건[7]'이

발생하게 되는데, 이를 주도한 이들은 모두 중부교회8)에서 그룹 스터디
를 함께하면서 사회저항의식을 키워나갔던 사람들이다. 특히 이 가운데
중부교회와 직간접적으로 관련되어 있던 사람들이 창립한 부산 양서협동
조합9)은 1970년대 말 부산 운동세력의 커다란 저수지 같은 역할을 하였
다. 즉 당시 부산에서 민주운동이나 민권운동에 참여했던 대부분의 인사
들은 양서조합과 직간접적인 관련을 맺고 있었다(박철규, 2003, 199쪽).

당시 유신체제의 폭압적 상황 속에서 부산지역의 운동에 관심이 있는 사람들이
거의 중부교회를 중심으로 모였었고, 그때 활동을 하면서 기독교청년협의회전국연
합 수석부의장 일도 했었습니다. 최성묵 목사님, 김영일 씨, 노경규 씨 등과 함께
서로 도우며 일을 했었습니다. 당시 특수한 상황에서 기독교운동이 우리나라 전체
의 민주화운동에 있어 커다란 역할을 담당하고 있다고 생각하면서 활동했었습니
다. 제가 주로 했었던 일은 서울 쪽에서 내려오는 유인물이나 자료들을 정리하고
중부교회를 중심으로 형성되어 있던 지식인 그룹이나 대학에 배포하는 일이었습니
다(부마민주항쟁기념사업회 · 부마민주항쟁10주년기념사업회 편, 1989, 137쪽 ; 허
진수의 증언).

1977년 말 중부교회 청년대학 부원이던 부산대 조태원, 이상록 등은 학
내의 학생운동 재건을 위해 의식 있는 후배들을 물색 중이었고, 이 무렵
부터 몇 달 사이에 이상록은 후배 고호석, 이호철 등을 만나 그들 주위에
있던 인문사회계 학생들의 학습모임을 이끌게 된다. 이전부터 고호석은

6) 그들은 시위를 유도하고자 교정 길바닥과 강의실 칠판 등에 매직으로 '유신철폐' '박정
   권 물러나라' '긴급조치 해제하라' 등의 구호를 쓴 뒤 선언문을 부산대학생들에게 우편
   으로 보내거나 도서관 등에 뿌리다가 투옥되었던 것이다.
7) 이상경(인사계열), 이희섭, 김승영 등 3명이 학교 운동장 스탠드와 창문 등에 '유신철폐'
   등의 반정부 구호를 써 놓았다는 혐의로 긴급조치 9호를 위반하여 구속된다.
8) 부산지역에서 민주운동의 배수지 역할을 한 대표적인 곳은 보수동 책방 골목에 위치한
   중부교회였다. 물론 중부교회 이외에도 일정한 역할을 한 곳은 부산 YMCA나 동광교회,
   연산동의 남부교회 등이다.
9) 양서협동조합에 대한 구체적인 논의는 김진영(2003)에 기술되어 있다.

학내의 고교 동문 서클 '영목'을 만들어 의식을 길러가고 있었고, 이호철의 경우 송병곤, 주정연, 김영욱 등과 함께 1학년 2학기부터 그룹 스터디를 해오고 있었다. 중부교회를 매개로 이러한 방식으로 퍼져 나간 학생운동 세력의 재건 노력은 1978년부터 급속히 활기를 띠게 된다. 1978년 봄에 출범한 양서조합으로 모여든 많은 학생들이 학내에 돌아가 의식화, 조직화 사업을 비교적 활발하게 벌였기 때문이었다. 또한 같은 해 4월에 있었던 4·19 선언문사건과 반유신 페인팅사건 등과 같은 선도적인 투쟁 역시 일반 학우들을 각성시켜 민주운동에 대한 관심을 확산시키고 있있기 때문이었다. 이와 더불어 김형기, 송세경, 최준영, 김희욱, 소준열, 설동일 등 서울에서 저마다의 사정에 따라 부산으로 오게 된 몇몇 운동권 출신들이 중부교회나 양서조합을 통해 그들의 경험과 지도력을 부산의 운동세력에게 제공·접맥함으로써 깊은 영향을 미치기도 했다. 특히 송세경, 설동일 등은 서울지역에서 흔히 학습하고 있었던 스터디 커리큘럼을 도입하여 양서조합 내 학습단체의 질적 수준을 높이고 학내에서의 조직 확산을 꾀하는 데 실질적으로 크게 공헌하였다(박철규, 2003, 199-200쪽).

종교계를 기반으로 형성된 비판적 청년집단에 의해 주도된 학생운동의 조직과 더불어 학생운동 집단 내에서도 새로운 움직임이 형성되어 가고 있었다. 물론 이러한 학생운동 조직 역시 일정 정도 종교계에 영향을 받은 이들에 의해 움직이고 있었지만, 자생적인 지하서클의 형태가 등장하게 된다. 1978년 말경에는 부산대학 내에 학생운동을 지향하는 하나의 분명한 학내 지하서클이 태동하고, 이를 토대로 1979년 봄에는 각 학년별 조직체계와 그 후의 재생산 구조까지 갖춘 비공개 운동조직(이른바 패밀리 구조)이 생겨나게 된다. 즉 이상록, 고호석 등이 이호철, 노재열(77학번), 김진모, 최병철, 정수철, 유장현, 유동현, 김영, 남경희(78학번) 등을 규합하고, 정귀순, 이정애, 부경란, 최성민, 김정현, 손동준(79학번) 등 신입생까

지 조직화시켜냄으로써 학번 간의 재생산 라인이 구축된 조직체계가 상당
수의 인원을 포괄하며 확립될 수 있도록 하였던 것이다.[10] 특히 1979년 여
름 무렵이 되면 위의 지하서클이 중심이 되어 공개서클들까지 포괄하는
꽤 광범위한 협의체도 만들어진다. 부산대 지하서클인 '도깨비 집'은 이호
철을 협의 창구로 하여 '아카데미'의 김종세, '성아'의 안승문이나 신재식,
상대의 '경제사학회', '전통예술연구회', '영목' 등과 시국에 대처하는 방향
과 방식을 논의하기 위한 움직임을 모색하였다(박철규, 2003, 200쪽).

동아대의 경우 1970년대 후반 독재권력에 대해 비판적인 시각을 가지
고 있던 학생들의 흐름을 크게 세 가지로 나눠 정리할 수 있다. 첫 번째는
신종권이 1970년대 중반부터 유지해 오던 독서회이다. 신종권은 1973년
정외과 4학년 이평수와 함께 독서서클을 만들면서 활동을 시작하였다.
그리고 이듬해 '한국역사연구회'를 조직하였고, 1975년에는 '생활철학연구
회'를 결성하였다. 그러나 '생활철학연구회'는 발족되기도 전에 학교 당국
으로부터 주목을 받아 해산할 수밖에 없었다.[11]

두 번째는 중부교회의 이승원이 활동한 '동아독서회'이다. 1970년대 후반
부산지역에서 왕성하게 활동한 중부교회는 동아대에도 일정한 영향력을
행사하고 있었지만 중부교회 소속 청년대학 부원의 수는 매우 적었다. 당
시 중부교회에 다니며 동아대에서 적극적으로 활약한 인물이 이승원이다.
1977년부터 중부교회에서 왕성하게 활동하던 이승원은 1978년 들어 동아대
에 나름의 의식화, 조직화 작업을 추진하였다. 당시 그런 그의 눈에 들어온
것이 바로 '동아독서회'였다. 이승원은 동아독서회에 적극적으로 참가하여

---

[10] 이것이 일명 '도깨비 집' 혹은 '사랑 공화국'으로 불리며, 후일 1980년대 초에 일어난 '부
림사건'을 계기로 세간에 알려진 부산대 지하서클이었다.

[11] 1976년 들어 신종권은 낙수회를 결성하여 다시 활동을 시작하였다. 1977년 들어 신종권
이 졸업한 이후 낙수회는 1978년 '동아독서회'로 이어졌다. 동아독서회는 1978년부터 중
부교회에 다니던 이승원과 관련을 가지기도 하였다.

후배들과 중부교회로부터 얻은 커리큘럼을 가지고 학습을 시작하였다. 이
승원의 군 입대로 중부교회와 동아독서회의 연대는 느슨해졌고 부마항쟁
의 과정에서 동아독서회는 어떠한 주도적인 역할도 하지 못하였다.

마지막은 법대를 중심으로 존재한 또 하나의 흐름이다. 법대생이었던
김상배가 1975년 필화사건으로 제적된 바 있을 만큼 법대에서는 학생들
간 시국에 대한 자연스러운 논의가 이루어지고 있었다. 학생들은 동문 등
주로 친분을 기초로 한 모임의 술자리를 통해 만났으며 이 자리에서 유신
체제에 대한 불만을 쏟아냈다. 별다른 조직직 기초가 없었딘 학생들에게
이러한 모임들은 중요한 연결고리가 되었다. 이 같은 사실은 10월 17일
동아대 시위의 발생 과정에서 매우 극명하게 나타난다. 1979년 동아대에
서는 새로운 형태의 학생조직들이 나타난다. 물론 이러한 조직 역시 친분
을 기초로 한 사적 모임에서 시작한 것에 지나지 않았고, 1979년 부마항
쟁에서 중요한 역할을 하지는 못하였지만 이후 1980년대 동아대 학생운
동에서 중요한 역할을 하였다는 점에서 이들을 주목할 필요가 있다.[12]

1970년대 부산에서 전개된 학생운동은 '반독재 민주화'라는 이슈에서
볼 때, 한국사회의 민주화운동과 그 궤를 같이하면서 진행되었기에 다른
지역과의 커다란 차이는 없다. 그러나 부산지역의 학생운동은 조직적이

---

[12] 박철규, 2003, 201쪽. 1970년 들어 새롭게 형성된 그룹은 두 가지로 나눌 수 있다. 첫 번
째는 황주호, 백인호, 최형욱 등이 중심이 된 5인방 그룹이다. 처음 이 그룹은 사적 모임
에 지나지 않았으나 이후 서울에서 내려온 한언석에게 체계적인 학습을 받으면서 이후
운동에서 중요한 역할을 하였다. 두 번째는 시항문학회를 중심으로 모인 변재관, 김세
곤 등이 중심이 된 그룹이다. 시항문학회는 1977년에 결성된 문학서클이었는데, 이를
중심으로 몇몇 선진적인 학생들의 시국에 대한 토론이 자연스럽게 이루어지고 있었고
이 과정에서 비판의식이 성장해 갔던 것이다. 더불어 변재관이 1979년 부산대 고호석으
로부터 학습을 받고 있었던 점이 주목된다. 변재관 그룹은 1980년 유인물을 제작하면서
활동을 하였으나 변재관이 당국에 검거되어 그해 여름 군에 징집되면서 그룹이 와해되
었다. 5인방 역시 1981년 한언석에게 학습 받은 것이 발각되어 구성원들이 학교 당국으
로부터 징계를 받으면서 와해되었다. 1979년부터 성장한 이 두 그룹은 1984년 복학한
이후 나타난 동아대 학내 민주운동을 예고하는 것이기도 하였다(박철규, 2003, 202쪽).

라기보다 단속적으로 진행되었는데, 이 같은 사실에 그 특징이 있다고 하겠다. 양과 질에서 차이가 있지만, '도깨비 집'과 같은 패밀리 조직에 의해 학생들에 대한 의식화, 조직화가 시도되고 있었다. 부마항쟁 당시 시위에 적극적으로 참가한 학생들의 의식 형태와 수준, 형성 과정을 보면 상당한 편차가 있다. 즉 당시 대부분 학생들의 평균적 의식은 정의감에 기초한 초보적인 현실 인식을 크게 벗어나지 않은 수준이었으며, 비공개 조직에서 학습하고 있던 일부 학생들은 유신체제의 본질과 한국사회의 성격, 자본주의 체제에 대한 구조적인 모순을 인식해 가는 정도였다.

이들의 의식 형성 과정은 대학 내의 교양 강의, 시국강연회를 비롯한 각종 강연, 사회과학 도서, 지적 호기심을 충족시키기 위한 친구 혹은 선후배들과 일상적인 대화를 통해 이루어졌다. 특히 간헐적으로 전개된 학생운동에 대한 당국의 탄압, 즉 공안 당국의 학원침탈, 동료학생 구속, 배후를 캐는 과정 등에서 발생한 인권에 대한 유린은 일반 학생들을 자극하고 민주화에 대한 관심을 환기시켜 주고 있었다.

2) 패밀리의 확대기 : 현실 비판에서 이념으로

1980년대 학생운동은 서클운동 및 부마항쟁의 연장으로 1980년-1983년 사이 의식서클(일명 패밀리)에 의해 주도되는 시기와 유화국면을 맞이하면서 학도호국단 폐지 및 학원민주화 투쟁위원회 건설을 위해 투쟁하는 두 시기로 나눌 수 있다. 이 두 시기는 1970년대 말에 형성된 의식서클에서 성장한 학생들에 의한 서클조직의 확대기라고 할 수 있다.

1980년 '서울의 봄'이라고 불리던 5월에 학생운동 진영은 무엇보다 학생회 구성, 학칙개정 등의 학원민주화 투쟁을 통한 대중성 확보에 주력하였다.13) 그러나 5월 가두투쟁 이후 5·17쿠데타에 따른 휴교조치, 광주민주항쟁 이후 파쇼정권의 탄압 등에 대해 부산의 학생운동은 별다른 진전을 보이지 않고 있었다. 이런 과정에서 부산대에서는 지역사회연구회, 민족사연구회, 쿠사, 아카데미, 성아, 지역삶연구회 등 공개서클과 사랑공화국 및 도깨비 집이라는 비합법 지하서클을 중심으로 학생운동을 형성하려는 시도가 이루어졌다. 비합법 지하서클은 철저한 점조직의 형태로 유지되고 있었다. 상부 선배는 하부 후배를 잘 알지만 하부 후배는 선배를 전혀 파악할 수 없도록 되어있었고, 혹 이들은 서로 알더라도 모르는 체하며 지냈다. 이러한 쌔밀리 간의 비묘한 차이가 있었시만 논쟁을 일으킬 정도까지 운동의 역량과 이론의 발전 정도가 진행되지는 못했다. 이들은 주로 『후진국경제론』, 『서양경제사론』, 『경제원론』과 일본어 등을 학습하고, '군부독재 타도'에 대한 최소한의 인식 공감대를 형성하였다. 또한 한국사회체제의 본질을 규명하는 데 있어 노동자, 농민, 지식인, 소시민에 이르는 광범한 반제·반파쇼 전선을 형성해야 한다는 변혁의 동력을 파악하려는 고민들과 매판군부관료라는 정권의 성격을 계급주의적 관점에서 정리해 내고 있었다.

1981년에는 서클 중심으로 조직이 강화되기 시작하는데, 그 대표적인 이념서클이 '민족사연구회' 및 '지역삶연구회' 등이었다. 특히 1981년 후반부터는 기존의 공개 교양서클을 중심으로 이루어지던 것이 학술 중심의 서클로 방향을 전환하게 되었다. 이들 학술서클들의 학습 내용을 살펴보면, 『현대의 휴머니즘』 같이 기본적인 문제 인식을 제기하는 책에서부터 삶의 자세를 이야기하는 글까지 다루었으며 반공논리를 타파하는 부분에

---

13) 부산대의 경우 1980년 3, 4월 들어서면서 각 단대 학생회장이 선출되고 단대별 공청회를 열어 학생대표자회의를 구성하여 호국단 철폐, 학생회 부활, 지도교수제 폐지, 서클·학내 언론자율화 등의 학원민주화 결의문 11개 항을 채택한다. 또, 서클연합회가 정식 발족되고 학생대표자회의는 끊임없이 총학생회 구성, 어용교수 퇴진, 교수협의회 자율화를 요구하면서 4·19기념행사도 부활시킨다(김형균 편, 1993, 138쪽).

비중을 두었다. 이후에는 한국경제(박현채의 『민족경제론』)나 제3세계 경제이론(종속이론) 중심의 경제학 연구를 활발히 하였고, 각 연구회의 성격에 따라 전문 영역을 확보하려고 노력하였다. 또 방학에는 집단 MT, MC(집단집중학습)와 같은 하드 트레이닝을 하고 그 성과물로서 발표회를 갖기도 했다. 1981년 말에는 각각의 대중서클에 침투작업을 하면서 단대나 과학생회에까지 소모임을 꾸리려고 시도하였는데, 당시 이러한 모임이 10여 개에 이르렀다.

그러나 1981년 부림사건 이후 강화된 탄압정국으로 인해 서클 중심의 학생운동 역량 확산에 심각한 타격을 입게 된다. 1981년 4월 이후부터 1982년까지 단 한 차례의 시위도 조직하지 못하게 되었다. 이후 1982년 3월에 일어난 '부산미문화원 방화사건'은 광주민주화운동 이후 미국에 대한 전면적인 문제 제기를 시작한 최초의 기점으로 평가되지만, 이로 인해 언론과 정권의 집중포화를 받았을 뿐 아니라, 학생운동 진영 역시 다시 침체기를 갖게 되었다.

1983년은 부산 학생운동에 있어 일대 도약을 위한 전환기가 되었다. 유화국면을 맞아 대중적인 실천에 대한 고민들은 기존에 존재하던 서클이나 동문회를 활성화하고 학문 연구를 중심으로 활동하던 단대나 과 학회를 재조직화하는 계기가 되었다. 부산대 독문과, 철학과의 학회 건설 논의를 시작으로 사학과, 사회학과, 경제학과 등 일곱 개 학과가 참여하는 학회연합을 결성하여 학회 중심의 활동을 가능케 하였으며, 본격적인 대중투쟁으로서의 학생운동이 발전하는 계기를 만들었다.[14]

이러한 과정에서 1984년 전국적으로 총학생회가 건설되기 시작하고, 부산대 역시 '효원민주화 추진위원회'를 결성하고 '학도호국단 폐지', '문

---

[14] 서클이나 학회에 신입 회원의 수가 증가하게 되었고, 제한적으로나마 사회과학의 번역물이 출판하게 되었다. 유화국면 이후 학술 이념서클들이 공개적으로 표출되게 되는데, 그 대표적인 것이 민족지성연구회였다.

교 5원칙 철폐', '학생회칙 통과' 등을 목표로 싸움을 벌여 나갔다. 1984년도 후반기에는 학생운동이 '선도성'에 매우 관심을 갖게 되었지만 적어도 1985년까지의 학생운동 활동들은 서클이 그 중심적 역할을 수행했으며, 학회활동을 끊임없이 시도했지만 그렇게 되지는 못했다. 이는 학생운동을 전체 민주화운동의 과정으로만 인식하여 현장에 대한 긴박감을 많이 갖고 있었기 때문이라고 할 수 있다.

전체적으로 이 시기는 서클의 활동 시기로 조직활동의 모색기라고 할 수 있다. 이는 대중적 활동보다 개인직 소모임, 서클에 보다 많은 비중을 둔 것이었다. 그리고 이러한 조직활동은 명확한 사상이론이나 체적인 관점에 의한 것이었다기보다 사회에 대한 뜨거운 열정과 광주의 고민들에 대한 분노 등이 낳은 비타협적인 철저함과 열정에 의한 것이었다. 이러한 모습들은 활동에 있어서 개인적 성격, 서클적 성격 및 비조직성을 배태했다. 이는 다분히 엄혹했던 정세의 영향을 직접적으로 받았던 탓이기도 했다.

3) 부마항쟁기 학생운동의 메커니즘

부마항쟁의 명칭은 그 발단이 된 1979년 10월 16일 부산대 학생들의 교내시위에서 비롯된 10·16, 동아대학생들의 10·17, 마산의 경남대 학생들의 10·18 등을 통칭해 부마항쟁으로 부르고 있다. 대학생들에 의해 시작된 항쟁에 다양한 시민들이 참여함으로써 그 주체를 두고 민중항쟁론, 민주항쟁론, 도시봉기론 등으로 해석하는 논의들이 등장하고 있다(차성환, 2009). 국가폭력의 강도를 생각한다면 학생들에 의한 운동의 발화는 중요한 의미를 갖는다고 할 수 있다. 폭압적인 유신체제에 숨죽여 있던 현실 속에서 항쟁의 직접적 발화점을 제공하면서 부산 시내로 확산시켰던 것은 학생들이었다.

그러나 부마항쟁이 학생조직의 미성숙으로 인하여 체계적으로 전개되지 못했다는 것과 개별 분산적인 활동이었다는 점으로 인해 그 운동에서의 학생들의 역할이 폄하되고 있다. 이러한 원인은 전술했듯이 1970년대 말부터 형성되어 온 학생운동 조직이 서클(혹은 패밀리)이라는 비공개적인 형식에 의존했기 때문이며, 부마항쟁 이후 1980년대 초반의 단속적인 저항 역시 그 연장선상에서 이루어졌다고 볼 수 있다.

학내에 목적의식적인 활동을 하는 공개적인 운동 서클은 거의 없었고 언더서클이 있었다고는 하지만 일반 학생들이 접근하기에는 경찰과 학내 정보부의 학원 사찰이 심한 탄압 분위기하에서 쉬운 일이 아니었다. 많은 대부분의 학생들처럼 나 역시 혼자서 책을 보면서 여러 가지 고민을 하게 되었고 내가 가졌던 우리 사회에 대한 문제의식을 같은 과의 친구들과 얘기하는 그런 상태였다(부마민주항쟁기념사업회 · 부마민주항쟁10주년기념사업회 편, 1989, 108쪽 ; 정광민의 증언).

당시 같은 경우에는 요즘과 같지 않게 공개적인 활동이란 있을 수도 없었고 … 저 같은 사람도 개인적으로 어디 속해서 활동다운 것을 해본 기억이 없습니다. 그런데 2학년 말경에 사회과학 서적을 대하게 되었어요. 3학년 초 당시 동고교와 동여고 동문 서클이었던 '동녘'에서 주로 후배들을 만나서 자주 대화도 나누고 했었죠(부마민주항쟁기념사업회 · 부마민주항쟁10주년기념사업회 편, 1989, 112쪽 ; 이진걸의 증언).

즉, 1970년대 후반에 형성된 일부 운동세력들이 초보적이나마 이념적 · 조직적 역량을 키웠고, 그것과 연계되어 있던 대학생 및 선진적 청년층이 항쟁의 기폭제로 일정하게 역할을 했으리라고 추론된다. 그러나 엄밀히 말한다면, 당시까지도 부산 운동권의 존재 형태는 고립 · 분산적 수준을 크게 벗어나지 못한 상태였다. 겨우 자체 역량 강화와 재생산 구조의 확립을 위해 주력하는 정도였으며, 적어도 시가지 항쟁 과정에서 분출하는 시위대열을 체계적으로 지도한 조직적 구심점은 없었다. 부마항쟁은 대규모 도심항쟁을 조직적으로 이끌어 갈 뚜렷한 지도부가 없는 가운데, 미조직 대중들의 자생적 저항력과 자발적이고도 폭발적인 참여에 의존해서 증폭되었다.

부마항쟁을 전후 한 학생운동의 조직은 비합법 지하서클을 중심으로 철저한 점조직의 형태로 유지되고 있었다. 선배들은 후배를 잘 알고 있지만, 후배들은 선배를 전혀 파악할 수 없었으며, 조직의 비밀성을 위해 설혹 알아도 서로 모르는 체하며 생활했던 것이 일반적이었다. 패밀리 간에 이념이나 활동에 있어서 약간의 차이는 있었지만, 논쟁을 일으킬 정도까지 운동의 역량과 이론의 발전 정도가 진행되지는 못했다. 이러한 비합법 지하서클 중심의 운동이 가지는 한계는 재생산 구조 역시 구성원의 인맥과 학맥에 입각하여 이루어져 있었다는 것이다.

1979년도에는 학내에서는 뚜렷한 공개조직이 없었다. 당시 유신독재의 폭압적인 탄압으로 공개적으로 활동하는 것은 거의 불가능하였다. 사복 경찰의 학내 상주, 학교 기구인 상담지도관실은 중앙정보부, 보안사, 경찰 등의 학내사찰 기구였다. 그러나 당시 사회운동에서 초보적이기는 하였지만, 중부교회, 양서 협동조합으로 젊은이들이 일정 정도 결집되어 거꾸로 이들이 부산대학교, 동아대학교 안에서 학생들을 규합해 내기 위해 작업을 벌이고 있었다. 그래서 1979년에는 인맥 관계가 있는 학술이념 서클(아카데미회, 성아회), 동문서클(영목, 동녘) 등에서 독서토론을 활성화시켜가며 서서히 운동의 단초를 마련해 가는 시기였다.
나는 1979년 복학하면서 영목회의 독서토론 활동을 통해 선배의 권유로 비공개조직과 인연을 맺게 된다. 이 비공개 조직은 내가 알기로는 부산대 최초의, 당시에는 가장 조직화된 비공개 서클이었다(부마민주항쟁기념사업회·부마민주항쟁10주년기념사업회 편, 1989, 147쪽 ; 유장현의 증언).

부마항쟁에서 투쟁 계획의 수립은 비공개 서클들 간의 면밀한 교류에 기반을 두어 체계적 계획을 갖고 이루어지지 못하고, 각 비공개 서클 간의 판단에 입각하여 이루어졌지만 비합법 서클들 사이에는 일정한 끈이 존재하고 있었다. 유장현은 "9월 말경(?) 다른 팀(이진걸 씨 등)으로부터 10·16 유인물 배포와 시위 건에 대한 제의가 있었으나 위 사건으로 조직 보위의 건과 결부되어 적극 결합하지 못한 것으로 알고 있다. 또한 개인적인 선을 통하여 나에게도 제의가 있었으나 조직적 결정으로 이 제안을 거부하였다. 향후 각종 자료에도 나오듯이 10·16 이전 모의 단계에서는 조직이 전체적으로 결합하지 않고 선배(3, 4학년)들 선으로 의견이 오고 갔었다"고 증언하고 있다(부마민주항쟁기념사업회·부마민주항쟁10주년기념사업회 편, 1989, 147쪽). 그러나 이런 비공개 서클들 사이에서 협의체가 만들어지는데, 이호철(도깨비 집)과 김종세(아카데미), 야학팀(영도지역) 등이 주축이 되었다. 그리고 여기에서 2학기에 법대, 상대, 사랑공화국 등에서 한 건한다는 이야기가 자연스럽게 흘러나왔다고 한다. 당시 이상록, 고호석은 조직 재생산을 위해 일을 벌이기는 힘들다는 결론을 내리게 된다. 1979년 이진걸, 남성철, 전도걸, 황선용(서면책방 점원) 등에게 협의체를 통해서 제의가 오게 되고, 이들은 10월 15일 거사에 대해 도와줄 것을 결의하게 된다.

기존의 비합법 서클에서는 조직의 재생산을 위해 일을 벌이기 힘들다고 판단하였지만, 지위를 주도할 새로운 인물이 등장함에 따라 비합법 서클의 일정한 연대가 이루어져 부마항쟁이 발발하게 되었다. 여기에 대해 이상록은 "79년 9월 초쯤, 이미 학생운동에서 손을 떼기 시작하고 있던 나에게 시위를 주동하겠다고 하는 친구가 나타났다며 이호철이 상의하러 왔다. 이진걸이었다. 개인적으로 생활해오던 사람으로 당시의 우리로서는 전혀 알지 못하던 생소한 인물이었다. 시위를 주동하겠으니 같이 하자고 제의하더라는 것이었다. 당시 우리로서는 싸움을 하고서도 조직을 유지할 만한 역량이 못되었으므로 고민스러웠다. 내부논의 결과, 주동은 이진걸이 하고 우리는 조직동원을 해주는 것으로 결정이 내려졌다. 그리고

나는 그 준비 과정에 전혀 개입하지 않는 것으로 얘기가 되었다"(부산민
주운동사편찬위원회 편, 1998, 339쪽)고 회고하고 있다.

당시의 비공개 서클은 조직이 형성되는 과정이기 때문에 학생운동에 기
반이 되는 구체적 이념에 대한 합의는 없었고, 자연히 운동조직의 방향에
대한 결렬한 논쟁이 있었다. 노재열은 그러한 사실을 다음과 같이 기술하
고 있다.

> 79년 여름 MT가서 1주일산 학습을 하였으며 79년 2학기 개상 후 격렬한 논생을
> 벌였다. 논쟁의 주 내용은 '조직보존이냐? 투쟁 수위냐?'였다. 이는 혁명론, 노동현
> 장론, 도시게릴라론 등으로 나뉘었는데 대립된 노선과 방향에 대한 선택의 문제로
> 곤혹스러웠다. 서로 다른 팀은 잘 모르지만, 대개 4학년 7명, 78학번 6-7명씩 2팀,
> 1학년 5-6팀 등 총 60명 내외였다. 당시 공개기구(동녘의 이진걸, 아카데미의 이종
> 세, 성아의 신재식 · 안승운, 경사의 정광민 · 전통)와 언더서클 간의 약간의 갈등
> 이 있었다. 갈등의 내용은 인원 차출에 대한 공개기구의 반발이었다. 79년 말에는
> 선배 그룹으로서 이상록, 고호석 등은 조직보존을 주장하였으며 후배 그룹인 이호
> 철과 나는 한 번 치고 나가자는 주장을 하여 인원을 물색하였다(부산민주운동사
> 편찬위원회 편, 1998, 339쪽).

1980년대 초반 학생운동 조직 역시 소위 패밀리(비합법 이념서클) 체제
(일명 집)로 이루어져 있었다. 대표적인 패밀리는 '도깨비 집'이었으며 동
문을 중심으로 한 패밀리도 있었다. 패밀리 체계의 특징은 폐쇄적, 자기
완결적, 돌출투쟁 중심이었다는 것이다. 이것은 학내에 사복 경찰들의 상
주로 비밀 유지가 중요했고, 때문에 보안 유지라는 이유로 조직이 폐쇄적
으로 운영될 수밖에 없었다. 투쟁방식 또한 소수 중심의 돌발적인 투쟁이
일반적이었다. 결국 이러한 패밀리 체계는 학생운동이 다수 학우 대중들
과는 동떨어져 진행될 수밖에 없는 한계를 가지고 있었다. 그리고 그나마
얼마 안 되는 학생운동의 역량에 타격을 준 두 가지 사건이 '부림사건'(일

명 양서협동조합사건)과 '부산미문화원 방화사건'이었다(김형균 편, 2003,
20쪽).

이 당시 한 번 시위를 하려면 몇 달을 준비해야 했다. 그리고 시위 행태
는 유인물을 뿌리는 것(주로 새벽에 빈 강의실에 유인물을 뿌리거나 화장
실에 부착)이 고작이었다. 패밀리들의 이러한 음성적인 유인물 제작과 배
포는 몇몇 운동서클들의 자기만족적, 자기완결적인 투쟁이라는 행태를
벗어나지 못한 것이었다(김형균 편, 2003, 20쪽).

3. 6월민주항쟁과 조직적 학생회운동

여기서는 학생회가 중심이 되어 조직적으로 민주화운동에 뛰어든 시
기, 학생운동이 선도에서 민주화운동을 이끈 '학생운동의 시대'라고 할 수
있는 1980년대 중반 이후부터 1990년대 초반의 학생운동의 상황과 조직
화 및 그 특징을 살펴본다. 특히 부산에서의 6월민주항쟁은 그 구심점에
있었던 서울 명동성당의 6월 15일 농성 해제로 저항이 약화되는 순간에
부산에서 재점화되어 6·29민주화선언을 이끌어 냈다는 의미, 특히 부마
항쟁과 마찬가지로 지역의 항쟁에서 그 중요한 발화점이 되었다는 데서
그 의의가 있다고 할 것이다. 물론 6월민주항쟁은 부마항쟁과 같이 소수
의 운동가들에 의해 발화된 것이 아니라, 부산지역의 각 대학들이 학내
민주화투쟁을 거치면서 학생회 조직을 중심으로 그 힘을 발현시켰다는
데서 그 의미를 지닐 수 있을 것이다. 여기에는 부마항쟁 이후 총학생회
부활과 조직의 공고화를 위한 험난한 이행 과정이 있었는데, 단속적인 서
클 중심의 운동조직으로부터 총학생회 중심의 운동조직으로의 이행이 그
것이다. 먼저 총학생회가 부활되는 과정과 6월민주항쟁을 중심으로 학생

운동이 공고화되는 과정을 보고, 전반적인 80년대 후반의 학생운동 메커
니즘을 살펴본다.

1) 총학생회의 부활과 조직의 개편

부산지역의 대학에서 본격적인 대중적 조직운동으로서 학생운동이 시
작된 것은 1985년 말부터라고 할 수 있다. 부산대 총학생회는 1985년 5월
세17내 총학생회의 출범으로 부활하였다. 특히 10월 16일 부미항쟁을 제
현하면서 학생운동이 수소의 리더집단으로부터 다수 학생일반에게 확산
되는 계기로 작용했다. 그러나 이러한 조직이 형성되기까지는 '학생운동
이 조직적이지 못해서 부마항쟁이 자연발생적인 성격을 띨 수밖에 없었
던 사실'에 대한 반성과 함께 1980년 이후 총학생회 부활을 위한 지속적인
움직임이 있었다. 1980년 3, 4월의 학생대표자회의를 통한 학원민주화운
동 과정은 순탄치 않았는데, 김정호에 의하면 "부산대는 학원민주화 추진
발기회가 구성되고 학도호국단이 직접선거에 의한 총학생회 구성을 지지
하며 총사퇴를 감행, 민주화의 흐름을 가속화시켰다. 그러나 당시까지 각
동문화의 세력은 어느 서클보다 넓었는데 몇몇 동문회, 서클, 동우회 등
대표 20여 명이 학생대표자회의가 충분한 여론을 수렴 못할 뿐만 아니라
그 대표성을 인정할 수 없다며 '부산대 민주화 추진 총연합회'를 구성하며
반기를 들고 나섰다"고 하였다(김형균 편, 1993, 136쪽).

동아대는 1980년 4월 4일 '학원자율추진위원회'를 구성하고 4월 12일 동
아대 학칙개정 공청회를 열었다. 여기서 '학생자치기구인 총학생회의 부
활, 학도호국단의 전면철폐, 족벌 운영의 지양, 등록금 인하' 등이 개정 학
칙에 명시되어야 한다는 주장이 나왔으며, 5월 8일에는 학생대표선거를
통해 신해주(철학과 3)가 총학생회장으로 당선되어 학생자치기구가 출범

했다. 이 선거를 통한 총학생회의 부활은 종전의 학도호국단이 문교부 법령상 명백히 존속하고 있는 상태에서 총학생회 회칙의 개정이 이루어짐으로써 총학생회와 호국단제가 병존하는 모순된 모습을 보여 주었다. 이러한 움직임은 수산대(현 부경대)에서도 비슷한 양상을 보이며 전개된다. 4월 4일 수산대에서는 학생회 직선을 결의하는 수산대 선거공청회가 대학 임시 운영위원회의 주최로 열렸다. 4월 9일에는 1천여 명의 학생들이 외부인을 통제한 가운데 '학장 자진사퇴, 재임용 탈락 교수의 복직, 실험대학 모순점 시정, 서클활동의 자율화, 학과대표 운영위원회 및 학칙 개정 등의 요구 조건을 내걸고 7일 동안 연이어 철야 농성과 교내시위를 벌였으며, 이로 인해 무기한 휴강조치가 내려졌다(부산민주운동사, 1998, 451쪽). 그러나 이러한 학생회 부활에 대한 움직임은 5·18민주화운동 및 부림사건, 미문화원 방화사건으로 인해 학생운동이 급속히 위축되면서 잠복기에 들어가게 된다.

　총학생회 부활이 활기를 띠기 시작한 것은 1983년 6월 해직교수 복직, 제적생 복교허용, 학내 상주 경찰의 철수 등 제한적 자율화조치 발표이후부터였다. 정부의 학원대책이 학생운동에 대한 획일적이고 강경한 처벌 위주에서 선도 위주의 예방적 정책으로 선회한 것이다. 이것은 그간 위축되었던 학생운동이 보다 활발하게 전개될 수 있는 여건을 조성하는 데 큰 도움이 되었다. 이러한 흐름 속에 부산대에서는 1984년 3월 아카데미, 성아 등 6개 서클이 서클연합회를 결성하였다. 이들은 제적생 전면 복교를 요구하고, 당시 학교 측의 비호 아래 있었던 총단(학도호국단)에 대한 불신임을 선언했으며, '매판자본 타파'와 '총단 사퇴'를 외치며 학도호국단 사무실 점거농성에 들어갔다. 농성 과정에서 서클과 학회 연합회의 주도로 '효원민주화추진위원회'가 구성되었다. 이런 과정에서 단과대 직선제를 거쳐 11월 23일 직접선거에 의한 총학생회를 구성하게 되고, 1985년

11월 29일 마침내 학교 측과의 합의하에 공식 인준된 제17대 총학생회가 부활을 하게 되었다.

학생운동은 학생회 부활이라는 학원자율화의 핵심 과제를 해결하기 위해 이에 주력하였다. 동시에 활동가 중심의 폐쇄성과 비공개성을 극복하기 위해 학회나 서클을 통해 일반 학생들의 자연스런 참여를 이끌어 내려고 노력하였다. 그러나 학생운동의 선도성이 조직적으로나 실천적으로 충분히 확보되지 못하였고, 운동의 양상도 소수의 학생들에 의한 다소 과격한 시위의 형태를 넘어서지 못하고 있었다. 그렇지만 이러한 현상은 학생운동에 대한 공안 당국의 탄압이 엄존했던 상황에서는 불가피한 선택이기도 하였다.

동아대 역시 1985년 3월 12일 비상학생총회를 개회하여 총학생회 구성을 모색하였다. 총학생회 준비위원회는 3월 22일 총학생회 건설에 대한 성명서를 발표하고, 4월 15일 총학생회 선거를 통해 총학생회장을 선출했다. 선출된 총학생회 주최하에 5월 16일부터 광주항쟁 추모기간을 선포하고, 상황극과 초청강연회 등의 행사를 가지면서 항의시위를 벌였다. 이 과정에서 총학생회장 등 13명이 연행되자 1,000여 명의 학생들의 항의하는 시위를 벌이고, 5월 29일에는 회칙 제정 작업이 일단락되었다.

이로 인해 학생운동은 이중적인 구조를 갖게 되는데, 학생들의 직선을 통해 구성된 총학생회를 중심으로 전개되는 학내민주화와 각종 특위를 중심으로 이루어지는 사회민주화 및 정치투쟁이 그것이다. 이는 학생대중조직으로서 총학생회에 대한 일반 학생들의 인식이 아직 미흡하였기 때문에 학생회 조직의 건설과 유지를 위한 일시적인 방편책이라고 볼 수 있다. 특히 이 시기를 거치면서 부산지역 학생운동에서는 총학생회라는 공식적인 기구와 이와는 독립적으로 서클 및 학회라는 새로운 조직적 분화가 이루어지게 되어 학생운동의 조직적 성숙을 맞이하게 된다(부산민주운동사편찬위원회 편, 1998, 469-471쪽).

학생회가 조직되는 과정은 전국적인 학생운동 상황과 맞물려 있었고, 이로 인해 선도적 투쟁이 남발되기도 하였다. 매 학기 말이 되면 점거농성을 하기를 원하는 팀들이 차례를 기다리는 정도였다. 이 같은 사실의 이면에는 점거투쟁을 통해 실형을 선고받게 되면 군문제가 해결되는 점도 작용하였다. 선도적 투쟁으로서의 점거농성은 국민들에게 독재체제를 폭로한다는 의의도 있었으나 대중과 괴리된 자기만족적인 측면도 없지 않았다. 또한 선도투쟁의 남발은 운동지도부의 연행, 구금으로 운동역량의 손실을 초래하는 등의 한계를 드러냈다(김형균 편, 1993, 23쪽).

1986년의 학생운동은 부활된 총학생회를 통한 역량 강화와 이를 기반으로 한 사회민주화를 지속적으로 요구하였다. 노동자들에 대한 인식의 변화와 학교 간 연합투쟁을 창출해 내는 계기가 마련되었으며, 지식인들의 사회민주화에 대한 요구도 제기되었다. 따라서 학내집회와 사상공단에서 벌어진 노동법 개정 요구시위, 미문화원 점거 시도 등과 같은 집회와 시위가 자주 발생하였다. 시위는 당시 학생운동 내부에서 전개된 사상투쟁을 직접적으로 반영하였으며, 자민투 계열의 운동노선이 다수파를 형성하고 있었다.

부산대 총학생회의 경우 1987년 학원민주화투쟁 속에서 부대신문의 학부생체제 전환, 총학생회 회칙 승인, 서클연합회 공식 인정 등 7개 항을 내걸고 투쟁하여 성공을 이끌어 내었다. 이 승리는 많은 학생들에게 대동단결의 의미를 가슴 깊이 심어 주었으며, 이후 6월민주항쟁에 있어 든든한 기반으로 작용하게 되었다. 학생회는 6월민주항쟁 속에서 학생들의 정치적 요구를 한 몸에 받아 안아 6월민주항쟁에서 주도적 역할을 해내고, 시민들의 민주화 의지와 민족민주 세력의 운동역량을 결집시키는 계기가 되었다.

김종기는 "1987년 4월 부산대학교에서 전개되었던 이른바 학원민주화투쟁(이하 학민투)은 선도적 정치투쟁에서 대중운동 및 대중투쟁으로 운동노선의 전환을 꾀하고 있었던 전국 학생운동권의 자기 검증을 위한 시금석이었다 할 수 있다. 부마항쟁의 성지이자 민주화투쟁의 역사에서 매번 중요한 역할을 담당하였던 부산은 1979년 부마항쟁을 기점으로 대학생들과 시민들이 대규모로 참가하는 대중정치투쟁의 기억이 희미해져 가고 있었다. 실제로 1987년 초입에 발생하였던 박종철 열사 고문치사사건 등도 많은 국민들의 공분 속에서 전국적인 항쟁을 촉발시켰지만, 그때에도 이 항쟁이 부마항쟁과 같은 내규모 국민항쟁으로 전개되지는 못했나. 그 와중에 부산대학교 총학생회는 2월부터 부대신문사, 교지 편집위원회와 도서관학과(현재 문헌정보학과)에서 발생한 투쟁을 바탕으로 1983년 이후 이른바 학원자율화조치(1984) 이후로도 허울로만 존재했던 대학의 민주화를 위한 투쟁을 벌여나가기 시작하였다. 이를 기점으로 학교 당국이 일방적으로 교칙을 개정하여 신문사 및 교지 편집권을 대학원생으로 넘긴 것에서 촉발된 학내언론자유 쟁취투쟁과 학생회칙, 사범대학 국가고시 문제 등 억눌려 있던 여러 민주화 요구들이 봇물처럼 터져 나왔다. 총학생회장, 부회장을 비롯한 여러 간부들이 단식에 돌입하고 여러 단과대 학생회장이 지지 단식에 돌입하고 또 일반 학우들도 지지 단식에 돌입하면서 확대된 교내 집회 및 시위는 연일 만 명 이상의 학생들이 대규모 집회를 벌이는 대규모 투쟁으로 확산되었다. 드디어 부마민중항쟁의 시발지 부산대학교에서 또 다시 대규모의 대중투쟁이 재현되고 있었다"고 기술하고 있다(김종기, 2012, 10쪽).

동아대의 경우도 부산대와 마찬가지로 동아대 역사상 가장 격렬한 시위를 계속한다. 다만, 부산대는 4월과 5월 초에 학내 민주화투쟁을 집중적으로 전개하여 일단락시킨 후 6월 민주항쟁에 참가하나, 동아대의 경우 5월 말부터 폭발적으로 전개되어 6월로 이어진다. 동아대는 4월 15-16일 총학생회가 주최한 4·19혁명 27주년 기념제 중 4·13개헌유보조치에 대한 부당성을 지적하고 호헌철폐, 개헌쟁취라는 구호를 외치며 시위를 벌였다. 또 5월 14일부터 5·18광주항쟁 7주년을 기념하는 계승제에서 총학생회 간부 등은 직선제 민주헌법쟁취 및 광주민중항쟁 정신 계승을 위한 구국 단식농성에 들어갔다. 5월 26일 시국선언 서명 교수의 신분보장 등을 요구하며 시작된 학생들의 교내시위가 27일부터 학원민주화 및 학내 제반 문제의 개선 요구로까지 나아가 농성이 연일 계속되었다. 특히 27일 시국선언 서명 교수의 신분보장문제, 교수 공개채용, 기숙사 건립문제 등 학생 측의 12개 요구 사항에 대한 학교 측의 입장과 이행 약속을 들었으나 학생들이 총장 퇴진을 요구하며 사태가 더욱 악화되었고, 이때부터 학내 민주화를 요구하는 시위와 점거가 연일 전개되면서 행정기관이 한때 마비되는 등 대학 사상 가장 격렬한 시위가 계속되었다.

경성대에서는 1987년 4월 19일 서클연합회(동아리연합회)의 주도로 4·19 행사 개최 어용총학생회 타도를 위한 싸움이 시작되었다. 4대 총학생회 보궐선거에서 압도적 표 차이로 당선된 후 호헌철폐 독재타도 등록학생 8천여 명 중 2천여 명의 재학생이 모였다. 5월, 한편으로 어용총학 타도 그리고 광주학살 진상규명, 독재타도 등을 내걸면서 학내민주화투쟁이 사회민주화투쟁으로 발전했다.

신라대에서의 학내민주화운동은 6월 4일 오후 3시 운동장에서 수련축전 반성 및 학내 제반사항 토의를 위해 열린 학생총회를 시작으로 전개되었다. 이들은 17일 동안 총 10여 차례의 학생총회와 학과총회를 가지면서 교내시위 본관 점거 학생회장단의 단식투쟁 철야농성 등 4,000 수련인의 결집된 힘으로 투쟁하였다. 이에 학교 당국이 학생들의 요구사항을 전면 수락함으로써 학내민주화가 수습되기에 이르렀다(윤준호, 2012, 45쪽).

이처럼 학원민주화투쟁의 승리는 학생운동이 6월민주항쟁에서 일반 학생들의 요구까지도 광범위하게 수렴함으로써 전체 학생을 대표하고 이끌어 가가는 진정한 학생회가 만들어짐으로써 가능하였다. 또한 이 같은 승리는 6월민주항쟁을 이전의 선도투쟁의 형식이 아니라 '한 사람의 백 걸음보다 백 사람의 한 걸음'이라는 대중노선으로의 전환을 이끌 수 있었던 중요한 계기가 되었다.

2) 6월민주항쟁기 학생운동의 메커니즘

1987년, 박종철고문치사사건을 통하여 독재정권에 대한 대학생들의 분노는 급격히 끓어올랐다. 그 분노는 바로 학내민주화운동으로 표출되었다. 부산대, 동아대 등은 3월부터 5월 초까지 대학민주화운동을 전개하였는데 학생들의 열기는 극에 달하였고, 학내민주화운동이 마무리되면서 다시 6월민주항쟁으로 연결되었다.

총학생회가 명실공히 학생회로서의 위치를 다시 찾으면서 학생운동은 그 이념의 정립이 필요하게 되었다. 부산에서는 1986년도부터 삼민투쟁위원회(이하 삼민투)가 등장하면서 조직적으로 반제반파쇼민족민주화투쟁위원회(이하 민민투)와 반미자주화반파쇼민주화투쟁위원회(이하 자민투)가 건설되었고, 각각 미공개 학생회를 통해 조직적 활동을 벌여나갔다. 한편, NL계열은 전투적 학생회 건설을 위한 활로 모색과 이의 강화를 위한 활동가 조직을 만들게 되었으며, 사상적으로는 주체사상의 수용 속에서 전일적인 체계와 활동들을 지향했다. 그리고 이는 현재까지도 기본적인 골조는 유지되고 있다(김형균, 1993, 123쪽).

반면 PD계열은 민민투를 계승하며 CA의 관점을 수용하였다. 또 조직적으로는 전국민족민주투쟁학생연맹(민민학련)이라는 CA 하부조직으로서의 활동들을 벌여나가는가 하면, 마르크스-레닌주의자로서의 자기 정체성을 가지며 대중적인 정치조직 건설을 논의하게 되었다.

이 시기는 조직운동의 본격적인 발전기이며, 대중적 학생운동이 본격적으로 시작되었다고 할 수 있다. 즉, 광주민중항쟁으로 인한 민중운동의 침체가 서서히 그 활로를 찾기 시작했으며, 1984년의 유화조치를 거치면서 본격화되었다.[15]

1986년 부산대의 학생운동은 대중노선을 표방하고는 있었지만 여전히 비합법지도부나 서클 중심으로 진행되었다. 당시의 집회는 주로 문창회관이나 사회대 앞에서 100-200명 정도의 인원이 참가하는 형태로 이루어졌다. 정치투쟁은 반독재, 계급모순을 주요 모순으로 인식하는 사회대 중심의 민민투와 민족자주, 민족모순을 주요 모순으로 삼는 자민투의 대립 형태로 나타났다. 이러한 대립 양상은 부산이라는 지역적 한계와 운동의 미성숙이라는 문제로 인해 시기적으로 서울지역의 논쟁에 비해 늦게 나타났다. 그러나 전국적이었던 민민투와 자민투의 대립과는 달리 부산지역의 이념노선 대립은 그다지 심각하지 않았다. 당시 부산대 총학생회장이었던 김종삼은 이에 대해 "부산대학은 실제로 민민투와 자민투의 노선대립이 실제로 크지는 않았습니다. 왜냐면 실제로는 민민투 위원장이던 정윤재 군이 한 달 있다가 자민투 위원장을 했으니까. 실제로는 부산대학에서는 이념은, 이념투쟁은 없었던 거죠"라고 하였는데(부산민주항쟁기념사업회 편, 2012, 70쪽), 이를 통해 극심한 노선 간의 갈등은 없는 것으로 파악하고 있다. 다수를 점하고 있었던 자민투의 대중투쟁노선과 PD계열의 선도투쟁이 이념적으로 갈등하고 있었지만, 1980년대 중반까지만

[15] 다른 정파적 요소들을 함께 모아내고, 조직 내의 논의 과정을 거치면서 최대한의 행동 통일과 공동의 활동들에 대한 고민들을 수행해 나갔던 시기라고 할 수 있다. 그럼에도 불구하고 자민투와 민민투의 내부적인 노선투쟁의 경우에도 확인할 수 있지만, 명확한 조직적 논의들과 구조를 가지면서 대중적 사상투쟁의 과정에 정리되어야 하는 내용들이 전혀 그렇지 못했고, 다분히 개인적인 논의의 과정을 거치는 속에서 정리되어 진행되었다는 것이 그 한계라고 할 수 있다(김형균 편, 1993, 75쪽).

하더라도 부산지역의 학생운동에서는 이념적 정파가 거의 없었다고 보아도 좋을 것으로 생각된다.

1986년 10월 26일 단일 사건으로는 최대 규모인 1,290여 명의 학생이 구속된 건대사건(전국 반외세 반독재 애국학생투쟁연합 결성)이 발생한다. 이를 계기로 부산대에서는 교내 5,000여 명이 운집한 대규모 집회가 이루어지고, 양 진영의 소모적인 이론적 논쟁을 지양하게 되었다. 따라서 총학생회는 학생자치기구로서의 자율성과 지도성을 정확하게 확보해야 한다는 섬과 대중석 욕구에 절서히 기초해야 한나는 내중노선을 표방하게 된다.

1986년의 학생운동은 서클 중심에서 나아가 서클−단대(C−D)체제가 공존하게 되었고, 이 두 체제를 보완해 주는 단계적 역할을 수행하는 MPSO(Mass Political Struggle Organization, 대중정치투쟁조직)체계로 분리되어 이루어졌다. MPSO 내에는 전문 시스템조직이 파트별로 나뉘어 존재했는데, ‘선전선동 파트(part)’, 노동현장에 유인물을 배포하는 등의 일을 하는 ‘민중생존권지원 파트(part)’, 그리고 ‘투쟁 파트(part)’ 등이 그것이다. 당시 총학생회의 위상은 아직까지 지도의 대상으로 인식되었다. 다시 말하면 총학생회는 운동의 중심 조직이 아닌 C−D체제, MPSO체계의 합법 조직으로서만 지위를 가지고 있었던 것이다(김형균 편, 1993, 25쪽).

1986년도에는 여전히 선도투쟁이 학생운동의 주된 방식이었다. 그러나 건국대사건 규탄시위에서는 1980년대 들어 처음으로 광범한 학생들의 참여를 경험하게 되었다. 당시 부산대에서 이루어진 집회에는 500명 정도 모이는 것이 고작이었다. 그러나 이때에는 파쇼정권의 탄압에 분노한 4,000-5,000명의 학우들이 규탄시위에 참가하여 대중투쟁의 위력을 맛보게 되었다고 한다.

이때 운동 지도부는 대중투쟁의 힘을 절감하게 되었고 선도투쟁의 한계를 극복할 수 있는 대중투쟁만이 승리할 수 있다고 느끼게 되었으며, 이를 계기로 불신해 왔던 학우들을 믿게 되었다. "소수의 선각자들이 역사를 이끄는 것이 아니라 다수의 대중들이 투쟁에 나설 때만이 역사의 한 걸음이라도 전진시킬 수 있고, 대중이 투쟁의 주인이고 역사 발전은 소수의 투쟁이 아니라 대중투쟁에 의해서만 이루어질 수 있다는 것이다. 운동권과 학생대중들을 분리해서 사고해서는 안 되며, 학생들이 있는 곳이면 언제나 함께 있어야 한다"는 대중관이 성립하게 된다. 이때부터 운동권은 용모도 단정히 하며 수업도 충실히 들어가야 한다는 인식을 가지게 되었 것이다(김형균, 1993, 26쪽).

1987년 초반에는 전투적 학생회를 위한 미공개학생회가 총학생회와 공존하고 있었으나, 4월 학내민주화투쟁과 6월민주항쟁을 학생회가 주도적으로 이끌어 나가게 되자 미공개학생회는 자연스럽게 소멸되었으며 학생회 중심의 사업을 펼칠 수 있었다. 4월 학내민주화투쟁과 6월민주항쟁은 학생회만이 대중투쟁을 이끌 수 있는 학생운동 조직이라는 것을 입증하는 계기가 되었다. 나아가 학생대중의 정치의식을 크게 고양시키는 계기가 되었으며, 4월 학내민주화투쟁의 경험으로 타 대학과는 달리 대규모적이고 지속적인 투쟁 창출이 가능하였고 실제 투쟁에 있어서도 능동적이며 적극적인 투쟁을 이끌어 냈다. 또 총학생회 및 대중기구를 중심으로 조직적 투쟁이 전개되어 나갔다. 부산지역총학생회 협의회(이하 부총협)를 중심으로 진행되었던 학교 간 연대투쟁은 이전에서는 볼 수 없었던 획기적인 발전이었고, 6월민주항쟁을 통해 그 기반을 급속히 다져 나갔다.[16]

16) 6월민주항쟁을 주도했던 부산대 총학생장이었던 김종삼은 "6월항쟁을 통해서 자주, 민주, 통일의 학생회 활동이 사회변혁의 주체로 등장하게 되었다. 학생회활동이 주동력으로서 확실하게 대중적으로 자리매김하게 되었고, 현장 중심 노동자 운동만이 중요한 것이 아니라 전 사회 각층에서 이루어지는 운동의 중요성을 알게 되었다… 대중운동을 사회운동으로 확대시켜서 직장인 등의 사회운동이 이루어지는 계기가 되었으며 조직세대를 만들어 낸 기폭제가 되었다. 그 중심에 학생회와 6월항쟁이 있었다"고 기술하고 있다

학생대중투쟁은 투쟁 과정에서 거의 모든 시민이 지지, 성원하고 참여하는 것을 목격함으로써 운동에 대한 정당성을 피부로 체험하고 자신감을 갖게 되었다. 또한 이러한 자신감은 6월민주항쟁의 커다란 성과물이라고도 할 수 있다. 이것은 곧 투쟁대열에 참가한 학생대중들이 운동에 지속적, 의식적으로 관계할 수 있음을 의미하며, 실제로 이들은 과거의 방관자적 입장에서 벗어나 스스로 운동 주체의 한 일원임을 자각하고 이후 각종 행사나 집회에 높은 관심을 가지고 참여하게 되었다.

4. 학생운동 시대의 운동 메커니즘

1) 부울경지역 연대운동

6월민주항쟁 과정에서는 지역의 운동을 책임질 지역운동 지도부의 구성이 대단히 미비했다. 대부분이 청년학생 지도부에 의해 이끌어지는 정도였다. 이에 따라 지역 청년학생운동 간의 연대는 더욱 필요하게 되었는데, 전술했듯이 6월민주항쟁을 전후로 지역학생 연대운동의 조직적 틀이 생겨나게 되었다. 1987년 이전 부산지역의 학생 연대운동은 한마디로 자연발생적이고 일시적인 연대운동이었고, 조직적 틀을 가진 연대운동은 아니었다. 조직적 연대운동은 부총협의 건설로부터 시작되었다고 할 수 있다.

1987년 6월 5일 부산대 운동장에서 부산지역 5개 대학의 학생들이 모였고, 이 자리에서 '부총협' 결성식과 '조국통일과 민중·민주정부 수립을 위한 투쟁위원회' 출정식이 열렸다. 이 당시 각 대학은 총학생회에로의 집

(민주공원 편, 2007, 48쪽).

중을 통해 학교 자체적인 과제와 4월 전두환의 호헌선언과 관련한 투쟁을 준비하고 있었다. 독재정권에 의해 억압된 사회적 분위기에서 정권 교체를 통한 민주화 염원을 실현하고자 하는 변화의 요구가 어느 때보다도 높았다. 또 박종철고문치사사건의 진상이 조작되었다는 사실이 알려지자, 전두환 정권에 대한 분노가 전국적으로 일어나고 있었다.

지역연대조직인 부총협은 부산지역 4년제 대학 12개 교로 구성되는데, 이들은 1987년 대통령 선거에도 조직적으로 참여하게 된다. 하반기에는 전국대학생대표자협의회(이하 전대협)를 중심으로 민주정부 수립의 걸림돌인 지역감정문제에 조직적으로 대응하면서, 대통령 후보 단일화를 위한 운동을 전개하였다. 전국적인 학생연대와 더불어 부산·경남지역의 연대운동은 1988년부터 상시적이고 일상적인 투쟁을 지역연대조직을 통해 만들어 내었다. 4월 총선에의 조직적 참여나 6·10예비회담, 8·15 판문점회담 등을 지역 연대운동 차원에서 준비하게 된다. 그러나 전대협은 1987년 자연발생적으로 결성된 지역조직에 대한 재편을 요구하게 되고, 1989년 부산·경남지역의 학생연대는 부산·울산지역총학생회협의회(이하 부울총협), 마산·창원지역총학생회협의회(마창총협), 진주지역총학생회협의회(진총협) 등으로 분리되었다. 1987년 이후 연대운동이 본격화되면서 학생연대조직의 결성 이후 연대운동을 탄압으로부터 지켜내는 것과 더불어 대중으로부터 대중조직의 뿌리를 가지는 것이 중요하게 제기된다. 내용적으로는 학생대중의 이해와 요구의 지향을 밝혀내는 것을, 형식적으로는 절차성과 공개성의 문제를 강조하게 된다. 이는 내부적으로 단대학생회, 과학생회의 자주적 건설을 이루어 내고 대의체계를 올바로 세우는 것이었다. 1989년을 기점으로 지역학생 연대조직 내의 대의체계로 대의원체계를 이루어내고, 계열부문까지 조직의 확대를 이루게 되었다.17)

1980년대의 투쟁을 통하여 우리 사회에서 가장 영향력 있는 집단의 하나로 성장한 학생운동은 1990년대에 들어서도 사회변혁 및 조국통일운동의 주역으로서 그 역할을 수행하기 위한 준비를 서두르고 있었다. 이러한 사정은 부산지역의 경우에도 마찬가지였다. 1987년 부울총협이 결성된 이래 부산지역 학생운동은 지역 민주화운동의 가장 중요한 조직 역량으로서 자기 역할을 수행해 왔다. 특히 1979년 부마항쟁과 1987년 6월민주항쟁의 후예를 자처하는 부산지역 학생운동은 전국적으로도 중요한 위상과 역할을 남낭하고 있었다(부산민주운동사편찬위원회 편, 1998, 592쪽).

1990년대에 들어서 여러 차례의 집회와 시위가 있었지만, 학생운동이 지나치게 정치투쟁에 치중함으로써 학생들의 대중적 참여가 줄어들고 점차 일반 학생들의 관심으로부터 멀어지는 경향을 보이기 시작하였다.

이런 상황을 반영하여 1990년 11월부터 진행된 부산지역 대학의 총학생회장 선거에서는 정치적 쟁점 못지않게 학내문제 해결에 관련된 공약들이 다양하게 제기되었다. 다른 한편으로는 학생운동의 방향 설정을 놓고 '민주세력의 대연합으로 민자당의 장기집권을 분쇄하고 자주적 민주정부 수립과 반미 자주통일을 이룩하자'는 민족해방(NL)계열과 '끈끈한 노학연대를 통해 노동해방과 민중해방을 쟁취해야 한다'는 민중민주(PD)계열 간의 대립 양상도 분명해졌다(부산민주운동사편찬위원회 편, 1998, 594쪽).

1990년에는 4·19혁명 30주년, 광주민주화운동 10주년, 보안사 민간인 사찰 파동 등 굵직한 이슈들이 많았음에도 부경총련은 학생대중들의 관

---

17) 최인호, 1993, 310쪽. 부울총협은 1991년 전대협 출범식을 부산지역에서 개최할 것을 제의하고 대중적 합의와 동의를 통한 부경총련으로의 조직적 전환을 모색하게 된다. 제5기 전대협 출범식 전야제 전에 부산·경남지역 청년학생 결의대회를 가짐으로써 전체 학생의 결의로 부경총련 건설의 기반을 다져 나갔다. 1992년 부산·경남지역 각 대학의 총학생회 선거가 끝난 다음 임시체제 구성을 위한 총학생회장단 모임에서 부경총련으로의 조직적 결성을 결의하게 된다(최인호, 1993, 310-317쪽).

심과 참여를 이끌어내지 못하였고, 그로 인해 침체 상태를 면하지 못하였다. 이처럼 학생들의 참여가 저조해진 것은 학생운동 지도부 노선이 독일통일, 한소수교, 남북정세의 변화 등 급변하는 국내외 정세에 탄력적으로 대응하지 못하였고, 일반 학생들의 일상적인 관심사도 제대로 반영하지 못하였기 때문이었다. 다른 한편으로는 노동운동이나 농민운동 등 부문운동이 자체적으로 활성화됨에 따라 사회운동 내에서 학생운동의 지위와 역할이 상대적으로 줄어들었고, 이러한 상황에서 학생운동이 새로운 형식과 내용을 창출하는 데 실패했기 때문이다. 학생운동권은 1992-1993년의 권력재편기를 앞두고 민주연합정부 수립과 민중민주운동 강화라는 목표를 설정하고는 있었지만, 운동의 대중화와 대단결이라는 원칙만 있을 뿐 구체적인 대안을 찾지 못해 고심하고 있었다.

2) 학생운동 조직의 메커니즘

각 대학에서 총학생회 차원의 연대운동이 활발하게 일어나고 동시에 서울을 비롯한 전국조직과의 교류도 빈번하던 시기에 대학의 내부조직은 어떻게 구성되었으며, 조직운동의 기제는 어떠하였는가를 간략히 살펴보자.

1987년 이후부터 1990년 초의 학생운동은 학생회 차원의 조직적 운동과 더불어 공식화되어 있는 학회, 동아리 등을 통해 계속적으로 재생산되고 있었다. 학생들은 대체적으로 대학 1학년을 경과하게 되면 자신의 소속이나 준거를 학생회(학과 포함)에 둘 것인지 아니면 동아리에 둘 것인지를 선택하게 되었다.

총학생회를 비롯하여 단과대 및 학과 학생회가 활성화되어 있었고, 학생회를 중심으로 운동이 조직적으로 이루어졌기 때문에 조직의 재생산구조는 학생운동을 주도한 학생회에 의해 체계화되었다. 이 시기는 학생운동의 정파적 분화가 심했던 시기이다. 부산대의 경우 학생회를 주도한 다수파로서 NL진영이 강고하게 존재하고 있었으며, PD진영은 소수파로서 여러 분파로 존재했다. 한동안 ND, 이후에는 남한사회주의노동자동맹(사노맹)으로 정리되는 분파가 있었으며, 이외에도 기타 서너 가지 노선들이 있었다. 이러한 분파들은 NL을 제외하고는 노동해방, 자본주의 극복을 위한 이행의 경로를 두고 치열하게 논쟁하고 있었다.

이들의 학습 내용에 대해 배○○[18]은 "1, 2학년 때는 현실 인식에 관한 여러 사시 내용으로 학회, 서클 학습티 등에서 학습하고 있있다. 징해진 텍스트나 순서 등이 있었는데… 껍데기를 벗고서, 민중의 함성… 척박한 환경, 억압받는 노동자에 대한 고찰 등이 이루어지고 나면, 철학적 인식에 대한 학습… 이후 경제사나 정치경제학을 하고 나면… 철학관심을 높이면서 마르크스의 원전 등을 학습했으며, 더 나아가 러시아 혁명사, 레닌주의와 관련된 저작 등을 읽기도 했다"라고 회고하였다.

이 시기 조직운동의 원칙과 운영방침은 총학생회, 단대 및 과학생회, 학회, 비합(언더), 오픈된 정치조직 등에 따라 달랐다. 특히 동아리가 단대 및 과 단위로 만들어지기 시작한 것이 특징이라고 할 수 있다. 조직의 운영은 학생운동의 역량이 높아지고, 형식적이나마 민주주의가 수용되는 시대로서 에너지가 넘쳐나고 있고, 그 에너지를 적당하게 표현할 수 있는 방식으로 이루어지고 있었다. 특히 그 당시 학생들이 갖고 있는 사회적 관심과 에너지를 모을 수 있는 틀과 그릇들이 필요했기 때문에 공공연하고 오픈된 방식으로 조직이 운영되었다.

학생운동 조직이 추구하는 이념을 살펴보면, 대체적으로 다수를 점하고 있었던 NL은 대중투쟁노선을 견지했다. 반면, 소수파였던 PD는 선도투쟁

[18) 배○○씨와의 면담은 2013년 5월 13일 이루어졌다. 그는 1990년대 초 학과 및 단과대학 생장을 지냈으며, 동시에 비공개 학습모임활동을 적극적으로 했던 인물이다. 개인의 정보 보호를 위해 익명으로 처리하였다.

의 방식을 고수했다. 특히 선도투쟁의 일환으로 물리력을 동반한 선도투쟁을 기획하기도 하였는데, 이슈화를 위해 타격투쟁이 기획되었다.[19]

투쟁 계획의 수립과 관련해서 집회 기획 등에 대한 노하우가 충분히 축적되어 있었기 때문에 여러 주체들에 의한 집회가 수시로 열렸다. 학생회 차원에서 이루어지는 집회는 학생회 하위 부서가 전문 영역으로 조직되어 있어 효율적으로 이루어졌다. 총학생회는 집회 계획을 수립하였고, 이를 뒷받침하는 중앙위원회(단과대 학생회장으로 구성) 및 대의원 대회는 당시 큰 흐름의 사업 및 투쟁계획의 논의하고 있었다. 전반적으로 단과대에서 집회를 위한 출정식을 거친 후 전체 학생회 차원에서 집회가 이루어지는 것이 일반적인 형태라고 할 수 있다.

학생운동으로서의 정파로 본다면 일상생활과 생활 지침은 매우 달랐다. 다수를 점하고 있었던 NL계열은 생활공동체를 많이 강조한 반면, PD쪽은 학습을 대단히 강조하는 경향이 있었다. 특히 민주구국학생연합(민학련)에서는 그 당시의 강한 결속이나 정의라는 꿈에 대한 지향을 강요하였고, 구성원들은 스스로 그러한 생활의 규율을 받아들이고 있었다. NL계열이 생활과 관련한 품성론을 강조하였다면, PD계열은 '검거에서 석방까지' 즉, '잡힐 때는 어떻게?', '교도소 생활은 어떻게?' 등과 같은 지침들을 정치학교를 통해서 교육하였다.

> 대학 1학년을 마친 겨울방학이나 2학년 겨울방학 … 이럴 때 수준에 맞게끔 정
> 치학교 등을 많이 했다. 모든 것이 공공연화되고 대형화되는 추세이기 때문에 소
> 규모적인 학습티나 학회에서 커버하지 못하는 강사의 수준, 교육의 질을 높이기
> 위해 몇 박 며칠해서… 연수하듯이 … 그 당시 학생회를 장악하던 대학교에서 공

[19] 즉 이들은 노동해방이나 자본주의 모순의 극복을 위한 사회주의에 대한 선전 선동이 강
화를 기획하였다. 일반적인 민주주의를 확대하는 투쟁도 중요하지만, 민주주의만 확대
해서 세상이 바뀌는 것이 아니어서 사회주의를 소개하고 선전 선동으로 활용하는 경우
도 있었다.

간을 빌려 정치학교를 하고 여기에서 생활 지침 이런 것을 교육하기도 했다(배○○의 구술).

1980년대 중반까지의 부산지역은 이념적 정파가 없다고 보아도 무방하다. 1980년대 중반 이후에는 이념적 정파 간의 반목이나 질시가 심했지만, 그럼에도 불구하고 서로 공유하고 협력하는 분위기였다. 각 조직의 역할은 학생운동을 어떻게 보느냐에 따라 달랐으며, 시대적 인식과 사회 변혁을 생각하는 방식 역시 정파별로 달랐다.

마지막으로 부마항쟁 등 앞선 학생운동과의 연계성은 그리 크지 않은 것으로 나타났다. 즉, 부마항쟁 등에 대해서는 운동을 이끄는 문건의 화두와 같이 운동을 위한 선동의 수단이기는 하지만, 1980년대 후반의 학생운동에는 지역운동의 경험 등은 그리 크게 작용되지는 않았던 것으로 보인다. 그것은 당시 운동의 이념이나 방향이 첨예하게 자본주의 극복, 혁명이라는 것에 초점에 맞춰져 있었기 때문에 지역적 특성이나 역사를 되짚어 본다는 시각은 갖고 있지 못했다.

5. 맺음말

일제하의 민족해방운동에서부터 해방 이후 현재에 이르기까지 한국 현대 민주운동사에 있어서 학생운동이 차지하는 위상은 어떠한 것일까? 자주민족국가 수립 과정에서뿐만 아니라 이승만, 박정희 및 신군부의 독재에 저항한 민주운동에 있어서 학생들은 정권을 무너뜨리는 데 가장 중요한 역할을 했음에도 불구하고 그에 걸맞은 적절한 평가를 받지 못하고 있는 것이 사실이다. 부산의 학생운동 역시 한국 현대사의 고비마다 순수한 열정으로 독재정권에 저항했으며, 그 운동의 결과 독재정권을 와해시키고 민주사회로 이행하는 데 지대한 영향을 미쳤다. 그럼에도 그에 상응한 역사적 평가를 받지 못하고 있을 뿐만 아니라, 민주화된 현실에서는 폄하되고 있을 정도이다. 강대민은 이러한 이유에 대해서 "대중운동에 대한 절대적인 연구 성과가 부족한 것도 그 원인이 있지만 실제로는 부문운동으로서의 청년·학생운동이 범주적으로 독자성을 가질 수 있다는 것을 간과하고 노동자·농민 등을 중심으로 연구가 진행되었기 때문"이라고 기술하고 있다(강대민, 2003, 6쪽). 부산지역의 학생운동은 부마항쟁을 통해서 유신정권을 와해시키는 데 결정적 역할을 했을 뿐 아니라, 꺼져가는 6월민주항쟁의 불씨를 재점화시켜, 형식적·절차적 민주주의를 가능하게 한 중요한 계기가 되었다. 이런 계기적 역할을 수행한 부산지역 학생운동의 조직 메커니즘을 살펴본 결과는 다음과 같다.

첫째, 부마항쟁에 있어서 발화점으로 작용한 학생운동 조직은 비공개 서클의 형태를 띠고 있었다. 1970년대 후반 부산지역의 학생운동 조직은 종교계에 기반을 둔 비판적 청년단체와 더불어 이와 일정의 연관성을 가지면서 학내의 자생적인 조직 형태를 띠고 있었다. 특히 1979년에 이르면 학내의 지하서클을 중심으로 공개서클들까지 포괄하는 협의체가 만들어지기도 했다. 의식의 형성 과정은 대체적으로 대학 내의 교양과목, 시국강연회를 비롯한 각종 강연, 사회과학 도서나 친구 혹은 선후배들과의 일상적 대화를 통해서 이루어졌다. 조직의 충원 역시 인맥이나 동문조직을 통해 점조직의 형태를 띠며 비밀스럽게 행해졌으며, 이러한 조직 충원은 운동의 기획이나 촉발 과정에서 효과적으로 이루어지기 힘들었다. 즉 1979년 당시 학생운동권의 존재 형태는 대체적으로 고립·분산적 수준을 크게 벗어나지 못한 상태였으며, 겨우 자체 역량의 강화와 재생산 구조의 확산을 위해 주력하는 정도였다. 그럼에도 불구하고 부마항쟁에 발발에 직접적인 역할을 했을 뿐 아니라, 항쟁 초기 가두시위에 선도적 역할을 수행했다고 할 수 있다.

둘째, 6월민주항쟁을 전후한 학생운동은 국가폭력이 자행되던 5공 정권하에서의 지속적인 자주학생회 구축운동과 학원민주화투쟁의 결과로, 보다 계획적이고 능동적인 학생들의 참여에 의해 조직적으로 일어났다는 데서 그 의미를 찾을 수 있다. 이는 부마항쟁이 비공개 서클을 중심으로 촉발되고, 이들의 시위에 다수의 학생들이 동참하였다는 것과 비교해 더욱 특징적인 점이라고 할 수 있다. 특히 부산지역의 학생운동은 6월민주항쟁의 전국적 열의가 식어가는 가운데 가톨릭센터 점거를 통해 항쟁의 불씨를 되살렸고, 그것이 형식적·절차적 민주주의를 형성하는 데 큰 역할을 했다고 볼 수 있다.

셋째, 6월민주항쟁기를 거치면서 학생운동 조직은 총학생회라는 학생대중조직에 기반을 둔 운동으로서, 기존의 비공개 조직이 주도하던 선도적 정치투쟁이 갖는 한계에서 벗어나 대중운동 및 대중투쟁으로 운동의 노선을 전환하는 계기를 맞았다. 이후 학생운동 조직은 학생회가 중심이 되는 조직적 운동과 더불어 공식화되어 있는 학회, 동아리 등을 통해서 재생산되었으며, 성원의 충원 역시 학생회활동 혹은 동아리활동에 대한 학생들의 선택을 통해 이루어졌다. 1988년 이후에는 학생조직의 위상이 강화되는 가운데, 운동조직 내의 이념적 분화가 심해졌다. 정파 간 이념에 기초한 학습 내용 및 조직의 원칙과 운동의 방향이 상이하게 전개되었던 것이다. 부산지역에서 다수를 점하고 있었던 NL진영은 대중투쟁노선을, 소수파였던 PD진영은 선도투쟁을 고수하고 있었다. 운동진영의 일상생활 및 생활 지침 영역에서 NL계열은 생활공동체(품성 등)를 강조한 반면, PD진영은 학습(자본주의 극복 등)을 중요시하였다.

1980년대 중반까지 대체로 부산지역에는 운동조직의 이념적 정파가 거의 없었지만, 1980년대 중반 이후에는 정파 간의 반목이나 질시가 존재했다. 그러나 전반적으로는 운동진영 간에 서로 협력하는 분위기가 팽배했으며, 각 조직의 역할은 학생운동을 어떻게 볼 것인가에 따라 다르게 나타났다.

이념 및 조직의 측면에서 1980년대 중반까지의 부산지역 학생운동은 지속적이라기보다는 단속적으로 형성되었고, 운동의 구체적인 형태 역시 소수 활동가들의 선도투쟁적 성격이 강했다. 부마항쟁 또한 이러한 단속적 형태의 운동이라고 할 수 있다. 그러나 1980년대 중반 이후의 학생운동은 학생회를 중심으로 체계적·조직적으로 이루어졌을 뿐만 아니라, 정파의 이념에 따른 다양한 투쟁의 방식이 존재했다.

조직적인 측면에서 살펴보면, 부산지역 학생운동은 1970대 및 1980년대 초반 서클을 중심으로 한 단속적인 저항에서부터 시작하여 1980년대 중반의 총학생회를 통한 조직적인 저항, 1980년대 후반 및 1990년대 초반의 지역학생 연대운동을 통한 저항의 형태로 전개되어 왔다. 이러한 조직의 형성 및 확산 과정에서 부마항쟁, 6월민주항쟁이라는 투쟁 경험은 학생운동 조직의 변화 및 강화에 지대한 영향을 미쳤다. 그러나 형식적·절차적 민주주의가 확대되는 1990년대에 들어서는 학생운동 조직을 통한 선도적 투쟁이 갖는 의미에도 불구하고, 변화하는 학내외적 변화에 적극적으로 대응하지 못한 결과로 강력한 사회운동 세력으로서의 위상을 세우지 못하고 말았다. 부마항쟁과 6월민주항쟁에서 선도적 역할을 수행했음에도 불구하고 체계적이고 조직적인 운동을 전개하지 못했다는 점과 지역운동의 정신 계승과 실천이 단속적으로 이루어졌다는 점으로 인해 지역사회에서의 영향력을 정당히 행사할 수 없게 되었다.

8장_ 학생운동의 기억과 경험, 그리고 역사
: 1970-1980년대 광주 · 전남의 경우

이기훈

1. 머리말

우리는 피끓는 학생이다.
오직 바른 길만이 우리의 생명이다.

1985년 전남대 총학생회가 신입생들을 위해 발행한 안내 책자인『언 땅을 딛고 서서』는 위와 같은 선언으로 시작한다. 광주학생운동기념탑에 새겨져 있는 바로 그 문구다. 투쟁의 경험과 기억은 또 다른 운동과 역사를 만드는 근거가 된다. 그러므로 과거의 기억과 경험을 어떻게 정리하는가는 미래에 대한 전망이기도 하다.

1970-1980년대 학생운동의 경험과 기억에 대해서는 적지 않은 회고와 연구가 있다.[1] 하지만 대체로 서울을 중심으로 한 것이 대부분이고, 정작

---

[1] 전남대의 교사가 지역 학생운동의 중심인 전남대 학생운동을 정리하고 있는데, 최근의 것으로『전남대학교 60년사』(전남대학교60년사편찬위원회 편, 2012)가 있다. 광주 · 전

5·18의 중심이었던 광주·전남지역 학생운동의 성격이나 역사성에 대한 연구는 그다지 많지 않다. 또 1970년대와 1980년대를 지나치게 도식적으로 구분하는 경향도 없지 않다. 1980년 광주가 그 시기를 전후한 학생운동 참여자들에게 크나큰 충격을 주었던 것은 명백한 사실이지만, 운동의 조직과 논리, 방식이 하루아침에 변하지는 않는다. 사실 우리가 1980년대 식이라고 생각하는 많은 변화는 이미 1970년대 후반에 진행되고 있던 것이었다.

특히 1970년대와 1980년대 초반까지만 해도 민주화운동, 특히 학생운동에 조직적으로 참여하고 지속적인 활동을 전개한 주체는 그다지 크지 않은 지역적 소집단들이었다. 물론 이 소집단들이 계속 성장해가고 있기는 했지만, 대중운동이라고 보기는 어렵다. 이런 점에서 지속적인 참가자들의 개인적 경험은 학생운동의 양상과 형태를 결정하는 데 중요한 영향을 미쳤다. 이 연구는 학생운동 참가자들의 경험들을 분석하여 학생운동의 시기별 특징과 역사적 변화를 살펴보고자 한다. 개별적 운동 사례의 정확한 복원이 목적이 아니므로, 중요한 참가자나 사건들을 다 언급하지는 않을 것이라는 점을 미리 밝혀 둔다.

2. 주체 형성 : 1960년대와 1970년대 전반의 학생운동

1960년대 광주·전남지역의 학생운동 진영에도 소규모 모임은 있었지

남의 경우는 주로 광주항쟁과 관련한 구술 자료를 정리한 것이 많다. 5·18재단에서는 2008년 광주·전남지역의 민청학련(전국민주청년학생총연맹 ; 이하 민청학련)과 유신반대투쟁을 주제로 구술 자료를 수집·정리한 바도 있다. 이러한 자료로는『광주5월 민중항쟁 사료선집』(한국현대사사료연구소 편, 1990, 풀빛),『5·18 항쟁증언자료집』Ⅲ(박병기 편, 2003, 전남대학교 출판부),『구술생애사를 통해 본 5·18의 기억과 역사』2(5·18기념재단 편, 2006) 등이 있다.

만, 이들 단체들이 지속적으로 활동을 계속했다기보다는 몇몇의 선도적 인물들이 중심이 되어 사안이 있을 때마다 집회나 시위를 주도했다(전남대학교60년사편찬위원회 편, 2012b, 44쪽). 두드러진 것이 1964-1965년의 한일협정반대운동이었다. 투쟁을 주도한 전남대 학생들은 대부분 광주지역의 4·19를 주도하거나 참여했던 광주고 출신들이었으며, 박석무와 전홍준은 베트남 파병 반대시위를 주도한 혐의로 구속되기도 했다. 박석무는 제대 후 1968년 대학원에 진학했고, 이후 이론과 실천 등 여러 면에서 윤한봉, 이강, 김남주, 김상윤, 송징민 등 1970년대 전남대 학생운동 진영의 후배 그룹에 영향을 미쳤다.

1960년대 말부터 광주일고와 광주고 출신으로 고등학교 때부터 서클활동 경험이 있는 학생들이 사회문제를 연구하는 서클을 만들기 시작했다(전남대학교60년사편찬위원회 편, 2012a, 991-1001쪽). 이들이 주로 활동했던 1971년경부터 본격적인 학생운동의 맥이 형성되었다. 특히 광주일고의 특별활동반인 향토반, 그리고 그 기반이 되는 서클 광랑(光郞) 출신들이 두드러진 활동을 보였다.2) 1960년 농촌연구반으로 창립한 향토반은 고교시절부터『들어라 양키들아』,『역사란 무엇인가?』등과 같은 책을 읽고 토요일 오후에 토론회를 열었으며, 동학과 학생운동에 대한 심포지엄도 진행했다.3) 당연히 사회의식도 높아져 1968년의 3선개헌반대투쟁에도 적극적으로 참여했다(최철의 증언). 정상용, 이양현, 김정길 등은 전남대 입학 이후 민족사회연구회(이하 민사연)를 결성했고, 이후 많은 광랑 출신의 학생들이 여기에 합류했다. 민사연은 참여 학생들이 1971년 교련철폐

<hr>

2) 5·18기념재단 편, 2006, 143-203쪽. 학교 특별활동반이 향토반이며 그 구성원들이 사적으로 구성한 동아리가 광랑이다.
3) 광주제일고등학교·광주제일고등학교 동창회 편, 2004, 675쪽. 1970년에는 "학생의 현실 참여 타당한가?", "동학혁명과 학생운동의 연관관계" 등을 주제로 심포지엄을 개최했다가 중단되기도 했다(광주제일고등학교·광주제일고등학교 동창회 편, 2004, 664쪽).

투쟁으로 다수 구속되자, 교양독서회로 이름을 바꾸어 활동을 계속했다
(5 · 18기념재단 편, 2006, 148-150쪽).

1971년에는 전국적으로 교련철폐, 학원자율화 요구시위가 격렬하게 벌
어졌다. 특히 전남대에서는 1971년 10월 11일부터 15일까지 매일 수백 명
에서 1,500여 명의 많은 학생들이 교내와 광주 시내에서 시위를 벌였다.
위수령이 내려진 15일에도 500여 명이 모여 시위를 벌이고 중간고사를 거
부하는 등 격렬한 양상을 보였다(최정기 외, 2005, 66-67쪽).

이렇게 교련철폐투쟁이 한창 진행될 즈음 발간되었던 것이 교내 신문
『녹두』였다. 1971년 10월 13일 전남대 녹두 편집동인 이름으로 발간된 4면
짜리 교내 신문『녹두』는 당시 광주 · 전남지역 학생운동 참가자들의 사
상을 잘 드러내주고 있다. 박석무는 창간사를 통해 "동학농민혁명과 민족
주의 정통적 혁명의 계승자"임을 자처하면서, "서민, 노동자, 농민, 상공
인, 지식인"과 함께 "민족사를 새로 구성"하겠다는 학생들의 의지를 보여
주었다.4) 비록 경찰이 이 신문을 불온 문서로 압수하고 고재모 등을 연행
하여 조사하기는 했으나 당시에 크게 문제가 되지는 않았다(최정기 외,
2005, 67쪽). 그런데 1972년 12월 이강, 김남주 등이 최초로 유신헌법을 공
개적으로 비판한『함성』지를 만들어 광주 시내 각 학교에 살포하는 사건
이 발생하자, 유신정권은 이『함성』을『녹두』과 연결시켜 박석무를 배후
로 하는 조직사건으로 몰아갔다(박석무의 증언).『함성』의 내용 중 "권력
층의 학대와 수탈에 시달려 도끼와 죽창으로 봉기했던 1894년 동학혁명
의 정신으로 사이비 애국자, 정상 모리배, 매판자본가를 심판대의 피고석

---

4) 『녹두』창간호.『녹두』를 흔히 지하신문이라고는 하지만, 고려대 한맥회, 연세대 한국
   문제연구회, 경북대 정진회 등(서울대와 이화대의 서클은 이름이 분명치 않다)의 창간
   축하가 실려 있고, 학술토론회 강연 요지가 실려 있는 등 유신체제하에서 발간된『함성』,
   『고발』과는 전혀 다른 성격의 문건이다(『녹두』창간호).『전남대학교 60년사』에는 3호
   까지 발간되었다고 하는데, 다른 증언에서는 창간호만 발간되었다고 한다.

에 앉히노라… 자학과 어두움 속에 이탈을 일삼고 있는 청년 학생 시민이
여 우리의 함성이 들리지 않는가"라는 구절은 『녹두』의 사설을 연상하게
한다(최정기 외, 2005, 71쪽). 비교적 이론적이었던 『녹두』와 즉각 투쟁을
촉구한 『함성』은 성격이 다른 문건이지만, 이론적 분석이나 조건의 파악
보다는 민족주의적인 역사의식, 저항의 계승의식에 더 의존하고 있다는
점에서는 같다. 이것은 1960년대 말-1970년대 초 학생운동의 공통적 성향
이라 보아도 될 것이다.5)

3. 민청학련의 경험과 1970년대 후반의 학생운동

1) 민청학련

1973년 10월 서울대 문리대 학생들의 시위 이후 12월까지 전국의 대학
가에서 격렬한 시위가 벌어졌다. 학생운동 참가자들은 우선 학생들의 "반
유신 정서와 의기가 고양되었으니 기회를 놓치지 말아야 한다"고 생각했
다. 그러나 이들은 또 "전국적으로 아무리 떠들어도 동시다발적인 시위가
아니면 효과가 없다. 전국적인 연결을 갖고 동시다발적으로 동일한 목표
와 구호를 내세우며 일어나야 한다"고 생각했다(5 · 18기념재단 편, 2006,
156쪽).

민청학련은 전국의 학생운동 세력들을 연계하여 서울과 영호남, 강원
도까지 모두 연결하는 전국적이고 동시다발적인 시위로 박정희 정권에

---

5) 이 시기의 운동 참가자들이 모두 이론적 천착에 관심이 없었다는 것이 아니다. 지속적이
　고 조직적으로 이론을 학습하고 그것을 현실에 적용하겠다는 발상을 찾기가 어렵다는
　것이다. 학생들에게서 아직은 이론을 투쟁의 무기로 인식하는 경향은 찾기 힘들었다.

치명타를 안겨줄 투쟁을 전개할 목적으로 결성되었다. 호남지역에서는 전남대가 중심이 되었다. 윤한봉이 전북대와 전남대 농대, 김상윤과 김정길 등이 전남대 문리대·공대·의대, 조선대 의대·상대, 광주교대 등을 조직하는 임무를 맡았다. 하지만 원래 시위를 준비했던 1974년 4월 3일에 긴급조치 3호가 발동되었고, 이에 광주·전남지역도 크게 타격을 입었다. 전남대에서는 4월 8일 통근버스에서 시위를 시도했으나 실패했고, 윤한봉, 이강, 김정길, 김상윤, 박형선, 문덕희, 최철, 윤강옥, 이훈우, 이학영 외 18명이 구속되었다(최정기 외, 2005, 79-85쪽 ; 민청학련운동계승사업회 편, 2004, 266-277쪽).

학생운동의 연결망을 모색했던 민청학련은 원래 의도했던 전국적이고 동시다발적인 시위라는 목표에서 본다면 완전히 실패한 것이었다. 시위는 제대로 진행되지 못했고, 200여 명의 구속자를 냈으며, 긴급조치 4호 발동으로 대규모 구속 사태를 유발했으며, 인혁당 관계자들이 희생당했다. 학생운동은 그로 인해 침체될 수밖에 없었다.

그러나 대규모 구속 사태는 민청학련 참가자들에게 새로운 경험을 제공했다. 그 첫 번째로 윤한봉의 회고에 따르면, 학생운동 참가자들은 박정희 정권이 "생각했던 것처럼 허약한 정권이 아니"므로, "진짜 이놈들 하고는 사생결단을 해야겠다"는 각오로 "후배들 의식화시키고 옥바라지 모임도 만들고" 해서 철저한 준비하에 싸워야겠다는 의지를 다지게 되었다(5·18기념재단 편, 2006, 164쪽). 초억압적인 유신체제의 존재가 강요한 측면도 있지만, 민청학련 참가자 중 다수가 민주화운동을 평생의 과업으로 선택하면서 직업적 운동가의 길에 나섰다.[6] 이들은 우선 지속적이면서 재생산되는 저항의 인적 네트워크를 구성하려 했다. 하지만 민청학련

______

6) 이들이 직업적 운동가로 나서게 된 데에는 석방 이후 복학의 길을 차단한 박정희 정권에 의한 측면도 없지 않았지만, 1975년 이후 광주지역 민청학련 관계자들은 구속자협의회를 결성하여 내부 결속을 다지면서, 광주·전남지역 민주화운동을 주도한다.

경험을 반추하여 바로 대규모 조직을 만들기보다는 이론과 실천의 양면에서 모두 준비된 운동세력들을 육성하는 것을 목표로 했다. 이후 1970년대 학생운동이 전체적으로 준비론적 경향을 띠게 된 것도 민청학련 경험의 영향이 적지 않았다.

두 번째는 많은 학생들이 동시에 사상범으로 수감생활을 하면서 동지의식을 공유하고, 수감자 사이에서 새로운 규율을 배울 수 있었다는 것이다. 일반적인 집회나 시위, 반공법 위반이 아니라 국가 변란 혐의로 구속되나 보니 학생들은 비전향장기수들과도 자주 접촉했고, 이들로부디 지하 운동의 규율과 운동가의 자세에 대해 많은 영향을 받게 되었다. 권력의 감시와 탄압을 피해 동지들 사이의 신뢰와 조직의 비밀 유지를 시도했던 비전향장기수들의 경험은 이념적 차이에도 불구하고 학생운동가들에게도 도움이 되었다. 민청학련은 규모를 확대해 가는 과정에서 공안 기관에 조직 구성과 투쟁 계획이 유출되는 보안의 허술함을 드러냈고, 이것은 투쟁이 제대로 이루어지지 못한 중요한 원인이 되었다. 이러다 보니 민청학련 참가자들이 옛 투사들의 오랜 비합법 운동의 경험에서 배우는 바가 적지 않았던 것이다.

세 번째는 학생운동 참여자들이 본격적으로 사회과학을 학습하게 되었다는 점이다. 당시 안양교도소에만 100여 명의 민청학련 관계자들이 수감되어 있었다. 그러다 보니 통방으로 서로 격려하며 이루어지는 선후배 사이의 토론이나 학습이 활발했다(최철의 증언 ; 문덕희의 증언 ; 박병기 편, 2003, 23-24쪽). 그러나 이는 무엇보다 운동 참가자들의 내적 필요성 때문이기도 했다. 1973년 10월에서 1974년 4월까지 불과 6개월 남짓이었지만, 학생대중의 반응은 하늘과 땅 차이였다. 거의 기대하지 않았던 1973년 하반기에는 숱한 학생들이 시위에 참가했지만, 1974년 봄에는 시위를 제대로 벌일 수 없었다. 동학과 4·19의 계승자 의식만으로는 민중의 봉기를 예측할 수도, 유도할 수도 없다는 사실을 더욱 분명히 인지하게 된 것이다. 사회구조와 행위, 정치 정세와 운동의 실천 문제에 대한 이론적 접근이, 개개인의 지적 호기심 차원을 넘어 조직적인 문제로 대두되었다. 민청학련의 실패는 운동이 더욱 이론적으로 무장해야 함을 절감하게 되는 계기였다. 이로써 운동이 사상의 시대, 학습의 시대를 맞게 된 것이었다(문덕희의 증언 ; 노준현문집편찬위원회 편, 2006, 115쪽).

2) 긴급조치 시대의 학생운동 : 소규모 운동 그룹의 형성과 확산

(1) 서클의 시대

1970년대 학생운동이 학습 모임에서 출발하는 소규모 서클들을 기반으로 했다는 점은 이미 잘 알려져 있다(은수미, 2003, 203쪽). 이것은 광주 · 전남지역에서도 마찬가지였다. 비밀리에 모이는 소규모 조직이나 교회 계통의 공부 모임, 그리고 문화 관련 단체들의 활동이 활발해졌다. 처음에 이 모임들은 민청학련사건으로 구속되었다 석방된 사람들이 주도했다. 1975년 윤한봉, 김상윤, 김운기(조선대) 등이 '전남구속자협의회'를 결성하고, 각자 영역을 맡아 운동을 이끌어갔다. 김상윤, 김운기가 학생운동을 지도하고, 나상기와 최철은 기독교 학생운동을 맡았다. 김남주와 김상윤은 카프카서점과 녹두서점을 운영하며 학생운동 진영의 그룹스터디를 주도했다. 특히 이 무렵 김남주 등이 주도한 일본어 학습팀은 일본어판 사회과학 서적들을 읽었는데, 이는 혁명적 이론과 조직 원리를 수용하는 기초가 되었다[7](노준현추모문집간행위원회 편, 2006, 58쪽 ; 최철의 증언).

---

[7] 서울에서 학생운동에 참가했다가 광주로 내려온 강동호, 이기승 등이 주도한 그룹들도 있었다(전남대학교60년사편찬위원회 편, 2012a, 1,013쪽).

대학 내의 합법적인 서클활동이 완전히 봉쇄된 것은 아니었으므로, 독서 토론 모임이나 문학 동아리를 지향하는 서클들을 만들기도 했다. 이렇게 만들어진 독서클럽인 RUSA나 독서잔디, 문우회 등이 전남대 내에서 중요한 역할을 수행했으며, 흥사단아카데미는 학교 간 서클로 많은 학생운동가들을 배출했다(전남대학교60년사편찬위원회 편, 2012a, 1,013-1,014쪽).

이 소규모 그룹들을 기반으로 1970년대 후반 새로운 세대들이 학생운동에 참가하기 시작했다. 74학번인 정용화나 76학번 노준현 등은 광주일고의 광랑 출신으로 이미 고등학교 시절부터 어느 정도 의식을 가지고 있었던 데다, 대학 진학 이후에는 박현채나 리영희 등의 글을 읽었다. 이 세대들은 대체로 1977년 무렵 김남주가 지도하던 일본어 사회과학 서적 읽기 모임에 참가했다. 정용화는 김남주, 최권행 등과 함께 광주 YWCA 안에 문화운동 모임을 조직하기도 했다(한국현대사사료연구소 편, 1990, 535쪽).

학습 강화는 1970년대 후반 학생운동 진영의 일반적 특징이었다. 선배 그룹들은 소규모 지하 독서그룹들 간의 토론회를 주선하여, 이론 심화와 조직 확대를 시도했다. 이 그룹들과 대학 내 공개서클 등은 인적으로 겹치는 경우가 많았고, 이런 작은 모임들에 근거한 인맥들이 실제 조직적인 시위나 저항을 조직할 때 중요한 행동 단위들이 되었다. 1978년 교육지표 사건 직후 학생들의 교수 지지 시위들도 대체로 이런 형태로 조직되었다. 다만 전남대의 경우 소규모 서클 간 조직적 연계가 상시적이거나 확고하지 않고 상황에 대응하는 방식으로 형성되었다. 상시적 조직화는 1980년 봄 무렵에 형성되었다.

어떤 의미에서 1970년대 후반은 학생운동 참가자들 사이에 이념과 논리, 조직과 실천에서 급격한 변화가 일어났던 시기였다. 하지만 운동의 대중적 기반, 조직적 기반이 그만큼 빨리 넓혀지지는 않았다. 사람은 정해져 있는 상황에서 활동 영역만 확장되는 바람에 한 사람이 이곳저곳에 모두 관여해야만 하는 경우가 많았다. 학생운동 참가자들이 기독교 학생 조직이나 탈패, 학교 내 공부 모임 등과 같은 활동에 몇 군데씩 참여하는 경우가 많았던 것이다(문덕희의 증언). 안길정은 교회와 탈패에 다 관여했으며, 다른 학교의 문화운동에도 관여했다. 최철은 기독교 계통 서클과 전남대 학생운동 조직 재건에 참가하면서 관계하지 않는 곳이 없다고 경찰에게 타박을 받을 정도였다(최철의 증언 ; 문덕희의 증언 ; 노준현추모문집간행위원회 편, 2006).

한 사람이 여러 조직과 공간에서 활동하며 상호 연계되는 것은 좋은 점도 있었지만, 도리어 문제가 될 수도 있었다. 이 무렵 광주·전남지역의 학생운동이 갖는 특징 중 하나는 다른 지역보다 훨씬 강력한 인적 유대관계이다. 다수의 참가자들이 광주일고―전남대 출신의 선후배 관계였으므로 결속력이 강하고 신뢰도도 매우 높았다. 또 학교와 지하 학습모임, 교회, 문화패, 노동 야학 등을 가로지르는 공통의 조직망 형성도 상대적으로 쉬웠을 것이다. 하지만 반대로 이런 결속력은 비판적 소수파나 이견그룹의 형성을 가로막는 장애가 될 가능성이 높은 것이기도 했다.

1978년부터 광주·전남지역의 학생운동은 '노동'문제에 본격적인 관심을 기울이기 시작했다. 잘 알려진 들불야학이 조직된 것도 이해 7월이었고, 박용안, 박관현, 안진, 최금표, 박병섭 등이 광주공단 일대의 실태조사 보고서를 작성하고 사회조사연구회를 창립한 것도 이 무렵이었다(전남대학교 민주회복추진위원회 민주함성 편집부 편, 1984, 12-13쪽).

조선대에서도 소규모 공부모임, 문학서클과 탈춤반, 기독교 학생회 등을 통해 학생운동의 맥을 이어가고 있었다. 그러나 1979년 2학기 조선대의 학생운동 세력은 전체 30명 정도에 그치는 소규모였다(한국현대사사료연구소 편, 1990, 567쪽). 또 목포대 학생운동의 경우 1979년 목포대가 목포교대에서 일반 대학으로 되면서 비로소 시작되었으니, 광주·전남지역의 학생운동은 여전히 전남대가 이끌고 있었다고 할 수 있다.

2) 투쟁의 사례 : 〈우리의 교육지표〉사건

1970년대 후반 긴급조치 9호 시기의 가장 두드러진 투쟁은 일명 〈우리의 교육지표〉사건이었다. 이는 전남대 교수들이 중심이 되어 〈우리의 교육지표〉를 발표한 후, 이것을 지지하고 연행 교수들을 석방할 것을 요구하며 전개한 전남대 학생들의 투쟁이다. 1978년 6월 27일 송기숙 교수가 중심이 되어 11명의 교수들이 〈우리의 교육지표〉를 발표하며 국민교육헌장을 정면으로 비판했다. 교수들은 중앙정보부 전남지부로 즉각 연행되었고, 6월 28일 전남대 학생운동 세력의 대책 마련을 위한 소규모 스터디 그룹 대표 10여 명의 모임이 있었다(노준현추모문집간행위원회 편, 2006, 132쪽 ; 한국현대사사료연구소 편, 1990, 535쪽). 여기에서 시위 일정과 주도자, 성명서 작성과 인쇄 등 핵심 사항을 결정되었다. 그리고 6월 29일 700여 명의 학생들이 도서관을 점거하고 양심교수 석방과 상담지도관실 폐지, 학내 사찰 중지, 어용교수 퇴진 등을 요구하는 내용의 선언문을 발표했다(〈양심 교수 연행에 대한 전남대 민주 학생 선언문〉). 6월 30일 경찰이 진입하여 농성이 해산되자, 학생들은 광주 시내 전역에서 가두시위를 벌였다. 이틀 동안 500여 명의 학생이 연행될 정도로 격렬한 투쟁이었다. 조선대 학생들도 연대투쟁을 시도하다 구속되었다(최정기 외, 2005, 113쪽).

학생들은 선언문에서 "정보기관원의 학원 상주 및 이에 따른 교수 학생의 학문적 양심의 타락"을 비판하면서, 상담지도관실 폐지와 어용교수 퇴진을 전면에 내세웠다. 이 투쟁의 흐름은 이후로도 이어져 1979년 10월 학생상담지도관실 방화사건이나 1980년 어용교수 퇴진투쟁으로 나타났다. 1970년대 말 전남대 학생운동은 정상적인 대학생활 자체를 가로막는 학원 사찰과 통제의 체제부터 허물어야 했다. 특히 학생상담지도관 제도는 증오의 대상이었다. 유신체제 학원통제의 핵심이었던 학생상담지도관들이 어떤 활동을 벌이고 있는지에 대해서는 총장조차도 알지 못하였다. 1979년 10월의 전남대 학생상담지도관실 방화사건은 이에 대한 학생들의 반감이 얼마나 강한 것이었는지 보여준다.[8]

4. 봉기와 투쟁의 기억 : 부마민주항쟁과 5·18

1) 1979-1980년 광주·전남지역의 학생운동

(1) 대중적 학생운동으로 전환과 좌절

1979년 부마민주항쟁의 소식은 광주·전남지역 학생운동 세력에게 충격을 주었다. 하지만 이 문제를 제대로 다루기도 전에 박정희 정권이 무너져 버렸다. 대학가에서는 학원 자유를 요구하는 목소리가 높아지기 시작했다. 1980년 봄, 새 학기가 시작되자 해직교수가 복직되고 제적생들도 돌아왔다. 1979년 겨울방학 중에 전남대에서는 31개 학과 대표와 서클 대표들이 모인 학생대표자 모임이 이미 활동하고 있었고, 1980년 3월 6일에는 정식으로 학원자율화추진위원회가 구성되었다(한국현대사사료연구소

---

8) 전남대학교30년사편찬위원회 편, 1982, 710쪽. 학생들뿐 아니라 교수나 일반 교직원들조차도 학생상담지도관들을 경원시했다. 1980년대에는 국립대학에서조차도 이들을 받아들이기 꺼려하여 갈 곳을 찾기 힘들었다고 한다(목포대 유○○ 교수의 증언).

편, 1990, 562쪽). 이 시기 광주·전남지역 학생운동 세력은 민주화에 기여할 수 있는 방법을 본격적으로 모색하기 시작했다. 이를 위해서는 학생운동이 이전의 서클을 중심으로 이루어진 소수의 운동에서 벗어나 다수의 학생들이 참여하는 대중적 운동으로 전환해야 했다. 우선 학생들이 자유롭게 참여하며 학교와 사회의 민주화에 적극적으로 개입할 수 있는 총학생회를 조직해야 했고, 서클들도 이전과는 다른 방식으로 활동할 필요가 있었다.

이 과정에서 전남대의 학내서클들은 현실사회의 문제의 문화운동 등에 대한 이론적 접근과 실천을 모색하는 학회 체제로 전환하기 시작했다. 그 모델이 되었던 것이 1979년에 결성된 '사회조사연구회'였다. 사회조사연구회는 광천공단에서 야학활동을 하던 학생들이 공단의 실태조사를 수행하면서 만든 학회였다(송재현·임낙평·정용호, 1998, 134-136쪽). 1980년 봄 독서잔디, RUSA, 탈반, 연극반 등의 서클들은 한국사회연구회, 사회철학회, 민속문화연구회, 민족극연구회 등으로 전환하여 대중적인 학회활동이 학생운동으로 연결될 수 있도록 하고자 했다(전남대학교60년사 편찬위원회 편, 2012a, 1,017쪽).

1979년 말부터 활동을 시작하고 있던 조선대 학생운동 세력 역시 서클연합회와 복적생들을 중심으로 1980년 3월 학원자율화추진위원회를 결성하고, 총장 사퇴, 어용교수 퇴진 등을 요구하였다. 그리고 5월 1일에는 조선대학교 민주화투쟁위원회를 결성했다(한국현대사사료연구소 편, 1990, 567-569쪽). 목포대에서도 1979년 말 교회를 중심으로 결성되었던 소규모 모임들이 학내 서클 RUSA를 창립하고, '목포대학 학원자율화추진위원회'를 주도하였다(문명식, 1989, 117-118쪽).

전남대 학원자율화추진위원회는 총학생회 부활을 적극적으로 추진했다. 4월 9일 선출된 전남대 총학생회(총학생회장 박관현, 부학생회장 이승룡)는 먼저 학내 유신 잔재 청산을 위해 어용교수 퇴진과 상담지도관실 요원들의 사퇴를 요구하며 일련의 투쟁을 벌였다(〈반민족·반민주 교수들의 책임있는 반성을 촉구함〉 ; 〈학내 구잔재 척결 과정에 대한 우리의 견해〉). 전남대 등 학생운동 지도부는 5월 초까지 학내 민주화에 주력했으나, 전두환 등 신군부 세력의 권력 장악이 노골화되자 정치민주화 일정에 대한 문제로 투쟁 노선을 전환했다(〈투쟁은 결코 끝나지 않았다—농성 해체에 즈음하여〉). 전남대 총학생회는 5월 8일부터 민족·민주화 성회를 개최하여 반민족적, 반민주적 세력의 척결을 선언했다(〈민족·민주화 성회〉). 전남대, 조선대 등 광주·전남지역 대학생들은 5월 중순 학내와 가두에서 대규모 시위를 벌였다. 5월 14일에는 광주 시내에서 대학생 8,000여 명이 집회를 열었고, 15일에는 오후 2시부터 전남대, 조선대, 광주교대 등에서 모인 학생 2만여 명이 도청 앞 광장에서 '민족민주대성회'를 개최했다. 그리고 16일에도 오후 5시 시국성토 이후 횃불시위를 벌였다.

　5월 17일 자정을 기해 전국에 비상계엄이 확대 실시되고, 광주와 목포에서 5·18항쟁이 벌어졌다. 항쟁 과정에서 많은 대학생들이 참여했으며, 특히 김종배(조선대 무역학과), 윤상원(전남대 졸), 정상용(전남대 법학과), 이양현(전남대 사학과), 윤강옥(전남대 사학과), 박효선(전남대 국문학과) 등은 최후까지 항쟁을 이끌었던 민주시민투쟁위원회를 주도했다. 항쟁이 무력 진압되면서 광주·전남지역의 학생운동 세력은 큰 타격을 입었다. 많은 사람들이 목숨을 잃거나 구속되었으며, 피신했던 학생운동 주역들도 이후 속속 검거되었다.

(2) 비공개 조직과 사상·이론

　학생운동 진영은 1980년 서울의 봄 정치적 조건에 부응하기 위해 대중

적 학생회, 학회 체제로의 전환을 모색하였지만, 일방적으로 공개 활동에
만 치중했던 것은 아니었다. 1970년대 후반의 학생운동 조직이 여전히 작
동하고 있었으며, 공개된 학생회 이면에 비공개 조직이 존재하는 구조가
형성되었다. 1980년 전남대 총학생회는 공개된 학생회 조직과 별개로 내
부에 비밀 기획조직을 구성하여 독자적인 정세 분석을 통해 운동 방향을
모색하고 있었다(노준현추모문집간행위원회 편, 2006, 135쪽).

1980년 봄의 학생운동은 1970년대 말의 학생운동이 쌓아올린 이론적,
조직적 노력이 반영되면서 이전과 다른 양상을 보여준다. 혁명적 이론을
적용하여 사회 성격을 규정하고, 이것에 입각해 현실의 장·단기적 과제
를 설정하고자 했던 것이다. 앞서 전남대 총학생회 내부 조직은 1980년의
한국사회를 '신식민지 반봉건자본주의'라고 규정했다. 이에 따라 이 무렵
의 전남대에서 나온 〈투쟁은 결코 끝나지 않았다−농성해제에 즈음하여〉,
〈제1시국선언문〉 등의 선언문들은 외세와 매판자본, 매판관료들을 한편
으로 하고, 여기에 저항하는 민중세력을 대결의 기본 축으로 삼기 시작했
다. "구조적 수탈의 배후에 숨어 있는 탐욕의 세력을 정확히 파헤치고, 이
들이 어떻게 외세 매판자본과 결탁, 반민족적 작태"를 벌이는지 직시하고
(〈제1시국선언문〉), "민족정기를 해치는 반동세력의 철저한 추방과 외세
간섭을 절대 배격하고, 민족자존의 정의로운 사회"를 건설해야 한다는 것
이었다(〈강령〉). 1980년대와 같은 변혁이론은 아니지만, 혁명적 모순의
관점이 녹아들기 시작했다고 보아도 될 것이다.

학과와 서클 등의 대표자들이 적극적으로 참여한 가운데 건설된 총학
생회가 학내외 시위 등을 주도한 것은 중요한 경험이 되었으며, 이후의
발전을 위한 자산이 되었다. 또 서클을 학회로 전환한 것도 학생들의 일
상 활동 속에서 학생운동의 대중적 기반을 확대시킬 수 있는 계기가 되
었다.

2) 살아남은 자의 기억 : 민중, 봉기, 투쟁

부마민주항쟁과 5·18의 기억은 학생운동 참가자에게 큰 충격을 주었다. 사실 1974년 민청학련의 조직과 투쟁에 참가했던 학생들은 사건 이후 치밀하게 준비되지 않은 투쟁이나 민중에 대한 막연한 기대, 국가권력의 실체 등에 대해 진지하게 고민하고 있었다. 1973년 10월 여전히 유신쿠데타의 서슬이 시퍼렇게 살아 있던 시점에 시도했던, 그래서 운동권 내부에서도 우려되기도 했던 저항은 대중들의 열렬한 호응 속에 전국적으로 확산되었다. 그러나 그에 반해, 불과 6개월도 지나지 않은 1974년 4월의 민청학련투쟁에 대한 일반 학생들의 반응은 훨씬 소극적이었다. 어떤 차이가 있었는지, 고민거리가 아닐 수 없었다. 일차적으로 치밀하게 준비하지 못한 투쟁의 참담한 결과가 뼈저린 교훈이 되었다. 광주·전남지역의 학생운동가들도 민중에 대한 막연한 낙관주의를 극복할 필요성을 절실히 느끼게 되었다. 마치 4월혁명처럼 우리가 준비하면 민중들이 호응할 것이며, 그로 인해 폭압 정권이 무너질 것이라는 기대는 부서졌다. 박정희 정권은 자유당 정권과는 전혀 다른 권력의 정교한 체계라는 사실을 인식하게 된 것이다.[9]

이렇게 운동가들이 준비하고 기대했던 투쟁에서 민중들은 움직이지 않았다. 그러나 전혀 예상하지 못했던 시점과 지역에서 민중들의 자생적인 대규모 저항이 발생했다. 부마민주항쟁이 바로 그것이었다. 제대로 된 학생운동이 거의 존재하지 않았던 마산도 그렇지만, 1970년대 말 부산대 학생운동 세력도 고전을 면치 못하고 있던 상황이었다. 제대로 된 지도부도, 투쟁조직도 없는 상태에서 봉기라고 해야 할 대규모의 시위가 대도시들을 휩쓸었다. 부산과 마산에서의 대규모 저항은 상상하지도 못했던 일

[9] 윤한봉은 이것을 '4·19 환상'이라고 했다(5·18 기념재단 편, 2006, 156-157쪽).

이었다. 이로 인해 '민중이란 과연 어떤 사람들인가?', '그들은 어떻게 싸우는가?'라는 근본적인 의문이 제기되었고, 윤한봉은 직접 부산과 마산을 찾아가 확인하려고까지 하였다(5·18기념재단 편, 2006, 188-189쪽).

10·26으로 박정희 정권이 무너지고 5·18이 일어나면서 부마민주항쟁의 기억이 묻히기는 했으나, 계획되지 않은 민중의 항쟁, 일종의 도시 봉기라는 점에서 부마민주항쟁과 5·18은 살아남은 자들에게 동일한 문제를 제기했다. 이론으로만 파악했던 민중의 자발적 저항이 현실로 나타난 것이다. 이로 인해 이론적 정교회, 대중 조직화가 모두 필요하게 되었다. 하지만 대규모의 희생을 낸 5·18의 경험은 살아남은 자로서 가져야할 책임과 의무의 문제도 함께 남겨 놓았다.

5. 학생운동의 변화와 대중운동의 시대(1980년대)

1) 충격과 변화의 모색기 : 1980-1983년의 학생운동

(1) 대학생의 급증과 평준화 세대 : 386세대

5·18의 경험과 기억은 1980-1990년대 학생운동으로 하여금 이념적 정체성과 목표를 확립하게 하는 결정적 계기가 되었다. 하지만 5·18 과정에서 학생운동이 입은 타격은 심대했다. 또 그 경험이 학생운동의 실천을 즉각적으로 바꿀 수 있는 것은 아니었다. 더욱이 1980년 봄에 공개되었던 조직과 구성원들이 입은 타격도 작지 않았으므로, 이른바 학원자율화조치가 현실화되는 1984년 이전의 학생운동은 1970년대 후반처럼 비공개 서클을 중심으로 운영되지 않을 수 없었다.

큰 변화의 국면에 있었던 것은 대학사회 자체였다. 졸업정원제가 실시되면서 대학생의 수가 급증하기 시작했다. 물론 1970년대부터 산업 수요의 팽창에 따라 공대를 중심으로 대학생의 정원이 늘어나고 있었다. 전남대의 경우, 1970년 3,210명이던 재적생이 1974년에는 5,099명으로 증가했다. 그런데 1981년부터 졸업정원보다 일률적으로 30%가 많은 입학정원으로 학생을 모집하는 졸업정원제가 실시되면서 학생 수는 폭증하고 대학의 규모도 훨씬 커졌다. 전남대의 경우 1981년 1만 5,177명이었던 재적생이 1983년 2만 2,828명으로 늘어났고, 1985년에는 2만 5,799명이 되었다. 특히 1970년대와 달리 인문과학, 사회과학 계열의 학생 정원도 크게 늘었다. 1980년 전남대 인문사회과학대학의 재적생이 1,927명이었는데, 1983년에는 4,096명으로 되었고, 1985년에는 4,871명으로 늘었다(전남대학교60년사편찬위원회 편, 2012c, 454-455쪽). 인문사회과학대학을 중심으로 한 대학생 수의 급증은 학생운동이 일반 대학생들의 일상 속으로 스며들 수 있는 기반이 되었다.

한편 1980년대에 들어서면서 평준화 세대들이 학생운동의 주역이 되었다. 1974년은 서울과 부산에서, 1975년부터는 대구, 대전, 광주에서 고등학교 경쟁 입시가 없어지고 평준화가 실시되었다(『동아일보』1973년 2월 28일자). 또 1980년부터 대학 본고사가 없어졌다. 복학생 그룹들이 없었던 것은 아니지만, 1980년대 학생운동의 주역은 평준화와 학력고사 세대들이었다. 이렇게 되자 학생운동에서 고교 선후배 사이의 인맥이 차지하는 비중은 급격히 줄어들었다. 1980년대 초반에는 광주일고나 광주고 등 전통적인 지역 명문고 출신들보다 5·18항쟁 과정에서 적극적으로 참여했던 대동고 같은 학교 출신들이 학생운동에 더 적극적인 면을 보였다. 근본적으로는 출신 고등학교보다는 대학의 학과나 동아리처럼 대학 내에서 새롭게 맺게 되는 관계들이 훨씬 중요하게 되었다. 이 또한 학생운동

대중화의 중요한 사회적 기반이었다. 대학 입학의 기회가 확대되고 명문 고등학교들이 사라진 시기의 평준화 세대들이야말로 386세대의 모태였던 것이다.

(2) 학생운동의 재생과 목격자 의식

1980년대 초반의 대학은 울분의 공간이라 하여도 무방할 것이다. 특히 광주·전남지역의 대학들은 더 그러했다. 대부분의 학생들이 5·18을 목격하였지만, 운동조직은 지리멸렬했고 감시와 탄압은 살벌했다. 대학 내에 사복 경찰들이 들끓는 터라 학교 안에서의 투쟁은 시도조차 어려웠다. 광주 시내에서 유인물을 살포하기도 하고, 1980년 12월 광주미문화원 지붕에 올라가 방화하여 항쟁의 진상을 알리고 미국의 책임을 묻고자 했으나 이는 철저한 언론 통제로 제대로 알려지지 못했다.

학생운동 세력은 1981년 무렵부터 조직을 정비하기 시작했다. 소수의 선배와 후배 그룹으로 구성된 지하 학습모임들이 다시 구성되기 시작했고, 이들을 연결한 패밀리가 만들어지면서 다시 공개적인 투쟁을 시도했다. 학년별로 그룹을 만들고 지도 선배가 이끌어가는 언더 팀들이 구성되었다. 학년이 올라갈 때는 역할 분담이 새로 이루어졌으며, 고학년들은 투쟁의 노선과 방향을 결정하였다.

1980년대 초 학생운동을 실질적으로 이끈 조직은 여전히 1970년대 말에 조직되었던 학내외 서클의 후신들이었다. 1980년 봄에 결성되었던 학회들은 같은 해 10월 개학과 동시에 학과 내의 '반'이나 동아리 수준으로 격하되거나, 옛 이름의 서클로 학교에 등록하여 활동하였다. 이들이 학생들의 시위나 민주화투쟁을 주도했는데, 일례로 9·29투쟁을 주도했던 이들은 1970년대 말의 문우회를 계승한 서클 '얼샘'의 회원들이었다. 이 학

내 동아리들은 공개적인 활동과는 별개로 비밀 학습모임을 진행하기도
했다.[10]

전남대의 학생운동 세력이 조직적이고 대중적인 투쟁을 시작한 것은
1981년 2학기부터였다. 1981년 9월 29일 신영일, 임낙평, 이광호 등 전남
대 77, 78학번들이 학생회관에서 〈반제반파쇼 민족해방 학우 투쟁선언〉
을 낭독하며 시위를 주도했다. 학내 경찰이 상주하던 상황에서도 1,000여
명이 참가하여 한 시간 이상 선언문을 낭독하고 연설을 하는 대규모 시위
가 벌어졌다. 학내 경찰로 진압이 불가능하자 교문 밖에서 진을 치고 있
던 경찰들까지 진입한 끝에 이들을 해산시킬 수 있었다. 이날의 시위는 당
시로서는 초유의 대규모 시위였고, 일부 학생들은 교문 밖으로까지 진출
하여 시위를 벌였다(전남대학교60년사 편찬위원회 편, 2012a, 1,021쪽).

이 선언에서는 학생운동 이념 변화가 그다지 두드러지게 보이지는 않
는다. 여전히 세계의 기본 모순은 미국을 중심으로 하는 제국주의적 외세
와 민족의 혁명적 발전과 생존권을 확보하려는 제3세계 민중 간의 대결
이며, 국내적으로는 국내 매판 독점자본과 매판관료, 매판군부가 민중의
적이었다. '반제반파쇼 민족해방투쟁'을 직접 내세우고 있기는 하지만, 인
식의 틀이 바뀐 것은 아니었다. 오히려 두드러지는 것은 "학우여! 광주대
학살 현장의 증인들이여!"라는 호명이다(〈반제반파쇼 민족해방 학우 투
쟁 선언〉). 광주의 학생들은 이제 "현장"의 증인이며 투쟁을 통해 "민중이
주검을 강하게 딛고 일어나"도록 할 의무를 지니게 되었다.

박관현의 죽음은 광주와 전남지역 학생들에게 5·18의 기억을 다시 상
기시켰고, 증인이며 목격자로서의 책임과 역사적 부채 의식을 강화시켰

---

10) 전남대학교60년사편찬위원회 편, 2012a, 1,022쪽. 1978년에 조직된 문우회는 그해 가을
　　경찰의 회원들에 대한 집단 연행으로 인해 해산되었다가, 1979년 3월 얼샘으로 부활했
　　다. 1981년 얼샘 회원들은 비밀리에 사회과학 학습을 하다 경찰에 발각되어 다시 해체
　　되고, 한겨레라는 동아리를 다시 조직하여 명맥을 이었다.

다. 5·18 이후 광주를 떠나 서울에서 편물공장 노동자로 은신 중이던 박관현은 1982년 4월에 체포되어 광주교도소에 수감되어 재판을 받고 있었다. 그는 재소자 처우 개선과 5·18 진상 규명을 요구하며 40일간의 단식투쟁을 벌이다 심근경색으로 병원에 입원한 뒤, 1982년 10월 12일 사망했다. 경찰 당국은 영안실에서 시신을 지키고 있던 학생들을 해산시키고 시신을 탈취하여 강제로 장례를 치르게 했다. 그의 죽음으로 충격을 받았던 학생들은 시신 탈취에 격분했고, 1982년 10월 15일 전남대에서 대규모 시위를 일으켰다. 학생들은 중간고사를 거부하고 연일 시위를 벌였으며, 시내 곳곳에 유인물을 뿌렸다. 시위는 훨씬 격렬해졌으며, 박관현은 이후 1980년 광주의 또 다른 상징이 되었고, 해마다 추모제와 시위가 벌어졌다(전남대학교 민주회복추진위원회 민주함성 편집부 편, 1984).

　1980년대 초 학생운동은 1970년대 말보다 더 가혹한 탄압을 받는 열악한 상황에 처해 있었다. 학내에 경찰이 상주하고 있었기 때문에 시위는 도서관에서 밧줄을 타고 내려오거나, 학생회관 식당에서 일시에 모여 스크럼을 짜고 뛰쳐나오는 식으로 벌여야 했다. 시위 가담자들은 징계를 받고 구속, 제적되었다. 1978년 93명이던 전남대의 제적생은 1981년에는 337명, 1982년에는 558명, 1983년에는 566명으로 갈수록 늘어났다(전남대학교60년사편찬위원회 편, 2012c, 73-74쪽). 시위 현장에서 연행된 학생들은 형식적인 신체검사와 '권고휴학'을 당한 후 곧바로 강제 입영되었다. 이렇게 입영된 학생들은 군 생활 동안에도 지속적인 감시와 관찰의 대상이 되어 고통받았다.

2) 대중운동으로서의 학생운동

(1) 언더에서 학생회로, 서클에서 학회로

1983년 12월 21일 정부가 학원자율화조치를 발표하면서, 1984년 봄부터 공개적 학생활동이 재개되었다. 학원자율화추진위원회가 구성되고 학생회를 다시 구성하기 위한 움직임이 활발해졌다. 제적생들이 복학하면서 학생운동에 새로운 활력을 불어넣었다. 대학마다 학원자율화추진위원회가 만들어졌다. 전남대에서는 1984년 4월 2일 학원자율화추진위원회가 구성되어 학도호국단 폐지와 학생회 부활 등을 요구하며 시위를 벌였고, 5월에는 이를 민주회복추진위원회로 발전시켜 5·18 추모와 진상 규명, 악법 철폐투쟁 등을 벌였다.[11]

1984년 11월 16일 학생들의 주관하에 총학생회장 선거가 실시되어 명실상부한 학생자치기구가 다시 탄생하게 되었으며, 대중적 학생운동이 본격적으로 열렸다. 조선대에서도 1985년 3월 민주화자율추진위원회, 복적생협의회, 서클연합회, 학회장단 등이 모여 총학생회 부활추진위원회를 만들어 학내 민주화를 요구하는 시위를 벌였다(『광주』 2호).

정세의 변화로 학과 학생회가 운동의 중심으로 부상했다. 84학번들은 입학하면서 학과 학생회가 운영하는 '학회'에 자연스럽게 참여했다.[12] 학회의 구성원들은 세미나를 통해 소설, 철학, 경제학, 역사학 등 기본적인 인문사회과학 분야의 필독서들을 읽었고, 4월 19일과 5월 18일 무렵에는

---

[11] 1984년 11월 사두시위를 준비하기 위해 숨겨둔 화염병이 발각된 '아라모드 당구장 사건'으로 민주회복추진위원회 관계자들이 대규모로 구속되었다(『광주』 2호).

[12] 학생수가 적은 과는 단일한 학회로 운영했지만, 학생 수가 많은 학과에서는 분과 학회를 운영하기도 했다. 전남대 불문과는 불문과 학회만 있었지만, 국문과는 '비나리', '삶과 마당' 등의 분과가 있었다(서현의 증언 ; 박강의의 증언). 박강의는 전남대 불어교육과 84학번이며, 탈패 활동을 하다 극단 신명에서 오랫동안 문화운동을 전개해왔다.

함께 기념집회에 참가하기도 했다. 이런 활동을 통해 이들은 자연스럽게 학생운동의 이념과 가치를 받아들이고 운동을 정당한 것으로 인식하기 시작했다. 학회나 학생회의 다양한 활동은 이들이 대학 공동체의 일원으로서 운동의 이념을 받아들이는 데 중요한 역할을 하였다. 동아리들도 더욱 문호를 넓히고 공개적인 공연 활동 등을 통해 더 많은 학생들을 포괄할 수 있었다.

또한 이 무렵부터 각종 투쟁위원회들이 만들어지기 시작했다. 사안마나 만들어시는 투쟁위원회를 중심으로 1980-1990년대의 학생운동이 진개되었다. 1985년 4월 전남대 민족통일·민중수호·민주쟁취투쟁위원회(이하 삼민투위)가 결성되었으며, 별도로 5·18진상규명투쟁위원회가 조직되었다. 전남대 삼민투위는 전국학생총연맹(전학련)에 참여하면서 호남지구학생연합(호학련)의 일원으로 되었다. 이들 중 일부는 1985년 12월 2일 광주미문화원을 점거하고 수입개방압력 철회, 군부독재 지원 중단, 파쇼헌법 철폐를 요구하다 구속되었다. 또 1985년 2학기에는 전남대의 '민주제도 개헌쟁취 투쟁위원회'와 조선대의 '반외세·반독재 투쟁위원회'가 연대하여 악법 철폐와 개헌을 위한 집회와 시위를 전개하기도 했다(『용봉』16호).

학생회와 학회가 학생운동을 주도하였지만, 이른바 언더의 '패밀리'들도 완전히 해소된 것은 아니었다. 1980년대 중반까지도 언더조직들은 여전히 중요한 기능을 수행했다. '가능성'이 있어 보이는 1학년들은 겨울방학쯤 선배들로부터 언더조직 가입을 권유받았다. 참가하게 되면 그때부터는 책이 아니라 주로 '문건'들을 통해 정세분석, 혁명론, 그리고 주체사상 등을 공부하면서 학내외의 투쟁에 주도적으로 참여하였다. 이들은 3학년이 되면서 다시 역할 분담을 하게 되는데, 총학생회나 단과대 학생회, 실제 투쟁을 수행하는 투쟁위원회, 서클이나 학과 등의 영역에서 활동하게 되는 것이다(서현의 증언 ; 박강의의 증언).

그러나 이 과정이 순조로운 것만은 아니었다. 비공개 조직인 패밀리의 구성 방식은 주로 학과나 동아리의 인맥에 따른 것이었으니, '조직'의 요구와 '개인'의 성향 사이에서 충돌이 일어나는 일도 적지 않았다. 1980년대 중반 전남대 내에는 패밀리의 핵심적인 인물들로 구성되는 비공식적인 학내 운동지도부 C.T(Control Tower)가 투쟁의 방향을 결정했다. 패밀리의 중심들이 실제로 총학생회, 동아리, 투쟁위원회 등의 핵심이었으니 당연한 일이었겠지만, C.T는 토론을 통해 정세를 분석하고 효과적인 투쟁 방침을 결정했다. 1985년을 예로 들자면, 2·12 총선의 결과로 유리해진 정세를 바탕으로 삼아 5·18 진상 규명과 책임자 처벌투쟁을 집중적으로 벌여야 한다는 투쟁 방침을 토론을 통해 결정하였다(전남대학교60년사편찬위원회 편, 2012a, 1,029쪽). 목포대에도 소모임들이 연합한 패밀리가 존재했고, 이들 중 대표자들이 C.T를 구성했다(문명식, 1989). 언더와 공개 조직이 공존하는 현상은 1986년까지 존속했다. 1987년이 되면서 총학생회, 투쟁위원회, 단과대학생회, 과학생회, 서클연합회 등의 공개조직들이 명실상부한 학생운동의 중심 기구로 자리 잡았다.

이리하여 "어떻게 보면 학교를 다녔던 사람은 다 운동을 했다고도 볼 수도 있고, (반대로 학생운동가들도) 그냥 학교를 다녔다고도 볼 수 있는 그런 시대"[13]가 되었다. 학생운동은 새로운 단계에 돌입하기 시작했다.

(2) 학생운동의 의례와 문화, 상징체계

1984년 이후 학내에 주둔하던 경찰이 철수하면서 학내에서 이전에 비

---

13) 서현의 증언. 서현은 전남대 국문과 84학번으로 1987년 인문대 부학생회장이었으며, 졸업 후에 인쇄노동운동으로 진출하였다. 현재 출판업에 종사하고 있다.

해 자유롭게 대자보를 만들어 걸고 유인물이나 신문을 배포할 수 있게 되었으며, 학내 집회도 비교적 자유롭게 열리게 되었다. 공개적인 학생운동은 독자적인 의례와 상징체계를 형성해 나갔다. 1984년 초반까지는 별다른 의례 없이 집회가 시작되는 것이 일반적이었지만, 집회가 반복되면서 '열사에 대한 묵념'과 '민족해방가' 등의 노래 제창 등이 민중적 의례로 정착하기 시작했다(서현의 증언). 또 학생회 발대식이나 추모식에 탈반이나 놀이패가 함께하고 깃발이나 걸개그림들이 걸리면서, '열사', '민중', '민족' 등의 이미지가 구체화되기 시작했다.

1985년 전남대 총학생회는 신입생을 위한 안내 책자『언 땅을 딛고 서서』를 발간했다(전남대학교 총학생회 편, 1985a). 이 책자는 학생운동의 역사와 이념, 필요성을 설명하고 신입생들이 읽어야 할 추천 교양도서의 목록을 제시하고 있다. 주목할 것은 '언 땅'이라는 상징적 문구와 함께 표지에 그려진 삽화다. 표지에는 깃발을 든 민중들을 태우고 하늘을 나는 용의 모습을 그려 놓고 있다. 한편 이 책자와 함께 판화달력이 배포되었다. 3월 15일의 총학생회 출범식에서는 총학생회가(歌)와 총학생회기가 선보였다. 1985년 4월 전남대 총학생회가 배포한『한미관계의 실상과 제국주의』라는 제목의 책자 표지에는 날개에 별을 단 독수리가 호랑이의 허리를 발톱으로 움켜쥐고 '사쿠라' 호랑이의 가슴을 관통하고 있는 그림을 싣고 있다. 당연히 호랑이는 한반도의 민중을 상징한다(전남대학교 총학생회 편, 1985b). 이념적 근거로서 '민중'의 이미지, 대중 집회와 동류의식 형성, 문화 선전의 역할 등이 결합되면서, 1985년부터 대학생들은 본격적으로 1980-1990년대 학생운동 시대의 문화적 영향력하에 들어가게 되었다.

한편, 1980년대 중반부터 광주·전남지역의 대학가에는 독특한 시위와 투쟁의 문화가 정착하기 시작했다. 강력한 투쟁의 전통은 이미 1970년대부터 나타나고 있었지만, 1980년 광주의 경험 이후 광주·전남지역의 학생운동은 다른 지역에 비해 더 강력하고 대규모의, 더욱 집요한 투쟁으로 전개되었다. 많은 학생이 시위에 참가했고, 시위의 양상도 더욱 격렬했다. 이렇게 격렬한 시위의 양상은, 1970년대부터 학생운동을 주도한 전남대만이 아니라 지역 대학가에서 일반적으로 나타났다. 재단의 전제에 맞서 싸우던 조선대의 학생운동 세력은 학교 측이 동원한 폭력에 대응하면서 더욱 전투적이 되었다(〈광주사태 관련 해직교수 43명의 실상〉 ; 〈조선대의 민주화 없이 한반도의 민주화 없다〉 ; 〈박철웅이 타도하여 도민대학으로 환원하자!!! — 박철웅의 조대인가? 호남인의 조대인가〉).

이렇게 강력한 투쟁 문화는 어디에서 시작되었을까? 무엇보다 1980년의 경험을 공유하면서 심각한 정치·경제적 차별을 경험하고 있던 광주·전남의 지역사회가 다른 지역에 비해 전반적으로 학생시위에 호의적이었던 것도 중요한 원인이다. 가두시위와 같은 투쟁 현장에서 만나는 광주 시민들은 적극적으로 학생들을 옹호하고 보호하려 했으며, 이런 지지와 격려가 강력한 투쟁력의 한 원인이 되었다.[14]

학교 밖 지역사회의 지지만이 강력하고 끈질긴 시위투쟁의 동력이 되었던 것은 아니다. 1984년 이후 학원자주화 투쟁 과정에서 전남대나 조선대 등 광주지역 대학에서는 복학생들이 많이 참여했다. 이 복학생 중에는 5·18을 직접 경험했던 사람들도 많았고, 이들이 이후 시위 과정에서 직접 전투조에 참가하면서 다른 어느 지역 대학보다 강력한 투쟁이 이루어졌다고 한다(박강의의 증언). 이후에도 시위 과정에서의 강력한 투쟁은 광주·전남지역 학생운동의 전통이 되다시피 했고, 학생들 스스로도 이

---

14) 그렇지만 1980년의 경험은 도리어 학생운동 참여를 제약하는 요소가 될 수도 있었다. 적나라한 폭력과 왜곡, 차별을 경험했던 부모 세대들은, 거리에서 만난 학생시위는 격려하면서도, '내 가족'의 학생운동 참여는 강하게 말리는 이율배반을 보이기도 했던 것이다(박강의의 증언 ; 서현의 증언).

런 전통을 자랑스러워했다.15) 그러나 강력한 투쟁 문화는 기실 군사주의 혹은 투쟁지상주의적 성향을 드러내기도 한다. 시위 주동자를 보호할 사람이 모자라자 여학생들로 구성해 보기도 했다는 회고는 지나친 무력중심주의의 한 단면이기도 하다(박강의의 증언).

(3) 주변의 성장

1984-1985년을 전후하여 조선내, 목포대, 순천대 등 전남대 외의 다른 대학에서도 학생운동 세력이 급속히 힘을 키워가고 있었다. 그런데 이런 성장은 전남대가 그 영향력을 확장해 나간 것이라기보다는, 각 대학의 학생운동이 독자적으로 발전한 것이었다는 점에서 주목할 만하다. 이 무렵까지 전남대가 명실상부하게 이 지역 학생운동을 주도해온 것은 사실이지만, 조선대, 목포대, 순천대 등에서의 학생운동 대중화와 급속한 성장은 독자적인 과정으로 진행된 것이다.

조선대에서는 재단과의 치열한 학원민주화투쟁을 통해 운동이 성장했다. 박철웅 일가는 조선대를 박씨 왕국으로 만들었으며, 여기에서 기인한 저항에 대해 공권력은 물론이거니와, 사적인 폭력으로 말살하고자 했다. 학생운동 주도 층이 사회정치적 문제에 집중하다 학원민주화투쟁을 적극적으로 수행하지 못한 것을 두고 '타협적'이라고 평가할 정도로, 1980년대 조선대의 학내투쟁은 처절하게 진행되었다(백영권, 1989). 이런 상황 속에서 조선대 학생운동은 전남대와는 또 다른 전통과 투쟁 역량을 키우며 성장했다. 목포대 학생운동 역시 1980년대 초반에는 목포에 연고를 두었던 서울대 등 서울지역 학생운동의 영향을 일부 받기는 했지만, 1980년대

---

15) 1991년 신입생 특집호로 발간한 『민족전대』 1991년 2월호는 전남대의 자랑거리 중 하나로 '조국을 사랑하는 2만 학우 투쟁의 불화산 오월대'를 내세우고 있다(『민족 전대』 1991년 2월호, 7쪽).

중반부터 독자적 학습과 조직, 투쟁을 통해 발전했다. 목포대는 1970년대 교육대학에서 1980년대 종합대학으로 급격히 확대되었고, 이로 인해 본격적인 학생운동의 경험은 거의 없다시피 했다. 따라서 이들은 학생회 선거에서 비운동권 학생들과 경쟁하면서, 사찰기관의 감시와 탄압을 견디고 지지층을 조직화해야 하는 등 처음 시작하는 어려움을 겪었다(문명식, 1989, 121-123쪽). 이렇게 각자 다른 상황과 조건 속에서 독자성을 가진 주변부의 성장은 전남지역대학생대표자협의회(남대협), 혹은 전국대학생대표자협의회(전대협)의 시대를 예고하는 것이었다.

3) 사상과 투쟁의 시대 : 이념으로서의 학생운동

학생운동은 대중적 기반을 확산하면서 더욱 급진화되었다. 근본적인 '사회변혁'을 목표로 하면서 여기에 걸맞은 이념을 추구하기 시작했고, 급진적 이념 도입은 사상의 분화를 가져왔다. 반미투쟁의 의의, 조직과 조직원의 문제, 운동 참여자의 사상과 품성 등을 강조한 민족해방(NL) 그룹이 급격히 성장하고, 이들이 서울대 구국학생연맹, 고려대 애국학생회, 연세대 반미구국학생동맹 등을 결성했던 것이다(강신철 외, 1988, 161-269쪽). 1985년을 전후한 시점에 전남대에서도 이념의 분화와 논쟁이 본격화되었다. 같은 패밀리나 동아리 내부에서도 사상과 노선을 둘러싼 논쟁이 시작되었다.

학생운동가들은 나름대로 그동안의 학생운동에서의 논쟁들을 학습, 토론하면서 정리하고, 자기 이념을 정립하고자 했다.[16] 하지만 대부분의 경우 사상은 '조직'적 차원에서 '정리'되는 경향이 강했다. 사상의 문제에 본

16) 학생운동의 중심이던 전남대는 물론이거니와, 목포대 운동권도 1986년 내내 삼민주의, 반제민중민주혁명, 민족민주혁명, 민족해방민중민주주의혁명 등의 다양한 노선을 학습했다고 한다(문명식, 1989, 124쪽).

격적으로 노출되었던 84학번들의 경우, 처음부터 자율적인 학습과 공개적인 토론을 통해 이 문제를 다루지 못했다. 국가보안법의 날 선 위협이 상존하던 상황 탓도 있었겠지만, 순전히 그런 이유 때문만은 아니었다. 대체로 82학번들을 중심으로 한 조직의 선배들이 윗선에서 문제를 정리한 다음, 후배들에게 '토론'을 빙자한 사상적 정리를 진행하는 것이 일반적이었다(서현의 증언 ; 박강의의 증언).

NL그룹과 제헌의회(CA)그룹은 1986년부터 다른 투쟁 조직을 결성하기 시작했다. 전남대에서 1986년 8월에 '반제반파쇼민족민주화투쟁위원회(빈민투)'가, 9월에는 '반미구국투쟁위원회(반미투)'가 출범한 것이 대표적인 예이다(『전대신문』 1986년 9월 11 · 25일자). 하지만 광주 · 전남지역에서 NL계의 우위는 확고부동한 것이 되었다. 서울지역의 일부 대학에서처럼 각 정파들이 만든 투쟁위원회들이 경쟁하는 구도는 제대로 형성되지 못할 정도였다.

내부의 토론이 활성화되지도 않았고 실제로 결정된 노선을 전해주는 것처럼 되었음에도 불구하고, 84학번 이하의 세대들도 NL노선을 적극적으로 수용했다. 대중적 학생운동을 실제로 수행했던 이 세대들에게 이론의 과학성보다는 대중들을 접하는 '품성'과 조직적 통일이 더 중요했던 것이다. 품성론에 입각한 도덕적 인간관, 사람과의 관계를 중시하는 사고방식, 자아비판과 상호비판 등의 문화는 학생운동 전반으로 확산되었다.[17]

---

[17] 이들은 주체사상을 자율적으로 수용했던 것은 아니지만 주체사상의 내용들을 큰 반감 없이 받아들일 수 있었다고 했다. 특히 사람들을 만나고 조직하는 데서 어려움을 겪었던 경험은 운동 주체의 도덕성을 강조하는 사상에 공명할 수 있도록 했다고 한다(서현의 증언 ; 박강의의 증언).

6. 맺음말

학생운동은 스스로 역사를 만들려고 시도하지만, 그 또한 역사적 생성물이다. 이는 학생운동이 지역적·사회적 영향을 받지 않을 수 없다는 의미다. 광주·전남지역은 학생운동이 가장 활발했던 지역으로 널리 알려져 있다. 하지만 처음부터 대중적 학생운동이 전개되었던 것은 아니다. 1970년대 학생운동은 소규모 그룹활동에 기반을 둔 것이었고, 특정한 고교의 학맥에 크게 의존하는 엘리트주의적 운동이었다. 1970년대 말, 광주·전남의 학생운동은 이전의 막연한 민중론에서 벗어나 현실적이고 구체적인 '민중'의 실체를 찾으려 노력하기 시작하면서 엘리트주의로부터 조금씩 벗어나기 시작했다. 하지만 이런 학생운동 이념의 변화만으로 대중적 학생운동이 실현되지는 않았다.

대중적 학생운동은 그 기반이 되는 대학의 사회적 제도와 문화의 변화를 전제로 했다. 우선 대학의 규모와 학생 집단의 확대가 필요했다. 1980년대 대학의 규모가 급격히 커지면서 이전에 비할 수 없이 많은 청년들이 대학생이 되었고, 이들은 지식인이라는 사회적 책임감과 민주주의와 사회윤리에 대한 민감한 감수성을 공유했다. 여기에 5·18의 경험과 역사적 채무 의식은 이들 대학생들이 저항적 대중이 되는 결정적인 역할을 수행했다. 학생운동의 대중적 확산은 독자적인 의례와 상징체계, 투쟁의 문화를 형성하기에 이르렀고, 각 지역의 독특한 전통을 형성했다. 더욱 급진적인 사상들이 운동적 인간형을 요구했고, 많은 사람들이 그 기준을 충족하고자 노력했다.

이런 노력들은 학생운동이 대중운동으로서 폭발적으로 성장할 수 있도록 했다. 그러나 언제나 긍정적인 측면만을 가진 것은 아니었다. 운동세력의 힘이 확산될수록 학생운동 내부에 존재하던 비민주성 또한 문제가 될 가능성이 점점 커져 갔다. '도덕성'과 '주체성'을 강조하는 것은 손쉬운 해결책이었지만, 학생운동 참여자들에게 과도한 윤리적 의무만을 부과하고 운동이 펼쳐갈 수 있는 다양한 발전의 가능성을 닫아버릴 위험 또한 커지게 하는 것이었다.

제 3 부

9장_ 1980년대 인천대 학생운동 시각에서 본 선인학원 시·공립화 과정과 의미*

정태헌

1. 머리말

모든 학교의 출발점은 공공성에 있다. 많은 사람들이 사립학교에도 기부하는 것은 '소유권' 여부를 떠나 다음 세대의 주인공들을 키운다는 사회적 '명분' 때문이다. 그런데 한국의 적지 않은 사립대학 재단은 학원을 사유재로 의식한 채 학교 경영에 임하는 경우가 많다.

민주화란 정치적 제도화 수준을 넘어 그 영역이 끝없이 확대되게 마련이다. 그런 점에서 사립학교의 운영 내용이나 수준은 그 사회의 민주화 수준에 비례한다. 그간 학생운동사 연구는 메이저 캠퍼스나 '논쟁'에 초점을 둔 경우가 많았다. 이제 학생운동이나 민주화운동 연구는 한국사회의 민주화 진전을 가로막는 고질적 세습 영역 가운데 하나인 학원의 개혁을

---

* 이글은 필자의 글 「1980년대 민주화운동에서의 학원민주화 쟁취 사례 연구 : 인천대 학생운동의 시각에서 본 선인학원 시·공립화 과정」(『기억과 전망』 28호)을 기초로 추가 인터뷰를 통해 수정·보완한 것이다.

두고 새로운 연구방법론으로 관심을 넓힐 필요가 있다.

1980년대 들어 여러 대학의 학생운동은 부패재단 개혁운동을 전개했다. 그러나 그 성과는 '민주시민대학의 성공모델'로 불리기도 했던 상지대를 포함해서 제한적인 것이 현실이다. 그런 점에서 부패재단을 시립으로 전환한 유일한 사례인 1980-1993년간 인천대생들의 재단정상화투쟁(이하 재투) 또는 학원자주화투쟁(이하 학자) 운동은 1980년대 한국 민주화운동을 고찰할 때 각별한 의미가 있다. 그러나 14년 동안 선인학원 재투-학자의 핵이었던 인천대 학생운동은 그 중요성에 비해 주목도가 약했다.

인천대학교는 선인학원이 1979년에 신설한 인천공과대학으로 출범했다. 이후 교명이 인천대학(1980년), 인천대학교(1988년)로 바뀐 후 1994년 시립대학으로 전환되었다. 1958년 성광중·상업고등학교를 인수한 백인엽은 5·16군사정권에 의해 구속되어[1] 1962년 1월, 무기징역을 선고받았다.[2] 5월 3일, 징역 15년으로 감형된 후 1963년에 출감한[3] 백인엽이 법인 명칭을 바꾼 선인학원(1965년)은 이후 "거대 학원"으로 성장하는 과정에서 많은 비리를 드러냈다.[4]

본고는 1980년대 인천대 학생운동권 핵심 인물들의 당시 입장과 기억을 통해 인천대 재투-학자 과정을 '재구성'하고자 한다. 이를 위해 필자는 A, B 두 그룹과 세 차례에 걸쳐 장시간 인터뷰를 가졌다.[5] 두 그룹을

---

1) 「부정축재자 26명을 구속」, 『동아일보』 1961년 5월 29일자 ; 「25명은 이미 구속」, 『경향신문』 1961년 5월 29일자. 부정축재처리위원회가 9월 16일 발표한 부정축재액은 297,456,865환이었다(「공무원 부정축재 종심」, 『경향신문』 1961년 9월 16일자 ; 「부정축재 34명에 처분액 통고」, 『동아일보』 1961년 9월 17일자).

2) 「백인엽에 무기징역」, 『동아일보』 1962년 1월 24일자. 추징금(72,471,723환)도 함께 선고되었다.

3) 「박의장이 최종확인한 혁재판결」, 『동아일보』 1962년 5월 3일자 ; 「이천삼백 명 석방」, 『동아일보』 1963년 5월 15일자.

4) 『선인학원 시립화 성공사』(장석우 편, 1996)와 『인천대학교 30년사』(인천대학교 30년사 편찬위원회 편, 2010) 이러한 내용을 잘 소개하고 있다.

5) 이 글에서 구술자는 ( )안에 인명으로 표기했다.

인터뷰한 이유는 1986년 대투쟁과 이후 선인학원 시·공립화(市·公立化)에 대한 입장이 다른 부분도 적지 않아 어느 일편에 기울어질 수도 있는 기억을 조화시킬 수 있다고 판단했기 때문이다.

〈표 1〉 A 그룹

A 그룹					
이름	학과/학번	당시 주요 직책	이름	학과/학번	당시 주요 직책
안정수	인천대 교수	(시립인천대 총장 : 2008-2012년)	정수영	건축 86	1988년 서클연합회장
심상준	독문 80	1985년 삼민투위원장	권기태	독문 87	1989년 독문과 학생회장 1990년 총학 기획부장
고도현	미술 84	1991년 예체대 학생회장	정재식	경영 89	1990년 이부대 학생회 총무부장 1993년 부총학생회장 학원자주화추진위원회 위원장 대학발전추진위원회 학생위원
정성준	전자 85	1992년 총학생회장, 6기 인대협의장	권정달	산공 89	1992년 동아리연합회장
김국래	국문 85	1989년 인문대 학생회장 1990년 서해문학회 회장	김주희	전공 89	1991년 인천대학보 편집장
배진교	토목 86	1986년 토목과 1학년 대표 1988년 공대학생회 학술부장 1990년 총학 사회부장	김덕수	재료 90	1994년 총학 정책국장

* 인터뷰는 2012년 10월 29일(18:00-23:10), 2012년 11월 30일(18:00-다음 날 01:30) 두 차례에 걸쳐 '하림'(인천시 도화동 소재)에서 이뤄졌다. 두 번째 인터뷰는 11분이 한 자리에 모여 진행되어 서로 기억이 다르거나 부정확한 경우가 있을 때 바로 잡는 데 큰 도움이 되었다.

〈표 2〉 B 그룹

B 그룹					
이름	학과/학번	당시 주요 직책	이름	학과/학번	당시 주요 직책
정명락	독문 84	1985년 호남향우회 회장 1986년 인문대 학생회장 1989-91년 복학생협의회 회장	정순구	국문 87	1990년 총학생회장
			임승헌	전기 87	계속 학과 학회에서 활동

* 인터뷰는 2013년 6월 23일(14:00-18:30) 역사비평사 회의실(서울시 가회동 소재)에서 한 차례 이뤄졌다.

인천대－선인학원 재투는『선인학원 시립화 성공사』나『인천대학교 30
년사』(인천대학교 30년사 편찬위원회 편, 2010)에서 정리된 적이 있다. 아
쉽게도 선인학원이 시·공립화로 마무리되는 14년간 일관되게 결정적 동
력이자 투쟁의 핵심 주체였던 인천대 학생들의 목소리는 소략하고 그 비
중도 작다. 교수나 학교 측 시각에 따른 결과 중심의 서술로서 가장 중요
한 역할을 한 학생들의 생각이나 행동, 그것을 낳은 과정과 배경이 생략
되어 있다.6) 그러나 선인학원 민주화 14년 대장정을 검토할 때 가장 중요
한 주체는 인천대 학생운동이었다.

2. 인천대 학생운동의 재단투쟁 시작과 역량 확산(1980-1986년)

1) 인천대 학생문화의 특징

인천대는 학생운동이나 학교문화에서 두드러진 특징이 보인다. 우선 학
생들의 평균연령이 높았다. '공순이' '공돌이'로 비칭되던 청년세대에게 학
교를 그립게 했던 1970년대의 시대적 환경이 인천대에서 교차하고 있었
던 것이다. "3수, 군대 갔다 온 친구들, 직장 다니다 온 친구들이 많았어
요. 사회 경험이 있는 상태에서 대학에 왔으니 기대감이 컸지요(심상준)."
그런데 '백 장군'으로 불리고 거수경례 받는 것을 좋아했다는 만군 출신

---

6) 한 예를 들어『선인학원 시립화 성공사』에 수록된 기록사진들은 모두 학생들의 투쟁 장
면이지만 제II편 증언편에 수록된 12명의 증언자 중 학생은 '86년 인천대·전문대생들의
투쟁기록'뿐이다. 인천대 학생운동의 주체들은 장 교수가 해임되는 1991년을 '재단 정상
화 운동의 태동'(79쪽)으로 설정하고 그의 '단독' 철야농성을 부각시킨 이 책이 1980년부
터 지속된 학생들의 끈질긴 재투를 평가절하하고 교수들 중심의 재투로 서술했다고 비판
한다. "공개적인 자료를 갖고 자기중심으로만 보니까 이면의 내막이 없는 서술"이 되었
다는 것이다.

백인엽은 "사학왕국의 제왕"이었다.7) "뼈대만 있는 지프 타고 가다 학생들에게 '야, 너 내가 누군지 알아?' 물어 '백인엽 장군입니다'라고 답하면 지폐를 주고 그랬습니다"(정재식), "입학하니까 본관 앞에 가정집이 있고 개가 짖질 않나, 아침에 등교할 때 아주머니 한 분이 세수하고 계신 거예요. 환장하는 거죠. 8층에서 화장실 가려면 1층까지 내려가 그 집 옆에 가서 소변보고 와야 되고. 학생들이 일상적인 학교생활에서 보고 느끼는 심정은 참담했지요"(정명락). 장학금은 거의 없었고, 교수 수는 부족한데 무능 교수가 적지 않았다.8)

학생들에게 극심한 박탈감과 '원초적' 분노감을 안겨준 재단문제는 언제든지 터질 수 있는 화약고였다. 실제로 인천대생들은 개교 1년 만인 1980년 3월 30일에 벌어진 최초의 재투시위에서 "설립자는 학교의 운영에 간섭하지 말 것"을 주장했다. "백인엽 평판이 워낙 안 좋아 처음부터 백인엽 퇴진이었어요. 무조건, 학원문제는 언제든지 건드리기만 하면 터집니다. 강의실, 복지시설 할 것 없이 고등학교만도 못했으니까. 정치·사회적 논의가 부상하면 그쪽으로 쏠리면서도 이 문제는 늘 남아 있는 겁니다"(고도현), "무슨 전술적 고려 따위를 한 것도 아니었는데 '아, 백인엽은 안 되겠다'는 구호에 뜨겁게 호응했지요. 재단에 대한 불만이 쌓여 살짝 불을 지르면 언제든지 학생들이 구름떼처럼 모여들었지요. 재단문제 하면 용수철 튀듯이 튀어나오는 겁니다"(심상준). 학생들 의식이 높아지고 사회민주화운동과 결합하는 과정에서도 재투는 상수였다. 인천대생들의 역동성과 끈질김의 배경을 그들은 '한(恨)'이라고 집약해 표현했다. "1980년 3월 30일부터 운동을 시작한 우리 학교는 왜 이렇게 역동성이 있을까, 근저에

7) 「15년 동안 16개 학교 세운 사학왕국」, 『경향신문』 1981년 3월 18일자 ; 「15개 학교왕국의 제왕」, 『동아일보』 1981년 3월 18일자 ; 「무법 18년 … '선인왕국'」, 『경향신문』 1981년 3월 24일자.

8) 인천대학교 30년사 편찬위원회편, 2010, 128쪽 ; 장석우 편, 1996, 10쪽.

는 한(恨)이 깔려 있었다고 생각합니다"(심상준).

둘째, '공공의 적'의 존재는 운동권이 양성되는 토양으로 작용했고, 재투가 고양되면서 재단정상화 문제가 결국 정치민주화의 흐름과 하나라는 의식으로 빠르게 결합되는 배경이 되었다. 대체로 1986년 대투쟁을 전후하여 이 두 흐름이 하나로 모아지는 경향을 보였다. "사실 저 개인적으로는 지향점이 재투가 아니었습니다. 그러나 학우들이 학교문제에 관심을 갖고 구름같이 모여드는 데 거기에서 시작하는 게 맞는 거죠. 물론 80년대 초에는 정치적 이슈를 제기하면 썰물처럼 빠져나간 적도 있었습니다만, 86년 무렵부터 결국 둘은 하나가 되어 갔죠. 재단문제가 중요한 모멘트가 된 거지요. 집회를 하다 보면 눈에 띄는 친구들이 보이잖아요. 그러면 나중에 '서클로 와라' 이런 식으로 해서 조직화해 간 거죠"(심상준).

셋째, 1980년 초에 태동한 인천대 이념서클은 학습 커리큘럼과 세미나를 자체 역량으로 꾸려갔다. 신설대학이나 운동권 역량이 작은 대학들에서 서클 조직이나 학습 운영에 메이저 캠퍼스 학생들의 도움을 받는 경우가 많았던 점을 감안하면 강한 자존감이다. "저희 학교는 외부프락션이 잘 안 되는 학교에요. 1980년에 서울농대가 인천교회 쪽을 통해 프락션이 들어왔어요. 그러나 나는 '안 받는다', '자생하겠다' 해서 각자 다니는 교회나 성당이라든가 아는 선배들 통해 커리큘럼 받고 자료 모으고 해 가지고 자체적으로 학습했어요"(심상준).

넷째, 재단문제라는 특수성이 강해서인지 인천대 학생운동권은 큰 흐름에서 1990년대까지 단일대오를 형성했다. 그래서 유난히 큰 폭발력과 질긴 힘을 발휘했다고 볼 수 있다. "우리 학교는 NL, PD 등 해서 심각하게 나뉘지 않았어요. 다른 학교처럼 이 라인, 저 라인 해서 복잡하면 싸움이 힘을 못 받아요. 인천대는 '이거 하자'고 의견이 모이면 바로 강한 추동력을 발휘합니다. 싸움을 단순화시킨 특징이 우리가 이기는 길을 갈 수 있던 것 같아요"(심상준), "거의 한 라인이었지요"(김국래), "학보사나 사회과학대만 PD 친구들이 있었지요"(정재식), "후배들에게 다 하나지 무슨 NL이고 PD냐고 얘기하면 대부분 수긍했어요"(정명락).

마지막으로 지적할 큰 특징은 전남향우회(1985년경부터 호남향우회)의 학내 영향력이 매우 컸다는 점이다. 호남 출신 학생들이 많다 보니 광주항쟁의 실상도 일찍 접했다. "80년대 전반기에는 광주항쟁 당시 중고생이었던 친구들이 많았어요. 이 무렵에는 운동권이 아니더라도 누군가 성냥불만 그으면 활활 타오르는 정서가 깔려있었습니다. 86년 재투가 지열했던 것도 이러한 분위기의 산물이었습니다"(정명락). 전남향우회는 1980년 4월 총학 선거에서도 후보를 냈고, 80학번 심상준이 인하대 총학에 인천대 '메신저' 역을 하는 등 1, 2학년생뿐이던 인천대생들의 '80년 봄' 투쟁을 이끌었다. 향우회가 총학(총학생회)의 취약한 운동성을 보강하면서 준이념서클 역할을 한 것이다. 교수의 눈에는 그 영향력이 훨씬 크게 인식되었다. "전남향우회 힘이 세다 보니 백인엽이 대응조직으로 돈 대주면서 영남향우회를 만들기 시작했어요. 학내에 문화팀 탈패하고, 학술팀 독토(독서토론회) 두 핵심 서클이 있었지만, 메인 파워는 전남향우회였어요"(안경수), "1990년에도 전남향우회가 5월 집회 때 향우회 깃발을 들고 나왔어요. 제가 90학번인데 향우회에서 서클에 들라고 권해서 운동에 나섰고 서클에 가입했어요"(김덕수).

2) 최초의 재단투쟁과 운동권 서클의 출범

인천대생들의 재투는 '80년 봄' 분위기 속에서 1980년 3월 30일 오전 10시 전교생 960여 명 가운데 800여 명[9]이 본관 앞에 모여 학원자율화 등을

---

9) 장석우는 3월 31일, 500명으로 서술하고 있다(장석우 편, 1996, 12쪽).

주장하며 처음 시작되었다. 인터뷰에 참석한 이들은 150여 명이 철야농성을 벌이면서 인천대 학생운동이 시작된 이날을 뚜렷하게 기억한다. "3월 30일 오후 4시인가까지 백인엽 퇴진이니 이런 거 답을 받기로 했어요. 대표자 몇 명 뽑아 학교 측과 협상에 들어간 거죠. 근데 학교 측에서 안 줬지. 협상이 결렬되어 처음으로 학교에서 철야를 했어요. 3월 30일 저녁부터 31일까지"(심상준).

첫 재투에서 학생들은 "설립자는 학교 운영에 간섭하지 말 것" 외에 교수 처우 개선 문제로서 "교수협의회를 교내 최고기관으로 승격시킬 것", "교수의 인격 존중과 처우를 개선할 것", "교수들을 위한 출퇴근용 스쿨버스 운행", "교수실을 1인 1실로 할 것" 등까지 요구했다.10) 이러한 요구 사항은 학생들 눈에도 교수들이 딱해 보였을 정도로 재단이 교수들을 어떻게 대하고 있는가를 한 눈에 보여준다.

4월 1일에는 인천전문대 학생 200여 명이 학원자치권 강화 등을 요구하며 2시간여 동안 시위를 벌였다. 재단은 인천대와 인천전문대에 4월 2일부터 11(12)일까지 임시휴강 조치를 내렸다.11) 학생회도, 중심 역할을 할 수 있는 이념서클도 없는 상태에서 일어난 첫 재투는 무력하게 끝난 셈이었다. "그때는 그렇게 모였는데, 총학도 없지. 3월 31일에 철야 한 번 하고 흐지부지되고 말았지요"(심상준).

인천대는 임시휴강이 풀린 후 4월 말에 총학생회를 구성했다. "기호 1번이 홍성복, 2번이 박종관, 3번이 또 누구. 1번팀은 홍성복과 윤석진, 기계과 건축과였지요. 둘 다 79학번이었고. 2번이 우리팀인데 박종관, 박철희

---

10) 내용은 교수 처우 개선, 총학생회 부활, 학교시설 보완과 장학금 확충 등 세 부분으로 구성되었다(인천대학교 30년사 편찬위원회 편, 2010, 127쪽).

11) 「인천대·인천공전 임시휴강 결정」, 『동아일보』 1980년 4월 2일자 ; 「인천대·인천공전도」, 『경향신문』 1980년 4월 2일자. 인천대는 4월 11일까지, 인천공전은 12일까지 휴강했다. 「대학진통 모두 21개교 휴강」, 『경향신문』 1980년 4월 11일자.

가 런닝메이트였고. 전남향우회에서 선거팀을 만든 겁니다. 후보들마다 다 학교정상화 문제를 제기했지요. 재단문제를 가장 잘 알고 있는 팀이 1번팀이었고, 이념적 색채가 강한 우리 팀은 졌고요”(심상준). ‘80년 봄’ 투쟁에 인천대생들도 인하대와 연락하면서 적극 참여했다. 참가자들의 기억에 따르면 도화동 시위에서 인천대생은 100여 명 정도가 모였다. 이 시위로 연행된 심상준, 박종관, 김성일 등은 유기정학을 맞았다. 학생회장 홍성복은 ‘김대중 내란음모사건’으로 제적 구속되었다.[12]

109일간 휴교령[13] 와중에서 인천대에 최초의 이념서클이 태동했다. 총학생회장 홍성복은 5월에 열린 전국대학학생회장단 회의 때 만난 이대 탈패 회장을 심상준에게 소개하였고, 심상준은 그에게 탈춤을 배우면서 전남향우회 등의 연줄로 각과에서 14명을 모아 모임을 꾸려가기 시작했다. 1980년 여름부터 활동을 시작한 탈반(민속학연구회)은 1983년 여름에야 서클 등록을 했다.

“탈춤을 배우면서 탈반을 만든 거지요. 민속학연구회였어요. 당시에 등록을 못했어요. 그런데 관선이사 체제에서 김민하 학장이 우리를 파격적으로 밀어줬어요. 역사학 하시는 강성조 교수를 딱 찍어서 당신이 탈패 지도교수를 해라, 해서 등록이 됐어요. 김총장은 나중에 중앙대 총장으로 가셨는데 개혁적 사고를 가지셨던 것 같아요”(심상준). 서클 등록 배경을 달리 볼 수도 있다. 당시 군부정권은 학생 동향파악을 가장 중시했다. 학장 입장에서는 운동권 서클을 등록시켜 통제 가능한 상황으로 만들 필요가 컸을 것이다.

탈반은 학습 커리큘럼과 세미나를 ‘자생적’으로 꾸려갔다. 등록 때까지 서클룸이 없어 3년 동안 여기저기 전전하면서 모임을 가졌다. “심지어 낮

---

12) 그는 8월 25일 공소기각으로 석방되었다(「수도군단 계엄보통군법회의 대학생 15명 석방」, 『경향신문』 1980년 8월 20일자).
13) 「109일만의 등교 대학문이 열렸다」, 『동아일보』 1980년 9월 3일자.

에는 비는 룸싸롱에서도 스터디를 했다니까요. 아니면 대학로 진화춘이
나 이대 앞 데카메론이나 어디 중국집 뒷방에서.『전환시대의 논리』,『8억
인과의 대화』니 이런 책으로"(심상준).

3) 사회민주화운동과 결합하기 시작한 재단투쟁

1981년 1월, 문교부는 선인학원(인천대학), 고황학원(경희대), 명지학원
(명지대), 한양대, 조선대 등 5개 사학에 2주간(1월 28일-2월 10일) 학사지
도감사를 실시했다. 5개 대학은 모두 1980년 봄에 비리문제로 소요를 빚
은 대학들이었다. 이 감사는 신군부 세력이 학원소요의 주원인을 사학 비
리 때문이라고 규정하고 그에 따라 "정치적 격동을 자극하는 요인"을 제
거한다는[14) 정치적 선전의 명분이 컸다.

1981년 3월 18일, 백인엽은 횡령, 사립학교법과 건축법 위반 혐의로 구
속되었다.[15) 감사 대상 5개 대학 설립자 중 유일한 구속자였다. 18일 아
침 구속 직전, 백인엽은 검사에게 "모든 책임을 지고 처벌을 감수하겠다.
또 선인학원 측에 어떤 조치를 내려도 달게 받겠다"고[16) 고개를 숙였고
실제로 22일에「선인학원 헌납서」를 제출했다.[17) 4월 6일, 이사회는 학교

14)「문교부 한양대 경희대 조선대 명지대 인천대 5개 사대학사감사」,『경향신문』1981년 1월
  29일자 ;「사립대학 학사감사」,『동아일보』1981년 1월 30일자. 감사 내용에 대해서는
  인천대학교 30년사 편찬위원회 편, 2010, 129쪽 ; 장석우 편, 1996, 12쪽 ;「부정편입학
  6백 47명」,『경향신문』1981년 3월 14일자 ;「부정편입학 중점 선인학원 등 수사」,『매일
  경제』1981년 3월 14일자 ;「찬조금 유용여부 수사」,『경향신문』1981년 3월 16일자 ;「천
  여 명 찬조금 50억」,『동아일보』1981년 3월 16일자 ;「사대비리(私大非理)를 없애는 길
  (사설)」,『동아일보』1981년 3월 24일자.
15)「백인엽 씨(선인학원 상무이사) 구속」,『동아일보』1981년 3월 18일자. 백인엽의 공금
  유용에 대해서는「28억 원 더 빼돌려」,『동아일보』1981년 3월 19일자 ;「교제비 28억
  유용」,『경향신문』1981년 3월 19일자 참조.
16)「밝혀진 선인학원의 비리 15년 동안 16개 학교 세운 사학(私學) 왕국」,『경향신문』1981년
  3월 18일자.
17)「학교 헌납서」의 전문은 장석우 편, 1996, 15쪽 ; 인천대학교 30년사 편찬위원회 편,

법인 국가헌납, 백인엽과 이사 전원 사임을 의결했다.[18] 4월 13일, 문교부는 신기석, 김민하 등 관선이사 7명을 임명했다.[19]

학생들의 공분을 자아낸 재단을 타깃으로 설정한 신군부의 정략적 판단 자체가 틀린 것은 아니었다. 그러나 사학 비리를 척결하겠다는 실행 의지나 교육 철학이 수반된 것은 아니었다. 당시 학생들 생각도 비슷했다. "우리 학교 집회가 특별히 심한 것은 없었거든요. 그러나 전두환 정권이 보기에도 너무나 심했던 재단 비리를 정리한다고 과시하는 것은 정치적으로 좋은 소재였을 겁니다"(심상준), "사회정화 차원에서 정치적 본보기로 삼겠다는 의도였을 겁니다"(김국래).

이후 백인엽은 8월 31일 항소심에서 3년 징역에 집행유예 4년을 선고받아 석방되었다.[20] 그러나 백인엽이 석방되기도 전에 문교부 관료들은 정부 재정 규모상 2개 국립대학을 운영하기 어렵고, 경기도 재정 형편으로 14개 공립학교를 인수·운영할 능력이 없다는 얘기를 흘렸다.[21] 백인엽이 석방되자 일부 보직교수들은 김민하 학장을 비난하기 시작했고 주요 문서가 빼돌려져 '신촌'(백인엽 자택)의 지시를 따른다는 소문이 학내에 파다하게 퍼졌다(장석우 편, 1996, 22쪽). 결국 1983년 3월 12일, 마지막 관선이사회는 8명의 이사 중 문교부와 백 측이 4명씩 추천 선임하고, 이사장과 학장은 백 측이 추천하는 인사가 맡기로 결정했다(인천대학교 30년사 편찬위원회 편, 2010, 148쪽) 백인엽이 학원운영권을 다시 장악하면

2010, 130쪽 참조.

18) 「선인학원 국가헌납 이사회 결의」, 『매일경제』 1981년 4월 6일자.

19) 「선인학원 관선이사 선임」, 『동아일보』 1981년 4월 13일자 ; 「선인학원 이사장 신기석씨를 선출」, 『동아일보』 1981년 4월 15일자.

20) 「백인엽 피고에 징역 5년 선고」, 『동아일보』 1981년 5월 30일자 ; 「백인엽 씨 5년 선고」, 『경향신문』 1981년 5월 30일자 ; 「백인엽 씨 집유」, 『동아일보』 1981년 8월 31일자 ; 「백인엽 씨 집유」, 『경향신문』 1981년 8월 31일자.

21) 「선인학원 관선이사 백선엽 씨 추가선임」, 『동아일보』 1981년 8월 27일자.

서[22] 지출을 일시중지시키기도 했지만, 이규호 문교부 장관은 백 측이 추천한 유봉철 학장 취임을 불허하는 데 그쳤다. 결국 1983년 7월, 민병기 신임학장을 승인했다.[23]

백인엽은 1981년 말경부터 비선조직을 만들기 시작했다. 1986년 대투쟁 때 처음으로 그 실체가 드러나는 비선조직은 '호교회'나 측근 교직원들로 이루어진 것으로, 이들을 통해 학내 동향을 파악하기 위해 조직되었다. "1982년 부임해서 보니 학교에 뭔 (영남)향우회가 저렇게 난리를 치나 하고 이상하게 생각했어요. 호교회를 만든다 하더라고"(안경수), "영남향우회는 아마추어 야구부인가, 바이킹인가 그쪽 중심으로 모였죠"(심상준).

그러나 운동권의 역량도 확산되어 갔다. "1980년대 초부터 자족적 수준의 소규모 서클이 명멸했고 이념서클이 학생들에게 미치는 영향력은 제한적이었지만, 씨앗이 뿌려진 상태가"(정명락) 되었다. 언더조직도 생겼다. "기러기팀은 1980년 겨울에 프락션 비슷하게 들어와 만들어진 조직인데 인천 샘터감리교회 김성복 목사 동생인 영문과 80학번 김성일 중심으로 1982년부터 본격적으로 활동했어요. 10명 안팎. 나중에 PD쪽에 치우쳤죠. 그 사이에 현대문학연구회가 잠깐 있었고. 역사문제연구회가 85년도에 있었고요"(심상준), "85학번인 저는 밖에서 서울팀과 같이 학습하는 언더에 있었어요"(정성준). 1983-1984년 무렵에는 아카데미 성원들이 독서토론회(이하 독토)를 조직함으로써 인천대 운동권에는 "탈패와 독토, 두 개의 서클 축이 형성"(김국래)되었고, 불교학생회나 가톨릭학생회 등 종교

---

22) 「국가헌납 선인학원 운영권 설립자 측에」, 『동아일보』 1983년 3월 12일자 ; 「선인학원 정상화 새 이사장 이호 씨」, 『경향신문』 1983년 3월 12일자.

23) 이 때문에 백 측은 백인엽에 비판적인 교직원 사퇴 등을 조건으로 김민하 학장 유임도 생각했었다. 「문교부, 선인학원 다시 말썽 일까봐 학장 승인 거부」, 『동아일보』 1983년 5월 27일자 ; 「민병기(閔丙岐) 인천대 학장 문교부서 승인」, 『경향신문』 1983년 7월 7일자. 이 장관은 김학장에게 2년 2개월 동안 인천대학장으로 재직하면서 학원정상화와 인천대 발전에 기여한 공로로 감사패를 수여했다(「김 인천대학장 사직」, 『동아일보』 1983년 7월 15일자).

서클도 큰 역할을 했다. 1985년 이후 총학생회장 중에는 독토 출신들이 많았고 탈패가 노래패를 통해 집회나 시위를 이끌었다.

1983년 11월 '학원자율화조치' 이후 인천대의 총학 구성은 늦은 편이었다. 1984년 여름, 학생 측(심상준, 김철 등 3명)과 학교 측(안경수 교수 등 3명)이 학생회회칙을 논의하는 과정에서 학교의 주인이 '학생'이라는 입장과 '교수, 학생, 재단'이라는 입장이 맞섰는데, 이 와중에 학생 측이 자율적으로 1984년 11월에 총학 선거를 진행했다. 다섯 명의 후보가 나온 1984년 종학 선거에서 녹토와 탈패 누 서클은 "합의해서 후보를 한 녕으로"(심상준) 냈다.

"이념서클들이 합심해서 85년도 총학생회장으로 이재영을 세웠지요. '백파'도 나왔지만 깃발만 꽂으면 이기는 분위기였지요. 4·19 기념집회나 5·18항쟁 기념집회를 열면 일반학우들이 많이 나왔어요. 전경들이 도서관까지 난입해 최루탄 던지고 화장실까지 쫓아가 체포하던 당시 상황은 재투가 사회민주화투쟁과 떨어진 문제가 아니라는 인식을 심어준 거지요. 이런 분위기가 자연스럽게 86년 투쟁으로 이어진 거지요"(정명락), "학우들이 재투를 하면서도, 자꾸 구조적 문제에 부딪히거든요. 그래서 군사독재보다 재단 무너뜨리는 게 어렵다는 우스갯소리까지 했었지요"(정순구).

1985년 들어 인천대생들의 사회민주화운동 참여도는 매우 높았다. 5·17 인천연합행사에는 1학년생들까지 적극 참여했다. 후일 각각 총학생회장과 인문대 학생회장이 되는 정성준과 김국래, 두 1학년생도 동부경찰서 유치장에서 처음 만났다. 1985년 10월 16일에는 총학 주최로 100여 명이 학생회관에서 '부마사태 기념식 및 민족자주수호 궐기대회'를 가진 후 경찰과 투석전을 벌이면서 가두진출을 시도했다.[24]

운동권의 영향력도 커져갔다. "무슨 과일제나 미인선발대회, 이런 것들

---

24) 「인천대 백여 명도」, 『동아일보』 1985년 10월 17일자.

하던 빈약한 대학문화를 운동권이 조금씩 채워갔지요. 다른 대학처럼 축제 명칭을 대동제로 바꾼 게 85년 총학부터였지요"(심상준). 재야운동단체와도 연계도 이뤄졌다. "인천에 인사연(인천지역사회운동연합회)이 있었어요. 초대 학생회장 홍성복이 인사연 의장을 했었지요, 이호웅 씨 다음으로. 성복이 형을 통해 우리 쪽 사람들이 왔다 갔다 했었어요"(심상준).

1985년 5월, 총학은 '학원민주화 추진기간'을 설정하고 종합도서관 및 대학원관 신축공사 재개를 요구하면서 8일부터 20일까지 학장실을 점거했다. 그러나 이 시위는 백 측의 공작이 작용한 것이었다. 즉 5월 30일, 이사회는 학생들 요구를 수용한다는 명분으로 '건설소위원회' 구성을 결정한 후 6월 17일, 백인엽을 건설본부 자문위원에 위촉했다. 1986년 2월 18일, 이호 이사장은 이사회에서 선인학원을 설립자에게 돌려준다는 당국 방침을 확인했다고 보고했다(장석우 편, 1996, 28-29쪽). 뒤집어 보면, 이는 재단이 공작을 꾀할 정도로 운동권 역량이 커졌다는 반증이다.

4) 재단투쟁 분수령, 1986년 대투쟁과 교수들의 '수동적' 합세

1986년 들어 인천대생들은 5·3인천투쟁에 적극 참여했다. 이 시위로 인한 구속영장 신청자 129명 중 총학생회장 김교홍(정외 3) 등을 비롯하여 6명의 인천대생이 포함되었고,[25] 이후 1985년도 총학생회장 이재영과 홍보부차장 박구옥이 추가 구속되었다.[26] 이처럼 1986년에는 총학생회장이 당선되자마자 구속되고 8월 1일 집행유예로 석방되었다.[27]

---

25) 「인천시위 백29명 구속영장」, 『동아일보』 1986년 5월 5일자 ; 「인천시위' 구속 대상자 백29명 명단」, 『경향신문』 1986년 5월 5일자.

26) 「인천사태' 54명 추가수배」, 『동아일보』 1986년 5월 12일자 ; 「구속·수배자 명단」, 『경향신문』 1986년 5월 19일자. 5월 8일에는 "전방입소거부" "독재타도" 등을 외치며 교내시위를 벌였다(「20개大 6천 명 시위」, 『동아일보』 1986년 5월 9일자).

27) 「「인천사태」 2명 실형 13명 집유」, 『동아일보』 1986년 8월 1일자 ; 「인천사태' 기소 대학

그런데 1986년 대투쟁의 주체들은 2학기 재투를 해야 하는 상황에서 총학생회장이 행방불명 상태였다고 기억한다. "백인엽 만나 담판 짓겠다던 총학생회장이 안 보이는 거야. 단대 학생회장들도 대부분 안 보이고"(정명락). 결국 총학이 부재한 상황에서 단대 학생회장 가운데 정명락(인문대 학생회장)과 사공혜녀(총여학생회장), 일반학우 대표로 총학 총무부장 김정환과 홍보부장 김종택 등 모두 8명이 재단투쟁위원회(이하 재투위)를 구성했다. 그중 나이가 많은 김정환, 김종택이 위원장을 맡았다. 비상대책위로 급조된 재투위는 1985년 총학이 만든 세 특별기구 즉, 민족동일·민주쟁취·민중해방투쟁위원회(삼민투), 학원복지위원회(학복위), 학내문제대책위원회(학대위) 중 학대위를 대체한 조직이었다. "우리 학교는 재단문제가 늘 이어지니까 그걸 대체하는 조직으로 남겨 놨던 거죠"(심상준).

1986년 10월 14일, 김정환과 김종택 등이 재투위 결성 사실을 알렸다. 이때의 재투가 거교적으로 확산된 한 배경에는 호교회와 '백파' 교수들의 실체가 폭로된 점도 작용했다. 그 계기는 정명락의 독문과 선배인 82학번 호교회 멤버를 통해서였다. "이 형이 힘이 아주 센 완력가여서 체육과 학생들과 친해져 호교회로 스카우트되었는데, 이 형 업무가 저의 일거수일투족을 보고하는 거였어요. 그러려면 막걸리도 같이 먹게 되는데 아무리 봐도 학교와 학생들을 위해서 뭔가를 하려고 하는 내가 훨씬 낫다 이거야. 저 친구들은 졸업 후 뭐 해 주겠다, 장학금 주겠다 하니까 모인 건데. 이 형이 6개월 동안 제 동향을 보고하면서도 고민하다 호교회 조직의 실체를 내게 고백한 거예요. 86년 8월이나 9월경일 겁니다. 그래서 이 정보를 10월 재투 때 다른 학우들과 공유했죠. 무슨 과 누구누구 하는 호교회 실체가 구체적으로 처음 알려진 겁니다. 이후 이 형이 제가 86년 재투를 쭉 하고 군대 가기 전까지 제 호위를 서줬어요. 내가 밤중에 어떻게 될지

생 등 15명 2명 실형·13명 집유」, 『경향신문』 1986년 8월 1일자.

모른다고. 호교회 조직이 폭로되면서 재투에 탄력이 붙었죠"(정명락), "그 정도로 조직화되어 있는 줄 몰랐어요"(정순구).

18일에 학생들은 점거농성 중인 학장실에서 '호교회' 자료들과 일부 명단, '매복조·미행조 특별활동 지원비', '학생 포섭비', '호교활동 지원비' 등에 대한 교비지출 내역이 기록된 서정홍 학장 비밀노트를 발견했다(장석우 편, 1996, 39-41쪽). 호교회 실체의 증거가 포착된 것이다. 호교회 학생들은 실체를 드러내고 활동하기보다 백 측에 정보를 제공하는 게 주 역할이어서 학내 영향력은 거의 없었다. "파워야 뭐. 명단 빼내기 전에는 있는지 없는지도 몰랐었는데"(심상준), "안기부에서 또 장학금을 주고. 당시 내가 알기로는 20명쯤 되는 걸로 알고 있어요"(안경수).

1986년 재투의 또 한 특징은 어용교수 문제를 처음으로 크게 제기했다는 점이다. "실력 없이 빽으로 교수가 된 분들이죠. 각 과마다 강의 들으면서 알고 있던 걸 31개 학과에서 취합한 거야. 그런 교수들이 학과장도 하면서 백인엽의 중대장 역할을 한 거예요. 학우들이 연구실 문에 못을 박고 소화기를 뿌렸지요. 지금 그런 일 나면 난리였겠지만 당시 인천대는 너무 상황이 열악했거든요"(정명락), "백파 교수 25명 명단을 공개해 학생회에서 대자보 한 장에 한 글자씩 해서, 본관 14층 건물부터 도배를 했었지요"(정재식).

학생총회에 연일 1,000-2,000명이 모이는 와중에 10월 21일, 30여 명의 축구부 학생들에 의한 폭력 사태가 발생했다.[28] 그날 비가 와서 축구부가 연습하고 있던 실내체육관으로 시위 학생들이 들어가다 일어난 일이었다. '우발적'이었지만 밀어붙이라고 한 축구부 감독이나 백 측은 불난 집에 부채질한 셈이었다. 이 때문에 다음 날 22일에 열린 비상학생총회에는

[28] 장석우 편, 1996, 40-42쪽 ; 인천대학교 30년사 편찬위원회 편, 2010, 152-153쪽. 축구부는 김민하 학장 때 창단된 후 1년 만에 전국대학축구대회 준우승, 전국체육대회 우승, 인도 DMC 축구 우승 등 '대학축구의 신화'를 만들었다.

무려 3,500명이 참여했다. 인천대 사상 최대 규모 집회였다. "백주대낮에 하키채, 못이 박힌 각목, 쇠파이프 등을 시위 학생들에게 휘둘렀고 본관 쪽으로 도망가는 학생까지 쫓아 뭇매질을 하는 폭행이 벌어지니까. 학우들이 열 받아 바로 체육관으로 몰려가 유리창 다 깨고. 그 다음에 대자보를 막 붙였어요. 비상학생총회에는 4학년 빼고 다 모였을 겁니다"(정수영), "도서관에 있던 친구들까지 다 모여 싸움이 커진 거죠"(정명락), "백인엽 모의 장례식은 폭력사태로 확 퍼진 대중 열기를 모았지요. 헬기까지 떠서 위협할 정도였으니까"(심상준).

학생들은 단대별로 학장실과 보직교수실을 점거했다. 1,000여 명이 〈자퇴서〉를 썼다. 교정은 "백인엽 타도"를 외치는 시위대로 가득 찼다. 상황이 급박해지자 백인엽은 10월 22일 밤 10시 30분, 서종홍 학장과 임영별 상임이사에게 "학원 운영에서 손을 떼겠다"는 의사를 표명했다. 이는 23일 새벽 1시경 긴급소집된 교수회의에 전달되었다. 2시 30분경 10명의 교수들이 철야농성 중이던 재투위 대표(김정환, 김종택, 김철, 강영문)와 백인엽 완전 퇴진 건의, 축구부 해체 건의, 전 교무위원의 보직사퇴 건의 등에 합의했다.[29] 재투 과정에서 처음으로 교수들이 학생들의 투쟁에 대한 중재자로서 '수동적으로' 합세하기 시작한 셈이다.

그러나 10월 23일 이후 시위는 오히려 열기를 더해 갔다. 1,000여 인천대 학생들은 전문대 학생들과 함께 백인엽이 학원 운영에서 완전히 손을 뗄 것, 해임된 전문대학장 임청 교수 사표 반려, 학장과 어용교수들 퇴진 등을 요구했다. 학생들은 백씨의 구두약속은 믿을 수 없으니 신문지상에 공개선언할 것을 요구했다. 25일에는 '호교회' 학생들과 정보기관 등에 지출된 경비 내역을 공개했다. 29일 오전에는 교수회의가 열려 수습대책위원회를 구성하고 백인엽 완전 퇴진, 이사진 전면 개편 등을 주장하는 '교

29) 장석우 편, 1996, 43쪽 ; 인천대학교 30년사 편찬위원회, 2010, 154쪽.

수결의문'을 발표했다(장석우 편, 1996, 45쪽). 교수들까지 학생들 주장에 동조할 무렵 문교부는 10월 31일, 무기휴교령을 내렸다. 학교출입이 통제된 가운데 250여 명의 학생들은 학장실과 교무처장실 등에서 계속 농성을 벌였다.[30]

재투위 간부들은 책걸상을 쌓아 바리케이드를 치고 식량과 모포 등을 마련하며 장기전을 준비했다. 다음 날 11월 1일 아침에는 2,000여 명의 경찰과 소방차 등이 동원되어 농성장인 본관 11층(도서관)으로 진입할 준비를 하고 있었다. 결국 농성학생들은 난상토의 끝에 13명만 남기로 "정리 후 후퇴"(정명락) 결정을 했다. "피해를 줄이기 위해 책임질 수 있는 사람들만 남고 다른 학생들은 다 철수하자고 결정한 거였지요"(심상준).[31] 10시경 학생대표 김종택이 8층에서 기자회견을 갖고 30분 후 13명은 동부경찰서로 연행되었다.[32] 10월 14일부터 19일간에 걸친 대투쟁은 일단 막을 내렸다.

1986년은 '5·3인천사태', 건대농성, 개헌공방 등으로 점철된 해였다. 특히 건대농성은 농성 시작 사흘만인 10월 31일에 '최대 구속영장 신청(1,288명)'을 낳으며 진압되었다. 1,288명의 영장신청자 중 5명이,[33] 395명의 구속기소자 중 2명이 인천대 학생이었다.[34] 인천대에 무기휴교령이 내려진 날

---

[30] 「인천대 무기 휴교령」, 『동아일보』 1986년 10월 31일자 ; 「인천대에 휴교령」, 『경향신문』 1986년 10월 31일자.

[31] "시간이 흐를수록 교내 농성 학생의 수는 계속 줄어들기만"(장석우, 1996, 46쪽)했다는 서술은 참가 학생들의 당시 기억과 크게 다르다.

[32] 「인천대 점거농성 13명 경찰 진입…강제연행」, 『동아일보』 1986년 11월 1일자. 김정환, 김종택, 김철(행정학과), 박찬영(생물학과), 사공혜녀(수학과) 등 5명은 집시법 위반으로 구속되었고 강형동 등 8명은 구류처분을 받았다(「인천대 점거농성 5명에 영장 신청 8명은 즉심」, 『동아일보』 1986년 11월 4일자). 대학 측은 구속학생들을 폭력과 업무방해, 특수절도 등으로 고발했고, 이들이 석방되자마자 12월 7일, 제적시켰다. 징계는 10월 21일 폭력사태의 원인을 제공한 축구부 학생들에게도 내려졌다(장석우 편, 1996, 47-48쪽).

[33] 「'건대사건' 구속영장 신청자 명단」, 『동아일보』 1986년 11월 4일자.

[34] 「건대사건 구속기소자 명단」, 『동아일보』 1986년 12월 2일자.

은 바로 건대농성이 진압된 날이었고, 건대에 출동했던 경찰병력이 그대로 인천대로 달려 왔다.

1986년 대투쟁 평가를 두고 당시 운동권 학생들 사이에 갈등도 있었다. 서클의 운동권 학생들은 대거 건대농성에 참여하여 학내투쟁에 참여하지 못했기 때문이다. 재투와 정치투쟁의 투 트랙이 조화를 이루지 못한 것이다. B그룹은 이에 대해 신랄하게 비판한다. "재투와 정치투쟁의 연계가 내용적으로 이뤄지지 않았지요. 학교는 개판인데 정치투쟁에 주력한 셈이죠. 솔직히 학내문제보다 대외직인 큰 정치투쟁 하는 게 폼 니는 일이긴 해요"(정순구), "많지도 않은 운동권이 모조리 건대로 갔어요. 이 친구들이 다시 학교로 왔을 때는 휴교령 떨어지고 작살이 난 후였지요. 당시 우리 학교는 누구라도 깃발만 세우면 할 수 있는 분위기였지만, 총학과 서클의 운동권이 빠졌다는 것은 생각할 점이 많죠. 외부투쟁에 전력했던 서클운동권은 존재만으로도 큰 의미가 있었지만 재투를 덜 무겁게 생각한 점도 있었고, 86년 대투쟁을 보면 일반 학우들에게 미치는 영향력이 크지 않았던 겁니다"(정명락).

평가 여부를 떠나 1986년 재투는 인천대 학생운동사에서 분수령이 되었다. 무엇보다 재투의 명분이나 분위기가 학내에 확실하게 정착되었다. "이전 재투는 문제 제기를 한 소수가 탄압을 받는 양상이었지요. 대자보를 붙이면, 직원들이나 학교 사주를 받은 친구들이 바로 찢어버렸어요. 그런데 이때는 대자보를 스크럼해서 지키거든요. 86년에 양상이 확 바뀐 거지요. 호교회라든가 대학의 사주를 받은 사람들은 숨고, 축구부 학생들이 잘못했다, 해체만은 말아 달라고 피켓을 들었어요. 아침 등굣길에"(정수영).

그리고 재투가 사회민주화운동 범주 안에 확실하게 자리 잡게 되었다. "사실 저는 그때 운동권이 아니었어요. 그러나 5·18 진실이 밝혀지고, 전방입소 거부, 문무대 거부, 서울대생 분신 그게 다 86년도에 일어났잖아요. 학우들 사이에 학내민주화 열망과 정치민주화에 대한 열망이 결합되는 시점에 어처구니없는 폭력사태를 보니까 확 깨면서 들불처럼 번진 거죠"(정수영). 이런 조건에서 인천대생들이 맞은 이듬해 1987년 6월항쟁은 재투와 사회민주화운동이 결합하는 공감대의 장이 되었다.

3. 학생운동 대중적 조직화와 제한적 연대투쟁(1987-1991년)

1) 학과로 들어가자! 대중적 조직화, 굴곡 속의 정착

문교부는 1986년 11월 5일부터 선인학원 종합감사를 실시하고 백인엽은 1986년 12월 2일, 선인학원에서 물러난다는 각서를 제출했다. 12월 10일, 문교부가 이사장 신능순과 인천대 학장 박재규를 파견한 후 12월 22일, 휴교령은 52일 만에 해제되었다. 그러나 12월 31일, 문교부가 개편한 이사진은 백 측과 문교부 추천 각 4인으로 구성되어 있었다. 백인엽 완전퇴진, 이사진 전면개편 등 학생들과 교수들의 요구와는 거리가 멀었다. 백인엽이 학원운영권을 다시 장악하는 길을 터 준 것이다. 실제로 1988년 5월 10일, 이사회는 백인엽 개인 사무실인 「선인학원 서울연락사무소 설치 의결안」을 가결했다. 인천대 5개년계획(1988-1992년)을 수립한 신능순 이사장은 '백파' 직원들 압력에 밀려 1988년 5월 20일 사퇴했다. 1988년 말에 백인엽은 선인학원을 상대로 1981년 재단에 기증한 돈과 부동산을 반환하라는 '소유권이전등기말소 등 청구의 소'(1988년 12월 29일)를 제기했고 1990년 8월 3일, 이사회는 그에 화답하여 백인엽에게 78억 원을 지급하기로 결정했다.35) 그러나 이 사실은 1992년 투쟁 때 밝혀지기 전까지 2년

동안 아무도 몰랐다. 1990년 9월 11일, 폭우로 박문여고와 선인중 사이의 축대가 무너지면서 가옥 12채를 덮쳐 23명이 사망하는 사고가 일어났다. 유가족들이 백인엽 자택을 점거농성한 지 3일 만인 11월 3일에 보상금이 지급되어 해결되었다.36) 백인엽은 확실한 교주였다.

학생들의 대응도 만만치 않았다. 1986년 대투쟁을 계기로 동아리가 늘고 회원이 급증했다. "86년 재투가 일시 깨졌지만 기본적 성과는 있었죠. 학우들도 자부심을 가졌고"(정명락), 1987년에는 "탈패에서 풍물패가 발선석으로 분화"(권정달)되었나. "우리문화언구회, 한국사연구회 등 새로 생긴 서클마다 신입생이 꽉꽉 들어찼지요. 86년과 87년은 운동이 더 활성화, 대중화되고 세력화하는 과정이었습니다. 재단정상화 문제와 사회민주화운동이 정확하게 결합되는 시점이기도 했고요"(정수영).

인천대생들은 이 무렵부터 '재투'를 '학자'로 불렀다.37) 1987년에 출범한 전국대학생대표자협의회(이하 전대협)는 대중적 조직화 방식을 강조했다. "6월항쟁을 경험하면서 학생운동이 대중화되어야 한다는 문제 제기가 공감을 얻었지요. 즉 정치투쟁을 하면서도 학생들의 실질적 생활요구, 학교나 재단 문제들을 먼저 잡고 학생대중과 함께 투쟁하자는 것이지요. 그런 것이 성숙해야 정치투쟁도 성과를 낼 수 있다는 기조로 바뀐 거죠. 그래서 해마다 일차적으로는 학생들의 이해와 요구를 대변하기 위해 등

---

35) 장석우 편, 1996, 46-51 · 53-55 · 60-61 · 75쪽) ; 인천대학교 30년사 편찬위원회 편, 2010, 158-159 · 170-172 · 178-179쪽).

36) 「인천 산사태 30여 명 매몰」, 『동아일보』 1990년 9월 12일자 ; 「주검 6구 추가 발굴 인천 송림동 매몰참사」, 『한겨레신문』 1990년 9월 15일자 ; 「20여 명 떼죽음 인천 송림동 축대 4백m 추가붕괴 위험」, 『한겨레신문』 1990년 9월 14일자 ; 「선인학원축대 매몰' 유가족 보상합의 이행요구 농성」, 『한겨레신문』 1990년 11월 1일자 ; 「선인학원 축대붕괴사고 10억 9천만 원 보상 합의」, 『한겨레신문』 1990년 11월 4일자.

37) 용어 통일을 위해 이후 시기에 대해서도 '재투' 용어를 쓴다. 1987년 2월 조선대 학생들이 처음 '학자'라고 부르면서 이후 모든 대학에서 통용되었는데, 총학을 PD가 장악한 경우 학원민주화로 부르기도 했다.

록금 문제를 들고 나왔지요. 그래서 1부는 학교에서 재투, 2부는 독재타도 외치러 가두로 진출하는 순서를 밟았습니다”(배진교).

그러나 1987-1988년간에 인천대 학생운동의 대중적 조직화는 멈칫하는 모습을 보였다. 우선 박재규 관선학장 부임 초기인 1987년에 재투는 소강상태였다. “그 대신 가두시위로 교문 밖에 있는 시간이 많아졌지요”(김국래), “그때는 모두 길에서 살았죠”(임승헌). 게다가 1987년 11월 총학 선거에서는 ‘비권’ 후보가 당선되었다. 이 원인을 두고 1987년 투쟁이 “정치투쟁에 매몰되어 학우들에게 배척당했고”(임승헌), “86년 싸움을 제대로 정리하지도, 조직적 승계도 못한 채 87년에 진행된 대외투쟁이 피로감을 줬고 신임을 잃었기 때문이라고”(정명락) 정리하는 시각도 있다. “87년에는 정치투쟁에 유력한 수단이었던 학자문제를 꺼내지 않아도 동원이 잘 되다 보니까 학내문제를 소홀히 했죠. 그러나 학우들의 정치의식이 높아지면서 학내문제에 대한 갈증은 더 커졌죠. 기존 총학에 대한 불신이 나타난 건데 독토 등 서클 중심 후보들은 정치적 구호에 머물러 있었지요. 반면에 ‘비권’팀은 정치적 입장 싹 걷어낸 채 ‘여러분의 뜻이 곧 공약입니다’ 한마디뿐이었는데도 진 겁니다”(정순구).

신능순 이사장 사퇴, 서울재단사무소 신설 등 백인엽의 학원 재장악이 가시화된 1988년에 총학을 ‘비권’이 장악함으로써 재투는 ‘공백기’(정수영)를 보였다. 1988년 종합대 승격을 위해 학교 측이 제출한 서류도 날조한 것이었다.38) “이런 문제를 언론이나 총학이 다루지 않으면 일반 학생들은 알 길이 없죠”(고도현). 물론 ‘비권’ 총학 기간에도 1988년 6월 3일, 인천대에서 전주대, 우석대, 조선대 등 4개 대학생이 ‘민주사학 건설을 위한 공

---

38) “인천대가 사용하지 않는 부지를 인천대 부지로 만들고, 전문대가 쓰는 선인체육관, 축구장, 공학관 이런 걸 다 인천대 건물이라고 날림 서류를 만들어서 승격 받았다니까요”(정재식), “서류를 봤는데 체육관을 반 토막 내서 반은 전문대 거고, 반은 인천대 거야”(안경수).

동결의 실천대회'를 열어 비리사학정상화를 위한 연합투쟁이 이뤄졌다.[39] 6월 한 달 동안 세 차례 연합활동을 통해 사립대 자율화 공동추진을 결의해서 '새로운 차원의 대학자율화운동'으로[40] 평가되기도 했다.

재투는 공백기였지만 사회 전체의 민주화 분위기가 고양되어 인천대 교수들도 1988년 9월 8일 교협을 창립했다.[41] 학생－교수의 조직적 '연대'는 이뤄지지 않았지만, 대외적 영향력이 큰 교수들이 조직체를 만들었다는 것은 의미가 컸다. 당시 교수도 인정하듯이 교협 출범의 동력은 학생운동 역량에 힘입은 것이었다. "학생들이 계속 판을 키우고 나서주니까 교수들이 합세할 수 있었던 거지요. 교수들 대오가 갖춰진 것은 영향력이 큰 경제학과 장학식 교수를 영입하면서였지. 백인엽과 형, 동생 하면서 같이 골프 치던 백파였는데 이쪽으로 온 분이거든. 앞에 큰 대포가 있으니까 뒤에서 대포를 쏠 수 있었지요"(안경수).

인천대 학생운동에서 대중투쟁이 일상화된 첫 시기는 운동권이 총학을 다시 장악한 1989년이라고 할 수 있다. 1987년 이후 동아리가 아니라 대중속으로, 과로 내려가야 한다는 분위기가 인문대에서부터 정착되기 시작한 것이다. 전대협 노선의 영향도 컸다. "89년, 90년경 전대협의 과학생회 건설강화 노선이 큰 영향을 줬지요"(김덕수), "학우들이 88년에 '비권'을 뽑고 보니 그래도 운동권이 낫구나 하는 분위기가 다시 이뤄진 거죠"(정순구).

"89년 이후 대중투쟁이 일상화되었다는 평가는 87년을 겪으면서 성장한 저희 87학번들 문화 때문이에요. 5·3사태 때 1학년인 저는 혼자 참가했어요. 집회에서 자주 만나던 친구들과 국문과 내에 이념동아리를 처음 만들었죠. 세미나 꾸리고 선배가 지도하러 오고.『철학에세이』부터 공부

---

39)「학교버스 1대 불태워」,『동아일보』1988년 6월 4일자.
40)「사립대학 무엇이 문제인가(3) 학원자율화」,『한겨레신문』1988년 6월 15일자.
41)「인천대 교수협회장 김주익 교수 선출」,『동아일보』1989년 9월 9일자.

를 했어요. 이런 자생적인 모임들이 인문대에서 많이 만들어졌어요. 전에는 학회장을 의례적으로 복학생들이 맡았는데, 우리 때부터 과학생회를 강화해야 한다는 자생적 움직임이 형성되어 저희 동기들이 대부분 과로 들어가서 학생회를 장악하면서 대중동원력이 커진 거죠. 서클 운동권이 총학만 장악했다고 되는 게 아니거든요. 이전에는 상층에서 의제를 던져도 과에서 설득도 잘 안 되었지만 우리 세대가 과학생회장을 맡으면서 상급과 기층 학생회의 연계가 이뤄진 거죠. 조직동원이 가능해진 거죠. 우리가 과에 가서 비상총회를 열고 과에서부터 혈서를 쓰면서 분위기를 만들어간 거죠"(정순구), "87년 학번들은 길에서 만나 컸어요. 나와 순구도 길에서 만났어요"(임승헌). "길에서 만나 막걸리 먹으면서 토론하던" 소개 문화는 그 이전에도 비슷했지만, 1987년 이후에는 그 인연으로 모여서 세미나를 조직하는 단계로 나아간 것이다.

"유네스코학생회에 들어간 저도 자생적인 셈입니다. 동아리 분위기가 맘에 안 들어 동기들과 공부 좀 해보자 해서 거꾸로 선배를 찾아가 지도를 부탁했어요. 어떻게 독토 선과 닿아 86학번 배진교 형이랑 여섯 명이 시작했어요. 유네스코학생회는 대중적 동아리예요. 89학번만 내가 80명을 받았어요. 오리엔테이션 갔더니 전기과 후배들만 30명이 왔어요. 서클 중심 운동은 더 이상 지속하기 어렵다, 대중적 기반인 과를 살려야 한다는 거였지요. 시설이 열악한 공대는 특히 그랬어요. 그래서 후배들 받아서 1학년 때까지는 부분적으로 쿠사에서 지도하고 모두 다 과로 다 보냈어요. 그러면서 각 단대 자체조직들이 생겨났잖아요. 이러한 재생산 구조가 대중운동 토양이 된 거죠"(임승헌).

이런 배경에서 1989년에 관선이사 파견을 요구하고 '백인엽 장례식'을 진행하면서 재투가 다시 불붙었다. 등록금 문제에서 출발한 대중적 재투가 일상화되기 시작한 것이다. 1988년 말 새로 선출된 총학 간부 20여 명은 신입생 등록금 동결을 요구하며 12월 9일부터 학장실 점거농성에 들어갔다.[42] 1980년대 후반 들어 인천대 총학생회장은 전대협 산하 인천지역대학생대표자협의회(이하 인대협) 의장을 겸하기도 했다. 그만큼 인천대 역량이 커진 것이다. 총학생회장은 인대협과 전대협 일을 주로 하고, 부총학생회장이 '학자추' 위원장을 맡으면서 재투를 총괄하는 분담체제가 만들어졌다. 1989년 총학생회장 안영환도 인대협 의장이었다. 이미 1학기에 수배 상태였던 그는[43] 40여 명의 학생들과 5월 30일부터 삭발을 하고 이사진 퇴진을 요구하면서 총장실 짐거농성에 들어갔다.[44]

이후 인천대에는 매년 삭발 농성이 이뤄졌다. "150명 정도가 삭발했어요"(정수영), "여학생도 삭발을 했는데 소림대학이라고 불렀어요"(권정달). 이사진 사퇴 독려운동도 벌였다. "단대별로 이사들 집집마다 찾아가 사퇴해라, 실제로 사퇴서를 받아오기도 했어요. 저는 그때 학보사 기자였는데 강남에 갔었지요"(김주희), "백인엽 자택과 재단사무실이 있는 연희동과 명동에 지명수배 포스터도 붙였어요"(권정달). 6월 8일에는 인천대와 인천전문대 총학, 교협, 교직원노조, 선인학원교사협의회 등 5개 단체 500여 명이 인천대 체육관에서 연합투쟁집회를 열고 백인엽과 이사진 퇴진을 결의했다.[45] 상설적 연대는 아니었지만, 처음으로 연합집회를 개최한 것이다. 재투의 외연이 넓어진 것이다.

이 무렵 '후배사랑예비역협의회'가 조직되었다. 1989년은 1986년 휴교령 때 입대했던 세대가 복학하던 무렵이었다. "복학 후 예전에 건설본부

42) 「인천대 학생회 간부 농성」, 『한겨레신문』 1988년 12월 22일자.
43) 「시국관련 사전영장 발부자 및 수배자 85명 명단」, 『한겨레신문』 1989년 5월 10일자.
44) 「재단이사진 퇴진 촉구 인천대생 총장실 점거」, 『한겨레신문』 1989년 6월 1일자.
45) 「재단이사진 퇴진 촉구 인천대 교수협 등 5개 단체」, 『한겨레신문』 1989년 6월 9일자.
    안영환은 8월 19일 문익환 목사 방북 정당성을 주장하는 유인물을 제작 배포한 혐의로 구속되어 11월에 집행유예로 석방되었다(「인천대 총학생회장 집행유예로 풀려나」, 『한겨레신문』 1989년 11월 23일자).

사무실로 쓰던 가건물에서 지냈는데 사랑방처럼 예비역들이 그리로 모였지요. 집회가 있으면 예비역들이 할 일이 없을까 이런 얘기들이 많이 오가고. 87학번 후배들도 형들이 역할을 해야 한다고 얘기하고. 그게 후배사랑예비역협의회에요"(정명락), "군대 갔다 오면 기가 다 꺾이잖아요. 모일 깃발도 없고. 서클로 가자니 후배들 눈치 보이고. 소속감이 없으면 뻘줌하잖아요. 그런데 예비역들이 여전히 깃발 밑에 모여 주니까 큰 힘이 됐던 거죠. 학생운동이라는 게 단지 1, 2학년 때나 하는 낭만이 아니라는 걸 보여준 거지요"(정순구).

1989년 말 총학 선거에서 '백파' 후보가 다시 등장했다. "200여 표 차이로"(정성준) 운동권이 쉽지 않게 이겼다. '백파' 후보는 졸업 후 "직원으로 채용"(고도현)되었다고 한다. 이 선거에서 학회 출신으로서 총학생회장에 당선된 정순구는 자신의 출마와 승리 배경을 이렇게 정리한다. "이제까지 독토 등 서클 출신들이 총학생회장에 나섰지만, 이때에는 '비권'과 운동권 서클 출신에 대한 양비론적 입장이 반영된 거죠. 운동권에게 맡기더라도 기존의 서클 중심 총학 체제로는 학우대중들의 요구를 받아내기 어렵다는 공감대가 생긴 겁니다. 그러다보니 학과에서 활동하던 저 같은 '듣보잡'이 총학으로 진출하게 된 거죠"(정순구).

즉 운동권 내에서도 서클권과 학과 학회 등 '학우대중' 속에서 성장한 그룹 사이에 문화나 노선 차이가 드러난 것이다. "독토나 풍물, 불교학생회, 카톨릭학생회 등 여러 서클들이 큰 역할을 했어요. 여기서 총학생회장이 많이 배출되고 이후 정계나 시민사회단체로 많이 진출했거든요. 그런데 학우대중의 눈에 운동권이 생경하게 느껴진 거지. 여학생들은 담배 피고, 남자애들은 맨날 집에 안 가고 막걸리 냄새 풀풀 풍기고. 룸펜처럼 지내면서 어떻게 대중의 신뢰를 받냐 하는 괴리감이랄까 충돌 지점이 있었지요"(정명락).

1990년 재투의 시작 역시 등록금 문제였다. 총학생회장 정순구 등 30여 명은 1990년 2월 3일 9시 30분, 본관 2층 경리과에서 1990학년도 신입생 합격통지서와 등록금고지서 1,500장을 거둬갔다.[46] 총학, 노조, 교수대표와 학교 측으로 구성된 등록금심의위원회가 결렬되자 15.5% 인상을 확정한 학교 측은 등록금고지서를 신입생에게 나눠주고 총학에 납부토록 한 정순구 등 18명을 징계하고 공권력 투입을 요청했다.[47] 결국 2월 16일, 인대협 의장으로서 이미 '자동'수배 상태였던 총학생회장과 총무부장 고은식은 구속되었디.[48] 3월 28일 오후 3시, 인천대생 500여 명은 학생회관 내 실내체육관에서 '등록금투쟁 완전승리를 위한 총궐기대회'를 갖고 40여 명이 총장실을 검거, 밤샘 농성에 들어갔다.[49]

1990년도 총학과 지도부는 자신들이 이끈 재투가 성공적이지 못했다고 자성한다. "솔직히 90년 재투는 잘 했다고 보기 어렵지요. 나와 87학번들만 열 몇 명이 구속됐고. 저부터 시작해서 부총학생장이 대행하다 달려가고, 자연대 학생회장이 대행하다 들어오고 줄줄이"(정순구), "이 때문에 90년 1학기 내내 학자로 점철되었죠. 3, 4월 등록금 투쟁하고 학자를 접은 후 5월 싸움으로 들어가야 되는데. 이게 정리가 안 되니까 학내투쟁으로 점철된 거죠. 외부에서는 정치투쟁 요구가 계속 들어오는데. 대안도 없이 등록금을 우리가 걷겠다, 무슨 자신감으로 그랬는지. 학생이 없는 겨울방학 때 너무 크게 싸움을 벌여 수배 당해 학생회관에서 먹고 자는 게 일이었지요. 버틸 수가 없었어요"(임승헌), "90년도 삭발은 뭐랄까 이거라도 안 하면. 개인적으로는 일을 벌여놓기만 했지 아무 것도 못해 죄책감이 컸죠. 오랜 싸움의 결과 학교도 총학 간부에게 함부로 못 해 출소 후 다시

<hr>

46) 「인천대 학생회 간부 등록금 고지서 탈취」, 『경향신문』 1990년 2월 5일자.
47) 「대학가 등록금인상 마찰 재연」, 『한겨레신문』 1990년 2월 10일자.
48) 「등록금고지서 탈취 인천대생 2명 구속」, 『동아일보』 1990년 2월 17일자.
49) 「등록금투쟁 농성 잇따라 중앙대 수원대 인천대 등」, 『한겨레신문』 1990년 3월 29일자.

학교에 와서 뒤늦게 삭발하고 단식도 했는데, 이거라도 안 하면. 저쪽도 우리를 빨리 친 이유가 있었겠죠. 전국 사학에서 등록금투쟁이 일어날 때인데 우리 학교를 모델로 한 9시 뉴스가 탁 나와 버렸어요. 학생회장인 제가 인터뷰도 하고. 대학가에 춘투가 시작되었다면서. 그 바람에 인천대부터 빨리 정리하자 이런 게 있었겠죠"(정순구).

2) 재단투쟁의 대전환, 대중적 조직화 성과를 안은 1991년 투쟁

1991년은 "학생들과 백 측 모두 재반격을 준비하는 해"(배진교)였다. 재투는 강경대 치사사건과 '분신정국'하에서 사회민주화운동과 더욱 밀접하게 결합되었다. 총학은 경찰의 강경진압 방침에도 불구하고 5월 14일, 노제 출정식을 가졌다.[50] '분신정국'을 맞아 1학기에는 정치투쟁에, 2학기에는 재투에 무게 중심이 실렸지만 인천대의 특수성상 이 두 가지 투쟁은 자연스럽게 같이 어우러졌다.

"1991년 3-4월에는 개강진군식 이후 학자와 정치투쟁을 쭉 겸하다가 5월 들어 분신정국이 되면서 정치투쟁으로 갔고, 하반기에는 부총학생회장 김원주 형이 교수들을 만나면서 학자투쟁이 본격화되었죠"(김덕수), "91년에도 등록금문제 등으로 시작하다가 분신정국을 맞아 판 자체가 돌아가 버린 거예요. 학자투쟁과 정치투쟁 두 개가 동시에 나갔는데 그래도 학우들이 모였어요. 1,500명씩 모여 가두진출을 했거든요. '왜 이렇게 많이 나오지?' 할 정도로"(정재식), "인천대는 학자투쟁과 정치투쟁이 동시에 가능한 학교입니다. 학우들 눈에 정부, 경찰, 재단이 한 편인 거죠. 학내문제와 정치문제가 떨어질 수가 없다는 사실을 체득한 거죠"(배진교).

1991년 재투의 큰 특징은 재단문제를 사회적으로 공론화시키고 시민단

50) 「시청앞 노제 충돌 예상」,『한겨레신문』 1991년 5월 14일자.

체와의 연대가 가시화되었다는 점이다. 성명서와 유인물 배포, 총장 선출 및 교사 징계위 무산 투쟁 등 실력행사, 시민서명운동, 평민당사농성 등을 벌여나갔다. 교육부가 있는 종합청사 앞 원정시위도 자주 나갔다. 1991년 7월 15일, 교수와 교사들이 '범선인학원 정상화 추진위원회'(이하 범선추)를 결성하고 '인천대학교 재단정상화 추진위원회', '선인학원 재단정상화 교사추진위원회'가 조직되었다. 범선추는 비리백서를 출간하고 교육부에 감사를 요구했다.

백 측의 대응도 공세직이있다. 6월 10일, 징학식 교수의 사설('현재단 정상화 타개방안')을 문제 삼아 『인천대학보』 제작을 중단시켰다.51) 이후 학보 발간은 3학기 동안이나 중단되었다. "1학기 마지막 호부터 정간되어 학생기자들이 삭발항의를 했는데 92년 말에야 다시 발간되었어요"(김주희). 그리고 안기부 국장 출신을 정외과 교수로 임용했다. 그러자 정외과 학생 160명은 "백인엽 씨가 학원의 실권을 재장악하려는 의도"라면서 전원 수강신청을 거부하고 8월 29일부터 학장실 점거농성을 시작했다. 총학 간부 등 150여 명도 총장실과 4개 처장실을 점거하고 교육부 특별감사를 요구하며 밤샘 농성을 벌였다. 갑자기 교육부가 9월 13-15일간 실태 조사에 착수했다. 9월 16일로 예정된 교육부 국정감사를 위한 임기응변책이었다. 언론도 국정감사가 없었다면 몇 가지 문제만 지적하고 시정을 요구하는 정도의 실태 조사조차 하지 않았을 것이라면서 '물감사(監査)'라고 비판했다.52)

교육부 실태 조사가 진행되고 있을 때 '정상화추진위' 교수들은 1990년 송림동 매몰사고 당시 백 씨가 결정한 24억 원 배상금 중 13억 원을 재단 산하 선인고, 인화여고, 선화여상 등의 교비에서 변칙 지출했다고 폭로했

---

51) 「학보 발행중단 등 수난」, 『한겨레신문』 1991년 10월 8일자.
52) 「안기부 출신 교수채용 물의」, 『한겨레신문』 1991년 9월 1일자 ; 「선인학원 '비리조사'」, 『동아일보』 1991년 9월 13일자 ; 「뒷북행정'과 '물감사'」, 『경향신문』 1991년 9월 15일자.

다.53) 이 무렵 총학은 등록금 인상률 12.3%에 합의할 때 재단이 학교시설 투자를 과감히 하겠다는 약속을 이행하지 않는다고 비판하면서54) 8월 29일부터 34일 동안 총장실과 4개 처장실을 점거농성중이었다.55)

그러나 1991년 2학기 들어 재단의 대응은 더욱 공격적이었다. 총장에게 교협 핵심교수들 징계를 요구했다. 박재규 총장이 징계 상신을 거부하자 '백파' 교직원들은 총장탄핵서명을 시작했다. 결국 박 총장은 임기를 두 달 남긴 채 12월 13일에 사퇴했다.56) 12월 20일에는 교협 장석우 교수를 파면했다.57) 같은 날 비교협 측 교수 100여 명이 장윤익 부총장을 총장으로 선출하려 하자 학생 100여 명이 "재단정상화" 구호를 외치며 투표를 저지했다. 이후 93명 교수들 서명으로 총장을 '선출'했고 12월 23일, 이사회는 장 교수를 총장에 임명했다. 1992년 1월 14일에는 이세영, 장재선 교사가 징계위에 회부되었다. 교사들과 인천대생들이 징계위를 저지시켰지만 재단은 다시 징계위를 열어 2월 1일자로 파면했다.58)

이 무렵 인천대 학생운동의 대중화 노선은 재투 기반을 확고하게 다져야 하는 절박한 상황에 조응한 것이었다. 운동권이 총학을 장악했고 1989년부터 대중화의 성과가 나타났지만, 학과 대표들이 참여하는 대의원회 특

<hr>

53) 「선인학원 분규 10년 만에 재연」, 『한겨레신문』 1991년 9월 14일자.
54) 「안기부출신 교수 임용이 발단」, 『한겨레신문』 1991년 9월 13일자.
55) 박재규 총장 등과 면담 결과 1991년도 등록금 인상분 12억 9천만 원 중 남은 7억 7천만 원을 1992년도 예산 편성 시 학교운영자금으로 반영하고 도서관 등 신축건물공사비는 재단에서 부담하기로 하는 등 3개 항에 합의하고 34일 만에 농성을 풀었다(「인천대 정상수업」, 『동아일보』 1991년 10월 2일자).
56) 장석우 편, 1996, 76-81 · 103-105쪽 ; 인천대학교 30년사 편찬위원회 편, 2010, 184-185쪽.
57) 「인천대 교수협 회장 파면 선인학원, 학생 등 선동 이유」, 『한겨레신문』 1991년 12월 22일자.
58) 「인천대 학생 50명 총장실폐쇄 농성」, 『경향신문』 1992년 1월 14일자 ; 「인천 선화여중 교사 농성 징계철회 · 정상화 등 요구」, 『한겨레신문』 1992년 1월 16일자 ; 「인천대 분규 갈수록 악화」, 『동아일보』 1992년 1월 16일자 ; 「선인학원 교사징계위 무산」, 『한겨레신문』 1992년 1월 17일자 .

히 공대나 예체능대에는 여전히 '백파' 학생들이 많았다고 한다. "총대의 원회에는 백파 친구들이 세서 예산 문제로 괴롭힘을 많이 줬지요. 그래서 91년도에 학생회관에 포진했던 서클들은 대부분 축소하면서 동아리 친구들이 다 과로 갔지요. 공대가 특히 취약했는데 예비역들이 많아 후배들 기도 못 폈거든요"(배진교), "그러다보니 백파 논리, 운동권 비판 논리가 세를 형성해서 총학 견제세력이 된 거죠. 대중화 운동노선으로 과로 가자는 것은 현실적이고 절박한 문제였죠"(정수영).

대중적 조직화에 주력한 결과, 이제까지 '백파'에 휩쓸리던 에세능 쪽 학생들까지 달라지는 변화를 보였다. 인문대보다 2-3년 늦은 셈이다. "91년에 인천대가 많이 달라졌어요. 제가 91년도 공대 학생회장이었는데 90학번부터 공대를 변화시키자, 소모임들을 만들어 1학년부터 키워내자. 운동의 대중화 시기였지요. 체육과에도 좋은 친구들이 나와 90년 총학 체육부장도 하고. 91년에는 그런 친구들이 과학생회장도 맡았지요"(정성준). "저도 체육과 친구들이 하던 예체능대 학생회장을 91년에 했거든요. 체육과, 경지과(경기지도학과) 친구가 나오면 미술학과는 될 수가 없거든요. 근데 제가 84학번 체육과 백파 친구들과 친했어요. 저는 운동권도 아니어서 나를 시키면 잘 따라 오겠거니 하고 밀어 준 거죠. 경지과 친구가 출마하려 하자, 체육과 친구들이 '너 나오지 마. 이번에는 미술학과에서 해야 돼.' 그래서 제가 단독후보로 출마해 당선된 거예요"(고도현).

1989년 2학기에도 나타났던 후배사랑예비역이 1991년에는 거교적으로 조직화되었다. "91년은 87, 88학번들이 제대하고 복학하는 시기에요. 기존에 서클이나 단대에서 활동했던 친구들이 모여 후배사랑예비역 모임을 만든 거죠. 그래서 백파 쪽 입장에 기울어질 수 있는 예비역 흐름을 일정 정도 막아낸 거죠"(배진교), "91년에 징역 갔다 나와 뜻 맞는 친구들끼리 후배사랑예비역협의회를 만들었어요. 근데 91년이 분신정국이잖아요. 격렬한 정치투쟁에 1,000명 이상이 가두진출을 했죠. 후배들 보호해야 한다면서 후배사랑예비역 200여 명이 예비군복 입고 선두에서 최루탄 무릅쓰고 시위를 이끌었어요"(정수영).

1991년에는 운동이 대중화되면서 교문 밖에 있던 시간이 많았다. 그런 점에서 1987년과 비슷했지만 차이도 많았다. "87년 경우는 이제 막 형성되는 시기였고, 91년은 인천대 학생운동이 정점에 달한 시기였지요"(김국래). 즉, 이전에 상대적으로 약했던 사회민주화운동 동력이 강해진 것이지 인천대에서 재투는 '상수'였다. "총학이 데모 안 하고 수업거부 안 하면, 노는 걸로 취급받을 정도였어요"(배진교).

3) 학생－교수의 '제한적' 연대와 역할 분담

이제까지와 달리 인천대생들은 1991년 재투에서 교수들에게 연대를 적극 제안했다. 그러나 교수들은 학생들과의 연대에 부정적이었고 재투를 풀어가는 방식도 달리 설정했다. 한 사례가 이를 잘 보여준다. 1991년 4월 20일, 교협은 "백인엽은 현재 학교법인의 임원이 아니므로 법인 운영에 있어 법률적인 관계에 있지 아니"하다는 윤형섭 교육부 장관 회신을 받았다. 그러나 당시에 학생들은 이 사실을 전혀 알지 못했다. 실제로 교협은 학생들이 참여하면 정부나 시민들의 지지를 얻기 어렵다고 판단했다. 정부와 국민, 인천시민에게 공개호소하는 방식을 택하고 학생 참여를 막고 "교수들이 앞장선다"는 원칙에 따라 종강 무렵인 6월 19일, 『인천일보』 1면 광고로 「선인학원 이사장 및 임원 여러분께 드리는 공개질의」를 알렸다(장석우 편, 1996, 81-85 · 433-436쪽).

학생들도 교수들은 학생들과의 연대를 부담스러워 했다고 기억한다. "교협에 연대를 요청했지만, 교수사회는 학생들과 입장과 행동을 통일하는 자체를 부담스러워 했어요. 그러니까 교수님들은 상층이나 바깥을 향해 계속 문제를 던지는 방식으로 갔고, 학생들은 독자적으로 대중투쟁 방식의 학자를 진행하고 있었죠"(배진교). 또 교수들에게 학생운동에 대한 색깔론적 시각과, 학생들을 선동한다고 재단에게 탄압 빌미를 줘서는 안 된다는 전술적 입장이 섞여 있었다고도 기억한다. 일부 학생들은 당시에 교수들을 전혀 신뢰하지 않았고 교수들은 자기가 한 것보다 과대하게 "반사이익을 많이 받았다"(정순구)고 비판하기도 한다. "교수들은 학생들을 끌어들이면 무슨 '해방대학' 만드는 걸로 오해받거나 탄입의 빌미가 되기 때문에 학생들과 선을 그었고, 실제로 교수님들과는 소통이 안 되었어요. 저희가 92년도에도 교수, 학생, 직원이 함께 논의하는 대발위(대학발전위원회)를 만들자고 강하게 요구했는데도 결국 그해에 못 만들었어요. 몇몇 교수들만 비공식 라인으로 얘기되었을 뿐이지"(권정달), "91년 초까지는 교수님들과 할 얘기가 없었어요. 교수님들과 그런 논의를 해 본 적도 없었고 과연 믿어야 하는지도 모르는 상태였죠. 워낙 백인엽 끄나풀이 많았거든요"(김덕수).

당시 학생들은 재투를 교수나 시민운동 중심으로 이해하거나 1990년대에만 초점을 두는 일부 교수들의 '자기중심적' 인식을 강하게 비판한다. "장석우 교수가 91년 12월에 해임되고, 교협 사무실에서 농성하신 때문인지 교수님들은 '교수들이 나서서 시민사회로 판을 키웠다'고 말씀하시지요. 그러나 교수들이 먼저 나선 건 아니잖아요. 매년 피 터지게 싸운 건 학생들이었지. 사실 학생들이 계속 싸우니까 재단은 겉만 보고 배후에 교수가 있다, 핵심에 장석우 교수가 있다고 본 거지요. 그래서 장 교수를 치니까 교수님들이 나선 거지요"(권정달), "교수님이 91년 말에 농성을 하기 전까지는 물밑 형태였지요"(정재식).

반면에 교수들은 자신들 역할이 관계 기관들과의 접촉, 외부환경 조성이었다고 강조한다. "교수들 일은 밖에 있었지. 임무를 나눈 거라고 봐야지요. 내가 그때 안기부의 어느 국장을 알아서 동부경찰서장이나 서부경찰서장이 나를 도와줬다고. 안기부 인천지부장 파워가 세서 이 사람이 나서지 않게 해야 되거든. 또 교수가 학생을 만났다고 알려지는 그 순간 그 교수는 해임이야. 그래서 교수와 학생 관계를 공식적이 아니라 극비리에 개인 멘토로 만났지. 예를 들어 권정달이나 배진교 구청장은 나하고, 민용규 교수와 누구. 정해진 멤버끼리만 만났지, 다른 사람은 안 만나요. 못 만났다고도 할 수 있지. 그렇게 해서 의견을 나누고. 이런 사실을 다른 교수들은 몰라요"(안경수).

1991년 재투를 이면에서 총괄한 배진교도 이 의견에 동의한다. "교협이 온전히 자신을 드러내기에는 매우 부담스러웠지요. 세력을 규합하는 단계에서 자칫 학생들과 연결되어 있다고 알려지면 탄압의 빌미가 되고 교수 개개인들이 각개격파 당해 역량을 모으기가 어려웠겠지요. 그래서 교수님 몇 분만, 극소수만 만난 거지요. 이런 정황을 다른 교수님들은 아실 수가 없지요. 교수와 학생 간에 물밑에서 의견을 나누며 방향을 공유하는 수준에 있었던 게 91년이었죠"(배진교).

교협의 핵심 교수들은 이 무렵 재단 인수자를 찾는 방안을 많이 생각했다. "구체적 대안은 결국 교수들이 만드는 거잖아요. 부동산재벌 재일교포를 장학식 교수가 접촉했어요. 나중에 중앙대를 인수한 분. 그런데 백인엽이 협박했다고 해요. 백인엽이 '내 돈 안 먹은 놈이 어디 있냐'고 큰소리치고 다닐 때였습니다. 결국 새 재단 찾는 일은 무산됐지만, 처음에는 기대가 컸어요"(안경수). 이런 상황을 배진교도 당시에 어느 정도는 알고 있었다. "교수님들 중에는 재단의 새 주인을 찾는데 관심이 많았고요. 부동산 재벌인데, 재단을 넘기려는 논의가 있구나 하는 사실은 91년도에 알고는 있었지만 오픈된 얘기는 아니었죠"(배진교).

4. 시민운동과의 연대 속에 마무리된 재단투쟁(1992-1994년)

1) 마무리를 향해 격렬하게 진행된 1992년 재단투쟁과 연대의 정착

인천대에는 교협 회장 파면과 어우러져 1991년 12월 18일부터 해를 넘겨 교수 등 50명의 철야농성이 벌어지고 있었다.[59] 지도부는 1992년 재투의 판을 키운다는 구상을 했다. "배진교 형이 안경수 교수에게, 김원주 부총이 민용규 교수에게 정보 수집하고, 또 학생과 선배에게 얻은 정보들을 취합해서 총학 입장을 정리했지요. 91년 말부터 장석우 교수가 농성을 시작했고 그 전에 '범선추'가 구성된 상황이어서 92년 싸움은 크게 벌여야 한다고 생각했죠. 매년 같은 매뉴얼로서 학자추가 91년 겨울에 등록금 협상을 한 후 총학선포대회를 가졌는데 출정식 때 2, 3천 명이 모였죠. 92년 시작이 그랬습니다. 거리에서 2, 3천 명이 '해체 민자당' 구호를 외치다가 학교 문제를 얘기할 때는 '백파 물러가라'는 구호를 외쳤지요. 92년도는 이전에 조금씩 나아가던 것이 광폭적으로 진행된 시기였습니다"(권정달), "91년 학자 분위기가 좋아 92년 신입생 수련회는 분위기가 아주 좋았어요. 1학기 때에는 여전히 백파 대의원이 많았지만 2학기 때 바뀌었고. 학생처가 OT 지원을 안 해서 '처장님, 지원하실 겁니까. 아니면 그냥 저하고 밤 새실 겁니까' 그렇게 담판을 했어요"(정성준). 대선이 있던 1992년에 전국의 학생운동이 상대적 소강상태였던 것과 달리 인천대생들은 재투에 집중하면서도 5월 정치투쟁도 병행했다.[60]

---

59) 「인천대 분규 갈수록 악화」, 『동아일보』 1992년 1월 16일자.

60) 5월 22일 오후 6시경, 인하대, 성심여대생들과 함께 2천여 명이 제물포역 앞에서 '민자당 해체'와 '민주정부수립'을 주장하면서 2시간 동안 화염병 100여 개를 던지는 격렬한 시위를 벌였다(「인천 대학생 2천 명 반민자당 가두시위」, 『동아일보』 1992년 5월 23일자). 25일 오후 7시 반에도 인하대생과 함께 500여 명이 부평역 앞에서 "지방자치단체장 조기선거"를 요구하면서 가두서명운동을 벌여 두 학교 학생 88명이 연행되었는데, 다음

인천대생들의 끈질긴 재투와 교수들의 대외활동 성과로 인천시민들도 1991년 말부터 선인학원 문제를 지역문제로 인식하기 시작했다. 1992년 1월 20일, 인천중앙감리교회에서 '선인학원사태를 우려하는 인천시민의 모임 준비위원회'[시민의 모임(준)]가 결성되었고 2월 15일, 인천대에서 '선인학원 정상화 촉구를 위한 인천시민 10만 명 서명운동 발대식'을 가졌다. 두 달 만에 서명자가 7만 명에 이르렀다(장석우 편, 1996, 122-127·133-135쪽). "운동장에 책상 쌓아두고 수업거부를 하던 학우들이 인천대공원, 교회, 성당, 시민단체든 사람 모이는 곳이면 무조건 조 짜서 서명 받으러 다녔어요. 그래서 짧은 기간에 10만 명 서명을 받을 수 있었던 겁니다"(권정달).

총학은 2월 21일 졸업식에서 '백파'로 규정한 총장의 입장을 막고, 〈인천대학교 6천 학우가 200만 인천시민에게 드리는 글〉을 배포했다. 주동학생들 징계가 추진되자 학생처장실과 기획처장실을 폐쇄했다. 3월 3일 입학식에서는 "보직교수 총사퇴", "재단 정상화" 등을 외쳤다. "재단은 전혀 반응이 없고 오히려 학생처 직원들을 백파로 바꿨어요"(권정달). 그래서 3월 18일 '재단정상화를 위한 개강총회', 26일 '선인재단 정상화를 위한 4만 선인가족 결의대회' 후 이사장실, 총장실, 교무처장실, 각 단대학장실과 교학과 점거농성을 확대했다.[61] "시민들이 교육부에 선인학원 문제를 제기하자 우리들은 종합청사 옆 세종문화회관 계단에 올라가 대규모 집회를 열었습니다. 인천시청에도 달려갔고요"(권정달).

이 와중에 교육부는 4월 8일, 장석우 교수 해임을 승인했다.[62] 장 교수

날 이종만(산공 4) 등 인천대생 4명이 집시법 위반혐의로 구속영장이 신청되었다(「장(長)선거 요구 가두서명 인천, 대학생 88명 연행」, 『경향신문』 1992년 6월 26일자 ; 「단체장 선거 서명자 영장」, 『한겨레신문』 1992년 6월 27일자).

[61] 「선인학원 학생·교원 2천 명 시위」, 『한겨레신문』 1992년 3월 27일자 ; 「교사 대학생 등 2천 명 학원정상화 요구 농성 선인학원」, 『동아일보』 1992년 3월 27일자 ; 「인천대생 수업 거부 농성」, 『한겨레신문』 1992년 4월 14일자 ; 「인천대 총학생회 농성 이사진 전원퇴진 요구」, 『동아일보』 1992년 4월 14일자.

[62] 「교육부, 인천대 장석우 교수 해임 결정 시민단체 "정상화 역행" 반발」, 『한겨레신문』

가 시한부 농성을 시작한 13일[63] 총학은 이사진 전원 퇴진과 관선이사 파견, 장 교수 파면 철회, 총장 및 백인엽 추종교수 퇴진, 일방적 등록금인상(19.2%) 철회 등을 요구하며 (오후)수업거부에 들어가면서 '전교생 사퇴서명' 운동을 시작했다. 3,000여 명이 단대학생회에 자퇴서를 제출했다.[64] 15일에는 800여 명의 학생들이 백인엽 자택 앞에서 농성을 벌였고[65] 16일에는 400여 명의 학생들이 강의실 책상을 들어내 운동장에 야적했다. "총학이 추동한 게 아니라 학우들이 자발적으로 각 과별로 줄서서 의자를 다 들고 나왔어요"(권정달), "여학생도 3명이나 삭발했지요"(김국레), "저는 취업준비를 해야 해서 도저히 삭발은 못하겠어서 대신 혈서를 썼죠"(고도현).

15일에는 교협 교수 40명도 이사진 퇴진, 관선이사 파견 등을 촉구했다.[66] 당시 총학생회장은 "싸움이 계속 진행되고 분위기가 일대 전환되다 보니까 교수님들이 적극적으로 같이 합세하게 되었다"(정성준)고 정리한다. 1992년에 이르면 관선이사 파견 촉구 주장은 학생들과 교수들 사이에 차이가 없었다. 이에 시민들까지 동조할 무렵 교육부는 4월 17일부터 25일까지 선인학원 종합감사를 실시하겠다고 발표했다.

이제까지 그랬던 것처럼 미봉책에 그칠 우려가 큰 교육부를 압박하는 시도가 학내외에서 이뤄졌다. 인천대생들은 교비 일부가 수몰보상비에 유용되고 백씨 모친 동상 건립을 위해 교직원들에게 '성금'을 받았다고 주장했다.[67] 교육부 종합감사가 시작된 지 하루 후인 18일에는 19개 재야단

<hr>

1992년 4월 10일자.
[63] 인천대학교 30년사 편찬위원회 편, 2010, 192-193쪽 ; 장석우 편, 1996, 139-142쪽.
[64] 「인천대생 집단자퇴 결의」, 『한겨레신문』 1992년 4월 15일자 ; 「인천대생 3천여 명 자퇴서」, 『한겨레신문』 1992년 4월 25일자.
[65] 「선인학원 분규 확산」, 『한겨레신문』 1992년 4월 16일자.
[66] 「인천대 교수 재단퇴진 요구」, 『한겨레신문』 1992년 4월 16일자.
[67] 「분규 인천대 감사 교육부」, 『동아일보』 1992년 4월 17일자 ; 「교육부 인천대 종합감사」, 『한겨레신문』 1992년 4월 17일자.

체가 인천대 운동장에서 '선인학원정상화를 위한 인천시민 결의대회'를 계획했다. 언론은 이 집회 계획으로 인천대 사태의 "파문이 확산"되어 간다고 보도했다.[68] 선인학원 문제가 전국적 문제로 사회화된 것이다. 이날, 인천 시민과 선인학원 산하 교수, 교사, 학생 등 2천여 명은 '선인학원 정상화를 위한 인천시민 결의대회'를 열고 당국이 방관자 자세를 버리고 항구적 정상화 방안을 제시하라고 요구하고 교육부 감사가 학원정상화를 위한 감사가 되지 않으면 끝까지 싸우겠다고 선포했다.[69] 20일에는 인천대생들이 17일부터 실시중인 교육부감사가 여론무마용 감사라고 비판하면서 오전수업도 전면 거부했다.[70]

'비정상적' 분위기도 연출되었다. "총장실을 급습해서 민주광장으로 불러왔는데 집회 후 총장을 여러 명이 번쩍 들어 교문 밖에 버렸어요. 외부 사람이 들으면 기가 막힐 일인데 인천대는 웬만큼 해서는 도저히 안 되니까요"(김국래), "백파 직원들을 교문 밖에 버리기도 했어요. 다시는 학교 들어오지 말라고"(정재식), "교정에서 총학 간부들이 백파 교수를 가리켜 '백파다!' 외치면 학우들이 그 교수를 교문 밖에 내다 버려요"(김덕수), "학우들이 백파 교수들이 얼마나 무능한지 절절하게 느끼니까 이런 기막힌 일이 벌어진 겁니다"(권정달). 교수조차 이런 상황을 이해할 정도였다. "방해하는 놈이 엄청 많았고 각처에서 비호세력들이 만만치 않은 상황이었으니까(안경수)".

1992년 4월을 계기로 인천대생들의 재투는 교수, 교사들과는 물론 시민운동과의 연대가 확고해지면서 사회민주화운동과 일체화되어 갔다. 연대

68) 「인천대생 수업 거부 농성」, 『한겨레신문』 1992년 4월 14일자 ; 「인천대 총학생회 농성 이사진 전원퇴진 요구」, 『동아일보』 1992년 4월 14일자.

69) 「인천대 비리 철저히 조사」, 『한겨레신문』 1992년 4월 19일자 ; 「인천 시민 학생 2천여 명 선인학원 정상화 결의」, 『동아일보』 1992년 4월 19일자 ; 장석우 편, 1996, 144-146 · 148-149쪽) ; 인천대학교 30년사 편찬위원회 편, 2010, 193쪽.

70) 「인천대생 3천여 명 자퇴서」, 『한겨레신문』 1992년 4월 25일자.

투쟁이 1992년 들어 비로소 제대로 꾸려진 것이다. 선인학원 정상화 문제가 지역사회 최대 현안으로서 전국적 주목을 받으면서 강력한 힘을 받았다. "시민사회도 교육부와 계속 투쟁해 줬지요. 농성장에 시민사회단체도 방문하시고 민주당도 오셨어요. 인천연합도, 목사님, 신부님들도, 각 학교 선생님들도, 그리고 전대협 총회를 통해 재단 문제를 밖으로 널리 알렸어요"(권정달), "교수님들도 적극 나서 2학기 때에는 교협과의 연대가 이뤄졌고. 그러나 여전히 드러내놓고 만난 것은 아니었고 비밀리에 만났어요. 새단 산하 학교 선생님들과도 결합하면서 농성을 했고요"(징성준).

그러나 재단은 1992년 들어서도 계속 공세적으로 대응했다. 장학식 교수 징계 결정(4월 16일)에 이어 총학 간부학생들 징계에 나섰다. 수업거부가 한 달 이상 지속되던 4월 30일, 총학 간부들이 전문대 본관 재단감사실 창틀을 부수고 들어가 상임감사 홍낙선 등 7명을 쫓아내는 강경투쟁에 나서자 대학 측은 총학생회장 정성준, 부총학생회장 문종권, 공대와 인문대 학생회장 심영섭과 안재형, 1991년 부총학생회장 김원주 등 5명을 제적하고, 5월 8일에는 정성준 등 12명을 업무방해 협의로 인천동부경찰서에 고발했다.[71] 재단이 교수와 교사 3명을 파면하고 총학 간부 5명을 제적시켜 5월 말까지 수업이 이뤄지지 못했다.[72]

그런데 교육부 종합감사 마감 하루 전인 4월 24일, 이사회가 백인엽에게 78억 원을 지급하기로 결정한 문서가 '시민의 모임(준)' 기자회견을 통해 폭로되었다.[73] 사건 발생 2년이 지난 뒤였다. 이 내용은 다음 날 각

---

[71] 「인천대 학생간부 5명 제적」, 『한겨레신문』 1992년 5월 1일자 ; 「인천대생 12명 고발」, 『한겨레신문』 1992년 5월 9일자.

[72] 「선인학원 교수 교사 농성 돌입」, 『한겨레신문』 1992년 5월 26일자.

[73] 「백인엽 씨에 50억 지급 확인」, 『한겨레신문』 1992년 4월 30일자. '시민의 모임(준)'이 폭로한 「선인학원 기금 78억 원이 백인엽에 건네진 경위 및 선인학원 국가헌납 과정에 관한 진상 보고서」 내용 중, 「재단 이사회와 백인엽의 유착 관계를 단적으로 증거할 수 있는 78억 소송 사건 진상」 전문은 장석우 편, 1996, 62-63쪽 참조.

신문에 일제히 보도되었다.[74] 배진교는 이 폭로가 "백인엽이 더 이상 들어올 수 없게 만든 결정적 단서"로 작용했다고 기억한다.

이 자료는 학생들과 교수들이 다른 경로를 통해 각자 찾아낸 것이다. "89년에 이사퇴진 투쟁으로 사퇴서 받으러 다닐 때, 저희들이 재단사무실 금고를 열었는데 통장 2개 밖에 없는 거예요. 이미 서류를 치운 거죠. 이 무렵 어디 초등학교와 어느 중학교에 재단관련 서류가 보관되어 있다는 제보가 들어왔어요. 선인학원 내 학교에 전교조가 88년에 조직되었는데 그 선생님들이 정보를 준 거지요. 그 2개 학교 보관창고에서 갖고 나온 서류가 몇 포대나 됐어요. 그 중학교를 갔더니, 체육 선생님이 지휘봉으로 장소를 가리키더라구요. 그 분 아니었으면 백인엽이 78억 원을 횡령한 서류는 못 찾았을지도 몰라요"(배진교), "무서울 것이 없는 교수들이 서울 연락사무소를 급습하여 끄집어 낸 거예요. 그래서 이 문제를 '정평위'에 요청해서 시민단체 양반들이 협조를 해 준 거지"(안경수).[75]

이 폭로 40여 일 후 인천지검은 교육부 종합감사 직전인 1992년 4월 16일까지 4차례에 걸쳐 재단이 64억 원을 불법지출한 혐의로 백인엽 출국금지를 요청했다.[76] 교육부도 감사 당시, 백인엽에게 78억 원을 반환하기로 합의했고 1992년 말까지 나머지를 지급하기로 한 사실을 확인했다. 교육부는 다시 이사진 교체를 검토했다. 5월 14일에는 1990년 매몰사망 처리 보상금 23억 원 중 12억 원을 산하 학교 교비에서 불법지출한 사실에 대해 1991년 9월 실태 조사 때 시정 지시를 했는데도 이행하지 않았다는 사

---

74) 「백인엽 씨 헌납재산 돌려받은 배경 백씨-재단 '밀착' 가능성」, 『한겨레신문』 1992년 4월 25쪽 ; 「백인엽 씨 헌납한 재단기금 선인학원서 78억 되돌려줘」, 『한겨레신문』 1992년 4월 25일자 ; 「백인엽 씨 선인학원 헌납 백1억 "재단과 합의" 78억 되받아」, 『동아일보』 1992년 4월 25일자.

75) 반면에 장석우 편, 1996, 149쪽에는 '시민의 모임'이 이 '결정적 자료'를 발굴했다고 서술되어 있다.

76) 「인천대 설립 백인엽 씨 출국금지 요청 재단재산 불법지출」, 『동아일보』 1993년 6월 8일자.

실도 뒤늦게 밝혔다.[77]

교육부는 이전과 다른 상황을 접하고 '상당한 고심'을 한 탓인지 종합감사 후 20여일이 지난 5월 15일에야 감사결과를 발표했다. 이 때문에 학생들과 교수들은 "돈을 환수하면", 교육부가 "현재단에 책임을 묻지 않겠다는 것"이라고, '시민의 모임'은 "조건부 관선이사 파견은 있을 수 없다"고[78] 격렬하게 비난했다. 교육부 미봉책을 우려한 '범선추'의 교수와 교사 250명은 5월 25일, 이사진과 백인엽 사법조치, 선인학원 국공립화를 요구하면서 재난사무실에서 밤샘농성에 돌입했나.[79]

결국 6월 10일, 교육부가 관선이사 9명을 파견한다고 발표한[80] 후에야 총학은 6월 15일, 비상총회를 열고 4월 20일부터 58일 동안 지속된 전면수업거부를 중단하고 6월 16일부터 학원정상화가 이뤄질 때까지 오전수업만 하기로 결의했다.[81] 그러나 수업일수 부족을 메우기 위해 방학 내내 강의가 진행되었다. "86년 때처럼 수업을 해 본 적이 없어 1학년 92학번들한테 항상 미안했어요"(정성준).

6월 11일에 열린 첫 관선이사회는 백씨에게 78억 원을 반환하기로 한 결정을 무효로 확인하고 반환요구소송을 준비하는 등 학원정상화대책을 마련하고[82] 현 교무위원들을 전원 해임했다. 이날 교협은 백인엽과의 연결을 단절하라는 성명서를 발표했다.[83] 장 총장이 관선이사회의 총장사

77) 「백인엽 씨에 지급한 62억 환수 않을 땐 인천대 관선이사 파견 검토」, 『한겨레신문』 1992년 5월 15일자.
78) 「새국면 맞은 인천대 사태 교육부 '최악상황' 판단 강경조치」, 『한겨레신문』 1992년 5월 16일자.
79) 「선인학원 교수 교사 농성 돌입. 재단이사진 승인취소·고발 등 촉구」, 『한겨레신문』 1992년 5월 26일자 ; 「선인학원 교수 교사 농성 돌입」, 『동아일보』 1992년 5월 26일자.
80) 「선인학원 관선이사 파견」, 『한겨레신문』 1992년 6월 11일자 ; 「선인학원 관선이사 파견」, 『경향신문』 1992년 6월 11일자 ; 「인천대 관선이사 파견」, 『동아일보』 1992년 6월 11일자.
81) 「인천대 수업 부분재개 전면중단 58일 만에」, 『한겨레신문』 1992년 6월 16일자 ; 「인천대 수업재개 중단 58일 만에」, 『동아일보』 1992년 6월 16일자.
82) 「선인학원 관선이사 파견」, 『한겨레신문』 1992년 6월 11일자.

퇴 결정(7월 22일)을 거부했지만,[84] 이사회는 7월 28일 총장 직위해제를 결정하고[85] 1993년 2월 26일, 장학식 교수를 총장직무대행에 임명했다.[86]

2) 시민 지지 속에 확정된 시립대안과 경청해야 할 비판

선인학원 국·공립화안은 이규호 문교부 장관이 1981년에 처음 제시한 것이었다.[87] "이후 툭툭 튀어나오는 식으로 학생들 사이에서도 국립대안이 나왔어요. 1987년에 출범한 전대협의 학자추 내용이 다 재단문제였는데 그때 상지대나 조선대 학생들이 도립대나 시립대 개념을 썼어요. 89년도에 재투가 다시 크게 일어났을 때 일단 관선이사 파견을 요구했지만 조선대, 세종대, 상지대와 교류하면서 시립화 얘기가 나오기 시작했지요"(김국래).

이 무렵 선인학원 국·공립화—시립화안은 시민사회가 제기했다. 1992년 2월 13일, '시민의 모임(준)'이 개최하여 700여 명이 모인 '선인학원정상화를 위한 시민공청회'에서 김종철 전서울대교수가 인천은 4년제 국·공립대학이 없는 유일한 대도시라고 지적했다. 제3의 도시인 인천에 국립대가 없다는 점 때문에 시민사회가 선인학원 정상화의 목표를 국·공립화로 설정한[88] 것이다. 5월 9일, '선인학원 정상화를 위한 인천시민 걷기대회'는 "선인학원 국·공립화" 구호를 제창했다.[89] 5월 25일, '범선추' 교수와

---

83) 「인천대 정상화 힘들 듯 사태관련 교수 복직 요구」, 『한겨레신문』 1992년 6월 12일자.
84) 「인천대 장 총장 사퇴 거부」, 『한겨레신문』 1992년 7월 26일자.
85) 「인천대총장 직위해제」, 『한겨레신문』 1992년 7월 29일자 ; 「인천대총장 직위해제 관선이사회」, 『동아일보』 1992년 7월 29일자.
86) 「인천대총장직대 장학식 씨」, 『한겨레신문』 1993년 2월 27일자.
87) 「선인학원의 향방은」, 『경향신문』 1981년 3월 24일자 ; 「인천대 국립화 검토」, 『경향신문』 1981년 3월 24일자. 이 장관은 인천대와 인천전문대는 국립대로, 초·중·고교는 공립학교로 전환하는 방안을 제기했다.
88) "선인학원 파행 국공립화로 풀자", 『한겨레신문』 1992년 2월 15일자.

교사들도 선인학원 국·공립화를 요구했다.[90] 1992년 1학기 인천대생들의 방학 수업이 재개될 무렵인 6월 22일, 송도비치호텔에서 열린 '선인학원정상화방안 모색을 위한 강연회 및 인천시민 간담회'에서는 인천대 시립화안이 제기되었다.[91] 국·공립화안이 시립화안으로 정리된 것이다.

그러나 1992년 6월, 관선이사 파견을 발표할 당시 교육부 관계자는 12일부터 수업을 받으면 대량 유급사태는 면할 수 있지만, 국·공립 전환은 예산확보와 인력관리의 어려움 때문에 수용할 수 없다고 얘기했다.[92] 1981년에 일부 문교부 관료들의 백인엽 비호 논리와 같있다. 당시 총학생회징도 "실제로 백인엽은 인천대만 정리하면 다시 돌아올 수 있다고 생각한 것 같다"(정성준)고 기억한다.

1992년 투쟁의 힘을 받은 11월, 유례없이 압도적 표차로 출범한 1993년도 총학은 국·공립대로서의 인천대 정체성을 제기했다. "우리가 2,300표쯤 먹고, 비권 친구들은 500표도 못 얻었어요. 잔치 분위기에서 93년도 학자 준비하면서 인천대의 정체성 문제를 해결 목표로 가자. 이래서 국·공립대안을 재단정상화의 핵심으로 잡았지요. 그러다가 시립화로 간 거지요. 그 와중에 총장선거가 있었지요. 장학식 총장님이 선거 나오실 때 '대발추'(대학발전추진협의회)가 결성되었지요"(정재식), "전국에서 인천대에서 학생, 직원, 교수, 학교 당국 해서 처음 만들어진 겁니다. 탄력이 붙었잖아요. 92년 겨울에 다시 등록금 투쟁을 준비합니다. 전년과 같은 수순이지요. 출범식 하고, 4·19 때 마라톤대회 하고, 6월에는 6월항쟁 기념 이런 과정이 진행되면서 교수님들과 결합하고 범시민적 사회문제가 되면

89) 「선인학원 국·공립화 촉구 시민 등 8백여 명 거리행진」, 『한겨레신문』 1992년 5월 10일자.
90) 「선인학원 교수 교사 농성 돌입. 재단이사진 승인취소·고발 등 촉구」, 『한겨레신문』 1992년 5월 26일자 ; 「선인학원 교수 교사 농성 돌입」, 『동아일보』 1992년 5월 26일자.
91) 「인천대 시립화 제의 선인학원 시민모임」, 『동아일보』 1992년 6월 23일자.
92) 「선인학원 관선이사 파견」, 『한겨레신문』 1992년 6월 11일자.

서 93년도에 최기선 시장과 실마리를 풀어갔지요"(권정달).

1993년 김영삼 정권 출범 직후인 3월 5일, 인천직할시장에 최기선이 임명되면서 시립화 추진이 급물살을 탔다. 그러나 안심할 수 없던 인천대생 300여 명은 4월 29일 오후 4시, 국회의사당 앞에서 백인엽 구속수사를 요구하는 시위를 벌였다.[93] 실제로 관선이사 파견 1년이 다 되도록 '백파'에 의한 법정싸움이 계속되고 있었다.[94] 이 와중에 5월 11일, 인천대를 방문한 최기선 시장은 선인학원 시립화를 선언했다(장석우 편, 1996, 200-202쪽). "축제분위기였죠. 학생들이 시장님과 총장님 업고 돌아다녔지요"(정재식).

노창현 이사장은 6월 8일, 선인학원 시 · 공립화를 위한 구체적 작업에 착수했다고 밝혔다. 인천시도 시립대학 준비팀이 구성되어 조례제정 등 준비작업에 들어갔다.[95] 78억 원 횡령혐의로 세 번째 구속 위기에 몰린 백인엽은 6월 9일, "선인학원 14개 학교를 국 · 공립하는 조건으로" 기증서를 최 시장에게 제출했다. 최 시장은 6월 10일, 선인학원 시립화를 다시 선언했다.[96]

그러나 교육부는 재단을 인천시로 넘기는 설립자변경 승인신청(9월 9일)을 2개월 이상 유보시켰다. 이 와중에 백 측은 시립대가 되면 신분불안과 불이익을 입는다면서 시립화 저지를 꾀했고 "시립화는 물 건너갔다", "설립자가 곧 복귀한다"는 괴문서가 유포되었다.[97] 이러한 상황에서 총학은

---

93) 「선인학원 비리 항의 시위」, 『한겨레신문』 1993년 4월 30일자.
94) 「선인학원 정상화 노력 진통 거듭」, 『한겨레신문』 1993년 5월 1일자.
95) 「인천대 인천전문대 시립화 추진」, 『한겨레신문』 1993년 6월 9일자.
96) 「인천대 · 전문대 시립화 백인엽 씨, 시에 선인학언 기증 따라」, 『한겨레신문』 1993년 6월 11일자 ; 「정상화 실마리 찾는 선인학원」, 『경향신문』 1993년 6월 11일자 ; 「선인학원 인천시 기증」, 『경향신문』 1993년 6월 11일자 ; 「선인학원 시 · 공립화」, 『동아일보』 1993년 6월 11일자.
97) 「선인학원 시립화 끝없는 진통 승인 늦어져 학사일정 차질」, 『한겨레신문』 1993년 11월 20일자.

교육부의 선인학원 시·공립화 승인 촉구시위를 계획하고 12월 11일, 교육부에 '인천대학교 시립화 승인지연을 바라보는 인천대 6천학우의 입장'을 전달했다.[98] 이후 최 시장이 12월 29일, 교육부 장관의 선인학원 시립화 승인이 "올해 안에 이뤄질 것"이라고 밝혔다.[99] 결국 교육부가 1994년 1월 15일, 선인학원 시공립화를 승인함으로써 1994년 3월 1일, 인천대와 인천전문대가 시립화되고, 각급 학교들은 공립화되었다.

한편 인천대 운동권에는 시립화에 회의적인 목소리도 있었다. "당시에 저는 우리 학교가 '건전한 사학'으로 나아가야 한다고 생각했이요. 국가나 시가 아니라 민간에서 재단 인수를 할 수 있는 가능성이 많았고 그게 최선이었다고 생각합니다. 사립은 사립으로 가는 게 맞고 차선 또는 차악이 시립화, 국립화 방안이지요. 곪아터진 게 86년이었지만, 인천대문제는 늘 골칫덩이었잖아요. 문민정부로 넘어가는 92년 시점에 교육부, 안기부, 최기선 시장, 김영삼 대통령, 이 분들 시각에서 보면 우리 학교를 그대로 두면 운동권만 키워주는 거거든. 실제로 전두환도 그런 생각을 했었고. 빨리 해결하는 방식이 시립화 아니었겠나. 차선책을 선택할 수밖에 없었겠지만 당시 정권 분위기와 시립화 과정은 무관하지 않다고 봅니다. 그토록 안 풀리던 매듭이 갑자기 술술 풀려 나간 차제가 그런 겁니다"(정명락).

"저는 개인적으로 시민대학 형태가 가장 바람직하다고 생각했어요. 오래 전부터 인천시 재정이 거덜 난 상태인데, 당시 이쪽저쪽에서 인천대라는 뜨거운 감자를 떠넘기다 결국 시가 책임지는 형태가 되었잖아요. 그렇다고 시에서 학교정상화에 필요한 안정적 재원확보나 비전을 갖고 있었던 것도 아니고. 그런 상황에서 탈출구로서의 시립대안은 문제가 있는 겁

---

98) 「시립화 촉구 시위계획」, 『한겨레신문』 1993년 12월 14일자.
99) 「선인학원 4개교 시립－공립화 인가」, 『동아일보』 1993년 12월 31일자.

니다. 그리고 기본적으로 교수들에 대한 불신도 컸고요. 일부 교수들은 '백파'와 스탠스를 다르게 취하면서 사실 반사이익을 많이 받았죠. 하여간 한국의 사립대 재단 문제 전체를 놓고 보면, 인천대 시립화는 모델이라고 보기도 어렵고 승리적 관점으로만 보기도 어렵다고 봅니다"(정순구).

5. 맺음말

인천대는 1994년 3월 1일부터 시립인천대로 새로운 출발점에 섰다. 개교 이듬해인 1980년 3월, 인천대생들의 '재단투쟁'이 시작된 이래 정부—문교부는 늘 미봉책으로 일관했고, 재단을 국가에 헌납했다는 교주가 되돌아오는 상황이 14년 동안 반복되는 와중에서 선인학원 재단투쟁은 시·공립화로 마무리되었다. 특별한 이유가 있다. 일차적으로 끈질기게 지속한 인천대생들의 재단투쟁, 그리고 다른 학교와 달리 1980년대 중반 이후에도 노선 갈등을 최소화하고 투쟁 대상이 일관되게 "무조건 재단"이었다고 할 정도로 단일대오를 구축했던 강력한 동력을 들 수 있다. 이를 통해 학내 재단투쟁이 교수·교사들과의 연대를 구축하고 선인학원 문제를 전국적 문제로 이슈화시키면서 시민의 지지와 힘을 모을 수 있었다. 이 과정에서 자연스럽게 각 주체들의 역할 분배도 조화를 이룰 수 있었다. 이렇게 차곡차곡 쌓인 내적 역량은 김영삼 정권 출범 이후, 선인학원 개혁에 동의한 인천시장이 존재하는 외적 환경에 효과적으로 조응할 수 있었다.

1980년대 한국 민주화운동은 정치적 경제적 측면에서만 거시적으로 볼 것이 아니라, '작은' 분야에 대해서도 미시적으로 천착되어야 한다. 특히 학원민주화는 거시적 차원에서 민주화의 내용과 질을 가늠하는 척도가 된다. 2013년에도 한 대학재단의 비리 관련 뉴스가 충격을 주고 있다. 사학재단이 학원을 사유재로만 인식하는 경향은 여전한 것이다. 그런 점에서 학원민주화의 '성공' 사례로서 선인학원 시·공립화를 이끈 인천대 학생운동 역사는 자신과 동료 학우들의 가장 현실적인 미시적 문제부터 천착하여 사회민주화라는 거시적 대의를 일체화시켜 간, 민주화운동의 전형을 보여준다.

인천대생들은 초기에는 사회민주화 이슈에 소극적이었지만, 자신들의 당면 문제인 재단투쟁을 지속하면서 비리재단을 감싸고 있는 더 큰 실체를 인식하고 사회민주화운동과 일체화되어 갔다. 그러면서도 재단투쟁이라는 '상수'를 놓친 적이 없었다. 인천대 학생운동은 전선을 단순화시켜 현실적이고 구체적인 투쟁 대상에 초점을 두고 역량을 집중했다. 인천대생들의 우직한 정서, 당시 핵심주체들의 우스개 표현을 빌면 "단무지" 논리는 인천대 학생운동의 특징에 대한 촌철살인과 같은 표현이다.

물론 시립화가 비리사학의 전환 모델이 될 수 없고 이를 승리적 관점으로 보기 어렵다는 비판적 시각도 경청할 필요가 있다. 그런 점에서 당시 인천 시민사회와 인천대생들의 시립화 요구를 정치권이 수용하기까지의 이면에 대한 연구가 필요하다. 본고는 비리사학을 정리했다는 점에서 '일단 성공적'이라고 평가한다.

재단투쟁이 운동 주체들에게 미친 상호 영향도 대단히 컸다. "재단투쟁이 사회민주화와 결합되어 운동 분위기가 확산되면서 선인학원 교사분들 가운데 권정달 후배를 스승이라는 표현까지 하신 경우가 있어요. 정달이를 만나 의식이 깨어 운동의 길을 열었다는 거지요"(정수영), "전교조 지부장도 하시고"(권정달), "인천지역의 사회단체나 지자체에서 이제는 인천대 출신들이 제 역할을 하고 있어요. 인천대가 역사는 짧지만 재투 경험을 통해 재원들이 되어서 이후 삶에서도 연결되는 게 아닌가 생각합니다"(정성준), "80년 이후 십수 년간 배출된 인천대 출신들이 정치, 종교, 시민운동, 진보운동, 평화운동 등 곳곳에 흩어져 있죠. 큰 역할을 하고 있다고 봅니다"(정명락).

▪️▪️▪️ 참고문헌

■ 서장_ 학생운동 연구를 위한 방법론적 모색 | 정근식

민족민주열사·희생자추모(기념)단체연대회의 내부 자료(2013).
민주화운동기념사업회 사료관 편, 2010,『1970년대 학생운동 1-7: 민주화운동 구술사
　　료 열람집』.

강신철, 1988,『80년대 학생운동사』, 형성사.
고려대학교 100년사 편찬위원회 엮음, 2005,『고려대학교 학생운동사』, 고려대학교 출
　　판부.
고려대학교 민주동우회 엮음, 2009,『고대 학생운동』1·2 , 민동출판사.
국정원과거사건진실규명을통한발전위원회 편, 2007,『과거와 대화 미래의 성찰: 학원
　　－간첩편(VI)』.
김광 外, 1991,『학생운동논쟁사』, 일송정.
김진균 외, 1997,『서울대학교 교수민주화운동50년사』, 서울대학교 교수민주화운동50년
　　사 발간위원회.
김진균·정근식 편역, 1984,『혁명의 사회이론』, 한길사.
김호일, 2005,『한국근대 학생운동사』, 선인.
농촌법학회, 2012,『농촌법학회 50년사』.
민족민주열사·희생자추모(기념)단체연대회의·전국민족민주유가족협의회 편, 2005,
　　『끝내 살리라』2.
민족운동총서편찬위원회 편, 1980,『학생운동』, 민족문화협회.
민주화운동기념사업회 연구소 편, 2010,『한국민주화운동사 3 : 서울의 봄부터 문민정
　　부 수립까지』, 돌베개.
박종운, 1989,「학생운동의 변혁운동으로의 정립(80년대 전반기 학생운동)」,『80년대

사회운동논쟁』(한길사 편), 한길사.

박태순·김동춘 편, 1991,『1960년대의 사회운동』, 까치.

박현채·조희연 편, 1991,『한국사회구성체논쟁 3 : 논쟁의 90년대적 지평과 쟁점』, 죽산.

사월혁명연구소 편, 1990,『한국사회변혁운동과 4월혁명』, 한길사.

서영표, 2013,「사회운동이론 다시 생각하기」,『민주주의와 인권』13-2.

신동호, 2007,『70년대 캠퍼스』1·2, 도요새.

이신범 외, 2008,『서울법대 학생운동사: 정의의 함성 1964-1979』, 서울법대 학생운동사
　　　편찬위원회.

이재오, 1984,『해방후 한국학생운동사』, 형성사.

이재오, 2011,『한국 학생운동사 : 1945-1979년』, 파라북스.

이창언, 2008,『한국 학생운동의 급진화에 관한 연구』, 고려대출판부.

일송정 편집부 편, 1988,『학생운동논쟁사』, 일송정.

임희섭, 1999,『집합행동과 사회운동의 이론』, 고려대학교 출판부.

장석홍, 2007,「근대 학생운동 연구의 성과와 과제」,『동양학』41.

정근식 편, 2012,『(탈)냉전과 한국의 민주주의』, 선인.

정철희, 1995,「미시동원, 중위동원, 그리고 생활세계제도: 사회운동론의 재구성을 위
　　　한 시론」,『경제와 사회』25.

정태석, 2006,「시민사회와 사회운동의 역사에서 유럽과 한국의 유사성과 차이」,『경
　　　제와 사회』72.

조대엽, 1999,『한국의 시민운동 : 저항과 참여의 동학』, 나남출판.

조진경, 1989,『청년이 서야 조국이 산다』, 백산서당.

조현연(Cho Hyun-yun), 2005, *Modern History of Democracy and Democratization
　　　Movement in Korea*, 민주화운동기념사업회.

한국기독교사회문제연구원 편, 1982,『군사 정권과 민주화 경험』, 한국기독교사회문
　　　제연구원.

한국기독교사회문제연구원 편, 1983,『1970년대 민주화운동과 기독교』, 한국기독교사
　　　회문제연구원.

한인섭, 1997,「학생징계를 통해서 본 서울대학교 민주화운동」,『서울대학교 교수민
　　　주화운동50년사』(서울대학교 교수민주화운동50년사 발간위원회 편).

홍성태, 2012,「사회운동과 리더십」,『한국사회학』46-2.

Bevington, D. & Dixon, C., 2005, Movement-relevant Theory: Rethinking Social Movement

Scholarship and Activism, *Social Movement Studies* 4-3, Routledge.

Flacks, R., 2004, Knowledge for what? Thought on the state of social movement studies, in J.Goodwin & J.Jasper eds., *Rethinking Social Movements: Structure, Culture, and Emotion*, Lanham: Rowman & Littlefield.

McAdam, D., 1982, *Political Process and the Development of the Black Insurgency*, Chicago: University of Chicago Press.

McAdam, D., McCarthy, J.D., & Zald, M.N. eds., 1996, *Comparative perspectives on Social Movements*, NY: Cambridge University Press.

McCarthy, J.D., & Zald, M.N. eds., 1987, *Social Movement in an Organizational Society*, NJ: Transaction.

Morris, A.D. & Mueller, C.M. eds., 1992, *Frontiers in Social Movement Theory*, New Haven and London: Yale University Press.

Neil J. Smelser, *Theory of collective behaviour*, Free Press, 1962(박영신 옮김, 1993, 『사회변동과 사회운동 : 사회학적 설명력』, 세경사).

Snow, D.A., Soule, S.A. & Kriesi, H. eds., 2007, *The Blackwell Companion to Social Movements*, Oxford: Blackwell Publishing.

Tarrow, S., 1998, *Power in Movement*, Cambridge: Cambridge University Press.

제1부

■1장_ 1960년대 대학생 '이념서클'의 조직과 활동 | 오제연
    : 서울대, 고려대, 연세대를 중심으로

『경향신문』, 『고대신문』, 『대학신문』, 『동아일보』, 『연세춘추』, 『의단』, 『자유의 종』, 『한국일보』

〈가칭 서울대학교 민족통일연맹 규약(초안)〉.

고려대학교 민주동문회 편, 2009a, 「김낙중」, 『고대학생운동』 1, 민동출판사

고려대학교 민주동우회 편, 2009b, 「이관영」, 『고대학생운동』 1, 민동출판사.

고려대학교 민주동우회 편, 2009c, 「조성준」, 『고대학생운동』 1, 민동출판사.

고려대학교 민주동우회 편, 2009d, 「이원보」, 『고대학생운동』 1, 민동출판사.
고려대학교 민주동우회 편, 2009e, 「천영세」, 『고대학생운동』 1, 민동출판사.
고려대학교 민주동우회 편, 2009f, 「함상근」, 『고대학생운동』 1, 민동출판사.
고려대학교 민주동우회 편, 2009g, 「유영래」, 『고대학생운동』 1, 민동출판사.
고려대학교 민주동우회 편, 2009h, 「김영곤」, 『고대학생운동』 1, 민동출판사.
김도현 구술(일시: 2008년 11월 26일, 장소: 서울시 종로구 당주동 구술자 사무실, 면
　　담자: 김주관).
박정훈 구술(일시: 2007년 5월 23일, 장소: 서울시 코리아나호텔 3층 아리랑(한정식 식
　　당), 면담자: 오제연).
서중석 구술(일시: 2007년 8월, 장소: 서울시 성균관대학교 구술자 교수연구실, 면담
　　자: 이기훈).
서진영 구술(일시: 2012년 9월 18일, 장소: 서울시 교남동 (사)현대사기록연구원 사무
　　실, 면담자: 오제연).
안성혁 구술(일시: 2007년 5월 28일, 장소: 용인시 기흥구 구술자 자택, 면담자: 오제연).
오건환 구술(일시: 2008년 12월 2일, 장소: 서울시 청계천2가 구술자 사무실, 면담자: 오
　　제연).
윤준하 구술(일시: 2007년 8월 10일, 장소: 서울시 서초구 서초동 구술자 사무실, 면담
　　자: 이기훈).
이근성, 1990, 「당시 서울대 민통련 조직위원장 황건씨 증언－"민통련은 4·19 통일
　　'논의'를 '운동'으로 끌어올려"」, 『월간중앙』 4월호.
이영일 구술(일시: 2003년 08월 29일, 장소: 서울시 종로구 운니동 구술자 사무실, 면
　　담자: 오제연).
이종률, 1994, 「6.3사태는 '젊은 민족정신'의 발화였다」, 『신동아』 6월호.
이태호, 2001, 「(르뽀) 71동지회, 그 정의의 발자취」, 『나의 청춘 나의 조국－71동지회
　　30주년 기념문집』(71동지회 편), 나남출판.
한국문제연구회 편, 2003, 『(한국문제연구회 창립40주년 기념 자료집) 당신의 조국 한
　　국을 알자』, 디컨하우스.
한국정신문화연구원 편, 2001a, 「김정강」, 『내가 겪은 민주와 독재』, 선인.
한국정신문화연구원 편, 2001b, 「윤식」, 『내가 겪은 민주와 독재』, 선인.
허도학, 2001, 「71동지회의 오늘」, 『나의 청춘 나의 조국－71동지회 30주년 기념문집』
　　(71동지회 편), 나남출판.

6·3동지회, 2001, 『6·3 학생운동사』, 역사비평사.

고대 민주동우회 편, 2003, 『민우지, 야생화 자료집』.

고려대학교 100년사 편찬위원회 편, 2005, 『고려대학교 학생운동사』, 고려대학교 출판부.

고명균, 1990, 「국민계몽대의 전개과정」, 『한국사회변혁운동과 4월혁명』 2(4월혁명연구소 편), 한길사.

권영기, 1984, 「신진회에서 민통련까지」, 『월간조선』 4월호.

남재희, 2006, 『아주 사적인 정치 비망록』, 민음사.

데이비드 콩드, 1988, 『남한 그 불행한 역사』, 좋은책.

민주화운동기념사업회 연구소 편, 2008, 『한국민주화운동사』 1, 돌베개.

박태순·김동춘 편, 1991, 『1960년대의 사회운동』, 까치.

서울대학교 60년사 편찬위원회 편, 2006, 『서울대학교 60년사』, 서울대학교.

서울법대 학생운동사 편찬위원회 편, 2008, 『서울법대 학생운동사—정의의 함성 1964-1979』, 블루프린트.

선경식, 2001, 「가슴에 묻어둔 이야기들」, 『나의 청춘 나의 조국—71동지회 30주년 기념문집』, 나남출판.

신동호, 1996, 『오늘의 한국정치와 6·3세대』, 예문.

신동호, 2007, 『70년대 캠퍼스』 1, 도요새.

오제연, 2007, 「1960년대 초 박정희 정권과 학생들의 민족주의 분화—'민족적 민주주의'를 중심으로」, 『기억과 전망』 17.

오제연, 2008, 「1950년대 대학생 집단의 정치적 성장」, 『역사문제연구』 19.

오제연, 2010, 「4월혁명 직후 학생운동의 '후진성' 극복지향과 동요」, 『기억과 전망』 22.

■ 2장_ 1970년대 학생운동의 특징과 방식 | 신동호
  : 서울대 이념서클과 서클연합회를 중심으로

80년대전반기학생운동기념문집출간위원회 편, 2006, 『5월 광주를 넘어 6월항쟁까지』, 자인.

『경향신문』 1981년 12월 2일-1982년 3월 3일자("대학가의 음영" 시리즈 1-27).

고려대학교 청우회 편, 2012, 『고려대학교 청우회 40년 발자취』, 고려대학교 청우회.

권형택의 증언(신동호, 2004.7.5).

긴급조치9호철폐투쟁30주년기념행사추진위원회 편, 2005,『30년만에 다시 부르는 노래』, 자인.

김경택의 증언(신동호, 2004.7.23).

김동철의 증언(신동호, 2004.9.23).

김수천의 증언(신동호, 2004.11.25).

김영래·임진영·김영준 편, 2003,『당신의 조국 한국을 알자-연세대학교 학생운동사』, 디컨하우스.

김창우의 증언(신동호, 2013.7.26).

김창호의 증언(신동호, 2004.12.14).

김천우의 증언(신동호, 2004.7.20).

농촌법학회50년사발간위원회 편, 2012,『고난의 꽃봉오리가 되다-서울대학교 농촌법학회 50년사』, 농촌법학회.

『대학신문』1975년 12월 1일·1976년 8월 2일·1979년 3월 12일자.

박석운, 2005a,「유신독재시대를 증언하자」,『30년만에 다시 부르는 노래』(긴급조치9호철폐투쟁30주년기념행사추진위원회 편), 자인.

박석운, 2005b,「감옥으로 또 감옥으로의 행진」『30년만에 다시 부르는 노래』(긴급조치9호철폐투쟁30주년기념행사추진위원회 편), 자인.

박석운의 증언 1(신동호, 2004.1.14).

박석운의 증언 2(신동호, 2013.5.18).

박홍렬의 증언(신동호, 2004.12.24).

서동만의 증언(신동호, 2004.11.20).

소준섭, 2005,「한국 사회에서의 긴급조치9호 세대의 위치와 역할」,『30년만에 다시 부르는 노래』(긴급조치9호철폐투쟁30주년기념행사추진위원회 편), 자인.

양기운의 증언(신동호, 2004.7.13).

양민호의 증언(신동호, 2013.5.21).

양춘승의 증언 1(신동호, 2003.12.6).

양춘승의 증언 2(신동호, 2013.5.24).

연성만의 증언(신동호, 2004.8.21).

이우재의 증언(신동호, 2004.8.23).

이원주의 증언(신동호, 2005.2.22).

이증연의 증언(신동호, 2004.9.22).

전재주의 증언(신동호, 2004.6.29).

정운영의 증언(신동호, 1994.4.28).

『朝日新聞』1978年 6月 27日字.

주대환의 증언(신동호, 2004.11.15).

최영선의 증언(신동호, 2004.12.16).

현무환, 2006, 「전두환, 노태우의 군사반란과 내란 그리고 우리들의 민주화투쟁」, 『5월
　　　광주를 넘어 6월항쟁까지』(80년대전반기학생운동기념문집출간위원회 편), 자인.

현무환, 2007, 「서울의 봄 : 선도투쟁의 기치」, 『6월항쟁을 기록하다』 1[(사)6월민주항
　　　쟁계승사업회 · 민주화운동기념사업회 편].

신동호, 2007a, 『70년대 캠퍼스』 1, 환경재단 도요새.

신동호, 2007b, 『70년대 캠퍼스』 2, 환경재단 도요새.

양춘승, 2012, 「긴급조치 세대의 학생운동 – 저항을 넘어서 책임으로」(2011년 6월 22일
　　　민주화운동기념사업회 · 베를린자유대학교의 주최로 독일 베를린에서 열린
　　　"Student and Student Movements as Actors in the Development of Civil Society in
　　　South Korea and Germany" 제목의 세미나에서 발표한 원고 ; 양춘승 블로그
　　　http://karlcsy.blog.me/110133818762 수록).

오제연, 2012, 「1970년대 대학문화의 형성과 학생운동 – '청년문화'와 '민속'을 중심으
　　　로」, 『역사문제연구』 제28호.

이창언, 2012, 「유시체제기 학생운동의 집합적 정체성과 상징체계」, 『역사가, '유신시
　　　대'를 평가하다』(유신선포 40년 역사 4단체 연합학술대회 자료집).

임미리, 2011, 「긴급조치 9호 세대와 기억」, 『제5회 쥬니어국제한국학학술대회 자료집』
　　　(2011년 11월 28일 한국학중앙연구원 한국학대학원).

임춘식, 2001, 「1970년대의 사회상황과 학생운동」, 『한국민주시민학회보』 제6호.

정근식, 2011, 「박정희 시대의 사회통제와 저항」, 『(탈)냉전과 한국의 민주주의』(정근
　　　식 편), 선인.

정태헌, 2005, 「긴급조치 9호 시기 학생운동의 역사적 위상과 의의」, 『국제고려학회
　　　서울지회 논문집』 제5호.

조희연, 1995, 「민청세대 · '긴조세대'의 형성과 정치개혁 전망」, 『역사비평』 1995년 가
　　　을(계간 30호).

조희연 · 조연현, 2002 , 「국가폭력, 민주주의 투쟁, 희생에 대한 총론적 이해」, 『국가폭

력, 민주주의 투쟁, 그리고 희생』(조희연 편), 함께읽는책.
최장집, 2012,『민주화 이후의 민주주의』, 후마니타스.

■3장_ 1980년대 상반기 학생운동 체계의 변화와 학생운동 문화의 확산 | 허 은

『경향신문』,『고대신문』,『동아일보』,『매일경제』
『5월 문화강좌』(서울대학교 서클연합회, 1984.5.1).
〈5월제 행사 진행표〉(서울대학교 제작자 미상, 1985.5.13).
80년대 전반기 학생운동 기념문집 출간위원회 편, 2006,『5월광주를 넘어 6월항쟁까지』,
        자인.
『강제징집문제 공동조사보고서』(한국기독학생회총연맹 · 대한카톨릭학생전국협의회 · 민
        주화운동청년연합 · 한국기독청년협의회 · 명동천주교회청년단체연합회, 1984.3
        ; 서울대학교 전자도서관 '대학사료박물관 이관 학생운동기록' 소장)
『강제징집실태보고서－고 김두황군의 죽음을 애도하며－』(고대 제적학생 복교대책
        위원회, 1984.3.8).
〈강제징집에 대한 우리의 입장과 결의－고 김두황 학우 추모식에 즈음하여〉(고려대
        학교 총학생장단, 1984.4.4).
〈개교 79주년 석탑대동제를 준비하며〉(고려대학교 석탑대동제 준비위원회, 1984.5.1).
고려대 학생처 작성 집회 정리보고.
고려대총학생회 편, 1985,『교양도서목록－대학인을 위한 도서안내』.
고려대학교 민주동우회 엮음, 2009,『고대학생운동 Ⅱ－긴급조치 9호－81년 반전두환
        군사정권 투쟁』, 민동출판사.
고려대학교 학생지도상담실 편, 1982,『신입생실태조사, 1982년도』.
〈광주민중항쟁 5주년 기념행사주간 5월 22일 행사안내〉(고려대 총학생회, 1985.5).
구술자 A－서울대 82학번, 2013년 3월 27일 구술.
구술자 B－고려대 83학번, 2013년 3월 7일 구술.
구술자 C－강원대 79학번, 2013년 4월 17일 구술.
구술자 D－성균관대 80학번, 2013년 5월 1일 구술.
국방부 과거사 진상규명위원회 편, 2007a,『과거사진상규명위원회 종합보고서』1.
국방부 과거사 진상규명위원회 편, 2007b,『과거사진상규명위원회 종합보고서』2.

국정원 과거사건 진실규명을 통한 발전위원회, 2007, 『과거와 대화 미래의 성찰 – 학
　　원·간첩편』 VI, 국가정보원.
기쁨과 희망 사목연구원 편, 2000, 암흑속의 햇불 : 7, 80년대 민주화운동의 증언』 7.
김민석, 1992, 「내가 겪은 사건 : 미문화원 점거농성과 서울대총학생회장 시절」, 『역사
　　비평』 18.
문교부 편, 1983, 『우리는 왜 졸업정원제를 택하게 되었는가?』.
문교부 편, 1985, 『자율화 이후 학원소요백서』.
유남선, 2007, 「강원지역의 6월항쟁」, 『6월항쟁을 기록하다 : 한국민주화대장정』 4(6월
　　민주항쟁계승사업회·민주화운동기념사업회 공편).
〈학내 후생복지시설 운영 실태 보고 및 개선을 위한 방안〉(고려대 총학생회·고려대
　　애기능 복지위원회, 1985.11.14).
〈학생의 날 부활기념 – 군사독재정권퇴진궐기대회〉(제작자 미상, 1984.11.1).
현무환, 2006, 「전두환, 노태우의 군사반란과 내란, 그리고 우리들의 민주화투쟁」, 『5
　　월광주를 넘어 6월항쟁까지』(80년대 전반기 학생운동 기념문집 출간위원회
　　편), 자인.
〈화학교육과 여름학교〉(서울대학교 화학교육과 김영호, 1986.6.18).

강신철 외, 1988, 『80년대 학생운동사』, 형성사.
강신택, 1986, 「대학졸업정원제의 변형과정 고찰」, 『행정논총』 24-2(서울대학교 행정
　　연구소).
강형민, 1990, 「1980년대 조직운동의 전개과정에 대한 연구」, 『경제와 사회』 제6권.
고동현, 2007, 「저항의 기억과 의례, 정체성 형성 : 1980년대 학생운동 연구」, 『상징에
　　서 동원으로 – 1980년대 민주화운동의 문화적 동학』(정철희 외), 이학사.
고려대학교 100년사 편찬위원회 편, 2005, 『고려대학교 학생운동사』, 고려대학교 출
　　판부.
고려대학교 청우회 편, 2012, 『고려대학교 청우회 40년 발자취』, 고려대 청우회.
김민호, 1988, 「80년대 학생운동의 전개과정」, 『역사비평』 3호.
김민환, 2003, 「누가, 무엇을, 어떻게 기억할 것인가」, 『저항, 연대, 기억의 정치』 2(김
　　진균 편), 문화과학사.
김원, 2011, 『잊혀진 것들에 대한 기억 : 1980년대 대학의 하위문화와 대중정치』, 이매진.
농촌법학회 50년사 발간위원회·민주화운동기념사업회 편, 2012, 『고난의 꽃봉우리가

되다-서울대학교 농촌법학회 50년사』, 서울대학교 농촌법학회.

민주화운동기념사업회 한국민주주의연구소 엮음, 2005, 『한국민주화운동사』 3, 돌베개.

서울대학교 60년사 편찬위원회 편, 2006, 『서울대학교 60년사』.

송준수·김병길, 1982, 「대학생의 의식구조 및 가치관에 대한 조사연구」, 『학생생활연구소보』 8.

신동호, 2007, 『70년대 캠퍼스』 2, 환경재단 도요새.

유경순, 2011, 「1980년대 변혁적 노동운동의 형성과 문화에 관한 연구」, 고려대 박사학위 논문.

은수미, 2003, 「의식화조직, 사회운동, 그리고 대항이데올로기」, 『저항 연대, 기억의 정치』 1(김진균 편저), 문화과학사.

이근철, 1981, 「理念써클운영과 그 개선방안-자유써클 클럽을 중심으로」, 『학생지도연구』 제9권.

이대우, 1984, 「대학생의 급진성향과 시위행동에 영향을 미치는 제요인 분석」, 『연구보』 20, 부산대학교 학교생활연구소.

이창언, 2005, 「학생운동의 연구 경향과 과제에 관한 연구-연구방법론을 중심으로」, 『역사연구』, 제15권.

전명혁, 2007, 「1980년대 비합법 정치조직」, 『한국 정치와 비제도적 운동정치』(정해구 외), 도서출판 한울.

정근식, 2003, 「5월운동과 혁명적 축제」, 『저항, 연대, 기억의 정치』 2(김진균 편), 문화과학사.

정태헌, 2012, 「1970-80년대 고려대학교 학생운동을 이끈 청년문제연구회, 고전연구회, 겨레사랑회, 현대철학회」, 『고려대학교 청우회 40년 발자취』(고려대학교 청우회 편), 고려대 청우회.

정호기, 2003, 「민주화운동의 기억투쟁과 기념」, 『저항, 연대, 기억의 정치』 2(김진균 편), 문화과학사.

조대엽, 2002, 「386세대의 문화와 세대경험」, 『한국의 문화변동과 가치관』(임희섭 외), 나남.

조희연, 1988, 「80년대 학생운동과 학생운동론의 전개」, 『사회비평』 창간호.

최용섭, 1981, 「고등교육상의 교수 학습밀도 제고를 위한 일고」, 『교육연구』 81-1, 조선대.

편집부 편, 1988, 『학생운동논쟁사』, 일송정.

한국출판문화운동사 편집위원회 편, 2007,『한국출판문화운동사』, 한국출판문화운동
    동우회.
홍석률, 2007,「최루탄과 화염병, 1980년대 학생운동」,『내일을 여는 역사』28.

■ 4장_ NL(민족해방)계열 학생운동의 주류화와 한계 | 이창언
    : 전국대학생대표자협의회와 한국대학총학생회연합

성공회대학교 민주자료관 편, 2007,『한국 노동정치/진보정당운동 자료집(1985-2004):
    MAP/조직해설』.
오동렬, 1993,「인터뷰: 문익환 목사의 범민련 해소선언」,『사회평론 길』10월호.
『자주언론 혁신』8호(반미청년회, 1989)

김동춘, 1997,「1980년대 민주변혁운동의 성장과 그 성격」,『6월민주항쟁과 한국사회
    10년』1(학술단체협의회 편), 당대.
김동춘, 1998,「1990년대 학생운동의 현황과 전망」,『황해문화』1998 여름.
김동춘, 2001,『독립된 지성은 존재 하는가』, 삼인.
김민철, 1988,「올바른 정세인식과 당면의 과제」,『한국 민족민주운동의 쟁점』(연세춘
    추 기획부 편), 세계.
김세균, 2008,「진보정당 운동의 전면적인 재구성이 필요하다」,『참세상』(2008.1.14).
김창우, 1992,『민주대연합과 통일전선운동』, 두리.
김태호, 1990,『90년대의 도약 청년학생운동』, 조국.
동녘 편집부 편, 1987,『껍데기를 벗고서 1 - 대학인의 인식과 실천』, 동녘.
동아대학교 6월항쟁 20주년 준비위 · 동아대학교민주운동사편찬위원회 · 동아대학교
    민주동문회, 2007,『그대, 민족동아여! 자료로 보는 동아대학교 민주운동사』.
류근일 · 홍진표, 2005,『지성과 반지성』, 기파랑.
민영, 1997,「사회운동조직의 집합행위프레임, 미디어 전략, 의제형성능력에 관한 비교
    연구 - 경실련과 환경운동연합을 중심으로」, 서울대학교 대학원 석사학위논문.
민정구 편, 1987,『통일전선론』, 백산서당.
성공회대학교 출판부 편, 2000,『한국민주화운동의 전개와 구조』.
우상호, 1989,『학생회 운영의 원칙과 방도』, 대동.

은수미, 2004, 「전선운동, 저항담론, 그리고 사회관계」, 『한국의 정치사회적 저항담론
　　과 민주주의 동학』(조희연 편), 함께읽는책.
이승환, 1995, 「민족민주운동의 정치세력화에 대한 올바른 관점」, 『전국연합 통신』 76.
이신행, 1997, 『한국의 사회운동과 정치변동』, 민음사.
이연, 1989, 「조국통일운동과 변혁운동」, 『녹두서평』 2, 녹두.
이재화, 1988, 『한국근현대민족해운동사』, 백산서당.
이주현, 1991, 『한국 전위조직운동사』, 동해.
이창언, 2009, 「한국학생운동의 급진화에 관한 연구」, 고려대학교 일반대학원 사회학
　　과 박사논문.
이창언, 2011a, 「민족해방(NL)노선의 확산과 진보정치운동의 지체: 거중연합(居中聯
　　合)과 전민항쟁노선이 낳은 진보정치의 지체와 왜곡」, 『한국진보정치의 역사
　　와 쟁점』(조현연 외), 한울아카데미.
이창언, 2011b, 「민주주의민족통일전국연합과 정치조직 논쟁: 반제 통일전선 전통의
　　복원과 정치세력화의 지체」, 『기억과 전망』 24.
이창언, 2012, 「4·11총선 이후 진보정당 정치의 위기와 진보좌파의 과제」, 『진보평론』
　　제53호.
일송정 편집부 편, 1989, 『학생운동논쟁사』, 일송정.
일송정 편집부 엮음, 1989, 『팜플렛 조직노선』 II, 일송정.
임지현, 2001, 『이념의 속살』, 삼인.
장석준, 1998, 「필요한 것은 운동이다 : 90년대 학생운동의 비판적 회고와 전망」, 『오
　　래된 습관 복잡한 반성』(이재원 외), 이후.
전국대학생대표자협의회 편, 1991, 『전대협』, 돌베개.
田富久治, 1987, 「현대의 통일전선과 선진국혁명」, 『통일전선론』(민정구 엮음), 백산.
정해구, 1988, 「통일전선에 대하여」, 『한국민족민주운동의 쟁점』, 세계.
정해구, 2001, 「한국의 민주주의와 재야운동: 재야의 형성, 분화와 민주적 실천」, 『2001년
　　비판사회학대회 자료집』.
정해구, 2007, 「1980년대 학생운동의 이념과 민주화운동의 급진적 확산: 반미주의의
　　분화와 대중화전략을 중심으로」, 『한국과 국제정치』 21-4.
정혁, 2002, 「주체사상은 미국에 승리한 불패의 사회주의」, 『월간 말』 2002. 8월호.
조대엽, 2000, 『한국의 시민운동』, 나남.
조대엽, 2003, 「광주항쟁과 80년대의 사회운동문화: 이념 및 가치를 중심으로」, 『민주

주의와 인권』제3권 제1호.

조대엽, 2005, 「1980년대 학생운동의 이념과 민주화운동의 급진적 확산: 반미주의의
　　　분화와 대중화전략을 중심으로」,『한국과 국제정치』, 2005년 겨울 통권 51호,
　　　21(4).

조진경, 1988,『민족자주화운동론』1 · 2, 백산서당.

조현연, 2009, 「민주노동당의 분당 과정 연구: 정파 · 제도 · 리더십을 중심으로」,『기
　　　억과 전망』20, 민주화운동기념사업회.

조희연, 1990,『한국사회운동사』, 죽산.

조희연, 2004, 「저항담론의 변화와 분화에 관한 연구」,『한국의 정치사회적 저항담론
　　　과 민주주의의 동학』(조희연 편), 함께읽는책.

청년의 진로 편집부 편, 1989,『청년의 진로』, 청년세대.

추주형, 2007, 「한총련 쇠퇴 이후 학생연대조직의 현재」,『월간 말』, 2007. 3월호.

통일여명 편집국, 2001, 「민족민주전선이 수행하는 전략적 과업의 성격, 동력, 실현경
　　　로에 대하여」,『한호석 소장 논문집』.

한국민족민주전선, 「자주, 민주, 통일의 여명을 알리는 주체의 전파」,『구국의 소리
　　　20주년 기념방송』.

한국사연구회 현대사 연구반 편, 1991,『한국현대사』4, 풀빛.

허상수, 2004, 「정치사회적 저항담론과 변혁주체 논쟁－노동계급운동을 중심으로」,『한
　　　국의 정치사회적 저항담론과 민주주의의 동학』(조희연 편), 함께읽는책.

■ 5장_ 민중민주(PD)파 학생운동의 집합적 특성과 메커니즘 | 고 원

『경향신문』1989년 10월 28일자.

『동아일보』1986년 5월 15일자.

ㅈ씨의 증언(고원, "학생운동구술인터뷰자료", 2013. 5. 13).

J씨의 증언(고원, "학생운동구술인터뷰자료", 2013. 2. 7).

K씨의 증언(고원, "학생운동구술인터뷰자료", 2013. 2. 27).

P씨의 증언(고원, "학생운동구술인터뷰자료", 2013. 3. 26).

S씨의 증언(고원, "학생운동구술인터뷰자료", 2013. 2. 19).

강신철 외, 1988, 『80년대 학생운동사: 사상이론과 조직노선을 중심으로(1980-1987)』, 형성사.

강형민, 1990, 「1980년대 조직운동의 전개과정에 대한 연구」, 『경제와 사회』 6호.

김원, 2011, 『잊혀진 것들에 대한 기억: 1980년대 대학의 하위문화와 대중정치』, 이매진.

김윤철, 2012, 「'NL-PD' 해묵은 갈등이 결국 진보당 발목 잡았다」, 『한겨레신문』, 2012년 6월 19일자.

박덕건, 1989, 「학생운동의 새 흐름 PD그룹」, 『월간중앙』 60, 중앙일보사.

성공회대 민주자료관 편, 2009, 「신노선의 등장: 비합법 전위정당 노선에서 독자적 합법진보정당노선으로」(http://www.demos-archives.or.kr/research/document_party _view.php?no=3250&bbs=party&pageNo=1&specified_date=.).

안창훈, 1989, 「학생운동 조직논쟁의 혼란」, 『고대문화』(31).

유길성, 1989, 「학생운동권 변혁이론 PD의 실체」, 『현실초점』 1호.

은수미, 2003, 「의식화조직. 사회운동. 그리고 대항이데올로기」, 『저항. 연대. 기억의 정치』 1(김진균 편저), 문화과학사.

이동규, 1989, 「학생운동. 투쟁이슈 약화로 분열 심할 듯」, 『민족지성』 46호.

이수인, 2008a, 「1980년대 학생운동의 민족주의 담론」, 『기억과 전망』 18.

이수인, 2008b, 「대립성의 경합과 일면성의 확산: 1980년대 학생운동」, 『사회와 역사』 77.

이승훈, 2005, 「한국 사회운동가들의 정체성 형성과정: 사회운동 참여경험을 중심으로」, 『경제와 사회』 66호.

이희영, 2005, 「체험된 폭력과 세대 간의 소통: 1980년대 학생운동의 경험에 대한 생애사 재구성 연구」, 『경제와 사회』 제68호.

인하대공대편집부 편, 1989, 「80년대 학생운동사」, 『인경』 8.

임경민, 1989, 「NL이냐 PD냐. 학생운동의 노선투쟁」, 『신동아』, 1989년 7월호.

임희섭, 1999, 『집합행동과 사회운동의 이론』, 고려대출판부.

장석준, 1998, 「90년대 학생운동의 비판적 회고와 전망」, 『오래된 습관 복잡한 반성: 90년대 학생운동에 대한 성찰과 반성』, 이후.

조대엽, 2005, 「1980년대 학생운동의 이념과 민주화운동의 급진적 확산: 반민주의 분화와 대중화전략을 중심으로」, 『한국과 국제정치』 21(4).

조희연, 1988, 「80년대 학생운동과 학생운동론의 전개」, 『사회비평』 창간호.

최성일, 1990, 「1980년대 한국사회급진변혁론의 형성과 추진에 괸한 연구: CA, NL, PD 를 중심으로」, 한국교원대학교 석사논문.

태재준, 1998, 「학생운동을 위해 논의하고 싶은 열 가지 주제」, 『오래된 습관 복잡한 반성: 90년대 학생운동에 대한 성찰과 반성』, 이후.

Mellucci, Alberto, 1989, *Nomads of the Protest: Social Movements and Individual Needs in Contemporary Society,* Philadelphia: Temple University Press.

Morris, Aldon D., 1984, *The Origins of the Civil Rights Movements,* New York: Free Press.

Snow, David A., Burke Rochford, Jr., Steven K. Worden, and Robert D. Benford, 1986, "Frame Allignment Process, Micromobilization, and Movement Participation", *American Sociological Review* 51.

제2부

■6장_ 인민혁명당사건과 경북대학교 학생운동 | 임채도
  : 1960–1970년대 대구지역 학생운동의 메커니즘

「5 · 16쿠데타 직후의 인권침해사건 진실규명결정서」(진실화해위원회, 2009.10.13 결정).

「6 · 3사태」(미출간 자료).

기세환의 증언(임채도, 2012.12.8).

긴급조치9호철폐투쟁30주년기념행사추진위원회 편, 2005, 『30년 만에 다시 부르는 노래 – 유신독재를 넘어 민주로』, 자인.

「김세원 증언 · 한상구 구성, 1991, 「4월혁명 이후의 전위조직과 통일운동」, 『역사비평』 15호, 역사비평사.

동아일보』 1960년 9월 30일자.

「문인간첩단 사건 결정서」(진실화해위원회, 2009.5.11 결정).

민주화운동기념사업회 사료관 편, 2010, 『1970년대 학생운동』 1.

박중기, 「그 사람이 나 대신 죽었소」, 『통일뉴스』 2011년 4월 27일자.

〈반독재구국선언〉(경북대학교 정진회 · 서울대 문리대 문우회 · 서울대 상대 후진국사회연구회 · 연세대학교 한국문제연구회 · 고려대학교 현대사상연구회 · 서울대 법대 사회법학회 · 고려대학교 한맥 · 부산대학교 한얼 · 서울대 공대 산업

사회연구회 · 계명대학 대학토론회, 1971.4.7).

「변태강 증언 녹취록」(2006 ; 미출간 자료).

안재구의 증언(임채도, 2013.3.15-3.23).

이현세의 증언(임채도, 2012.12.17).

임구호의 증언(임채도, 2012.12.17).

임규영의 증언(임채도, 2012.12.9).

정만기의 증언(임채도, 2012.12.5).

함종호의 증언(임채도, 2012.12.8).

강창덕, 2005, 「아, 4월 9일이여!」, 『인혁당 사건, 그 진실을 찾아서』(재경대구경북민주
　　　동우회 · 민청학련인혁당진상규명위원회 편).

경북대학교 대형과제연구단 편, 2005a, 『근현대 대구 · 경북지역 사회변동과 사회운동』 1,
　　　정림사.

경북대학교 대형과제연구단 편, 2005b, 『근현대 대구 · 경북지역 사회변동과 사회운동』 2,
　　　정림사.

국가정보원 과거사건진실규명을통한발전위원회 편, 2007, 『과거와 대화, 미래의 성찰』 2.

김지하, 2003, 「타는 목마름으로 부른 민주주의 만세」, 『실록 민청학련－1974년 4월』 1
　　　(민청학련운동계승사업회 편)』, 학민사.

김진균 편, 2003, 『저항, 연대, 기억의 정치』 1 · 2, 문화과학사.

대구사회연구소 편, 1995, 『대구경북사회의 이해』, 한울.

민주화운동기념사업회 연구소 편, 2005, 『유신과 반유신』, 선인.

민주화운동기념사업회 연구소 편, 2009, 『한국민주화운동사』 2, 돌베개.

민청학련운동계승사업회 편, 2003, 『실록 민청학련 1974년 4월』 1, 학민사.

박원순, 2006, 『야만시대의 기록』 2, 역사비평사.

석원호 외, 2007, 『지역민주화운동사 편찬을 위한 기초조사 최종보고서－대구경북지
　　　역』, (사)대구경북민주화운동계승사업회.

석원호, 2010, 「대구 · 경북의 4월혁명」, 『지역에서의 4월혁명』, 선인.

이석제, 1995, 『각하, 우리 혁명합시다』, 서적포.

이철, 2003, 「민청학련사건에서 사형수가 되기까지」, 『실록 민청학련－1974년 4월』 1
　　　(민청학련운동계승사업회 편)』, 학민사.

임규영, 2005, 「민청학련과 나」, 『인혁당 사건, 그 진실을 찾아서』(재경대구경북민주

동우회 · 민청학련인혁당진상규명위원회 편).

재경대구경북민주동우회 · 민청학련인혁당진상규명위원회 편, 2005,『인혁당 사건, 그 진실을 찾아서』.

전창일, 2005,「세칭 인혁당 사건을 말한다」,『인혁당 사건, 그 진실을 찾아서』(재경대구경북민주동우회 · 민청학련인혁당진상규명위원회 편).

정근식 · 권형택 편, 2010,『지역에서의 4월혁명』, 선인.

정근식 · 이호룡 편, 2010,『4월혁명과 한국민주주의』, 선인.

정화영, 2005,「영원한 님, 그대의 길을 따라」,『인혁당 사건, 그 진실을 찾아서』(재경대구경북민주동우회 · 민청학련인혁당진상규명위원회 편).

천주교 인권위원회 편, 2001,『사법살인, 1975년 4월의 학살』, 학민사.

■7장_ 부산지역 학생운동의 메커니즘 연구 | 김희재

민주공원 편, 2003,『1970 · 1980년대 민주화운동 자료 목록집』, 민주공원.

민주공원 편, 2007,『6월 민주항쟁 증언록』, 부산민주항쟁기념사업회 · 민주화운동기념사업회 · 민주공원.

부마민주항쟁기념사업회 · 부마민주항쟁십주년기념사업회 편, 1989,『부마민주항쟁 10주년 자료집』.

강대민, 2003,『부산지역학생운동사』, 국학자료원.

김종기, 2012,「87년 6월항쟁과 가톨릭센터 농성」,『87년 6월 민주항쟁: 부산가톨릭센터 농성과 학생운동』(6월 민주항쟁 25주년 기념 학술대회 자료집).

김진영, 2003,「부마민주항쟁과 양서협동조합」,『부마민주항쟁연구논총』, 민주공원.

김형균 편, 1993,『우리들이 쓰는 80년대 학생운동사』, 여름3미디어.

김희재, 2006,「부산지역 사회운동의 연구동향과 과제」,『부산학연구』2006년, 부산발전연구원.

박철규, 1997,「한국현대사의 전개과정과 부산지역의 사회운동」,『한국민주주의와 부산의 6월항쟁』, 부산민주항쟁기념사업회.

박철규, 2003,「부마민주항쟁과 학생운동」,『부마민주항쟁연구논총』, 민주공원.

부마민주항쟁 20주년 기념사업회 편, 1999,『부마민주항쟁의 역사적 의의와 과제』.

부산대학교민주화추진위원회 편, 1984,『울려라! 부마민주항쟁의 새 깃발을－79년
　　　10 · 16 부마민주항쟁의 사회경제적 배경』, 새벽함성.
부산민주운동사편찬위원회 편, 1998,『부산민주운동사』.
부산민주항쟁기념사업회, 편 2012,『87년 6월 민주항쟁 : 부산가톨릭센터 농성과 학생
　　　운동』(6월 민주항쟁 25주년 기념 학술대회 자료집).
손호철, 2006,「1979년 부마항쟁의 재조명－정치적 배경을 중심으로」,『해방 60년의
　　　한국정치』, 이매진.
유영국, 1997,「6월항쟁과 부마민주항쟁의 비교연구－부산지역을 중심으로」,『한국민
　　　주주의와 부산의 6월항쟁』, 부산민주항쟁기념사업회.
윤준호, 2012,「부산지역 6월항쟁에서 학생운동의 역할과 의미」,『87년 6월 민주항쟁 :
　　　부산가톨릭센터 농성과 학생운동』(6월 민주항쟁 25주년 기념 학술대회 자료집).
차성환, 2009,「참여 노동자를 통해서 본 부마항쟁 성격의 재조명」, 부산대학교 대학
　　　원 박사학위논문.
최인호, 1993,「부산 · 경남지역 학생연대운동사」,『우리들이 쓰는 80년대 학생운동사』
　　　(김형균 편), 여름3미디어.
홍순권, 1995,「부산지역 사회운동의 정신사적 흐름과 과제」,『부마민주항쟁 16주년
　　　기념행사 자료집』.

■8장_ 학생운동의 기억과 경험, 그리고 역사 | 이기훈
　　　: 1970-1980년대 광주 · 전남의 경우

『5 · 18기념재단 편, 2006,『구술생애사를 통해 본 5 · 18의 기억과 역사』2, 5 · 18기념
　　　재단.
『5 · 18기념재단 편, 2009a(2쇄),『구술생애사를 통해 본 5 · 18의 기억과 역사』1, 5 · 18
　　　기념재단.
『5 · 18기념재단 편, 2009b(2쇄),『구술생애사를 통해 본 5 · 18의 기억과 역사』3, 5 · 18
　　　기념재단.
『5 · 18기념재단 편, 2010,『구술생애사를 통해 본 5 · 18의 기억과 역사』4, 5 · 18기념
　　　재단.
강령(전남대학교 총학생회, 1980.5.8).

〈광주사태 관련 해직교수 43명의 실상〉(조선대학교 해직교수 일동, 1985.9.1).

『광주』 2호(전남민주청년운동협의회, 1985.4.1).

『노준현추모문집간행위원회 편, 2006, 『남녘의 노둣돌 노준현』, 미디어 민.

『녹두』 창간호(1971.10.3).

목포대 유○○ 교수의 증언(이기훈, 목포대 인문대 교수휴게실, 2013.5.12).

문덕희의 증언(양라윤, 마포구 중동 문덕희 자택, 2008.9.26-9.30).

『민족 전대』 1991년 2월호(전남대학교 총학생회).

〈민족·민주화 성회〉(전남대학교 총학생회, 1980.5.8).

박강의의 증언(이기훈, 극단 신명 광주광역시 사무실, 2013.6.3).

박병기 편, 2003, 『5·18 항쟁증언자료집』 Ⅲ, 전남대학교 출판부.

박석무의 증언(조성식, 한국고전번역원 사무실, 2008.7.11).

〈박철웅이 타도하여 도민대학으로 환원하자!!!-박철웅의 조대인가? 호남인의 조대인
　　　가?〉(조선대학교 민주총학건설준비위원회 산하 의과대학 준비위원회, 1986.8.15).

〈반민족·반민주 교수들의 책임있는 반성을 촉구함〉(전남대학교 총학생회, 1980.4.23).

〈반제반파쇼 민족해방 학우 투쟁 선언〉(1981.9.29).

서현의 증언(이기훈, 광주광역시 도서출판 사람들, 2013.6.1).

〈양심 교수 연행에 대한 전남대 민주 학생 선언문〉(전남대학교 민주학생 일동, 1978.
　　　6.29).

『용봉』 16호(전남대학교 용봉편집위원회, 1985).

전남대학교 민주회복추진위원회 민주함성 편집부 편, 1984, 「박관현', 그의 삶의 흔적」,
　　　『민주함성』 3(박관현 열사 추모2주기에 부쳐).

전남대학교 총학생회 편, 1985a, 『언 땅을 딛고 서서』.

전남대학교 총학생회 편, 1985b, 『한미관계의 실상과 제국주의』.

『전대신문』.

〈제1시국선언문〉(전남대학교 총학생회·조선대학교 민주투쟁위원회, 1980.5.8).

〈조선대의 민주화 없이 한반도의 민주화 없다〉(조선대학교 민주총학건설준비위원회
　　　산하 의과대학 준비위원회, 1986.8.15).

최철의 증언(양라윤, 전남대 5·18연구소 아카이브실, 2008.10.3).

〈투쟁은 결코 끝나지 않았다-농성 해체에 즈음하여〉(전남대학교 총학생회, 1980.5.3).

〈학내 구잔재 척결 과정에 대한 우리의 견해〉(전남대학교 복적생 일동, 1980.4.30).

한국현대사사료연구소 편, 1990, 『광주5월 민중항쟁 사료선집』, 풀빛.

강신철 외, 1988,『80년대 학생운동사-사상노선과 조직운동을 중심으로』, 형성사.
광주제일고등학교·광주제일고등학교 동창회 편, 2004,『광주고보·서중·일고 80년
　　　사-1920-2003』.
문명식, 1989,「변혁운동적 관점에서 바라본 80년대 목포대학 학생운동사」,『도림』8.
민청학련운동계승사업회 편, 2004,『실록 민청학련 1974년 4월』3, 학민사.
백영권, 1989,「80년대 조대운동사」,『민주조선』2.
송재현·임낙평·정용호, 1998,『신영일을 배우자』, 산화기획.
은수미, 2003,「의식화조직, 사회운동, 그리고 대항이데올로기-70·80년대 학생운동
　　　의 소규모 '의식화조직'을 중심으로」,『저항, 연대, 기억의 정치』1(김진균 편),
　　　문화과학사.
전남대학교30년사편찬위원회 편, 1982,『전남대학교 30년사』.
전남대학교60년사편찬위원회 편, 2012a,『전남대학교 60년사』.
전남대학교60년사편찬위원회 편, 2012b,『전남대학교 60년, 이런 저런 이야기』.
전남대학교60년사편찬위원회 편, 2012c,『자료로 본 60년사』.
최정기 외, 2005,『민주화운동 관련 사건·단체 사전 편찬을 위한 기초조사연구 보고
　　　서』, 민주화운동기념사업회.

제3부

■9장_ 1980년대 인천대 학생운동 시각에서 본
　　　선인학원 시·공립화 과정과 의미 | 정태헌

『경향신문』,『동아일보』,『매일경제』,『한겨레신문』

인천대학교 30년사 편찬위원회 편, 2010,『인천대학교 30년사』.
장석우(張錫祐) 편, 1996,『선인학원 시립화 성공사』, 선인학원시립화성공사 편찬위원회.

▪▪ 찾아보기

집필진

고　원 | 서울과학기술대학교 교수
김희재 | 부산대학교 사회학과 교수
신동호 | 『경향신문』 논설위원
오제연 | 서울대학교 국사학과 강사
이기훈 | 목포대학교 사학과 교수
이창언 | 성공회대학교 연구교수
임채도 | 인권의학연구소 연구기획실장
정근식 | 서울대학교 사회학과 교수
정태헌 | 고려대학교 한국사학과 교수
허　은 | 고려대학교 한국사학과 교수